顧頡剛全集

顧頡剛古史論文集

卷十二

中華書局

卷十二目録

現代初中教科書　本國史

國史講話

當代中國史學

中國史學入門

現代初中教科書

本　國　史[*]

---

* 與王鍾麒合作。胡適校訂。商務印書館，1923 年 6 月至 1924 年 2 月
分三册陸續出版。

编辑大意

一、本書共分六編：第一編總說，第二編上古史，第三編中古史，第四編近古史，第五編近世史，第六編現代史。合成兩冊，各佔三編。材料均勻，適合初級中學分科教學之用。

二、歷史應當注意事實的因果，不能拘於朝家的更迭。所以本書的編次雖分史期，而叙述的單位卻自爲起迄，不依從前那樣的斷代。

三、時代精神是歷史的主眼，如民族的分合，政治的設施，社會的風尚，學術的嬗遞，凡足以表現當時的特徵而影響及於後世的，本書便取材於此，都爲簡單的系統的介紹。——有詳述或指證的必要時，並另輯附文來說明他。所以並不把定什麼中心，膠執着教學的對象。

四、本書用公元紀年，並分附當時當地的年號，——如三國時吳事用吳年號，南北朝時北齊事用北齊年號等，——俾時間的距離較易捉摸，而歷來的正統觀念可以藉此打破。——不附帝王的世系表，正因此故。

五、教學歷史最要的條件，在喚起一般的想像。所以本書於政治活動牽涉到的人名，大多繫以當時的職位，稱謂便也隨時改變；——如劉邦的遞變爲沛公，漢王，漢高帝等，——一以見當時的政治組織是怎樣；一以見那人在當時的政治社會究佔怎樣一個地位。所有當時稱引到的地名，則就不甚習見的附注今稱，以資比照。如有必需大體說明的地方，並插入歷史地圖（整理者按：此次收入《全集》，地圖未附），略見沿革的一斑。

第一編　總説

一　歷史與地理

歷史是什麼？大家都知道是人類親歷過來的經驗，是一切事物進化的過程。從廣義說，由天體的構成到初有人類，由人類的初祖到現在，一切活動演化的跡象都是歷史。但人類是社會的生物，必需發生了社會活動才有影響及到當時和後來；如果各各獨立地自生自滅，決不會有多大的關係，確占一個明瞭的地位的。所以從狹義說，只能注意在社會活動的事跡上面，而把荒遠難憑的傳說存而不論。

社會的形成，不問行國與住國，必有附着的地盤，才得有所託跡。又必有環境的驅迫，才得交流遷變，逐漸構成更新的境界。所以地理給歷史的影響極大，他倆的關係，簡直成了連鎖之勢。我們在研究的時候，往往即地可以證史，就史可以證地。譬如某地曾發生某項重要的史跡，不問那裏現在的景象怎樣，在當時必是繁榮肥沃的所在，或是形勢險要的去處；決不是荒涼寂寞，人跡不到的地方。又如某地有頹廢的關塞，某地有古代的邱墓，無論這等地方現在怎樣偏僻，怎樣冷落，在當時必然發生過重要的史跡。這是隨便碰得到的事實。我們更可通觀世界的史跡，凡是河川沿岸，多產穀物的所在，必是產生文明的根據地，——如埃及的尼羅河，巴比倫的阿付臘底斯、底格里斯兩河，印度的恒河，中國的黃河等，——而冰雪沍封，荒寒不毛的地方，往往很難建樹較有成績的事業。——西伯利亞北部、阿拉斯加、格陵蘭至今没有什麼大事影響到別地，或即此故。這便是歷史與地理的相互關係。

　　研究歷史的，必須懂得歷史與地理的關係，才能懂得一地域的歷史有一地的特點。惟其一地域有一地域的特點，才可就世界通史中劃出一部分的研究，而"國別史"便由此成立。我們現在研究的中心是本國史，當然是國別史了。

　　國別史的責任，惟在究明某一國地盤上的社會活動，那麼本國史的含義當然把本國地盤上發生的一切社會活動作主體了。但人間没有孤立的歷史，事實上必有與別一地域發生連屬關係的地方，我們研究的範圍，就不能不侵入別一地域的境界。譬之英國的歷史，不能不於"百年之戰"涉及法國；法國的歷史，不能不於"綏丹之敗"涉及普魯士，便是極顯明的兩條例證，所以我們研究本國史時，對於域外的情形，不問他在上古、中古、近古、近世或現代，凡與本國有關係的，總得詮叙他的事類，鉤次他的本末，至少要究明他何以與本國發生關係的幾要點；同時也得注意本國境内各地域逐步開化的經過。

　　由此做去，可以得到下列幾個問題的答案：

　　1. 中華民族是怎樣組合的？

　　2. 中國的文化受到外緣的影響怎樣？

　　3. 中國勢力影響到域外，起怎樣的變化？

　　4. 中國現有的領域，由怎樣的蛻變而成？

　　把這四個答案找了出來，那麼中國地理上發生的中國歷史便得明白。同時於中國歷史影響到中國地理的關係也就明白了。

二　歷史演進的各方面

　　歷史的含義，看上面所説，可以略知一個界域。那麼我們要研究的，只是人類有社會組織以來的歷史，同時在這經歷的過程上，找尋一些變化演進的事實。所以那些由口碑衍爲記載的書本，竟佔歷史的主要部分了。但我們要知道，歷史不就是寫出來或刻出來的書本，凡是古代遺留下來的器物，掩沒在地層中的殭石，都可以取來證明已往的事跡，便可以説都是歷史上的產物。用文字記載出來的書本，當然是歷史的一部，決不是歷史的全體，不過我們須知書本的流布比別種東西容易持續，而且他的內容可以從多方面記載，所以歷史的範圍便好像漸漸收縮，只在書本之內了。其實書本以外的種種事物都是歷史的好材料，我們決不能儘望着書本而拋棄餘外的東西！

　　原來歷史的演進乃是向多方面展開的。這展開的事實，固然同爲時代的背景所支配，而彼此影響極深，但多方面演化的情形卻各各不同。因此，我們研究歷史的，一定要注意歷史的各方面，而不容僅偏一隅去記誦幾個朝家的隆替和幾輩英雄的成敗。我們應當着眼的，至少要顧及民族的、社會的、政治的、學術的四方面。

　　民族的方面，自有他們的來源和分合，影響於文化極大；凡異民族的接觸、衝突和融合的情形，我們都該注意。社會的方面，自有他蛻變的跡象可求，當時一般的生活狀況於此略見；凡家族、禮制、宗教、風俗和階級觀念等的因革，我們都該注意。政治的方面，自有他的沿革變遷，直接影響於當時，間接影響於後世的甚切；凡疆域的伸縮，制度的損益，施政的得失，我們都該注意。學術的方面，也因時勢的需求而促成思想的轉變，於時代的背景關係最切；凡學說的流傳和影響，我們都該注意。

今且隨便舉幾個例，說明這各方面在歷史背景上的重要：

（一）民族的方面　秦以前的內融和外攘，我們且不加究詰。自秦以來，民族史上的犖犖大者，舉起來已恐累紙不能盡辭了。如秦拒匈奴，漢通西域，兩晉五胡的騷擾，遼、夏、金的宰割中原，元、清的混一華土，以及漢開西南夷後，歷代的對苗政策，——如元、明的土司世官，清代的改土歸流，——於民族性的衝突、調和與影響，關係甚鉅，當然不能忽略。

（二）社會的方面　姑不必問風俗的澆醇怎樣，宗教的信仰怎樣，只單看春秋時的階級森嚴，戰國時的游說任俠，和六朝的門閥，宋後的義莊，便可察出各時代的生活概況。因爲上述的事實或屬社會組織，或爲家族制度，都有他們所以然的緣故，自也不能忽過的。

（三）政治的方面　政治包含最複，今且置官制、地方制、稅制、刑律、兵制等事項暫不說起，單就參政所由的選舉制度說，也變遷極顯。如漢、魏的薦舉召對，兩晉的鄉評里選，唐以來直到清季的科舉，支配了當時的政治不少，我們對於這等事實，怎能不問他的因果利害呢！

（四）學術的方面　所包極大。我單就思想的轉變說，有先秦的諸子哲學，有兩漢的儒學，有六朝的玄學，有宋、明的理學。又就文學的潮流說，自古以來，也各有各時代的特色，如春秋的歌詩，兩漢的賦頌，魏、晉的藻繪，唐朝的古文運動，宋朝的詞，元朝的曲，明、清的傳奇都是。我們要研究先民思想的轉變和表現，則不能不從事於此。

這幾方面的事實，如果極深研究起來，自然是專家之業，不能責諸人人。但我們既知道歷史是人類全體的生活，則對於這多方面的進展，不能不有一番提要鉤玄的認識，尋出一個最簡單的系統來。換句話説，就是研究歷史的，至少對於這許多方面的演進，要觀其大較，明白他因果相乘的關係。

三　構成中國歷史的諸民族

我們要根究中國民族的來源，就不能不先明世界人種的始源。但人種的始源，傳説不一，考核最難，因此先代的見解，總脱不了神祕的意義。據叛世紀所載，則人類的始祖是亞當，經大洪水後，他的子孫，除挪亞一族幸免淹死外，餘下的悉數漂没，所以挪亞便是人類的第二始祖。這等説法，與中國紀録盤古的以爲天地混沌如雞子，盤古誕生在中間，用斧鑿來開闢，然後分出天地，人事乃得漸盛等説是同類的神話，那裏可以置信！其實生物進化的公例，自達爾文創説以來，神話的傳疑當然可以消釋了。不過人類從原始生物逐漸進化由猿類進爲人類，在有史以前，不知早經過了幾多年代，今日卻還無從確定罷了！

世界人種的始源，既知由生物進化而來，則我們已得一較信的假定了。現在且就最狹的方面説，便須問，構成中國歷史的，究係那幾種？那一種是主要的分子？這兩個問題，我們由歷來的史書裏可以歸納出一個簡單的答案來，便是：

構成中國歷史的民族是華、苗、東胡、蒙古、突厥、藏、韓七族。七族之中，華族是主要的分子。

這七族是否同源，是否就地孳生還是由別處遷來，都沒有精確明畫的證據可以説明。總之，人是活動的，決不能説他們一定是別處搬來，也不能説他們只許住在一地；種族的區分，也不過各就當時不同的情形，假定一個名色，彼此取便稱引罷了，決不是絕然不同的異類！

現在姑且先把主要分子——華族——來做一個代表，略究他們的來源。但華族的來源，説者並不一致，似乎各有各的理由。我們且列舉比較有力的兩説：

A. 東來説　這一説出於日本的某學者。他説，華族上古的帝王都生於東方。他的理由是根據中國古代的緯書和小説。如山海經、春秋元命苞和任昉的述異記、秦嘉的拾遺記上所載的大荒、華胥、扶桑，細按起來，都在東方海中。

B. 西來説　主張此説的是歐洲的學者拉克伯里。他以爲華族的祖國便是古代的巴比倫。他依據西方的史書來作證，如説，公元前二二八二年，那苛黄特率領巴克民族東徙，從土耳其斯坦經喀什噶爾，沿塔里木河達崑崙山的東方。取徵於中國的古史，這那苛黄特便是黄帝。又説，那苛黄特族中的莎公即神農，但克即倉頡，並且巴比倫的紀時、文字和一切庶政，大多與中國相同。

綜看上面的兩説，都不免牽强附會。東來説取材於不可憑信的讖緯傳説，更不可靠。西來説較爲近情，然也不能必驗。不過我們總得承認中國的民族一定經過了許多變化，受到外來的影響一定很多罷了。其餘的六族，其實也是一樣，雖不能確定種所自來，但受到華族的影響卻真不少。如殷箕子恥爲周臣，逃到遼河流域布八條之教，殷民跟他走的至五千人；秦時移住朝鮮半島南部的遺民，有建設后韓國的；李陵降匈奴後，漢兵的子孫尚多存於黠戛斯等部落，與他們的種人混合，户籍日增；漢、唐的公主，屢次下嫁給別部的單于或可汗，種系極稱繁衍。這許多事實，不都是華族影響到他族的證據麽？我們現在且把七族在歷史上的大概狀況稍微一説，藉見分布情形的一斑：

（一）華族　此族初繁殖在黄河的兩岸，逐漸拓展，便占領了中國本部，建成大一統的帝國。漢、唐兩朝，聲勢尤極煊赫，直到如今，還泛稱漢人；在南洋、北美一帶，也有人稱做唐人呢。

他們有文化上極深的淵源，所以在政治上雖也曾幾次被異族征服，然結果總是征服者同化於被征服者。所以今日所謂華族，只是一個大共名，裏面包含着無數歷史上被同化的民族。

（二）苗族　古初名苗，中世稱蠻，近代又稱苗。江淮之間，本是他們的蕃息之域。後來屢次被華族所逼，漸漸退縮，由江南直退至西南山地。如今貴州的大部，廣西的北部，還是他們的族聚之鄉。但自從改土歸流以後，漸漸與華族同化，保持固有狀況的便日見減少了。

（三）東胡族　東胡的名稱，西人音譯作通古斯，即周初來賓的肅慎。晉書說“肅慎在不咸山北，廣袤數千里”。不咸即長白山，自今鐵嶺以北，至吉林、黑龍江，都是肅慎的境界了。秦、漢時候，不大與中國往來。但在秦末，肅慎的別部東胡勢甚強，常常侵凌匈奴，匈奴不能耐，把他撲滅。他的子孫便退保鮮卑山，即因山名改號鮮卑。晉時慕容一姓蹂躪中原極久，很可考見這一族的聲勢了。後來的契丹、女真，都是他們的子姓，因爲強健善戰，便蠶食中土，先後建了遼、金兩朝。明末滿洲入關，造成清朝，更是此族勢力最膨脹的表示。如今除清室尚保存特別族制外，餘下的滿人，早就跟漢人同化一氣了。

（四）蒙古族　蒙古即蒙兀，自古以來，以游牧爲生，行則逐水草，住則張毳幕，往來無定，純然爲一行國。有人說他們本是突厥的別部，又有人說他們是鮮卑的一支，現在竟疑莫能明，或者竟是兩種的混合種。他們一向沒有在政治上佔得地位，直到宋末崛興，才得獨樹一幟。成吉思汗起來了，便把現今的蒙古混一。不久，他們的勢力更藉着兵威，西入歐洲，南滅金、宋，遂建立元朝，一躍而主中國了。今這族的生息地仍以蒙古爲根據，新疆、青海一帶，也有他們的部落。至今成吉思汗的子孫，尚有中亞的布哈爾、機窪兩汗國，不過受俄人保護，早就名存實亡了。

（五）突厥族　此族起源甚遠，上古的葷粥，周時的玁狁、獫狁，秦、漢時的匈奴，隋、唐時的突厥、回紇，都是他們的化名。世世盤據今蒙古、新疆一帶。後來蒙古族日盛，他們便退居中亞地方。至公元一四五三年（明景帝景泰四年），他們的一支，西窺東羅馬，攻陷君士但丁，便建都立國，即今土耳其帝國的始祖。——土耳其即突厥的音訛。現在他們的餘衆仍分據天山南北。散布内地的也很多，以陝、甘一帶爲尤盛。

（六）藏族　西人譯作圖伯特族，實即吐蕃的音訛。上古的氐、羌，漢時的月氏，唐時的党項、吐蕃，宋時的西夏，都是此族的别名或支派。至今西藏全境、青海南部和川邊一帶，還是他們的家鄉。後漢書説，“西羌出自三苗，其國近衡山。舜徙其一部於三危（今甘肅敦煌縣），於是羌族始大”。就現在他們所居的地方來説，又與苗疆接近，或者藏、苗確是同出一源呢。

（七）韓族　此族本爲今朝鮮族，起源也很遠。上古的嵎夷，周時的濊人，漢時的三韓——馬韓、辰韓、弁韓——沃沮，晉時的休忍，唐時的耽羅，五代的高麗，宋時的定安，明、清時代的朝鮮，都是他們名稱的沿革。自古以來，與中國關係最密，簡直是中國文化的外府。所以現雖見併於日本，然他們來中國請求歸化的還極多。

四　史期的區分

歷史是連續不斷的過程，不但前因後果有互接相承的關係，就是同一時代，也不能不與近旁諸事發生影響。譬如戰國厮併，一方是秦朝集權的原因，一方便是前代封建的結果。再向上説，封建固是後來厮併擾亂的原因，但也是古代部落發展的自然結果。又往下説，秦的集權固是部落紛爭的結果，但他的背面卻又成了後世君主專制的大原因了。這還是只就前因後果的相承關係説。實際上史跡的發生，最要的條件是近旁事物所構成的時勢。我們隨便想來，都可證明，如長城是防胡的，若問胡爲什麼要防，便不能不根究胡的來源和當時的狀況了。遼、金、元是華人以外的異族，若問爲什麼一步一步地侵入中國，竟掀動絕大的政潮，發生絕大的影響，又不能不一究當時彼此間的相互關係了。

因此，嚴格的歷史決不能劃清地段，純粹爲一局部的記載；更何能切斷時代，單單介紹一節孤生突起的事實！然而我們應知，一切以地域範圍爲中心的“國別史”，以朝家更迭爲首尾的“斷代史”，都是史家不得已的辦法，本來不願人家誤會做劃清地段，切斷時代的。

我們現在研究的範圍是本國史，當然把中國的史事做我們研究的中心。但四周的事物，只要與中國有點影響的，都該略爲涉及，互證交通的關係。至於時代的劃分，本可不必，若依朝家的興亡來斷代，更覺失當。惟爲研究的便利起見，略分幾個史期也好。今且就前後因果最切，事實聯絡最密的若干年括作一期，全史便分括五期。在某一期中，便可看出某一期的特別精神，我們研究的對象，也就有了一些着落。

擬分的五個史期，是

  A. 上古——秦以前。

  B. 中古——從秦初到五代之末。

  C. 近古——從宋初到明末。

  D. 近世——清朝。

  E. 現代——中華民國。

太古時代的景象，只憑相傳的口碑，附會的記載所謂鴻荒之世，一切太古的傳説，只好看作神話，決不能取爲可靠的史乘。所以竟可説那時是無史時代。經幾千年的演進，地域由莽廣而漸可指證，器物由偏窳而漸得賅備，文字的應用也漸露萌芽。其後又經了好多回紛雜的變化終脫不了部落式的多頭政制。但由渙散的部落漸進爲明定的封建，由明定的封建漸漸地兼併做單一的國家，到秦朝的統一，恰恰成就一個政治演進的時代。所以斷自秦初，把以前的史跡概括爲“上古期”。那期主要的精神在政權的集中和民間思想的發達。雖時起紛擾，互爭雄長，而受到外族的影響極少，只是境內各部自由活動的自然現象罷了。所以這上古期又可認做“域內文明的成人時代”。

秦、漢以後，直到五代的末了，中間儘演了幾場一統、偏安、割據等怪劇，變更了幾次郡縣、郡國、州郡的花樣，政治上的根本精神卻老沒改動；政治的中心人物，差不多都是秦始皇的幻相。其間最重要的大事，便是五胡亂華和外教的傳入。民族方面，中國北部被北方許多新民族征服了幾百年，中原的文化南遷避亂，但後來中國文明終究同化了那些新民族：造成隋、唐的統一帝國。思想方面，印度的宗教和思想，雜着精華、糟粕一齊侵入，中國民族幾乎應接不暇，但幾百年後，中國人居然能從糟粕裏提出精華來，造成中國的宗派，——天台宗、禪宗，——以爲後來近古期本國哲學的基礎。中國民族的文化，到了漢、魏，已有暮氣了；中間吸收了這許多民族上和精神上的新血，漸漸返老還童，演成唐朝的燦爛時期。所以這“中古期”又可認作“中國民族文化的蛻變時代”。

宋初混一中國，直到明朝的末年，政治上的設施和精神，還是承着從前的榜樣蛻化出來，當然沒有什麼大改革。這時代最重大的事件是遼、金、元的侵入和中國近世文明的演進。原來遼、金、元三朝都是異族建立的政府，他們的力量，比從前五胡的倏起倏滅來得悠久而且壯大；壓迫中國固有的民族，也比五胡來得厲害。這三朝的勢力，又漸積漸深。遼雖時時侵宋，他的根據還只在東北一隅；金起來了，便把宋趕到江、淮以南，吞蝕了中國北部一大半的地界；元勢盛後，更入主中國，把宋滅掉。直到蒙古民族逐漸崩散衰弱，方才有中國民族的革命軍起來，把他們趕出長城之外，另建中國民族的帝國，——明朝。在文化史方面，這時期有雕刻印刷術的大發展，有學校書院的興起，有新儒家——宋、明理學——的學派，有平民的文學，有光榮的美術：雖遭强烈的外患，仍舊繼續發展。所以這"近古期"又可認作"中國民族的爭存時代"。

　　近三百年，適當清朝一代。因爲他自己也是外來入主的異族，所以對於其他外族很採用懷柔的政策，故意表示寬大。優容明朝遺留下來的西洋教士，崇獎蒙、藏人民尊信的喇嘛黃教，便是一例。後來西洋的勢力漸漸東逼，幾經迎拒，到底只得開門延納，於是西洋的物質文明和學術思想也便一擁而入。最後的結果，竟把帝制攻倒，改建民國。同時中國的事物便因彼此交通而宣傳到域外，僑居在外國各地營商或做工的，也逐漸加多。無論怎麽説，總不能不承認那些事實是東西洋交通底下的產物。所以這"近世期"又可認做"東西文明的接近時代"。

　　中華民國結束四千年來世世相承的君主政治，改造爲共和國家，在中國歷史上便獨開一個新紀元。雖十多年來時時發現新舊思想的衝突，也曾再現過兩度短時間的帝制運動，然而這是過渡時代免不了的現象，到底拂逆民治潮流的人都失敗了。民間對於世界的觀念既漸次明瞭，因此，對於政治問題和社會問題往往藉群衆運動來表示傾向。政治的現狀縱不好，潛伏在民間的民治精神卻在在可以湧現。一切學術思想，也處處帶着世界化的色彩。所以"現代"是"中國文明的世界化時代"。

第二編　上古——秦以前

（公元前二二一以前）

一　社會的進化和建國的雛型

自從地面上初有人類以後，一直到所謂黃帝時，都是鴻荒之世，實在的事跡，還是曖昧難明。只要看這黃帝的稱號，便可與再前一點的炎帝一類同樣看待，或許是後來的人推想出來的一個奠土建國的古帝，便用什麼五行裏的土德來表示他。不過社會的進化確有一定的歷程，從狩獵時代進爲畜牧時代，又進爲耕稼時代，一般人的生活便逐漸安定些。耕稼最重土地，於是土着的觀念起了，要想擴大自己的地盤和防禦人家的擴大來侵害自己地盤的事實，便應運而生。人事一天繁似一天，種種使用的東西，也就由“感缺而求需要”的自然律，一樣一樣地逐漸添造出來。因爲用結繩來記事的不便，便依了鳥獸遞远之跡的不同，造成簡單的初文；因爲實物記數的累贅便由奇偶相生的觀念，造作算數；因爲追記時日的容易模糊，便把自然界的現象分配作干支。到這時候，那幫助精神活動的東西也似乎大體略備了。什麼倉頡、隸首、大撓，①都只是集合了無數無名創作者積成的成績，才顯出較有統系的效用的，決不是突然而來的創始，更無所謂首出群衆的聖人！大概古代傳説的帝王，都只可説是文化史上幾個重要變遷的象徵。近人説，伏羲氏代表游牧時代，神農氏代表耕稼時代，黃帝代表政治組織的時代。每一個時代也許有千年之長久。這種見解最爲近理。我們試看有巢氏是房屋的發明的象徵，燧人氏是火的發明的象徵，就可以明白這個道理了。這些理想人物，也許並無其人，只是當時社會背景裏的一種精神。但民間由聚族而居的時候慢慢擴大自族的領域，這國家觀念自然會跟着起來。那黃帝的傳説便是代表這造成國家雛型的時期。

當時政治上的組織既漸有萌芽，而社會上的生活也逐漸完備，什麼上棟下宇的宮室，什麼上衣下裳的冠服，什麼渡水行遠的舟車，什麼備敵防害的弧矢，在這時候都因時勢的要求，自然而然地創作出來。但要認明，這是許多人心力之下的產物，自古以來，不知經過了幾次試驗，幾次修改，才得互相傚效，推行盡利。決不是聖明御世便會同時産生許多賢輔出來，突然湧現那麼多的成績的！後人事後追想，好像從前什麼都有，或者是某一時代同時的創作了。其實我們應當承認那時確有此等由無至有，由簡至繁的事實，卻不能完全相信這班半神體的聖人！

① 相傳倉頡造文字，隸首作算數，大撓創甲子。

二　洪水的傳説

據古代的傳説，帝堯時代有一場洪水之災。洪水的故事，不但在中國史上是絕大的浩刼；在西洋史上，也有挪亞方舟避水的記載。大概先民突然受到這樣深刻的苦痛，都以爲天降之災。其實古代生活簡單，只顧他們"鑿井而飲，耕田而食"便好了，對於預防災害的方法，簡直談不到此，誰能想得到那些源遠流長的河道！因此，河身平時堆積的泥沙既漸漸加高，山中委瀉下來的水源又不曾一刻停留。一朝山洪暴發，水量陡增，怎不泛濫旁溢，沖没田舍呢！所以各地相傳的洪水，都是河道不修，山水不及宣洩所致；無所謂從天而降的一種示罰。但時間的先後卻不必同在一時。

現在單説中國史上的洪水。

洪水究從那裏來的？簡單説來，便是黄河作怪。原來黄河是中國北部的主要川流，他的兩岸，本是先民蕃生孳息的所在，當然關係最深。如果他能循道安流，即使別處發水，也因北阻陰山，南阻北嶺的緣故，不能立刻影響到他，那時先民的流離失所，一定是他突然泛濫無疑了。不然，禹的治水，何以必先疏河？從那時到如今，何以黄河爲害，史不絶書？所以要知道洪水的來路，便不能不一詳黄河的源流。

黄河從今青海巴顏喀喇山北麓發源，那裏地高一四〇〇〇尺，沿山東流，曲折於積石山間，已低降四〇〇〇尺了。至甘肅、西寧附近，地稍平，又低降一八〇〇尺。又東至皋蘭附近，會洮、湟二水，水勢陡盛，地又低降二四〇〇尺。由此東去，兩岸二百餘里都是峭壁對峙，水流便非常湍急。出峽以後，南阻於六盤山脈，激向東北注，沿賀蘭山的東麓，哈剌那林烏拉嶺的南麓，滔滔東去。至歸綏附近，地降三七〇〇尺，又阻於洪濤山脈，便折向南。奔瀉於龍門（在陝西關中道韓城縣東北）峽中，直達潼關，又低降八〇〇尺。河流至此，因南阻華山，便順渭水東下之勢，折向東流。至山西河東道垣曲縣南，有砥砫兩峰矗立於中流，分黄河爲三道，俗稱三門。又東，至河南開封道滎澤縣，便入平原，脱離山脈的束縛。那裏上距潼關只七百里，地勢乃陡降九五〇尺，自然湍急奔放，一瀉千里了。至蘭儀，折向東北，穿直隸、山東兩省，在濟南道利津縣境入渤海。因爲經流的地方多入水易化的黃土，所以他的水流，挾沙極多，十分重濁。滎澤以上，束流在山谷之內，無從橫溢；而且流急不容積沙，倒也不覺什麼。滎澤以下，陡落平原，泥沙便沿途澱積，河身因此日高。所以自從平治洪水以來，此河的大變遷已有六次了。至今河南開封東北的數百里間，兩岸都靠隄障，水面竟比城牆還高，潰決的禍患，自然會常常碰到的，所謂"金隄千里"真是北方百姓痛定思痛的紀念物啊！

這是就黃河的今道說，已這樣的可怕，那時龍門、呂梁（在山西冀寧道離石縣境）二山還沒開鑿，河水從孟門（在山西冀寧道晉城縣與河南河北道沁陽縣間）之上東流，一朝山洪暴漲，怎麼不橫潰決裂，與江、淮打成一片呢！所以當時的"洪水橫流"，便是中國歷史開幕後第一次受到的黃河之累。

堯時的百姓，既眼看着滔滔的洪水把他們祖先遺留下來的一些產業盡數漂沒，自然唯一的希冀，只指望水退地出，可以安居復業。所以那時種種舉措，他的主要精神，實在也只忙着這一件事！

據古史的傳說，堯先用鯀治水，鯀不諳水性，一味用隄岸來逼束洪水，使他範圍縮小。經過了九年的歲月，勞費了不少的物力，結果還是不成。於是堯又用舜，使他先整頓內政，然後專注治水。舜既代堯當家，便痛痛快快地撒手一幹。既公布了鯀的罪狀把他去掉，又特用他的兒子禹來專治洪水，表示政府賞罰的公平。禹認定河是唯一的禍害，所以先導河於積石，鑿呂梁、龍門、砥砫，疏為九渠。次導濟。又次導淮，鑿荊。又次導江於岷山，鑿三峽。於是北方諸水俱歸於河，南方諸水俱歸於江，江、河既順流通海，漫天洪水，居然平息；流亡的難民，也得安土定居了。那時的百姓，自然只有歌功頌德。先見舜的作為不小，便稱揚他用人得當；後來見禹格外能幹，便又漸漸地傾向他了。所以堯便傳位給舜，舜又傳位給禹。後世豔稱他為揖讓之世，大家都看作"天下爲公，選賢與能"的黃金時代。其實只是時勢使然的自然結果，並沒什麼特別的聖明！

堯舜的傳說，爲後世所崇信；我們看慣了，遂以爲古代真有一個聖明的堯、舜時代了。其實堯、舜的故事，一部分屬於神話，一部分出於周末學者"託古改制"的捏造；他們"言必稱堯舜"，你造一段，他又造一段，越造就越像真有其人其事了。二千年前，韓非曾説："孔子、墨子俱道堯、舜，而取舍不同，皆自謂真堯、舜。堯、舜不復生，將誰使定儒、墨之誠乎？……不能定儒、墨之真，今乃欲審堯、舜之道於三千歲之前，意者其不可必乎？無參驗而必之者，愚也。弗能必而據之者，誣也。故明據先王，必定堯、舜者，非愚即誣也。""必"是武斷，"誣"是造謠言。韓非在二千年前，已有這種戒心了；我們生在二千年後，對於堯、舜及其他種種上古史料，不應該都作這樣觀察麼？

三　君位世襲和神權政治

古代既有堯位傳給舜，舜位傳給禹的傳說，後世聽見他們不把後事託付給自己的子孫而交給當時有名能幹的賢輔，便以爲這是"傳賢之局"，是"公天下"的精神。又聽見禹死後不把位子傳給賢輔，而傳給自己的兒子啟竟成世襲的制度，便以爲這是"傳子之局"、是"家天下"的私心。最後又聽見啟後過了三四百年，傳了十六七代，有一個商湯出來，把他的不肖子孫履癸撐掉，代了他的君位，——當公元前一七六六年——也照樣世傳下去，便以爲這是以征誅代禪讓，開後來殺伐之端。其實傳賢傳子，都是時勢催逼出來的局面，在當時身歷其境的人，或許倒初無容心的，何況堯、舜揖讓的傳說又沒甚根據呢！不過我們知道，時勢所趨，便是逐漸過渡，逐漸進化，逐漸向上，決不容違反源流，回復到原路上去，卻是真的。① 所以處這時勢催逼底下的人物，只問他所做的是否順應四境，誰也不能執定自己是成功或失敗。

我們姑認禹是傳子了，但君位一定要世襲的制度，卻並沒確立。君位傳子的定局，也是後來的時勢把他束逼成功的。我們只要看啟的初政和太康、少康的故事，便可尋出時勢使然的道理來。②

原來啟的得位，確由當時一般人的擁戴，並非明定世襲之制。所以他的兒子太康並沒十分失德，——只荒於畋獵——已給有窮氏拒絕，不得返國，那有窮氏便被稱做后羿了。可見那時的君主，只要不愜人心，比較好一點的人便可取彼而代。不然，照後世的眼光看來，有窮氏分明是抗違天子的罪人，爲什麼尊他爲后呢？太康覆國，不就是世襲制度根本取消的明驗麼？不幸羿、浞（寒浞是羿後當國的人）相承，更比夏君不如，夏裔少康又恰巧負有大志，能自振拔，於是人心思夏，最後的君位竟挨到他的名下了。後世盛稱少康中興，光復舊業，其實正是世襲制度奠基下石的證據。當時經了這樣的幾次反復，到底還是夏朝的天下，先民的簡單心理，或者以爲禹的功德在民，子孫應當食報，所以如此。從此一意推崇，便成了堅不可破的世襲制度了。直到履癸失國，後繼的商湯出來宣布他的罪狀，好像他的過誤責任不要自己擔負，而反說"有夏多罪，天命殛之"，不明明是説子孫的得位基於祖德，祖德衰了，便不能不讓新興有德的人麼！

惟其祖宗的功德足以包庇子孫，子孫崇先之念便油然而生。商湯以殺伐得位，遷夏社以建商社，又另開一個統系，當然他的子孫要奉爲元祖，雖死了，也得視爲在天之靈呢！那時不但君位世及，百官庶職，也多世守其業，所以崇本敬祖的觀念，爲一般人所同具。於是尊尚人鬼，一切卜聽於祖了。③ 因此，商朝的神權直影響於政治，凡畋獵、出師，推而至於一切興革，沒有不禱祖占卜以決從違，百姓也因卜吉可行而中心悦服。如<u>太戊</u>用<u>巫咸</u>，——公元前一六二七年——重譯來朝的有七十六國；<u>祖乙</u>用<u>巫賢</u>，——公元前一五二三年——諸侯賓服；<u>武丁</u>夢見<u>傅説</u>，——約公元前一三二〇年——便圖形訪求，立爲輔相，於是蠻夷來朝，<u>氐</u>、<u>羗</u>賓服。這不是以神權施政的徵驗麽！二十多年前，在<u>河南殷墟</u>發見了許多刻文的甲骨，考釋出來，多是卜占的繇辭，更可證<u>商</u>朝尚鬼聽神的情形了。

聽命占繇，本是初民時代的遺風，不過至<u>商</u>而特盛，遂致成爲一朝政治的中心罷了。若照<u>洪範</u>所説，則更較實在，竟老老實實地占一部分具體的勢力。如

　　　"汝則有大疑，謀及乃心，謀及卿士，謀及庶人，謀及卜筮。"

可見當時龜筮雖不能開口，居然與天子卿士並舉，佔得一票議決權了。又如

　　　"汝則從，龜從，卿士逆，庶民逆，吉。"

更可見卿士庶民雖都反對，只要龜筮贊成，天子便可專斷，又如

　　　"庶民從，龜從，筮從，汝則逆，卿士逆，吉。"

又可見天子卿士雖都反對，只要龜筮贊成，庶民也可强天子放棄他的主張。在當時決非君民對等，不過神權在那裏作祟！沿到後來，益發認真。如<u>湯</u>的征<u>葛</u>，④説他"不祀"，試想祀事失虔，充其量不過他一人的責任，何致驚動了鄰國，便據爲口實，興師動衆地把他滅掉呢！又如<u>商</u>末——公元前一一二二年——<u>周武王</u>伐

紂，聲罪致討好了，又何必數他的"怠棄祀事"呢？當時的神權，真可驚異，無怪直到現在，民間的崇拜祖先還是牢不可破！

① 前清的末年時勢傾向共和了，不但三百年根深蒂固的清室即時推倒，連幾千年來的帝制也根本消滅了。雖有袁世凱那樣的手段，張勳和一班遺老那樣的藉口勤王，到底洪憲的稱號只有八十三天，宣統的復辟更覺短促滑稽，那裏搖動了共和的絲毫！

② 詳見清大名崔述的考信録。

③ 商朝還没天神地祇等分別，配享上帝，仍寄託於尊祖；如在祖宗之外別認一個上帝，直要到漢初糅合了戰國神仙方士等演化才得成立。

④ 葛爲商的鄰國，在今河南開封道寧陵縣。相傳葛伯不祀，湯送牛羊給他，又差自己的部衆替他耕作，希望他修祀。豈知他仍舊不祀，且殺派去送飯的童子。於是湯乃用兵征服，并有其地。

四　封建制度和家族主義

商湯以後，傳到了受辛，暴虐聚歛，同夏履癸的行事竟後先輝映。雖後人聽見桀、紂並稱，不免起了幾分揣測，便把二人的行事造作得一樣，但他們的怨毒中人，引起當時野心諸侯的藉口卻自有其故，至少得罪一般百姓的地方總有點相同。周武王的起兵，正鈔襲湯的故事呢。

周武王既憑藉先世傳下的岐豐故業，① 早在西方一帶取得領袖的資格了。剛巧碰到商受辛自己市怨的機會，便在孟津（今河南河洛道孟津縣）會集了素通聲氣的八百諸侯，渡河進攻朝歌。（當時商的京城，今河南河北道淇縣）。在牧野地方（今河南河北道汲縣）把商兵殺敗，受辛便自己放火燒死。周武王一面把前朝聚歛下來的財物散給當地的百姓，一面定都鎬京，（今陝西關中道鄠縣東）便做了開周的天子了。

開周第一件大事，便是處置那些分據散處的部落。怎樣處置呢？就是後世侈言的封建制度。原來夏、商以來的所謂諸侯，都是古代自然發生的部落，他們的存在，既非天子所建，天子自也不能無故去廢掉他們。於是周初列爵分土，② 只索明定一個辦法，表示政由己出，所有錫土分茅的榮典，都是天子親親獎功的恩賞。我們只看當時的封建，便可明白周初開國的方略了。史記曾說"武王克殷，廣封先王之後"，其實不過承認舊部落罷了。後來"周公弔二叔之不咸，乃衆建親賢以屏藩周"。③ 當時新封的國有好幾十，而同姓子弟卻居什之七八。實際上舊有的部落，又多爲新建國的附庸，間接隸於天子。在那時原有相互監督，相互維繫的用意，所以參伍錯綜，配置得好像遠近咸宜，小大有則。然而地面遼闊，摶合不易，雖有朝覲、巡狩、會同等等制度來維持主屬的關係，而各國因地勢的囿束和歷來的積習，都各君其國，各子其民；大一統的共主，只不過一句空話，恐怕那時並沒實行過！④ 後來有附庸蔚爲大國的，有家臣坐大，侯封不守的，都是自然發展的現象，與王綱失墜，君臣失序一類的話頭，實在全不相干。

商代的神權政治，影響於人鬼之祀的日見加重，報本尊祖的觀念，遂愈結愈深了。周朝初興，廣封宗親，於是家族主義便攙合於政治，一切維持名分的階級，辨別親衰的禮制，自然應運而生。宗法進達於完成之域，而宗周尚文之風也昭然若揭了。所以當時的宗法，有百世不遷的大宗和五世則遷的小宗，親疏的等差，絲毫不容稍混，而當時的所謂中央政府與同姓諸國間便形成一個模範的大家族。爲要維持這家族的關係，名分便看得十分尊嚴，而層層的階級便由此成立了。據左傳所記"王臣公，公臣大夫，大夫臣士，士臣皁，皁臣輿，輿臣隸，隸臣僚，僚臣僕，僕臣台"看來，階級的繁複，實可驚異！其餘如郊、嘗、祭祀等吉禮，喪服、殯、葬等凶禮，誓師、獻俘等軍禮，朝覲、燕見等賓禮，冠、昏、飲、射等嘉禮，叫做五禮，都是辨別等威，使上下尊卑較然不混的把戲。雖條文的周密當時或没有這樣整齊，許是後來託古改制的人裝點附會到這樣的，然而這根本精神，那時確已成立了。

階級既經形成了，那得勢的多想一輩子維持自己的地位，於是自然産生兩種結果：

（一）待遇不平　貴族的成立，幾乎與古俱來，也是部落進展應有的結果。惟周世明定封建，階級制度便分外明顯了。一切待遇，公卿大夫都與庶民不同。凡宗廟舞佾等等虚文所謂"禮不下庶人"，我們且不管他；單就教育和刑罰看來，實在高下不平啊！譬如公卿的子弟可入國學，庶民的俊選便只能入鄉學了，這豈是平等的教育！那時的學術，或者確由王官世守，好永久維持貴族的尊嚴呢。⑤又如貴族犯罪，有"議親""議貴"等説的減輕刑名；有"刑不上大夫"的實際保障；有"公族無宫刑""公族致刑於甸人"等特例的寬免。照這樣説，"天子"當然"無死法"了。這又豈是平等的刑罰！況且那時的貴族，都有采地分邑可以自行設官收賦，平民不過附屬在下的供給者，更何從與他們抗爭呢！

（二）重視世族　貴族制度的能夠維持，官職世襲實爲最大的主因。所以那時做官的大半是親倖的公族。如魯國的三桓，鄭國的七穆，晉國的六卿，便是明例。⑥尤著的世族，又因年久支庶繁多，則更標氏族以資辨別，⑦各國且各有宗正一類的官來叙次他們的親疏遠近。貴族既世襲官守，分據仕途，那時的平民只有盡力畎畝，供養其上，雖有優秀分子一時奮起，也終究不能敵過他們的勢燄了。譬如管仲爲齊桓致霸，功業何等偉大，而他的子孫不顯於後；孔子相魯，聲名震於强鄰，而他的生平，還是栖皇奔走，終老於旅途；我們很可想見當時世族的專横，無怪孔子要譏論世卿的不是了。

這等現象，便是封建制度底下的産物，家族主義擴大出來的結果。

① 周是后稷的後裔，后稷初居於邰（今陝西關中道武功縣），後傳至古公亶父，因避狄遷岐（今陝西關中道岐山縣），遂改號稱周，日漸強大。及武王的父親文王昌時，商勢日絀，周勢日旺，所謂三分天下有其二，遂作邑於豐（今陝西關中道鄠縣），竟隱與商抗了。武王發的克商，實在是憑藉了他的先業才得發展的。

② 周初的封建，列爵五等，分土三級。五等之制是公、侯、伯、子、男。三級之分，是公、侯方百里，伯七十里，子、男五十里；不及五十里的，爲附庸。

③ 見左傳僖公二四年。

④ 我們雖信周初的封建，卻不能便信天子真有管領諸侯的權力。真的統一，直要到秦始皇時才完全實現，天下宗周，或許是後儒的想象，不過像堯、舜揖讓那樣的僅爲一種美談。

⑤ 王官世守，是貴族政治應有的現象，所以學術藏諸官府，或者真有其事。不過後來的九流，決非出於王官卻有堅強的理由。詳見胡適諸子不出於王官論（原刊太平洋雜誌中，今附印在最近版中國哲學史大綱卷上的後面）。

⑥ 魯大夫孟孫、叔孫、季孫都是桓公之後，所以叫做三桓。鄭大夫子展、子西、子產、伯有、子太叔、子石、伯石都是穆公之後，所以叫做七穆。又范氏、中行氏、知氏、韓氏、魏氏、趙氏世執晉政，當時稱做六卿。

⑦ 支庶繁衍，最初的姓便不能十分適用，於是有後起的氏來分別他。我們現在的所謂某姓某姓，其實大多是氏，不是原始的姓了。當時得氏的緣由，也不一律，但總脫不了崇拜祖先的精神：有以祖宗的謚號爲氏的，如文、武、昭、景、成、宣、戴、桓之類；有以祖宗的封國爲氏的，如韓、趙、魏、賈之類；有以祖宗的名字爲氏的，如孟、季、叔孫、展之類；有以祖宗的官職爲氏的，如司馬、司徒、中行、下軍之類；有以祖宗的執業爲氏的，如巫、祝、陶、段、倉、庾之類；有以祖宗的住處爲氏的，如西門、南宮、東郭、范、鄭之類。

五　諸侯兼併和當時的社會

封建時代，"天子與諸侯俱南面而治，有不純臣之義"，自然各自爲政；各國的自身，強弱並不一律，則互相接觸着，一定免不了利害的衝突。於是兼併吞噬的情形，便演成事實上當然的趨勢了。我們且不問禹時的玉帛萬國和湯時的諸侯三千是否可靠，只看周初共伐殷紂的尚有八百國，散見於古書而可以推見的計有千餘國，這或是當時的真相。然而到了公元前七二二年（周平王四九年，魯隱公元年）以後，——所謂春秋之世，——爲什麼指數得到的名邦只有四五十國？較有聲勢的只有晉、楚、齊、秦、魯、燕、蔡、曹、衞、鄭、吳、宋、陳、越十四國？尤烜赫的又只有齊、晉、宋、秦、楚、吳、越呢？由此看來，當時的兼併之跡，已豁然顯露；所謂王室大一統的尊嚴，不過虛認的共主，事實上決不能左右他們的自然趨勢的。所以那時的諸侯，只要能做幾件稍存公道的大事，便能吸住一部分的人心，把持多少年的政局，齊桓公、晉文公的稱霸中原，楚莊王的北向問鼎，秦穆公的獨霸西戎，便是諸侯力政的好例。終春秋之世，凡二四二年——公元前七二二到四八一（周敬王三九，魯哀公一四）年——間，我們只看見强有力的諸侯——霸者①——的活動，很少見王室的振作。王室不振固然由於當時的積弱，但一種部落式的自然發展，實是那時時事的一個大傾向。

春秋初葉，中原的諸侯尚多王室的宗親和勛戚，所以霸者的興起，還能顧些面子，多用“尊王攘夷”的招牌來號召，對王室總還有點相當的敬禮。然而當時的所謂天子，竟没絲毫過問諸侯國内内政的實力。我們只看晉文公代平王子帶之難，——公元前六三五（周襄王一七）年——而王室反命諸侯的叛臣爲列侯，——公元前四〇三（周威烈王二三）年，王命晉大夫魏斯、趙籍、韓虔爲魏、趙、韓侯；前三八六（周安王一六）年，王命齊大夫田和爲齊侯，——便可想見那時的局勢了。原來那時的情形，不但王室不能干涉諸侯，並且他們事後的通知也只得追認。又兼國有世卿，權操豪族，即諸侯自己，也没法維持自己的地位唎。

自從三家分晉，田氏篡齊以後，王室愈不足重，而兼併之勢因此益烈。從前指數得出的十幾國，竟併成七雄並峙，——秦、楚、齊、趙、韓、魏、燕——交相混戰的局面了。直到公元前二二一（秦始皇二六）年，六國盡亡於秦，其間延命最長的，只有一個衛國；餘下的，早被七國吞滅了。那時的國君又都稱王，連共主的虛名也不假借給王室，所以宗周的滅亡，尚在六國未亡之前呢！

今揭春秋戰國重要諸侯的分合表在下面，以見當時兼併的的大勢：（單綫表示被併滅，雙綫表示傳統）。

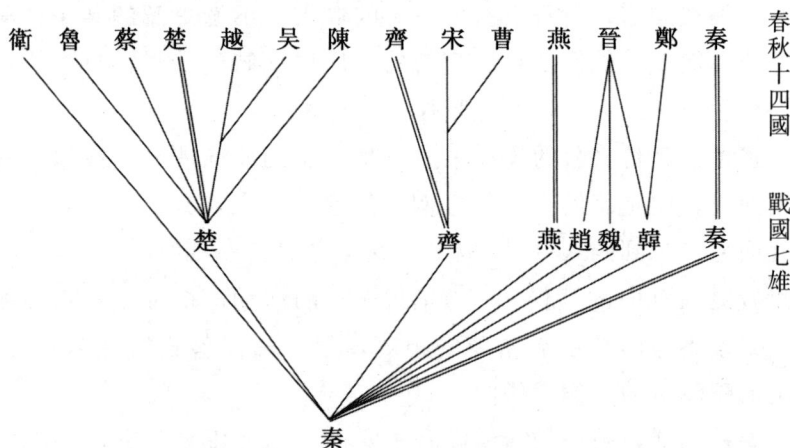

衛　魯　蔡　楚　越　吳　陳　齊　宋　曹　燕　晉　鄭　秦

楚　　　　齊　　燕趙魏韓　秦

秦

春秋十四國　戰國七雄

那時的政治現狀是這樣，社會上蒙到的影響自然也不小。當貴族專政的時候，我們只見層叠的階級和麻煩的禮文，竟沒什麼別的事情可舉。但貴族平民的爭端，我們不能說他絕對沒有，不過記載相沿，每每忽略小百姓的舉動，因此很難考見罷了。我們單就左傳所載來說，那時一般人對於當時的制度，總有點不安之象顯露給我們看見，便可略證。譬如州吁、宋督、無知等人的屢見迭出，二百四十年中，所謂弒君案件，竟多至二十五起，這便是階級制度的反動。又如文姜、哀姜、孔悝之母、慶封之妻的縱恣失度，很勞費了那時所謂君子的批評，其實也只是婚姻制度的反動而已！

後來戰國之局已成，各國都擅地自雄，競爭更烈。國君的目的在開疆拓土，政客的機會在湊效一時，所以國無定交，士無操守，只要有一技之長，便可傾動一時，這裏不用，可以求用於那邊；那邊不用，更可顯效於別地。因此，那時一般的民俗，大都活潑狂躁，很少沈毅貞厚的態度，朝秦暮楚，真是司空見慣了。惟好客任俠之風，卻是那時的特色。如孟嘗、平原、信陵、春申四公子的養士，食客常數千人；魯仲連的存趙不受賞，[2] 侯嬴、田光的自刎明心，[3] 乃至豫讓、聶政、要離、專諸、荊軻等人的一諾許身，[4] 都是後世所難見的。大概那時當國的人，深知網羅人材的緊要，所以競尚養士；而一般素屈不伸的草野匹夫，一旦忽然假以詞色，自然感激涕零，輕生圖報，游俠的風烈便因此大盛了。

　　這是當時社會的一般現象。各國的人民，又有因分化已久，各因地理的環境而自爲風氣的，便不能執定一例。如秦居關中，地勢四塞，所以那裏的住民質樸強悍，樂於戰鬪。燕、趙地處高亢，便多慷慨俠烈的勇士。齊地近海，那邊的住民多因逐利相欺飾，所以人極儇慧。楚國崛起江南，非力闢草萊，不能發展，所以人極輕果，勇於進取。餘如魏地瘠苦，俗便儉嗇；韓土狹隘，人多矜刻，尤足取證環境的支配了。更有一事足徵地理關係的，便是燕、齊的方士。因爲那兩國都僻處海邊，往往因海船的傳聞，多所誤會，以誤傳訛，便以爲海中有三神山，諸仙人和不死之藥都在那邊了。於是爭相誇說，方士便成了燕、齊的特產！

---

① 霸者便是把持政局的人。我們常聽到的五霸，傳說殊不一致，有把夏昆吾、商豕韋、大彭、周齊桓、晉文當五霸的；有把齊桓、宋襄、晉文、楚莊、秦穆當五霸的；也有就第二說剔去宋襄，加入吳闔廬的。其實齊桓之前有鄭莊公，闔廬之後有越勾踐，都是號召一時的人物，我們都得承認這事實。總之，霸者出頭決不爲共主所限，更可見當時天子的實際了。

② 魯仲連，戰國時齊人，喜歡排難解紛。嘗游趙，適秦圍趙急；魏使新垣衍請帝秦。他便謁見平原君，求介於新垣衍以說之。衍引慚不言，秦軍亦卻。後平原君謝之，力辭去，終身不見。

③ 侯嬴教魏公子無忌竊符救趙，及送公子行，即自刎以明志。田光爲燕太子丹劃

策，因受勿洩之戒，也就自刎而死。

④ 豫讓的謀刺趙襄子爲知伯報仇，聶政的刺殺韓傀，要離的刺殺報慶忌，專諸的刺殺王僚，荆軻的敢於入秦圖刺，都是出於感激知遇的一念。一經許諾，便生死以之，不再變節。他們的行誼，真是壯烈可欽啊！

六　思想的激起和貴族的傾覆

自從西周末葉——約公元前七八〇年——到戰國的初期，——約公元前三四〇年——在中國古代史上實是變動最劇烈的時代。無論政治、經濟、學術等方面，都有變古的傾向和跡象顯然的改革。這劇變的原因，便在這幾百年中的長期戰爭。這戰爭中間，不知滅了多少國，破了多少家，殺了多少人，流了多少血，那時的人們受到這樣的戟刺，他們心理上的驚詫和疑悶，不難推想而知了！宛轉在那種黑暗狀態底下的人們，當然有許多不滿現狀的優秀分子出來規畫種種方策，打算自救。這便是思想激進的主因。那時封建制度既逐漸破壞而消滅，貴族階級也漸夷爲布衣卿相之局。私人講學的風氣又大盛，大師之門，往往學者群集，互相研摩。又兼各國並立，大家要延攬人材，用爲己助；交通也日漸便利，客卿顯庸於異邦的自然日見其多。①於是才智之士輩出，各以他們的所見，著書立説，以應當世的需求，所謂“百家爭鳴，皆欲以其道易天下”者，很可見那時思想的發展了。

百家並起，異説紛騰，其實都是時代背景的產物，也就是當時思想的結晶。但派別繁衍，後來記叙的人，便就他們學説的内容，約略區分。有區做六家的，——司馬遷的父親司馬談，——有區做九流的，——西漢末劉歆，——也有混括起來稱做百家語的。其實壁壘最森嚴，勢力最雄偉的，只有儒、道、墨三家。他們學説的傳布，雖末流不無交混的地方，而根本精神確乎不同。

其餘諸家，只可就他們偏近的地方，附庸於三家了。

今且略述三家的人物和主張，並及那種主張的影響於後世是怎樣。

（一）儒家　儒家的宗主孔子，[2]當時他門下的弟子極盛，在學術社會上已具很大的勢力。至戰國末葉，有孟軻、荀況[3]兩大師出來，儒家的精神，便大體確定。他們的主張，以爲社會的組成是由人類的同情心所結合的；而同情心的出發，當由各人本身最切近的環圈，順着親疏的等差漸推及遠。所以他們的目的要"止於至善"，而求達至善的途徑在正名。名分既正，則上下不爭，天下於是乎平。所謂修齊治平之效，真是他們唯一主要的精神。簡單説來，他們要用家族主義推擴到政治應用，而致此的手段在施行教育。然而影響到後世，卻被那輩自託於儒者的播弄，竟把名分看得太重，等威辨得太明，只有片面的倫理，以上陵下了。桀黠的君相，更假以自便，硬擡孔子。於是孔子的尊嚴愈益隆重，而實際上不任禮法束縛的人們，還是止不住他們的反動，——任情放浪。直到現在，孔子反背着許多寃枉的惡名！

（二）道家　道家的領袖是老、莊，[4]後來的楊朱，[5]便是這派重要的人物。他們的主張，純任自然：以爲自然力量是萬能而且至善的，一涉人工，便致傷樸而失真。所以他們相信絕對的自然，而最恨矯揉造作。因此，他們看得天行最重，簡直沒有法子抵抗，只得"乘化以待盡"。——莊子最多這一類話。這種學説的影響，便養成一種樂天安命的思想，至今還是牢不可破。在社會上好的效果，便是一種達觀主義；不好的效果，便是懶惰不肯進取的劣心理。

（三）墨家　墨家由墨翟[6]開宗。他的後學惠施專説名學，爲堅白異同之辨；宋鈃專論弭兵，盡力於"非攻"的宣傳，[7]都是這派的重要人物。這派的精神確與前兩派不同。他們的主張，也由同情心立腳，但絕對不認親疏遠近的分際。所以最要的精神在兼愛和非攻。——這便是儒、墨的分別。他們所以要這樣的愛無差等，爲的是要上同於天志。——這樣承認一個有意志的天，便分明與那主張自然無爲的道家大有分別了。他們這種見解，簡直是一種宗教，而那種"摩頂放踵而利天下"的犧牲精神，影響開來，便養成重然諾，輕生死的任俠之風。⑧

三派之外，又有一派成立最後而最有影響於當時的政治的，便是所謂法家。其實法家的形成，便從儒、道、墨三家的末流嬗變匯合而出。因爲主張法治天下的人前有管仲、子產、商鞅，後有吳起、申不害、韓非、李斯，都是政治社會的顯者，所以後來的記述，便與三家分庭抗禮了。所以法家的根本精神如無爲主義、正名主義、平等主義等，明明都受三家的影響。⑨他們的好處，在客觀的責效，使大家有共趨的大路，他們的壞處，卻太看重狹義的功利，結果不免刻薄寡恩。

分派宣傳的風氣大開，最蒙到影響的，便是那輩坐擁地盤，不能事事的貴族。原來他們平素既習於驕奢，臨事又不能幹濟，那時各國相互間的局勢卻需才甚急大有"得人則存，失人則亡"的情形，於是當時的國君，不得不厚幣招賢，而貴族的勢力已早被動搖了。後來蘇秦、張儀之徒都以言談致卿相，那些慣於捭闔縱橫的政客便乘時建白，一個個都從草茅崛起。有的建議固本弱枝，俾君主可以令出惟行；有的運動開發地力，使公家可以財力充裕；大家都揀當時國君所好的迎機進說。所以戰國的結果，便是田制破壞，⑩君權集中，⑪而依附政權的貴族便根本傾覆了。

① 那時游宦異國的極多，除蘇秦、張儀游說別國，造成布衣卿相之局，是最顯著的例子外，如商鞅、韓非、范雎、荀況、李斯等，都是當時表表的客卿。若降格求次，則真是俯拾即是，隨便可以碰得到的了。

② 孔子是當時的大學問家，因爲他博學多聞，便由後人造作了許多事蹟，附會他的神靈。大家頌揚他的大功在考定六經，其實孔子的刪述，至今還是異說紛紜，聚訟不休，很難置信。因爲書、詩都是舊文，樂又不傳於後，易傳是否全出孔

子尚有問題，則較可相信的，只有春秋一書或者曾經過他的整理而已。他的著述真相既不容易找到，則考查孔子的學說，應該從他的弟子和後學所記的書本裏去尋求了。許多書中，最純粹而且最可靠的，自當首推論語，所以論語上的孔子，要比其他書中所說的孔子可信的多。

③ 孟軻有孟子七篇，荀況有荀子三十二篇行世，他們的學說，便可由這兩書推尋了。

④ 據史記說，老子是楚人李聃，莊子是蒙（今河南開封道商邱縣）人莊周。但今傳老子五千言，莊子三十三篇，尚不能斷定必是他倆所作。惟精神卻獨立不倚。且不問書的真偽如何，要皆傳述當時一種特殊的思想則無可游移。

⑤ 楊朱的專書，現在未見傳本。但僞列子中有專篇詳述他的學說，很可考見一些大體的思想。

⑥ 墨翟的學說，詳見墨子五十三篇中；雖間有後人附益的作品，然而他的面目卻大致可見了。

⑦ 惠施、宋鈃的力量，實在很能發揚墨家的光輝，可惜他們的著述已失傳，只能在莊子、孟子、荀子諸書的中間略見他們的緒論了。

⑧ 諸家的學說，在後世多少總有點宣傳的餘波，墨家獨泯滅無聞。我想，他們的平等主義雖經歷君主或執政者的反對，而實際上的精神，決不會這樣突然終止的，後來的祕密會黨，或者很受他們暗示的影響呢！

⑨ 所謂法家的書，如管子、商君書（二書多有後人附益的材料）、韓非子等，於道家的無爲主義，儒家的正名主義，墨家的平等主義都有脈絡分明的跡象可尋。不過他們雜採這種精神，用別的手段（法）來求他實現罷了。

⑩ 井田制度，在封建時代或許有幾處施行過。但決非分給民有的財產，不過替貴施經營采地，藉餘糧來自己贍養而已。至戰國時，李悝主盡地力，商鞅主開阡陌，一以多稅爲主，田地便可任民種植，不限多寡。這麼一做，田地便爲個人的私產，可以自由買賣，於是舊有的田制打破，而貴族所以駕馭平民的工具也失去了。

⑪ 君權的集中，也是順着時勢，一步一步來的。太遠的我們且不說，單就周初說起，已很可推見了。譬如周初之制有"君十卿禄，卿禄四大夫，大夫倍上士，上士倍中士，中士倍下士"的規定，則一國之內，卿不止一人，而大夫尤多，合計起來，與君的勢力不見得差得太遠，所以孟子有"反復之而不聽則易位"的說詞。那時君權有限，所謂大臣可畏，不過高拱而已。後來兼併日烈，滅國取地之後，往往立縣置郡，不再分封給臣下，而直隸於國君，於是君權大重，足以制馭臣下了。又古初兵民合一，民變便是兵變，所以厲王派人監謗而見逐於國人；春

秋時列國大事，也還有聽國人的輿論爲從違的。戰國時則攻戰日繁，漸漸把民兵制改爲召募，於是兵民分途，而衛國的軍隊一變爲君主的私人，君權自然又加重一層了。最後則田制破壞，貴族日削，而草野梟雄卻可用高爵厚禄來勾餌，使他們貼伏聽命。所以戰國末期，各國的君主大都刑賞從心，逞欲示威。及秦滅六國，海内歸一，真是到了"外無可畏之人，内無不掌之政"的境界，君權擴張的進路，怎麼不爬上極頂呢！

第三編　中古——從秦初到五代之末

（公元前二二〇——公元九六〇）

一　秦的統一和中央政府的確立

秦自孝公用衛鞅（因封於商，又稱商鞅），——當公元前三六〇到三四〇的當兒——國勢便一天盛似一天。又兼那邊地處上游，關塞四固，可以不遭外兵，於是後來七雄混戰，秦國便是唯一的主動者了。當春秋時，晉、楚交爭最關大局，完全一南北互鬥之勢；一入戰國，秦便是西方的强有力者，無論合縱連橫，總是他與六國的交涉，一變爲東西相持的局面，而秦的聲勢已概可想見了。到了戰國的後期，燕、齊、趙三國既內亂自賊，秦便乘此機會，專力攻楚。又用客卿范雎的計畫，遠交近攻，務與韓、魏爲敵。後來秦王政嗣立，聽從楚人李斯的獻計，更暗派辯士説客，齎着金玉幣帛去游説諸侯。一面設法離間他們的君臣，一面便調兵隨後攻伐，於是六國自救不遑，益發日見削弱，竟不能支撐現狀了。公元前二三〇（秦王政一七）年，使內史勝滅韓，就地置潁川郡。前二二八（秦王政一九）年，滅趙，趙公子嘉自立爲代王。前二二五（秦王政二二）年，使王賁滅魏。越二年（秦王政二四），王翦滅楚，置楚郡（後稱南郡）、會稽郡。明年（秦王政二五），虜燕王、代王，置代郡、遼東郡。又明年（秦王政二六），滅齊。至此，六國盡亡，——衛雖苟延至二世元年，然貶號自卑，早就不復成國了，——而秦乃統一。於是坐鎮咸陽（今陝西咸陽縣），威令及於四境，鞏固的中央政府便由此成立。

秦王政既以武力滅六國，因各國之舊，隨設郡縣，便明廢封建，把所有的領域劃爲三十六郡。[①]——後又添置四郡。郡下分置屬縣，使上下相維；典守郡縣的官吏又都是時常調動的流官；於是官不私土，而大權便歸集在君主一人手中了。中國歷史上實際的大一統，直到此時才得正式實現，確是政治上一大改革。惟威權太重，生殺惟命，竟爲後來歷朝君主開一方便之門，從此政權的轉移，也永爲巧取豪奪的勾當了。今述當時最有關係的設施，以見歷來中央政府集權的張本：

（一）特標稱號　秦王政既併六國，因嫌王號不足示尊，很想另創一個特殊的名號來威令天下，便示意給丞相、御史，令他們議復。議復的結果是“古有天皇、地皇、泰皇，泰皇最貴。請上尊號，王爲泰皇。命曰‘制’，令曰‘詔’，天子自稱曰‘朕’”。他的批答是“去泰着皇，采上古帝位號，號曰‘皇帝’。他如議”。因他知道古來相傳的名王有三皇五帝的名目，他又自以爲功業已超過那些名王了，所以兼稱皇帝。後來他又下制説：“死而以行爲諡，是子議父臣議君也，甚無謂！自今以來，除諡法，朕爲始皇帝，後世以計數，二世、三世至於萬世，傳之無窮。”因此，後世都稱他做秦始皇，而君主萬世一系的想念，也明明白白地自行宣露了。

（二）勒定官制　以郡縣制來代封建制是自然的趨勢，並非秦創，然官職多不沿習，而內外相維，深得體要，則秦制實多爲後世政府所取準。今且就當時最要的官職説，如中央政府的丞相，只管行政事務，不典兵事；太尉專掌全國軍政，不問吏事；別有御史大夫獨立於丞相、太尉之外，專司言論和糾察，卻不能躬親政務；不很可見互相箝制，不得專決的用意麼！又如地方政府有郡縣兩級，郡置守，專掌政治；置尉，專典兵事；守、尉之外，又置御史來監察他。郡下統縣，縣各設置令、尉，分司民事和軍政。郡守、縣令等官，都由皇帝簡用。所以事從中制而守令無特權，專制的威力便登峰造極了。

（三）統一法度　　戰國之世，適承封建的末流，各因分化的關係，真是"田疇異畝，車涂異軌，律令異法，衣冠異制，言語異聲，文字異形"。秦始皇既滅六國，一切法度，自然也要使他同一，才得刷新耳目，好讓全國的百姓有所遵守。所以那時的權度律令，便於無形中跟着武力的統一而漸趨一致。丞相李斯的奏同文字，並勒定八體來分頭應用，②便是一例。原來"書同文，車同軌，……"的運動，乃是行政統一的必要之圖，後世以改正朔，易服色為大一統的規模，他們的根據便在這裏。

中央政府鞏固了，秦始皇也就憑藉權威，恣行威福了。當時的百姓，既因嚴刑、苛稅、苦役③的壓迫，已是手足無措，很致怨望；那六國的大族遺民如韓張良、楚項氏④等，也都志在亡秦，伺便即動。所以始皇盛時，已免不了博浪沙（今河南陽武縣南）的椎擊，⑤更何能預弭覬覦取代的野心，⑥使後世長治久安呢！後來始皇東巡，死在沙邱（今直隸平鄉縣）道上，趙高挾二世皇帝（始皇少子胡亥）擅權，益見橫行，於是戍卒陳勝、吳廣便首揭反旗，號召亡命；項梁、劉邦先後興兵，據城略地；各地郡縣，也多殺官變叛，共起響應了。——當公元前二〇九（秦二世元）年。越三年，沛公劉邦先入關，秦王子嬰出降；⑦諸侯上將軍項籍後至，遂殺子嬰，燒咸陽，秦朝便就此告終了。

秦亡之後，新興的西楚與漢⑧又相爭不下。前後用兵五年，至公元前二〇二年，西楚的霸王項籍，終於敗死。漢王劉邦見大敵已平，竟也學着秦朝，自稱皇帝，便是漢高帝。他由平民發跡，起初還把除秦苛暴來做開國的新政，⑨然而不久便定朝儀，⑩仍從同一的模型裏脫出帝王面目來。因此，中央政府的權能，便成了歷朝帝王憑藉着作怪的利器！

① 三十六郡是<u>内史</u>、<u>上郡</u>、<u>北地</u>、<u>隴西</u>(在<u>陝甘</u>一帶)、<u>三川</u>、<u>潁川</u>、<u>南陽</u>、<u>碭郡</u>、<u>邯鄲</u>(在<u>河南</u>一帶)、<u>河東</u>、<u>上黨</u>、<u>代郡</u>、<u>太原</u>、<u>雁門</u>(在<u>山西</u>一帶)、<u>雲中</u>、<u>九原</u>(在<u>察</u>、<u>綏</u>一帶)、<u>上谷</u>、<u>鉅鹿</u>、<u>漁陽</u>(在<u>直隸</u>一帶)、<u>右北平</u>、<u>遼西</u>、<u>遼東</u>(在<u>奉天</u>、<u>熱河</u>一帶)、<u>東郡</u>、<u>齊郡</u>、<u>薛郡</u>、<u>琅琊</u>(在<u>山東</u>一帶)、<u>泗水</u>、<u>九江</u>、<u>鄣郡</u>、<u>會稽</u>(在<u>江蘇</u>、<u>安徽</u>、<u>浙江</u>、<u>江西</u>一帶)、<u>漢中</u>、<u>南郡</u>、<u>長沙</u>、<u>黔中</u>(在<u>湖北</u>、<u>湖南</u>一帶)、<u>巴郡</u>、<u>蜀郡</u>(在<u>四川</u>一帶)，本是初一海内時，陸續併來或設置的。後平<u>百越</u>，又置<u>閩郡</u>(<u>福建</u>全境)、<u>南海</u>、<u>桂林</u>(<u>兩廣</u>一帶)、<u>象郡</u>(<u>廣東</u>西南部和<u>安南</u>北部)四郡，合四十郡。近人<u>王國維</u>有<u>秦郡</u>考，他說<u>秦</u>郡以六爲數，續置的併計起來，實有四十八郡，可取以參考。

② <u>秦</u>併天下，<u>李斯</u>奏同文字，把不與<u>秦</u>文合的異體，悉罷不用。另定八體，分別應用，如大篆、小篆的用之簡册，刻符的用之符傳，摹印的用之印璽，蟲書的用之旛信，署書的用之封檢題字，殳書的用之銘刻兵器，隸書的施之徒隸便是。但這八種書體，都是因當時流行而采定的，並不是政府的創制。

③ <u>始皇</u>專任刑罰，當時已有赭衣塞路，囹圄成市的景象。<u>二世</u>督責更甚，腹誹或偶語<u>詩</u>、<u>書</u>的都要棄市，那時的刑罰就可想而知了。又賦歛煩苛，有"頭會箕歛"之誚，務吸民脂。而土木興作，戍邊守塞，在在役人以萬計，徒役勞苦，真是一言難盡了。

④ <u>張良</u>的先世，曾五代做<u>韓</u>國相，<u>韓</u>亡了，他便傾家結客，密圖報仇。<u>項氏</u>世爲<u>楚</u>將，<u>項燕</u>死後，他的族人<u>項梁</u>、<u>項籍</u>等都有仇<u>秦</u>的心意，所謂"<u>楚</u>雖三戶，亡<u>秦</u>必<u>楚</u>"的教訓，自然深中於他們的心坎了。

⑤ 公元前二一八(<u>秦始皇</u>二九)年，<u>始皇</u>東巡，<u>張良</u>募力士伏博浪沙中，待車駕過，操鐵椎來打他。不幸誤中副車，<u>張良</u>便亡命避匿。後來他輔佐<u>劉邦</u>入<u>關</u>，終於把<u>秦</u>滅掉。

⑥ <u>項籍</u>在<u>會稽</u>看<u>始皇</u>巡游的盛儀，便有"彼可取而代也"的狂言；<u>劉邦</u>解囚<u>咸陽</u>，縱觀宮闕和皇帝的壯嚴，便發"大丈夫不當如是耶"的嘆息，可見他們覬覦取代的野心，在<u>始皇</u>盛時已早流露出來了。

⑦ <u>趙高</u>見境內已亂，恐怕因此得罪，便暗害<u>二世</u>，改立他的姪子<u>子嬰</u>。<u>子嬰</u>即位之後，立誅<u>趙高</u>，復稱<u>秦</u>王，希冀挽救危亡。但大勢已去，僅僅四十六日，<u>沛</u>

公的兵已打入嶢關（今陝西藍田縣東），進至霸上（長安縣東）了。不得已，只好素車白馬，面縛出降。

⑧ 群雄共起亡秦的時候，項氏便立楚後爲懷王，以繫人望。那時出兵攻秦，有預約在先，只要哪個先入關中，便把那裏給他做王封的采地。沛公先入，諸侯上將軍項籍忌之，故意改封漢中，而自立爲西楚霸王，東都彭城（今江蘇銅山縣）。從此，楚、漢間的嫌隙日深，戰禍便不能自已了。

⑨ 沛公初入關，與父老約法三章，悉除秦朝苛政。

⑩ 漢高帝見諸將爭功竟拔劍擊柱，乃令叔孫通定朝儀。通本陋儒，便雜採秦制，務取尊君抑臣的精神，撰定上奏。一日，試行新儀，群臣依序參列，沒有一個敢凌亂喧嘩的，高帝嘆道：“今而後方知皇帝之貴也”！這話的背面，很可看得出那時的志得意滿，早就忘了從前的平民生活了。

二　長城與匈奴

長城的建築，起於防敵，所以楚有方城，而秦、齊、燕、趙、韓、魏諸國也都各有各的長城，互相守禦。自從六國淪亡，秦得統一，境内的長城，自無所用，對外的防禦，卻大亟特亟。於是邊界的長城便沿襲原有的城址，增葺延綿貫成一綫了。後人知道“萬里長城”是秦始皇造的，正説這個原有城址的聯合體。原來秦自統一以後，己族與外族的界限，陡然明顯，於政略上防遏外族的侵略，當然要比防遏己族的叛亂尤爲要緊，所以有此“夏、夷大防”的要塞出現了。

本來“夷狄”等字，並非固定的名稱，不過是中原文化較古的諸國對於那些文化較低的民族的一種輕蔑的稱呼。春秋諸國之中，楚民族起於西南，秦民族來自西北，吴民族和越民族起於東南，顯然都是新興的民族，各自從草昧艱難裏打出一塊地盤，造出一種文化來。然而中原的老國始終不願意和他們處於平等的地位，所以秦、楚、吴、越始終還只是蠻夷戎狄。久而久之，文化上的接觸漸深，同化的程度漸高，這些新民族也會尋出一兩個冠冕的古帝王做他們的祖宗，中原的民族也就漸漸地相信楚的始祖真是文王之師，吳的始祖真是至德的泰伯了！於是驪戎也與周同姓了，姜戎也成了四岳之後了。到了後來，從前的蠻夷戎狄，竟可以把別的民族稱做蠻夷戎狄了。

　　總觀中國歷史上的外族之禍，大部分多在北方。南方自從楚、吳、越三大民族開拓疆宇，提高文化之後，便沒有什麼重要的蠻族侵略了。北方卻不然。戰國時代，有三晉以北的林胡、樓煩，燕以北的東胡，——這是北族，又統稱胡，——隴以西的綿諸、緄、翟、獂、義渠。——這是西族，又統稱戎。那時與他們鄰近的諸國，便很有戒心，時時有防禦的必要。公元前三〇〇年頃（當周赧王時），趙武靈王破林胡、樓煩，築長城自代并陰山西下，至高闕塞（在今河套外），就這城圈以內地置雲中、雁門、代郡。秦宣太后誘殺義渠王，收沒其地，置隴西、北地、上郡，並築長城西起臨洮（今甘肅岷縣）來防護他。燕昭王將秦開也斥逐東胡，拓地千餘里，便築長城自造陽（今直隸懷來縣）至襄平（今奉天遼陽縣北），就地置上谷、漁陽、右北平、遼西、遼東五郡。這便是中國萬里長城的起源。

　　今且說長城與匈奴的關係：

　　那時的外族，北族尤強。其中特出的一部叫匈奴的，本是葷粥、獫狁的苗裔，乘林胡、樓煩諸部的相繼殘破，而秦又併力中原的當兒，便併吞鄰部，漸漸地強大起來。到戰國末葉，他的聲勢已盛極一時，所以史記說當時的形勢道：“冠帶七國，而三國邊於匈奴。”這三國便是秦、趙、燕。這時匈奴的疆土恰恰包緣在中國的北邊，正與清初以來俄得西伯利亞後的形勢相彷彿。以此，當時的對外交涉，匈奴便居首位，也與未開海禁以前的清政府一樣，只與俄國的交涉最多。

　　秦始皇既併六國，他的唯一勁敵便是北邊的匈奴。只因道路較遠，不欲特開邊釁，故示弱點；一面又恐<u>六國</u>的遺民不大貼伏，所以常常四出巡視，耀兵示威；其實他的心中，決不會忘掉北方的巨患的。如果必待<u>燕</u>人<u>盧生</u>的奏録①才知道“亡<u>秦</u>者胡”，我想一代的梟雄，那裏會這樣的糊塗可笑！只看他因<u>盧生</u>一言，便發兵三十萬，差將軍<u>蒙恬</u>帶着北伐，可見他早就預備下了。<u>盧生</u>的敢於造作此語，也只因受着現勢的暗示，才這樣的放胆託詞的。

　　<u>蒙恬</u>北伐<u>匈奴</u>，收<u>河南</u>一帶地（今<u>河套</u>）爲四十四縣，遷<u>河北榆中</u>（<u>河套</u>北<u>烏喇忒旗</u>地）的住民三萬家，移來充實邊地。又築長城，因各國之舊，增修聯絡，<u>蒙恬</u>便常駐<u>上郡</u>，居中統禦，這便是<u>秦始皇</u>造長城的情形。但長城的變遷很大，現在所見的城址，已是<u>唐朝</u>以後逐漸改定的綫路，大部分不是<u>秦朝</u>的舊制了。②

　　長城既成，南北之限愈顯，而民族的相嫉也因此愈急。北族迫於地理的環境，不能不奮圖南下，以求滿足生存的欲望，於是<u>秦漢</u>以後，他們的南侵，幾與<u>中國</u>的歷史相終始了。原來長城雖險，不能必守，當内政清明的時候，戍守得法，尚不致有什麽疏失；倘一旦境内亂了，邊帥無法統馭，則窺邊的外族，自會乘機闖入，以圖飽掠的。所以<u>秦</u>亡之後，<u>匈奴</u>又得南伸他們的勢力呢。我們看<u>漢高帝</u>白手興邦，威加海内，聲勢何等厲害，然而<u>韓王信</u>③和<u>燕王盧綰</u>叛入<u>匈奴</u>，便很難致力；<u>白登</u>（山名，在今<u>山西大同縣</u>東）之圍，幾乎不能生還，④更可想見當時北族的實力了。無怪<u>吕后</u>臨朝，<u>冒頓</u>致書嫚罵，也只得嫁個宗女給他以求和親，竟絲毫奈何他不得呢！後來雖經<u>漢武帝</u>、<u>和帝</u>等朝的深入窮討，但地勢使然，到底免不了首出亂晉之禍。那麽這偉大的長城，實在是歷史上最可痛心的紀念物了！

　　① <u>始皇</u>二十八年，——公元前二一九年——東巡<u>碣石</u>（在今<u>直隸盧龍縣</u>南<u>渤海</u>中），差<u>燕</u>人<u>盧生</u>入海求仙人<u>羨門子高</u>。<u>盧生</u>空還無憑，便捏造圖書，奏知<u>始皇</u>，這

圖書上便有"亡秦者胡也"一句話。後人以爲亡秦的責任應該由胡亥（二世皇帝）來擔負，便深信這是仙人的示識了。所以神仙一類的鬼話，到現在還能立足在一般的社會，正因國民心理的弱點，太容易給那些牽强附會的話頭支配所致。

② 秦朝亡後，雲中以北一帶地方常常没入匈奴，原有的城址便漸漸圮毁，後人也很少注意了。

③ 韓王信是六國韓後公孫信，與初封齊王，徙封楚王，復降淮陰侯的韓信爲同時人。所以後人每易混視。

④ 秦、漢之交，匈奴的單于叫冒頓的，勢力强盛。又乘楚、漢相爭的機會，便得東破東胡，西走月氏，南併樓煩、白羊。那時境地廣大，自今朝鮮起，直包到今甘肅的北邊，恰與漢土相接。高帝怕他日强，終爲邊患，所以特徙很有才具的韓王信去鎮守太原（今山西陽曲縣），警備非常。後信因通使匈奴見疑，只索叛降。高帝自將往討，信敗走北奔。漢派人至匈奴私探虛實，冒頓卻故意把羸兵疲馬來引誘示弱，高帝不知是計，便率兵三十萬，悉數北襲。至平城（今大同縣），冒頓忽縱精兵四十萬騎擊漢，把高帝圍困在白登，竟是水泄不通。救援既絶糧餉又完，十分危急，後來還虧陳平想出一條計來，差人送了一份厚禮給閼氏（匈奴后號），運動他設法勸冒頓解圍，才得退兵南還。然已坐困七天，狼狽不堪了。

三　郡國並行的因果

秦滅六國，徙豪族於咸陽，本有防止六國死灰復燃的深意。但六國的遺民，刺激受得太深，往往不能忘情於復仇。所以項氏起兵，便順着六國的餘勢，爲他們立後，一面用來維繫各地的人心，一面攻擊秦朝把持的罪惡。——藉口於秦的破壞封建，私利天下。當時四起響應的，都揭此旨，自然不能不故示推誠，與共爵賞，而封建於是復現了。以此，秦亡之後，在項籍操縱之下的有一帝國、一霸國、十八王國，①那時的郡縣便分配給他們管轄。

後來劉邦得帝，很得力於當時强有力者的背楚歸漢，爲要有求於人，更不能不因功分封。②所以高帝初年，便封韓信爲楚王，黥布爲淮南王，彭越爲梁王，張耳爲趙王，韓公孫信爲韓王，盧綰爲燕王，吳芮爲長沙王。但他的心裏，卻有很難委決的心事，以爲秦亡太速，或者由於孤立，封建似乎有恢復的必要；不過異姓太强，終恐將來受禍。結果他便放出辣手，前後八年之間，——公元前二〇一到前一九四——殺韓信、彭越，逼反黥布，驅除公孫信，廢辱張耳之子（敖），盧綰也亡入匈奴，把從前曾共患難的異姓功臣，幾乎滅盡，只有一個長沙王吳芮做當時僅存的碩果。

當高帝陸續廢黜異姓的時候，便把他自己的子弟，陸續分封出來，接管土地。封地以外的地方，仍設郡縣，直接中央。以爲這樣就得彼此相維，可以措一家的天下於磐石之安了，所以他竟宰殺白馬，告天立誓，把"非劉氏而王，天下共擊之"的心事，明明白白地宣露出來。然而權利所在，便禁不住人家的覬覦，即使異姓不敢圖謀，自己一家人也儘許發生骨肉相殘的惡劇的。只看他身後的變幻,[③]便可見出爲一家計算的破綻了！後來吳、楚七國之亂既定，——公元前一五四（漢景帝三）年，——中央對於列國多所裁抑，不但王國的官制大減，王國的土地分弱，便是諸小國的列侯，也多留置京師（長安），不使就國。那些身膺封爵的人，只要小有挫失，便立見廢辱；幸存的諸國，也只是虛設屏藩，有名無實。所以郡國並行，一國便等於一郡，而國相也由中央簡任，事權竟與郡守相當，於是國君的意義無形中虛懸起來了。——這便是封建制度二次試驗的反動，益爲郡縣制度加一保障。

郡縣制度的漸趨完密，在漢初也大略可考，起初高帝嫌秦郡太大，把他析做六十二郡，然閩中、南海、桂林、象郡已非漢力所及了。[④]後來武帝開邊，東置樂浪、臨屯、玄菟、真番四郡（當今奉天、朝鮮一帶地），西置張掖、武威、酒泉、敦煌四郡（當今甘肅西北部），又北卻匈奴，南收閩、粵，西南入滇。當時境內郡國相間，凡有一百零三郡，二百四十一國，所屬縣邑凡一千三百十四。——通蠻的縣邑叫"道"，凡三十二所。乃更總爲十三部，統攝這許多郡國。

那十三部是：

司隸校尉⑤部（地當今陝西中部、東南部，河南西部、北部，山西西南部）。

豫州刺史⑥部（地當今河南東南部，安徽西北部，江蘇西北部，山東西南部）。

冀州刺史部（地當今直隸東南部，河南北部，山東西北部）。

兗州刺史部（地當今山東中部、西部，河南東部，直隸南境的一小部）。

徐州刺史部（地當今山東南部，江蘇北部）。

青州刺史部（地當今山東北部、東部）。

荆州刺史部（地當今河南西南境的一小部，湖北、湖南全部，廣西、貴州的一部）。

揚州刺史部（地當今江蘇、安徽的大部和江西、福建、浙江的全部）。

益州刺史部（地當今四川的大部，甘肅東南部，雲南、貴州各一部）。

涼州刺史部（地當今甘肅的大部，新疆和西套蒙古各一部）。

并州刺史部（地當今山西的大部，陝西北部，河套全部，內蒙古的一部）。

幽州刺史部（地當今直隸東北部，奉天南部，朝鮮的一部）。

交州刺史部（地當今廣東全部，廣西大部，安南北部）。

於是郡國守相，都要受刺史條察，刺史的實權便大增，無形中竟成了一州的首長。後來國數漸減，郡數漸加，以州統郡，只索變成州郡之制了。成帝時把刺史更名州牧，職位僅次於中朝的九卿，⑦聲望益隆。其後或復稱刺史，或仍叫州牧，竟沒有定名可循。自漢末大亂，州郡並得便宜行事，牧守之任愈重，豪猾官吏便各據地自雄了。三國時，魏刺史任重的，加"使持節都督"的名目；任輕的，也加"持節"，遂開後世節鎮之端。然而從此以後，中國的地方制度乃確立三級⑧的基礎了！

① 秦亡之後，項籍大行封賞，表示自己的威力。當時尊楚懷王心爲義帝，徙於郴（今湖南郴縣），爲名義上的帝國。自立爲西楚霸王，都於彭城。餘外十八王國，爲漢（劉邦）、雍、塞、翟（章邯、司馬欣、董翳，又合稱三秦）、常山（張耳）、代（即趙王歇）、齊、濟北、膠東（田榮、田安、田市，又合稱三齊）、燕（臧荼）、遼東（燕王韓廣）、魏（即魏王豹）、殷（司馬卬）、韓（韓王成）、河南（申陽）、九江（黥布）、衡山（吳芮）、臨江（共敖）。

② 漢欲得人相助，自不能不裂土給人，假裝慷慨。我們只看楚、漢約分天下以後，漢先背約，韓信、彭越便不應召出兵，已可見到一斑。後來他聽了張良的計畫，許將來把楚地加給齊王韓信，把梁地封給彭越，於是兩人都將兵趕來，竟把項氏滅掉。更可見當時的蹱行封建，真是不得已的辦法。那裏是漢王的本心！

③ 漢高帝死後，呂后當國，便不顧"非劉不王"的盟約，遍封諸呂爲王。文帝時，淮南王長以謀反徙廢死，吳王濞也反謀日亟。景帝時，吳、楚、膠西、膠東、淄川、濟南、趙七國並起連兵，反抗中央。高帝以同姓代異姓的結果，竟釀成骨肉相殘的慘劇，豈是他始料所及！

④ 秦始皇用任囂爲南海尉。後任囂病將死，召龍川令趙佗屬以後事，並給憑證與他，叫他代理南海尉。囂死，佗便移檄關隘，絕道聚兵。因此稍稍借法誅去秦官，擊併桂林、象郡，自立爲南粵武王。漢高帝既定中原，使陸賈往通問，佗乃稱臣奉漢約。然南海、桂林、象郡一帶，實際上不是漢有了。閩中爲勾踐之後無諸所封，山川阻隔，在高帝時亦非漢有。

⑤ 司隸校尉的任務，與秦朝的內史相當。然漢更內史，別置京兆尹代之。校尉係武職，權力稍大，因長安多貴游豪族，非有力官吏不能鎮撫，所以武帝時特設此職爲畿輔的長官。後世多以都城所在稱司州，便是沿習的謬誤。

⑥ 當時郡太守的俸米爲二千石，刺史俸米僅六百石，刺史的官秩，較太守爲卑。武帝因官小則顧忌少，用他力勤，所以特地放他們出去監察郡國。

⑦ 漢時的京官，以太常、光禄勳、衛尉、太僕、廷尉、大鴻臚、宗正、司農、少府爲九卿，位次三公，很處尊顯的地位。

⑧ 漢朝的十三部，爲後世三級制的根據，不過名目的變遷有不同罷了。直到現在，還維持着省道縣三級呢。

四　尊重儒術的影響

漢家的得爲帝王，雖由平民發跡，而一意固位自尊，一切設施便多採秦制了。自從叔孫通沿襲秦朝故事爲漢家起了朝儀，於是天子之貴又加一重鉄證，無怪高帝要詫歎自喜，把從前對於儒生的侮辱態度一變爲接近的態度了。這便是儒者日後發展的立足點。後來惠帝除挾書之禁，不必再有顧忌，宜乎可以聽到放言高論的批評了，然而一般談説治道，自致尊顯的人，都是自託於正名定分的儒者，很少公然非議的論調，便可見在這積威之下已只有儒者的活動，別派就不很露臉了。文帝崇尚黃、老，爲的便是君人南面之術，本不礙帝王的尊嚴，以此尚有説起；至於申、韓任法，雖能助益威權，未嘗不爲君主所喜，只因大家不肯居苛刻之名，便讓那班自稱法後王的儒者搶去做實際上應用的工具了。所以漢初的儒家，已有慢慢地乾没別家的精神，消納在一家旗幟之下①的趨勢了。

到了公元前一四○年以後，儒家更得奮起獨霸，幾乎把中國全部的學術思想統一在一尊之下。原來漢武帝即位之後，便下詔叫郡國各舉賢良方正直言極諫之士，送京聽用，預備親自臨軒策問。策問的結果，董仲舒對的最合，武帝便拔他第一，用爲江都相。於是一面依他“諸不在六藝之科孔子之術者，皆絶其道，勿使並進”的請求，便表章六經，罷黜百家；一面迎魯申公來議明堂之制，便立博士，置弟子員五十人。儒家既得政府的保障來排除異己，進行的聲勢已可想見；後來武帝又詔"吏通一藝以上者，皆補右職"，則學術與利禄之途牽連，而當時的官吏學人更得競託儒術以進身了。

惟其大家要競託儒術，儒家的精神，自然會駁而不純。原來當時的事實明明不能推拒黃、老的自然主義，他們只得雜造讖緯，作託古改制的張本，便把方士的迷信硬披上儒家的外衣了；明明不能推拒申、韓的法治主義，他們便説取法後王，禮貴因時，竟把法家的手段強飾做儒家的治化了。久而久之，這種兼併獨霸的精神瀰漫在中國的全社會，便把孔子的真相埋卻，另外造成一個最大的偶像，②後世有儒教的名目出現，其實就是漢儒與方士雜糅的自然結果。

當時經了這樣一番鼓吹，六藝既看做唯一的高文典册，孔子也就被看做萬世師表，無形中便與六藝粘合在一塊。儒家到了全盛時代，便發生兩種最大的影響，一種是經書的結集，把上古一部分比較可信的史料，借着聖人遺教的力量，一直流傳保存到現在；一種是頑固的傾向，把一切興作都建築在好古尊先的基礎上面，於是專己武斷，思想漸致錮蔽了。今且分述一些大概情形，以見這影響的重大。

（一）經書的結集　經書是否出於孔子一手删定，到如今還是一個絶大的疑案。在未經表章以前，他的真相究竟怎樣，也是中國文化史上最值得研究的一個問題。其實經書的最古而且最可靠的，只有易、書、詩、春秋，然書經已很有竄亂和附益的痕跡了。③至於諸經的真相，易本是當時卜筮的占繇，所以秦朝與種樹、醫藥等書並視，不加禁絶。書只是片段的古史，没有勒定統系，自然容易攪混裝點，隨便竄益。詩是當時民謡俗歌和祭祀用的禱詞、樂詞的總集，只不能像猜謎一樣的説定某篇是某人所作，某詩爲某事而發罷了。禮是那時社會風尚逐漸造成的儀式，自然是後起的東西，不能必擬以爲某人所勒定或公布的；我們看大小戴記是漢朝人所輯録，已不能完全置信，而周禮直到西漢末年——公元第一世紀——才跑出來，④更不能叫人家信他爲周朝的官制了。樂没有傳後，姑置不論。惟春秋是本着魯國舊藏的史册來推衍成書的話，當無可疑。這樣看來，彼此原不相干，只因後人偏偏認定這些古書都經孔子删削或訂定，以爲必有微言大義藏在裏面便硬配在六藝之科。那班儒生既把他用作得君行道的利器，於是經書的結集便漸由漂散而凝定，所謂經學昌明，自然也要推重他們——漢儒——了。起初的結集只有五經，——六經配六藝而言，實際上卻没有樂經，——在當時傳習的源流，派別極繁。⑤後來説解的人愈多，不但派別愈弄愈多，而且經書的數目也代有增加，先只易、書、詩、禮、春秋稱經；繼而三禮（儀禮、周禮、禮記）對等，便稱七經；復次三傳（春秋公羊傳、穀梁傳、左氏傳）並舉，便成九經；最後且加入孝經、論語、爾雅、孟子，竟衰成十三經了。

　　（二）頑固的傾向　漢武帝聽了衛綰、董仲舒的説話，於是儒家的理想政治居然稍稍實現，在學術界上便成了一尊之局。甚至牽扯附會，竟把孔子裝點成一個無冠的"素王"，説他種種主張都是"爲漢制作"，好好的學説便變做迷信的預言了。當時一般的人心既爲這預言支配着，自然以爲古的都是好的，都是預爲後人説法，萬世可以遵行的，所以漢人觀察自然，便有"天不變，道亦不變"的謬解了。這種"不變"的觀念横梗在心裏，那頑固的傾向便十分明顯。我們且看董仲舒、公孫弘、兒寬輩，已經得君行道，尚且要用經術來緣飾吏治，以求無悖於古；無怪那些希望乘時登庸的人要託古改制，自也不得不捏造讖緯來擁護自己的主張了。當時的思想界在這樣濃重的頑固空氣裏掙扎，早就罩了一層厚膜，而且影響到後世，也就牢牢地縛住了一般的學者。所以當代雖有王充、張衡⑥那樣的懷疑，終於止不住踵事增華的假古董——僞書——層見迭出；後來雖有唐朝的劉知幾和清朝的崔述⑦那樣敢於惑經考古，然而他們的力量，還是驅除不了一般人先入爲主的成見。⑧這樣厲害的勢力潛伏在中國的學術社會，他的影響是何等的危險！

　　綜看上面的結果，儒家統一實是中國文化衰老頹廢的徵驗。如果沒有後來的外族文明——如佛教伴來的印度思想等——來衝激一下，使我們先代的思想略爲解放一些，恐怕中國的學術早就殭化了！

① 儒家在秦漢之際，對於道法兩家頗有兼收並蓄之勢。只是墨家末流的游俠是根本不相容的，所以只得嚴行禁絕，勿使滋蔓，史記所稱“俠以武犯禁”，正可見當時對任俠之士橫加遏抑的不平。

② 孔子的偶像，到現在真是人人皆知，很普遍的稱道聖明。試看古來無數的名王，無數的學者，在當時政治上曾發生過絶大的影響，在思想上曾加以很大的搖動的，不一定人人都曉，獨有這無高位無奇說的孔子卻這樣的深入人心，很可想見當時表章的力量了。

③ 書經的竄亂之跡甚顯，有語氣不類的，有所舉名物不稱的，有文體不同的，只要稍稍留心細看，便可察出。清朝的學者考證書經的很多，最重要的有閻若璩、惠棟諸人的書。康有爲的新學僞經考辨析甚細，可參考。其實中國的古書都要這樣觀察，不但經書讖緯要這樣的辨別。

④ 周禮一書，相傳是周公手定的稿本。但漢初廣收簡册，藏書競出，獨沒有見到他的名目，已很可疑；直到西漢末年劉歆大加表章，說是河間獻王在山岩屋壁間得到的（原缺冬官，便把考工記配上），才有人說起，所以人家很疑心是劉歆僞託的。

⑤ 漢時傳經的派別，大概說來，易有施讎、孟喜、梁邱賀三家。——別有京房一派託之孟氏，其實專講災異；又有費直、高相等，也頗能自立一幟。書分今文、古文兩派，今文先出，有歐陽氏學和大小夏侯氏學；古文出較後，直待後漢時賈逵、馬融、鄭玄的表章，才得顯然在學術界出頭。詩有齊詩、魯詩、韓詩、毛詩四家，毛詩在後來竟蓋過三家，獨霸一時。禮有高堂生所傳的士禮和后蒼所說的數萬言（即儀禮）；周禮晚出，有杜子春、鄭衆等傳習解詁，但所記的制度多像從孟子和王制裏套來擴大的，所以疑非真有其書；禮記則有大戴記和小戴記。春秋傳有公羊、穀梁、左氏三家。

⑥ 王充、張衡俱漢時人（王充傳在後漢書七九卷，張衡傳在同書八九卷），王充懷

疑古籍，著論衡八十篇，多所批評，藝增、儒增諸篇尤見精神。張衡不信讖緯，
尚實做，造候風地動儀，頗爲後人所稱道。

⑦ 劉知幾(字子玄，以字行，舊唐書卷一〇二和新唐書卷一三二都有劉子玄傳)著
史通，對於諸家作史，俱有批評，外篇中疑古、惑經二篇，尤敢道人所未道。
崔述(北京大學國學季刊第二期起，有胡適的科學的古史家崔述一文極詳)著考
信錄，對於古史，不信附會，事事都求實證。

⑧ 王、劉、崔等的成績，在過去的中國學術史上，很少見到同他一樣可貴的東西。
然而他們"考信於六藝"的成見還是蟠據在腦裏不能澈底盪滌。所以他們只是以
經證經，只是要辨出一個那些真是聖人的遺經，那些是後人的依託和攙説的證
據。如果認定了真是聖人的遺經，便不更求別解，深深地置信不疑了。何況其
餘的弱者，早被"聖人之言"的大旗捲住，當然不敢反抗呢！

五　域外交通的發展

自從漢高帝和呂后受挫於匈奴以後，匈奴便婪索無厭，屢來
寇掠。文帝、景帝的時候，更是邊警頻傳，時起戰爭。然而只等
他們來了才派兵抵拒，從沒打進他們的地界的。所以那時的往來
交通，只局於域內。後來武帝在位，情形便又不同，因他是個心
強氣盛的人，自然不願遷就損威，於是境內境外都大事拓闢了。
武帝既志在開邊，對於四方異族，總希望他們都來朝貢，以此，
不但北伐匈奴，而且西通西域，東征朝鮮，南平南越、閩越，開
西南夷，使兵將使節絡繹奔赴，道途四闢，漢威乃大震於域外。
今略述那時對外的情形，以見域外交通逐漸發展的大勢：

(一)匈奴　武帝初年，便因匈奴寇邊，差車騎將軍衛青領兵
打他。匈奴敗了，漢因取得河套地，置朔方郡。不久又差驃騎將
軍霍去病自隴西出兵，收取匈奴屬部休屠王的祭天金人。單于知
道了，要把休屠王召去問罪。休屠王不敢去，便約鄰部渾邪王共
降漢。既而又反悔不肯行，渾邪王便殺他來降。武帝把他們的徒

衆分徙在隴西、北地、上郡、朔方、雲中諸郡的塞外，於是金城
（今甘肅皋蘭縣以西至青海一帶地）、河西（今寧夏轄區阿拉善旂）
以西，並南山（祁連山）至鹽澤（羅布泊）一帶，匈奴竟爲之一空。
後來衛青、霍去病又大舉出伐，破匈奴，封狼居胥山（外蒙古杭
愛山麓）而還，自此匈奴遠遁，別取一個方向去發展，①而大漠以
南便沒有他們的王庭了。

　　（二）西域　武帝初攻匈奴，很不得手，適匈奴的降人把西域
月氏怨恨匈奴的情形②傳說出來，他便下令招募能使月氏的人，
希望通好了可以牽制匈奴。張騫應募願往，出隴西，被留在匈奴
十餘年，才得脫逃西去。至大宛（在今俄屬中亞細亞東部），大宛
便派了通事，引到康居（在今中亞北部）轉送大月氏（時已徙在今
中亞東南部）。那時大月氏的國勢新盛，地肥少寇，從前報復的
心便很淡漠，張騫在那邊住了一年多，竟不得要領。然而西域諸
國的地理強弱情形，他卻悉數記載，弄得路路清疏了。還漢後，
他勸武帝“以厚幣招致烏孫（今新疆伊寧一帶地），使居渾邪王故
地，以斷匈奴右臂；且既連烏孫則自其西大夏（在今中亞阿母河
中流沿岸）之屬，皆可招徠而爲外臣”。武帝很信他，便再派他多
齎金帛往烏孫，運動內附。因未得解決，又派副使分赴大宛、康
居、大月氏、大夏、安息（今波斯）、身毒（今印度）、于闐（今新
疆和闐縣）和近旁諸國，居然邀集了這幾多國的回使，與他們俱
來漢廷，於是西域始通。武帝特爲置酒泉、武威、張掖、敦煌四
郡以護漢使的往來，歐、亞交通的機會便於此伏根了。

　　（三）朝鮮　自箕子以後，世傳不絕。戰國時屬燕，秦時爲遼
東的外徼。秦末，中原大亂，燕齊逃亡避難的人多搬住那邊。漢
初，因地遠難守，復修遼東故塞，至浿水（即大同江）爲界，仍屬
燕國。後來燕王盧綰反入匈奴，燕人衛滿便聚黨亡命，渡浿水，
乘勢役屬諸夷和燕、齊的移民，襲破箕子之後箕準，建都王險
（即今平壤），拓地很廣。傳到他的孫兒右渠手裏，他們東北面的

薉貊酋南閭率人口二十八萬自行投到遼東，請內屬於漢，武帝便以其地置蒼海郡。右渠卻一面阻遏辰國③（即辰韓）不令通漢，一面引誘漢民逃亡歸他，並殺漢廷使臣，顯與武帝作對。武帝大怒，便使樓船將軍楊僕從齊浮渤海，左將軍荀彘出遼東，會師進討。朝鮮人殺右渠出降，遂置樂浪、臨屯、真番、玄菟四郡。

（四）南越　即南粵，漢初趙佗據此，便與中國立異。④武帝時，趙佗已死，他的玄孫趙興爲南粵王，很願奉母內屬。但南粵相呂嘉不服，聞漢使韓千秋等已將兵入境，便把他們母子殺害，並殺居留境內的漢官；發兵扼守要隘，準備拒敵。武帝使伏波將軍路博德出桂陽（今湖南郴縣），他將楊僕出豫章（今江西地），與諸道兵合進討伐，呂嘉逃入海島，竟被漢兵追殺。當時便分南越地，置南海、蒼梧、鬱林、合浦、九真、日南、珠崖、儋耳九郡。

（五）閩越　即東越，本越王勾踐之後。秦併六國，把他們的王無諸廢掉，改其地爲閩中郡。秦末，因從諸侯討秦有功，復封無諸爲閩越王。漢武帝時，他的後代餘善反漢，乃命楊僕和橫海將軍韓説等由勾章（今浙江慈谿縣）、白沙嶺（在今浙江樂清縣）等處，分道浮海進討，竟斬餘善。當時因那邊險阻多，反覆易，把所有的住民悉數徙置在江、淮之間。越地幾成荒墟，便不復置郡設縣了。

（六）西南夷　自古不通中國，戰國末年，楚莊蹻闢地通滇，遂立滇國。餘地仍由土酋分據，各自稱雄，後來漢廷便概以蠻夷來稱他們了。武帝時，番陽（即江西鄱陽縣）令唐蒙使南粵，訪知通蜀之道在夜郎（在今四川宜賓、樂山兩縣東南一帶，直至貴州西邊），還朝後，力請通夜郎以制粵。武帝乃使唐蒙間關到夜郎，見他們的首領多同，一面用厚賜來賂他，一面用威德來鎮他，竟得如約置犍爲郡。又使司馬相如因巴、蜀吏幣物賂西夷，於是邛都（四川西昌縣）、筰（四川漢源縣）、冉駹（四川茂縣）之君皆內屬了。及定南粵，遂平南夷爲牂牁郡，邛都爲越嶲郡，筰爲沈黎郡，冉駹爲汶山郡，又收西羌白馬（甘肅四川間）爲武都郡。

武帝拓土開疆，固然勞民傷財；而中國境土的統一和開闢，實較秦併六國還要有力。不但漢族的聲威遠震於異域，即現在國土的完成和粵江流域的漸次開化，都是受的那時的影響！只看當時的國境，東迄朝鮮的漢江，南暨交趾，西南界雲南大理，西盡渠搜（中亞），北抵陶塗（蒙古沙漠），便可想見那時版圖之大，遠非秦朝所及了。

① 匈奴既不能南下得志，便西向侵略，直接影響當時中亞、印度諸國的興衰，間接且及於歐洲西羅馬的滅亡。詳見梁啟超中國歷史研究法。

② 月氏本是敦煌祁連之間的強國，被匈奴襲破，虜殺他們的首領，餘衆遂遠遁避難。但怒恨極深，有必欲報仇的決心。

③ 辰韓與弁韓、馬韓合稱三韓，俱在朝鮮半島南部。

④ 趙佗自立爲南粵王後，漢高帝雖與他剖符通使，令稱臣奉約，而實際上已不相下了。呂后時，佗以漢官請禁粵關市鐵器，便起兵反，自稱南越武帝，進攻長沙。漢兵不能勝，他便乘機用兵威財物分別擊賂閩越和近旁諸部，使他們聽己約束。那時東西萬餘里，都聽他指揮，一切儀制，竟與中國相等。後文帝即位，更命陸賈往諭，曉以利害，他才謝罪奉約，去帝號稱臣如故。

六　政治中心的墜落

漢武帝在位五十四年（公元前一四〇——前八七），實是漢家盛極一時的黃金時代。然而寵信衞、霍二氏，宣敕多假中涓（內侍）之手，便令政治中心墜落於那輩半貴族（外戚）和準貴族（宦官）的掌握，開貪緣竊柄禍國殃民的惡例，影響於當時和後世都極重大。所以武帝之後，政治社會幾無別事可記，只見外戚與宦官的更興迭代了。他們有時勾結，有時抵排，結果便釀成王莽的篡奪。我們固然知道外戚宦官之禍自古已然，[①]但都是倏起一時，不會一輩子爬梳不清的。因此，以前的情形從沒有漢朝那樣的長期糾結，更沒有武帝以後那樣的猖狂厲害。我們且看武帝以後的政局情形，看他怎樣會得渡到王莽身上的。

武帝朝外戚的榮顯，真是超邁往古，如竇太后弟竇嬰，王太后同母弟田蚡，衛后的妹夫公孫賀，都先後爲丞相；衛后弟衛青爲大將軍；衛青的外甥霍去病爲大司馬驃騎將軍，都是權位隆重，舉朝仰望的勢要。後來去病弟霍光受遺詔輔昭帝，便兼爲大司馬大將軍。從此大司馬大將軍一職，便永爲外戚承襲之官了。

昭帝時，后家上官氏（祖桀父安）因陰謀廢立，事覺被誅。宣帝時，霍光妻要顯榮他的少女，便設計毒殺許后。霍光死，宣帝嫌他家侈橫，便用史（祖母家）許（后家）兩家的子弟來代霍氏，霍氏卒因謀反族誅。然上官桀、霍光的所以貴顯，還有功績可述，他們的進階得位，未必盡由外戚之故。及史、許受任，而外戚便成唯一資格，雖没功望，也可坐致尊顯了。

元帝即位，史高爲大司馬領尚書事，然他的副職蕭望之、周堪俱因師傅舊恩，頗見信任，史高不過備位而已。後來史、許兩家以利害攸關，到底勾結了宦官，把蕭望之逼死。元帝死，成帝立，以元舅王鳳爲大司馬大將軍領尚書事，他的諸弟王崇、王譚、王商、王根、王逢時又同日封侯，當時人便叫做王氏五侯，可想他們聲勢的煊赫，一時真没有比量了。

王鳳死後，王音、王商、王根相繼柄政，權勢益重，不但郡國守相多出其門，甚至有罪也弗敢究治了。只要看京兆尹王章因參劾王鳳而寃死獄中，宗正劉向因極言王氏威權太重而幾致危亡，便可推知王氏在當日的勢力是何等的偉大！那時大臣言官如谷永、杜欽、張禹、孔光等，又都黨附王氏，互爲迴護，於是成帝更加傾信了。及根免，便薦他的姪兒王莽代爲大司馬。成帝死，哀帝便把諸王氏官罷去，任用傅氏（祖母家）、丁氏（母家）。

傅喜、傅晏、丁明先後爲大司馬，而王氏退處無權凡六年。哀帝臨死，王太后便親至未央宮收取皇帝璽綬，復召王莽爲大司馬領尚書事，迎立平帝。傅氏、丁氏，一切罷斥，王莽便得從容布置，竟把平帝害掉，改立孺子嬰，到底把漢朝推翻，打起新號作天子了。

至於宦官的得勢，全由宣帝一念之私所致。他自己起自民間，②以爲朝臣都有黨派，不能傾信，不如宦官寒微，沒有外援，倒比較的精專可靠。於是任閎恭爲中書令，石顯爲僕射，久典機要。元帝時，石顯與史高、許延壽相結，互爲表裏，頗擅權自恣。蕭望之等因建言"中書政本，國家樞機，宜以通明出正者處之。宜罷中書宦官，應古不近刑人之義"。這個建議，當然爲恭、顯所嫉恨，何況還有史、許在旁側目呢！所以最後的結果，望之只得自殺。後來閎恭死，石顯繼爲中書令，事無大小，元帝悉以委他。他便與少府五鹿充宗等結黨專政，益發橫肆無忌了。及成帝專任外戚，罷石顯，宦官的勢力才稍衰，然而惡例已開，漢家的後患就不堪問聞了。

這便是西漢時外戚宦官勾結廝并的大略。

從此以後，外戚與宦官便成了中國歷史上不祥的名詞，影響到後世真大，直與帝政相終始。因爲這兩種人物，都是帝王所親暱的私人，地位接近，則不必責功求效，而人家看他們易致貴顯，則依草附木的自會聚集攏來。於是不問清流濁流，每多被他們攪混；激揚不和，便掀起大波了。如東漢末年的黨錮，唐朝南北司的衝突，明朝東林結社的攻擊，那一樁不與這班憑藉勢要的惡魔有直接或間接的關係！

① 漢武帝前的外戚之禍，如周幽王時的申侯，秦昭王時的穰侯，漢初的呂氏，都是最著的例子；宦官之禍則如齊桓公時的寺人貂，秦二世時的趙高，也都是顯例。不過後繼的沒有後來那麼長而有力，所以倏起倏落，沒有蟠據幾代經歷百年的事實。

② 漢宣帝是武帝的曾孫。他的祖父父親俱因遭巫蠱之獄得罪自殺，那時他才出生，雖在襁褓之中，也拘去關在獄裏。後來武帝覺悟了，把他赦出，遂得生長在民間。及昭帝死，昌邑王又被廢，霍光便迎他即位。

七　復古的失敗

王莽利用外戚的積勢，又兼矯情偽飾，頗鉤取當時一般人的譽望。①在漢朝哀帝、平帝的時候，維繫政治重心的，確只有推到他身上了。所以他一步步地走向篡漢的道路，竟得很順利的通過。他先由安漢公加號宰衡，不久又自加九錫。後來進毒把平帝藥死，迎立宣帝的玄孫嬰，叫做孺子，自比周公；居攝踐阼，一切禮儀都同天子一樣了。最後竟由"假皇帝"②渡到真皇帝，改國號爲新。

他既因託古改制而得國，當然要盡反漢制，以示與天下更新。在當時確也富有革命的精神，很想把現代不滿意的制度，完全更改的。但刻意仿古，以爲只要盡復唐虞（?）舊稱便可壓勝漢家狹小的制度，未免拘泥可笑，而實際上反多不通。今略舉那時更革的大端，以見復古的趨向：

（一）官制　改大司農爲羲和，後改納言，大理爲作士，太常爲秩宗，大鴻臚爲典樂，少府爲共工，水衡都尉爲予虞。其他如郡太守更名大尹，都尉更名太尉，縣令長更名宰等，名稱盡變，不可悉記。

（二）田制　當日貴族外戚的掠奪過甚，國中貧富太不均平。漢朝名臣久已有限制私有田額的主張，都因貴族的反對，不及實行。王莽開國後，收取天下田畝，更名"王田"，奴婢叫做私屬，都不得互相買賣。如一家男口不滿八人而田過一井的，分餘田給九族鄉黨。從前沒有田地而現在應當受田的，照新制。敢有非議井田聖制的，依法治罪。

（三）理財　用國師劉秀（即劉歆更名）的主張，立五均、司市、錢府等官。③又因爲鹽、酒、鐵、名山大川、五均賒貸、銅冶等皆是民間必需的大事業，不應該歸私家商人壟斷營利，所以一律收歸國家管理，設爲六筦之令，每一筦申明苛禁，犯此的，往往得死罪。

（四）幣制　中國錢幣的起源，相傳甚古，但龜、貝並行，④直到秦時才專用鑄錢。錢制外圓內方，分兩不等，當時最通行的是"半兩"。漢初因它太重，改用"莢錢"。武帝始鑄"五銖錢"，輕重最爲適宜。王莽更作"寶貨"，凡五物六名二十八品，⑤兼用龜、貝，百姓不便，乃單行"小泉直一"與"大泉五十"。後更嚴禁挾用五銖錢，罷大小泉，別造貨布、泉布二品並行。

（五）封建　王莽用周官、王制的説話，仿置卒正、連率、大尹、屬令、屬長、州牧。分長安城旁爲六鄉，三輔⑥衆縣爲六尉，河內、河東、弘農、河南、潁川、南陽一帶爲六遂。又仿古制，分成六服，⑦每服定一千八百諸侯，總爲萬國。

照當時的更革看來，除官制、封建（郡縣變相）只改換一些名號，沒有徹底改革外，餘都有試行理想國的精神。但他迷信古制太深，而性又躁急不能久持，所以朝令暮改，紛更不定。往往一郡的名稱有遞改至五次而結果仍復原名的，⑧其他類是的花樣，真是不可悉數呢。那時百姓的觀聽，受他紛更的影響，已攪得糾纏不清，又兼官吏趁火打刼，使他們搖手觸禁，無所適從，於是人心思漢，大家對這好大愛闊的新朝，竟大大的不滿意了。他又自恃富強，挑釁外國，四境既多叛亡，國內各地的匪群，自然也趁機四起，與他爲難。因此，他到底被亂兵所殺。

原來古代的情形與當代的情形不同，所以一切制度多因社會的演進而跟着改變的。若不察致變之由而一意復古，當然拂逆人心，人家自要看做怪誕難信的玩藝，誰也不願倒退向後地遵教的。新朝的失敗，這是最大的原因。

新室的皇帝是失敗了，但他的影響卻長留在中國歷史裏，直到帝制終了才歇。受他泥古改名的影響的，有北周的蘇綽。受他更張求效的影響的，有宋朝的王安石。而假託曆數，竊名禪讓，實行篡取的，更是史不絕書，後來的所謂魏文帝、晉武帝、宋武帝、齊高帝、梁武帝、陳武帝、隋文帝、唐高祖、宋太祖……，便是一脈相承的傳授心法者。——這便是帝制的黑幕。不幸他失敗太速，後起的又是劉家的子孫，那班勢利的史臣便把他擠在帝統之外，⑨未免太不平允罷！

① 王莽的鈎取時譽，其實只是假造民意。當漢哀帝即位時，罷斥王氏，遣他就國（新封新都侯），吏民爲他訟寃的以百數；加號宰衡時，上書頌他功德的，先後至四十八萬七千五百七十二人。無論他怎樣的謙恭下士，這許多人的頌揚未必會盡出於至誠，那麼與近時袁世凱稱帝的把戲有什麼兩樣！所以有力的反對一起，這些靠不住的，曾經歌功頌德的多士們都會變勁兒了。

② 立孺子嬰時，漢宗室劉崇起兵討王莽，雖没成功，而群臣都以爲莽權太輕，不能壓衆，請太后多給權力與他。太后乃詔莽朝見群臣，稱假皇帝，臣民稱他做攝皇帝。

③ 五均之説，本於河間獻王所獻的樂語，語文説"天子取諸侯之上以立五均，則市無二賈，四民常均，彊者不得困弱，富者不得要貧，……"立五均官爲此。司市之制，本於周禮，以四仲之月（仲春、仲夏、仲秋、仲冬）定物賈，爲其市平。民物不售，均官考驗，用其平買取之。錢府即泉府，司民之賒貸，每月百錢收息三錢。

④ 上世貨幣，荒遠難稽，周代始有圜法，然已不易徵信。大概各地自爲風氣，並不一律，龜、貝既仍通行，自不必專用鑄錢。

⑤ 王莽作寳貨，用金、錢、銅、龜、貝五物爲原料，製成錢貨、金貨、銀貨、龜貨、貝貨、布貨六種名目，計錢貨六品，金貨一品，銀貨二品，龜貨四品，貝貨五品，布貨十品，共二十八品。

⑥ 京兆、左馮翊、右扶風爲"三輔"，當今陝西關中道地。

⑦ 王莽分天下爲六服，即惟城、惟寧、惟翰、惟屏、惟垣、惟藩。惟藩在九州之

外，餘均在九州中。

⑧ 地名最繁觀聽，經王莽這樣的紛更，吏民多不能紀，所以每下詔書，往往在新名之下，仍注舊名，結果還是不便，多有復用原名的。

⑨ 王莽明明做了十五年的皇帝，似乎不能把他抹去，然而當時的儒生偏會造出"閏統"的名目來，周旋在兩漢之間。所以王莽只在漢書立一"傳"，竟不如項籍在史記的地位（項羽本紀與漢諸帝本紀並視），更何能望魏文、晉武一樣的待遇！

八　一姓再興和表章氣節

王莽末年，群雄四起，很像秦末的局面。然多剽掠，未必都副民衆的願望。惟劉縯、劉秀兄弟爲漢景帝的子孫；而秀又是謹厚的儒生，所以最能維繫人望。雖初起時大家也有嫉忌他們而改立劉玄（更始），藉端殺縯的，到底王莽破滅，不能不任劉秀出頭。

劉秀既徇下河北（今直隸一帶）平王郎，遂不奉更始約束，自立於鄗（今直隸高邑縣）南，便是東漢①的光武帝。當他徇河北時，赤眉首領樊崇等攻破長安，逐更始，別立劉盆子爲帝，未幾，更始被殺。光武帝借此名目，便親總六軍進討赤眉，赤眉不能支，只得出降。那時割據稱號的雖多，究竟河南、河北、關中諸地已略定，光武帝的根據也自然堅固，不易動搖。所以先後派遣蓋延等破睢陽（今河南商邱縣南）的劉永，祭遵等破漁陽的彭寵，馬成等破廬江（今安徽廬江縣西）的李憲，耿弇等破臨淄（今山東臨淄縣）的張步，於是山東、江、淮一帶也平定了。後來他又親征隴西的隗囂，收服河西（今甘肅西北部）的竇融，又派岑彭、吳漢等會兵攻殺據蜀稱帝的公孫述，前後五年，隴、蜀悉平。那詐稱武帝曾孫的盧芳，屬郡多已降漢，哪裏再站得住，自然只得逃入匈奴了。至此，漢土復歸一統，光武帝便得遙承西漢，成就所謂中興之業。這便是一姓再興的創例，也便是後來爭辨正統偏安的導綫。②

　　光武帝生長民間，由儒生起家，當時的功臣，又多與他氣味相類的人物，所以他設施的政略，確要比高帝高明得多。他深知一姓再興是佔的"君臣舊義"的便宜，③因此看定這一點，處處想法把他維持，務使永永保留着，做一輩子長治久安的工具。我們只看他幾椿犖犖大端的行事，便可分曉。他自平蜀之後，便厭兵不談，鄧禹、賈復諸將多解除兵權，以列侯就第，終身不遭譴誅。回想高帝那樣的待遇，則他們君臣之際，真可算得保全終始了。又興建太學，置五經博士，凡三公之官，都用老師宿儒來充位。不但當時學校大興，結歡士民；影響到後來，學校竟成社會清議的發源地，於那時的風俗，很有重大的關係。他又很知百姓的痛苦，即位後，常常在内廷召集公卿郎將等官，詢察民瘼，觀納風謠。這樣的内外不懈，百姓自得寬息休養，當然會聽得到歌舞昇平的頌讚了。但這都是維持君臣感情於一時的事實，未必能預計到將來的影響一定是怎樣；必得揭出一個明顯的目標來激刺多數人的觀聽，才可暗示一般人的趨向，使自己所抱的願望能夠持續下去。

　　這個目標是什麼？便是氣節的表章。今姑略記當時表章的事跡，一以見漢朝人的倫理觀念，一以見影響到後來的自然結果。當初有一個循吏叫做卓茂的，在哀、平間爲密（河南密縣）令，吏民親愛，道不拾遺。後來王莽居攝，他便託病告歸。光武帝剛即位，首先訪他，尊爲太傅，封褒德侯。又有蜀人譙玄、李業、費貽等，因不肯出仕公孫述，或被劫服毒自殺，或佯狂託病避免。及公孫述敗死，光武帝一面用太牢祀譙玄，一面旌表李業之閭④以示光寵，更徵求費貽輩，加以任用。於是耳目一新，競尚氣節，不但以服事二姓爲恥，而一切守正不阿的精神都寄託在這種不肯變節的操守上面了。此外如莊光（後因避明帝諱，改爲嚴光）

的不受諫議大夫，獨釣富春江（即錢塘江上游的一段）上；周黨的三聘始至，伏而不謁；光武帝都聽他們高尚其志，不加委屈，而且始終敬禮不衰。

這樣看來，東漢的士氣真盛，無怪後來稱美風俗的，每多回想及此，其實起初只是政府的提倡，慢慢地傾注到民間，便養成負有大力的社會制裁了。所以當時的士習，最重名譽，鄉評里選，必先考核生平行事，然後品覈。稍有失檢之處，往往被人鄙棄，竟有終身不齒的。汝南許劭兄弟的月旦評，⑤便是清議所託的一例。影響到後來，邪正自不相容，竟醞釀十八年黨錮之禍。然而正義既伸，直道猶存，使當時和後世的政治空氣常常得到很嚴重的洗滌，實在還虧有這麼一番舉動。那麼光武帝的表章氣節，結果只有這一點副産物發生了很好的影響。直到後來魏、晉亂離之世，還能維持得了一部分社會的風化，便不能不算他最後的成功了！

① 西漢、東漢都是史家區別時地的假名，與後世的後趙、南燕等名一樣，在當時都自稱"大……"，實際上決不會把限制時地的形容詞來加在上面，自己示狹的。漢家既有前後兩度的湧現，而中間卻隔着十五年的新朝，稱引起來，自然不能不有一個分別，以免混淆，於是史家便把都城所在地分爲東（洛陽）西（長安）了。不過西漢、東漢都是統一的朝家，與後來的東晉、南宋是不同的，不能不注意。

② 一姓再興，在古代似也有過，如夏少康和周宣王都是。但少康的得立，不過爲世襲制度加一保障（說見前），在當時未必專爲一家爭統；周宣王則本未失國，也只在風潮熾盛的時候託人代理罷了。這些情形，都與光武帝的由旁支疏族來號召奮鬪是不同的。只要看西州將王元的勸隗囂拒漢，他的理由，確是隱隱約約地含有一姓不能再興的迷信，便可證從前的所謂中興，不必都是既亡之後才爬起來的了。光武帝在異姓奪位十五年之後，居然努力把這迷信打破，豈非另立了這個"一姓再興"的創局！因此，後來失勢朝家的子孫，明明沒有他那樣的本領出來奪回原有的地盤，也要躲在一隅之地，牽攀着正統的名義來號召一切。於是歷來的史家也人執一說，純憑自己的主觀去强配人家做正統或偏安了。

③ 東漢的功臣，大都是游學長安的儒生，如鄧禹的學詩，賈復的學書，馬援的受

齊詩，耿弇的治詩、禮、寇恂、馮異的通左氏春秋，竟是一代的學者。他們都
受過一般漢儒的陶冶，倫理觀念自也不能兩樣，所以於君臣舊義，都看得很重。
光武帝的能夠打出頭來，重又把漢家建起，完全受這倫理觀念之賜。影響到後
來，勢力益發鞏固，清朝咸豐、同治時代的曾國藩、左宗棠、李鴻章等，肯那
樣的替清廷出力，就是這舊觀念把他們絆住了。

④ 光武帝旌李業之閭，主要的目的，便在提倡不仕二姓。從此政府於法令之外又
多一種獎勸的工具了。

⑤ 汝南許劭和他的從兄許靖，都有高名，好共覈論鄉黨人物，揭曉他們的好醜。
每月的初頭，往往就被評人最近的行事，更易題品，時人叫做"月旦評"。

九　佛教的傳入和道教的創興

中國起初没有宗教的名目，但自戰國以至秦、漢，方士的勢
力極盛，往往以神仙不死等説傾動君主；而圖讖符命的迷信，中
人更深。如秦始皇的伐胡，王莽的厭勝，漢光武帝的起兵登位，
没有不根據於此。① 王莽的國師劉歆，因讖有"劉秀爲天子"的預
言，便改名求應，那真更可笑了。所以當時雖没宗教的形式，而
方士對於社會的魔力可就不小。董仲舒以純儒自命，也很信陰陽
五行之説，宜乎徐福、李少君、少翁、欒大、公孫卿等人敢於接
蹱惑世了。② 公元二八（東漢明帝永平一一）年，印度的佛教由西域
正式傳入漢土，社會上一般的信仰便起了新的變化，於是中國才
有統系分明的宗教。

佛教的始祖叫喬答摩悉達，是天竺（印度）迦比羅國淨飯王的
太子，生當公元前六世紀。③ 那時印度盛行婆羅門教，把人民分做
四層貴賤懸隔的階級，待遇很不平等。④ 喬答摩悉達見了這種情
形，已很不滿意；又感人生不能脱離生老病死的苦痛，便抱厭世
思想，出家獨住雪山（即喜馬拉雅山）中。他在那邊鬀除鬚髮，積

了好多年的苦行，竟成等正覺，⑤那時他已三十五歲了。於是他一意布道，便周流印度諸國，推行佛教，把慈悲平等的宗旨宣傳出來，反對婆羅門教的階級制度。他自己卻於八十二歲上滅度，人家尊稱他做佛陀，⑥省稱爲佛。

佛滅度之後，他的弟子阿難、迦葉等很能昌大師說，勢力便漸漸雄厚起來了。至公元前三世紀（周末），印度孔雀王朝的阿育王竟定佛教爲國教，派傳教士四出宣傳。於是南至錫蘭，北至中亞，都受佛教的影響。兩派中，北派先來中國，南派至公元第六世紀初葉（南北朝梁武帝時）始顯。

今且述北派先來的緣由：

秦滅義渠，卻西戎，其實已與西域交通，民間自相往來，彼此總得有些牽動的影響，所以佛教的傳說，或者那時早就有了。我們在東漢明帝以前的記載裏，已可得到一些綫索。如秦始皇時有沙門寶利防等齎佛經來說化，始皇因他與中國不同，把他拘囚。後來又因臨洮地方發見十二個巨人的足履，乃銷金器作十二金人來象他，好像那時已有自造的佛像了。漢武帝時，把休屠王的祭天金人列在甘泉宮中；又嘗懸得自昆邪王的金人像，詢知他們的國俗，以燒香爲祭。這便是佛像傳入中國的起始了。哀帝時，博士弟子秦憲受大月氏使伊存口授的浮屠經。這便是中國人知道佛經的起始了。後來明帝時班超破大月氏兵，域外的僧侶更紛紛來漢。⑦可見那時佛的傳說早已瀰漫在民間了。

明帝時派遣中郎蔡愔等出使天竺，求取佛法和釋迦像。往返四年，蔡愔等竟訪得沙門攝摩騰、竺法蘭，把佛經佛像等物用白馬馱着，一同來到洛陽。明帝留二沙門住鴻臚寺（衙署）中，使他們就地譯經。攝摩騰譯經四十二章（便是四十二章經），竺法蘭又譯十住經，這便是中國翻譯佛經的起始。後來他們死了，便把此寺改爲浮屠所居，便是洛陽雍門的白馬寺。寺本閽人所守，自秦以宦官任外廷，官舍便通稱做寺，至此，又變爲專居浮屠的佛寺了。

　　佛教既正式傳入中國，發生的影響很大。雖楚王英以畫佛禱祀得罪，而信徒仍一天加多一天，⑧佛教的勢力也漸見鞏固。惟當時傳教的多西域胡僧，中國人爲僧的尚少，直到後來魏文帝時，才許人民鬀度受戒，出家作僧呢。這是佛教的直接影響。尚有最大的間接影響及於當時的，便是獨樹一幟的道教的創興。

　　道教的來源，本出於秦、漢的方士。東漢時，他們便雜糅佛教的形式，而中國唯一自創的宗教遂得乘時興起。原來方士神仙之説，後來漸漸分做兩派，一派是錬丹求仙的丹鼎派；一派是符祝療病的符籙派。其中後一派最與宗教相近，所以佛教傳入之後，他們便附會老子爲太上老君，假借當世所信的符命圖讖來造作一種新的宗教了。首創道教的，便是留侯張良的九世孫張陵。他曾遍游名山，在蜀中鵠鳴山裏作道書二十四篇，還居龍虎山（在今江西貴溪縣），自稱得道，能替人家治病降魔，人家便稱他爲"天師"。他死了，把經籙印劍傳給兒子張衡，張衡又傳給兒子張魯。那時張陵的魔力，已極風靡，順帝時——公元第二世紀初葉——琅邪宮崇赴闕下，上他師父于吉所得的神書（號太平青領道）百餘卷；靈帝時——第二世紀後半期——黃巾張角以符水惑衆作亂，實在都可算做他的門徒的。又有巴郡的張脩，也能以術療病，令病家出五斗米爲酬獻，號稱五斗米師。後來聚衆寇掠，便叫米賊。這時張衡已死，張魯新得印劍，便博採角、脩的做法，又加以自己祖父的心傳，斟酌損益，竟把道教的基礎打定了。他的信徒既衆，便據漢中（今陝西南部），以鬼道教民，自號師君。學道的，初名鬼卒，受道已信，改號祭酒，使他們各領部衆；人尤多的，稱爲治頭大祭酒。後張魯被曹操所逼，遁走巴中（今四川東部），叫他的兒子張盛仍還龍虎山，好好地奉守他祖傳的正一玄壇。從此，龍虎山世世有張天師，直到現在，還維持着道士宗主的虛勁呢。

① 秦始皇的信讖伐胡，已見前。王莽見漢兵勢盛，乃率群臣至南郊，陳符命本末，仰天大哭，又令諸生小民，旦夕會哭，以爲可以厭勝。後來漢兵已攻入京城，他還要依傍厭勝的銅斗，說"天生德於予，漢兵其如予何"呢。光武帝初起，實因宛人李通所說"劉氏復起，李氏爲輔"的圖讖。後來即位，也因赤伏符文有"劉秀發兵捕不道，四裔雲集龍鬪野，四七之際火爲主"的啟示，才毅然決定的。雖君主的用心，或者別有作用，然當時的空氣可以使他們在這上邊討生活，也就很可推知符讖的魔力了。

② 徐福是秦時人，餘都是漢時人，他們能夠把當時猛虎一般的君主騙得俯首貼耳，實在可驚。然而也只能蒙蔽一時，結果還是遁隱的遁隱，誅死的誅死。

③ 佛祖的生卒，傳說不一。有人說他生於周昭王二十四年，示寂於周穆王五十二年，年八十歲。有人說他生於周靈王十五年，示寂於周敬王四十三年。又有人說他生於周莊王九年，年三十成佛，四十九滅度。

④ 婆羅門的四階級：最高的便叫婆羅門，是僧侶；次叫刹帝利，是王族和武士；又次叫吠奢，是工商；最下叫戌陀羅，便是從事農牧的平民。四族之間，職業既不相同，貴賤遂致互異，不但不通婚姻，不相往來，而且最下一級的人連廟門也不許走進一步呢。

⑤ 等正覺又叫圓覺，便是佛所悟之道。普遍徹底，無所窒礙，因有此稱。

⑥ 佛陀是梵語，也作菩提，其義爲覺。一是自覺，要自悟本性；二是覺他，要說法度人；三是覺行圓滿。必備此三義，才可做做佛陀。

⑦ 大月氏素奉佛教，自班超打通以後，佛教的進路自然開了。所以後來高僧四集，如支數迦讖自月氏，安世高自安息，康孟祥自康居，先後都來中國，便可證明。

⑧ 楚王英廢後，信佛的仍不衰，如桓帝建佛寺於宮中，招致西域的胡僧譯經，帝王也躬倡了。又如靈帝時有一個叫做管融的，大起佛寺，於浴佛日（陰曆四月初八日）招僧五千餘人，施以飲食，更開後世齋僧布施之端了。

十　　清議和黨錮

　　東漢的季年，一般社會，正罩着一重沈沈的黑霧。以言政府，則皇帝貪鄙，大開賣官之路，①左右又挾持弄權，國命更且擱在宦官的掌上；試問那時的吏治，怎能望他自致澄清呢！所以黃巾以太平道誑誘州郡至十餘年，聚集徒衆至數十萬，而郡縣的關白，反多說"張角以善道教化，爲民所歸"了。以言民間，則官吏的剝削，黃巾盜賊的抄略，已極痛苦；而處境稍微餘裕的人家，又傳染了宦官子弟奢侈相尚的惡習，於婚慶喪葬諸事，頗多誇飾，竟把從前淳厚的風俗，漸變澆薄了。綜看上面所說，景象何等黑暗！然而那時的知識階級，大都敦尚氣節，崇正嫉邪，無論一般的社會怎樣糟，他們總還保持他們的黑夜鐘聲、昧旦雞唱，多少把這黑霧轟散了些。范曄的後漢書裏曾論及那時的士大夫，以爲桓靈之際，君道粃謬，"然傾而未頹，決而未潰，皆仁人君子之心力爲之"，真是確切。這種"心力"究在什麼地方看出來呢？原來只在當時的清議和遭遇到的黨錮之禍。

今分說一些大概情形：

（一）清議　清議的由來，半由鄉評里選的裁量，半由士君子的自好，政府又從旁提倡節義，於是他便在這時勢陶冶之下養成一種風氣了。只要清議的風氣不破，則壞人自不能公然出頭；即使勉強出頭了，也不能見諒於人，終於會跌倒的。所以當時的政治雖濁亂，而士大夫的行檢卻依然不能疏失。如因一事失檢，偶被鄉里譏彈着，雖小節也無由自白，往往廢棄終身，像禁錮一樣的剝去公權呢。汝南袁紹以公族而兼豪俠，由濮陽（今屬直隸大名道）令任上卸職歸里，車徒極盛。將及郡界，便謝遣賓客使各散去，因說道："我的輿服儀從，怎能給許子將（劭）看見呢！"竟單車回家，怕他的譏評如此。又濟陰黃允因司徒袁隗要嫁女給他，他便休遣故妻。其妻夏侯氏乃大會宗親，數說他的隱慝，然後引去。黃允由是爲族黨所輕，終身廢棄。即此兩事，我們很可想見當時清議的力量了，這種力量，不但支持了漢末的社會，而且影響到魏、晉之世還有餘力。[②]以此，士風峻介，當然要與惡勢力反對，而黨錮之獄遂不能免。

（二）黨錮　東漢桓、靈二帝，真是劉家的敗類，他們在位的時候，一切模糊，所謂主荒政謬，惟有宦官掌權胡幹而已。當時的士大夫，既都秉有風骨，怎麼能夠宛轉在這種現狀之下，彼此相安！所以議論朝政的，都仇視宦官，力加抨擊。適那時游學長安的多以氣節相高，於是太學諸生賈彪、郭泰等三萬餘人更與太尉陳蕃、司隸校尉李膺、議郎王暢等互相褒重，批評時政。當時中外承風，自公卿以下，大家都怕他們的貶議，而前後兩次經過十八年的黨禍，便由此託根了。第一次在公元一六六（桓帝延熹九）年，因李膺等裁抑宦官，宦官便告發"膺等養太學游士，共爲部黨，誹謗朝廷。"桓帝大怒，詔下郡國逮捕黨人，因陳蕃力諫，更怒他們真敢結黨，便下李膺等於獄中，連及的至二百餘人，或逃走未獲，更懸賞緝拿。後因后父大將軍竇武的諫勸，才把黨人赦歸田里，禁錮終身。然他們雖得罪廢錮，而全國都贊成這種氣概，名譽因此益高。表表的黨人，都加稱號，有三君、八俊、八顧、八及、八廚等名目。③其實他們的潛勢力依然存在，反而多得到社會上的同情，所以一六九（靈帝建寧二）年上又有第二次的爆發，禍較第一次更烈。原來靈帝初年，陳蕃、竇武當權，便又把李膺等舉拔出來。不久陳、竇都因謀誅宦官被害，李膺等當然重被屏斥。然宦官深惡他們，簡直勢不兩立，於是再興黨獄，窮加鈎治，李膺等百餘人並死，妻子皆徙邊。當時知名的學者，宦官一切指爲黨人；有怨仇的，更相陷害，因此橫被禁錮和死徙廢黜的，又六七百人。其後雖遇大赦，也不及他們，直到一八四（靈帝中平元）年，黃巾大起，宦官呂疆怕他們借着黨錮不平做口號，才奏請赦免。然而好人一空，元氣大傷，漢家前途的命運，也從此勒定了。

① 桓帝嘗減百官俸，貸王侯半租，賣關內侯以下官。靈帝嗣立，更大鬻官爵，凡三公等官，當位的雖有功勞，也必令他們出錢報効。甚至親事屠沽，作列肆於後宮，貪鄙更比桓帝厲害了。

② 黃允當清議極盛之時，而又無故休妻，失行甚大，自然逃不了人家的責難。但

影響到後來，雖細故小節也遭人家一輩子的指摘呢。如陳壽居父喪有病，使婢子調搓藥丸，恰被來客看見，鄉黨因此貶議，竟沈滯了好幾年。又如阮簡遭父喪，行遇大雪，不勝寒凍，便過訪他的識友浚儀（今河南開封縣西北）令某，某爲別客設筵，簡無意中與席，竟致清議，廢頓幾三十年。由此看來，魏晉時猶如此，可以想見當時清議的嚴正了。

③ "竇武、劉淑、陳蕃爲三君，君者言一世之所宗也。李膺、荀昱、杜密、王暢、劉祐、魏朗、趙典、朱寓爲八俊，俊者言人之英也。郭林宗（泰）、宗慈、巴肅、夏馥、范滂、尹勳、蔡衍、羊陟爲八顧，顧者言能以德行引人者也。張儉、岑晊、劉表、陳翔、孔昱、范康、檀敷、翟超爲八及，及者言其能導人追宗者也。度尚、張邈、王考、劉儒、胡母班、秦周、蕃嚮、王章爲八廚，廚者言能以財救人者也"。見後漢書黨錮列傳序。

十一　三國並立的擾攘

自漢末宦官搗鬼，黨禍大興，黃巾便四起騷動。後來雖經皇甫嵩等把他們削平，而從此州郡官吏各得便宜行事，大家喜歡擁兵自豪，遂開群雄割據的先兆了。董卓之亂，便是境土分裂的導火綫。

公元一八九（靈帝中平六）年，靈帝死，皇子辯立，年只十四，何太后臨朝。那時太后的哥哥何進爲大將軍，怕宦官勢盛，於他家不利，便與校尉袁紹商議，打算召集四方的兵將來誅殺宦官。何進因與駐兵河東的涼州將董卓相善，便派人前往，把這祕密任務託他。豈知兵還沒到，何進已被宦官張讓等所殺；袁紹急於自救，便勒兵收捕宦官二千餘人，一起殺了。不久董卓趕到，因與帝辯說話不甚了了，便把他廢掉，另立他的弟弟陳留王協爲帝，便是漢獻帝。董卓既行廢立，自爲相國，以爲威權在己，便恣意凶暴；又縱兵剽掠，竟把洛陽附近攪得不成樣子。①

那時袁紹因與董卓不合，已出爲渤海太守，而關東州郡又看不下董卓的橫行，便推他作主，同盟西討。董卓見衆怒難犯，挾着獻帝西遷長安，別營地盤。②然而關東諸將仍被他的凶名所震，大家不肯輕易進兵，不過分縶遙喊，③觀望風色而已。奮武將軍曹操曾獨自發憤西征，偏偏又爲卓將徐榮所敗。後來長沙太守孫堅起兵進討，董卓兵大敗，乃奔還長安。司徒王允，密結他的心腹呂布，把他殺死。未幾，他的遺黨李催、郭汜等又反入長安，關中重又大亂，二三年間，竟鬧得那邊的住民逃亡一空，幾乎沒有人跡可見呢。

當獻帝被刼西遷的時候，共起討卓的諸鎮，惟知各據州郡，自相攻伐；而曹操介立在中間，頗得利用時機，暗造勢力。結果，他便獨得獻帝，遷都於許（今河南許昌縣），進位爲大將軍。自此權歸曹操，遂得挾天子以號令諸侯了。所以不數年間，北方的群雄，如二袁（紹術兄弟），如呂布，俱先後被他破滅，幾乎把黃河流域完全收入掌中。當時能夠與他抗爭的，只有自守江東（長江下游）的孫權和流離奔亡的劉備罷了。④

曹操既統一北方，遂下南陽（今河南南陽縣），收降張繡。時劉備因袁紹失敗，投奔劉表，操更因此進逼，南攻荆州（今湖北江陵縣）。剛巧劉表新死，他的少子劉琮便投降北軍，劉備只得東奔夏口（今湖北夏口縣）。曹操既得荆州，聲勢益盛，很想乘勢吞併東吳，發展他統一中國的野心。因即修書給孫權，先下一個恫嚇，竟説“今治水軍八十萬衆，將與將軍會獵於吳”呢。形勢這樣緊迫，到底釀成一場大戰，而三國分立的局勢便由此成立。

原來劉備到了夏口，便令諸葛亮過江東，説孫權同拒曹操。孫權力排浮議，⑤使周瑜督軍三萬人西上，與劉備合兵抵禦，兩方便相遇於赤壁（在今湖北嘉魚縣江上）。時曹兵屯江北，瑜等紮南岸，先由瑜將黃蓋詐約降操，因順風放火，把江面的北船，燒個乾淨。餘勢延及北岸營落，曹兵幾乎全軍覆没。曹操經此大創，狼狽走還，從此不敢復抱圖南之志了。劉備乘此時機徇下武陵、長沙、桂陽、零陵四郡（俱在今湖南境），孫權便與他相結，表請他爲荆州牧。於是江東的形勢愈固，而劉備也得憑藉地盤，發展有爲，所謂三分鼎足，便於此時奠基了。

公元二二〇（漢獻帝建安二五）年，魏王曹操死，他的兒子曹丕嗣立，便逼獻帝禪位，改元黃初，便是魏文帝。那時劉備已得巴、蜀、漢中，自立爲漢中王，聽了這信，便想再用漢統來號召，即於明年稱帝改元章武，便是蜀漢昭烈帝。又明年，孫權自稱吳王，改元黃武，至公元二二九（吳黃龍元）年，更進位稱帝，便是吳大帝。至此三國的旗幟才得完全顯明，而實際上的地位，還是魏佔優勢。於是魏國的力量，常能左右大局，而蜀、吳則聯兵拒守，⑥僅足自保而已。所以像諸葛亮那樣的精明幹練，也只坐困疆場，不能進展，屢次連吳伐魏，竟没十分的功績，而司馬懿的勢力，倒棲託在魏廷之上，慢慢地把他養成了。

這鼎足之勢維持了四十四年（公元二二〇——二六三），其間雖也經過了好幾次互攻和連和，到底司馬氏（懿、師、昭）落得便宜。因爲他們世世把持着魏政，一意爲自己培養實力，所以二六三（魏元帝景元四，蜀後主炎興元）年滅蜀之後，司馬昭便得晉封晉王；而他的兒子司馬炎，竟於二六五（魏元帝咸熙二）年上逼魏禪位了。司馬炎既得位，改元泰始，便是晉武帝。那時魏、蜀雖亡，而東吳尚在，彼此不能相下。直到二八〇（晉武帝太康元，吳主皓天紀四）年，晉將杜預、王濬攻破建業（吳都，今江蘇江寧縣），虜降孫皓，中國始得統一於晉，然上距蜀亡之歲，已相隔十六年了。

① 董卓得勢，便殺害何太后和少帝辯，及葬太后，開靈帝文陵，恣取藏中珍物。又縱兵淫掠婦女，劫奪資財，當時的口號便叫"搜牢"。

② 獻帝西遷時，董卓逼洛陽住民數百萬口同走，步騎驅蹙，積屍滿路。又使吕布發掘諸帝陵寢和公卿以下冢墓，盡收珍寶而去。營郿塢自安，儲三十年糧，備失敗後取用。

③ 關東諸鎮既起兵，盟主袁紹與河南太守王匡共屯河南（今河南武陟縣西南），留冀州牧韓馥於鄴（今河南臨漳縣西南）給軍餉。豫州刺史孔伷屯潁州（今河南禹縣）。奮武將軍曹操和兗州刺史劉岱、陳留太守張邈、東郡太守橋瑁等，共屯酸棗（今河南延津縣北）。後將軍袁術屯魯陽（今河南魯山縣）。他們的聲容都極盛，然太持重，大家竟頓兵不敢進了。

④ 孫權是長沙太守孫堅之子，破虜將軍孫策之弟，藉父兄的遺業，又憑險自全，遂得從容收拾，據有江東。劉備雖是宗室，但世系已遠，分極疏微，以破黃巾功起家。他依違周旋於群雄之間，嘗兩度據有徐州。最後與袁紹連合，被曹操所破，投奔劉表。

⑤ 孫權知曹操入荆州，又得恫嚇信，便召集群臣商議。張昭等都怕曹兵厲害，很主張迎降自全。獨周瑜、魯肅堅請拒戰，又加諸葛亮的游說，權意遂決。

⑥ 章武初年，曾因吳將呂蒙襲殺荆州守將關羽，孫劉之好，一時中絕。但後來孫權因魏文帝南伐，仍使人聘問昭烈帝，約共禦魏軍，昭烈帝也遣使報聘。於是蜀吳復連，終三國之世，不再相攻了。

十二　外族內侵的動機

司馬氏滅蜀篡魏得了帝位，不久又派兵平吳，統一中國，一時聲勢煊赫，好像有多大的建設可以展布開來。不料過不上二三十年，北方一帶雜處內地的諸外族便激起絕大的風潮，使北中國沉沒在外族蹂躪的空氣裏二百多年，這是何等可以注意的事！原來外族的侵略中國，本非一朝一夕之故，不過晉初失馭，機緣湊泊，遂使潛伏的禍萌一旦爆發，竟致不可收拾罷了。

今先述外族內徙的由來，次及衝突決裂的動機：

當戰國末葉，諸戎都懾於中國的兵威，紛紛逸出長城之外。及漢初，他們因種族日繁，又漸漸地為患於內地了。自漢武帝通西域以斷匈奴右臂，邊患稍絕，而設置五屬國以處降人，遂開降胡入居中國之端。後來宣帝納呼韓邪居之亭障（築塞建亭，可以守望），委以候望；趙充國擊破西羌，徙置於金城郡（今甘肅皋蘭縣西北）；光武帝徙南匈奴數萬眾居西河、美稷（今山西汾陽縣西北），後又轉至五原（今綏遠五原縣）。於是匈奴種人竟得深入塞內，與漢人雜居了。及東漢之末，餘族降者日多，中經三國，至晉初猶絡繹不絕。那時自遼東至隴西一帶，匈奴之外，有他的別支羯，有東胡的苗裔鮮卑，有河西的羌，有隴阪的氐，往往繁衍滋殖，與漢民雜處而積不相能。這便是外族內徙的由來。

當漢獻帝時，曹操見匈奴的降眾日多，怕他們將來強大為患，乃分做左、右、中、南、北五部，疏散他們的團結。晉武帝時，侍御史郭欽上疏，極言胡居中國之害，他說“卒（同猝）有風塵之警，胡騎自平陽、上黨（俱山西境）不三日而至孟津，西北諸地，盡為狄庭矣。宜徙之邊地，峻其出入之防”。後來太子洗馬江統作徙戎論，也說“宜及兵威方盛眾事未罷，令反其舊土，則絕遠中國，隔閡山河，雖為寇盜，所害不廣矣”。可見那時稍有遠慮的人，都把這事看做一個很重要的問題了。然而晉武帝卻並不措意及此，他自有他的開國方略，於是醞釀了不少直接或間接的機會，給雜處內地的外族以突起圖逞的便利。

原來晉武帝即位之初鑑於魏家因疏忌宗室而亡，便大封子弟，委以職任，諸王且得自選國中的長吏。又以戶口多少，分藩國為三等：大國置三軍，兵五千；次國二軍，兵三千；小國一軍，兵一千五百。諸王中有兼都督外州軍事的，各徙其國使相近；無別官的，也各遣就國。及平吳統一中國，益去州郡兵備，於大郡置武吏百人，小郡才置五十人。他以為州兵約損，異姓便無所利用，宗藩既成，帝業自固，由是可以承平久安了。

晉諸王多驕恣不學，而擅地擁兵，何等危險！所以武帝死後，骨肉相殘的禍機已隱隱欲動，又加惠帝愚闇，[①]賈后在在搗亂，[②]自然引起了十六年八王之亂。[③]那時擁兵的宗室幾乎全部加入戰團，而州郡單虛，盜賊四起，反無法維持，那久鬱思振的外族,④於是生心圖變了。公元二九六(晉惠帝元康六)年，關中氐齊萬年先反，名將周處且戰死。雖不久便平，而匈奴劉淵竟起來滅晉了。

晉初，居留并州(山西一帶)的匈奴五部，以左部帥左賢王劉豹的部族爲最強，自己説，他們的先人是漢朝的外孫，所以冒姓劉氏。豹死，兒子劉淵襲位，兼爲建威將軍五部大都督。惠帝時，成都王司馬穎表淵爲冠軍將軍，監五部軍事，使他將兵居鄴(河南臨漳縣西南)。這時候，諸王正迭相殘殺；州郡的奸豪，又所在鏖起，於是劉淵的族祖北部都尉右賢王劉宣便密召部衆，希圖反晉了。他説："自漢亡以來，我單于雖有虛號，降同編户(平民)。今司馬氏骨肉相殘，四海鼎沸興邦復業，此其時矣!"因共推劉淵爲大單于，派人祕密告他。剛巧并州刺史東嬴公司馬騰、安北將軍王浚起兵伐穎，他便乘機游説，請還説五部以赴國難。穎很信他，乃拜爲北單于，使他速去召兵。他北還至左國城(今山西離石縣北)，劉宣便率族人上大單于號，不上二十天，集衆竟至五萬。及三〇八(晉懷帝永嘉二)年，劉淵稱漢帝，建元永鳳，徙都平陽(今山西臨汾縣)。從此，晉室破壞，只得暫躲在江左，偷安避難，而江北諸地和西方蜀中一帶的諸外族便相繼起兵，紛紛割據，遂開五胡亂華之局。⑤

① 惠帝騃弱可笑，實一廢人。據説，他嘗聞蛙鳴，便問左右説，"此鳴者爲官乎爲私乎"？天下飢饉，百姓餓死，他知道了，便説"何不食肉糜"！這真是古今稀有的笑話。徒以賈氏奸詐，竟把武帝蒙住，穩作太子，結果還做了十七年的傀儡皇帝。

② 賈氏是賈充的女兒，由太子妃進爲皇后，很用些權術來干預政事。前後十年間，廢殺太后楊氏和太子遹，嗾楚王司馬瑋殺汝南王司馬亮，既而又殺瑋。遂掀動大亂，被趙王司馬倫所殺。

③ 八王爲汝南王亮、楚王瑋、趙王倫、齊王冏、成都王穎、長沙王乂、河南王顒、東海王越，他們都是司馬氏一門的兄弟叔姪。自楚王殺汝南王後，便互相構殺，

把個惠帝當作棋子一樣，用得到時便擺上盤去，用不到時便提在盤外。骨肉相殘，着實演了幾場流血的慘劇。但當時加入這搗亂運動的，尚有梁王肜、范陽王虓、南陽王模等，以八王較顯，遂概稱八王之亂。

④ 華胡雜處，風俗語言上邊，總有些隔閡的地方，日子久了，自然會漸因誤會而積不相能，何況當時的華官，又每加陵壓呢。荒年飢饉，地方官往往掠賣胡人，取供軍實，——石勒便是親被司馬騰掠賣到山東去的——試想，他們怎肯這樣的甘心受辱！

⑤ 匈奴、羯、鮮卑、氐、羌為五胡，其實匈奴、羯為突厥族，鮮卑為東胡族，氐、羌為圖伯特族，大類只有三種。別有巴氐是蠻族，也非當時通稱的胡人。而且乘時割據的，尚有漢人在內，更非純粹的外族了。然而習慣上的沿襲，竟混稱五胡呢。

十三　五胡亂華和南北對抗

劉淵遷都平陽以後，不久便死，然而他的兒子劉聰便於公元三一一（晉懷帝永嘉五，漢劉聰嘉平元）年攻破洛陽，虜懷帝；他的族子劉曜便於三一六（晉愍帝建興四，漢劉聰麟嘉元）年打入長安，虜愍帝。那時中央政府的根據地完全失卻，如果沒有司馬睿在江南保持着一片領土，則不但晉朝早已滅絕，而且中原的文物恐也無地退守，將悉化胡塵了。

司馬睿是晉的宗室，初封琅邪王，當八王亂劇時，他在揚州（今江蘇江都縣）。因怕遭禍，便不肯北去，渡江入建業（後因避愍帝諱，改叫建康），自固地盤。及愍帝的死耗傳到，群臣都上表勸進，他即就地正位，便是東晉元帝。從此，漢族唯一的活動地，只限在這東南半壁，而北方一帶，外族紛起效尤，把個燦爛的中原，竟蹂躪得不成樣子了。

原來劉淵起兵以後，巴氐族的李氏、鮮卑族的慕容氏已紛紛自立，擅兵稱雄。後來羯族的石氏，氐族的苻氏，羌族的姚氏，以及匈奴的沮渠氏、赫連氏，鮮卑的乞伏氏、禿髮氏，氐族的呂氏，都先後起來，乘間據地；當時與他們雜居的漢官或土豪，也趁火打劫，裂地自封。他們朝秦暮楚地廝并，名號紛雜，幾難悉紀，①而最著的有十七國。②這十七國錯落在黃河流域和長江上游的四川一帶，但並不同時存在。他們有時漸漸吞合，有時分得極碎，紛紜擾攘達一百二十四年——三一六到四三九（魏太武帝太延五年）——才得盡併於鮮卑的拓跋氏，其時南方的晉，也早換了宋號二十年（當宋文帝元嘉一六年）了。於是國內只剩兩政府對立，而南北朝便由此成立。

當東晉時，北方雖有後趙、前秦那樣的先後雄峙，究竟分裂的時候多，所以南侵的力量也較渙散，除前秦苻堅淝水（在今安徽壽縣）之役③外，幾乎沒有可以搖動南方的聲勢。南方常保統一，而且名義的號召較順，似有恢復之機，然而權臣接踵（王敦、蘇峻、桓溫之徒，先後撓政），中央竟懸命於州郡，④所以前後出師七次，⑤僅免胡害，而結果還是給最後的權臣劉裕篡去。及南北朝分立，彼此勢均力敵，更見明顯。又兼雙方都有層出不窮的禍亂，真是地醜（類）德齊，莫能相尚，遂維持了一百五十一年——四三九到五八九（隋文帝開皇九年）——的對抗之局。其間花樣也變得很多，南朝自宋開始後，有齊有梁有陳，⑥都跟着前人學乖，每隔上幾十年總得換個招牌了。北朝拓跋魏初興，頗強盛，然也於梁時平分東西。後來東魏變了北齊，西魏變了北周，北周又吞掉北齊，北方復歸於一。⑦及隋文帝楊堅篡周，南方的陳朝尚存，過了九年，才得遣將平陳，混一中國，正與司馬氏開國的情形相彷彿。

今表揭兩晉南北朝的分合大勢於後面，略見這長期糾紛是怎樣構成的。

這長期糾紛中，只有交爭互鬥，自然民間最喫大虧。當時北方的文化，非但因此減色，而且幾於絕滅。幸南方有較爲穩固的

晉
成（漢）　東晉
漢　前燕　前涼
後趙　前趙
後趙
前秦　前燕
前秦
西涼　北涼　南涼　西秦　後涼　後秦　後魏　西燕　後燕
東晉
北涼　西秦　後秦　後燕　南燕
北燕
夏
東晉
吐谷渾　（北　魏　西魏　東魏
宋─齊─梁─陳
（南　朝）
北周　北齊
朝）　北周
隋

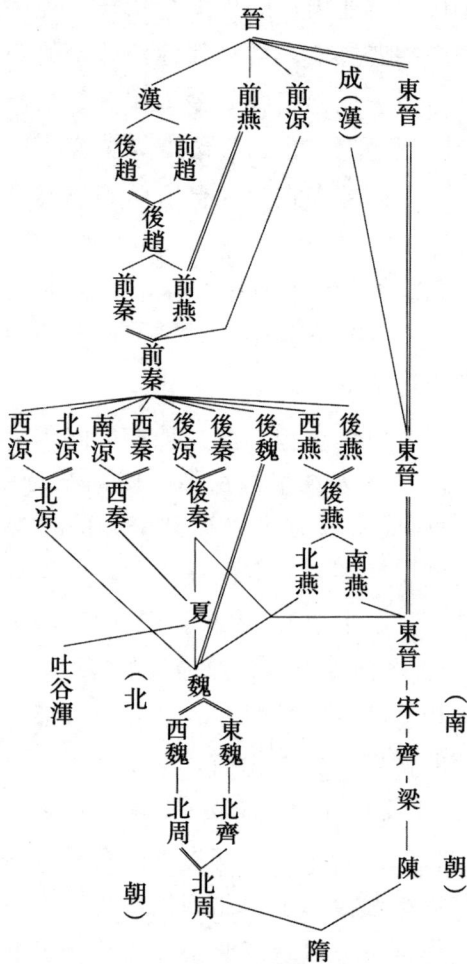

政府,⑧中原舊家，多率族南遷，倒把南中久寂的聲光重新振起，更開發了不少新的文化。南方自楚亡之後，本已失去政治中心的資格，便沒十分精彩；兩漢時雖經逐漸開闢，也不見有突飛躍進的成績。後來吳國起來經營建設，於是南方又造了一所獨立大國，而江南文物便燦然放光了。所以當時吳國成立，不但在三國中佔一舉足輕重的地位，而且預爲將來造成一所漢族文明的退守地，江南一帶實不啻中國文化的護法地呢。從此，長江流域遂爲

中國政治的根據地，一躍而爲文化的中心，粵江流域也藉以增進
了。由此看來，五胡亂華的結果，一方面固是破壞擾害，一方面
卻是促進南方的開闢。若把後來異族同化所產生的新文明稍稍注
意一下，那麼這糾紛期更可看做鍛冶成功的大洪爐了。

① 當晉室南遷時，據地稱號的其多，有稱漢的，有稱趙的，有稱成的，有稱燕的，
有稱秦的，有稱涼的，有稱夏的，有稱代（即後魏的祖先）的，有稱遼西的，有
稱仇池的，有稱鐵弗的，有稱宇文的，有稱蜀的。前後遙應，左右交攻，一時
竟難並記呢。

② 最著的十七國爲二趙（劉曜的前趙、石勒的後趙），五燕（慕容廆的前燕、慕容垂
的後燕、慕容沖的西燕、慕容德的南燕、馮跋的北燕），五涼（張軌的前涼、呂
光的後涼、李暠的西涼、禿髮烏孤的南涼、沮渠蒙遜的北涼），三秦（符洪的前
秦、姚弋仲的後秦、乞伏國仁的西秦）和成（李特所建後改漢）、夏（赫連勃勃）。
其中後趙、前秦最強。前涼、西涼、北燕是漢人所建。

③ 前秦符堅既統一北方，遂起吞晉的野心，於三八三（晉孝武帝太元八、前秦符堅
建元一九）年大舉伐晉。晉征虜將軍謝石、徐兗刺史謝玄等督衆八萬，迎拒於淝
水，大破秦兵，符堅狼狽逃歸。由是北方復亂，分裂爲好幾國，而晉在江南始
得安枕。所以淝水之戰很關東晉的存亡，人家把他比做三國所由分成的赤壁之
戰，確是切當。

④ 晉去州郡兵備，至無以禦盜賊，州郡長吏，多召募民兵以自衞。後來幾經喪亂，
兵權旁落，而州郡之勢乃轉重於中央政府了。

⑤ 晉七次出兵，第一次爲祖逖北伐劉聰，在元帝初。第二次爲桓溫克成，第三次
爲桓溫伐秦，俱在穆帝時。第四次爲桓溫伐燕，在帝奕時。第五次便是淝水之
役。第六次爲劉裕滅南燕，第七次爲劉裕滅後秦，俱在安帝時。

⑥ 南朝宋武帝劉裕傳八帝，見篡於齊。齊高帝蕭道成傳七帝，梁篡之。梁武帝蕭
衍傳四帝，陳武帝霸先篡之。陳又傳五帝，被隋所滅。

⑦ 北朝自魏太武帝混一北方後，傳十帝，便分東西。東魏孝靜帝善見爲高歡所立，
高歡的兒子高洋便篡之爲北齊。西魏文帝寶炬爲宇文泰所立，傳三帝宇文泰的
兒子宇文覺便篡之爲北周。至五七七（北周武帝建德六、北齊幼主承光元）年，
北周滅北齊，北方又統一了。

⑧ 東晉以後，雖也換了好幾個朝家，只因種族上沒有問題，所以政府較爲穩固，
依然可以持續着固有的文化。

十四　思想的轉變和六朝的風尚

　　兩漢的儒家鬧了不少的迷信笑話，——天人感應的災異論，讖緯，符命，——竟把當日的思想界弄成一個烏煙瘴氣的樣子。①東漢的前半，出了一個思想革命的王充，他極力排斥儒家的種種"虛妄"，同時他又提倡道家的自然主義②來做掃蕩儒教迷信的武器。王充以後，東漢的思想家大都漸漸趨向道家。道家的哲學有幾個要點：一是認天道爲自然的，不認什麼有主宰的天和上帝；二是注重個人的自由自適，反對一切虛僞的禮教；三是因爲他們崇信個人的逍遥和天道的無爲，所以他們在政治方面也就反對專制，往往有無政府的傾向。漢末的思想家，最可代表這種思想的，莫如仲長統。③仲長統死於獻帝禪位之年；和他同時的人，如孔融、禰衡，也都有這種傾向。④孔融、禰衡的放浪不羈的生活和大膽的議論，實在是上承王充以來的自然主義的趨勢，而下接魏、晉的自然主義。

　　魏代漢以後，思想的趨勢更明顯了。漢末的經學大家鄭玄、馬融注釋經書，還是因襲漢儒的師法，重訓詁而不重理解。魏時出了一個少年天才的王弼，⑤用自然主義的眼光來注釋周易和老子，一掃漢儒種種拘迂迷信的舊説，可算是經學史上開一個新紀元。後來晉朝的向秀、郭象注莊子，張湛注列子，也只是承着這一個趨勢。試看他們在這些注裹，把"天"解作"天地萬物之總名"，而不認一個有意志的天帝，那是何等解放的思想呵！

　　但魏朝的大權不久便到了司馬氏的手裏，禁網日密，言論漸不自由。有一派思想家如何晏等，想擁護曹氏，都被司馬氏殘殺了。當時的思想家，既不能對於現實的政治有所貢獻，只好逃遁向那不遭忌諱的玄學問題上去。"清談"的風氣就是這樣起的。況且曹氏簒漢，司馬氏簒魏，都假借堯舜禪讓的美名；九錫之加，群臣的勸進，受禪的册文，説的無一不是冠冕堂皇的禮教文章。儒教的假面具到此真被人看穿了。禪讓的美名，禮教的尊嚴，原來都只是欺人寡婦孤兒的工具。所以當時一班自由的思想家眼裏實在瞧不起儒家的禮教，所以他們放浪自恣，常説："禮豈爲我輩設哉？""曠達"的風氣就是這樣起的。魏時，嵇康、阮籍、阮咸、山濤、王戎、向秀、劉伶諸人，都好談老、莊，崇尚虛無；他們的行爲又是很放浪不羈的，縱酒玩世，不受禮教的拘束。當時人稱他們爲"竹林七賢"。但這種曠達的行爲，是一定要招當日的名教先生的攻擊的。例如阮籍居母喪飲酒食肉，何曾便對司馬昭説："公方以孝治天下，而聽阮籍以重哀飲酒於公坐！宜擯四夷，無令汚染華夏。"然而我們試檢他們的平生。阮籍一生的行爲都是很可敬愛的，當時的人稱"阮嗣宗生平不臧否人物"，可以想見他的氣度。後來司馬昭要和他結親家，他無法拒絶，只好日日喝酒喝得大醉，醉了幾十日，使司馬昭不能開口提親。至於那"以孝治天下"的司馬昭，正是當日的弒君竊國的大權奸，而那位要驅逐阮籍的何曾卻便是當日勸進表上領銜的一個人！這樣看來，究竟那飲酒食肉的阮籍是真道德的呢，還是那以孝治天下的司馬昭和那守正衛道的何曾是真道德的呢？

　　後世的史家，不明白魏、晉思想的真相，不明白清談曠達之風的所由起，但摭拾幾個反對黨的言論，遂一筆抹殺嵇康、阮籍一班人，以爲晉朝的傾覆真由於清談的誤國，甚至於説王弼、何晏的罪惡過於桀、紂。這種議論實在是很不公允的。晉室之亡，亡於司馬氏的一班紈袴子弟和數百年蓄積下來的戎禍，與王弼、何晏有何干係？大概何晏是曹爽之黨，而嵇康又因一種冤枉不明的謀反⑥罪案被殺。這一班人在司馬氏的家奴眼裏自然都是大逆不道的人；後世一班無識的史家也就上了司馬氏家奴的當，所以厚誣這班自由思想者了。

魏、晉的思想以自然主義爲骨幹，大膽地推翻一切迷信的儒教，一切讖緯災異的謬說，提倡個人的自由和個性的自適：這種趨勢應該在中國思想史上放一點大光明了。不幸歷史上種下的許多惡因，忽然釀成中原淪於夷狄的大禍；晉室的顛覆還是小事，中原文化的陷没卻是一件絶大的事。流離喪亂的時勢是不適於創造的思想的。擾亂的時代自然産出消極的、悲觀的思想。所以自然主義的道家哲學，末流竟一轉而成爲求仙鍊丹的出世主義。東晉初期葛洪的抱朴子，便是一個極重要的代表。況且那時佛教潮也似的湧進中國來，佛教的無神的宇宙觀恰好和道家的自然主義相迎合，而佛教的悲觀的人生觀又恰好和當時的時代思潮相迎合，所以當時的士大夫和民衆，不久便都信仰那新來的宗教了。王充以下二百年種下的一點思想種子，經不起那怒湧進來的新宗教的吞没，不久便如石沈大海了；直到六七百年後，北宋的哲學興起時，中國式的自然主義，穿了多年的道士袍子，方才漸漸露出頭角來，變成邵雍、周敦頤的哲學，成爲"道學""理學"的一部分。

六朝時代還有一椿可注意的社會風尚，就是當日的競尚門閥。

中國的階級制度，自周末打破貴族專政以後，只剩君臣兩級，餘外的階級已没有存在。然而到了魏、晉之際，内因九品中正的流弊，外因五胡擾亂的刺戟，便自然而然地豎起門閥，⑦於是士（望族）庶（平民）之見深入人心，待遇不同，把整個的社會竟分做兩橛了。當時的交際，全恃門第，即士族也仍有舊門、次門、後門、勳門等分別，彼此不相假借。至於士庶界限，則更以不通婚爲維持尊嚴的工具。士人偶與庶族聯姻，便致玷辱之譏，⑧往往終身飲恨。而一般庶族爲勢利所歆動，卻竭力摹做士族，於起居動作的微細去處，務求相類，偶得接近他們，便引爲莫大的榮幸。⑨那時南朝的望族爲琅邪王氏、陳國謝氏，北朝的望族爲范陽盧氏、滎陽鄭氏、清河博陵二崔氏，帝室可以代興，而他們的門第不改，雖天子也没法屈他，⑩這很可推見當時士族的聲勢了。

南朝與北朝既分立，社會情形，當然不會一樣。所以士族的習慣，也南北異趨。南朝漢人當權，種族之見自淡，望族尚多與皇族聯姻，如彭城劉氏、蘭陵蕭氏、吳興陳氏，未必本屬清門，惟既爲天子，則望族即與通婚，並不足恥了。王謝二家之於南朝男尚公主，女爲皇后，幾有數十起，便可取證。北朝大姓則因種見較深，與皇族聯姻的絶少。魏朝共有二十五個皇后，漢人竟佔十一，而無一士族，其故可想了。以此，直影響到唐朝，北朝遺傳下來的大族，還堅執門户，不肯與卑族結婚呢。⑪

然而門閥雖張，冒姓通譜和貪緣依附等事，在事實上那裏得免！所以當時士族所做的成績恰恰與始願相反。明明要嚴別氏族，而石樸可與石勒通家，孫秀可與孫旃聯宗，譜系反從此混亂；明明要把持品望，不放寒門得志，而自己徒盜虚聲，不能做事，卑族卻能屈身求進，以年資得官，於是南朝掌機要的，反多寒人。後來科舉制度盛行，中正門閥便順着自然的趨勢，漸漸地無形化去了。然而這種虚榮的風尚，在社會上的潛勢力極大，一直影響到現在還没完全消歇。如稱引姓氏，則張必清河，李必隴西；婚禮的簡帖，則大都仍用郡望，以相誇耀。這便是愛好虚榮的表現了！

① 看漢書五行志，最可考見當日的儒教。
② 王充的自然主義，可引論衡的話爲例：

物勢篇曰：“儒者論曰，天地故生人，此言妄也。夫天地合氣，人偶自生也。猶夫婦合氣，子則自生也。……夫婦不故生子，以知天地不故生人也。”“故”是有意。

自然篇曰：“春觀萬物之生，秋觀其成。天地爲之乎？物自然也。如謂天地爲之，爲之宜用手。天地安得萬萬千千手，並爲萬萬千千物乎？諸物之在天地間也，猶子在母腹中也。母懷子氣，十月而生。鼻口耳目，髮膚毛理，血脈脂腴，骨節爪齒，自然成腹中乎？母爲之也？"

③ 仲長統著有昌言，今不傳。可參看後漢書卷七九本傳中所引三篇。

④ 孔融、禰衡縱飲自恣，玩世不恭，常常譏諷曹操。後來他二人都直接間接死在曹操手裏。他們也有很狂放的議論，如孔融説子在母腹中，如物寄瓶中，父母於子女並無特別恩愛。這種議論在當日自然很受攻擊，孔融竟以此被殺。

⑤ 王弼死時，才二十四歲，但他的周易注和老子注至今還不能廢。

⑥ 嵇康之獄，至今不明真相。

⑦ 魏文帝以陳群議，立九品官人之法。其法於州郡縣俱置大小中正，各取本處人在諸府公卿及臺省郎吏有才德者充之。區別所管人物，定爲九等。吏部不復審定，但委中正銓第等級憑以除授。因此，中正可以高下從心而有力者自然佔便宜了。劉毅痛論九品有八損，最要的便説"上品無寒門，下品無世族"。裴子野也斥中正"專稱閥閱，所論必門户，所議莫賢能"。可見世族所佔的地位，已很能凌壓寒門了。他們怕原來的品望爲寒門所奪，自不得不高自矜貴抑制平民。寒門沒有進身的路徑，也就不惜身爲賤役（時富人多願納資爲士族的門生，其實求爲僕從，並非受業），以求得官。這是養成門閥的第一因。後來五胡雲擾，血統混淆，爲標異種族計，不得不嚴加辨別。故當時於氏族之分最清晰，而階級便由此產生。這是養成門閥的第二因。

⑧ 宋少帝爲公子時，尚晉恭帝女，司馬休之已説"裕以庶孼與德文（即恭帝）嫡婚，致此非偶，實由威逼"。梁時東海王源嫁女於富陽滿氏，沈約便上章奏彈，説"王滿聯姻，實駭物聽。此風勿翦，其源遂開，點世塵家，將被比屋。宜真以明科，黜之流伍"。那時士庶之界何等峻嚴！

⑨ 齊王敬則與王儉同拜開府儀同。敬則便説："我南州小吏，徵辟得與王衛軍同拜三公，夫復何恨！"這一段故事，裏面真藏着無限欣悦的意義呢。

⑩ 齊紀僧真曾對齊武帝説："臣小人，出自本州武吏，他無所須，惟就陛下乞作士大夫。"武帝説："此事由江斆謝瀹，我不得措意。可自詣之。"僧真奉旨詣斆，當然高興。乃登榻坐定，斆便命左右"移吾牀，讓客！"僧真喪氣而退，告訴武帝説："士大夫固非天子所命也！"梁侯景何等凶狡，又乘百戰之勢，宜乎無求不得，然而請娶於王、謝，梁武帝尚説："王、謝高門，非偶。當朱、張以下訪之。"就這兩事看來，門第的森嚴，連天子也無法衝決了。

⑪ 唐時門第餘習仍盛，若太原王、范陽盧、榮陽鄭、清河博陵二崔、隴西趙郡二李，多恃其族望不肯與卑族結婚。唐高宗嘗禁他們自相婚娶，他們雖不敢公然舉行婚禮，然仍就七姓中選夫家暗飾女兒送去，終不願嫁給別姓。

十五　異族同化和新的四裔

隋文帝統一中國，很把南北朝紛亂的現象理平了好些，然而因爲他兒子煬帝的失德，不上三十年功夫，唐朝便起來代他了。唐朝的來歷，本是西涼李暠的子孫。西涼亡後，李氏世仕北朝。隋煬帝巡游江都的當兒，李淵方爲太原留守，用兒子李世民的謀略，起兵西入長安，擁立煬帝的孫兒楊侑，自爲丞相。不久即篡代稱帝，便是唐高祖。時隋煬帝在江都被殺，群雄四起，分割中國，卒賴李世民的力征經營，竟把他們先後削平。後來高祖傳位給他，便是唐太宗。

唐太宗在位二十三年，真是海内承平，四裔賓服，不但做了中國的大皇帝，而且做了諸番的天可汗。所以貞觀（太宗年號）之治，無論在政治史上，在民族史上，都是光榮燦爛的時期，比秦始皇、漢武帝還要更勝一籌。一般的史家見他這樣的有爲，竟能在大亂之後爲唐家樹定近三百年的基業，便拘著治亂循環的觀念，恭維他是五百年應運而興的王者。其實也只時代演進的自然趨勢。原來中國自經五胡南北朝的紛亂，當時的社會固然常呈黑暗的現象，然而各種不同的民族卻天天在那裏起無形的變化，漸漸融合攏來。經過了二三百年的鼓盪迎拒，各方固有的優點便得互相調和而另生一種新的文化。隋、唐兩朝的所以蔚爲大一統的帝國，而且都奮起在北方，便是這異族同化的結果。上面所說的四裔，在那時已經早就不是從前舉數得出的匈奴、鮮卑、氐、羌等族，而另爲別種新接觸的民族了。那些舉數不出的異族，實已統統吸合融化在一塊了。

今把異族同化的由來和新的四裔的情形略述一個梗概，以見漢族吸合異族的力量，並見當時新外族與中國的關係。

當五胡亂劇時，南方一隅之地以長江天塹的保障，竟得幸免胡患，於種族上自沒什麼重大的問題，北方則正當胡騎蹂躪之下，人民都逃死不遑，自然沒有文化的展布可説。然而漢族文明的根據已深，異族的勢力非但不能加以摧折，結果且自己支持不住，被這燦爛的文明同化了。苻秦時宣文君以一女子講學，已受苻堅的傾倒，無怪後來王肅仕魏，魏孝文帝只索彰明較著地傾慕華風，連本來的胡服胡語也不惜犧牲，痛加禁遏呢。經此一度政治的摶合，民間已漸得諒解，彼此接近，所以鮮卑與漢族雖常相傾軋，①而自北齊以後，種界漸平，至唐時則泯無痕跡了。我們看隋書經籍志所載，學習國語（鮮卑語）的書很多，幾如現在學習外國文的課本，②然到了唐朝中葉鮮卑的語言、氏族，幾無一存在，則他們的習俗和血統不早已與漢族糅雜不分麼！更看唐書的宰相世系表，統計唐朝三百年間，宰相共九十八姓，其中竟有十一族不是漢人，③因此又得一個混合同化的鐵證。何況隋文帝的獨孤后、唐太宗的長孫后又都是鮮卑人呢！原來隋、唐之際，漢族漸强，外族漸弱，遂得吸合融和，別開生面。所以相沿的習俗、宗教、官制、族望等等，都是上承宇文（北周），遙接拓跋（後魏），與宋、齊、梁、陳之脈固不相銜，即與兩漢、魏、晉也多少不同。

至於當時的所謂四裔，與中國最接近而最有關係的，北有突厥（匈奴故地，今內外蒙古）、西突厥（阿爾泰山以西至俄領中亞）、回紇（續據突厥故地），西有高昌（新疆吐魯番一帶）、龜茲（新疆庫車縣）、党項（甘肅西部）、吐谷渾（青海）、印度、吐蕃（西藏），南有南詔（雲南地）、林邑、真臘（俱安南地），東有高麗（朝鮮地）、日本、靺鞨（黑龍江境及吉林以東地）、奚（直隸北部及奉天一部）、契丹（熱河及奉天）。這些國中，有幾處在隋時已起交涉，至唐朝則關係尤顯，有因戰爭而滅亡的，有因戰爭而和親的，有爲中國效力的，有聘問朝貢的，也有派遣生徒來留學的，④總之，都籠罩在唐朝的聲威之下，天可汗的名義，終究把他們攝住了。我們只看唐初設置的安東、安南、安西、安北、單于、北庭六都護府和玄宗時所設的邊陲十節度使，⑤便可知道當時控制四裔的大略。又因那時種族觀念很淡，在在發露兼收並蓄的精神，所以中國與四裔之間，也不像從前那樣的嚴防。據近人的統計，新舊唐書中外族有傳的多至五十人，幾佔全史人物百分之四，便可想見大概了。

惟其唐朝有這樣兼收並蓄的精神，所以能夠内融外交，建成一所極光明燦爛的統一帝國。影響所及，自然會發生多方面的成績了。我們且就交通上、宗教上、思想上粗粗觀察，自可得到一個大較。如玄奘、義淨的求經印度，別國到中國來朝貢、聘問或留學，都是促進域外交通的事實。所以那時的交通，不但陸路四屆，而且海道的往來也很能及遠，直到如今，唐人的稱謂還存在於南洋和美洲呢。又如諸外教陸續傳入，竟能並進不悖，各得建寺，便可見那時對於宗教的信仰，也很得自由。至於那時學術界的思想，更因博見廣聞的緣故，絕不拘於一孔，以此各得發揮固有的天才，而文學、美術都盛極一時。

① 東魏高歡號令國人，頗有調和的論調，他對鮮卑説："漢民是汝奴，夫爲汝耕，婦爲汝織，輸汝粟帛，令汝温飽，汝何爲陵之！"又對漢人説："鮮卑是汝客，得汝一斛粟，一匹絹，爲汝擊賊，令汝安寧，汝何爲疾之！"可見彼此不相容的情形了。

② 東魏北齊之交，鮮卑人頗在社會上佔大勢力。一般漢人都謹事不懈，甚且學鮮卑語以媚之。只要看北齊書神武紀和顏之推家訓便可明白。

③ 唐朝的宰相，如河南劉氏（匈奴）、渾氏（匈奴）、獨孤氏（匈奴）、洛陽長孫氏（鮮卑拓跋）、代州宇文氏（拓跋）、元氏（拓跋）、京兆于氏（曾入拓跋）、鄴郡源氏（拓跋）、昌黎豆盧氏（鮮卑）、洛陽竇氏（鮮卑没鹿回部落）、龍居李氏（李陵降匈奴後的子孫）等十一姓，都不是純粹的漢族。

④ 唐時四裔與中國的關係很複雜，如突厥、高昌、龜茲、吐谷渾、高麗等，都因

戰爭而滅亡。如回紇、吐蕃、奚、契丹等，都與中國和親，而回紇且與靺鞨同爲中國効力。如西突厥、党項、南詔、林邑等，都因戰爭失利而致臣服或朝貢。如印度、日本等，都與中國彼此聘問。而日本且與新羅、吐蕃諸邦一樣，先後派遣子弟來長安留學。

⑤ 玄宗時邊陲十節度使，詳見下面十八章。

十六　科舉制度和古文運動

唐朝一代，因思想較爲開放，異方交通較爲繁數，所以易起觀感，學術極盛。文學、美術，尤多爲後世所寶重。如李白、杜甫、白居易等的詩篇，歐陽詢、虞世南、褚遂良、顔真卿、柳公權等的書法，閻立本、李思訓、王維、吳道子等繪畫，唐玄宗的音樂，楊惠之的塑像，那一項不受後人的欽賞！即此偏舉隅見的散例，很可推想其餘的一切了。然而唐朝給後世的最大影響卻不只是這些絢爛的成績，而别在當時的科舉制度和古文運動。

今依次略述一些大概：

（一）科舉制度　科舉不自唐始，如兩漢的郡國薦舉，魏、晉以後的九品中正，都是政府用人的標準，人民參政的途徑，已有按時登選的意義。隋煬帝因中正制的流弊，始創進士科，於是科舉的萌芽，正式託生。不過隋朝短促，這項制度，直要到了唐初才得生根罷了。那時的科目，多至數十種，最著的，已有秀才、明經、進士、俊士、明法、明字、明算等稱了。應各科的，都懷牒自列於州縣（報名投考）。考後中選，乃得申送京城尚書省禮部應省試。考試的方法，秀才試方略策五道，以文理粗通爲主。明經先帖文，①然後口試經問大義十條，答時務策三道。進士試時務策五道，帖一大經；②其後改重聲韻。明法試律令十條。明字先須口試通過，乃得墨試説文、字林。③明算也先由口試，然後試以各算書。從此科舉制度確立，人民都看做登進仕途的唯一門徑了。又歷代多有制科，名目也不一律，由天子自詔，所以待非常之才，便爲後世特科的起點。後來士子多趨向明經、進士二科，而最爲人家所尊貴且艷羨的，尤側重在進士。所以唐朝取士雖不盡由科舉，④然積重之勢已成，大家便會尊信太過的。如顯宦而不由進士出身，則終覺微憾，即使位極人臣，人家也不引做美談呢。一直影響到後世，科舉便成一個絕大的偶像，社會上對於他的迷信，竟比宗教還要厲害了。

（二）古文運動　古文別於時文而言，因爲不滿意時行文格的卑靡，便自然而然地引起一種改善的運動了。那種改善的精神，明明是創新的運動，不過那時人不肯自居造作，而且一般的社會迷古太深，要想求效，不得不帶點託古的臭味，於是嶄新的文學革命，便不由自主地表現着復古的傾向。所以那時的古文運動，只要力追上古，與時行的文格分別一個高下便夠了，當然不會有澈底的改造的。我們且看唐時的文壇究作何狀，這古文運動的起因便可看出。原來六朝的文詞承建安七子之後，漸致猥雜，無復實質。沿至隋、唐之際，積習已深，文章但尚駢儷竟不能擺脫纖弱之風。唐高宗時，王勃、楊炯、盧照鄰、駱賓王俱善文，當時號稱四傑。然而杜甫已評他們說，"王、楊、盧、駱當時體，輕薄爲文哂未休"，可見他們的文格了。又唐玄宗時的燕國公張說和許國公蘇頲也以文章顯名，朝廷有大典制，都屬他們主撰，時人稱許爲燕許大手筆。但全係駢文，只能應用在廟堂之上，體格也未必便在四傑之上呢。在這樣的文壇上，自然會有許多人感到不滿了。所以唐初姚思廉做梁書，已力變駢體爲散文，實開古文運動之端。高宗時，陳子昂也力除浮靡之習。至肅宗、代宗的時候，元結繼起，漸立規模，散文的聲價已得與駢文並視，而且稍稍掩過了。然而他那孤介的性格太不諧俗，因此名不甚顯。後來韓愈奮起，毅然以復古自命，他的交游朋從既多，所作文又敢竭力提倡，於是一時交推，便成了古文運動的宗主了。當時他的朋友柳宗元，他的學生李翱、皇甫湜、張籍，又都有很好的成績，古文的家派便從此成立。雖駢文之風仍盛，⑤而影響到後世卻代有傳人，⑥竟主持了文壇一千多年，直到近來新文學代興之後，那種殘餘的勢力才漸漸打破。那麼他的力量之大，便可想而知了。

① 帖文，以所習的經文掩去兩端，中間惟開一行，裁紙爲帖，凡帖三字。隨時增損，可否不一，通名叫做帖括。

② 唐時以禮記、左傳爲大經。

③ 説文的全稱叫説文解字，漢許慎撰。字林晉呂忱撰。兩書都是當時通行的字書，所以取來試士。今説文尚存，爲文字學的要籍。字林則已佚去，現只有清任大椿的字林考逸可考了。

④ 唐朝登用人才，不必盡出科舉。如和逢堯、員半千的上書得官，如陽城李渤的由隱逸召用，如韓愈的出於張建封、董晉的薦舉，如杜牧之的由於吳武陵的延譽，都可證。

⑤ 陸贄、李商隱等，仍以駢文見長。

⑥ 韓、柳之後，代有傳人，如宋朝的歐陽修、曾鞏、王安石、蘇洵等，如明朝的唐順之、歸有光等，幾乎大家都知道他們是古文傳派的作家，他們自己也都自詡正宗，大家以肩道自任。及入清朝，而門户之爭（桐城派、陽湖派）益亟了。

十七　外教的繼來和佛教的蜕化

隋、唐以來，交通既廣，外教傳入之路大開，所以唐朝由外國陸續傳來的宗教特多。最著的，有回教、景教、祆教、摩尼教等。今先分述如下：

（一）回教　即天方教，爲隋時阿拉伯半島的麥加人穆罕默德所創。經典叫做可蘭，凡三十本，三千六百段，入教的，要焚香禮拜誦經，禁食豕肉。教義嚴肅，傳布時全憑威力。①阿剌伯人多信奉他，他便乘勢建立大食國，版圖日漸擴張。第七世紀初葉（隋煬帝大業年間），穆罕默德派他的門徒蘇哈巴等入中國，建懷聖寺於番州（今廣東番禺縣），然民間和政府，都還不甚注意。唐時，其教由北路陸地傳布，已託根的於天山南路，因回紇人以傳入內地，於是回教之名便由此成立。高宗以後，盛行於中國。及武宗崇信道教，其餘的一切遭禁，回教的勢力頓歇。僖宗時，在南方的教徒又多被黃巢虐殺，勢更衰微了。

　　（二）景教　　是最先傳入中國的基督教別派。[2]唐太宗時，教徒阿羅本齎經典來長安，太宗留居禁中，使繙譯經典。又命起波斯寺於兩京諸州，度僧尼二十一人。高宗時，更於諸州置寺院，以阿羅本爲鎮國法王。玄宗也很信仰，且因波斯爲大食所滅，詔改波斯寺爲大秦寺。肅宗、代宗之際，景教勢力大張。德宗時，大秦寺僧景淨等爲立大秦景教流行中國碑以誌盛況呢。至武宗時，景寺與佛寺並廢，碑也沒入地中，[3]景教遂衰。

　　（三）祆教　　即波斯的拜火教。[4]他們以爲世界只有陰陽二神，陽神清淨，爲至善之本；陰神污穢，爲致惡之原。所以勸人接近陽神，避開陰神。陽神的代表是火，以此，教中便崇拜聖火了。大食既興，苛罰異教，於是西域一帶奉祆教的，便悉向東徙，避入中國。唐太宗時，敕立祆寺於長安，置薩寶府以掌祆祭。有祆正等官，都以胡人充任。後來平定西域，祠部每歲必兩祀磧西諸州火祆，可見當時的祆教，竟與清初的喇嘛教相彷彿。

　　（四）摩尼教　　原出拜火教，更參雜佛教、基督教而別成一派，爲東漢末年波斯僧摩尼所創。唐初，已由波斯傳入中國。教徒所守的戒法，大致似祆教，而詭異更甚。[5]玄宗曾嚴加禁止，惟胡人自行其法的不罪。回紇人素奉此教，自肅宗向回紇借兵，摩尼教徒多因此入居內地，於是勢力漸盛。代宗命回紇在京的，建摩尼寺，賜額爲“大雲光明”，並許於荆、揚、洪、越等州（湖北、江西、江蘇、浙江一帶），建大雲光明寺。憲宗時，河南、太原也置摩尼寺，與大秦寺、祆寺並稱三夷寺。及遭武宗排佛之禍，三夷寺都廢。自此，這三教都衰，而摩尼在回鶻尚盛，至宋朝不替。

統看上面諸教的興衰，那消長之機，全繫於當時君主的政策——招徠遠人——或好尚，——崇道信佛等。所以倏盛倏衰，影響到民間的力量，究還不敵唐以前固有的宗教。然而道教與佛教還要有個分別：道教雖在北朝出了寇謙之輩，大得君主的信用，而後來聲勢特別隆重的原因，卻佔的唐朝姓李的便宜；⑥佛教則雖經三武之禍，⑦而結果仍露獨立的光彩。原來佛教自南北兩派漸漸接近之後，融和蛻化，竟新創出許多宗派，其實已經參入中國的新義，不純粹是印度舊宗的固有精神了。

茲記佛教蛻化的情形：

佛教自東漢傳入以後，根據地總在北方。五胡之亂，一般社會都受到一些壞的影響，獨佛教因各邦君主的崇信（如後秦、後涼等都信佛法），反得發榮滋長，普化及於民間。又因鳩摩羅什等譯經事業的發展，南方的士大夫們也很受他們的感動。後來梁武帝篤信佛教，寺院大興，恰巧佛教的南派達摩，浮海東來，南方一帶便成佛法弘布的新領域了。未幾，達摩渡江入洛，南北兩派遂相接近。沿流入唐，鉅子輩出。唐太宗時，玄奘自長安西行，歷一百二十八國至印度，受法於戒賢律師之門，十餘年始歸。齎經典六百五十餘部，與弟子等從事繙譯，自菩薩戒至摩訶般若，總七十四部，一千三百三十八卷。太宗深加推重，爲作三藏聖教序。後高宗又爲撰述聖記。他的弟子窺基，能傳師道，佛教由是大昌。高宗時，義淨三藏也航海赴印度求經。在外經二十五年，歷三十餘國，得經四百餘部，至武后時，才與印度僧日照和菩提流志等還國。玄宗時，印度僧善無畏三藏、金剛智三藏、不空三藏相繼來唐，稱做開元三大士。後不空又返印度受祕密真言，再來中土譯經論。佛徒既多，支派因以蔚起，各得自本所見以暢宣宗風了。約舉唐朝的佛派，有成實、三論、律、涅槃、地論、淨土、禪、俱舍、攝論、天台、華嚴、法相、真言等十三宗。後來其間有歸併一起的（涅槃歸天台，地論歸華嚴，攝論歸法相），有附屬別宗的（俱舍附法相，成實附三論），包舉大綱，統於八宗。這八大宗下，派衍尤衆，中惟天台宗完全爲華僧所創，固在宗教史上很佔重要的地位；而最有影響到後世的，卻莫過於禪宗。

　　禪宗相傳以印度的摩訶迦葉爲始祖，二十八傳至達摩於五〇八（梁武帝天監七）年來中國。但這種傳說，似是一種"託古改制"，並無歷史上的根據。大概隋、唐之際，佛書輸入的日多，宗派既繁，傳疏講說紛紛不已；文字障太深，加之儀式繁重，宗教的真意義和真精神反被埋没了；所以這時候便有這種革命的禪宗興起，不說法，不著書，以明心見性爲教義，一變佛教向來的窠臼。又兼八大宗中他的分支最多，傳布最廣，⑧所以影響到後來也最大。即此明心見性一義，已給宋儒以很大的暗示，到底產生了數百年來支配人心的理學！這便是佛教蛻化出來的結果。

① 穆罕默德起初以和平爲旨，說教三年，信徒甚少，而危害他的反日多，於是他只索改變方針，純取嚴厲的主張了。他傳教時有三條例任人選擇：凡人民皆須信仰可蘭經，否則納租貢以買他的信教自由權，再不，就用刀劍來同他決鬥。而且鼓勵他的部下，如爲征服異教而死，有非常的利益給他身後。所以兵威所及，教權便隨之立足。

② 當南北朝宋文帝時，羅馬東都的基督教徒有叫做乃司脫利安的，以倡導新義，爲衆教友所不容，謫居於西亞細亞。當地的教徒，依從他的極多，號爲乃司脫利安派。後得波斯國王的尊信，便建爲國教，漸次推行於東方。教徒自稱景教，取教旨光輝發揚的意義。

③ 大秦景教流行中國碑没入地中後，至明末始出土，因得考知當時流行之跡。

④ 拜火教相傳創於周時波斯當地人祚祿亞斯太，向爲波斯國教。南北朝時，此教已傳至蔥嶺以東，以兼崇天日，名叫祆教。北齊後主躬自鼓舞，以事胡天，北周要招徠西域，也有拜胡天之制。所謂胡天，便是祆神。

⑤ 摩尼教徒大都不嫁娶，不服藥，病則祈禱，死則裸葬，與當時中國的習俗大相乖離。所以人家便以詭異目之了。

⑥ 唐朝因與老子同姓，所以歷代君主都尊奉道教爲正教，名位在佛教之上。高祖時，有一個叫做吉善行的，自言於羊角山（在山西浮山縣）見老子。老子對他説："爲吾語唐天子，吾而祖也。"事聞，乃下詔立廟奉祀。後高宗至亳州（安徽亳縣），謁老子廟，尊爲太上玄元皇帝，認作始祖。從此代加隆禮，至武宗而盛極一時。

⑦ 後魏道武帝、北周武帝、唐武宗都不喜佛法，備加摧殘，所以佛門稱三次浩劫爲三武之禍。

⑧ 唐初弘忍有二弟子，一叫神秀，行化於北地，稱北宗；一叫慧能，行化於南方，稱南宗。北宗後世無分派。慧能爲禪宗六祖，實則是真正禪宗的開山祖師。慧能之徒出南岳（慧讓）、青原（行思）二派；南岳門下，出臨濟（義玄）、潙仰（潙山靈祐、仰山慧寂）二派；青原門下，又出曹洞（曹山本寂、洞山良价）、雲門（文偃）、法眼（文益）三派。合稱南宗七派。

十八　方鎮的專橫和朋黨的傾軋

唐朝承大亂之後，樹統一之基，影響於當時和後來的社會很大；而貞觀年間的政治，尤爲中國歷史上有數的清明時代。然而一家私有的天下，終究要自腐的，所以他中經的變故和末路，竟與漢朝相彷彿，也有母后的擅政，也有庸主的蔽惑，也有宦官的弄權。但這都是他們一家的家事，我們且不必管他；獨有方鎮和朋黨的起落，我們卻得注意一下，藉見那時政治社會上的文官武吏，究作怎樣一種狀態。

今先説方鎮：

方鎮的名目，很是奇突，起初不過領兵的鎮帥，後來漸漸變成手操文武大權的方面重臣，所以有方鎮之稱。繼又擅立留後，不復關白中央，儼同藩封的諸侯，於是又稱藩鎮。原來唐初承周、隋之制，於諸州重要地方置都督府，便立鎮帥開府之基。然没有節度使的名目，兵將不能兼管地方的。七一一（唐睿宗景雲二）年，以賀拔延嗣爲涼州都督河西節度使，於是節度之官始立。玄宗又於邊境置盧龍、范陽、河東、朔方、隴右、河西、劍南、嶺南、安西、北庭十節度使，從此各領數州甲兵，又掌土地、人民、財賦之政，方鎮遂日强，中央政府便不能遥制了。自安禄山、史思明亂後，政府一味姑息，[①]兵將由此益驕，甚至父死則子領其兵不受代；士卒也多自舉將帥，然後入告。初爲政府患害的，爲河北諸鎮，他們多自置官吏，擅私賦税，又互結婚姻，相約以土地傳子孫。所以後來效尤的，幾乎都有合縱之勢，希圖抵抗政府的干涉。德宗、憲宗之世，雖曾薄加懲創，似乎恭順一點，而積毒難拔，結果竟亡於後起擁兵的强藩了。

方鎮猖狂的當兒，中央政府又爲一班政客所據，竟發生了四十年朋黨之爭。

朋黨之起在憲宗時，因進士李宗閔對策，譏切宰相李吉甫，吉甫的兒子李德裕便與他結下意見，竟伏後來朋黨傾軋的禍根。穆宗時，二人都已登仕，李德裕爲翰林學士，李宗閔爲中書舍人，因鬧科場案，[②]便顯分兩黨。既而宗閔又引户部侍郎牛僧孺同敵德裕，於是僧孺與德裕相抗了。這便叫做牛李之爭。當時黨附德裕的，有元積、李紳、段文昌、裴度、王踐言等；附僧孺的，宗閔之外有楊汝士、錢徽、李逢吉、楊虞卿、李仲言、王璠等。文宗、武宗兩朝，此起彼仆，更相迭代，得勢則入爲宰相，失勢便出領節鎮，李宗閔輩，甚且勾結宦官，用作内應，以取快於一時。文宗曾歎息説，"去河北三鎮易，去朝中朋黨難"，此情此景，當可想像得之了。然而李德裕畢竟是個大政治家，他在浙西觀察使任内，曾毀除淫祠一千一十所，又嘗奏革私設戒壇度僧尼。又在西川節度使任内經心籌邊，收復維州（四川理番縣），可惜被牛僧孺所沮，以致功敗垂成。[③]武宗時，當國專政，尤多建白，内抑藩鎮，外輯蕃夷，又曾裁革州縣以下冗濫的佐官一千二百十四員以省浮費。所以終武宗之世，河北三鎮不敢有異志，而回鶻（即回紇化名）諸族也不能逞志於中國呢。不幸黨見太深，到底以此蒙禍，宣宗即位，便把他遠貶崖州（廣東崖縣），竟死於貶所。至此，黨爭雖息，而後來當國的竟没有比數得上的才士，時事已不可問了！

那時的方鎮既擅命自雄，朝廷又闒茸苟安，雖有李德裕那樣的政治幹材，也抵不上四十年來黨爭的消磨，一切設施，多少總要打個折扣。以此，德裕死後，所有的民生吏治，更還有誰能注意得到！於是亂民思逞，而王仙芝、黃巢等人，便接踵而起了。黃巢倡亂十年，自今山東起兵，寇掠幾遍中國，尤爲唐朝趕上末日的爆裂彈。後來黃巢雖平，而巢黨朱全忠乃得坐養勢力，④卒篡唐室，遂開五代紛亂之局。那方鎮的餘勢，直到唐亡以後六七十年尚得存在，可見根柢深固，一時竟無從振拔呢！

① 當代宗初年，史思明的兒子史朝義自致破亡，他的部將薛嵩、張忠志、田承嗣、李懷仙等，先後以州投降。那時唐朝的君臣没法處置，只索姑息苟安，把河北地瓜分了付授降將，俾各開府建牙。從此諸鎮皆握兵財大權，部下文武各官，又悉聽自置，竟埋下禍根，專橫遂不可制了。

② 穆宗時右補闕楊汝士與禮部侍郎錢徽掌貢舉，西川節度使段文昌、翰林學士李紳各投書給他們託照應所善的進士。及榜出，二人所託的都不中，而鄭覃弟朗、裴度子譔、李宗閔婿蘇巢、楊汝士弟殷士皆及第。段文昌便向穆宗説，"今歲禮部殊不公，所取皆以關節得之"。穆宗諮問諸學士李德裕、元稹、李紳都這樣説。於是特命復試，斥鄭朗等十人而貶錢徽等遠州。自此德裕、宗閔各分朋黨，竟相視如水火了。

③ 李德裕爲西川節度使時吐蕃屢入爲邊患。他便訓練士卒，修茸關塞，作籌邊樓，圖蜀地形，南入南詔，西達吐蕃，凡山川道路險易廣狹都極瞭然。西邊由是稍安。適吐蕃的維州守將悉怛謀請降，德裕便遣兵據其城。維州踞高山絕頂，三面臨江，形勢極險，吐蕃陰謀三十年才得攻陷奪去，號爲"無憂城"。德裕竟以威望收復，是何等事功！不料奏聞之後牛僧孺反勸文宗下詔德裕，叫他把維州

和悉怛謀送還吐蕃。吐蕃便誅悉怛謀於境上，極其慘酷。由是德裕怨僧孺益深。

④ 朱全忠本名溫，係黃巢的健將。後來他看黃巢漸漸失勢，便投降唐朝，賜名全忠。未幾，任爲宣武節度使駐兵大梁。他便東取曹州，西得洛、孟，南據蔡、徐，務拓地自廣。後來以誅宦官功，進爵梁王，便伏下篡唐的綫索了。

十九　五代的糾紛和當時的社會

黃巢亂後，唐室益微。強鎮既虎踞四方，中央政府便等於贅疣，幾乎沒有絲毫維繫的力量了。那時朱全忠據大梁（河南），李克用據河東（山西），李茂貞據鳳翔（陝西），楊行密據淮南（安徽、江蘇北部），錢鏐據吳越（江蘇、浙江），王潮據閩（福建），王建據蜀（四川），劉隱據嶺南（廣東），聲勢相當，已兆分裂之端。後來朱全忠受崔胤之召，入誅宦官，遂篡唐自立，便開後梁。從此朝秦暮楚，亂亡接踵，前後五十二年之間（九〇七——九五九），便歷後梁、後唐、後晉、後漢、後周五朝，而實際上卻經過了八姓十三君。①一般人都叫那時做"亂五代"，實在不錯！當這五代更迭的時候，契丹崛起於北方，列國紛爭於宇內，所謂五代，也不過列國中的一國，何嘗有統一稱朝的能力！然而歷來史家因蔽於傳統的見解，竟硬奉他們作正統。其實正統的說數，實在是說不通的。②

從前的史家，太看重帝王的傳授，固然爲時代思想所限，不能不諒他們一片奉尊弭亂的苦衷。但統觀自來所謂的正統，也不一致，各人各就當時的帝統着想，儘有出入。③所以歷史上的正統、僭僞，我們正可不管，五代叫順口了，我們就叫他五代，不過要注意那時的實際情形，不光是五個朝代。

今且略述五代的興衰和列國的大勢：

唐

前蜀　後梁　　楚　吳　閩　荊南　南漢　吳越

南唐

後唐

後蜀　後晉

後漢

後周　北漢

宋

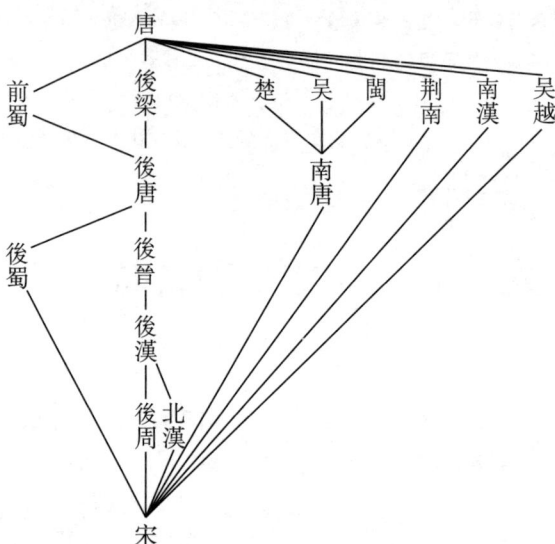

　　朱全忠既簒唐，改名朱晃，建都大梁（河南開封縣），便是後梁太祖。傳二世，十七年而滅於李存勗。李存勗是沙陀人李克用的兒子，滅梁之後，徙都洛陽，便是後唐莊宗。傳四世，十二年而滅於石敬瑭。石敬瑭也是沙陀人，借兵於契丹，才得破唐，因被立爲帝，復都大梁，便是後晉高祖。他因外力得位，竟割燕雲十六州④以賂契丹，並不惜事他爲父，苟求自全。傳二世，十一年而卒降於契丹。沙陀劉知遠，本晉將，乘中原無主，遂入大梁即帝位，便是後漢高祖。傳二世，四年而簒於郭威。郭威邢州（直隸邢台縣）人，既得位，改號周，便是後周太祖。歷三世，凡九年而簒於趙匡胤。所謂五代，便由此結束。

　　與五代並時的諸國，除眞正附於中朝的節鎮或興滅太驟的小邦不計外，前後興起凡十國。與後梁同峙的，有劉隱的南漢，高季興的荊南，錢鏐的吳越，馬殷的楚，楊行密的吳，王審知的閩，王建的前蜀。後唐興起，諸國如放，惟前蜀爲唐所滅。然孟知祥已經據着四川，便成後來的後蜀了。後晉時，李昇簒吳建南唐。王氏的閩地，爲吳越、南唐所分，而泉漳二州爲留從效所據，稱閩海。後周篡漢，劉崇便據河東稱北漢。楚也爲南唐所併，而劉言據湖南十四州稱武平。終周之世，七國並立，直待宋太祖起來了，先後削平，中國才歸一統。我們看上面表揭的五代十國分合大勢，便可見這糾紛時代的來龍和結穴。

這樣的滿地干戈，當然民不聊生，有產的階級，因橫徵苛斂，土匪抄掠的結果，漸變貧困；無產的階級，爲生活所逼，早已加入盜群或且混入政界冀分餘潤了。所以那時的社會，真是到處紛亂，比五胡亂華的僅限在北方範圍還要擴大。崛起的梟雄，都想厚樹勢力，廣結心腹，於是養子之風大盛，族系自然紊亂了。像石敬瑭那樣的諂事契丹，更開俯首外族的惡例。至於所謂士大夫呢，又承唐末請託求官、獻文自薦的積習，本就不很注意氣節，何況看慣了這種殺君易代的勾當，自然人人以苟免爲幸，對於身外的紛擾，竟不起什麼異感了。惟其如此，所以中原有送舊迎新的長樂老，西川有世修降表的李家，⑤而忠於所事的，反只有王彥章、韓通等激於血氣之勇的武夫。那時的黑暗，也就可想而知了。

但我們在這沈沈的黑暗裏，卻同時找到一星火種。這一星之火，逐漸擴大開來，竟大放光明，普照世界。那火種是什麼？便是印刷術的推行。印刷之法，隋時已有，原來由石版變化而出。⑥然民間尚不通行。至唐時，益州（四川）始有墨板。及九三二（後唐明宗長興三）年，馮道請鏤板印賣九經，置之國子監。九五三（後周太祖廣順三）年，九經板成。從此印刷大行，文字的傳布日便，遂開宋朝雕板刻書之風。後來畢昇在宋時又發明活字版，不但中國的印刷界直接受到便利的影響，而且因交通的力量傳入歐洲，間接的效果，竟助長世界的文明呢。這不是一星之火爆發出來的光明麼！

① 後梁二君俱姓朱。後唐四君莊宗姓李；明宗是李克用的養子不詳原姓；廢帝是

明宗的養子，本姓王。後晉二君，俱姓石。後漢二君，俱姓劉。後周三君太祖姓郭；世宗姓柴。合計起來，五代共八姓十三君。

② 正統僭偽的辯論，立腳點不出下列六項：

A. 以得地的廣狹而定。凡混一宇内不問其爲何等人都奉爲正統。如晉、宋、元、清等朝是。

B. 以據位的久暫而定。凡雖能混一而不克久享的，都爲僭偽。如項羽、王莽等是。

C. 以前代的血胤爲正，餘爲偽。如蜀漢、東晉、南宋等朝是。

D. 以前代的舊都所在爲正，餘爲偽。如因漢而正魏是。

E. 以後代所承或所自出爲正，餘爲偽。如因唐而正隋因宋而正五代是。

F. 以中國種族爲正，餘爲偽。如宋、齊、梁、陳爲正統而北朝不與。

然而這六項互相矛盾窒礙難通，顧此失彼，全無根據。所以正統僭偽等觀念在今日，那裏還能在史家的腦裏藏身！

③ 陳壽的三國志以魏爲正統，而習鑿齒的漢晉陽秋（今已佚）則以蜀漢爲正統。司馬光的通鑑，也以魏爲正統，而朱熹的綱目便又奉蜀漢爲正統了。這不是各人自己的主觀麽！

④ 燕雲十六州爲幽、薊、瀛、莫、涿、檀、順、新、嬀、儒、武、蔚（俱在直隸北境）、雲、應、寰、朔（俱在山西北境）。自被石晉斷送後，久淪於契丹，便預立宋時遼金繼興之基。

⑤ 長樂老即馮道，他歷事燕王劉守光、宦者張承業、後唐、後晉、契丹、後漢、後周，直到周世宗時始死。人家遭亂奔命他卻長保富貴，竟作長樂老自序一篇，自叙生平更事四姓及契丹所得的官階勳爵以爲榮，他的志節真掃地無餘了。後蜀李昊爲孟昶草降表奉宋將王全斌，時人夜署其門大書"世修降表李家"六字。可見李氏在蜀所做的往事，尚有不滿人意的地方呢。

⑥ 隋文帝敕廢像遺經悉令雕板，便是石刻初化木刻的事實。

第四編　近古——從宋初到明末

（公元九六一——一六四四）

一　群雄的削平和澶淵之盟

五代的紛亂，直到後周世宗手裏，才漸漸有些翻身走上政治軌道的轉機。世宗死後，幼子當家。一般貪利慕勢的武人又節外生心，趁着殿前都點檢趙匡胤出師北禦契丹，紮營陳橋驛（在今河南開封縣東北）的當兒（九六〇年），便翻出從前擁立主帥的手段來，生生地把黃袍披在他身上，整隊回汴（開封）。在這倉皇戎馬之間，又很平常地換了一朝天子了。這新天子便是收拾殘局的宋太祖。

那時中國境內，南有荊南、南漢，西有後蜀，東南有南唐（南漢亡後，自貶國號稱江南）、吳越，北有北漢，依然是並峙爭雄之局。不過諸國都已積衰露弱，而宋太祖恰承着後周世宗的餘烈，居然從小朝廷裏脫穎而出。許多積弱之國的中間，有這樣如日方昇的新朝出來收拾他們，自然很容易得手了。所以前後十三年間，宋太祖的統一運動，竟得大告成功。九六三（宋太祖乾德元）年，慕容延釗平荊南。九六五（乾德三）年，王全斌收後蜀。

九七一（宋太祖開寶四）年，潘美克南漢。九七五（開寶八）年，曹彬下江南。及太祖死，弟太宗繼立，吳越於九七八（宋太宗太平興國三）年納土除國，北漢也於明年經太宗自攻出降。於是境內統一，所未得收隸版圖的，只有後晉時陷遼的山後十四州（十六州中，已由後周世宗收取瀛、莫等地，置雄、霸二州，以瓦橋關爲界）罷了。然遼國勢正隆盛，太宗雖挾着掃滅北漢的銳鋒，御駕親征的聲威，而移師攻遼，結果還是免不了高梁河（今京兆宛平縣西）的挫敗。[1]

遼勢爲什麼這樣的不可侮呢？原來自有他的來歷和積勢的。

遼即契丹，本鮮卑宇文氏的後裔。當時被慕容氏所破，竄居現在的熱河道境。後魏道武帝又把他們打敗，於是東西分背，西爲奚，東爲契丹。奚分五部，居土護河（英金河）域；契丹分八部，居潢河（西喇木倫河）之西，土河（老哈河）之北。唐初，契丹和奚都內附，便以其地置松漠、饒樂兩都督府，共隸營州（今熱河朝陽縣）。安史亂後，契丹服屬於回紇。唐末，八部公推耶律阿保機爲首領，那時已久脱唐藩，儼然是一個獨立邦了。阿保機雄勇有謀略，併滅諸部，役屬奚、室韋（今奉天北部地）等，又西取突厥故地，東北諸部族，都爲他的聲勢所懾服。唐亡那一年（九○七），他曾帶兵三十萬侵擾雲州（今山西大同縣），晉王李克用與他連和，約爲兄弟。但後來他又與後梁結好，因此，後唐便與他結下一重怨仇。他屢次攻打後唐，雖總不能十分得志，然而他能招用漢人，——韓延徽便是他的謀主，教他摹做中國，築城、治市、墾荒、安集，——卻早把內部治好，於九一六（後梁末帝貞明二）年上改元神册，竟已進號稱帝了。這便是契丹（那時還沒改遼）的太祖。他死後，次子德光立，雄武不減其父。立十年（九三六），石敬瑭前往求救，他便趁勢興兵，自督大軍南下。攻滅後唐，擁立後晉，遂得燕、雲十六州。於是契丹的疆域，"東至海，西至金山（阿爾泰山）暨流沙（甘肅新疆的沙漠），北至臚朐河（克魯倫河），南至白溝（上流即巨馬河，出直隸淶水縣，至雄縣，入大清河，因宋、遼據此分界，又稱界河）”，[2]便在中國的北方蔚爲一區大國了。

九三七（後晉高祖天福二）年，契丹主德光改國號爲遼，建元會同，因此，史又稱他做遼太宗。不久後晉出帝聽了景延廣的話，得罪於他，他便領兵打入大梁，把出帝捉去。雖是他不懂得中國的治法，不能久據中原，[3]然而他勢力的雄厚，也就可想而知了。後周世宗何等的英武，也僅能敵住他們不再南下，於他們所擁護援助的北漢，雖屬眼中之釘，也絲毫奈何不得。宋太祖能平定群雄，不能先下河東，也正爲此。所以宋初開國的計畫，對北方只取守勢。[4]

宋太宗在高梁河打敗後，因聽得遼聖宗初立，——復號契丹（九八三），直到後來興宗初年才又稱遼（一○三二），——蕭太后當國的信息，也曾命曹彬、崔彥進、米信、杜彥圭出雄州，田重進出飛狐嶺（今直隸淶源縣西北），潘美、楊業出雁門（今山西代縣），大舉攻遼。然這一回出兵的結果，只落得三處大敗，[5]使東北諸州，多被俘掠。由是，連年侵擾，終太宗之世不能消弭邊患了。

九九七（宋太宗至道三，遼聖宗統和一七）年，宋太宗死，子真宗立，不上兩年，遼聖宗自將南攻，至澶州（直隸濮陽縣西南），派兵渡河掠淄青（山東）。宋真宗親出抵禦，師次大名，契丹乃引還。一○○四（宋真宗景德元，遼統和二二）年，遼聖宗奉蕭太后大舉侵宋，前鋒又及澶州。那時中外震駭，群臣多有主張遷避的。[6]幸虧宰相寇準拿定主意，力勸真宗親征，維繫人心；竟慫恿車駕渡河，登澶州北門城樓。宋兵望見黃蓋，遠近歡呼，軍心大振。遼軍初不料真宗能親來作戰，驟見宋軍踴躍，確已有些吃驚了。他們的驍將蕭撻賴又中弩陣亡，於是有媾和之意，便利用降將王繼忠的介紹，與宋議款。起初，遼國方面的索價要取還後周時所收回的關南地，宋不肯割地而願輸歲幣。⑦經派閤門祗候曹利用前往磋商，結果以歲幣銀十萬兩，絹二十萬匹成和；遼聖宗稱宋真宗為兄，真宗稱蕭太后為叔母。從此兩下罷兵，在國際上正式成立了對等的與國，便是所謂"澶淵之盟"。

後來遼興宗雖曾於一〇四二(宋仁宗慶曆二，遼重熙一一)年差翰林學士劉六符等來求地，宋使右正言富弼往報，又增歲幣銀絹各十萬，然國交未嘗破裂。在宋徽宗約金攻遼(一一二二)以前，居然雙方保持和平至一百二十年之久。

① 宋太宗既滅北漢，聽崔翰言，遂由太原引兵次幽州城南，攻走耶律希達，圍城三周。當時兵勢甚銳，順、薊二州俱降。後來太宗兵方與耶律沙大戰於高梁河，將勝，適耶律休哥來救，部將耶律斜軫分左右翼進戰。太宗乃大敗。這一役，死萬餘人，只得引兵南還。

② 見遼史地理志。

③ 遼太宗攻入大梁，全不知中國的治法，一味想搜括財物，搬送回國。於是分派使者，四出括取。又縱令胡騎剽掠，郊畿數十里間，蓄藏一空，名為"打草穀"。中國人受不住這種苛擾，便紛起為難，所在生變。遼太宗看此情形，也知"中國難制如此"，只得北歸。

④ 宋初，使李漢超、韓令坤等分屯瓦橋關、常山(直隸正定縣)一帶，以拒北狄；武守琪、李謙溥等分成晉州(山西臨汾縣)、隰縣(山西隰縣)一帶，以禦太原；董重誨、王彥昇等分鎮環州(甘肅環縣)、原州(甘肅鎮原縣)一帶，以備西夏。都厚給錢糧，使他們便宜從事。所以二十年無西北之警，得以從容盡力於東南。

⑤ 九八五(宋太宗雍熙二，遼聖宗統和三)年之役，曹彬、米信敗於歧溝關(直隸涿縣西南)；潘美乘勝進兵，也敗於飛狐；楊業敗於陳家谷(山西朔縣南)。宋軍精銳，耗亡大半。太宗急召田重進引還。

⑥ 遼聖宗二次到澶州時，邊書告急，一夕五至，群臣多有懼禍請徙避他方的。如王欽若請幸金陵，陳堯叟請幸成都，便是這種畏敵苟安心理的表現。

⑦ 真宗親出，本就勉強，所以和議起了，他很希望成功，好趁此收兵。只要不割土地，把面子圓上，也就模糊過去，當然不計較歲幣的數目。我們只看他授意給曹利用的時候。一則說"若欲金帛，朝廷之體固亦無傷"；再則說"必不得已，雖百萬亦可"，那種姑息的心理便昭然如畫了。

二　西夏勃興和推行新法

宋朝對遼的交涉，固已處處示弱，無從諱飾，然而兩方維持和平很久，根本上的損失還不十分屬害。其實當時受累最酷的，卻在西夏。

西夏本拓跋氏，出於党項，或疑他們也是鮮卑人，大約在那邊做酋長的。唐朝末年，有叫做拓跋思恭的，因助討黃巢有功，賜姓李氏，用他爲定難節度使，使鎮夏州（今陝西橫山縣）。唐朝亡後，他們便世有夏、銀（陝西米脂縣）、綏（陝西綏德縣）、宥（綏遠伊克昭盟鄂爾多斯右翼後旗地）、靜（米脂縣北）五州，雄視北方。宋太宗時，他的後人李繼捧入朝獻地；但他的弟弟李繼遷不肯，便叛走地斤澤（在夏州東北三百里，仍屬橫山境），於九八五（宋太宗雍熙二）年襲陷銀州。明年，繼遷降遼，遼便封他爲夏王。宋朝卻用招徠政策，賜繼捧姓名爲趙保忠，仍叫他做定難節度使。不久，繼遷居然也來請降，即便用他爲銀州觀察使，賜姓名叫趙保吉。然而叛服不常，到底戢不住他們的野心。

一〇〇二（宋真宗咸平五）年，趙保吉攻取靈州（甘肅靈武縣），改稱西平府（後來他的孫兒元昊，改爲興州），藉爲根據。從此，宋邊時有寇警，而西夏的基礎卻很結實地站住了。後來他又襲破西涼，被吐蕃酋潘羅支所紿，中流矢奔還，死在靈州道上。他的兒子趙德明便向遼告哀，遼又封他爲西平王。那時宋朝方與遼盟，不欲另啟邊釁，只賜諭給德明，令他自審去就罷了。德明利中國的茶帛，表示恭順，宋也封他爲西平王，兩下相安了三十多年。

一〇三二（宋仁宗明道元）年，西平王趙德明死，子元昊（後改名曩霄）嗣，便大肆野心，建號稱帝。①宋朝與他連兵五六年，爲他消耗了不少的財力和兵力，②結果還得歲送銀綺茶絹二十五萬五千，封他爲西夏國主。他既取得歲幣，便可抵補他歷年用兵的損失，並供自己休養的用度，爲計甚得。實際上他依然自帝其國，對於宋朝的關係，真不過一個換取歲幣的體面而已。

西夏既得穩住，宋朝的外交總算敷衍過去了。但後來經過英宗，一直到神宗時，宋朝爲了這兩大筆歲幣，——對遼稱納，對夏稱賜，——真弄得民窮財盡，供給不暇。史稱神宗是個英明的君主，碰到這種境界，如何不思自振。然而大敵外壓，府藏内虛，非得想個法子來改革自己的内政，那裏可以有爲！因此，以經濟自負的王安石③便自然而然地與他合手猛幹了。

王安石本是意志堅强的政治家，當他登台執政的時候（一〇六九——一〇七六），看定亟待整理的，便是財政和軍政，所以他放手做去，不顧一切。今且分述他對於財政、軍政的設施：

（一）財政　宋朝承五代積弊，財政很是紊亂，王安石爲要統一事權，便創設一個根本整理的機關，叫做“制置三司條例司”。把全國一應歲出和郊祀大計，都由司裏編著定式，分頒照行；每歲裁省的冗費，差不多有十分之四。其餘一切積極的政策，大都也從此議行的。當時最影響於民生的重要設施，是青苗法和免役法。青苗法是陝西轉運使李參所行，當春種時，由官酌量情形，借錢給農民做耕作的資本，到收穫時加利還官。安石採取此法，推行到各路，便用常平、廣惠等倉的錢穀做借本。這麼一做，富人重利盤剥的弊害，着實救濟了不少。免役法是改差役爲雇役，令鄉户各按等第輸免役錢；本來無役的人家出助役錢。官用此錢，另外募人充役，不再簽差。直到現在，百姓不再受差徭之苦，都是免役法的功效。所以輾轉變遷，此法竟不能廢。至於他整理賦稅最根本的方法，便是方田均稅法。其法以東西南北各千步之地爲一方，每年九月，由縣令委佐官分地丈量，於每方地角，立一標識。丈量既畢，經界自正，然後考察他土性的高下，估定賦稅的數額。此外尚有市易、均輸等法，④也都是關於經濟的重要行政，但推行不很廣，便沒上述幾法的有力。

（二）軍政　宋初，矯藩鎮之弊，務弱外兵，軍政確也可觀。⑤後來中央軍政漸致腐敗，而兵額反日見增加，⑥到神宗時真無法處置了。王安石關於軍政的改革，他先着手裁兵，把不任禁軍的降爲廂軍，不任廂軍的復爲民。史家稱他"所裁減者甚衆"，可以想見他裁兵的勇決了。他對裁兵的善後，便把從前的番戍制度廢掉，置將統兵，分繫各路。另外又推行保甲法，以十家爲一保，保有長；五十家爲一大保，有大保長；十大保爲一都保，有都保正及都保副。戶有二丁的，以一丁充保丁。保丁中每日輪派五人備盜。後來又教保長弓馬武藝，使他們轉教保丁。這便是他主張民兵制度的實現。當時尚有保馬法，令民豢養官馬，免除一部分應納的租稅；又特置軍器監，以謀武器的改良。

如此做去，當然比沒有變更以前好得多，宋朝的聲勢，似乎也應該有點起色了。然而那時的士大夫頗有務爲名高，好持苛論的氣習，凡事都喜起鬨，結果卻兩敗俱傷，徒然紛擾了一場。原來這種風氣，自從真宗以來簡直沒有安穩停息，⑦竟成了一種不可解的群衆心理了。王安石出頭辦事，正當濮議⑧之後，大家閧爭未休，忽然來了一個自任太甚的人，從事於大刀闊斧的改革，如何不把他們嚇壞！於是自居守正的，重又聯合起來一致攻擊，連平素替他延譽的歐陽修也變了反對黨了。凡是安石所創議推行的諸法，他們概稱做新法，沒有一項不起來反對的。新法黨雖有恢復河湟及經略西南蠻族⑨的功業，也只藉爲勞民傷財的口實，所以神宗一死，全功盡棄。後來竟把新法二字做了黨爭的武器，⑩直到徽宗用蔡京聚歛供用，仍借新法的名目。於是一般人便歸咎新法，連王安石也受了一輩子不白之冤。其實誰是君子，誰是小人，是要看各人的行事如何才得分別，決不能依憑反對黨的口實便可評定的。

① 元昊少時，常勸他的父親不要向宋稱臣，其志已可概見。及襲位，便以宋明道年號犯他父諱，改稱顯道，那時真很露反情了。未兩歲，遂發兵寇邊，殺掠居民。又西侵回鶻，盡有今陝甘北部及綏遠、西套一帶地，幅員幾及萬里。遂稱大夏皇帝，改元大慶。

② 元昊造反，宋朝先命范雍、夏竦分守鄜延、環慶和涇原、秦鳳四路（地當陝甘境上），以資戒備。後又專用夏竦做陝西招討使，以韓琦、范仲淹爲副。韓范議論不協，尚没出兵，而夏兵來攻，卻把大將任福戰死在好水川（在甘肅隆德縣東）上了。從此邊事棘手，雖重用韓琦守秦鳳，王沿守涇原，龐籍守鄜延，范仲淹守環慶，責以分路經略，依然不能得利。直到元昊自覺困疲了，才投書給龐籍請和。然而宋朝五六年用兵的消耗和沿邊的破壞，損失極大，陝西地方，差不多始終没有恢復元氣。

③ 王安石字介甫，撫州臨川（江西臨川縣）人，少時便有矯世厲俗之志。歐陽修嘗爲延譽，聲望因此日高。仁宗時，他曾上萬言書陳得失，朝廷不能用，遂以母憂去官，終仁宗、英宗之世不出。神宗立，因韓維薦，起知江寧府。數月，內召爲翰林學士。奏對稱旨，不久便爲宰相，傾心委任。

④ 市易法聽人賒貸縣官財貨，以田宅或金帛爲抵，出息十分之二。過期不輸，罰其錢百分之二。均輸法則以發運之職改爲均輸，凡上供之物，俱得徙貴就賤，用近易遠；預知京倉庫所當辦者，得以便宜畜買。

⑤ 宋初要中央集權，革除藩鎮的弊端，便由收取軍權入手。所以把各州精壯的兵都選送京師，陞爲禁軍。留在本州的，名爲廂軍，大都是汰剩的老弱，不過奔走給役罷了。各處需兵防守的地方，再由中央派兵分紮，一年一換，叫做番戍。於是一面使兵士習勞，不致疲玩；一面又得令禁軍周知各地的形勢。

⑥ 番戍之制，積久弊生，到後來輪番的兵士反借此要索衣糧，看出戍是個要錢的機會了。太祖以後，歷代多把廂軍陞作禁軍；每遇荒年，又把招兵當作救荒的政策；於是兵額乃日見增大。譬如太祖開寶年間止三七八〇〇〇人，至英宗治平年間卻有一一六二〇〇〇人了。

⑦ 真宗時王欽若與寇準相擠，已兆黨爭之端。後來仁宗時呂夷簡與孔道輔等之爭，慶曆聖德詩（國子監直講石介所作，大旨頌美韓琦、范仲淹、富弼等，而斥夏竦爲奸邪）發表後的朋黨之爭（歐陽修竟作朋黨論上諸朝，彰明較著地攻擊敵黨），便致掀動政潮，似乎有不可即已之勢。其實一個皇后的廢立，幾個顯官的進退，只是一人一家的事，本來用不着多大的口舌的。然而那輩士大夫的意氣盛極了，

　　愈是爭點狹小，愈是鬧得厲害，所以濮議一起，他們便又抓到了絕好的題目。

⑧ 英宗本是濮王允讓的兒子，入繼仁宗之後，知諫院司馬光知他必要追崇所生，嘗因奏事，暗示勸阻。既而宰相韓琦等言"禮不忘本，濮王德盛位隆，所宜尊禮"。於是盈廷爭執，韓琦、歐陽修等爲尊親派，司馬光、王珪、呂誨、范純仁、呂大防等爲繼統派，刺刺不休，至於互詆，很可見群公的意氣用事了。

⑨ 王安石得志，很注意武功。用王韶爲洮河安撫使，先復武勝（甘肅狄道縣），建爲熙州。既而漸次開展，恢復河湟，開成熙河一路。又用章惇經制蠻事，平梅山蠻，開其地爲安化、新化兩縣；平南江蠻，置沅州（今芷江縣）。熊本復將四川重慶以南的諸蠻打平，開建了一個南平軍。那時安南王李乾德入犯，也被郭逵打敗，他們便始終臣服於宋。

⑩ 神宗死後，哲宗即位，改元元祐，年才十歲。太皇太后高氏（神宗母）臨朝，用司馬光、呂公著做宰相，舊黨便聯翩進用，不到一年，把王安石所行的新法全部推翻了。然舊黨中又自分洛（程頤爲首）、蜀（蘇軾爲首）、朔（王巖叟、劉安世、劉摯、梁燾爲首）三黨，互相攻訐。對於政治卻並沒一定的主見，不過大家都捧定太皇太后作他們得君行道的護符罷了。所以高后一死，哲宗便有獨行其志之意。恰巧楊畏、李清臣、鄧潤甫等創紹述之議，他便改元紹聖，罷范純仁，起用章惇了。

三　書院的建設和學派的蔚起

　　宋朝的國勢固弱，然他在歷史上遺留給後人的影響很大；不但社會史上深刻着大家族的殘印至今未滅，而且學術史上也染着很濃的色彩，與已往的時代不同。這濃彩便是當時推行的書院和自成流派的道學。有了書院來講肄傳習，學術的流播便得容易推廣的機會；有了道學那面大旗做新學閥的標識，自然號召呼應，容易打成一貫的系統。這二者互爲因果，便在學術社會大放光明，竟造成六百年——公元一〇〇〇至一六〇〇——的道學天下，籠罩了宋、元、明三朝人士的思想。影響到後來，講學的空氣已瀰漫在知識階級了。更進一步，便起重大的反動，有所謂反宋派的漢學家出來，蔚成清代的考據。所以宋朝是近古史上一個很重要的時代。

　　但怎麽會得造成這樣一個風會呢？原來自從六朝以來，更經晚唐藩鎮和五代一百多年的紛亂，精神上和物質上都受到時代的啟示，自然開闢出兩條大路來：一是人心厭亂，要想得一安身立命的歸宿，便提倡文教來敦厚薄俗，書院講學之風因以大行；刻板印書之業也因以漸盛。一是歷來儒、佛迎拒的思想兩下漸漸混合，——面子上儒家儘攻擊異端，骨子裏卻很受佛家的感化，——結果竟援佛入儒，便成就了禪宗變相的“新儒家”。①

　　今且先説那時的書院情形：

　　書院的建設，是科舉積弊的反動。晚唐以後，一般有心人眼看着科舉已成弩末，特創一種講學的機關，隱然代替那些徒擁虛名的官學。②我們看白鹿洞（在江西廬山上，即南唐學館的舊址）、石鼓（在湖南衡陽，唐憲宗時李寬所建）、應天（在河南商邱，宋真宗時應天府民曹誠所建）、岳麓（在湖南長沙，宋初潭州守朱洞所建）等四大書院，在宋朝初葉已很著稱，可見那時民間的學風實已養成。到後來，王安石創太學三舍法③來補救科舉之弊，當時民間私立的書院，必然更形發達，才得如此。而且他們的規模比官立的州縣學反見完善，於是前規後隨，到處做行；文風稍盛一點的地方，雖鄉鎮市集，也幾乎遍設書院了。胡瑗④在蘇（江蘇吳縣）、湖（浙江吳興）一帶講學，以治事、經義分齋爲教。一時名動朝野，不就可以想見當時書院的實力麽！又兼這時印刷術的應用漸廣，自後唐馮道請校刻九經發賣以來，宋太宗又購募亡書，命有司摹印史記、漢書、後漢書等行世。於是卷軸變做書册，鈔録之功大省，而刻書流布的事業，便成了新興的風會。不但各處的書鋪⑤要刊印發賣，即好事的私家也競相傳刻了。那時講學的風氣這樣盛，書本的流布這樣便，各地的書院，便自然而然地流爲聚書傳習的唯一根據地。所以後來各派學説的傳布，大多數是憑藉書院的。

今更説道學的源起與派別：

道學起原和道士有關，是無可諱言的。道家的正宗，老莊一派，主張自然主義，以爲天地萬物各有自然的常則；這種思想本可以破除迷信與忌諱，但漢末的道教卻是一種迷信的宗教，在六朝的時候很佔勢力。佛教盛行之後，這兩大宗教互相競爭，頗經過幾次大起伏。晚唐五代以至北宋，頗有幾個崇奉道教的君主。宋真宗尤其是道教的信徒。道教雖是一種迷信的宗教，但這班道士講鍊丹、講隱逐山林的生活，講樂天安命，卻也使他們和自然界接近。鍊丹之學雖無價值，但他們卻因此給了我們許多關於化學及藥物學的知識。一些出類拔萃的道士，有時也能拋棄迷信的方面，而從老莊與周易的書裏組成他們的自然主義的宇宙觀。

道士與儒家的關係全靠周易一部書。周易繫辭傳説，“一陰一陽之謂道”；又説，“剛柔相推而生變化”。這是自然的，唯物的宇宙觀的一種。宋代的道學就是從這裏面出來的。但那時的周易經過了陳搏、种放一班道士之手，不免沾染了許多道士氣味。故道學的兩個先鋒，邵雍傳得道士的“先天”之學，周敦頤傳得鍊丹家的太極圖。這兩位先生可算是道士與道學過渡時代的代表。[6]

道學的成立全靠程顥、張載、程頤三個人。[7]這三人雖然脫離了道士派，而他們都受過道家與禪宗的影響；後人稱他們直接孔孟的真傳，其實他們的道學只是受了道家、佛教影響的“新儒教”。

在宇宙觀的方面，他們主張一種理氣二元論。他們用“氣”來替代道家所謂“無”，佛教所謂“空。”氣凝聚爲萬物，又散而歸於太虛。又有個“天理”，——有時也叫做“道”，——無所不在，周行不已，爲“生物之本”，爲變化的主宰。這種宇宙觀，到南宋朱熹以後，説的更有系統了。朱熹的弟子陳淳説：“二氣流行，萬古生生不息，不成只是空氣？必有主宰之者，曰理是也。理在其中爲之樞紐，故大化流行，生生未嘗止息。”

在人的方面，他們也主張一種理氣二元論。人稟受氣質而成形，這是氣質之性；天理附著於氣質之中，這是理義之性。人所以有愚昧罪惡，都由於氣質之蔽。但理是善的，故我們仍可以説性是善的。氣質的表現在於情欲，故道學家往往排斥“人欲”。他們常説，“存天理，去人欲”。他們排斥人欲的結果，往往走於極端，留下許多不近人情的習慣與制度，養成一種冷酷殘忍的風氣。後來“道學先生”一個名詞竟成了“不近人情”的代表，也未嘗不由於此。

他們的人生觀也有很偉大的方面。如張載説：“天地之塞，⑧吾其體。天地之帥，⑨吾其性。民，吾同胞；物，吾與也。⋯⋯凡天下疲癃殘疾，惸獨鰥寡，皆吾兄弟之顛連而無告者也。”⑩這樣的人生觀頗能擡高個人的價值。

程頤的年壽很高，門徒遍於四方，在北宋諸儒中他的影響最大。他的哲學有兩大方面：“涵養須用敬，進學則在致知”。敬的方面注重在靜坐存養。致知的方面注重在格物窮理。主靜主敬實在是釋道兩教裏坐禪修煉的餘波，格物致知雖出於大學，⑪但程頤發揮最有力，可算是他的特別貢獻。

主敬是向内的工夫，格物是向外的工夫。到了南宋，這兩條大路便成了兩大學派。陸九淵⑫的一派偏重向内的工夫，以爲心即是理，理即是心，更不須向事物上求理。他們注重德性的培養；他們以爲“萬物皆備於我”，“學苟知道，則六經皆我注腳”。

朱熹⑬雖不廢主敬存理的工夫，但他一生勤勤懇懇地注釋古書，研究學問，很明顯地偏重“致知”的方面。他論“格物致知”道：“吾心之明莫不有知，而天下之物莫不有理。⋯⋯故當即凡天下之物，莫不因其已知之理而盡窮之，以求致乎其極。”這種主張頗近於科學家窮理的態度。

道學重視自然，故偏於保守而不貴進取，不重功利。宋朝的道學家説心説性，注重教育，故不贊成急驟的改革。當王安石變法的時代，程顥、程頤依附司馬光，處於反對黨的地位。後來哲宗徽宗兩朝，王安石的餘黨得勢，把當日反對新法的人一網打盡，立黨人碑，頒示天下。這叫做"元祐黨禁"。⑭程頤那時還活着，他和他的弟子受黨禁的痛苦頗多。但南渡之後，程門的弟子又漸漸得勢，道學又盛行了。

朱熹是程頤的四傳弟子。⑮他也享高壽，門徒衆盛，聲譽隆起，頗遭當時政府之忌。又因政黨的關係，朱熹一派竟被政府列入"僞學黨籍"，禁止進用。這叫做"慶元黨禁"。⑯

但不久"僞學"之禁就解除了。朱熹死後九年，政府追諡爲"文公"。二十年後，周敦頤、程顥、程頤都賜諡了。從此道學逐漸成爲一種國教。朱熹著作最多；他注解的周易、詩經、論語、孟子、大學、中庸，後來風行天下，尊爲定本。這些書的勢力最大，道學之成爲國教，實在還靠這幾部書。

明太祖得天下之後，以同姓的關係，更推崇朱熹。明成祖叫一班儒臣把道學家的精義採集成一部性理大全，作爲一種欽定的道學教科書。這時候，道學真成了國教了。

① 隋唐以來，思想界已經擾入許多佛教的成分，但始終相拒，總持一個不相爲謀的態度。到了中晚唐，兩派接觸的程度日漸增進，雖有韓愈一流人據儒排佛，而梁肅就分明是天台宗的護法，李翺又用佛理來解釋儒書，當然也有援佛入儒的意味了。沿及兩宋，自然會有儒佛結婚的新學派產生出來。恰好那時的佛家，各派都衰，禪宗獨盛，——打破佛家許多形式和理論，專用內觀工夫，——更與當時新建的道學以很大的啟示，於是兩相接近，至姚江派興起而道學與禪宗竟打成一片了。

② 科舉盛時，官學只是虛設，名目是入學講習，其實大家不照這樣行的。結果，便只有書院裏有人爲換膏火而作文，州縣學的教官，卻竟可閒坐冷齋，拱手仰屋了。

③ 神宗時王安石創太學三舍法，於太學中置八十齋，每齋容三十人。計分外舍生二千人，內舍生三百人，上舍生百人。月一私試，歲一公試。積分升舍，很像

後來的學校。生徒由此畢業的，都用之。其後罷科舉，竟專用此法。不過反對黨的餘勢尚存，科舉的死灰，不久又復燃着了。

④ 胡瑗字翼之，海陵(今江蘇泰縣)人。當仁宗時，教學於蘇湖間二十餘年，弟子以數千計。那時的士習，方以詞賦相高，獨湖學重經義及時務。學中有經義、時事兩齋，擇疏通有器局的人研習經義；有治事材的各治一事，並且另兼一事，如邊防、水利之類，務極精究。所以湖學多通才。仁宗聞之，一面取其法詔天下各學著爲令，一面又召他入京，掌教太學。宋朝的人才學術，有這樣一點成績，胡瑗實有開路之功。宋史卷四百三十二有他的傳，可參看。

⑤ 書鋪刻書，在宋時是新興的業務。宋版書的後面，往往嵌刻發賣書鋪的牌子，與近來新書的版權頁相仿，便可借證。

⑥ 邵雍(一〇一一——一〇七七)字堯夫，范陽人，居洛陽最久。有伊川擊壤集及皇極經世書。周敦頤(一〇一七——一〇七三)字茂叔，道州濂溪人。有通書及文集。宋史四百二十七有他們的傳。

⑦ 程顥(一〇三二——一〇八五)字伯淳，洛陽人，人稱明道先生。他的兄弟程頤(一〇三三——一一〇七)字正叔，人稱伊川先生。他們有二程全書。宋史四百二十七有傳。張載(一〇二〇——一〇七七)字子厚，長安人，人稱橫渠先生。有西銘、正蒙等書。正蒙爲道學家著作中最有系統之作。宋史有傳，卷同上。

⑧ 此指塞於天地之間的氣。

⑨ 此指主宰大化的理。

⑩ 此是西銘中的話。

⑪ 大學與中庸本是禮記中的兩個短篇。宋儒把它們極力表彰，後來遂與論語、孟子合稱"四書"。

⑫ 陸九淵(一一三九——一一九二)字子靜，金溪人，人稱象山先生，有文集。宋史四百三十四有傳。

⑬ 朱熹(一一三〇——一二〇〇)字元晦，號晦庵，婺源人，僑居閩中。他的著作最多，有朱子大全集、朱子語類等書。宋史卷四百二十九有傳。清朝王懋竑著有朱子年譜最佳。

⑭ 元祐是哲宗初年的年號，那時司馬光當國，高太后臨朝，廢除一切新法。元祐黨人是指元祐時代當國的人和他們的黨羽。党人碑立於一一〇三年。

⑮ 程頤的弟子之中有楊時，是閩人。楊時傳羅從彥，從彥傳李侗，李侗傳朱熹。這一支叫做閩學。世稱濂(周敦頤)、洛(邵雍與二程)、關(張載)、閩。

⑯ 慶元是寧宗年號。韓侂胄與趙汝愚同擁寧宗得光宗位。自然大家總有點居功的意思。但侂胄挾外戚之勢，竟排去汝愚。又以朱熹等附汝愚，只索干犯清議，

目他們爲僞學，禁用其黨。凡曾受僞學舉薦之人，都記入僞學籍，因此得罪的，共五十九人。這五十九人中，宰執以趙汝愚爲首，待制以上官以朱熹爲首，餘官以劉光祖爲首，武臣以皇甫斌爲首，士人以楊宏中爲首，各以類從。這便叫"僞學之禁"。

四　金興遼亡和宋室南渡

宋朝的學風這樣盛，當然是近古史上最有價值的一個時代。但在政治上卻很少一貫的設施，往往因執政的起落而方略大異，便種下無形的惡果，到底把國勢愈弄愈糟。自從王安石失敗之後，經過了元祐、紹聖之爭，①直到崇寧紹述，②遂有約金攻遼的舉動，便引起國破家殘的慘禍了。有人説"宋朝三百多年的天下，倒受了外族二百多年的氣，前半截受制於遼夏，後半截被壓於金人，結果便給胡元吞去"，確乎不錯！徽宗的約金攻遼，便是這兩半截交替的一個轉紐。

今且先述金人的來歷：

金的先世，據說就是古代的肅慎氏。他們的根據地，便在混同江（松花江）之東。長白山麓鴨綠水源的附近一帶；那裏南鄰高麗，北接室韋，西界渤海，東臨日本海，恰當現在東三省東北大部和俄領沿海州。他們向來與中國很少接觸，所以部族的正名便無從確認。後漢時叫他做挹婁，後魏時叫他做勿吉，隋、唐時叫他做靺鞨，五代時叫他做女真。自從唐時靺鞨來朝，中國才確知那邊有這麼一個部族。遼興，他們住在混同江附近的，屬遼籍，號熟女真；其餘散處在黑龍江、長白山之間的，不聽遼管轄，號生女真；後來遼朝因避興宗（宗真）的名諱，便改稱他們做女直。女直本是樸實勇悍的民族，自然不甘附人，所以生女直的酋長是向由部人自推豪雄充任的；到了一一一五（宋徽宗政和五，遼天祚帝天慶五)年，他們的酋長完顏(氏)阿骨打便抗遼稱帝，改國號爲金。於是攻取遼東京諸州(奉天遼陽一帶)，聲勢日盛，遼已岌岌不可支持了。

恰好那時正是宋徽宗聽信蔡京、童貫一班人播弄③的當兒，又值遼天祚帝無道斂怨④的機會，趙良嗣⑤的約金圖燕之策便得實現。原約金兵自今熱河趨古北口(京兆密雲縣北)，攻遼北；宋兵自白溝攻遼南。夾擊成功，宋只求返還五代以來没遼的中國故地而已。出師之後，金兵連克遼中京(熱河平泉縣)、西京(山西大同縣)，而宋兵卻連敗不能進。結果，還是金兵獨克燕京(即今北京，遼時稱南京)，追獲遼天祚帝，遼國遂亡。遼亡時，遺族耶律大石尚有兵萬餘，知不敵金，率領西去，別建西遼於阿母河流域，稱天祐皇帝。從此西遼在中亞傳國數輩，居然爲西域一大國，直到蒙古興起時才見奪於乃蠻的遺裔古出魯克。

燕京既下，宋、金的交涉便緊湊一步。原來遼國的西京、南京都該由宋朝自取的，然而師出無功，完全借重了金兵的力量才得攻燕，當然人家有所要挾，不肯履行前約了。所以遼亡之後，金朝只答應把燕京和薊、景、檀、順、涿、易六州還宋；而宋朝卻除了索還山後諸州外，還要營、平、灤三州。但金勢方新而宋又示弱，那裏爭得便宜！磋議結果，還是宋朝許下歲輸銀二十五萬兩，絹二十五萬匹，又燕京代稅錢一百萬緡給金；遣使賀金主生辰及正旦；置権場貿易；然後金朝才把燕京和薊、景、檀、順、應、蔚、儒、嬀、奉聖、歸化、武、朔等州歸宋。宋便改置燕山府、雲中府兩路來統治他。

這時金太祖(阿骨打)已死，他的弟弟吳乞買嗣位，便是金太宗，雄才大略比哥哥更勝一籌。宋徽宗則方以得報夙仇爲快，縱情聲色。過不上幾時，便因納叛⑥開釁，金兵便分道南攻。徽宗知事不濟，只得傳位給兒子欽宗，自稱道君皇帝。欽宗即位，頗想力圖振作，無如局勢已壞而又和戰不定，⑦——一二七(宋欽宗靖

康二，金太宗天會五)年，金人便把徽、欽二宗和太子、親王、
宗室、后妃二千餘人擄去，別立宋臣張邦昌爲楚帝。張邦昌雖不
敢公然爲金宣勞，承受此位，然而宋人在北方終於站不住腳，只
得輾轉退避，便成了南渡之局。

　　徽欽北去，張邦昌便迎立欽宗之弟康王構於南京(今河南歸
德縣)，以繫人心。但康王始終避敵，只能跼蹐在江南，把個稱
做"行在"的臨安(浙江杭縣)竟默定爲新遷的都城，汴京故土遂一
輩子沒入敵手了。所以史稱靖康之後爲南宋。這康王構便是南宋
的高宗。高宗南渡之後，既沒一支真正可靠的兵力，[8]又兼盜賊蜂
起，[9]勢更單弱可危。幸虧金朝抱的緩衝政策，於一一二九(宋高
宗建炎三，金太宗天會七)年立劉豫爲齊帝，把河南、陝西等地
給他，於是宋金間的形勢便不十分緊張，韓世忠、岳飛等諸將乃
得從事於內部的戡定。[10]然不久金又把劉豫廢掉，情勢又變，高宗
處積弱之地，生怕金兵不肯罷休，便與金朝講和。不但劃棄淮水
和大散關(在陝西寶雞縣)以北諸地界金，而且奉表稱臣，才得把
徽、欽二宗的遺柩迎還，那時宋金的關係，竟彷彿後晉的對於契
丹了。

　　自從這次議和以後，又開了兩次釁端：一次是金亮的南侵，[11]
一次是韓侂冑的北伐。[12]前一次金稍損失，後一次宋又大虧，但無
論怎樣，宋總是被金壓住的。今揭舉宋金歷次和約的概況在下
面，便可看出當時宋朝的國勢了。

年　代	兩國關係		宋輸歲幣數	兩國約上的境界
	金	宋		
徽宗時 (一一二三)	與國	與國	銀十萬兩 絹二十萬匹	以燕京一帶爲界
欽宗時 (一一二六)	伯	姪	銀十萬兩 絹二十萬匹	以河北三鎮讓金

年　代	兩國關係		宋輸歲幣數	兩國約上的境界
	金	宋		
高宗時 （一一四一）	君	臣	銀二十五萬兩 絹二十五萬匹	以淮水大散關爲界
孝宗時 （一一六五）	叔	姪	銀二十萬兩 絹二十萬匹	以淮水大散關爲界
寧宗時 （一二〇八）	伯	姪	銀三十萬兩 絹三十萬匹	以淮水大散關爲界

由此看來，宋自約金攻遼以後，簡直自尋一個更大的壓迫；而且一輩子委屈，直到蒙古起來了，只索同歸於盡。所以中國歷史上，宋朝竟是一個最受異民族侵逼的時代。

① 宋神宗死後，子哲宗立，改元元祐。因太皇太后高氏臨朝，用司馬光、呂公著做宰相，於是舊黨得勢，把王安石所行的新法盡行廢除。後來高氏死了，新黨又擁章惇爲相，便借紹述之名，改元紹聖。終哲宗之世，舊黨竟不能再振了。這便是元祐、紹聖之爭。

② 徽宗即位，承元祐、紹聖之後，很想消弭黨見，便改元建中靖國，表示調和朋黨意。然黨勢已成，曾布卒諷中丞趙挺之排擊元祐諸臣，於是紹述之議又起，改元崇寧（崇守熙寧成法之意），竟籍禁元祐諸臣。

③ 崇寧之局已成，供奉官童貫又引進蔡京排曾布。京既得志，仍託紹述之說，務爲搜刮。一面立“元祐黨人碑”，陷害異己；一面立花石綱，盛興土木以悦徽宗。童貫又生事邊境，濫冒軍功。徽宗被他們播弄着，也就好大喜功，頗多微行。

④ 遼天祚帝荒於游畋，年年差人到女直去求名鷹海東青，極其騷擾。那時遼勢已衰，女直便借此激怒諸部，與他爲難。

⑤ 趙良嗣原名馬政，燕人。童貫使遼，他私行求見，自言有滅遼之策。貫聽了很信，便把他暗暗帶回，改姓名爲李良嗣，引見徽宗。徽宗也十分信他，便賜姓趙。後來屢次浮海使金，竟結成滅遼害宋之禍。

⑥ 平州既未還宋，金便建爲南京，用遼降將張覺爲留守。未幾，張覺據城降宋，宋朝竟貪此小利，把他收容。金朝受此打擊，那裏肯依，便攻破平州，張覺只得逃到燕山。金朝求索甚急，宋朝無奈，便把張覺殺死，送首級給金。然金朝

到底把這事據爲口實，遂有分道入攻的大舉。

⑦ 金兵圍汴，宋人既迫爲城下之盟，割棄太原、中山（直隸定縣）、河間三鎮，而一面又詔三鎮固守。及二度圍城，又輕信郭京妖言，徒自取辱。舉棋不定，結果便來虜辱之禍了。

⑧ 當徽宗時候，蔡京等利用諸軍缺額，封樁其餉以備上供，已經攪得很糟；後來又經靖康之變，簡直連靠不住的兵力也沒有了。南宋之初，名將如宗澤、張浚、劉錡、韓世忠、岳飛大多數的兵是招安的群盜，既未訓練，又無紀律，中央政府更沒有能力可以指揮。所以將驕卒惰，也難怪高宗只是奔走避敵了。

⑨ 從一一二七（高宗建炎元）年到一一四一（高宗紹興一一）年間，宋疆二十六路，到處有著名的盜匪擁衆剽掠。這都是徽宗造的因，金兵放的火。只要打開宋史高宗本紀一查，那時盜賊之患，真是一件內最可怕的事。

⑩ 南宋初，最強悍的盜匪，有據江淮湖湘的李成，有據襄漢的張用，有據武陵的孔彥舟，有盤據洞庭湖的楊太，有騷擾福建的范汝爲。適劉豫新立，宋金交兵之勢稍緩，岳飛、韓世忠、張浚諸將便得乘其間先後把他們打平。但孔彥舟和李成都降齊，頗幫着劉豫來肆擾。

⑪ 金亮於一一四九（宋紹興一九，金皇統九）年弒熙宗自立，改元天德。自上京遷都燕京，稱中都；後又都汴，稱南京。他心想滅宋，統一中國，所以於一一六〇（宋紹興三〇，金正隆五）年大舉侵宋。那時宋的宿將，只剩劉錡，那裏敵得住他。金亮便直趨采石，將渡江南襲。恰巧金朝內部變亂，反對金亮的，擁立世宗於遼陽。他聽得此信，已着了慌；宋中書舍人虞允文便得把他殺敗。金亮退至瓜洲，被他手下人所害，於是宋人竟得乘機收復兩淮諸郡，又東取唐、鄧、陳、蔡、海、泗，西取秦、隴、商、虢，便立下後來孝宗改約的基礎了。

⑫ 韓侂冑既排去趙汝愚，雖嚴申僞學之禁，而道學之名已立，究竟難免清議的非責，於是總想立點功勞來間執人口。一二〇四（宋寧宗嘉泰四，金章宗泰和四）年，遂定議伐金。越二年，兩國便致交兵。結果，宋兵大敗，淮西諸地盡失，侂冑知不了，暗使人至金露和意。金人既已南下，必得侂冑之頭始肯和，議遂決裂。未幾，楊后之兄楊次山與史彌遠合謀，把侂冑殺掉，竟送頭於金以和。

五　蒙古的兵力和亞歐的交通

宋金對峙了一百年，北方新興的蒙古便一蜚沖天，在民族發展史上放出從來未有的光芒。不但他南侵的勢力先後把隴西的夏、河北的金、江南的宋掃數捲去，而且西征及於東歐，東南撼動海外諸邦呢。有人説，蒙古三次西征，實打通亞歐交通的大道，這話很確鑿可信。我們只消把元史上許多色目人的出處略略查究，便可看出當時實際的交通是怎樣了。

今且先述蒙古的來源：

蒙古本是室韋的一部。當唐朝時，室韋的部落，可考的有二十個，①都在今外蒙古車臣汗之北和黑龍江省西北一帶。後來役屬於遼、金，而總隸於韃靼（靺鞨）部。其中蒙兀室韋（又稱蒙兀斯）最勁悍，居地當黑龍江之南，以漁獵爲生。金初起時，曾向他們借兵，許過好處；後來不償原約，蒙兀由是與金有怨。一一三五（宋高宗紹興五，金太宗天會一三）年，金朝向他尋畔，反爲所敗。從此更成仇敵，兩下都難放手了。然而蒙兀之勢方在新盛，雖兀术那樣逞志中原的人，也連年攻戰不能克，不很可想見他們的不可輕侮麼！所以金朝在那時便已有些怕他，想與他連和，許割西平河（克魯倫河）以北二十七團寨給他，並歲送牛、羊、米、豆，封他們的酋長合不勒做蒙輔國王。但合不勒不肯受，他只管自己統一諸部，自號大蒙古國。直到一一四七（宋紹興一七，金熙宗皇統七）年，兩下才得言和。金朝送他的歲幣很厚，他卻自稱祖元皇帝，改元天興。

祖元建國時，他們的根據地在斡難河（敖嫩河，今黑龍江北源）源的不兒罕山（即土謝圖、車臣兩汗部界上的布爾罕哈勒那都嶺）。那時大漠南北，諸部錯列，東起黑水，西抵西域，大大小小的，何啻十數；後來他的孫兒也速該居然把近旁的部落漸漸地吞併了，聲勢陡然强盛起來。不久，也速該被人毒死，他的兒子鐵木真只十三歲，很受了一些磨難，蒙古幾乎不振了。但鐵木真是個極有能力的人，結果竟被他打出頭來。先後破併諸部，打敗西夏，一二〇六（宋寧宗開禧二，金章宗泰和六）年上，諸部酋長便在斡難河上大會，公推他爲大汗，進號成吉思（最大之意），這便是蒙古的太祖。

成吉思汗既得勢，蒙古的基址便更加鞏固，一時竟做了東方唯一的霸國。凡有兵事，他總是主動的攻擊者。所以在一二二七（宋理宗寶慶三，夏主晛即位二）年親將攻滅西夏。他的兒子窩闊台（太宗）又在一二三四（宋理宗端平元，金哀宗天興三）年滅金。後來他的孫兒忽必烈經略西南，與宋開畔，宋朝益不能支。一二六〇（宋理宗景定元）年，忽必烈嗣位，建元中統，與宋修好。宋朝爲賈似道所誤，②竟弄得攻守都非，始終疲於奔命，不曾有過半日清寧。至一二七一（宋度宗咸淳七，蒙古至元八）年，蒙古始建國號爲元，史因稱忽必烈爲元世祖。從此以後，元勢逐漸南逼。一二七六（宋恭帝德祐二，元至元一三）年，竟把宋恭帝捉去；越二年，宋端宗在碙州（廣東吳川縣海中）憂死；明年，宋帝昺在厓山（廣東新會縣海中）跳海；於是元朝統一中國，遂開外族奄有華土之創例。

這是蒙古勢力直接影響中國的事實。然而他在未入中國之前，已做下空前之武功，打通東西往來的大道，間接影響到中國的地方也着實不少。原來蒙古自太祖以至憲宗（世祖兄），先後舉行了三次大規模的西征：第一次（一二二四）由太祖親將，前鋒速不台、哲別諸將深入歐洲，打破俄國的聯軍。第二次（一二三七）在太宗時，拔都爲將，這一役竟把俄王虜獲，諸部酋長都降。第三次（一二五八）在憲宗時，旭烈兀爲將，滅報達（即大食八吉打），大掠西亞。這幾次遠征的結果，竟建立了欽察、窩闊台、察合台、伊兒四大汗國。③當時蒙古聲勢之盛，在世界史上實罕有其匹，西方人至比他的兵力爲"上帝之鞭"，可想那厲害的印象是怎樣的程度了！

當蒙古西向遠征的時候，恰巧西方也因耶回兩教相爭的結果，歐洲諸國正起十字軍④遠征之役。雙方出發，一西一東，兵行所至，運道自闢，於是亞歐間的交通，突然便利起來了。交通既便，西方人東來的自然漸多。更兼元朝自嫌以外族作客帝，很獎掖他種人（便是色目），用以陵壓漢人（滅金後兩河遺民的通稱）和南人（滅宋後江南遺民的通稱）。所以客卿的登庸，竟隨着客帝的尊榮而同樣尊榮了。我們只看元世祖的用人，便可得到一個大概，如馬可孛羅為義大利人，以東來任事甚久，舉為樞密副使；八思巴為薩摩斯迦人，本喇嘛番僧，竟尊為帝師；愛薛為猶太人，也就用做翰林學士；迦魯答思為畏兀人，居然擢任大司馬；色目人的地位，不高出漢人南人之上麼！但據此推想，那時東西的交通真是盛極一時，外國的文明當然也輸入不少，不能說這些事實與中國沒有影響罷。我們只看當時推行的回回曆和郭守敬創製的渾天儀，便可知道元朝東西交通的效力了。

① 唐時室韋的部落，有嶺西室韋、山北室韋、黄頭室韋、大如者室韋、小如者室韋、婆萵室韋、訥北室韋、駱駝室韋、烏素固室韋、移塞没室韋、塞曷支室韋、和解室韋、烏羅護室韋、那禮室韋，納北支室韋、大室韋、蒙兀室韋、東室韋、落俎室韋、西室韋等二十部。

② 賈似道在理宗朝已握權，適忽必烈圍鄂州（武昌），似道便自己帶兵赴援。然而蒙古兵勢極盛，他竟無法可想。遂私下差人到忽必烈那邊求和，情願稱臣納貢，畫江為界。剛巧忽必烈要回去奪位。便趁此收篷，答應了他。他看蒙古兵退了，竟把那些求和醜詞一概瞞起，反以大捷邀功。及蒙古派郝經到宋修好，似道生怕那事發覺，便把來使拘囚在真州（江蘇儀真），不讓他到臨安。於是蒙古與宋朝的兵爭就無法解免了。度宗即位，似道益發專橫，只顧自己做太平宰相，卻把國事丢在一旁。襄陽是當時南北的襟喉要地。然而被圍六年，似道竟不一救，致守將吕文德憂憤而死，文德之弟文焕也力竭降元。從此，沿江直下，度宗死後二年，竟有恭帝被捉之禍；宋朝的命脈便由是着了一刀。

③ 成吉思汗打定西域以後，把所得諸地分給四個兒子。朮赤分得咸海、里海以北之地，建立欽察汗國；窩闊台分得乃蠻舊壤，當今阿爾泰山以西一帶地方，便叫窩闊台汗國；察合台分得西遼舊疆，當今錫爾河域，便叫察合台汗國；拖雷分得和林舊業，原望他世守漠北。後來定宗、憲宗兩朝，拖雷的兒子旭烈兀戡定西亞，花剌子模以南之地，都歸他後人管轄，便另立了一個伊兒汗國。

④ 歐洲人要想把回教屬地中的耶路撒冷聖地奪回，便起了七次戰役，與回教徒抗
爭。只有第一次是得到勝利的，其餘都失敗了。其中第五、第六兩次，恰與蒙
古西征的時候相差不遠。

六　元朝的政治與特種文學

　　元朝以異族入臨中國，他對於別的部族都起了一種同情而予
以種種優遇，獨於中國故土的百姓，卻很施過不平等的壓迫。所
以當時政治上的措設，到處給中國人以很大的刺激。譬如衙署官
僚，首長必用蒙古人或色目人，漢人、南人便只能做到副貳之
職。①又如元仁宗既於一三一三（皇慶二）年參酌中國舊制而做行科
舉，似乎那時的應舉出仕，總該比從前公平些了；然而分挂兩
榜，——蒙古、色目爲右榜，漢人、南人爲左榜，——待遇顯有
高低，②而且漢人、南人更須於考試諸藝之外別通蒙古字學及回回
教，才得賜給出身。那麼，這時候的中國人，在政治上的活動能
力也就可想而知是很有限的了。

　　但這還是用人行政上的大體策略，還是客帝不能忘懷遺民的
應有態度，並沒什麼了不得的稀罕。此外元政府的設施，更有直
接而且普遍的損害加在中國人頭上的，那真是無形的鎖栲了。這
鎖栲是什麼？便是縱容外來番僧的胡鬧和防遏中土百姓的活動。

　　原來元朝自世祖尊信八思巴爲帝師，封大寶法王之後，喇嘛
僧③的勢力便突然增盛。後來掌管寺院僧徒的"宣政院"漸漸擴張
起來，竟變做最有權力的統轄軍民機關，④於是他們更有極穩固的
靠山，益發縱恣了。那時帝師的尊寵，⑤固然不消説得；而散在外
面的番僧，更是無所不爲。有發掘陵墓，委棄骸骨的；⑥有强佔民
房，肆行凶虐的；⑦甚至竟有毆禁職官，辱駡王妃的。⑧百姓正苦

投訴無門，而宣政院裏倒先奉有聖旨，定下"毆西僧者斷其手，詈西僧者截其舌"的新刑條了。這新刑條雖沒實現，⑨而當時番僧的騷擾，不很可想見麼！

番僧的驕橫如此，百姓已不堪苛擾了。而元朝卻因漢人和南人都是被他征服的民族，又到處自擡身分，橫施種種不平等的待遇，務使百姓不能出頭露面，公然與政府爲難。譬如漢人、南人是尊師重儒的，他們偏是裝做輕蔑瞧不起的樣子，而有"七匠、八娼、九儒、十丐"之謠。其實他們的心裏，又何嘗不怕百姓的讀書明理，何嘗不怕南人的希圖恢復呢！所以他們對於中土的百姓，在在防遏，而待南人尤酷。不但把江南人不准挾藏兵器的特例勒爲禁令，而且每聚十家必設一甲長駐在那裏監視一切。因此，甲長便有唯心所欲地侮虐百姓。在這樣的政治狀態之下，百姓真是搖手觸禁，很難掙扎了。

元朝那種設施，在中國政治史上確要算是很糟的一個時代了。但是社會上的優秀分子終於在那裏活動，總得找到一個可以展布的地方來安頓自己的身心的。政治方面既打不通，自然會轉向他方面，別尋一條出路。所以在這烏煙瘴氣瀰漫着的社會裏竟得爆出一星熊熊的火光，自然蔚成一種別開生面的、平民式的特種文學——曲子——來。我們在這沈悶晦塞的時代裏，料不到馬致遠、關漢卿等作家竟有這樣的成績遺留給文學界，似乎有些奇突。其實也只是時代的環境把他醞釀成功的，自有他積漸而來的緣由，初非忽然驟現的事實。所以致此之由，我們可以找出下列的三大原因：

（一）白話的流行　自隋、唐以來，佛教的大師每因公開講經的關係，多用口語撰語錄，於是白話體的文詞便稍稍流行了。後來宋儒論學。也多做佛家說法，以語錄來傳習。至於詩詞裏用白話，本是常見的事；中唐以後，作者更多。兩宋的詩人、詞人也多常作白話的。⑩元朝起於漠北，風氣質直，不嫌鄙俚，⑪白話的勢力，更進一步。那時貴族式的文學既不見珍於新朝，這平民式的文學便藉着向來潛伏的勢力應運而起了。

（二）仕路的沮塞　元朝以異族入帝中國，一般自好之士，大都窮處民間，不屑出來干祿。又兼元初曾廢止科舉好幾十年，即使要出來也無從投進。後來開科取士了，大多數的人還是沈浮下僚,⑫不得展布。照這樣看來，不問他是自動的還是被迫的，總之在仕途上的希望是微弱極了。所以他們只索絶意進取，專以游戲筆墨來寄趣；一方面借着描寫社會的情狀，可以發舒平日鬱勃之氣；一方面又得自遠禍害而取給一己的娛樂。於是這種作品便雲蒸霞蔚地盛行了。

（三）風氣的豪奢　元人來自荒寒瘠苦之鄉。一朝得志中原，自然要放情聲色；何況他們又向來沒有什麼虛僞的禮教拘束着呢！因此，他們便玩弄文人，使一般爲微祿顛倒的人不得不乖乖地想些方法來供他們娛樂。人家多説元朝以填詞作曲取士,⑬這便是玩弄取樂的表現。雖這事在元史選舉志上找不出曾否舉行的確證，然元人獻曲進身的風説,⑭很可在那些傳説裏坐實了。

綜此三因，元朝的特種文學便盛極一時。不但馬致遠、關漢卿、喬孟符、白仁甫、鄭德輝、楊顯之⑮等的曲子爲當世所稱道，而羅貫中⑯等的平話小説也風靡一代，很感動了不少的讀者。後來這兩系的流布，更發生了絶大的影響；曲子一系，由高則誠的琵琶記和王實甫的西廂記爲南北曲開宗後，蔚興了明清兩朝的傳奇；小説一系則更是繁衍，直到現在，他的勢力竟佔住了平民社會的中心，彷彿是一般平民的思想之源泉了。

① 元官多用蒙古人爲長，漢人、南人，副之而已。所以終元之世，位至丞相的，只有哈散（回人）、史天澤、賀惟一三人不是蒙古人。至一三五三（元順帝至正一三）年，江淮大亂，始下詔説，"南人有才學者，依世祖舊制，中書省、樞密院、御史臺皆用之"，可見久不用南人，到此才想借以收拾人心罷了。

② 蒙古、色目人只考兩場，漢人、南人要考三場。難易已是不平；而蒙古、色目

人願試漢人、南人科目的，中選後得加一等注授，則登庸之途，更顯有抑揚了。

③ 喇嘛僧本即唐時的真言宗，極流行於吐蕃。自八思巴得元朝尊信後，其徒益盛，遂開紅教（教徒都穿紅衣）之宗。於是喇嘛便於佛教中別樹一派，而後人因叫他做喇嘛教。

④ 宣政院初立，正使以下，用僧爲副。後來僧勢日張，帥臣以下，也僧俗並用，於是軍民悉歸宣政院統轄，而宣命所至直與詔敕並行了。

⑤ 八思巴既得寵信之後，京師位號，代有承襲。每遇帝師死，必遣中書大臣馳往西域迎取一人爲嗣。將來中國，中書大臣又必先期馳驛前往接候。及到京，則勅大府假法駕半仗爲前導，百官郊迎。雖帝后、妃、主，皆膜拜。朝會班列，帝師獨專席。敬禮如此，真是無比的尊寵了。

⑥ 世祖時，嘉木揚喇智勒爲江南釋教總統，貪酷殘暴，無所不至。以宋朝殯宮金玉必多，便發掘紹興諸陵，焚其胔，雜以牛馬枯骼，建鎮南塔於杭州故宮。又掘紹興、錢塘一帶的大臣塚墓一百一所。掠民間美女珍寶無算。籍江南民爲佃戶至五十萬人。

⑦ 泰定帝時（一三二四——一三二七），御史李昌上言：“嘗經平涼（甘肅）奉元（陝西）間，見番僧佩金字圓符，絡繹道路。馳騎累百，傳舍至不能容，則假館民舍。因迫逐男子，姦污婦女。驛户無所控訴，臺察莫得誰何，乞加限制！”可見番僧的騷擾，真是無惡不作。

⑧ 武宗時（一三〇八——一三一一），上都（熱河）開元寺西僧强市民薪，民訴諸留守李璧。璧方詢問情由，僧已率黨持梃，洶洶而來，把他痛毆一頓。毆後，又拖歸寺中，幽閉空屋内，久始得脱。未幾，僧徒又與王妃爭道，拉妃毆打，致墮車下。又肆意辱罵，言詞且侵及皇帝。然兩事俱得不問，番僧之勢益盛。

⑨ 宣政院定新刑條，也在武宗時。那時仁宗方爲太子，居東宮，知此，便亟奏罷其令。由是未得實施。

⑩ 宋時詩詞，如邵雍的白話詩，柳永、黄庭堅、朱敦儒的白話詞等，竟體流利，爲時傳誦，可見當時韻文上白話勢力的一斑。

⑪ 元朝詔令，多用俗語，史官載筆，也多有以雞兒、狗兒、豬兒紀年的。如天寶宮聖旨碑文、元祕史等，都可引作例證。

⑫ 元曲魁首馬致遠，只做到江浙行省務官（務官是榷税的小吏，像現在釐卡上的司事），其餘許多有名的曲家，也没見怎樣的大用。所以他們在元史上竟找不出傳來。

⑬ 元朝以曲取士，不見正史。然明臧懋循説：“元取士有填詞科，如今之帖括然。”沈德符説：“元人未滅南宋以前，以雜劇取士。”吳偉業也説：“當時取士，皆傅

粉墨而踐排場。"則此事似乎不爲無因。

⑭ 士子進身既要傅粉墨而踐排場，當然有甘心自賤的人出來以倡優自居。我們只看當時流行的無名作品（或者不好意思署名），儘有許多專寫怪力亂神、驕奢淫佚之事的，便可知這些作品的主人，大部分是那時奔走權門，奉迎獻媚的賤丈夫了。

⑮ 馬致遠等以勢位不彰，很不容易遍考出處。而他們的作品，大抵具見於明臧懋循的元曲選中。最著的，有馬致遠的漢宮秋，關漢卿的望江亭、竇娥怨，喬孟符的揚州夢、金錢記，白仁甫的梧桐雨，鄭德輝的倩女離魂，楊顯之的瀟湘雨、酷寒亭等。

⑯ 羅貫中，杭州人，據王圻續文獻通考，則作羅貫字本中。相傳他做有十七史演義，最著名的三國志演義，便是他的傑作。不過他的作品多經後人竄亂，很難考見真本了。

七　君主淫威的膨大

元朝那樣的政亂俗乖，與中國的民情實不相容。所以他的壓力雖大，防護雖周，① 到底鎮不住中原老民族的信心；一有機會可乘，便挺身出來革命了。我們看他未入中國之前，聲勢何等浩大，然而一到中國，不及百年，便只得拱手退出，正是這個道理。又兼他們君位繼承易啟爭端，② 因此擾攘不寧，只是家門勃谿；不但四大汗國永與元朝分家，就是自己一房的承襲，也是鬧得不可開交。傳到順帝手裏，元朝的窘狀已經畢露，③ 又加河決、凶荒，連年告警，於是有心的雄桀便紛紛起兵造反了。到那時，元朝竟束手無策，只好坐觀成敗。

這班起兵的群雄，原與秦末、隋末的人物同出一個模型。所不同的，只因元朝漢族無權，起來角逐的卻都是些平民罷了。那幾路造反的人馬中間，也儘有幾個有守有爲的角色，——如陳友諒、張士誠——不過機會不湊手，倒被皇覺寺裏的小和尚——朱元璋——打出頭來，一掌成功。原來朱元璋憑藉了郭子興濠州的遺業，於十四五年之間，掃蕩群雄，驅走胡元，竟得定都應天府（江蘇江寧縣），由吳王進稱皇帝，建國號爲明。於是一轉移間他便成了明朝開國的太祖高皇帝了。

明太祖由平民得帝位，乃不料君權的膨大，反比從前加屬，這爲什麼呢？其實只是君主專制的自然趨勢，明朝適逢其會，便得更上一層罷了。原來歷代的帝王，最怕人家跟他學樣，所以一切立法，總着眼在防制人民的活動，好維持他永久的尊榮。然而換過一朝，情形必致大變，那失位的，當然消滅了；那得位的，便想前朝這樣的周密，尚被我一躍而過，那麼當然要把從前的罅漏填補好了，才可使別人跳不出去。以此，每換一朝，那猜嫌的繩子便緊緊地縛上一道，於是一朝加嚴一朝，君主的權力遂日盛一日了。但別的朝代，這痕跡還不甚顯，因爲開國之際，總要立點美名來收拾人心，不能不緩和些。——所謂寬大之政，開國良謨，只是要暴揚人惡，表彰己功。獨至明朝卻落了兩大便宜：

（一）被逐的是胡元，在民族的嫉妒觀念上，全國都予以同情，而無所用比較。

（二）胡元失政，太沒綱紀，只要能夠整飭些，人家方且樂於觀成，當然不會挑眼。

有了這兩層緣由，明朝的君主便得大肆雄猜，下手辣做，竟使帝王之權，擴大到無可再加。我們且看太祖、成祖兩朝的殺伐，便可知那時是怎樣的厲害了。

明太祖出身微賤，——初爲僧，繼從賊，——是大家知道的，然而他最忌人家提他的前情。他以爲文人的筆尖多少總帶些輕薄，因此對於文人格外猜疑，而屢興文字之獄。凡章奏詩詞有"生民"、"作則"等字樣的，便説是有意譏諷，——生民、作則便是影射他作僧作賊，——痛加誅夷。晚年更以己老孫弱，——太子標早死，——生怕他受欺，動輒借端殺人，往往株連了整千整萬的人爲他犧牲，令人聽了不禁舌咋心驚。④一三八〇（洪武一三）年，以胡惟庸誅死，便把丞相廢去，分權於六部，實則他一人集權，以便凡事親裁，別人不能措手。從此患難功臣，鮮得善終；元勛宿將，殲除殆盡；然而流血慘禍竟起於蕭牆之內，真是他意料不到的遺恨了。⑤

　　成祖以强藩簒國，很做了一番轟轟烈烈的事業。因爲要控禦北邊，便遷都北平，改稱順天府，以應天府爲南京。所以明代的地方制，除十三布政司外，有南北兩直隸。⑥但他從姪兒手裏搶下大位，無論怎樣說，在當時的清議上總是不相容的，所以他只索大肆殺戮，借刑獄來箝制人口。什麼“十族全除”⑦和“瓜蔓抄”⑧等名目，都是那時新行的殺人口號。我們如果設身處地般一想，這株連及禍的慘狀，豈不可怕！

　　這樣，固已把臣下刦持得不敢隨便言動了。而同時又利用開科取士的成法，勒定了一種限書本、限字數、限格式的八股文，⑨竟使社會上一般優秀分子的見聞思想都無形地套上一個絡頭，再也掙脫不了。所以明朝的君主，更得濫施淫威，比前朝更進一步。最“豈有此理”的，便是廷杖和跪對兩件事。

　　廷杖朝士，何等可羞，而在當時卻不以爲奇。君臣論事，只要一言不合，便即呼杖痛責。有輕微傷害的，有因重傷致死的，也有立死杖下的。然受杖的不以被責爲恥，反以忍辱爲榮，好像被打就是敢言的表示。所以很有許多人朝被箠楚，夕仍尸位，竟毫不在意地混過去了。

　　至於跪對一事，更足表示君權的擴張。古代敬禮大臣，尚有“三公坐論，君與特揖，臨軒親送”等儀節。宋太祖時，始廢坐論，然還立着對話。及至明朝，則君坐臣跪，竟如獄囚對案聽審了。如“膝行而前”“叩頭跪俟”等話，見於當時的史書甚多，便可知那時臣工瞻對的觳觫狀態了。

　　由此看來，君主的看待臣下，竟連牛馬芻狗都比不上了。然而那班得君行道的顯宦，都是專代古人立言的八股大家，眼看着皇帝濫肆侮辱；方且以爲天澤之分應爾，奉行惟恐不至呢！所以明朝諸帝的批答章奏，每多粗鄙謾罵之詞，無復禮貌待士。從前王者出言不合，尚得諍諫，到那時真是金口御言，不能稍加更改了。

這都是太祖、成祖的貽謀。影響到後來，便有天啟、弘光兩朝的黨獄，及清朝康熙、雍正、乾隆三朝的文字之禍。從此，生殺予奪只憑一個人的喜怒，這個作俑的責任，他們父子不能不擔負罷！

明朝的君權是盛了，朝士無宰相之尊固然也退處無權了，然而他所得的結果，竟掩不住兩個絕大的破綻。那兩個破綻呢？便是：

一、宰相雖廢，而貌爲巽順的權奸一樣會換個方面，用諂媚來進身的。所以明明是虛銜的殿閣大學士，卻挺生着嚴嵩⑩一類的閣老，這閣老到底還是政府的中樞。

二、不信任朝士，當然信任近侍，後來挾勢作惡，到底出了魏忠賢⑪一類的太監，明朝便敗亡在他們手裏。

這便是君權膨大的自然結果！也便是專制政體自身弱點的敗露！

① 元人防視漢人，真是無微不至。因兵籍是軍機重務，漢人便不得閱知其數。雖樞密近臣職專軍旅的，也只一二長官知之。所以内外兵數的多寡，漢人竟没有知道的。

② 蒙古的汗位繼承，没有一定繼體的太子，預備着接做嗣君的。等到汗位出缺，由宗王、駙馬、諸將集會公推，叫做「庫里爾泰」。因此有被選資格的人便不免暗鬥爭位。定宗以後，已起紛爭，世祖即位，更不由大會公推，悍然自立，於是這爭位暗潮永遠在那裏鼓湧了。

③ 元朝因濫行交鈔，信用大壞，物價不能與鈔幣相權，因以飛漲。順帝時，物價已貴十倍。後來軍儲犒賞，都用交鈔，每日印造，不可數計，京師至以鈔十錠不能易斗粟。所在郡縣，皆以貨物相貿易，公私所積之鈔都廢擱不能行用，竟與袁世凱時代的北京中交票，戰後的德國馬克票相彷彿了。國用由是大乏。

④ 明太祖的殺人，真是可怕，自族誅胡惟庸後，更屢興大獄。胡死後十年，李善長以坐交通胡惟庸族誅，株連三萬餘人。後又有人告藍玉謀反，遂族誅藍玉、傅友德等，株連萬五千人。若憑當時的爰書來科判，中間不知有多少人是屈死的。

⑤ 明太祖因猜忌臣下，所以分封諸子爲王，以資屏藩；如封地爲邊疆要鎮，並得節制諸將，調遣兵馬。但他死之後，太孫允炆剛才即位，燕王棣（便是後來的成祖）的靖難兵就起來了。不上三四年，竟打到應天，奪取大位，建文君（允炆）因亂失蹤，只落得存亡不知。——有人説他燒死，有人説他逃出去做和尚了。

⑥ 明廢元行中書省制，以近畿諸地直隸於六部，其外分設十三布政司。成祖遷都北平，於是以今直隸爲北直隸，今江蘇、安徽爲南直隸。其餘十三布政司便是江西、浙江、河南、山東、山西、陝西、湖廣、福建、廣東、廣西、雲南、四川、貴州。

⑦ 成祖初入應天，命文學博士方孝孺草登極詔。孝孺不肯，成祖以除九族脅之。孝孺憤然道：“便十族奈我何！”成祖强授筆札，他便大書“燕賊篡位”四字。成祖恨極，竟收他的門生廖鏞、廖銘等爲一族，與方氏九族並誅。這便是十族全除。

⑧ 御史大夫景清，於靖難兵入京時，佯爲迎降。後以謀刺事覺，也被族誅。後更籍其鄉里，遂致轉相攀染，村落爲墟，當時叫做瓜蔓抄。

⑨ 明史卷七十，志第四十六，選舉二云：“科目者，沿唐宋之舊，而稍變其試士之法。專取四子書及易、書、詩、春秋、禮記五經命題試士。蓋太祖與劉基所定。其文略仿宋經義，然代古人語氣爲之。體用排偶，謂之八股，通謂之制義。”

⑩ 嚴嵩字惟中，江西分宜人，爲世宗時權相。明史列姦臣傳中，在卷三百八。

⑪ 魏忠賢初名進忠，肅寧人，熹宗時掌東廠，橫恣不可一世。明史卷三百五有他的傳，可參詳。

八　海上交通

海上的交通，自南北朝時已見端了。沿到唐朝，竟在廣州特設市舶司以管理番舶的榷税和貿易諸事，可見那時海道的往來更是一天盛似一天了。後來蒙古崛興，在西北一帶鑿荒開道，設亭（亭障）通郵，陸路的交通因以益便。惟其如此，不但遵陸往來爲當時東西交通的關鍵，而西方人由海來中國的，也從此日多。何況蒙古又曾用兵於海外的日本、占城和南洋諸番①呢。所以元朝以來，海道的交通便沒有冷落過；到後來更且視爲萬里往來的要道了。後來明成祖又跟着起了一番壯舉，竟把南洋一帶徹底查訪一周。

明成祖積年經營，雖得把帝位搶到手裏，然建文君的下落不明，終於放心不下。在國內固已搜求遍了，還恐他逃亡海外，將來總不免落個後患。所以只索大舉招諭諸番，順道尋訪一個究竟。一四〇五（永樂三）年，便使中官鄭和等多帶金帛，趕速登程。那時已預造大船六十二艘，容兵三萬七千餘人，由蘇州劉家港（今太倉瀏河口）取齊出海。先經福建往占城，依次遍歷西洋（當時把印度洋西岸叫做西洋）。所至頒布天子的詔諭，宣示威德。聽命的，便把金帛厚賜他們的君長；不服的，便用兵力來鎮懾他。由是所經諸邦，不敢不從。及鄭和還朝，他們便各派使臣，隨同進貢。成祖意外得志，當然大喜，不久又命他再往，遍賜諸邦。那時安南又收入中國版圖，②威德所播，來朝貢獻的更是絡繹不絕了。③

鄭和身經成祖、仁宗、宣宗三朝，出使外洋凡七次。他所到的地方，南至爪哇，西及紅海，西南達非洲東岸，計程數萬里。又三擒外番的酋長，④勳績爲古來宦官所未有。以此，當時盛傳三保太監⑤下西洋，而後來奉命海上的使者，還要把他做誇耀的幌子呢。

海上的交通既日漸展開，於是中國的民族遂有漂洋過海的活動，在一般生活之外另闢一條新生路。所以元明之後，中國民族很多向外營求的發展。不過中國的政府向沒一氣連貫的政策，不是好大喜功地賣弄武力，便是惜費怕事，以有事海上爲戒。海外僑民所受利害問題反漠然置諸度外；便致已立的根基竟搖動不定。然而今日的華僑在南洋還有那樣的實力，不能不歸功於那輩憑藉政府聲威以預闢生路的先民了！

　　鄭和七下西洋，固然大有助於海上的交通；而倭寇的侵擾和西洋諸國的東來也有很大的關係。不但中國從此悟到海疆防禦的重要不比邊塞爲輕，而且探求外情的動機也同時促起了。今且分述一些概況，以見明朝海道交通的情形：

　　日本自與元朝交兵後，兩下都禁通商。一班從事海上貿易的人們，一時無利可圖，便多流落爲海盜。且那時又值日本南北戰爭之後，南朝遺臣多遁入海中，結納海盜，便爲有計劃的侵略，而中國、朝鮮沿海，時有寇警了。——這便是倭寇。明太祖時，倭寇已盛，特命湯和等在浙江、福建等處築瀕海城以資防守，可見沿海禦倭，早就成爲重要的問題了。但這時閩、廣、浙三市舶司尚存，倭有所利，尚不肯公然自絕於中國。至世宗時，廢去市舶司，倭患遂大；昌國(浙江定海)、上海、金山諸城衛，相繼失守。從此蝴蝶兵⑥、八幡船⑦的印象，便深中於沿海百姓的腦裏，竟看做不可抗違的奇災。那時嚴嵩當國，主事的只會侵餉冒功，倭寇因此益橫。⑧後來雖有胡宗憲、俞大猷、戚繼光⑨等的辦倭，稍靖海氛，然爲禍已二十餘年，沿海元氣消竭大半了。影響到後來，遂有艇盜逞凶的事蹟重演於清朝。

　　至於西洋各國的東來，也有一個動機，便是遠東富庶——所謂金契丹——的聲名足以歆動他們君主的注意。一四八六(明憲宗成化二二)年，葡萄牙人滑士科適發見非洲南端的好望岬，遂通印度洋航路，因得附船以通中國。所以廣州附近，首先見葡人的踪跡，而有居留地三所。⑩澳門便是其中之一，而市況尤盛。當時附近諸島，海盜橫行，沿岸一帶，常被騷擾，時或侵入廣州。官府無力平靖，乃借助于葡國的兵船始清此患，於是葡人自以爲有功可居，對於澳門便想久假不歸了。明朝沒法驅遣，只得令它歲納租銀五百兩，把澳門正式租給它。——這便是中國有外國租界的起點。至思宗時，葡人竟在那邊設官治民，視同屬地了。

　　葡人發見好望岬後，西班牙又於一四九二（明孝宗弘治五）年使哥倫布西航尋求新地；明年，遂於大西洋西邊發現美洲。後來西班牙人便取墨西哥爲殖民地，努力經營，又航太平洋西上，併取菲律賓諸島。他既逐漸靠近中國，便遣使來明，請求締約通商。時葡人先已得地，怕他來了要侵占自己的利益，也就百方阻格，竟不得要領。然墨西哥的銀幣卻因此間接輸入中國了。

　　此外歐西的荷蘭，也因與西班牙競爭商務，同時東航。他們先把馬來群島席捲在手，然後再向中國方面擴張勢力。所以不久便謀奪取澳門；明與葡人合力抵禦，乃退據臺灣。一六二三（明熹宗天啟三）年，荷人又出兵内向，進據澎湖。旋犯漳州、海澄，轉入廈門。後被巡撫南居益所敗，仍遁回臺灣。

　　與荷人並來東方的又有英吉利人。當神宗時，葡人與英人因爭利而戰，竟不能勝，便許英船可以出入澳門。思宗時，英艦駛至虎門，守者發礮止航，不聽。激戰數時，礮臺遂陷。然英人本無意與中國開畔，不過借此要挾中國也許他通商罷了。

　　從此，歐人陸續循海東來，中國的海疆便一天一天地多事了。

　① 日本自唐時與中國通使後，時有使臣往來。五代以後，使聘中斷。元世祖時，曾派人前往招徠。日本不肯，竟先後逐斬元使。元便命忻都、范文虎等往討，取壹岐、對馬諸島。但終爲日本所襲，又值颶風大作，元兵幾致全軍覆没。那時交趾雖已内附，占城仍屢拘元使，不甘投降。元將託歡、索多分頭進兵，也不順利。索多竟戰死，而託歡也因病暑敗回。當時元又派人招諭南洋諸番，獨爪哇抗命，竟把元使黥面逐回。世祖大怒，使史弼等帶兵攻伐。恰好爪哇的國王被鄰國葛郎王所殺，他的女婿便來迎求史弼幫助他復仇。史弼等遂進兵爪哇，擒取葛郎王以歸。

　② 交趾自唐亡後，久離中國。元初，其王陳日烜内附，然也僅在職方圖上掛一名目罷了。明興，陳氏爲黎季犛所篡，更姓名爲胡一元（或云，本浙江胡氏之後）奉表於明。明成祖以爲陳氏無後，便封他爲安南國王。後因陳天平來奔訴，明朝便遣使向黎詰責。黎竟詭請天平歸國，而派人在路截殺他。成祖大怒，使張

輔往討，大破黎軍于富良江，擒獲季犛和他的兒子胡奆，安南遂平。於是明朝便廢王不立，改置安南布政司，分設十七府，五直隸州，一切視同內地了。

③ 鄭和出使之後，海外諸邦入貢於明的很多，可考的有下列四十三國：

占城（安南南部）、靈山（與占城相近）、真臘（今柬埔寨）、昆侖（下交趾極南端一島）、賓童龍（柬埔寨海岸的岬角）、暹羅（今暹羅沿海地）、彭坑（在暹羅南，疑即彭家島）、東西竺（即新嘉坡）、龍牙門（馬來半島與蘇門答剌間一小島）、交欄山（即霹靂盾島，在蘇門答剌東）、麻逸洞（即邊單島，在巽他群島中）、假馬里丁（在婆羅洲西南海中）、爪哇、重加羅（在爪哇海中，今名馬多拉島）、吉里地悶（今名佛里嶼，也在爪哇海中）、麻剌加（馬來半島南部）、蘇門答剌（在島西部亞齊地方）、亞魯（蘇島北岸）、三佛齊（蘇島東北部）、九州山（在麻剌加海峽中）、南浮里（蘇島亞齊之西）、那孤兒、黎代（以上俱在蘇島西部）、龍涎嶼（蘇島西北一小島）、翠藍嶼（在馬來半島西，今名安達滿群島）、雞籠（臺灣北岸）、琉球、呂宋、文萊（婆羅洲北岸）、榜葛剌（即孟加拉）、柯枝（今作可陳，在印度半島西南端）、大小葛蘭（在印度半島都蘭樵地方）、錫蘭、古里（印度孟買省沿海一小都會）、溜山洋（今名馬拉代勿群島，在印度半島西南）、忽魯母斯（在波斯灣內）、佐香兒（阿剌伯海一小市）、剌撒（美速不達米亞附近地）、天方（即麥加）、阿丹（即亞丁）、木骨都束（非洲東岸）、卜喇哇（在木骨都束東南）、竹布（在卜喇哇南）。

④ 鄭和初使外洋，擒舊港（即三佛齊）酋陳祖義。再使時，擒錫蘭國王亞列苦奈兒和他的家屬。最後又遇蘇門答剌王子蘇幹剌謀弒王殺和，和便把他討擒了。

⑤ 鄭和，雲南人，小字三保，所以當時都稱他做三保太監。明史卷三百四有鄭和傳，可參考。

⑥ 倭寇寬衣大袖，而進退矯捷，當時便稱做蝴蝶兵。

⑦ 倭船旗幟，多寫有八幡菩薩等字樣，時人叫他做八幡船。

⑧ 趙文華督視海防，侵冒甚至，以此人無鬥志，而倭勢益橫。那時倭寇，竟以數十人縱橫江浙間，轉鬥數千里，殺掠數千人，可想官府的無能和倭人的凶橫了。

⑨ 趙文華免官後，沿海軍務始有起色。胡宗憲先定浙東、江北之倭，當地漸寧。然倭寇轉劫閩、廣，南方又大擾。幸俞大猷、戚繼光大加懲創，他們方才遁去。胡、俞、戚三人，明史俱有傳；胡傳在卷二百五，俞傳、戚傳同在卷二百十二。

⑩ 葡人初來廣東，有居留地三處：一在上川（赤溪縣南一小島），一在電白，一在澳門。

九　明代的思想與士風

　　明朝君主的專制權威達于極點。有能力的君主，如太祖、成祖，固然自己行使這種威權，到了後世庸碌的君主，自己不能專政，這種威權便落在權臣與宦官的手裏。明朝三百年的統治，自始至終，是一個很黑暗的專制時代。這種情形，我們在前已詳細叙述過了。

　　在這種專制權威之下，士大夫——智識階級——的反動有四種可能的方向。一是絕對的恭順服從，二是逃遁於唯心的理想主義，三是放浪恣肆自取其樂，四是反抗。明朝的思想界與士人階級在三百年中把這四條路都走遍了。

　　程朱的學派此時已成了正統的學派，受政府的庇護。他們的態度是保守的，很恭順地服從權威。他們的重要代表薛瑄①曾説："自考亭（朱熹）以還，斯道已大明，無須著作，直須躬行耳。"這差不多是説，朱子即是真理，我們不用更求學問，但依着他行就是了。當日的道學家對朱子如此恭順，對皇帝也如此恭順。這是第一種反動。

　　有些才氣高朗的人是不能永遠這樣恭順的。他們不能逃出這個現實世界的種種專制的束縛，於是造出一個理想的世界，使他們的精神生活可以自由活動。陳獻章②已有這種趨勢了。到王守仁，③這個趨勢更明顯了。王守仁壯年時因上封事得罪了太監劉瑾，下獄，打了四十廷杖，死去復甦。他在貴州龍場的貶所，在"疾病夷狄患難"之中，尋思"聖人處此，更有何道"；到了半夜，他忽然大悟自己的"性"中具有大道，不用向外求。他的唯心的理想主義即在此時成立。他的哲學以"致良知"爲主；良知是先天的知善知惡的官能；致良知只是把這良知的命令見於實行。良知具足一切，故不用外求。即知即行，便是知行合一。④他很受了禪宗與陸九淵的影響，故主張"萬物皆備於我"，"天下無心外之物"；譬如花在深山中，"你未看此花時，此花與汝心同歸於寂；你來看此花時，則此花顏色一時明白起來：便知此花不在你的心外。"⑤這種極端的唯心主義乃是人的活動受壓迫時的一種自然躲避的處所。故王守仁晚年，朝廷上發生"大禮議"的紛爭，⑥他始終不肯加入，只作詩云：

　　……潛魚水底傳心訣，棲鳥枝頭說道真。莫謂天機非嗜欲，須知萬物是吾身。無端禮樂紛紛議，誰與青天掃舊塵？
　　……千聖本無心外訣，六經須拂鏡中塵。……卻憐擾擾周公夢，未及惺惺陋巷貧。

這種唯心主義，是當日知識階級的第二種反動。王學的末流，大家高談心性，既不講學問，又不管時勢安危，竟成了一班廢物。

王學尊重個人，提倡精神上的自由活潑；王守仁曾說："聖人之學不是這等綑縛苦楚的，不是妝做道學的模樣。……聖人教人不是個束縛他通做一般。只是狂者，便從狂處成就他，狷者，便從狷處成就他。"這種自由的精神也是當日時代潮流的一種表現。好的便成為特立獨行的人物。不好的便流為放浪自恣，成為墮落派的人物。明朝有崇拜"才子"的風氣，最可以代表這個趨勢。明史文苑傳上說："吳中自祝允明、唐寅輩才情輕艷，傾動流輩，放誕不羈，每出名教外。"這些人和王守仁同時，已是如此了。所以有人把明末放蕩的風氣歸咎于王學，那是很冤枉的。當日政治不良，做官也沒有多大意味。做官又多由於科舉，而科舉往往不能得高才。這班文人落得自命清高，在八股文之外，做點風流側艷的詩歌，幹點放浪不拘的生活。這種生活其實也是對政治對社會的一種抗議。後來風氣已成，墮落的文人也借這種趨勢來遮飾他們的淫蕩生活；甚至於自稱"山人"，而實在常奔走於權貴之門，那就是後來的流弊了。我們且引明施紹莘⑦春游述懷散套中的叨叨令在下面：

　　　　且尋一個頑的耍的會知音風風流流的隊，拉了他們俊的俏的，做一個清清雅雅的會。揀一片平的軟的襯花茵香馥馥的地，排列着奇的美的趁時景新新鮮鮮的味。兀的便醉殺了人也麼哥！兀的便醉殺了人也麼哥！任地上乾的濕的諢帳呵，便昏昏沈沈的睡。

這種放浪的人生，便是士人階級的第三種反動。

　　後來明朝的政治實在壞的太不成個樣子了。一班正人君子便不能不從那消極的態度一變而取積極反抗的態度。這是第四種反動，可用明末東林、復社的事做代表。

　　東林黨起于神宗朝的後半期。原來神宗中年之後，十分怠荒，⑧政府設施，一時沒有是非曲直可見，朝臣自然容易借題互攻，各伸己力，於是党爭便應運而起了。那時神宗久不視朝，章奏一切留中，然而這班憑藉風憲的言官卻大佔勢力。⑨這時，吏部文選郎顧憲成⑩削職在野，便在無錫故里修復東林書院，⑪聚集同志，以講學爲號召。往往諷議時政，裁量人物，一時名流附和他的很多，就是中朝執政的人也有遙相應和的。於是東林之名大著，忌他們的也就一天多似一天了。後來孫丕揚、鄒元標、趙南星⑫等相繼講學，都是自負氣節，常與政府抗爭的，東林黨的名目便從此成立。本來朝臣結黨互爭，已有昆宣党⑬和齊、楚、浙三黨⑭的名色了，至此，便相爲依傍，並以排擊東林，快心報復爲能事。恰巧神宗、光宗、熹宗三朝過渡的日子很近，所生的事故很多，遂有"梃擊"、"紅丸"、"移宮"三案⑮出現，他們便找到絶好的題目了。其實這三案都是宮闈細故，值不得這樣大驚小怪，可是參與黨爭的人卻拿到了把柄，彼此不肯輕放，竟變成東林黨與非東林黨互攻的工具。後來內監魏忠賢得勢，非東林黨便與他勾結，希圖霸佔。御史崔呈秀竟把東林黨人的名字開給他，叫他一網打盡。於是魏忠賢自己提督東廠，先後把東林黨裏表表有名的楊漣、左光斗、魏大中、袁化中、周朝端、顧大章、高攀龍、周順昌、周起元、繆昌期、李應昇、周宗建等十二人逮捕殺害。一面把東林黨人的名字榜示於天下，永禁他們活動；一面毀除天下的書院，並使他們無所託跡。思宗即位，把魏忠賢除掉，當日東林死難諸人皆追贈甚厚。

東林的領袖諸人皆用他們的氣節與正誼和惡勢力奮鬥；他們的背後實在沒有什麼組織。他們在獄裏日受拷逼，逼完誣陷的贓款，全靠一班仗義的朋友奔走募款，替他們繳納。這都不能算是有組織的運動。魏忠賢被誅以後，一班少年的文人漸漸趨向於有組織的運動，於是有復社的產生。

社事之起，本是一種"以文會友"的結社，沒有政治的意味。一六二八（崇禎元）年，太倉名士張溥⑯把當時南北幾個有名的社結合成一個大社，定名爲復社，取興復古學之意。他們的宣言書説：

> 自世教衰，士子不通經術，但翦耳繪目，幾倖弋獲於有司。登明堂不能致君，長郡邑不知澤民。人材日下，吏治日媮，皆由於此。溥不度德，不量力，期與四方多士共興復古學，將使異日者務爲有用。

他們的組織是依府縣的區域，每地推擇一人爲長，管糾彈要約的事。第一次的同社錄裏已有十幾省的社員，可見他們聲勢之大了。一六三三（崇禎六）年，張溥在蘇州召集虎丘大會："山左、江右、晉、楚、閩、浙以舟車至者數千人；大雄寶殿不能容，生公台、千人石鱗次布席皆滿。觀者甚眾，無不詫歎，以爲三百年從未一有此也。"

後來復社的勢力日大，不但把持地方政事，還時時干預中央政局。當時仇視復社的人曾有"使士人不入社必不得進身，有司不入社必不得安位"的話。但張溥和社中的正人確有意利用這種政黨的組織做點滿人意的事，故他們設法擁戴前宰相周延儒，使他再起當國。但周延儒再相的時候，張溥就死了；社中只靠一個陰險的大政客吳昌時做黑幕中的運動，後來終致失敗，周延儒與吳昌時都不免一死。他們死後的第二年，明朝便亡了。

一個文學的結社在十幾年之中居然做到可以去留宰相的地步，不能不算是中國史上僅見的事。明亡之後，社局的勢力還不曾完全消滅；社中人的子弟在清朝初期頗佔勢力，許多名臣多出其中。後來禁網漸密，文字之獄屢起，結社的事遂絕。

① 薛瑄（一三八九——一四六四），河津人，諡文清。有讀書錄及文集。明史二百八十二有傳。參看明儒學案中河東學案。

② 陳獻章（一四二八——一五〇〇），新會人，人稱白沙先生。明史二百八十三有傳。看明儒學案中的白沙學案。

③ 王守仁（一四七二——一五二八），字伯安，餘姚人，人稱陽明先生。有王文成公全書，其中之傳習錄最精彩。

④ 知行合一之說的要旨是："未有知而不行者。知而不行，只是未知。……知是行的主意，行是知的功夫。知是行之始，行是知之成。"（傳習錄上）

⑤ 引傳習錄下。

⑥ 武宗死，無子。從弟厚熜入繼大統，是爲世宗。即位之後，命群臣議崇祀生父興獻王的典禮。廷臣多主張尊孝宗爲考，而興獻王爲皇叔父。帝不悅，說"父母可移易乎？"廷臣堅執前議。進士張璁上大禮疏，主張"別爲興獻王立廟京師"，帝從其議，尊父爲興獻皇帝；廷臣力爭不得，後竟奉興獻帝皇考。此事爭論了十幾年，有許多人因此貶責，有許多人因此下獄受杖，有許多人竟死於杖傷。是爲"大禮議"。今附世系如下：

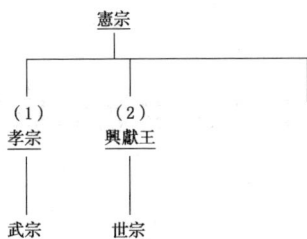

```
                    憲宗
           ┌─────────┴─────────┐
         （1）              （2）
          孝宗               興獻王
           │                 │
          武宗               世宗
```

⑦ 施紹莘字子野，華亭人，工詞曲，有花影集。

⑧ 明神宗二十多年不臨朝，官缺了也不補人，元旦朝會，朝堂上竟寥寥没有幾人。這時鴉片初入中國，很有人説他這樣怠荒，便是中的鴉片毒。

⑨ 神宗時政府的官吏，因爲皇帝不大視朝，進退轉無所憑，只要言路一攻，無論何人便只好自己去職。因此，言路之權乃大重，而爭位的人當然更要與言路結納了。

⑩ 顧憲成字叔時，無錫人。由萬曆進士，官吏部文選郎，以會推閣臣忤旨，削職歸。講學一宗程朱，學者稱涇陽先生。明史卷二百三十一有傳。

⑪ 東林書院爲宋楊時講學地，顧憲成與弟允成倡議葺修，遂復舊觀。

⑫ 孫丕揚字叔孝，富平人。鄒元標字爾瞻，吉水人。趙南星字夢白，高邑人。三人繼顧憲成之後，講學東林，最負高名。一時清流，竟比之漢末三君呢。孫傳在明史卷二百二十四，鄒傳、趙傳俱在明史卷二百四十三。

⑬ 神宗時廷臣各植私黨，爭持權利。如國子監祭酒湯賓尹與諭德顧天埈都收召門徒，干預時政，當時人因湯是宣城人，顧是昆山人，便叫他們做昆宣黨。

⑭ 當時言路，又分三黨：一是齊黨，亓詩教等爲魁首，而燕人附之；一是楚党，官應震爲魁首，而蜀人附之；又一是浙党，姚宗文等爲首領。

⑮ 神宗欲立鄭貴妃所生的常洵爲太子，後來格於群議，仍立長子常洛。不多幾年，忽有一男子持梃闖入東宮，打傷守門内侍。捉住審問，自言姓張名差，供稱是鄭貴妃宮中的太監叫他做的。因此，連及鄭妃之弟鄭國泰。後來雖没株連多人，草草了案，而朝臣意見不同，遂成爭議，這便是"梃擊"之案。神宗死後，常洛即位，便是光宗。不久他便病了，醫藥都不見效驗。鴻臚寺丞李可灼進呈紅丸一粒，光宗吞服後，明天便死了。於是有人主究辦李可灼，有人主不事深求，爭議又起，這便是"紅丸"之案。光宗死後，熹宗即位，年僅十六，光宗的選侍李氏也跟着住在乾清宮，不肯遷讓。御史左光斗上疏力爭，李選侍才移居噦鸞宮。當時也有人不贊成屢疏逼搬的，自然又麻煩起來了，這便是"移宮"之案。

⑯ 張溥字天如，太倉人。明史卷二百八十八有傳。他死於一六四一（崇禎十四）年。

十　天主教的影響

自景教傳來中國之後，基督教的苗芽已在東土託根了。元朝門户大開，信奉也里可温①的又很盛，那時的聲勢，或者比唐朝的景教要厚得多。但元亡以後，一切帶有外族色彩的——尤其是元朝尊信的——都不免受到冷待或壓迫，於是基督教的勢力終不能在那時發展出來。十六世紀之初，宗教革新的運動起於歐洲，新教勢力甚盛；羅馬舊教——天主教——在歐洲失去了不少的地盤。當時舊教中忽有異軍突起，一班有志衛道的少年人，以洛雅拉爲領袖，組織耶穌會，一面謀舊教内部的革新，一面謀恢復已失的地盤。這時葡萄牙在東方已有了許多屬地，於是葡王就請耶穌會的人擔任東方傳教的事業。所以明朝中葉以來，那班抱有"失之西歐收之東亞"決心的舊教徒便陸續東游。一五五二（明世宗嘉靖三一）年，他們的東洋布教長方濟各由印度卧亞來中國，行至廣東上川島便死，未得償願。一五八〇（明神宗萬曆八）年，利瑪竇②繼至，居留廣東肇慶，習華言，從事布教。後又到南京結交官場，廣通聲氣。雖南京禮部侍郎沈淮有"陪京都會不宜令異教處此"之奏，而尊信的人仍很多，竟在上海設立天主堂，開十字街。一六〇一（萬曆二九）年，利瑪竇便與他的朋友龐迪我到北京，貢獻方物和基督聖母圖。神宗念他們遠來之誠，禮遇甚厚，令得於京内外設禮拜堂。利瑪竇能屬文，頗有論述，且布教時常參酌中國習俗古義以求調和，不肯顯招疑忌，所以公卿以下都樂與交接。朝臣徐光啟、李之藻③輩，尤其信服他，從他那邊譯受乾坤體義、幾何原本、測量法義諸書，刊布行世。這便是西洋科學輸入中土的發端。原來他們的見重，初不因宗教的信仰，而實在爲他們的學術。他們都是明習曆法，旁通百技的長才，李之藻稱他們"所論天文曆數，有中國昔賢所未及者，不徒論其度數，又能明其所以然之理。其所製窺天窺日之器，種種精絕"。可見當時士大夫的盛相推許，純出從善服義的公心了。

一六一〇（萬曆三八）年，利瑪竇死，南京方面反對的聲浪大起。到一六一六（萬曆四四）年，明朝便下令禁止傳教，把在京的教士都逐回澳門。後來明朝與滿洲開釁，需用銃礮抵禦，不得不想到他們，於是挨到一六二二（明熹宗天啟二）年上，便派人往澳門，叫教徒陽瑪諾、羅如望等製造銃礮。明年，又召用教徒艾儒略、畢方濟等，不准傳教的禁令便因此無形取消了。所以明朝末年，信奉天主教的已有數千人，其中有宗室，有宦官，有顯者，連思宗及永曆帝之母后也信仰維謹呢。

當艾儒略等被召後，鼎鼎有名的湯若望，④不多時也來到北京。那時明朝所用的大統曆恰又舛錯了，湯若望便受命修訂，從事測驗。一六四一（明思宗崇禎一四）年，新曆告成。越二年，八月，詔稱"西法果密，即改爲大統曆法，通行天下"。但不久國變，竟未及施行。然而到了清朝，他們的勢力卻更得展布。

多爾袞入關後，湯若望便上書自陳。一六四五（清世祖順治二）年，即用湯若望的新曆爲時憲曆，並叫他管理欽天監。天主教徒在這時，可算大得勝利了。不料清世祖死後，反動又起。原來明朝的欽天監裏，本有一班反對西法的人，只因自己測驗得沒有他們那樣正確，無從抗爭罷了。清初雖仍用湯若望，而這種反對的勢力還沒消滅。世祖死了，這班人便利用朝局變動的機會，乘此活動。一六六五（清聖祖康熙四）年，舊時欽天監裏的人員楊光先首先出頭，攻擊新法，並誣各省的教士要謀爲不軌。因此，把湯若望等都囚禁起來。各省的教士，多被拘押；教堂也多被破壞。楊光先便爲監正，復行舊法。但舊法不如新法的精密是顯而易見的事實，清聖祖又是個留心曆象的人，如何瞞得住不出岔子！一六六九（康熙八）年，因察知楊光先等所說的話都是誣妄，便把他革職，任南懷仁爲監正。聖祖又深知西洋科學的長處，便引用徐日昇、張誠、白進、安多等，叫他們天天輪班進講。凡遇有外交上的事情，也多叫他們去通譯接洽。又叫他們分頭測繪地圖，測成了，名爲皇輿全覽圖。中國向來的地圖都不記經緯綫的，這全覽圖便是有經緯綫的第一部。而且各處的大城鎮都經過實測，在比較上總算是很精密的巨著了。

　　西洋的科學輸入以後，在中國學術界裏確曾發生不少的影響。清朝的大學者幾無一人不通數學，便可見這種影響之大。但當日耶穌會的教士傳來的西洋科學實在還是很幼稚的。即如天文曆象之學，他們仍舊崇信地球爲宇宙中心，日月五星繞地而轉。歌白尼以來的太陽爲宇宙中心說，因爲不合宗教的信條，故不曾傳到東方。直到一八五九年，新教的教士翻譯談天，方才輸入牛敦以後的新天文學。

① 也里可温即基督教的一派。近人陳垣有也里可温考登東方雜誌，今編入東方文庫中。

② 利瑪竇，意大利人，寓居中國三十年，通華字華語。嘗齎進萬國圖志，中國始知天下有五大洲。他所著有辨學遺牘、二十五言、天主實義、畸人十篇、西琴曲意、交友論等書。

③ 徐光啟字子先，號玄扈，上海人。明思宗初年，以禮部尚書入閣。他從利瑪竇學天文、算法、火器，盡通其術。中國之精究中西藝術，自光啟始。譯著甚多，而以幾何原本前六卷爲最著。明史卷二百五十一有他的傳。李之藻字振之，仁和人。萬曆進士，官至太僕寺少卿。與徐光啟都信利瑪竇之學，有頖宮禮樂疏、圜容較義、新法算書、渾蓋通憲圖說、天學初函、同文算指前編通編等。又譯名理探，爲名學最初之譯本。

④ 湯若望，德意志人，明末來中國，徐光啟薦他爲翰林，修訂曆法。嘗爲明廷造礮十二尊抵禦滿兵。清朝入關代明，他仍主持曆法，任欽天監正。從此，中國的授時定曆始用新法了。他也通華語和華文，所著有曆法西傳、新法表異二書。後來他們雖被誣下獄，然他畢竟是明清過渡時最有力量的天主教士，終於得了赦免。

十一　流寇的釀成

明朝奢風特盛，不但搢紳之家是豪華靡費，競尚逸樂，便是一土豪，一游士，也必排場闊綽，自奉優厚；雖下至胥吏僕御，也竟有器用飾金銀，家人曳紈綺的。這樣的消耗，自然容易窮困；窮困了，當然要想法取足。於是婪賄中飽等弊便風行於政治社會，而民生的凋敝也就可想而知了。所以明武宗時，江西、湖廣、廣東、四川等處已盜賊蜂起，而山東盜劉六、劉七尤爲凶橫，竟剽掠畿南、山東、河南、湖廣和江西等省。後來雖幸而削平，然民窮財盡，久已形見勢絀了。世宗以後，更是邊事不息，愈加竭蹶。神宗信任中官，益肆搜刮，礦使、稅使，四出騷擾，[①]無微不至地誅求，真弄得民不聊生了。至於正供的田賦，早就逐年地增加。如一五一四（武宗正德九）年，因建造乾清宮加徵一百萬，一五五一（世宗嘉靖三〇）年，以邊用支絀又加江南、浙江賦一百二十萬，百姓的負擔已很重了。後來滿洲起來了，邊用更急，於是立了個遼餉的名目，迭於一六一八、一六一九、一六二〇（神宗萬曆四六、四七、四八）年增賦五百二十萬；一六三〇（思宗崇禎三）年又加賦一百六十萬；兩共加徵六百八十萬。此外因流賊蔓延，又加練餉和剿餉。截至明末，先後共加賦一千六百七十萬。然而事情卻愈弄愈糟，沒有一件是可稱滿意的，無怪橫潰決裂，竟沒法收拾了。

當魏忠賢勢盛的當兒，他的黨羽布滿國內，到處侵剋，而喬應甲等巡撫陝西及延綏的，更是貪不恤民的壞東西。因此，陝西一帶，那時的民生已夠困頓了。一六二八（崇禎元）年，陝西大飢，飢民掠食四方，便到處嘯聚爲匪。那群匪夥中以馬賊高迎祥爲最强，自稱闖王。地方官沒法制他，而那些三邊的飢軍和裁下的驛卒，卻已附和着起鬨，於是延安、榆林之間，賊氛遍地。一六三〇（崇禎三）年，延安賊張獻忠起，自稱八大王。明年，米脂賊李自成自稱闖將，與獻忠等合。其餘名色很多，有十三家七十二營之稱。什麼一斗穀、滿天星、蠍子塊、老曹操等稱號，令人聽了頭痛，原來土匪的氣燄那時早成燎原之勢了。

　　明廷對此，當然有些棘手，所以剿撫並施，迄無一當，十七年間，這流寇竟與思宗相終始。今且略述明廷辦理流寇的情形，以見積漸縱禍的由來：當陝匪初起的時候，明廷便命楊鳴鶴總制三邊，專事剿辦。陝西雖略得安定，而匪衆竄入山西，從此與官軍分道馳逐，此來彼往，真變做飄忽無常的流寇了。後又改命曹文詔節制山陝，到一六三三（崇禎六）年，山西幾於肅清。但他們又流入河南、湖廣、四川，到處裹脅。這時賊勢浩大，蹂躪到的地方更多，政府益難措置。然而陳奇瑜總督諸軍，大施包剿，竟得於明年把賊衆圍困在車箱峽（在陝西安康縣），使他們不能動彈。他們沒法擺脱，便假意請降。陳奇瑜信了他們悔罪投誠的虛話，竟放他們出來，以爲可以着手安撫了。不料他們剛才出峽，便大肆焚掠，跳浪呼嘯，那裏彈壓得住！明廷無奈，只得把陳奇瑜罷去，用洪承疇代督軍務，仍責成他嚴剿。流寇既自車箱峽脱險出，便南竄陷鳳陽。旋又分道西竄，高迎祥、李自成由河南，張獻忠由湖北，共入關。明廷遂命盧象昇專辦東南，洪承疇專辦西北。一六三六（崇禎九）年，迎祥被陝西巡撫孫傳庭所擒，自成便掠走甘肅。獻忠也被象昇所敗，走湖北；又被左良玉兵所扼，竟投降。一時表面略靖，似有逐漸肅清之望了。恰巧一六三八（崇禎一一，清太宗崇德三）年，清兵從牆子嶺（直隸遷安境）、青山口（直隸撫寧境）分道入犯，連陷近畿州縣四十八城，明年正月，又南陷濟南。那時帶兵辦賊的因京畿震動，當然撤兵回援，而盧象昇且因此戰死。這麼一戰，清兵固然退去了；流寇方面卻得到一個解救，彷彿給他們以再行活動的絕大機會。於是那年五月，張獻忠便在穀城叛變；李自成也突走河南。未幾，獻忠便爲左良玉所敗，西走入四川；自成也自河南失機，南竄湖北鄖陽境。一六四〇（崇禎一三）年，李自成再攻河南，這時當地大飢，亂民跟從他的，到處如水歸壑，聲勢遂盛極一時。明年，陷河南府（洛陽），東攻開封。陝西派兵往救，竟不能勝。

　　兵部尚書楊嗣昌，本是竭力主張加徵練餉剿餉來平賊的人，到那時，餉已加了，賊勢反一天浩大似一天，覺得不好意思，便只得硬着頭皮，親自督師。剛好張獻忠又想東出活動，從四川走到鄖陽，探得楊嗣昌的軍裝糧餉全在襄陽，便用輕兵把那邊襲破，席捲一空。楊嗣昌無法可施，只得圖個自盡。從此，明廷辦賊的主力軍，竟覆亡無餘了。

　　一六四三（崇禎一六）年，李自成陷潼關，孫傳庭戰死。自成遂得進陷西安，占爲根據地。明年正月，自成便在那邊建號大順，改元永昌。一面出兵攻陷太原，分軍出真定略畿南。一面自引精銳，從大同、宣府攻居庸關。他自將的一路，尤爲順利，除雁門鎮總兵官周遇吉死戰抵禦外，餘則到處迎降，不多時已直逼北京。三月，北京陷，思宗便弔死在禁城北面的煤山上，李自成竟公然在北京做皇帝了。張獻忠則始終見扼於左良玉，未得東展。後又與李自成不合，別出陷武昌和湖南諸府，士民被他屠殺的數萬人。最後仍歸四川，大肆虐殺，自稱大西國王。

　　明朝被張李二人這一鬧，當然鬧毀了。後來清兵入關，李自成先亡，張獻忠後死，結果同歸於盡，卻生生把一座現成的江山輕輕地送給異族了。但他們的殘部，居然還能活動。如王輔臣的在陝西，後來三藩起兵抗清時他尚舉地接應；李定國、孫可望、白文選的在川、滇、黔，竟挾着永曆帝硬撐了西南半壁十多年。②

---

　　① 明神宗派中官到處辦礦，真是無所不爲。所在以阻撓誣官吏，以盜采陷富豪，

礦使一到，必有許多人跟着破家。譬如好好的一所良田美宅，他們要是硬指下面有礦脈了，便得就地發掘；即使勘驗無着，也要勒派百姓取償的。至於他們到各省去做税使的，更是巧立名目，任意敲詐了。不論水路旱路，隔不上幾十里地，便設一局，到處收奸民爲爪牙，肆行剥削，又立了個"土商"的名目，凡窮鄉僻壤的雞豬鹽米都要勒捐。

② 李定國、孫可望、白文選等，都是張獻忠的餘黨，李、孫且是獻忠的養子呢。獻忠死，他們投奔永曆帝，共拒清兵。後可望叛明自立，李、白二人，便與他絶交，合兵抗敵。清兵進逼川南，可望降清，封義王。永曆帝父子由緬甸送出被害，定國憂憤死；文選便降清入旗，封承恩公。他們在川、滇、黔一帶的勢力，竟得維持到十餘年。

十二　北族的侵擾和滿洲的興起

中國在海通以前，最可怕的外患便是塞北的胡人。自從蒙古入塞，興建了元朝，這竟是北族完全勝利的表示了。但是元世祖入主中國以後，他們的老家便互相吞併，各自分裂，中朝的政令已無從呵成一氣。挨到元朝末年，他們的疏族中出了一個帖木兒，很幹過一番壯舉，把窩闊台、察合台、伊兒三汗國混一了，又攻入印度稱印度皇帝。——便是所謂莫卧兒（蒙古）朝。明成祖時，他便大會諸部兵，東向圖明。幸而他走到半路上死了，明朝沒有受禍。然而北族的聲勢，不依然不可厚侮麽！所以元順帝雖已逃出長城，而蒙古大汗的名義卻還得持續下去。後來他們部落中的韃靼、① 瓦剌② 時常夥併，自己不能統一，南侵的力量當然微薄，尚且一四四九（明英宗正統一四）年上也先③ 入寇，竟有"土木之變"。④ 等到憲宗時候達延汗⑤ 起來了，北族的形勢又驟然大變。原來他是中興蒙古的要人，也便是後來喀爾喀四部和插漢兒（察哈爾）部的初祖，那時漠北蒙古與漠南蒙古幾乎統一了。明世宗時，他的孫兒俺答，統四衛拉特（即瓦剌）之衆，以河套爲根據地，勢很強盛。於是他便蓄意南侵，曾於一五五○、一五五九、一五六三(明世宗嘉靖二九、三八、四二)年三次入寇。有一次剽掠京畿，兵火竟照到宮禁之內，明朝也無可如何，只得聽他飽掠自去。直延到一五七○(明穆宗隆慶四)年，俺答一面受喇嘛的感化，不想用兵，一面又因他的孫兒來降，恐被中國殺害；才受明朝的冊封爲順義王，不再犯邊。從此套部漸衰，而東方插漢兒部轉盛，便與新興的滿洲發生關係了。

　　滿洲的先世本是女真的部屬，自孟特穆(清朝追稱肇祖原皇帝)定居赫圖阿拉(奉天興京)以後，世爲明建州衞⑥都督。至明神宗時，他的子孫努爾哈赤便把鄰部收併，聲勢陡盛。既殺先世的仇人尼堪外蘭，又打破扈倫四部和蒙古科爾沁等九國的聯軍，於是奉、吉一帶幾乎全入掌握。一六一六(明神宗萬曆四四)年，努爾哈赤便自稱皇帝，建元天命，便是清太祖。——這時實在尚没稱清，仍用滿洲字樣。越二年，突以七大恨⑦告天，起兵攻明，遂陷撫順，破清河堡(在撫順西南)，遼河流域，大爲震動。明廷一時無措，便起用了前經略朝鮮軍務楊鎬爲遼東經略，發兵二十萬，分四路伐滿。不料薩爾滸(在興京西北)一役，全軍覆没。⑧清太祖更得乘勝打下開原、鐵嶺，並滅葉赫，滿洲勢力益厚，明朝對他，竟不可制了。楊鎬敗後，熊廷弼⑨繼爲經略，布置尚周，形勢漸固。但他秉性剛愎，人家都有些忌他，一六二一(明熹宗天啟元，清太祖天命六)年，熹宗即位，便用袁應泰來代他了。應泰不是將才，滿洲兵便於那年攻陷遼陽和瀋陽，遼東七十餘衞城，一時俱下，遼西也很受影響呢。清太祖既得遼、瀋，便從赫圖阿拉移居遼陽。至一六二五(天命一○)年，又遷都瀋陽，叫做盛京。由是興建宮闕，規制漸備，竟立下後來清朝三百年基業的根據了。

　　遼、瀋既陷，兵事的爭點便集中於遼西。明朝雖先後用熊廷弼、孫承宗、⑩袁崇煥⑪等能員督師經略，而部臣言路，往往掣肘,⑫遂使邊事日壞，戰無倖勝；結果便讓滿洲從容收拾，給他們不少進取的機會。所以清太宗嗣立之後，迭於一六二九（明思宗崇禎二，清太宗天聰三）年，由間道犯北京，一六三一（明崇禎四，清天聰五）年陷大凌城，一六三四（明崇禎七，清天聰八）年收降察哈爾。那時屢勝明兵，而內蒙古諸部又悉服，於是借察哈爾獻奉元朝所遺的傳國璽爲由，便於一六三六（明崇禎九）年加上尊號，改元崇德，清朝正式的國號，也便從那時開始了。

　　清既正號，勢力益充，一六三七（崇德二）年，便把朝鮮完全征服，並陷皮島,⑬於是明朝失海上牽制之力，降將反爲清人所利用了。清太宗在那時，南有朝鮮，西有蒙古，內顧無憂，自然專注在陸路上一意攻明。所以一面繞過山海關，從長城北口進兵，蹂躪畿輔、山東（一六三六，一六三八，一六三九，一六四〇年，都大舉深入）；一面又猛攻遼西，使明朝無從捉摸。一六四一（明崇禎一四，清崇德六）年，清太宗大舉攻錦州。明薊遼總督洪承疇帶兵十三萬馳往援救，戰於松山，竟大敗。明年，松山破，承疇被擒降清。未幾，錦州也失陷了。當時明朝恃爲關外重鎮的，只有一個寧遠城（今奉天興城縣）。然而牢牢把守山海關，清兵究竟還有顧慮，不敢深入久占土地，只看他幾次入塞，總是不久即退，便可知他的目的，只在搖動前敵，所謂多方誤我罷了。不料山海關的守將吳三桂，因自己些微的私忿,⑭投降清朝，親領着清兵內攻。可憐明朝力征經營，從元人手裏奪回的江山，至此竟讓給滿族去管理了！

① 元順帝出塞後仍傳世襲位，到洪武末年，他們的臣下鬼力赤便篡位自立，去國號，自稱韃靼汗。這便是韃靼部的起原。

② 瓦剌也作衞拉特，即元初的斡亦剌。本來是住在貝加爾湖西面一帶的，後來漸漸蔓延於阿爾泰山附近。元朝滅亡的時候，强臣猛可帖木兒據有其衆，便是所謂瓦剌了。現在的額魯特蒙古就是他們的遺裔。

③ 猛可帖木兒死，瓦剌分爲三部。後來三部之中出了一個脫歡，把三部合併爲一，

並攻殺韃靼的阿魯台。迎立元裔脱脱不花，自爲丞相，聲勢陡壯。韃靼與瓦剌有怨，也就因此而起。脱歡死後，他的兒子也先當權，野心更大，便脅服明邊朶顔三衛，大舉入寇。

④ 也先入寇，恰好明朝的太監王振素喜兵事，又是深受英宗信託的心腹人，便勸英宗親征。行到大同，知不可敵，只得退回。也先急急追趕，至土木堡(直隷懷來縣的西邊)，竟被他趕上，把英宗抓去，王振便死在亂軍之中。這便是土木之變。幸而于謙別立景帝堅守，奉英宗爲上皇，也先無可挾制，明年竟把上皇送還。

⑤ 達延汗名巴圖蒙克，生四子。長子早死，弟四子格埒森札賚爾守漠北，便開後來的喀爾喀四部；自己和嫡孫卜赤徙幕東方，便是插漢兒部。

⑥ 明初疆域，東盡於開原、鐵嶺、遼陽、瀋陽、海城、蓋平諸地。這等地方的東北面都是權力所不到的。明成祖仿唐朝羈縻州的辦法，分置衛所，其實只是空名。當時的滿洲地方，計分滿洲、長白山、扈倫、東海四大部，明朝便把滿洲、長白山兩部設建州衛，扈倫部設海西衛，東海部設野人衛。但四部之中，又分部落，而建州女真之名最著。

⑦ 努爾哈赤的七大恨，無非找出兵的題目，不必列舉。但至要之點在明助扈倫部的葉赫。所以一則説"明不守盟約，逞兵越界，衛助葉赫"；再則説"葉赫恃有明援，以其許字滿洲之女，改適蒙古"；三則説"葉赫渝盟召畔，而明乃偏信其言，遣使詬慢"。

⑧ 楊鎬經略遼東，分四路出師，期一舉撲滅。一軍出開原攻北面，一軍出撫順攻西面，一軍趨清河堡攻南面，又以一軍出寬甸直搗後方。本約四路並進，直取興京，而山海關總兵杜松(出撫順的將領)先期深入，欲立首功，遂爲努爾哈赤所乘，全軍覆亡在薩爾滸。過五日，三路俱被破，攻後方的遼陽總兵杜綖也全軍盡没。楊鎬聞報，急遁歸，後下獄死。這一役，明朝傾國出攻，竟大遭挫敗，滿洲的命運便從此大通了。

⑨ 熊廷弼字飛白，江夏人。兩次經略關外，建三方布置策，甚周密。廣寧巡撫王化貞不能和衷聽調，終於失敗，廷弼竟以冤死，傳首九邊。熊傳在明史卷二百五十九，王化貞事蹟便附熊傳。

⑩ 孫承宗字稚繩，高陽人。以大學士督師山海關，多建事功。後爲言路所扼，引疾歸里。清兵破高陽，合門力戰殉國。明史卷二百五十有孫傳。

⑪ 袁崇煥字元素，東莞人。以邵武知縣擢兵部主事。後因籌邊爲寧遠巡撫，旋任督師。清兵最怕他，清太宗間道入關縱掠，故意使反間計害他。明朝因他擅殺毛文龍，已不慊，又得此信，遂大疑。竟逮獄論死，被磔於北京。明史卷二百

五十九有他的傳。

⑫ 熊、孫、袁三人都是蓋世之才，乃因忌者牽掣，終於功隳身死。明朝的末運，真糟得不可挽救了。方廷弼初罷，嘗言"朝堂議論，全不知兵。敵稍緩則閧然促戰；及軍敗，始愀然不敢復言。比臣收拾甫定，而愀然者又復閧然責戰矣"。後來崇煥再出，也說"以臣之力，制全遼有餘，調衆口不足。一出國門，便成萬里，忌能妒功，夫豈無人？即不以權力掣臣肘，亦能以意見亂臣謀"。而承宗之言，尤爲痛切，他說"邇年兵多不練，餉多不覈。以將用兵，而以文官招練；以將臨陣，而以文官指發；以武略備邊，而日增置文官於幕；以邊任經（經略）撫（巡撫），而日間戰守於朝。此極弊也"。於此，可見那時的政府和言路是怎樣的局面了。

⑬ 皮島即海洋島，原爲毛文龍所據。袁崇煥殺文龍，手下將士多有叛降清朝的。後來皮島竟入清人之手，於是明人海上的力量掃地無餘了。

⑭ 吳三桂守山海關，適流寇逼京，明朝召他入援。行到灤州，李自成已破北京，把他的父親京營提督吳襄捉住，叫人拿襄信招他投降。三桂得信，已答書許降，旋聞他的愛妾陳圓圓被自成部將劉宗敏所掠，忽然大怒，使三軍盡易縞素，誓師報仇。自己趕還山海關，佈置軍事，一面即出關投降清睿親王多爾袞，引清兵滅李自成，封平西王。

第五編　近世——清朝

（公元一六四五——一九一一）

一　康雍乾三朝的力征經營

清朝在滿洲的事業既逐漸鞏固，便一意內犯，想把明朝的江山捲在他們的八旗①之下。連年略地輕入，便是一種嘗試的表示。一六四三（明思宗崇禎一六，清太宗崇德八）年，清太宗死，他的兒子福臨立，便是清世祖。世祖即位，只六歲，由他的叔父睿親王多爾袞攝政。那時幼主在上，國有大喪，一時自沒餘力來謀人，當然逼明的氣燄要緩和得多。然而李自成的凶勢方盛，明朝的內部已到了潰爛的地步，竟致不可收拾。所以明年三月，便有思宗殉國之禍，而吳三桂遂得開門延納，把他們逗引進關了。這時清世祖已改元順治，便由瀋陽移都北京，派兵西追，把流寇剿除，於是黃河流域，全入掌握。江南一帶，雖尚有明朝的子孫在那邊號召匡復，而大勢已去，弘光、隆武、永曆諸帝先後失敗。至一六六二（清聖祖康熙元）年，永曆帝被吳三桂絞殺於雲南，魯王以海和延平王鄭成功②也病死在臺灣。明朝僅存的一點殘餘勢力，至此竟摧毀殆盡了！

然而臺灣鄭氏仍奉明朝的年號，③海疆的防禦，在清朝已不無戒心；又兼前明降將吳三桂等依然分鎮封土，握兵馬財賦之權，[④]更使他們不能放心安枕。果然，挨到一六七三、一六七四（康熙一二、一三）年間，"三藩之亂"[⑤]便起，而鄭經也出兵助攻，與清朝爲難了。但聖祖拿定主意，堅持用兵，到底於一六八一（康熙二〇）年平定三藩，[⑥]一六八三（康熙二二）年收服臺灣。[⑦]那時清朝便把所有藩產入官充餉，又把藩兵撤歸京師。一面擇衝要去處——如廣州、福州、荆州、江寧、西安、杭州等地——另設將軍、都統等官，率旗兵圈地屯紮，世任彈壓之責，這便是"駐防"名詞的由來。於是清朝在中國便得完全統一，而把全力專注在邊境的經略上面了。

這時中國境外的大敵，在東北有侵擾黑龍江沿岸的俄羅斯，在西北有盤據天山南北路的准噶爾。俄羅斯自明朝中葉以後，便大敗蒙古人，把欽察汗國推翻，自行建國。當清朝注力中原，漸向西南發展的當兒，他們也派出遠征隊東來，唾手取得西伯利亞，越外興安嶺，直達黑龍江下游，周察山川部落，漸試侵略。那時清朝無暇北顧，他們便在雅克薩河口築城駐兵，希圖久占了。三藩既平，聖祖便轉眼東北，兩下就接觸生事，遂於一六八六（康熙二五）年出兵伐俄，圍攻雅克薩城，恰巧這時清勢方盛，而俄又不利東征，便因荷蘭商人的介紹，於一六八九（康熙二八）年上，兩國代表在尼布楚正式訂立界約，即以外興安嶺爲界。中俄的關係，由此日密，至一七二七（清世宗雍正五）年，又因蒙、俄的界務，在恰克圖另訂新約。

至於准噶爾的交涉，更是棘手，其間牽連甚繁，如喀爾喀的內附，[⑧]西藏的騷亂，[⑨]青海的平定，[⑩]都與他有深切的關係，竟使清朝忙於應付了。所以聖祖三次親征（一六九〇、一六九六、一六九七），只能暫時鎮服。世宗時，又起反覆，攪擾了好幾年，才於一七三四（雍正一二）年前來請和。直到一七五五（清高宗乾隆二〇）年，高宗分兩路出師，始把准部蕩平，於是額魯特蒙古乃得完全內屬於中國。⑪

康熙、雍正、乾隆三朝，正當清朝全盛之秋，而高宗憑藉祖父積留的餘勢，尤極煊爛一時。所以敉平准部之後，接着戡回部（一七五九），⑫綏緬甸（一七六九），⑬鎮臺灣（一七八七），⑭封安南（一七八九），⑮征廓爾喀（一七九二）；⑯又先後於一七四九、一七七六年平定大小金川。⑰以此，高宗晚年，竟得以"十全武功"自矜了。⑱那時東北拒俄於外興安嶺，西北收地於伊犂以外，朝鮮既久服中國，而暹羅又於一七八二年遣使朝貢，版圖遼廓，遠過漢唐。於是東起鄂霍次克海、日本海，西越葱嶺抵浩罕；北自恰克圖，南迄南海暹羅灣和印度洋孟加拉灣；西北從巴爾喀什湖起，東南渡海直達臺灣、琉球：悉奉政令。後來雖經屢次剝削，然而如今民國的疆域，還是承着那分殘餘的家私；那三朝的力征經營，真不啻爲現在的五大族預打一個搏合的基礎了！

清朝全盛時候的疆域這樣大，當然不能不注意他的邊功的豐偉。然而內部的經營，我們尤當注意。當時最值得注意的，便是雍正、乾隆兩朝的"改土歸流"。我們要明白這件事，自得順便先說一說當時苗族分布的大略狀況。苗族自見逼於華族以來，逐漸退處在南嶺和橫斷山脈一帶，蔓延於印度支那半島。——外國人別稱爲交趾支那族。在中國境內的，又有種種的異名，⑲語言風俗，都與華族不同。所以歷代平時的治苗，也常用羈縻政策，往往仍他們的舊俗，就用他們的酋長做地方官，聽他們世襲。元明以來，有宣慰、宣撫、安撫、招討、長官諸土司，此外又有土府、土州、土縣、土巡檢、土吏目等，總叫做土官。然遇有機會，便把土官廢掉，改設普通的官吏，——便是流官——逐漸建設真正的郡縣，以收行政統一之效。但歷來的政府都不肯明言此意，直到一七二六（清世宗雍正四）年，雲貴總督鄂爾泰才明明白白地建議一勞永逸之策於朝廷。他說："必改土歸流，事權畫一，然後可以安民，可以治苗。"世宗深信此說，便於一七二八（雍正六）年詔授鄂爾泰爲雲貴廣西三省總督，任征苗事。他既受命進行，即用總兵石禮哈、游擊哈元生、知府張廣泗等先後征闢苗疆[20]二三千里，所在土司，都望風繳納勅印和原藏軍械，不上三年，三省的邊防便大致就緒了。後來鄂爾泰、張廣泗都去了，繼任的人不善措置，一七三五（雍正一三）年苗人又起而作亂。世宗派哈元生、張照等去剿撫，師久無功。高宗即位，仍命張廣泗經略苗事，才把亂苗逼到丹江、都匀、臺拱三縣之間的牛皮大箐裏，於一七三八（乾隆三）年一鼓蕩平。

從此苗族的勢力日見衰微，土司的數目日見減少，雖後來湖南、廣東、廣西諸地迭有猺亂，[21]而力量已弱，都是不久即平。所以直到如今除雲南尚有土官百餘及廣西尚有土官二十外，其餘四川、貴州、廣東、湖南四省已沒有土司的名目了。[22]這便是內部經營的結果。

① 八旗是八種旗號，也就是滿洲兵編制的標準。當清太祖兼併滿洲和海西諸部以後，草創兵制，每三百人設一牛彔額真（佐領），五牛彔額真設一甲喇額真（參領），五甲喇額真設一固山額真（都統）。每一固山額真的左右，又設兩個梅勒額真（副都統），便成一旗。初只設四旗，以純黃、純紅、純藍、純白爲別，叫做四正旗。後來兵數漸多，增設四旗，黃、白、藍旗鑲紅邊，紅旗鑲白邊，叫做四鑲旗。這便是八旗的由來。後太宗征服蒙古，編蒙古八旗；收降明兵，又編漢軍八旗。入關以來，又有禁旅八旗（拱衛京師）和駐防八旗（屯紮外省要衝地方）之分。

② 鄭成功初名森，字大木，南安人。明隆武帝很器重他，賜姓朱，更今名，所以人家多稱他做“國姓爺”（轉譯西籍的便譌作高新加）。隆武失敗，他的父親鄭芝龍降清，他卻焚棄儒冠，遁據海島，與清兵相周旋。永曆帝遙封他爲延平郡王，招討大將軍。他便連攻舟山和福建諸府，軍勢大振，後又偵知南京空虛，大舉進攻，溯江直抵江寧，大會將士，親祭孝陵。惜被清兵所襲，只得退出，遂攻取臺灣，逐荷人，駐兵金門、廈門相掎角，海外的根據地乃因以確立。明朝的宗室遺臣，歸依他的極多，臺灣地方也日漸開闢了。

③ 鄭氏既據臺灣，不上兩三年，永曆帝即被殺，成功也病死了。但他的兒子鄭經嗣立，仍奉永曆年號以與清抗，雖一隅之地，竟爲明朝略吐一口冷氣呢。

④ 清朝平定南方，所靠的便是明朝的降將。事定之後，當然不能撤他們的兵權，所以吳三桂等諸王各率所部綠營（純粹漢兵旗用綠色，以與八旗分別，因稱綠旗兵），留鎮各方。平西王吳三桂即鎮雲南，平南王尚可喜和靖南王耿繼茂（仲明之子襲父爵）即鎮廣東；旋以兩王共地不便，又徙繼茂鎮福建。其中三桂功最高，兵最強，勢力也自然最厚。他坐鎮西南，雲貴的督撫都要聽他節制；用人不受吏兵二部的掣肘，用財不受戶部的稽核，他所任用的官吏，叫做"西選"，西選的官，竟遍布中國。這樣，豈不隱然成了敵國麼？結果便有三藩之亂。

⑤ 清聖祖親政以後，深忌平西、定南、靖南三藩作梗，可是沒法把他們無端撤掉。恰巧那時尚可喜被他的兒子尚之信所制，因疏請留子鎮粵，自己歸老遼東。政府抓住題目，竟以父子不便離異爲詞，叫他撤藩同歸。吳三桂和耿精忠（繼茂已死，子精忠襲封）都不能自安了，也各上疏請撤藩，試探清廷的意旨。誰想聖祖竟咬定牙根，一起答應，於是三桂遂舉兵反，自稱天下都招討兵馬大元帥，移檄遠近。貴州首先響應。未幾，攻陷湖南。四川、廣西和湖北的襄陽也都響應，而耿精忠已全據福建，早同三桂聯合了。廣東方面，尚之信受三桂運動，也早接應，可喜竟以憂憤死。那時三桂便親赴常澧督戰，派一支兵出江西，以聯絡耿精忠；一支兵從四川出陝西，提督王輔臣便據寧夏應三桂。由是甘肅的州縣也多陷落，聲勢滔天，竟擾動十多省。

⑥ 吳三桂舉兵時，年已老邁，太過持重。初得湖南，便下令給諸將，毋得渡江，惟嚴守岳州、荆州諸水口以拒荆州的清兵，守長沙、萍鄉、醴陵以拒江西的清兵罷了。原來那時的清兵，專注在湖南，西南方面的應付，便自然成此相持之局。後來王輔臣爲清定遠大將軍圖海所破，依舊降清，三桂北面之援遽失；耿精忠又爲清康親王傑書、貝子傅喇塔所攻，亦降；而尚之信以不堪三桂之逼，復反悔降清：於是東南之援盡失。三桂失此三援，已難自振，而自己又爲清安親王岳樂所敗，疆土日削，財用漸竭，遂故自引重，建號稱帝。不久，三桂暴疾死，部下迎他的孫兒吳世璠嗣位，更不能支。岳樂等旋由湘、粵、蜀三路進兵，世璠窮蹙自殺，雲貴大定。尚之信、耿精忠又先後誅死，於是漢人沒有尺寸兵權，不復能反抗清朝了。

⑦ 鄭經嗣立於臺灣，沿海的勢力已大減。後來耿精忠起兵，派人入台約他援應，並許以泉、漳二州，他便出兵西向，攻取沿海一帶地。既而與耿氏互攻，金廈二島又爲清水師提督萬正色所奪，勢驟衰。鄭經死，子克塽立，幼弱不能治事，清朝便用成功的降將施琅攻下臺灣，克塽出降。於是臺灣始置府縣治，統隸於福建省。

⑧ 喀爾喀爲達延汗之後，清初，土謝圖汗與車臣汗、札薩克圖汗三部並立。察哈

爾滅亡時，他們十分震恐，因即入貢。康熙初年，三部内訌，西鄰准噶爾部（四衛拉特之一，即綽羅斯）酋長噶爾丹方盡有四衛拉特（一和碩特，牧烏魯木齊；二土爾扈特，牧塔勒巴哈臺；三杜爾伯特，牧額爾齊斯河；四綽羅斯，牧伊犂）之地，徙帳阿爾泰山，便於一六八八（康熙二七）年逾杭愛山襲破喀爾喀。喀爾喀三部數十萬衆盡棄牧畜帳幕投奔漠南，求爲安插。聖祖發粟贍養，且把科爾沁草地借給他們游牧。一面諭令噶爾丹返還侵地。噶爾丹不聽，反悉鋭東犯，進逼内蒙古。聖祖乃出師親征，迭在烏蘭布通（熱河赤峰縣境）、多倫泊（察哈爾多倫縣境）等處把他打敗，大朝喀爾喀諸汗，分其部爲三十七旗。後又屢敗噶爾丹，不令東逞，而他的姪兒策妄阿布坦又襲據伊犂，堵他的歸路。一六九七（康熙三六）年，噶爾丹進退失據，只得自殺。於是阿爾泰山以東全平，喀爾喀三汗依舊回到故土。後額駙策零在雍正時大敗准噶爾，遂封親王，由土謝圖汗分其故地三音諾顔爲獨立部。喀爾喀從此便有四部了。

⑨ 當噶爾丹與中國構兵的當兒，西藏也因第巴（官名）桑結的搗亂，大起紛擾。剛巧這時有久占青海的和碩特部酋長拉藏汗想借端干涉藏事，便於一七〇五（康熙四四）年因議立新達賴與桑結不合，把他殺掉。准酋策妄阿布坦又佯與拉藏交好，突於一七一六（康熙五五）年派人領兵入拉薩，襲殺拉藏汗。聖祖便派年羹堯備兵成都，皇十四子允禵駐兵西寧，以期進討。直到一七二〇（康熙五九）年，西寧、成都兩路出兵，策妄阿布坦所派的兵將才由原路逃回。於是割巴塘（川邊巴安縣）以東隸四川，留蒙古兵二千駐守西藏，藏地才盡歸中國版圖。世宗平青海後，又因鎮撫西藏，保護喇嘛的名目，設駐藏大臣，再派兵二千，由他指揮，西藩乃得鞏固。

⑩ 噶爾丹敗亡之後，青海和碩特部的酋長達什巴圖爾入朝，詔封親王，青海始爲中國外藩。達什巴圖爾的兒子羅卜藏丹津，向抱並吞青海、西藏兩部的野心，時思一逞。乃乘世宗新立，暗約策妄阿布坦爲援，誘青海諸部同盟稱兵，游牧喇嘛二十萬，同時騷動，進攻西寧。世宗派年羹堯、岳鍾琪去打他，分路進兵。一七二四（雍正二）年，岳鍾琪乘青草未生，深入柴達木河上游，掩襲其帳，俘獲他的母親和弟妹，羅卜藏丹津便逃奔准噶爾。清朝遂置辦事大臣於西寧，統轄青海的額魯特蒙古。

⑪ 青海平定，額魯特蒙古的和碩特部已内屬，而土爾扈特部又於一七一一（康熙五〇）年來朝貢。及准部敉定，綽羅斯和杜爾伯特兩部也一起内屬中國了。

⑫ 清高宗既平准噶爾，便想乘勝略定天山南路——回疆，——收統一西北之功。那時回酋布那敦、霍集占兄弟（便是大小和卓木）據喀什噶爾，方與准部通聲氣，高宗便令兆惠、阿里袞等進攻，他們不能敵，逃往巴達克山（阿富汗東部）。巴

達克山王怕他們侵襲己土，乃發兵擒殺他們兄弟，把他們的首級獻給清軍。於是天山南路悉入中國版圖，便在喀什噶爾設參贊大臣，在其餘重要各城設辦事大臣、領隊大臣來處分軍事，其職都由滿人充任。別用回人任各城伯克(官名)，專理民事刑事，後來浩罕與烏什回民勾結，回疆又亂，伊犂將軍明瑞急往鎮平，因移參贊駐烏什。由是葱嶺以西諸部，一時俱震，都遣使通貢，仰中國的保護了。清朝的聲威，那時最爲煊赫。

⑬ 緬甸自清初執送明永曆帝後，迄未通貢。乾隆時，雲南疆吏處置不當，遂屢爲邊患。一七六七(乾隆三二)年，高宗調伊犂將軍明瑞爲滇督，兼征緬將軍，深入搜討。明年，明瑞戰死，乃命傅恒爲經略，阿里衮、阿桂爲副將軍，徐商再舉。恰巧那時緬甸正與暹羅交兵，不暇抗中國，而中國也不能收蕩平之功，兩下遂和議罷兵。後來又封他們的酋長孟雲爲緬甸國王，定十年一貢之例，於是緬甸便成中國的藩屬了。

⑭ 臺灣自鄭氏降清後，置府設縣，比於內地。康熙末年，有朱一貴之亂，廈門水師提督施世驃等討平之。乾隆時又有林爽文之亂，經歷兩年，竭總兵柴大紀、總督福康安、將軍海蘭察之力，始擒殺爽文，臺灣乃再得鎮定。

⑮ 安南自明宣宗時黎氏建國後，中間經了不少的糾紛，總沒有與中國完全斷絕關係。清高宗時，阮文惠兄弟起兵據安南南部，以與黎氏爲難。一七八七(乾隆五二)年，阮文惠襲破安南，逐嗣王黎維祁。維祁走入邊，清廷遂安置他的家屬於南寧，命兩廣總督孫士毅出兵征安南。未幾，攻下東京，黎維祁遂復位，而士毅輕敵不備，又被阮文惠所襲破，維祁又失國。高宗改命福康安代士毅，再征安南，阮文惠怕中國大舉，便更名光平，遣使奉表乞降。高宗將錯就錯，便封阮光平爲安南國王，把黎維祁編入旗籍。

⑯ 廓爾喀本與西藏接境，一七九○(乾隆五五)年因覬覦班禪六世遺產，侵入後藏，並舉兵內犯。那時安南已定，便命福康安移兵往討。福康安由青海入後藏，連破廓爾喀屯兵，盡復藏地。又分兵南入其境，廓爾喀便請降。

⑰ 金川地方不過兩個土司，境不滿千里，人不滿五萬，然而爲他犧牲比什麼地方的用兵都大。前後苦戰五年，兵費花用到七千萬(打回疆也只用了三千萬)；以戰久無功，殺張廣泗、訥親兩大臣；又陣歿將士很多：這種巨大的代價，真有些可怕。

⑱ 清高宗晚年，自撰十全記，叫人繕寫滿、漢、蒙、番四體字，勒碑誌功。這十全武功，便是兩定金川，兩平准噶爾部，兩勝廓爾喀，一戡回部，一滅臺灣，一綏緬甸，一服安南。其實國力耗亡，十全老人(高宗自號)不能不負些責任呢。

⑲ 苗族在中國境內的，隨地異名。在四川的，叫獿，叫生番；在兩廣的，叫獞，

　　叫黎；在湖南、貴州的，叫猺；在雲南的，叫猓，叫野人。

⑳ 明朝的貴州，雖列入十三布政司，而他的東南湘、桂之交，仍爲苗族所盤據。那邊周圍三千里，環寨一千三百餘，以古州（貴州榕江縣）爲中心，統稱苗疆。清初因襲未改，所以鄂爾泰有改土歸流的建議。

㉑ 一八三二（清宣宗道光一二）年，有湖南永州猺民趙金龍之亂。事甫平，而廣東連州八排猺又滋事；曲江乳源兩縣猺又搗亂，其後一八三六（道光一六）年，有湖南武岡州猺民藍正樽之亂；一八四七（道光二七）年，有湖南新寧猺民雷再浩之亂；越二年，又有廣西五排猺李沅發之亂。雖旋起旋滅，未成大患，而政府竭三省的兵力，經二十年的歲月，才告肅清，也就可想而知是件棘手的案子了。

㉒ 見內務部職方司第五次修正的全國行政區劃表。

二　獎勵黃教和特開詞科

　　清朝力征經營，固然要在耀兵閱武方面做些工夫，而同時發生的善後問題，也不能不注意到精神方面的消融。所以一方面尊崇黃教來撫輯蒙、藏的人心，一方面利用科名來安頓漢人的疑慮。這兩事都是清朝很重要的政策，好像圈成木桶的兩道鐵箍。今且分頭說來。

　　黃教自明初宗喀巴①開宗以來，舊派的喇嘛便漸見衰落，只在後藏一帶占些勢力了。黃教戒律較嚴，教主的衣缽，由大弟子達賴、二弟子班禪轉生承襲，②世世濟度，當地民俗迷信，得此益發推崇，傳習信奉的遂遍於西藏、青海之境了。明中葉後，傳入蒙古，蒙古的信衆因遠朝達賴不便，別奉宗喀巴第三弟子哲布尊丹巴的後身爲胡圖克圖（即再世之意）供養於庫倫。現在西藏有兩活佛（達賴在前藏拉薩的布達拉廟坐床，班禪在後藏日喀則的札什倫布寺坐床），而蒙古又有庫倫活佛，便是打從那時起的。到了明朝末年，更由蒙古轉入滿洲，清太宗知他們很有號召的力量，便極意拉攏。清初有西藏每歲獻丹書的記錄，③袁崇煥與清太宗相持時又往往有喇嘛傳遞國書的事實，便可想見滿洲利用喇嘛的大概了。入關之後，更見推崇，如一六五二（清世祖順治九）年達賴來朝，世祖便在太和殿招待他，又起造黃寺給他住，封他爲西天大善自在佛，叫他管領天下釋教，這樣的尊嚴，不幾如元朝的帝師麼？後來准噶爾部事起，用兵西藏，用兵青海，經歷了康、雍、乾三朝才得蕩平，而中間的綫索又在在與黃教有關，所以政府對於黃教也處處加以提倡獎勵，時時想法調和安輯。譬如世宗即位，便把藩邸捨做供養喇嘛的寺院——便是北京的雍和宮，——而高宗於西北軍事大定之後，想出金瓶掣籤的方法來解決繼承爭議的糾紛，④這便是獎勵安輯政策的表示。因此，黃教在北方一帶很有勢力，直到如今，還有好多地方遵用喇嘛的風俗，——如人死三日，延喇嘛接三等，——而山西五台山和北京幾處寺院，簡直是他們世襲的特別區呢。

　　至於利用科名來收拾漢人，他們的用心真是昭然若揭。原來清朝以異族入主中國，所靠的不過武力，在自負文化素高的漢人眼睛裏，簡直瞧不起他們是配做優勝民族的。何況海內初定，明朝的遺臣尚多生存，又難免不以逸民自居，慨然有故國之思呢！聖祖首先見到這層，知道那輩逸民不能不用恩禮來羅致他，便在常科之外特於一六七六（康熙一五）年詔舉博學弘儒，備顧問著作之選。於是在京三品以上及科道，在外督撫布按及學政，都各舉所知，疏薦送部的達一百四十三人。後來在體仁閣召試，取得彭孫遹等五十人，俱授爲翰林院官，令他們纂修明史。繼因南巡江浙，又兩次召試諸生，取得吳士玉等七十三人，也各分等授官。那時的封疆大吏和在朝諸臣，都仰承意旨，大家以得士爲榮，四出延訪，只要是知名之士，便不難崛起草野，與公卿抗席。其尤幸的，竟得平步入翰林，同預修書。這樣的容易成名，怎不教一般的士夫聞風企慕呢！所以當時雖有呂留良、李顒、傅山、黃宗羲、魏禧、顧炎武、萬斯同、應撝謙等那樣的咬定不就，而湯斌、朱彝尊、施閏章、毛奇齡、李因篤、陳維崧、汪琬、潘耒、尤侗等諸名士卻已紛紛入彀了。聖祖又廣求遺書，勅撰巨籍，先後編成佩文韻府、淵鑑類函、數理精蘊、曆象考成、音韻闡微、康熙字典、韻府拾遺、駢字類編、分類字錦、子史精華等書數十種，於是"稽古右文"的名聲已立，無形中便牢籠着不少的優秀分子，消弭了不少的輕蔑反響。雍正初年，更得沿襲康熙成規，輯成古今圖書集成一萬卷，圖籍之盛，真是震爍一時，幾於前無古人⑤了。

高宗即位，便循康熙故事，於一七三六（乾隆元）年詔開博學鴻詞（因避御名弘曆，改稱鴻詞）科。初取得劉綸等十五人，明年又續取得萬松齡等四人，各授翰林院官。一七四九（乾隆一四）年，詔舉經學，得吳鼎等四人，並授國子監司業。他又四出巡游，每於車駕所至，召當地諸生試詩賦，給以科目出身，如巡江浙得王昶等八十五人，巡山東得黃道熙等十七人，巡天津得姚文田等十六人，游五台得龍汝言等九人，所謂得人之盛，實比康熙時爲尤勝了。又陸續纂成巨籍，如三禮義疏、明史、通鑑輯覽、皇朝通典、皇朝通志、皇朝通考、律呂正義、大清一統志等，出版的卷帙，也比康熙時爲倍多。旋於一七七三（乾隆三八）年因安徽學政朱筠的奏請，更爲大規模的纂修，便想網羅古今已刊未刊之書勒成一部，特開四庫全書館，以紀昀爲總纂官。參與校勘的人，除朱筠外如戴震、邵晉涵、姚鼐、王念孫、任大椿等，又都是一時績學名士。凡閱十年，全書告成，綜計箸錄之書三千四百五十七部，七萬九千七十卷；存目六千七百六十六部，九萬三千五百五十六卷。四庫全書既成，前後繕寫七份，貯藏七處，有内廷四閣和江浙三閣的分別，⑥一時風聲所播，這樣的空前巨製，豈不令人敬慕，無怪高宗自誇以爲"禮樂百年而後興此其時也"了。

這便是清朝特開詞科，稽古右文的成績。但這成績的背面，卻只有先後繼興的文字獄和摧燒毀版的許多禁書。——恰可看出他們的用意在那裏了。譬如自順治、康熙、雍正，以至乾隆，文字之獄迭興，往往因一字之疑，追根覓葉地搜求起來，不至罪及枯骨，禍連子孫不止。⑦至於廣求遺書，更是借端搜剔。不然爲什麼一面布"廣爲訪緝，務令搜羅罔軼"之詔；一面又嚴申禁書之令，在四庫全書館開館期間（一七七四——一七八二）銷燬觸禁違礙之書達五百三十八種，一萬三千八百六十二卷呢？後來於一七九二（乾隆五七）年索性嚴諭禁書，竟説"江蘇、浙江、江西等省，素稱人文淵藪，民間書籍繁多，所以不能禁絶者，皆由督撫等視爲等閒耳。"由此看來，清朝提倡文教的心事，不完全暴露麼！

① 宗喀巴在明成祖時生於西寧衞，既長，學經於札什倫布。那時喇嘛受法王的庇護，元明以來，迭承優遇，漸致流於侈惰。竟專恃密咒幻術來賣弄神通，盡失佛教原有的精神了。宗喀巴厭惡他們那樣腐敗，便入雪山苦修。後來深爲番衆所信仰，乃別立一派，排除幻術，禁止娶妻，自服黃衣冠以示與舊來的紅袈裟區別。所以人家叫他們做黃教，叫舊派的喇嘛做紅教。

② 宗喀巴既禁娶妻，乃別創一嗣續的方法，便於自己示寂時，遺囑大弟子達賴喇嘛、二弟子班禪額爾德尼世世以化身轉世，叫做呼畢勒罕。後來達賴、班禪將死時，每預示己所託生之地，使他們的門徒按着方向去訪尋迎奉。從此，輾轉託生，成爲老例了。

③ 相傳清朝的先世剛剛立國，西藏便每歲往獻丹書，稱他爲曼殊師利大皇帝。曼殊譯爲華言即妙吉利，滿洲的稱號，便由此起。但此事只有當時欽定的滿洲源流考上這樣説，恐涉夸飾，不可憑信；且滿洲實係珠申滿珠的轉音，本爲部族名，也不因轉譯曼殊而來，更足證牽附的虛妄。不過滿洲要想借重西藏的用意，卻因此活畫出來了。

④ 達賴等呼畢勒罕的當兒，因不能確指某人，往往起爭繼的紛議。清高宗特創掣籤法，因他們的迷信而利用之。此法預頒金奔巴（即瓶）二個，一貯在西藏大昭寺裏，一貯在北京雍和宮裏，凡達賴喇嘛、班禪額爾德尼、哲布尊丹巴胡圖克圖轉生時，遇有爭議，便書名於籤，納入金奔巴中，然後抽定去取，分別真僞。

⑤ 古今圖書集成共分六彙編，三十二典，六千一百九部。當時裝訂，除目録二十冊外，計裝成五百七十六函，五千冊。明成祖時，雖敕編永樂大典二萬二千九百卷，然以卷帙太繁，未及刊布（後來四庫全書很從那書裏輯出不少的佚書來），

若就刊成的巨籍來說，古今圖書集成竟要算空前的名著了。

⑥ 四庫全書成，建文淵閣於禁城來庋藏他。後又分寫三部，一放在圓明園的文源閣，一放在盛京的文溯閣，一放在熱河的文津閣。這便叫做内廷四閣。既而因江浙兩省爲全國人文淵藪，又建文匯閣於江蘇揚州的大觀堂，文宗閣於鎮江金山寺，文瀾閣於浙江杭州的聖因寺行宮，也各繕藏四庫全書一部，聽學者閱覽鈔錄，這便叫做江浙三閣。現存的止有文淵、文溯、文津的三部；杭州文瀾閣的一部，亂後雖經補鈔，但還未完全。

⑦ 清朝文字之獄比前朝更酷，若把它一一舉出來，竟累紙不能盡述呢。最著的，順治朝有黃毓琪之獄；康熙朝有莊廷鑨之獄，戴名世之獄；雍正朝有汪景祺之獄，錢名世之獄，查嗣庭之獄，謝濟世、陸生枬之獄，徐駿之獄，吕留良、曾靜之獄；乾隆朝有胡中藻之獄，彭家屏、段昌緒之獄，齊赤若之獄，王錫侯之獄，徐述夔之獄，沈德潛之獄，智天豹之獄，尹嘉銓之獄。其餘薄受譴責，或爲親友拖累的案子，更是指不勝屈，且亦不足爲奇了。今引乾隆時御史曹一士的奏疏在下面，以見歷來文網的森嚴和冤獄的迭興是襯着怎樣一個背景。他說：

> 比年以來，小人不知朝廷誅殛大憝之故，往往挾睚眦之怨，借影響之辭，攻訐詩文，指摘字句。有司見事生風，多方窮鞫，或致波累師生，牽連親故，破家亡命，甚可憫也！臣愚，以井田封建不過迂儒之常談，不可以爲生今反古，述懷詠史不過詞人之習態，不可以爲援古刺今。即有序跋偶遺紀年，亦或草茅一時失檢，非必果懷悖逆，敢於明布篇章。使以此類悉皆比附妖言，罪當不赦，將使天下告訐不休，士子以文爲戒，殊非國家義以正法，仁以包蒙之意。

這一段話的裏面，似有多少陰森之氣，裏結着一片隱隱的哭聲。

三　考據之學與時勢

中國的思想界在這治化不進民生憔悴的社會裏混了二千多年，——秦朝統一以後，直到西洋勢力剛要侵入以前，——別的變更，並不多見，而屢次被外族征服的苦痛卻越來越凶。從五胡亂華起，經過遼、金、元到清，這種現象已反覆到第五次了。所以到了明末清初的當兒，中國的思想界便自然起了一種根本的變動，便是對於向來的一切，根本起了懷疑。這懷疑的影響便產生了兩種反動的思想：一種是精神上感到的，覺得向來支配社會的義理——社會上人人承認的——並無當於真理。從前大家看做天經地義的，到此都起懷疑。如黄宗羲①明夷待訪錄裏的原君篇等，便是這種思想的代表。又一種是物質上感到的，覺得當時所行的治法，澈底不妥，無可修改；要想改善，非從根本上變革不可。有了這種思想，便自會有極端的復古論起來。那些主張封建的人，——如顧炎武、②呂留良、③陸生柟，④——便是代表。

一般思想界既起了這樣的懷疑，當然大家要想尋求一個解決。可是解決的方案，總得有些可以依據的參考的材料才好措手，自然不能不先找那些材料來做個幫助他們解決的工具。但那時閉關獨立，並沒有外國的情形可以拿來比較，要想取得一種根本上的參考，便只得求之於古，於是考據之學的萌芽彷彿得了一場春雨，一天天抽條舒葉，欣欣向榮地開放燦爛之花了。

考據之學，宋朝的王應麟⑤已開此風。明朝中葉以後，楊慎⑥又以博覽群書，刊布了不少考古的著作。然都偏重在掌故一面，有時還不免武斷。剛巧明亡清興，那些呶呶於性理的掉嘴文章，竟一毫當不得廝殺，只落得一個“虐我則寇，撫我則后”的滑稽態度，來與新朝相周旋。當時一輩抱有家國之痛的血性學者，眼見他們這樣的不濟，如何能夠滿意，於是要想運動匡復的人，不能不做些實事求是的學問，以備將來實地應用了。所以顧炎武、黄宗羲、王夫之、⑦顏元、⑧劉獻廷⑨等一派學者，都帶有實用的色彩，但大家要尋根究底地探索那些典章制度的起源，自然會并力於考古之一途，而精神所注，便集中於傳世最久的所謂經書上面了。因此，專講做實事的顏元一派，漸漸消滅了，獨讓那班著古文尚書疏證以攻東晉晚出的“僞古文尚書”的閻若璩⑩和著易圖明辨以攻宋後盛行的"河洛圖書"的胡渭⑪等後起的經師出頭。可是閻、胡一派的人，還只是博採古人的成説，求其可信的地方來依從他，並不一定高標漢儒，顯分輕重。後來清廷的文網越布越密，幾於搖筆觸禁，開口得罪；而一面又推重宋儒，隱然指定一個模範，叫大家都照着去做；於是那班有心的學者，便激起了兩種反動。一種是消極的不抵抗，只索不干時事，閉門讀書，一意在故紙堆中尋討一些生趣，便不期然而然地遁入考據一途了。一種是積極的自揚，要想竭力搜求充分的證據，考駁當時所認爲庸妄疏陋的人物和傳説，便自然會硬擡出"去古不遠"的漢儒來壓倒"傳統已久"的宋儒了。這兩種反動混在一塊，"漢學家"的稱號便由此成立，"宋學家"的招牌便由此搖動，而清代的學術界竟由此放一異彩呢。

原來清廷的用意是處處帶著疑忌的，他們一面獎勵宋儒，是要端人心，別上下，杜非分；一面不遏漢學，是要收束放心，使人家玩物喪志。那知思想之流是不受逼束的；這邊流不通，便流向那邊，那邊也流不通，便往回激蕩湧成壯闊的波瀾，甚而至於會噴薄成百丈飛泉呢！所以閻胡一派以後的學者，對於治經考古的見解，只索表章漢儒，於文字學、⑫訓詁學、⑬校勘學、⑭考訂學⑮諸方面都下極深研幾的工夫，來攻擊宋儒的空疏，於是把從前擇善而從的漢宋兼採態度一變而爲專崇漢學的態度了。

純粹的漢學大旗展了開來，一時大師蔚起，有皖吳兩派。皖派起於戴震，⑯其後最著的爲段玉裁⑰和王氏父子——念孫、引之。⑱吳派則自三惠——周惕、士奇、棟⑲——繼起以後，如余蕭客、⑳江聲、㉑江藩、㉒王鳴盛、㉓錢大昕、㉔汪中㉕等都極有名。所以清朝乾嘉的時候，實爲一代學術的中堅。所有從前亡佚的經説，那時大都被他們搜輯出來；漢人的傳注有不明白的，除了左傳和小戴記外，那時差不多都補做了新疏。原來他們講究的那套治學工夫，真是整理古書，了解古人的切要手段。因此，不但經學昌明，突過前人；而且旁及諸子，推勘列史，都有極大的成績供獻給當時，遺留給後世。近人談史的，往往把清朝的漢學比歐洲的文藝復興，㉖實在不錯！

　　加以當時國勢方隆，既沒什麼外患的刺激，而物力充盈，生活又不致十分困迫，於是一般的學者大概都能各就自己興趣所近的學問來安心研究了。更兼那時的官吏往往有以宏獎風流自任的先達，以此雇傭奮跡，也多有蔚成名儒的，——如汪中、凌廷堪㉗等。社會上既重視學者，而生活又不甚緊逼，當然漸漸地把自由研究的風氣養成了。所以清朝一代的學術，在這樣文網森嚴的底下，竟絲毫沒有受損，而於前此所有的花樣，倒無一不備，無一不精。今且把經學、史學等提開不説，單説文學，也就五光十色，極絢爛之妙。譬如秦、漢的古文，六朝的駢體，唐、宋的詩詞，元、明的劇曲小説，在已往的時代裏只是應時挺生的一種代表作品，不料到得清朝，那些不同的名色卻無一不有專家出現，竟成了集大成的壯觀了。

　　這樣的變化推演，都是時勢產生出來的自然趨勢。考據之學在這趨勢中，便是個中心的結核。

① 黃宗羲字太沖，號黎洲，餘姚人。明亡，隱居講學，著述極富，最著的有明儒學案、律呂新義、海外慟哭記、明史案、今水經、明文海、明夷待訪錄、南雷文定、南雷文約、明夷留書等。死時年八十六，學者稱南雷先生。

② 顧炎武本名絳，昆山人。明亡後，改今名，字寧人，學者稱亭林先生。遍游南北，卜居於華陰，六十九歲那年，便死在客中。所著有左傳杜解補正、音論、詩本音、易音、廣韻正、古音表韻補正、營平二州地名記、求古錄、金石文字記、石經考、日知錄、天下郡國利病書等。

③ 呂留良字莊生，石門（今浙江崇德）人。又名光綸，字用晦，號晚村。明亡後，誓不仕清，官府硬要把他薦應隱逸之選，他便削髮爲僧，取名耐可，字不昧，號何求老人。雍正時，以曾靜之獄被累，合門得禍。他那時已死，竟剉棺戮屍，備極慘酷。所有著述，悉數銷毀。詳見大義覺迷錄。

④ 陸生枏，廣西人。雍正時選知吳縣，改工部主事，以與謝濟世劾田文鏡事有連，

革職遣戍。嘗著通鑑論十七篇，多揚封建。世宗指爲悖逆，被殺。

⑤ 王應麟字伯厚，慶元人。宋淳祐進士，官至禮部尚書。生平學問該博，著述極
多，有深寧集、玉堂類稿、掖垣類稿、詩考、詩地理考、漢藝文志考證、通鑑
地理考及通釋、通鑑答問、困學紀聞、小學紺珠、玉海等。宋史卷四百三十八，
儒林八，有他的傳。

⑥ 楊慎字用修，號升庵，新都人。正德時廷試第一，授修撰。嘉靖初，充經筵講
官，以議追尊興獻王大禮事，忤世宗，遣戍雲南永昌衛。他既得罪投荒，只索
抽暇讀書。明世記誦之博，著述之富，没有人蓋得過他了。詩文之外，雜著至
一百餘種，有升庵集。明史卷一百九十二有楊慎傳。

⑦ 王夫之字而農，號薑齋，衡陽人。明亡後，居衡陽石船山，閉門著書，有船山
全集。學者稱船山先生。

⑧ 顏元字渾然，號習齋，博野人。其學以身體力行爲主，以讀書習文爲餘事。所
著有存性、存學、存治、存人等書，後人把他和他的大弟子李塨的書輯爲顏李
遺書。他們的學派亦稱爲顏李學派。

⑨ 劉獻廷字君賢，一字繼莊，大興人。其學主於實用，尤精輿地及音韻。與萬斯
同交好，引參明史館事。所著有廣陽雜記。

⑩ 閻若璩字百詩，淮安人。著古文尚書疏證，力斥梅賾之僞，爲清儒疑古的先聲。
又精輿地之學，所著除上述名著外，有四書釋地、孟子生卒年月考、潛邱劄記
等。學者稱他爲潛邱先生。

⑪ 胡渭字胐明，一字東樵，德清人。潛心經義，尤精輿地之學。易圖明辨之外，
所著尚有禹貢錐指、洪範正論、大學翼真等書，俱一時名作。

⑫ 文字學包括字音的變遷，文字的假借通轉等等。

⑬ 訓詁學是用科學的方法，物觀的證據，來解釋古書文字的意義。

⑭ 校勘學是用科學的方法來校正古書文字的錯誤。

⑮ 考訂學是考定古書的真僞，古書的著者，及一切關於著者的問題學問。

⑯ 戴震字慎修，一字東原，休寧人。讀書一字必求其義，因此長於考辨。立一義，
初若創獲；及參互考之，確不可易。著述甚富，有毛鄭詩考正、考工記圖、孟
子字義疏證、方言疏證、原善、原象、勾股割圜記、策算、聲韻考、聲類表、
儀禮正誤、爾雅文字考、屈原賦注、九章補圖、古曆考曆問、水地記、戴氏水
經注、直隸河渠書、文集等。

⑰ 段玉裁字若膺，一字懋堂，金壇人。講求古義，深於小學（即文字學訓詁學），
著書極多；説文解字注、六書音韻表、詩經小學録爲尤著。

⑱ 王念孫字懷祖，高郵人。親受業於戴震，精訓詁，著有廣雅疏證及讀書雜志。

子引之，字伯申，亦精訓詁，著有經義述聞、經傳釋詞。

⑲ 惠周惕字元龍，一字研溪，吳縣人。康熙辛未進士，官密雲知縣。著有易傳、春秋問、三禮問、詩説、研溪詩文集等。惠氏三世傳經，周惕便是開山之祖。子士奇，字天牧，亦康熙時進士，官廣東學政。著有易説、禮説、春秋説、交食舉隅、琴篆理數考、紅豆齋小草、詠史樂府等，學者稱紅豆先生。士奇有七子，棟最知名，人稱小紅豆。棟字定宇，號松崖，元和學生員。著有易漢學、周易述、易微言、九經古義、明堂大道録、禘説、古文尚書考、後漢書補注、九曜齋筆記、松崖文鈔、諸史會最、竹南漫録、王士禎精華録訓纂等。錢大昕極推重他，説他"擬諸前儒，當在何休、服虔之間，馬融、趙岐輩不及也。"

⑳ 余蕭客字仲林，別字古農，吳縣布衣。嘗受直隸總督方觀承聘，北至保定，修畿輔水利志。間游京師，與朱筠、紀昀等相友善。後因目疾辭保定，舉戴震自代，便南歸鄉里，以經義教授諸生。所著古經解鉤沈最有名。此外有文選雜題、文選音義、選音樓詩拾諸書。

㉑ 江聲字鱷濤，一字叔澐，晚號艮庭，吳縣人。精熟説文，生平不作楷書；即往來書札，也都寫古篆，人家每笑他怪迂，他卻不管，所以頗不諧俗。著有尚書集注音疏、六書説、恒星説、艮庭小慧等。

㉒ 江藩字子屏，號鄭堂，甘泉人。少受學於惠棟、余蕭客、江聲，博綜群經，尤熟於史事。著有漢學師承記、經師經義目録、宋學淵源記、周易述補、隸經文、炳燭室雜文等。

㉓ 王鳴盛字鳳喈，號禮堂，又號西莊，晚號西沚，嘉定人。乾隆時進士，官至禮部侍郎。告歸後，居蘇州三十年，閉户讀書。著有尚書後案、十七史商榷、蛾術編、耕養齋集、西沚居士集等。

㉔ 錢大昕字曉徵，一字辛楣，號竹汀，嘉定人。乾隆時進士，官至詹事府少詹事。精曆算訓詁，又熟史事。著有唐石經考異、經典文字考異、聲類、廿二史考異、唐書史臣表、唐五代學士年表、宋學士年表、元史氏族表、元史藝文志、三史拾遺、諸史拾遺、通鑑注辨正、三統術衍、四史朔閏考、吳興舊德録、先德録、疑年録、恒言録、十駕齋養新録、竹汀日記鈔、金石文跋尾、元詩紀事、潛研堂詩文集。

㉕ 汪中字容甫，江都人。初爲書賈，因得博覽群書。旋爲拔貢生，以母老，竟不朝考。所著有廣陵通典、周官微文、左氏春秋釋疑、述學内外篇等。其中以述學爲最有名。

㉖ 中世紀初，日耳曼蠻族侵入歐洲各地，西羅馬帝國便因此淪亡。古來希臘、羅馬的文化便日即衰微。至十一世紀，漸漸興復，延到十四世紀，聲采更盛，遂

開近世的文明。史家因把這時期看做中世與近世遞進轉變的關捩，便叫做"文藝復興時期"。

㉗ 凌廷堪字次仲，歙人。少孤貧，棄書學賈，冠後始得友人之助，學作時文，習舉子業。乾隆庚戌，成進士，官寧國府教授。其學深受鄉人江永、戴震的暗示，貫通群經，尤深於禮，精音律。著有禮經釋例、魏書音義、燕樂考原、元遺山年譜、校禮堂集等。

四　鴉片戰爭

清高宗席豐履厚，年壽又長，在位六十年間，很做了不少的事業，所謂文治武功，確都有個名色可指。而且那時府庫充實，物力易求，雖經他這樣巡游、用兵，任情揮霍，依然好好的保持下去，沒有顯過窘態。① 所以到得晚年，他便志得意滿，隨處流露出驕盈的表示來。一方面勒石紀功，盛誇他的十全勳績；一方面又鋪張那些授受大典② 和千叟盛宴；③ 好像這鐵桶江山真個建築在萬年有道之長的基礎上面，什麼事都不足攖心了。哪知自作聰明，偏被蒙蔽，倒把一切事權都落在寵相和珅的手裏，由他招權納賄，竟鬧得吏治大壞，民生日敝，便把後半截的衰弱病根一一種下了！因此，高宗死後，和珅雖誅而亂機四張，④ 元氣便一天天耗竭下去，到宣宗時，遂有鴉片戰爭的大失敗。

鴉片舊爲藥品，產於印度。唐時阿剌伯商人以鶯粟輸入中國，所謂阿芙蓉，便是此物。明神宗時列入關稅冊中，可見鴉片的貿易，由來已久了。明末，民間漸多吸食，鴉片的毒害便由此下苗生根。清雍正時，曾嚴布禁令，一時輸入頓息。乾隆初年，雖稍弛懈，而輸入尚少，多由葡萄牙人經手。至乾隆中葉以後，英吉利已得印度，貿易的特權便移入英人之手，極謀推廣，於是輸額一天多似一天，吸食之害也一天甚似一天了。嘉慶初，又嚴旨屬禁。但沿海的官吏多貪利納賄，自不免陽奉陰違，聽外商與姦民勾結，把鴉片自由輸入。因循到道光中葉，輸入鴉片的數目，比嘉慶末年幾增五倍。那時的明白官吏，知道這樣挨延下去是不得了的，便先後奏請禁絕鴉片，杜塞漏卮。湖廣總督林則徐的話，尤其剴切，竟說"鴉片不速行禁絕，則國日貧民日弱；數十年後，豈惟無可籌之餉，抑且無可練之兵"。宣宗大爲感動，便於一八三八（道光一八）年以林則徐爲欽差大臣，馳驛前往廣東，實行杜絕鴉片。明年，則徐到廣東，便勒令英商把存貯在澳門的鴉片二萬另二百八十三箱，悉數繳出燒毀。又絕英人日用的薪蔬食物，逼着退出澳門。英領事義律因見從前經營所得的商業地位將全功盡棄，便調兵艦攻澳門。則徐戒備甚嚴，義律不能得手，遂轉攻福建。閩浙總督鄧廷楨早與則徐約好，也防護周至，依然難逞。英人只得派人調停，請仍許英人回居澳門。則徐見英人軟化，當然拒絕不聽。英艦乃繞過福建，攻浙江，陷定海、乍浦等處。後來又北侵天津，入大沽口，又投書請和，要求六款。⑤那時承平日久，兵備空虛，沿海各省的文武大吏，都怕連累被兵，做不成好官，便各抱怨則徐，大家設法攻訐，只怪他孟浪操切，激成事變。清廷見英艦北犯，聲勢越鬧越大，也便改變態度，⑥於一八四〇（道光二〇）年遣兩江總督伊里布赴浙，與英人議休戰；以大學士直隸總督琦善爲欽差大臣，赴粵查辦，林則徐竟得革職處分。

　　琦善到廣東，悉反林則徐所爲。惟恐和議不成，先把海口的防兵撤掉，取媚於英人；徐議償還前此焚毀煙價，釋放英國俘虜，並許開廣州爲商埠和割讓香港等事，以求退兵。兩下草約已成，而英人剛又攻下虎門外大角、沙角等礮台。事聞，宣宗大怒，便命御前大臣奕山爲靖逆將軍，提督楊芳、尚書隆文爲參贊大臣，馳赴廣東；調兩江總督裕謙爲欽差大臣，即赴浙江；飭伊里布回任；革琦善大學士職。至此，清廷的態度又變和爲戰了。

英人見和議中變，當然增兵進攻，遂陷虎門礮台，提督關天培陣亡，各要隘盡失守具。英兵便乘勝深入，扼住珠江咽喉，等到楊芳趕到，已束手無策了。但英兵雖凶，而各國商船都以停市日久損失很鉅的緣故，深怪英人所爲太過激烈。於是美法兩國的商民，便出面調停，勸中英釋爭。楊芳據此入奏，清廷初尚拒絕，繼因奕山屢次失利，廣州城守危急，便於一八四一（道光二一）年四月，先定停戰條約四條，⑦付償金六百萬元，使英兵退出虎門。奕山也撤離廣州，退屯金山，虧他飾詞入告，竟說"英夷窮蹙乞撫，請准照舊通商"，卻把已往的敗狀輕輕掩過了。

英艦雖暫時引退，尚以上年所索的六款和琦善所許的香港割讓之約俱未得清廷正式答應，不肯罷兵。剛巧英國新從印度續調的兵艦又到廣東，義律便於那年六月移兵北進。途遇颶風，破坐船，兩廣總督祁墳遂鋪張奏聞，說"叨獲神佑，撞碎洋船，漂没洋兵無數，浮屍蔽海"，深自慶幸。清廷據奏甚信，方發藏香謝海神，並許廣東保舉守城文武數百員，而英遣大使璞鼎查、海軍少將巴爾克突然來，大舉北上。七月，進陷廈門，占鼓浪嶼。又攻浙江，定海再陷，總兵葛雲飛、王錫朋、鄭國鴻俱戰死。連陷鎮海、寧波，督師裕謙自殺，而慈谿、餘姚一帶的居民，也都逃散一空。宣宗聞變，只索主戰，便以大學士奕經爲揚威將軍，率兵往浙江，謀收復已失諸城。又以廣東巡撫怡良爲欽差大臣，移駐福建；調河南巡撫牛鑑總督兩江；叫他們分任南北沿海的防務。戰守機宜，一時略定，似可對付一下了。但勞師糜餉，竟没些微功效，一八四二（道光二二）年上，乍浦又陷，寶山、上海、鎮江也相繼失守。當時驍將如陳化成、海齡等，又都葬送在戰陣，英艦竟進逼江寧。

宣宗恐怕英兵深入，意又變，改用浙江巡撫劉韻珂的建議，竭力主和。便以尚書耆英爲欽差大臣，署杭州將軍；起伊里布赴浙效力，會同兩江總督牛鑑籌商議和事。旋因英人嫌耆英等未得全權委任，拒不接議，便又並任耆英、伊里布、牛鑑爲全權大臣。那時英使要索多端，簡直恃兵迫脅，耆英等以事急，一切答應，便於這年七月，在江寧締結"中英修好條約"。——這便是中國外交史上劈頭損失的南京條約。⑧明年五月，這條約既得兩國皇帝批准，便命廣州將軍耆英與英國全權公使在香港換約。後來耆英又在虎門與英人續訂補遺條約十七條，作爲南京條約的附錄。從此中國政府做不成天朝的迷夢，一切頑強自大的態度，只索變成巽懦畏葸的遷就政策了。所以美法兩國便援英國的成例，也於一八四四（道光二四）年上先後締結中美、中法兩約，以求與英國的勢力均等。於是賠款、割地、傳教、通商，都成了外交上的老例；利益均霑、領事裁判，竟借作侵略式的武器；獨於鴉片的禁令一字不提，無怪吸食販賣的弊風經過好幾十年，仿彿法律默許他這樣活動了。直到現在，名義上早經與英訂約禁絕，而實際上私種私吸以及販賣煙土的案子還是時常碰到，這遺毒何等的厲害！

① 清高宗憑藉康雍兩朝的經營積蓄，大事揮霍，真是用金如泥沙，看國庫如聚寶盆了。綜計他六次南巡，四次普免天下錢糧，二次減免七省錢糧，爲數已達二千餘萬兩了。東巡、西巡的費用，尚不在內。又兼迭次用兵，軍需浩繁，計用於大小金川的七千餘萬兩，用於新疆的二千餘萬兩，用於緬甸的九百餘萬兩，用於臺灣的八百餘萬兩，用於安南的百餘萬兩，用於廓爾喀、西藏的又不下一千萬兩：統算起來，前後共達一億二千萬兩以上。這樣的費用，前此實無例可比，而乾隆末年，國庫餘銀尚有七千餘萬兩，很可想見那時府庫的充溢了。

② 高宗即位之初，曾經焚香告天："若得在位六十年，即當傳位嗣子，不敢上同聖祖康熙六十一年之數。"所以乾隆六十年九月，他便宣立皇十五子嘉親王顒琰爲皇太子。明年元旦，御太和殿，親授寶璽，傳位於皇太子爲皇帝，自爲太上皇帝。凡遇軍國大事及用人行政諸大端，仍請上皇作主，叫做奉訓旨。

③ 高宗每事跟聖祖學樣，千叟宴也是其中的一端。原來康熙六十一年時曾召滿漢文武諸臣及致仕人員年在六十五歲以上的六百八十人，在乾清宮前賜宴，叫做千叟宴。高宗也就於乾隆五十年上詔開千叟宴，自王大臣至蒙古貝勒、貝子、

公、台吉、額駙，回部、番部、朝鮮使臣，暨士、商、兵、民等年在六十以上者，凡三千人，咸與此宴。

④ 嘉慶四年，太上皇帝死，和珅便被賜死查抄。但種下的惡因太多了，竟遺患無窮。如嘉慶朝的川楚白蓮教匪之亂，艇盜蔡牽之亂，天理教林清之亂；道光朝的回匪張格爾之亂，湘、粵、桂、猺民趙金龍等之亂；不是官逼民反，便是匪黨生心，總之，政府表露弱點而已。

⑤ 英兵入大沽口後，要索六款：

一、償還貨價。

二、開放廣州、廈門、福州、定海、上海爲商埠。

三、兩國交際用平等禮。

四、賠償軍需。

五、不得以夾帶鴉片累及居留英商。

六、盡裁華人經手洋商經費。

當時天津道陸建瀛議請先決廢止鴉片貿易之事。倘英人承諾，則許以免稅代第一款，以開放澳門代第二款，以海關監督與之平行代第三款，其餘令回廣東與林則徐定議。清廷方任伊里布等議休戰，遂一切不復。英艦也不久退出。

⑥ 林則徐初到廣東與英人鬧僵時，廷寄訓示，有"不患卿孟浪，但戒卿不可畏葸"等語。後來加罪則徐，反怪他操切決裂，明明是改變態度，遷怒於臣下。可見那時和戰無定，早就手忙腳亂了。

⑦ 調停之約四條：

一、將軍等允於煙價外先償英國軍費六百萬元，限五日內交付。

二、將軍及外省兵退屯城外六十里地。

三、以香港之割讓爲未定問題，俟日後協商。

四、英軍退出虎門。

和議既定，奕山等籌措這六百萬償金，又起波折。他們想把這筆款子派由官民分擔（由當地藩司、運司、海關三庫擔認四百萬，由廣州行商擔認二百萬），於是粵民大憤，有三元里民萬餘，樹"平英團"旗號與英人爲難。義律被圍不得出，知府余保純往解，才得挾他出險。後來償金交畢，英軍撤去，廣州方面，也促將軍等離城。

⑧ 南京條約的要項有八款：

一、中英兩國，將來當維持平和。

二、中國政府向英國政府納軍費一千二百萬圓，商欠三百萬圓，鴉片賠償六百萬圓，共二千一百萬圓，限一八四五（道光二五）年歲末清付。

三、開廣州、廈門、福州、寧波、上海五港，許英人通商居住，且一切不課
　　關稅。

四、以香港之主權讓與英國政府。

五、放還英人之爲俘虜者。

六、戰役中爲英軍服役之華人，一律免罪。

七、將來兩國往復之文書，用平行款式。

八、條約得皇帝批准，償金交付六百萬圓之後，英國當自當時所占領之長江
　　沿岸等地撤兵；惟舟山（即定海）及鼓浪嶼在條約實行之前，仍由英軍
　　佔領。

約既成，英艦便退出江寧，盡調碇泊長江的兵艦還屯定海。歷次要索之款，這
次都包納下了，於是英人乃得大勝利。

五　太平天國和捻回

　　鴉片戰爭失敗之後，八旗綠營的積弱，竟成不可遮掩的事
實，於是清朝的實力早就被大家看得透穿。那些抱有民族思想的
秘密會黨和抱有部落思想的土豪、回民，都因此生心，只要覷着
機會，便一擁而起，各圖一逞了。所以道光末年以後，南有太平
天國的湧現，北有捻子、練匪的橫行，而雲南、陝西、甘肅、新
疆等處又都大起回亂，竟攪得大局糜爛，使清朝慌得手足無措
呢。今分別略述一些大概，以見這亂鬨鬨的現象在當時是怎樣活
現的。

　　（一）太平天國　明季以來，民間的秘密結社，都是假借宗教
的迷信來號召群衆的，太平天國的起來，也走的這條路子。原來
廣東一帶，因最先接近歐人的緣故，於嘉、道年間已有基督教的
傳布，於是一般人們便也看做舊有的釋道兩宗一樣，竟利用着他
來求達別種目的了。當時有個叫做朱九濤的，創上帝會于廣州，
一時信從的人很多。花縣人洪秀全、馮雲山等都拜他爲師。後來

九濤死了，秀全便別樹一幟，創三合會，自己稱他信奉的教爲上帝教。他們的秘密機關設在廣西桂平、武宣二縣之間的鵬化山中，推秀全爲教主，稱洪先生。秀全託言自己是上帝的次子，耶穌的弟弟，所以有天父天兄的稱呼。他們宣傳的規例，凡在教的，男稱兄弟，女稱姊妹，一律平等，自然容易拉人入彀，到得道光末年，教徒已達二千多人了。那時東南各省，連遭災荒，盜賊蜂起，廣西尤其屬害，股匪遍地。巡撫鄭祖琛老而多病，怕事不敢辦，地方官也無可如何，只得聽他們鬧去。一八五〇（道光三〇）年洪秀全便與他的死黨馮雲山、蕭朝貴、楊秀清、韋昌輝、石達開等在平南、藤縣之間的金田村起兵，竟出頭與官軍相見了。清廷急圖撲滅，而官軍屢次失利，①洪秀全便於明年攻陷永安州（今廣西蒙山縣），建號太平天國，自稱天王。從此清兵只有防禦，沒有攻剿，太平軍倒一帆風順，不上三年，竟由湖南出長江了。一八五三（清文宗咸豐三）年，太平軍攻下江寧，便改稱天京，力謀建設。②一面又分兵略地，使林鳳祥等北出河南，攻山西以圖中原；胡以晃等西攻安徽、江西，以爭長江上游。清兵雖在江南、江北結了兩座大營來圍困天京，然彼此相持，太平軍常占優勢，③清兵竟沒奈何他。後來他們内部起鬨，自相殘殺，始起的同志弄得十分凋零，④只剩後起的陳玉成、李秀成二人勉爲支撐。因此湘軍⑤淮軍⑥的將領曾國藩、左宗棠、李鴻章等，得以先後建功，合力收拾他們了。一八六四（清穆宗同治三）年，曾國荃等攻拔江寧，洪秀全自殺，餘黨也以次削平，太平天國遂亡。於是曾左諸將一個個論功受賞，那牽動十六省，綿延十五年的太平天國，卻只落得"長毛"二字——官書稱"髮匪"⑦——來傳做恐怖的名詞，而清朝則更得重整他的氣燄，鼓吹他的中興之治。

　　（二）捻子和練匪　當太平軍據江南的當兒，淮北有捻子和練匪之亂。捻子初起於山東，⑧後漸蔓延於江蘇、河南、安徽、湖北四省的接界諸府縣。自嘉慶至道光，他們聚黨日多，尋仇燒殺的案子已屢見，清廷也曾飭下河南、湖北等省會拿嚴辦，迄無大效。太平軍起，清廷益下令嚴捕捻黨，山東、安徽一帶，便起騷動。及江蘇、安徽的省城俱陷於太平軍，他們更得乘機活動。捻魁張洛行又與太平軍聯絡，聲勢益盛。雖迭經欽差大臣袁甲三、都統勝保等先後痛剿，終因苗沛霖從中搗鬼，愈鬧愈凶。苗沛霖本是通匪的土豪，趁此多事之秋，他便假借團練之名，勒兵觀變。他一方通款於太平英王陳玉成，受封爲平北王；一方依附清將勝保，擢任川北道。清廷想利用他來治捻，他就挾以自重，動輒攻據城池，脅制官吏，反覆叵測，十分狡詐。後來陳玉成、張洛行都送在他手裏，⑨直到一八六三（同治二）年，他又明叛清朝，才在蒙城被殺。至此，練匪的勢力消滅了，而捻軍轉盛。原來張洛行死後，他的姪子張總愚帶著餘衆走山東，與捻黨任柱、牛洪和太平將賴文光合爲四大首領，突擾畿輔。清廷所倚重的科爾沁親王僧格林沁竟中伏陣亡，京師因此大震。時太平天國已平，乃急召曾國藩爲欽差大臣，督辦北方軍務。⑩捻不能逞，便分做兩股，往來奔突。張總愚由河南中牟入陝西，號西捻；賴文光、任柱出沒河南、湖北、江蘇、山東間，號東捻。那時曾國藩又因老病回兩江總督本任，李鴻章代爲督辦至一八六七（同治六）年，任柱、賴文光都被殺，東捻平。明年，張總愚又被逼不過，在山東茌平投水死，西捻也平。

　　（三）回亂　咸豐同治年間，太平軍和捻子在中國中部鬧得正急，而西南的雲南和西北的陝、甘、新疆都有回亂。西南回亂自一八五五（咸豐五）到一八七三（同治一二）年，凡十九年。經總督劉嶽昭、巡撫岑毓英、總兵楊玉科等先後把回民的亂首杜文秀、馬聯陞等剿除了，才告肅清。西北的回亂，牽涉更大，自一八六二（同治元）年白彥虎起新疆，馬化龍起陝甘後，嘉峪關內外，同時不靖。雖經將軍多隆阿、都統穆圖善等堵剿，而新疆回民金相印又引浩罕的回酋阿古柏⑪入寇喀什噶爾，奪去天山南路八城。

天山北路九城也先後失陷，並陷肅州。一八六八（同治七）年，捻事既平，清廷便令左宗棠督湘軍至西安，分兩路進攻。轉戰深入，攻克寧夏金積堡，馬化龍父子被殺。一八七二（同治一一）年，又克西寧，白彥虎由肅州逃出關外，陝甘暫得肅清。一八七五（光緒元）年，左宗棠督辦新疆軍務，更向西展。明年，進駐肅州，遣劉錦棠出關，由巴里坤（今鎮西縣）進圍古城，收復烏魯木齊（今迪化縣）。又明年，錦棠連下哈密，吐魯番諸城，阿古柏自殺，天山北路略定。那年九月，又收復天山南路東四城。至一八七八（光緒四）年，南路西四城並復，俘殺阿古柏妻子和金相印父子，新疆全平。計自初起至此，已經十七年了。後來新疆於一八八二（光緒八）年劃在甘肅之外獨建一省，便以劉錦棠爲巡撫，於是西北關外的行政乃得與内地一律。

　　這樣看來，當時的亂勢何等厲害！假使没有湘淮諸軍那樣肯賣力氣，清朝的覆亡，怕不一定能挨延到一九一一年呢。所以事平之後，形格勢禁，不得不用湘淮將帥爲封疆大吏專方面重任。以此，督撫之權驟張，竟漸漸地造成地方分權之局。

① 太平軍初起，清廷詔革鄭祖琛職，起用林則徐爲欽差大臣，兼署廣西巡撫。則徐行至潮州便死，未及到任。改命前兩江總督李星沅代往，又以與巡撫周天爵爭執，另派大學士賽尚阿督師。數月之間，文武不和，將帥更迭，而太平軍反得從容布置，一擊勝人了。

② 太平軍既建天京，制天條十事，略仿摩西十誡。定新曆，推用太陽曆法。嚴禁販奴，蓄妾，賣娼。軍事組織，尤爲完密，天王自爲元帥，有軍政議事局和軍機會商局等機關協贊之。軍隊編制，以五百人爲旅，二千五百人爲師，一萬二千五百人爲軍；旅、師、軍各有長，而統以監軍。惟封賞太濫，王號太多，遂伏下後來跋扈搗亂的禍根。

③ 洪秀全東下長江，提督向榮在後尾追，直到江寧，城已陷，便結營城東孝陵衞，叫做江南大營。都統琦善也從河南趕到揚州城外，便叫做江北大營。但江北大營聲望不及江南，僅能牽制敵兵，不能進展。江南大營則下游的餉源全賴他保障，且時分偏師援急，十分喫重，然而太平軍也很有謀略，時時想法來破壞大

營。一八五六（咸豐六）年，東王楊秀清突攻大營，大營遂潰，向榮死。未幾，和春、張國樑代向榮督師，重立江南大營，兼轄江北大營，聲勢陡壯。至一八六一（咸豐一一）年，又爲忠王李秀成所算，大營再潰，和春、張國樑俱死，蘇、常、嘉、湖諸奧區，一時盡入太平軍掌中。

④ 洪秀全既得志，一切委權給東王楊秀清，秀清漸驕蹇。及江南大營潰，秀清自以爲功大莫及，便想暗圖自立。秀全見事急，密召北王韋昌輝自江西歸，盡殺楊氏。翼王石達開時在湖北，得信趕歸，頗責昌輝太過殺戮，昌輝便欲並殺達開。達開先已覺察，夜從城上縋下，奔寧國，昌輝遂殺他的母妻子女。秀全以昌輝凶暴，不下秀清，又召秀清遺黨圍殺昌輝家。從此委政兄弟，疏忌異姓，而達開竟走安慶不復歸了。後來他自成一軍，轉戰湘、粵、桂、黔、川諸省間，直至一八六三（同治二）年，才死於四川。

⑤ 曾國藩初辦團練，繼正式募勇出境，救援別地，遂有湘軍之稱。

⑥ 蘇、常失陷後，僑滬紳士派人赴國藩軍營乞援。國藩疏薦李鴻章任蘇撫，使他募勇以行。鴻章仿湘軍成法，募淮勇，帶到上海，便由此克復蘇、常，於是淮軍之名大著。後來湘軍多被裁撤，獨淮軍以剿捻故，勢更盛，今日北方的軍隊，便由淮軍的分子蟬蛻遞變而來。

⑦ 太平軍要表示反清，便令徒黨蓄髮不薙。及與清兵相見，前髮鬖鬈，很是觸目，官書上便稱他們爲長髮賊（又稱髮匪），俗以太平軍凶暴可怕，便叫他們做長毛了。

⑧ 康熙時，山東的兗州、沂州、曹州、濟寧一帶，每逢農隙，鄉人例有聚會，大家捻紙燃脂爲龍戲，以爲可以逐疫，與會的，叫做拜捻。後來蔓延漸廣，聚捻成隊，往往尋仇燒殺，便成地方的大患。

⑨ 苗沛霖騎牆看風，真是無恥的小人，只要誰勢盛，就依附誰。太平、捻黨都與他有連，但窮蹙投奔他的，便着他的計算，擒獻圖功。一八六二（同治元）年，陳玉成投奔他，他便擒送給勝保；明年，張洛行自雉河集敗走宿州，又爲他擒送給僧格林沁（官書說洛行竄宿州，爲知州英翰所獲，其實不確），陳張都因此被殺。

⑩ 曾國藩移辦捻事，即主用圈制之法，於安徽臨淮關、山東濟寧、河南周家口、江蘇徐州四處，各設重鎮，一變前此尾追之計，專以逸待勢。於是捻子處處觸網，不得大逞了。

⑪ 阿古柏本張格爾子和卓布蘇格的部將，和卓布蘇格趁回疆騷動，便借了浩罕的兵，入據喀什噶爾。後來阿古柏把他廢掉，自己露臉，便盡取南路八城，聲勢日大。當時朝議，有以用兵繁費，主張放棄天山南路的，左宗棠堅持不可，遂

決定進兵。及兵事得手，阿古柏服毒死，他的兒子伯克胡里與白彥虎同踰葱嶺，逃入俄境。於是新疆大定，而俄國先已乘亂據伊犁，遂伏西北邊界交涉的禍根。

六　光緒年間外交的失敗

自從江寧訂約，逼成城下之盟以後，中國的内情，很被外人窺露了不少的弱點，於是上國的虛榮當然保守不住，而每有交涉，總是着着失敗了。何況中國接連着起了二十年長期的内亂，向抱侵略野心的英、法、俄國怎麽不趁此伸手撈摸呢！所以太平天國和捻子勢盛的當兒，英法的聯軍便南據廣州，把總督葉名琛捉去；北破京津，燒燬圓明園，逼得文宗竟走死在熱河。俄國本已暗中南侵，到那時候，更得借題調停，完成他的志願，便把黑龍江以北烏蘇里江以東的一帶地方割去。回亂平定，又與俄國發生糾葛，等到伊犁約成，又把霍爾果斯河以西至巴爾喀什湖一帶地送掉。

這還是咸同兩朝的舊案，還可說是外人乘人之危的誘脅。然而到得光緒年間，積弱已深，真是情見勢絀，没法應付，縱無内亂，也抵敵不住這鋭鋒四逼的外力了。因此，先後二三十年之間，不但原有的藩屬多數脱離關係，而且沿海的要港和内地的礦山鐵路也往往拱手讓人呢。今且把當時主要的四大事件略述一些經過的情形，以見外交失敗的關聯是相因而至的。

（一）琉球事件　琉球自明太祖時受册封爲中山王，世奉中國正朔。清朝仍照舊例，每逢國王死，便遣翰林院官一員，副將一員，充正副使，由寧波泛海前往，册封他的世子嗣位。所以他們世列藩封，向來是十分恭順的。一八七九（光緒五）年，日本廢藩建縣，便把琉球王廢掉，收其地爲沖繩縣。清政府再三爭持，終以從前自鑄的大錯,①絲毫没效，只得借美總統格蘭德調停爲詞，竟把琉球讓給日本。這便是中國放棄藩屬的第一遭。

（二）越南事件　嘉慶時，安南新舊阮氏爭國，舊阮嘉隆王阮福映借法兵爲助，得恢復境土，通表中國，仁宗便改封他爲越南王。但他既借助別國，當然不能免除客主報酬的關係，自會輾轉發生糾葛的。所以法國在越南得寸進尺地誅求，先與他立約，承認獨立；後又硬逼割地，使越南置於法國保護之下。一八八三（光緒九）年，越南向中國告援，清政府方知前此之約。那時方失琉球，很想維持上國的體面，來抓住搖搖欲動的藩屬，於是非但不認越南爲法國的保護國，而且不認越南爲獨立國。所以一面出兵鎮南關援越南，一面由駐法公使曾紀澤向法政府提出抗議，要求在東京一帶撤兵。法政府卻強硬答復，不肯退讓。明年，中法兵在東京發生衝突，廣西巡撫徐延旭、雲南巡撫唐炯都敗回，退守紅河上游。這時曾紀澤在法密電政府，主張強硬對付法國，而李鴻章方入總理各國事務衙門（簡稱總署，拳匪亂後，改爲外務部，即今外交部的前身），不願多事，便在天津與法國訂結條約，承認越南歸法保護，並允撤退中國派去的兵隊。但前敵尚没得到撤退的命令，法國倒先來收地，兩軍又起衝突，戰端於是再開，沿海大震。②結果仍於一八八五（光緒一一）年講和，法允不索賠款，而中國承認法越所訂的一切條約。這麼一辦，越南的宗主權便從此斷送，而西南諸藩如緬甸、暹羅等也都因此脫輻了。③至此，清廷始知海疆嚴緊，便於明年升臺灣爲省，以劉銘傳爲巡撫。

（三）朝鮮事件　朝鮮三面環海，易受外兵，咸同間，法、英兩國已屢次與它構難，中國雖居上國，卻概不聞問。一八七三（同治一二）年，日本又向他尋事，借端興兵，只以半主國的外交依法應由上國主持，便遣使來問，尚不敢公然見逼。不料清廷怕事，竟以向不干預內事爲詞，叫他們自與理論。於是日本便於一八七五(光緒元)年與朝鮮訂和約，認朝鮮爲自主國。後來英、美、法、德諸國也都前往要求互市，而不明國際公法的李鴻章反貿然致書給朝鮮國相李裕元，勸他與各國立約通商。以爲這樣做去，便可備禦俄國，牽制日本。後來朝鮮果與各國先後訂約，而中國遂把上國的地位輕輕地自己抹去了。所以朝鮮每起一次內亂，日本便挨進一步，與中國相抗。至越南約成那年，日本派伊藤博文來天津，與李鴻章訂約，約明中日兩國在朝鮮同時撤兵，以後如要派兵駐紮，必須互相照會。這約便把朝鮮置於中日共同保護之下，仿佛不是中國的藩屬了。一八九四(光緒二〇)年，朝鮮又起內亂，中國以津約關係，一面出兵援剿，一面照會日本。日本得信，派兵先到；中國的援兵尚在中途，而亂事已平。及中國兵到，日本已據朝鮮王宮，託詞與中國共同改革朝鮮的內政，不肯撤兵。未幾，日本突擊中國的運兵船，用海軍封鎖漢江，戰端遂開。中國海陸軍均敗，黃海艦隊既沈俘殆盡，而遼東、山東諸要地又多入敵手。④不得已，託美公使調停，派侍郎張蔭桓、巡撫邵友濂往日議和。日本以他們非全權，遣送回國，拒絕不議。乃改派李鴻章爲全權大臣，前往日本馬關，定約於春帆樓。重要的條款是：

1. 中國認朝鮮爲獨立國。
2. 割遼東半島、臺灣、澎湖給日本。
3. 賠償日本軍費二萬萬兩。
4. 開沙市、重慶、蘇州、杭州爲商埠，並許日本於內河通航。

約既成，俄國很忌日本北進，侵害他滿洲的利益，便約德、法兩國共同干涉。日本無暇樹敵，便許中國另加銀三千萬兩，贖回遼東。臺灣建省未久，臺民頗想自立拒日，到底因力不能支，只得鬆鬆地送給日本。

(四)租借港灣事件　自臺灣割讓之後，俄國首先以幫助索回遼東事向中國討謝，一八九六（光緒二二）年，李鴻章便許以東三省的鐵路敷設權，並借膠州灣爲軍港。⑤德國偵知此事，也就藉口山東殺害教士，突以兵艦占膠州灣，迫中國立約租借，期九十九年，並索膠州至濟南的鐵路建築權。一八九七（光緒二三）年，約成。俄國以膠州灣既爲德據，要求中國改訂新約，把旅順口、大連灣租借給他，作爲西伯利亞鐵路的終點，期二十五年，並許他沿路綫駐兵保護。英國見了，也援利益均霑之例，索租威海衛二十五年，以抵制俄、德。法國要在南方伸展，便襲據廣州灣，也索租九十九年。英國是向在中國占外交優勢的，知法國又在南方得地，如何肯休，便再索香港對岸之地，推廣九龍舊界（九龍於英法聯軍之役後，已租借給英了），凡大鵬灣，深圳灣等海面，悉數圈入，租期照廣州灣。這樣的相逼而來，真是剝牀及膚，愈切愈緊，無怪國人要動色相告，好像瓜分之禍竟要立刻實現了。

① 一八七二（同治一一）年，琉球船遭風漂至臺灣，被牡丹社生番劫殺五十四人。明年，日本小田縣民四人也漂到那邊被殺。日本便來質問，中國以生番向在化外，推諉不問。日本遂發兵攻臺，聲言爲琉球人復仇。至此，中國不能不問，乃約日本退兵。日將西鄉從道不聽，中國便以船政大臣沈葆楨爲欽差大臣，辦理臺防，將決裂。英使威妥瑪調停其間，才與日本專使大久保利通立約，償銀撫卹琉球被害難民，臺灣生番由中國自行設法，妥爲約束，日本遂撤兵去。琉球本是中國舊屬，難民被害，與日本政府無涉，而中國竟付卹金給日本轉發，無怪他們要昌言琉球是日本的屬土了。

② 中法戰端再開，法提督孤拔率艦攻陷臺北、基隆、扈尾等炮台，督辦臺灣軍務劉銘傳奮勇抵敵，竟把孤拔打退。未幾，法兵闖入馬江，打沈揚武等軍艦七艘，燬船政局及福州、馬尾各炮臺。船政大臣何如璋、會辦海疆欽差張佩綸均聞風先逃，沿海各省，爲之大震。

③ 自越南讓法，英國乘機取緬甸爲印度屬地。中國初未知曉，及英國請議滇緬界務，才與英爭議。結果，英國允保留緬甸貢例，而實際主權遂歸英國掌握了。暹羅與越南、緬甸毗連，至此見逼於英法，把湄公河上游接連中國的五十英里地割棄，於是英法距河爲界，而暹羅便與中國斷絕，在英法均勢之下，居然維持獨立了。

④ 中日開戰，陸師先敗於牙山，再敗於平壤，左寶貴中炮死，葉志超、衛汝貴等俱逃回。海軍又在大東溝外大敗，提督丁汝昌率殘艦退守劉公島。日軍遂渡鴨綠江入奉天境，連陷九連、鳳凰、大連灣、旅順口、海城、復州、蓋平、營口各地，關内大震。日軍更由旅順渡海入山東境，陷榮成、文登、劉公島、威海衛，丁汝昌無法，一面以兵艦十艘降日，一面服毒自盡。日本大獲全勝，並得分艦南下澎湖，逼臺灣。於是諸般要挾，中國竟無法拒絶了。

⑤ 李鴻章自馬關訂約還，很以屈辱於向來藐視的小國爲深恥，總想設法制他，恢復自己半生治軍的名譽。恰巧俄皇尼古拉二世於一八九六（光緒二二）年加冕，鴻章爲頭等欽使，前往祝賀，便想利用俄國來牽制日本，遂由俄使喀西尼的撮合，訂密約十二條。誰知道這以夷制夷的老法子全不中用，反添了一重新許的心願，竟上了一個自討苦喫的大當。

七　維新運動

清朝自從咸同以來外交一回一回的失敗，竟弄到上面所説的地步，這是何等的刺激！一般有心的人受到這樣的刺激，自然會得興奮起來，把當前的切身問題設法求得一個解決的。況且那時知識階級的優秀分子，一面秉着先輩治學的懷疑精神，即隨時發露求是的傾向，一面因與外人接觸的機會日多，對外的認識又漸漸清楚，於是革新的動機便勃發而不可遏抑了。但這動機的來源甚遠，蓄勢甚久，並不是一蹴便至的。我們既知這個動機是因對外而起，便不能不在歷史的背景上探求一個對外態度的演化來。

原來教士的譯著書籍，本是介紹西洋文化的。中國人與西洋的文化接觸，不是明朝末年就起了麼！但是當時注意的人很少，除了天文算學之外，竟絲毫不能歆動人家去睬他。即使言之有故，也不肯信服。譬如紀昀修四庫全書，對於艾儒略的職方外紀①便疑心他説的世界實在没有這麼大。——這是對外的顢頇態度。等到五口通商之後，中國人才知道一點外情，居然有海國圖志②一類的書出來，坐實這世界之大並非虛話了。然那時所抱着的，還是閉關自尊的思想；所講求的，還是把守口岸的法子。——這是對外的防禦態度。後來太平軍的平定，很借重着一部分的外國兵力，③這班中興名將是親眼見過他們的厲害的，於是事定之後，一意造船練兵。所以設船政局、製造局，開同文館、廣方言館，並選派幼童到美國留學。就是興辦鐵路、輪船、電報等事，也都由此起點。——這可算是對外的模仿態度了。但經過了中法、中日兩次的戰役，船堅炮利並不足恃，而那種慕影逐末的弱點卻盡情暴露了。中國人既受了這樣一番教訓，自然會轉變態度，着眼在政治方面，另謀一個改造的方案，於是有打着"變法自強"的旗子來運動改革政治的"維新黨"出現。

維新黨的領袖是康有爲，他本是個今文學④家，據他自己説，他是相信春秋三世——據亂、昇平、太平——之義的，以爲漢以來的治法只是個小康之法，孔門另有大同之義，所以他能決然主張變法。⑤一八八九(光緒一五)年，康有爲便伏闕上書，請及時改革，以圖自強。中日之戰將要講和的時候，有爲恰在京會試，便聯合各省公車赴試的舉子一千三百餘人上書請遷都續戰，並陳通盤籌畫變法之計。⑥嗣後又上書兩次。德占膠州灣時又上書一次。那時有爲已中進士，授職工部主事了。但他迭次上書，都被阻格，只有一次達到德宗的面前，而在京所創的强學會卻又被御史楊崇伊所參，竟被封閉，以此很不得志。幸虧他的弟子梁啟超在上海開辦時務報，竭力宣傳，方才把這變法的空氣彌散開來，稍稍浸潤於士大夫之間。

這時德宗雖已親政而内受慈禧太后的箝制，外受恭親王奕訢和軍機大臣孫毓汶的阻撓，事事牽掣。只有協辦大學士翁同龢是他的師傅，很贊助變法，力薦康有爲可以大用。一八九八(光緒二四)年，奕訢死了，恰巧御史楊深秀、侍讀徐致靖又相繼上書，請定國是。德宗便決計變法，下詔申言變法自強之意。旋因翁同

龢、徐致靖的推薦，召見康有爲，立即使他在總理各國事務衙門
行走。不多時，又連翩擢用梁啟超和楊銳、林旭、譚嗣同、劉光
第等參預新政。自初夏至初秋，督責中外大臣實行新政的上諭凡
數十起，如廢八股，改科舉，興學堂，汰冗員，廣言路，保薦經
濟特科人才，删改各衙門則例，廢祀典不載的寺廟，裁老弱無用
的額兵等，都是犖犖大端，使當時的耳目一新。然而那班頑固的
官僚見德宗進用新黨，以爲一定於他們不利，便拼命與太后的左
右勾結，設法把持。所以革新的上諭雖像雪片般飛下，而實際上
一事也辦不動。那時太后受讒已久，頗恨德宗輕躁，便密令直隸
總督榮禄諷御史李盛鐸奏請擇期奉太后至天津閱兵，預備把德宗
調開京城，就便脅廢。德宗明知事急，而苦於手無寸柄，乃特擢
袁世凱爲侍郎，專任練兵，其實暗地裏是借他自衛的。然而宮中
之變已發作，康有爲先已出京；革職禮部尚書懷塔布和御史楊崇
伊等也已密往天津見榮禄，商量收拾德宗和新黨了。榮禄本是太
后的戚黨，聽了一面之詞，便檄調聶士成兵駐天津，董福祥兵駐
彰儀門外，布置一切。又調袁世凱赴天津，自己便乘專車進京，
與懷塔布、楊崇伊等迳奔頤和園上奏，仍請太后訓政。明日（那
年陰曆的八月初六日）早上，便散布謠言，說新黨要圍困頤和園
謀害太后，下令嚴捕。一面奉太后自園回宮，下詔稱德宗有病，
重行訓政。收殺御史楊深秀，京卿楊銳、林旭、譚嗣同、劉光第
和康有爲的弟弟康廣仁。一時與新黨有連的，叫做康黨，連累的
也不少，如侍郎張蔭桓、徐致靖，編修徐仁鑄、徐仁鏡，禮部尚
書李端棻，四品京堂王照、江標，三品卿銜黄遵憲，湖北巡撫曾
鉌，湖南巡撫陳寶箴，吏部主事陳三立，庶吉士熊希齡等，都得
處分，或發遣軍臺，或革職，或查抄，竟鬧得馬仰人翻，四處充
塞着恐怖的空氣了。又追怒翁同龢，把他革職逐回原籍，交地方
官嚴加管束。凡前此所頒新詔，一律停罷復舊，半年經營，盡歸
烏有。——這便是戊戌的政變。

舊黨既得完全勝利，便傳賞聶士成軍銀六千兩，袁世凱軍四千兩，董福祥軍三千兩。惟主要分子康有爲和梁啓超二人卻已逃亡海外，非但不能把他們捉來洩忿，而且他們反在外面攻擊太后，牽制朝局。於是不上兩年，太后竟遷怒外人，釀成空前未有的大交涉，幾乎把中國的元氣毀滅一個乾淨。

① 職方外紀五卷是西教士介紹世界情形的第一部書，可是紀昀作提要，卻說他"所述多奇異不可究詰，似不免多所夸飾"，不明明疑他捏造假話麼？可見這時的士大夫觀察外情，實在茫漠得很，無怪有那樣顢頇的態度了。

② 海國圖志是邵陽魏源所撰。原只六十卷，於道光二十七年刻成，後於咸豐二年足成一百卷，在高郵州重刻。

③ 李鴻章由上海進復蘇常等處，很借重英將戈登和美將華爾那班人的力量。他們的洋槍隊真是厲害，所以他們編練的軍隊竟叫做常勝軍。

④ 今文學是對待古文學而言，其實兩派都是漢學，不過懷疑求是的精神更大，便自然有後來居上的態度，與古文學家起抗爭了。譬如宋學在清初是支配全國人心的，然因知識階級有求是的傾向，便對宋朝人的說話懷疑，力揚漢儒。後來漢學中又分出今文和古文，對於東漢諸儒的說話也懷疑了，只索徹底尋根，追求到西漢的儒說。那種追求西漢儒說的學者，便是所謂今文學家。這一派的領袖是武進的莊存與和劉逢祿。傳衍開去，由仁和的龔自珍、邵陽的魏源以播及於近代的王闓運、皮錫瑞、廖平諸人。康有爲頗受廖平的影響，力贊今文。他創孔子託古改制之說，一直追求到儒家學說的根源，以見社會是進化的，古代並不比後世好，於是對於幾千年來迷信古人的思想起一大革命了。

⑤ 康有爲的能夠決然主張變法，在他所著的春秋董氏學裏很可看出他的意思。他既著新學僞經考攻駁古文，又作孔子改制考，說孔子並不"憲章文武，祖述堯舜"，只是託古改制，於是他的變法主張找到了強有力的根據了。

⑥ 這書草就後，在北京宣武門外楊繼盛祠的諫草堂會議傳觀，預備遞呈都察院代奏（那時士民上書，例須由都察院代爲陳奏，不能直接投遞）。後因中日之約已蓋寶交換，並未上呈，但把原草印行，附以此事本末的說明，便是現在流傳的公車上書記。這書裏面，於新黨的主張怎樣，很可考見一些大綱。

八　民教衝突和枝節的改革

中國對於外來的宗教，向持並行不悖的態度，大概總能充量吸受的。從前佛教、回教、火祆教等等的活動，便是歷史上的明證。但是到了清朝中葉，這種情形卻大變了。原來那時內地有教匪的橫行，海疆有艇盜的騷亂，一般人因此起了一種茫漠的感念，以爲外來的宗教（當時的天主教）和海上的貿易都是致亂召寇之媒，於是政府對於歐人通商布教等事便十分注意，特別限制。所以一面嚴拒外國締結商約的請求，拼命地閉關自守；一面仇視已在內地流行的天主教，加以異端邪説的嫌疑。①然而五口通商之後，非但不能拒絕開港訂約的逼拶，而且保護傳教竟列爲約章的專條呢。

但民間先入爲主，自不免彼此誤會，而官吏處理民教訴訟之案又往往失平，——未訂約前多袒民抑教，既訂約後多袒教抑民，——於是民教衝突之案漸漸擴大，竟成地方上絕大的一個問題了。一八六二（同治元）年，湖南、江西有拆毀教堂案；貴州有殺害教士案。一八六七，一八六九（同治六，八）年，四川有民教互殺案。這便是那種不安狀態的暴露。自從天津教案②鬧糟之後，辦理更形棘手，而民教的相仇也愈加深切。挨到一九〇〇（光緒二六）年，外國的勢力既愈逼愈緊，而清朝又因他們自己的家事遷怒到外人，③於是機緣湊泊，便發生義和團的事變，竟致掀動滔天大浪，釀成空前無比的大教案。

義和團原叫義和拳，以設壇練拳爲號召，因稱拳匪，其實便是白蓮教的餘孽。光緒中，他們已滿布在山東的曹州、沂州等處，時時有仇殺洋教的舉動。一八九九（光緒二五）年，毓賢剛在山東做巡撫，對於這種仇教舉動非但不加禁止，反而獎勵他們義勇。以此，義和拳傳播更盛，教案時起，竟把英教士卜克斯殺死了。英公使據約向清廷交涉，清廷無法駁回，只得把毓賢撤任，以袁世凱來代他。袁世凱到任後，一意痛剿，義和拳黨在山東境內便站腳不住，紛紛逃入直隸。直隸總督裕祿已先受毓賢的暗示，卻十分信任，聽他們去胡鬧。④後來竟把他們的頭目曹福田、張德成、韓以禮等彙名入奏，請照所注的考語加以優獎呢。清廷得奏，便派協辦大學士剛毅、順天府府尹趙舒翹前往查看。二人回京覆命，竟説"天降義和拳以滅洋人"，一致請太后召爲團練，由端郡王載漪統率。一時莊親王載勛、貝勒載濂、輔國公載瀾、左都御史英年、大學士徐桐、侍郎徐承煜、總管太監李蓮英等，均力贊此説。太后惑於拳民"扶清滅洋"之説，便密令招入京城，召見大師兄（即頭目的稱號）曹福田，賞銀二千兩，呼他爲義民。從此義和團的名目便正式成立，到處設壇建醮，公然傳習，連王公親貴的府第都要仰仗他們保護了。

　　義和團要表示他們扶清滅洋的神通，便分頭動手，殺教士，燒教堂，拆鐵路，毀電綫；甚而至於穿著洋布的人也逃不了燒殺。不多時，京津之間道路便斷絕不通。外國公使見此情形，便紛向清廷詰問，希望剿匪。哪知清廷始而含糊答應，繼而召甘肅提督董福祥的甘勇入京，竟公然下詔，與各國同時宣戰，即日圍攻各國使館。使館防護很固，而從中又有暗令緩攻的波折，竟不能破。但德公使克林德和日本使館書記杉山彬卻都在街上被人戕殺了。

　　當清廷下詔宣戰時，又嚴令各省督撫盡殺境內洋人。⑤各國公使也各向本國政府告急，乞速援救。於是英、俄、德、法、意、奧、美、日八國立即合組聯軍，共推德將瓦德西爲統帥，便擁着重兵前來壓境了。幸虧那時的兩江總督劉坤一與兩廣總督李鴻章、湖廣總督張之洞、山東巡撫袁世凱聯合起來不奉亂命，並且與各國領事訂東南互保之約，所以中國的南部還得相安無事。八國的聯軍既不與東南尋釁，便也逕撲大沽口，不來牽動南方的海口了。

　　大沽口破了，聯軍長驅直入。直隸提督聶士成在天津陣亡，裕祿又因兵潰自殺，巡閱長江大臣李秉衡提兵入援，也在通州兵潰而死，聯軍便緊逼京城。太后和德宗只落得棄城出走，從居庸關、宣化、大同一直逃到太原。後來又逃到西安，建立行在。聯軍進得北京，便分段把守，大肆殺戮。又以搜捕拳匪爲名，派兵南占保定，東占山海關，所以直隸一省被兵最酷。這時太后、德宗已在路上下詔罪己，調李鴻章爲直隸總督，與慶親王奕劻同爲全權大臣，向各國議和。外人要求懲辦罪魁，方肯開議。於是幾經磋商，清朝終於屈伏，把載漪、載瀾黜爵，發往新疆永遠監禁；賜載勛、英年、趙舒翹自盡；斬毓賢、啟秀、徐承煜；革董福祥職；追革剛毅、徐桐、李秉衡官職，並撤銷卹典；才得於一九〇一（光緒二七）年成和。那和約中主要的款項是：

　　一、賠款四萬五千萬兩。

　　二、派親王大臣分赴德國、日本謝罪。

　　三、許各國在北京駐兵，保護使館；使館界內不准中國人
　　　　居住。

　　四、平毀天津、大沽口守禦，永保由北京通海口之路弗塞。

　　五、永禁軍民人等仇視各國。

議約大定，李鴻章死，遂以會辦外務部大臣王文韶接替，料理善後事宜。那年秋後，太后才和德宗同回北京。

　　太后經了這次懲創，自己覺得難以爲情，便下詔變法，敷衍國人。可是沒有誠意的改革總是枝枝節節的，不會爽快。所以前後四五年間，舉數得出的新政，只有新添了幾處差缺，裁併了幾所機關；其餘便是什麼廢八股，改策論，准滿漢通婚，改書院爲學堂，頒定學堂章程等零零碎碎的事項了。直到一九〇五（光緒

三一)年，才正式把科舉廢掉；明年，才下詔預備立憲。

① 天主教在中國，康熙時極盛。至嘉慶時，因白蓮教案，便連類忌及天主教。一八○五(嘉慶一○)年，御史蔡維鈺奏請嚴禁西洋刻書傳教，剛巧有廣東人陳若望私代西洋人德天賜遞送書信、地圖到山西的案子發見，便把此案下刑部嚴鞫。德天賜禁錮熱河，陳若望和其他滿漢人民任教會會長的，悉數發遣伊犁。凡教會所刊漢譯經卷三十一種，並檢查銷毀。至一八一五(嘉慶二○)年，湖南官吏又在耒陽縣地方訪獲西洋人蘭月旺，竟以"夷人潛入內地，遠歷數省，收徒傳教，煽惑多人"等詞處以絞決。於是地方官吏在那時看天主教徒，幾與叛逆同科了。

② 天津教案，事在一八七○(同治九)年。這案因人民訛傳天主教民迷拐人口，挖眼剖心而起。法領事豐大業恃強行凶，對官放槍，打死知縣的僕從一人。人民公忿難遏，便群起圍毆豐大業致死，並焚燒教堂，殺傷教民數十人，天津大擾。直隸總督曾國藩馳往查辦，為法使羅淑亞所刧持，議定處滋事人犯，正法的二十五人，軍流的二十五人，天津府縣張光藻、劉傑均遣戍，並派原辦此案之通商大臣崇厚前往法國道歉，才算把這案了結。

③ 戊戌政變之後，太后很恨德宗，便立端郡王載漪的兒子溥儁為大阿哥，承繼穆宗，打算把德宗廢掉。然而康有為等在海外組織保皇會，專與太后為難，未便逕行廢立。太后向外國索捕他們，又以公法當保護政事犯的緣故，不肯引渡。太后在那時已恨外人刧持了，等到拳匪事起，載漪更命軍機章京連文沖偽造公使團的照會，——大旨請太后歸政，廢大阿哥，並許聯軍入京，——激怒太后，於是宣戰的上諭便發表了。

④ 毓賢撤離山東，清廷仍調他為山西巡撫。他想建功自贖，以圖報復，又知太后忌外人，便寫信給一般朝貴，說"義和拳皆義民，有神術，可用之以滅洋人"，聳動觀聽。裕祿與載漪、剛毅等深信不疑，所以在直境的拳民，裕祿竟待他們如上賓。鄉里無賴棍徒只要手持義和拳三字的名片，便可出入衙署與總督分庭抗禮，於是拳匪益驕，惹禍也益發厲害了。

⑤ 太后一面下令各省盡殺洋人，一面出示懸賞："凡殺一男洋人者賞銀五十兩，殺一女洋人者賞銀四十兩，殺一洋孩者賞銀三十兩"，因此京城附近的洋人，被殺甚慘。毓賢本恨洋人，所以他接到盡殺洋人的上諭後，奉行維謹，無論老弱婦孺，無一漏網，山西境內，洋人頓時絕跡。這時北方的人們，大多數的心理竟陷於瘋狂的狀態了。

九　日俄戰爭和門戶開放

拳匪鬧翻的當兒，俄國借得好題，便十分活動。它一面既與七國聯軍，合攻京、津；一面又獨自進兵，佔據齊齊哈爾。黑龍江將軍壽山死後，更得次第南侵，據吉林，破營口，奪遼陽，入奉天，所在肆虐，挾華官以號令全境，關東三省，彷彿看做俄國的屬地了。後來中國與聯軍議和，俄國藉口前訂密約，——喀西尼條約——與中國有特別關係，聲言東三省事應另由兩國自行商議，不當和聯軍入都事混爲一談。至聯軍和約成後，俄國便另提交還東三省條約，要索甚苛。①此約發露，東南疆吏如劉坤一、張之洞等即聯銜力爭，各省士紳也都反對；而日本更因從前脅還遼東和迫礙朝鮮的緣故，十分恨俄，便想趁此報復，遂會同英、美兩國出來抗阻。俄國迫於公議，只得變換方針，願將東三省交還中國，所有軍隊，允於十八個月內分三期撤去。——第一期撤奉天，第二期撤吉林，第三期撤黑龍江。但各國均已按約撤兵，而俄國第二期便不實行，反把已撤的兵重復調回。中國新受大創，無從抵抗，日本卻迫不及待，便與俄國直接交涉，提出"滿韓交換"的磋商，要求俄國不干涉朝鮮，日本也不干涉滿洲。俄國不聽，僅許日本經營朝鮮的南部。日本不能再忍，便於一九〇四（光緒二九、三〇之交）年，向俄宣戰。

日俄開戰，以遼東爲戰場，中國無可如何，只得畫定遼河以西爲中立地，宣布嚴守中立。此次戰役，日俄兩方都有充分的準備，一時正難解決；而且俄勢甚張，一般人都替日本擔心。然而俄國徵調較難，日本便得奮力猛攻，使俄國猝難呼應。結果，俄國大敗，旅順、奉天俱被日本打破；即俄國苦心經營的東洋艦隊和波羅的海艦隊也都被俘或轟沈。俄國不得已，便於一九〇五（光緒三一）年聽美總統羅斯福的調停，在美國的朴茨茅斯議和。俄國答應：

一、將東省鐵路支綫自長春以南割歸日本；

二、將庫頁島的南半割給日本，以北緯五十度爲界；

三、旅順、大連轉租給日本；

四、認日本獨力經營朝鮮；

兩下才得罷兵。從此以後，東三省的北半屬於俄國勢力範圍，南半便屬日本勢力範圍，而南滿、北滿的名稱也就由此發生了。至於朝鮮的地位，則因此更見動搖，名義上固然是"大韓帝國"，居然也宣布立憲，其實日本於這次戰後，便派有朝鮮統監駐在韓京，盡把他們的一切政權撈住，使他們不得動彈。所以到得一九一〇（宣統二）年，日本竟悍然不顧，迫脅韓皇退位，老老實實地宣布日韓合併了。

日俄戰後，兩國的爭論是解決了，韓國是滅亡了，中國的滿洲狀況是怎樣呢？其實滿洲的主權到那時已損害不堪，事事受制於外人，竟只有虛名套在頭上罷了。原來俄國既在南滿失敗，便一意經營北滿，在長春以北的勢力，依然與戰前一樣，或者還要橫些。日本則更與中國訂結"滿洲善後協約"，由中國承認轉租旅大和長春以南的鐵路割讓之約，便取得安奉鐵路的實權並他項利益很多，於是把新得的租借地命名爲關東州，竟設立關東都督府來控制那邊的行政了。

當日俄未開戰前，美國與英日兩國爲抵制俄國起見，已向中國提出"開放滿洲，杜絕一國獨占"的警告。所以戰事解決，日本便乘機要索廣開商埠，一方面既可坐收實利，一方面又可間執人口。因此，東三省的商埠，遂比內地各省爲特多。那時要求開放的，在奉天省有鳳凰城、遼陽、新民屯、鐵嶺、通江子、法庫門，在吉林省有長春、吉林、哈爾濱、寧古塔、三姓，在黑龍江省有齊齊哈爾、海拉爾、璦琿、滿洲里。後來間島事件②解決，又要求開放龍井村、局子街、頭道溝、百草溝等爲商埠。這樣的大批開放，在中國歷史上實是創舉。清廷至此，才悟東三省的重要，不能再像從前那樣的漫不經心，③便把奉、吉、黑三處悉數改成省制，與内地一律；另設東三省總督駐奉天，節制三省的軍民諸政。於是東三省三字才得名實相副，與原有的諸省比數了。

日本驟然在東三省南部大展勢力，別國因恐阻害自己的商利，當然不會滿意。美國因此大唱"開放中國門户，保全中國領土"之論，希望打倒任何國的壟斷政策。一九〇九（宣統元）年，便向中、英、德、法、俄、日六國提出通牒，主張"滿洲鐵路中立"。它的辦法，大概鼓吹各國共同借款給中國，把東三省的鐵路贖回，由中國自辦。在借款没有清償之前，由各國共同管理。凡東三省的鐵路，只准商業上的運輸，禁止政治和軍事上的使用。這樣做去，便使東三省在事實上成爲中立地帶了。中國不好表示，還是那副聽人解決的態度。日本和俄國卻是大大不利的，便兩下密商，提出抗議。英國是與日本有協約的，法國是與俄國有協約的，自不便附和美國，德國則以關係較淺，更不願顯爲左右袒；於是美國竟陷於孤立的地位，這主張便完全失敗了。

① 俄國既提出東三省另議的意見，便强迫中國與他訂密約八要款，要把滿洲行政權，留兵保護權，進退華官權，監督警察權，訓練軍隊權，金州占領權，蒙古新疆等處開采礦山權，牛莊以外不許讓與他國權等悉數保留給俄國，才肯把東三省交還中國。

② 圖們江流域長白山附近的中韓國界，康熙年間由兩國共同派員勘定。規定西以鴨緑江，東以圖們江爲界，於長白山上立有界碑。圖們江北，中國曾設立敦化縣和琿春廳，同治年間，朝鮮人民越江開墾。光緒年間，便在那邊設延吉廳課收租税。日本既以朝鮮爲他的保護國，硬説延吉是間島，是中韓兩國的未定之界，突於一九〇七（光緒三三）年，由統監府派憲兵前往，設理事官，實行侵占。中國再三交涉，經過兩年，才得定約，兩國仍以圖們江爲界，中國仍准韓民在江北墾地居住。統監府派出人員，於約成後兩月内撤退。於是間島的事件乃了。

③ 清朝對於東三省，向持閉關主義，不准漢民前往的，所以治法很特別，不與內
地相同。奉天因係陪都，設府尹和戶、禮、兵、刑、工五部。此外又有盛京將
軍專管軍事。吉林、黑龍江則但有將軍和副都統。所以地曠人稀，易受外侮。
光緒初年，以盛京將軍行總督事，奉天府尹行巡撫事。日俄戰後，才一律改省，
設置東三省總督。現在土地日闢，百業繁興，比了三四十年前的滿洲，真成了
兩個截然不同的境界。

十　　立憲與革命

　　清朝到得晚年，吏治的敗壞，外侮的緊迫，真到了"圖窮而
匕首見"的地步，沒有一項設施可以使人家滿意政府的。所以一
般憂國之士都想力圖改革，奮發自強，鼓吹大家起來挽救這垂危
的國命了。但是國人的觀點不同，所擬的方案也就兩樣。因此，
當時主張改革的人，便分成趨向不同的兩大派。一派是主張改良
政治的，以為只要君權有限，政治清明，大家有法律可守，便可
逐漸向上；所謂"立憲救國"，康有為、梁啟超等便這樣說。又一
派是主張澈底改造的，以為不把滿人趕掉，便不能光復舊物，不
光復舊物則一切措施都無從託根；所謂"民族革命"，孫文、章炳
麟等便這樣說。這兩派人的言論，起初雖因趨向不同而互致駁
詰，但各有理由便各有勢力，到後來，差不多兩下都占有不可輕
侮的地位了。清朝要維持自己的權威，對這兩種主張，當然都非
所願。然情勢所迫，不得不更張一下，以塗飾人家的耳目，則還
是贊成立憲，反對革命。可是事不由衷，那裏會有好的結果，所
以"假立憲"便引起"真革命"，不上三五年工夫，竟把二百七十年
來的政治地位自行打翻。今略述那時的經過情形，看他怎樣地
"弄假成真"的。

　　清朝的贊成立憲，本是勉強的。所以雖在日俄戰後即派五大

臣出洋考察憲政①和下詔預備立憲，而舉行的新政如釐定官制，頒定資政院和各省諮議局章程，發布憲法大綱等，卻大都仍是徒改形式，有名無實。至一九〇八（光緒三四）年，方才明定預備立憲的期限爲九年，並勒定分年籌辦事項，責成京内各衙門和京外各督、撫、府尹、司、道依限舉辦。未幾，德宗和太后都死了，醇親王載灃的兒子溥儀即位，以明年爲宣統元年。那時溥儀年只三歲，便由載灃攝政。一九〇九（宣統元）年，各省的諮議局已成立，直隸諮議局議員孫洪伊便聯合各省諮議員及人民的代表，兩次入京，請願速開國會。奉旨“仍俟九年籌備完全，再行降旨召集國會”。明年，資政院也成立了，各省代表又聯合入京，爲第三次請願。資政院議員也決議請求速開國會。清廷不得已，才許把九年的期限縮爲五年。然而一面方下縮短籌備年限之諭，一面卻另諭“所有各省代表人等，著民政部及各省督撫剴切曉諭，令其即日散歸，各安職業”。繼又令民政部與步軍統領衙門將東三省的代表硬送回籍，不准逗遛，並令各督撫開導彈壓，如有違抗，查拏嚴辦。不多時又因天津人溫世霖在籍組織第四次請願團，把他逮住，發遣新疆。這時候人民對於立憲，渴望正盛，而政府所行的事情偏與立憲的趨勢相反，於是政府假立憲的心事，都被國人看得雪亮，無可遁飾了。況且親貴專政，顯有重滿抑漢的表示；②官場黑暗又濫施無理的壓制；③無怪革命黨人要力伸排滿的主張，爆發之機，當然有觸即動了。

　　革命黨的舉事，自一八九六（光緒二二）年廣州之役始。④從此有機便發，前後以流血爲代價的不下十餘起，⑤而一九一一（宣統三）年黃花崗的犧牲，尤爲壯烈。⑥他們雖屢次失敗，而志意堅決，勇氣不衰。剛好那時清廷要把各省的鐵路收歸國有，激動全國的公憤，他們便趁此運動，一舉成功。

　　這鐵路國有之議，發自御史石長信，成於郵傳大臣盛宣懷，爲當時新内閣成立後第一個政策。收路的辦法，由政府借英、法、德、美四國款千萬鎊，日本款一千鎊，作爲收回鐵路的基金，凡全國幹綫，均歸國有。從前批准商辦的鐵路案，一律取銷。收路的上諭發表，四川、湖南、湖北三省的人很是反對，爭持甚烈。政府便以"業經定爲政策"爲由，嚴行拒絕。湖南巡撫楊文鼎、四川總督王人文先後代人民奏請收回成命，都奉嚴旨申飭。後來且嫌王人文太輭，改派趙爾豐入川，嚴屬整頓。趙爾豐入成都，便拘保路會的代表鄧孝可，諮議局的正副議長蒲殿俊、羅綸等十餘人於署中，想脅散群衆。人民環請釋放，督署衛隊竟開槍打死四十餘人，以致激成民變。趙爾豐見事不了，反以人民謀叛，揑詞入奏。那時各省諮議局都大動公憤，而浙江諮議局議長陳黻宸等竟電請"速斬盛宣懷、趙爾豐首以謝天下"。清廷不省，促督辦粵漢川漢鐵路大臣端方帶兵入川，並起用前兩廣總督岑春煊馳往四川，會同趙爾豐辦理剿撫事宜。岑春煊至武昌，與湖廣總督瑞澂議不洽，而趙爾豐也怕他到川後真相敗露，乃揑報川亂敉平，春煊遂未西行。清廷不悉四川實狀，據報後，方以川事辦理迅速，嘉獎趙爾豐、瑞澂等應付功，而革命軍便大起於武昌了。

　　武昌據南北樞要，爲長江中樞，革命黨人已屢議在此舉兵。只因防範很周，不能輕動。這時鐵路事起，四川先已糜爛，瑞澂撥兵西援，武昌便露空虛之狀。革命黨人趁此時機，便潛運槍彈，約於那年中秋（一九一一年十月六日）起事。後來因事不凑手，展期至陰歷二十五（十月十六日），而十七（十月八日）上事情就洩漏了，機關多處同時破露，兵士彭楚藩、劉汝夔、楊宏勝三人都被殺。事已緊迫，不能再延，便於十九日（十月十日）起事，新軍的工程營先發，輜重營隨後，占領火藥局，直攻督署。瑞澂和新軍的統制張彪都倉皇逃走，於是武昌光復，公推二十一混成協統黎元洪爲鄂軍都督。不上幾天，漢口、漢陽俱下，便照會駐漢各國領事，請他們轉呈該國政府，嚴守中立。領事團以民軍聲明從前的條約仍繼續有效，且竭力保護各國商民的生命財產，便允所請。不多時，各國都承認民軍與清軍爲交戰團體。這樣居中一呼，四方響應甚捷，不過幾個月工夫，各省便紛紛光復，清廷只得與民軍議和。議和的結果，民軍許訂優待條件十九條，⑦清帝溥儀遂於那年陰歷十二月二十五日（民國元年二月十二日）宣告退位。這時中華民國的臨時政府已在南京成立了七十三天了。所以中華民國的南北統一紀念日便定在二月十二日。

①　一九〇五（光緒三一）年，清廷派載澤、戴鴻慈、徐世昌、端方、紹英分赴東西洋各國考察政治。後因正陽門車站遇險折回，遂緩發。旋設巡警部，留徐世昌爲尚書，紹英也未行，乃改派尚其亨、李盛鐸會同載澤等出發。明年載澤等回國，條陳仿行憲政，遂有預備立憲之詔。這便是五大臣出洋考察的大概情形。

②　親貴擅權，晚清更甚。第一次改革官制時（光緒三二年），除奕劻向爲軍機處領袖外，其餘十一部尚書則那桐、溥頲、溥良、鐵良、壽耆、榮慶、載振等滿族親貴占七席。第二次改革官制時（宣統三年），以奕劻組織新内閣仍爲總理大臣，那桐爲協理大臣外，其餘十國務大臣則善耆、載澤、廕昌、載洵、紹昌、溥倫、壽耆等滿族親貴又占七席。藉口於用人之公不分滿漢，其實把漢人的實權全攘去了。

③　清末官場的黑暗真是無所不至，如御史趙啟霖所揭參的"道員段芝貴以萬二千金購歌妓楊翠喜獻尚書貝子載振，並由天津商會王竹林措十萬金爲慶親王壽"便得署理黑龍江巡撫。又如御史江春霖所揭參的"奕劻老奸竊位，多引匪人，如直督陳夔龍爲奕劻之乾女婿，皖撫朱家寶之子朱綸爲奕劻子載振之乾兒"。這樣胡幹，尚復成何事體，而趙啟霖竟以"污蔑親貴重臣名節"革職；江春霖也以"荒誕不經"着回原衛門行走。餘如諭禁學生干預政治，及不許京師開會演說等，又在在壓抑民氣，清朝的預備立憲，原來是這樣的。

④　孫文從事革命運動最早，光緒中葉，他就組織興中會鼓吹革命了。中日戰後，他在廣州起事，雖圖謀未成，遠走英國，然革命的意志益堅。所以他從倫敦中國使館（時被駐英公使龔照瑗誘拘）脱險後，便遍歷南洋群島和舊金山等處竭力鼓吹。後來又到日本，與黃興等共組同盟會，以爲實施革命的團體，於是革命的種子便播散在一般人的心田上面，只等雨露的滋培，自然會勾萌勃發，枝葉扶蘇地壯苗起來了。

⑤　孫文在廣州失敗後，革命運動便時時發現。一九〇〇（光緒二六）年，湖南唐才

常的自立會失敗，被殺的二十餘人。株連百餘人。鄭弼臣起事於惠州，因餉竭潰散。華興會領袖黃興、陳天華、宋教仁等也因舉事謀洩，從長沙逃往日本。一九〇五(光緒三一)年，吳樾在正陽門謀炸五大臣，當場自炸身死。越二年，光復軍首領徐錫麟在安徽槍殺巡撫恩銘，被捕挖心死，株連秋瑾等人也不少。那年孫文與黃興剛組同盟會，也由越南進攻廣西，奪鎮南關炮臺，以軍火不繼敗走。明年，他們又會攻雲南的河口，也以事敗退。後來清廷遭大喪，幼帝入嗣，更給人以可乘之機。所以熊成基在安慶乘秋操起事，而汪兆銘在北京謀刺攝政王，熊成基事敗脫走，後來在吉林被殺，汪兆銘則事洩被捕，永遠監禁。不久，廣州將軍孚琦又被溫生才刺殺。至此，革命的運動竟越來越厲害了。

⑥ 第二次廣州之役，計畫很周，由黃興、趙聲、宋玉琳等由香港運械入廣州，約期會攻督署。乃未及期而事洩，同志百餘人猝攻督署，猛擲炸彈，燬督署大門。然署中防備嚴，清軍又蜂擁至，遂敗。是役犧牲最大，當場殉死和被捉殺死的都七十二人，事後叢葬在黃花崗。黃興逃回香港，趙聲因此憤死。

⑦ 優待條件十九條，計分三項，(一)優待清皇室八條，(二)待遇清皇族四條，(三)待遇滿、蒙、藏、回七條。今把優待皇室的條款，鈔在下面，以見清朝的末路實在便宜，爲中國歷史上前此無比的優待，並以見後來復辟怪劇的禍根：

　一、皇帝但卸政權，不廢尊號，民國以待各外國君主之禮相待。

　二、皇室經費歲由中華民國撥四百萬。

　三、皇帝暫居宮禁。

　四、宗廟陵寢由中華民國保護。

　五、德宗陵制，如舊妥修。

　六、宮內各項執事人員照常留用，惟不得再招閹人。

　七、皇室私產由中華民國特別保護。

　八、原有之禁衛軍歸中華民國陸軍部編練，額數俸餉如舊。

第六編　現代——中華民國

（公元一九一二以後）

一　民國成立和蒙藏的態度

民軍既在武昌起義，清廷驟得此信，已經喫一大驚。又聽得瑞澂逃走，川亂正亟，早就慌得手忙腳亂，沒法擺佈。看他一面派廕昌、薩鎮冰分督陸海重兵馳往湖北會攻，一面又起用袁世凱①爲湖廣總督令他迅速赴任，可見他們已竭全力來應付，很有血脈僨張的樣子了。後來又在太廟宣誓，頒佈十九信條由資政院選袁世凱爲内閣總理，把載灃的攝政名義撤銷。於是更到了捉襟露肘的地步，當然要事事受制了。

那時各省既次第光復，孫文又被舉爲臨時大總統在南京組織中華民國臨時政府，②東南半壁，全非清有；而袁世凱所轄的軍隊卻偏偏攻下漢口和漢陽，緊逼武昌。試想這内擁重兵，外挾强敵的袁内閣，如何不左右取重，把持一切呢！所以民軍與清廷的代表議和，其實只是商量周旋袁世凱的條件，清室的退位，早就不成問題了。我們只看伍廷芳與唐紹儀在上海會商了好幾次總是彼此僵持，不得解決，唐紹儀且電京辭職；而孫文提出的最後協議條件——主要的話便是袁世凱須宣布贊成共和，孫文辭職，由參

議院舉袁世凱爲臨時大總統——由伍廷芳直接電達袁內閣後，北
方的將領便聯電贊成共和，並說要帶隊入京，與各親貴剖陳利
害，自然這癥結所在很明白地顯示在我們的面前了。

一九一二（民國元）年，二月十二日，清室宣布退位，袁世凱
便電告南京，說他絕對贊成共和。孫文得電，於十三日向參議院
辭職，並薦舉袁世凱。十四日，參議院議決臨時政府移設北京。
十五日，舉定袁世凱爲臨時大總統；當天覆議臨時政府地點，又
以北京積勢不便，仍決設在南京。於是南京方面便派蔡元培、汪
兆銘赴北京，歡迎袁世凱南來就任。不料南行尚沒定局，而二十
九晚上，北京突然兵變。三月一日，天津、保定又同時兵變。袁
世凱便藉口鎮懾，不能南來。六日，參議院決議許他在北京就
職。他便任命唐紹儀組織內閣，前往南京接收交代。五月一日，
孫文解職。五日，參議院也移設北京。於是北京政府依然做了中
華民國的中央政樞，而袁世凱便得憑藉聲華，取重於一時了。那
年八月參議院把國會組織法和參衆兩院選舉法議決，咨由臨時大
總統公布。明年一月十日，明令召集國會。四月八日，國會正式
成立；美國、巴西、秘魯便在那天承認中華民國。十月六日，國
會開大總統選舉會，舉袁世凱爲大總統；日本、奧國、葡萄牙、
荷蘭也承認民國了。明天，舉黎元洪爲副總統；西班牙、墨西
哥、德國、俄國、意國、法國、瑞典、英國、丹麥、比利時也都
於這一天致牒承認民國。袁世凱便於十月十日就任，而中華民國
也便在國際上正式成立了。

中華民國的疆域，完全承有清季的領土。所以臨時政府移設
北京的時候，二十二省的都督便同隸中央，依然保持大一統的規
模。可是北方的蒙古和西邊的西藏卻因接近俄、英的關係，態度
早就變了。一九一一年十月，民軍方在武昌起兵，外蒙活佛便宣
布獨立，把庫倫辦事大臣三多趕掉。不多時，攻陷黑龍江境的呼
倫貝爾。清廷對南方的民軍已經應付不了，哪裏還有工夫去注意

蒙古。活佛竟與俄人勾結，自稱大蒙古帝國日光皇帝。俄國趁機向清廷要索，清廷無暇及此，只是擱置不復。明年十月，俄國見中國没人理他，便與庫倫訂立協約，幫助蒙古保守自治制度，編練國民軍；不許中國在蒙古駐兵和殖民。蒙人也以附訂俄蒙商務專條上的種種利益許給俄人爲交換。俄國既得此項利益，同時向中國、日本、英國發出通告，表示他在蒙古特殊的地位。中國接到這個通告，輿論當然大嘩，一時征蒙的議論很盛。然而實力不逮，只是激昂慷慨的壯語，如何得濟！以此，自從那年十一月起，至一九一三(民國二)年七月止，中國的外交當局與俄人磋議過二十多回，還是扭不轉俄人的野心。結果仍依俄國的意旨，於這年十一月五日由外交總長孫寶琦與俄使庫朋斯齊簽定條約五款，中國承認外蒙古的自治權，許不派兵，不設官，不殖民。所換得的，只是"俄人承認中國在外蒙古的宗主權"而已。

當外蒙古獨立時，曾派兵南犯内蒙，屢生事變。雖經邊省的軍隊把他打退，終恐内蒙不穩，因於議約略定之後，便把直隸、山西北境的塞外各地和河套一帶的諸蒙旗，劃做熱河、察哈爾、綏遠三特別區域，分置道縣，轄以都統，使他治制略同内地諸省，便於控御。這樣改了一下，才算把内蒙穩住了。後來俄國於一九一七(民國六)年大起革命，一時自然顧不到這些地方。過了兩年，外蒙王公喇嘛等便合詞請願取消自治，中央政府也便下令册封庫倫的活佛爲外蒙古翊善輔化博克多哲布尊丹巴呼圖克圖汗。一九一九(民國八)年十一月二十四日，外交部一面照會駐京俄使，聲明取消中俄間關於蒙事的一切條約和文件；一面把蒙古取消自治的情形照會各國公使。這事過不上兩年，俄舊黨恩琴由西伯利亞竄入庫倫，把活佛劫去，一時又大起騷動。後來恩琴雖被俄新黨捉去鎗斃，然庫倫卻被新黨占住，直到現在中俄解決懸案大綱協定簽定了，才有收回的眉目。

西藏自清朝末年受英俄兩國的勾煽，早就與中國聲氣隔絶。

革命的消息傳到拉薩，藏人已躍躍欲動；更兼駐藏大臣聯豫所帶的軍隊又很没紀律，便群起反抗，把中國駐藏的軍隊攆走。達賴本已革號逃在印度，③至此，便趕回拉薩，宣布"獨立"。更嗾使藏番内犯，把巴塘、裏塘打破，並進攻打箭爐。那時四川都督尹昌衡爲征藏軍總司令，出兵往討；雲南都督蔡鍔也發兵會剿。後來居然在巴塘、裏塘之間把藏番打退，而英使朱爾典突向外交部提出抗議，干涉藏事，且以"英國尚未承認民國"爲詞，屢次説"將與西藏直接交涉"來大施恫嚇。中國政府無可如何，只得改剿爲撫，從長計議。所以一面把征藏軍總司令改爲川邊鎮撫使，④並恢復達賴的封號；一面派陳貽範與英藏兩方的代表在大吉嶺（後移在印度的西摩拉）共同會議，以解決對藏問題。此項會議，遷延五月，終於被英人劫持，不得要領。陳貽範没法應付，只得於一九一四（民國三）年四月二十七日與英人簽定草約，以承認自治權交換宗主權，竟變做第二個外蒙古了。從此内藏、外藏的新名目造作成功，界限的爭議，便一時莫決。⑤直到現在，這問題還是一件懸案。

① 戊戌政變的當兒，清德宗頗想把太后手裏的大權收回，因與袁世凱密謀，所以擢他練兵。不料袁世凱竟把此謀暗告榮禄，新政便因此推翻，德宗因此被太后幽禁，險遭廢辱。德宗一面的人，從此恨他刺骨，勢不兩立。宣統即位，載灃便硬以袁世凱足疾爲由，把他開缺放回。但他多年練兵，將帥大都是他的心腹，在北洋軍隊裏的潛勢力可真不小。一旦革命事起，清廷要調兵遣將，便不得不起用他，他也就此恢復地位，更進一步發露他的野心了。

② 民軍未下南京時，已由各省都督府代表聯合會磋商組織臨時政府。後來南京光復，便定南京爲臨時政府設置地點，限日齊集代表，選舉臨時大總統。辛亥十一月初六日，孫文剛從國外回到上海，初十日，十七省代表開臨時大總統選舉會，舉他爲臨時大總統。這一天是陽曆十二月二十九日，於是通電各省，改用陽曆，以十三日爲中華民國元年一月一日。孫文便在那天就任，組織臨時政府。設陸軍、海軍、外交、司法、財政、内務、教育、實業、交通九部，以黃興、黃鍾英、王寵惠、伍廷芳、陳錦濤、程德全、蔡元培、張謇、湯壽潛爲各部總長。

③ 日俄戰時，英國派兵入藏，直逼拉薩。達賴倉皇奔走，直到宣統初年才得回去。那時趙爾豐爲邊務大臣，會同四川提督馬維祺經營康地，把現在的川邊地方，全行戡定，逐漸設置縣治。達賴回到拉薩後，很反對這事，便唆令藏人反抗。趙爾豐便派鍾穎帶兵一千五百人於一九一○（宣統二）年春進駐拉薩，藉示鎮壓。達賴私入印，要求印度總督出頭干涉。未得要領，即回到大吉嶺俟機進行。清朝得他逃亡的信息，便把他的封號革廢。

④ 川邊鎮撫使後又改稱川邊鎮守使，原有的康地都歸管轄。自打箭爐以西，江達以東，統受節制，職守與熱、察、綏三區的都統相仿。

⑤ 康、藏兩部，於雍正時勘定境界，便以江達以東爲康，江達以西爲藏。清末改康爲川邊時，仍以江達以東爲限，有改建西康省之議，原與西藏不涉。乃英人硬要并做一談，而且强分內外藏的名目，堅持畫界，竭力推擴外藏的範圍，中國當然不能承認。所以英藏委員雖於陳貽範所訂草約的正約上簽字，而中國卻早就止住陳貽範勿簽正約，且照會英使說，"草約雖可同意，界綫萬難承認"了。直到現在，英國雖有讓步的風說，然而沒有正式交涉，正不知怎樣地解決呢？

二　兩度帝制的條現

當南京的臨時政府交代後，孫文便去職下野，由黃興留守南京。不久，南京留守府也呈請撤銷。然而安徽都督柏文蔚、江西都督李烈鈞、湖南都督譚延闓、福建都督孫道仁、廣東都督陳炯明都是民黨，他們的勢力據有長江流域和南部海疆要區，很足以監視當時的政府，使袁世凱感受不便，於是兩下就互相嫉視，觸手生障了。不多幾時，便有贛寧之役，——所謂二次革命，——民黨因此失敗，袁世凱遂得運用他的手腕，醞釀帝制。

贛寧之役的決裂，原因固很複雜，而爆發起來的引藥，卻便是宋教仁的被刺。宋教仁本是唐紹儀內閣的農林總長，爲民黨有力分子。後來唐內閣倒了，民黨閣員也都連帶下野。可是那時的民黨已由同盟會改組爲國民黨，聲勢比前更盛；而宋教仁下野之後仍爲黨中的要人，時時發表他的政見。他說"總統非舉袁不可，而內閣必須由政黨組織"。一九一三(民國二)年三月二十日，宋教仁由上海動身，預備到北京籌辦一切，突於那天晚上，在滬寧車站被刺。二十二日，死醫院中。一時疑雲四布莫衷一是。旋獲兇手武士英並指使行兇的應桂馨，政府即令江蘇都督程德全、民政長應德閎查究。四月二十六日，程、應通電宣布證據，則嗾使應桂馨的主兇卻是國務院的祕書洪述祖。於是輿論大轟，都說這案與政府有關，披葉尋根，自然把當時的國務總理趙秉鈞和袁世凱都牽入這糾紛難解的漩渦了。

　　果然，不上三個月工夫，李烈鈞便於七月十二日在湖口宣布獨立，稱"討袁軍"；黃興也於十四日重入南京；安徽、湖南、福建、廣東先後起兵：討袁的聲浪，一時大震。但是政府早有預備，一面令李純扼守九江，一面令鄭汝成保衛上海：起事的各路都不順利，李烈鈞、黃興等只得陸續退走。到九月初，起兵的省分，已一律取消獨立，袁世凱的勢力便足鎮壓異己而有餘。所以他就任正式總統之後，便接着解散國民黨本部和各地方國民黨機關，停止兩院議員職務，解散各省省議會，停辦各地方各級自治會。一面開"約法會議"，把臨時約法廢止，改訂中華民國約法(即新約法)，設參政院代行立法。[①]一九一四(民國三)年五月一日，袁世凱便依據新約法，把國務院官制廢掉；特於大總統府設政事堂，以徐世昌爲國務卿。外官也大加改革，各省都督均廢去，改爲某某將軍督理某省軍務；民政長改爲巡按使。司法機關也多所裁併；除各省高等審、檢兩廳和省城已設的地方廳照舊設立，及商埠地方酌量繁簡分別去留外，其餘初級各廳，一概廢除。這樣放手一幹，異己的既逃亡隱匿，不能出頭，而大總統又明定爲行政首長，總攬大權，——參政院不過是供政府利用的點綴機關，——於是爲所欲爲，那帝制運動自然應運而興了。

　　一九一五(民國四)年八月，公府顧問美國人古德諾著論討究

“君主與共和的利弊”，在北京的報紙上宣傳。不久，楊度、孫毓筠、嚴復、劉師培、李燮和、胡瑛等六人便發起“籌安會”，説他們要大家“從學理上研究君主民主在中國孰爲適宜”。繼又通電給各省將軍、巡按使、都統、護軍使，各省城及上海、漢口的商會，請他們派代表入京討議。後來參政院竟因公民請願團等的要求變更國體，向總統建議，請於年内召集國民會議，爲根本上之解決。十二月二日參政院議決國民代表大會組織法。八日公布施行，由各代表投票决定國體。十日，投票揭曉，計共一千九百九十三票，全數贊成君主立憲。明日，國民代表大會便委託參政院爲總代表，一致推戴袁世凱爲皇帝。世凱下令承認帝制而辭謝推戴。當晚，參政院再作第二次的推尊，十二日的申令，便答應了。於是於十九日設立大典籌備處，三十一日令改明年爲洪憲元年，雖没正式爬上御座，而左右近習對他，早已高呼皇上，他們自己卻稱臣稱奏，彷彿真個又投到了一朝新的主子。

可是假造民意的把戲，到底掩不住全國的人心，當籌安會發起的時候，早就激起反對的聲浪；後來經界局督辦蔡鍔跑回雲南，有力的反對便轟然而起了。蔡鍔抵滇後，督理雲南軍務唐繼堯、雲南巡按使任可澄即於十二月二十三日電請袁世凱取消帝制，限於二十五日上午十時答復。到期無復，便通電各省，宣告獨立。明年一月一日，雲南重設都督府，推唐繼堯爲都督，戴戡、任可澄爲左右參贊。定軍名爲“護國軍”，以蔡鍔爲第一軍長，李烈鈞爲第二軍長。從此貴州、廣西、廣東、浙江、陝西、四川、湖南等省紛紛獨立，山東、江蘇等處也有幾處民軍起事，袁世凱雖竭全力來調兵遣將，結果只是相持之局，而且將士頗有離貳之態，帝制的大勢已不可爲了。更兼外交團屢次勸告緩行帝制，並且不承認洪憲年號，益使袁氏前途，發生障礙。二月二十三日，袁世凱只得下令緩行帝制，停辦大典籌備處。三月二十二日，只索下令將從前承認帝制一案撤銷，廢止洪憲，仍稱民國五年。一面以徐世昌爲國務卿，段祺瑞爲參謀總長，與副總統黎元洪（前已封武義親王，不受，至此，恢復副總統）公電護國軍，請停戰商善後。護國軍復電要求袁世凱退位，並通電恭承副總統爲大總統。這時，督理江蘇軍務馮國璋主張聯合未獨立各省公議辦法，再與西南接洽。正在江寧開會，而袁世凱於六月六日死，黎元洪便於七日就任大總統。

　　黎元洪就任後，下令恢復臨時約法，召集國會。又令各省督理軍務長官改稱督軍；巡按使改稱省長。後來各省相繼取消獨立。八月一日，國會開第二次常會。九月一、四兩日，衆議院及參議院先後通過段祺瑞內閣。十月三十日，選舉馮國璋爲副總統。那時憲法草案又重新開議，民國的氣象好像大病初愈，很給國人以不少的新希望。乃“府”“院”之間，忽然大鬧意見，借着“對德絕交”的案子，②竟弄成“督軍團”與國會的衝突，③促起府院間的大決裂。一九一七（民國六）年五月二十一日，督軍團的會議已畢，各督軍和各代表多數出京，又陸續赴徐州開會。二十三日，黎氏便下令把國務總理段祺瑞免職，以外交總長伍廷芳代總理。旋由國會通過，於二十八日特任李經羲組織內閣。明日，安徽省長倪嗣沖便宣告與中央脫離關係，並扣留津浦鐵路火車，運兵赴津。於是奉天、陝西、河南、浙江、山東、黑龍江、直隸、福建、山西各省也先後與中央脫離關係，並在天津公設軍務參謀處，以脅黎氏。

　　這時，長江巡閱使兼安徽督軍張勳方屢次在徐州邀集各省區代表開會，聲勢也很可左右時局，黎氏便於六月一日令召張勳入京，共商國是。七日，張勳在徐州帶兵五千起程，八日，剛到天津，便電請即日解散國會。延至十二日，伍廷芳以不肯副署解散令辭職，由江朝宗代理，仍下令解散國會。十四日，張勳、李經羲入京。各省先後通電，回復原狀，天津的總參謀處也取消。七月一日上午三時，張勳突擁清帝溥儀復辟。二日，黎氏在日本使館發電，請馮副總統代理職務，並以段祺瑞爲國務總理。四日，馮、段電告出兵；段祺瑞便在馬廠誓師，組織討逆軍，以段芝貴、曹錕爲東西兩路司令。十二日下午三時，進復京城，張勳逃匿荷蘭使館。於是兩年以來，兩度嘗試的帝制乃完全消滅了。

① 臨時約法采取內閣制，袁氏嫌太束縛，只是不便反對。後來民黨失敗，便借憲法草案(也采內閣制)擬訂不妥爲由，兩次通電給各省反對。當時各省的軍民長官便紛紛電京，有主張解散國民黨，撤銷國民黨議員的；有主張撤銷憲法草案，解散憲法起草委員會的；也有主張解散國會的。結果便由撤銷國民黨議員入手，使國會不足法定人數，事實上開不成會，然後利用政治會議的呈復，停止兩院議員職務。接着組織約法會議，修訂新約法把內閣制廢止，改爲總統制。又據新約法設立參政院，由總統簡任的參政五十人至七十人組織成功；院長由總統特任，副院長也由總統在參政中選定特任。該院的職任，便是"應大總統之諮詢，審議重要政務"。新約法上的立法院未成立以前，便以這參政院代行立法院。

② 一九一四(民國三)年歐洲大戰開始以後，中國宣布局外中立。至一九一七(民國六)年二月二日，德國政府照會各國，使用無限制潛艇攻擊。三日，美國與德國絕交，並勸中國與他一致。九日，中國對德提出抗議，聲明無效即絕交，並同時咨復美政府，願取一致行動。十日，德國答復"潛艇政策礙難取消。"那天衆議院便通過對德絕交。明天，參議院也把此案通過。十四日，大總統便據此布告了。——這便是對德絕交案。

③ 當絕交案未通過議院以前，府院間已露決裂的痕跡。及通過布告之後，段祺瑞便召集各省區督軍都統在京開軍事會議，於四月二十五日開會。當時赴會的情形，有本人親到的，有派代表出席的，結果便是一致主張對德宣戰。五月一日，國務會議也議決對德宣戰，於七日咨送衆議院。挨到十九日，衆議院開會決議，以閣員零落不全(時外交總長伍廷芳、司法總長張耀曾、農商總長谷鍾秀、海軍總長程璧光均已提出辭呈)，宣戰案應俟內閣改組後再議。這天晚上，督軍團便以日前憲法會議二讀會及審議會通過之憲法條文有"衆議院有不信任國務員之決議時，大總統可免國務員之職，或解散衆議院；惟解散時須得參議院同意"，又"大總統任免國務總理，不必經國務院之副署"，又"兩院議決案與法律有同等效力"等詞，認爲破壞責任內閣精神。立由各督軍會銜分呈總統和總理，竟說"非從根本改正，實無以善其後。……如其不能改正，即將參衆兩院即日解散，另

行組織。……"於是段祺瑞免職之後，倪嗣沖便演"兵諫"的怪劇，遂把張勳送入北京，自然逗引出復辟的禍變來了。

三　法律爭執和南北交鬨

一九一七（民國六）年七月六日，馮副總統以得黎總統不能執行職務的電報，便在南京宣告代理大總統職務。十四日黎氏通電辭職。馮氏便於八月一日入京。當他接代總統的時候，國會本可恢復，卻有人主張仿照民國初建時的特例，召集臨時參議院；以爲張勳一鬧，民國實已中斷，所以不妨重新開場了。那時廣東督軍陳炳焜和廣西督軍譚浩明已早有"國會未復以前，軍民政務暫行自主；重大政務，逕行秉承元首，不受非法內閣干涉"的宣告。及召集臨時參議院的議論大盛，海軍總司令程璧光、第一艦隊司令林葆懌便於七月二十一日宣言"擁護約法，恢復國會，懲辦禍首"，明日，率領艦隊開赴廣東。八月一日，雲南督軍唐繼堯通電主張應即召集國會，懲辦稱兵抗令的禍首，反對未經國會同意的內閣；並説"憲法未成立以前，約法爲民國之根本法，……願悉索敝賦……以擁護約法者保持民國之初基於不墜。"於是這護法事件便掀動了南北鬨爭的大波瀾，直到現在，還是十分糾結，不得解決。

那年六月，黎氏解散國會，國會的議員便於十九日通電聲明，説黎氏的解散令無效。後來兩廣、雲、貴諸省既揭明護法，國會議員乃在廣州自行集合，於八月二十五日開非常會議。三十日，議決軍政府組織大綱。九月二日，舉孫文爲海陸軍大元帥，唐繼堯、陸榮廷爲元帥。二十九日，馮代總統令各行省、蒙、藏、青海長官選派參議員，於一個月內組織參議院，修改國會組織法和兩院議員選舉法。兩下分頭進行，當然決裂，於是湖南一省便成南北兩軍交爭的焦點，從此兵連禍結了。

　　一九一八（民國七）年五月十日，廣州兩院聯合會修正軍政府組織大綱，組織總裁會議和政務院，協同行使中華民國軍政府的行政權。旋選出孫文、唐紹儀、唐繼堯、伍廷芳、林葆懌、陸榮廷、岑春煊七人為總裁，於六月五日宣告成立。孫文、唐紹儀沒有就職，十九日便推定岑春煊為主席總裁。六月十二日，國會議員宣告在廣州正式繼續開會。後來並續開憲法會議。七月十二日，馮代總統依據臨時參議院修正新選舉的結果，下令召集新國會。八月十二日，新國會開會。旋舉徐世昌為總統。——惟副總統始終沒有選出。十月十日，徐世昌就職，馮國璋和段祺瑞同時下野。

　　徐氏以文治主義相號召，就職後，便以錢能訓為國務總理。十月二十三日，總理、各總長通電給岑春煊等，請罷戰議和。十一月二十四日，徐氏下令前方軍隊罷戰退兵。一九一九（民國八）年二月二十日，北方代表朱啟鈐等十人和南方代表唐紹儀等十人在上海開和平會議。後以陝西軍事波折，和議停頓。至四月九日，因江蘇督軍李純的調停，續開會議。五月十三日，唐紹儀代表南方提出七大條件——最要的，便是由和平會議宣告六年六月十二日黎元洪解散國會的命令無效，及取銷北方的參戰軍、國防軍等軍隊和撤換各省情罪顯著的督軍省長，——要北方一一執行，才承認徐世昌為大總統。於是和議破裂，南北代表，各電政府辭職。南方沒有答應；北方卻准許了，便於八月十二日改派王揖唐為總代表。南方聲明否認，和會就此中斷。

　　一九二〇（民國九）年七月，北方有直皖之戰；①而國會議員在南方也幾經播遷，忽移雲南，忽移重慶。十月二十四日，軍政府的總裁岑春煊、林葆懌、陸榮廷、溫宗堯通電解除軍府職務。三十日，徐世昌便下統一令，料理善後。同日又下令照元年舊法趕辦新選舉。三十一日，孫文、唐紹儀、伍廷芳、唐繼堯便通電否認岑等苟和，聲言反對僞統一。十一月二十九日，孫文、唐紹儀、伍廷芳在廣州再開政務會議，繼續執行職務。

一九二一（民國一〇）年一月十二日，國會參衆兩院又在廣州開聯合會。四月七日再開非常會議，議決中華民國政府組織大綱，舉孫文爲大總統。——所謂非常總統。五月五日，孫氏就職，軍政府即日撤銷。至此，中國同時乃有南北兩政府，南北兩總統。這便是北方的統一令的結果。

一九二二（民國一一）年四五月間，北方又起直奉之戰；[②]南方也有北伐軍與粵軍的衝突。當北方醖釀開戰時，南方正籌議出兵北伐，孫氏出巡廣西，大本營便紮在桂林。及北方直奉戰起，孫氏又下令將大本營移設韶關，回兵廣東，粵軍總司令陳炯明便辭職走惠州。五月二十八日，長江上游總司令孫傳芳通電勸孫文、徐世昌及時引退，電文有“廣東孫大總統原於護法，法統既復，責任已終；……北京徐大總統新會選出，舊會召集，新會無憑，連帶問題，同時失效……”等語。二十九日，江蘇督軍齊燮元也電請徐氏引退。六月二日，徐氏離職赴津。於是各省區督軍省長——除西南護法省分及浙江、東三省——和京省各公團都電請黎元洪復位。黎氏便於十一日入都，暫行大總統職權。——浙江督軍盧永祥、省長沈金鑑卻通電説“河間（馮國璋）代理期滿，即是黃陂（黎元洪）法定任期終了”，所以有人説黎氏不過是事實上（不關法律）的總統。

六月十三日，黎氏下令撤銷從前的解散國會令。八月一日，國會在北京開會，卻宣言仍是繼續六年第二期的常會。因此，國會的自身，又起“民六”“民八”的爭論了。[③]那時南方政府，也起變化。六月十五日，由廣西調回的粵軍突然圍攻總統府，通電“合吁孫中山先生實踐與徐同退之宣言。”——當孫氏就職時，曾有“徐世昌倘肯放棄非法總統，自己也願同時下野”的宣言，粵軍將領便得以此藉口。孫氏被攻，即乘軍艦駐泊黃埔。七月九日，移泊沙面。挨到八月九日，孫氏便乘英艦赴上海。於是陳炯明出來重任粵軍總司令，顯與孫氏爲敵了。

一九二三(民國一二)年一月十五日，陳炯明聲明下野，退回惠州。二月十五日，孫氏便由上海動身回粵，二十一日抵廣州，復稱大元帥。六月十三日，黎氏在北京被軍警逼餉所窘，離京赴津。從此，選舉問題，憲法問題，聯省與統一問題，都成了政客爭持的焦點；獨有民間願望的廢督，裁兵，清匪，和真正的自治事件，卻都變了絕大的畫餅，一口也喫他不得！

① 新國會成立，安福俱樂部的黨員便佔多數。即在政府也很有勢力。以此，安福黨借着對德奧宣戰的名目頗與日本勾結，濫舉債款。國民看他們這樣胡幹，很致不滿。一九一〇年四五月間，駐防衡山的署第三師長吳佩孚撤防北歸，四省經略使直隸督軍曹錕便請把安福系的交通總長曾毓雋、財政總長李思浩、司法總長朱深、西北籌邊使徐樹錚免職。七月四日，免徐樹錚職，以邊防軍歸陸軍部直轄。八日，邊防督辦段祺瑞組織定國軍，聲討曹吳。九日，免曹錕經略使職，並革直隸督軍職，暫仍留任；免吳佩孚第三師長署職。十四到十七日，定國軍與直軍在高碑店等處接戰，定國軍大敗。二十日，段祺瑞自請取消定國軍，免去官職。二十一日，裁撤督辦邊防處，所轄邊防軍由陸軍部接收，分別遣散。八月三日，解散安福部。這便是直皖之戰。

② 直皖戰後，曹錕爲直魯豫巡閱使，仍兼直隸督軍；吳佩孚爲直魯豫巡閱副使，旋兼任兩湖巡閱使；張作霖爲東三省巡閱使奉天督軍，旋兼任蒙疆經略使，熱察綏三區都歸節制。於是直奉兩方，互起猜嫌。延至一九二二年四月，兩下便借梁士詒內閣事由(直派攻梁，奉派擁梁)，張作霖便把原駐關內及續派入關的軍隊定名鎮威軍，通電"以武力促進統一"。奉軍旋在馬廠(東路)、固安(中路)、長辛店(西路)一帶布防。直軍也分三路抵禦。二十七日，兩軍衝突開火。到五月四日，奉軍西路大敗，中東兩路也陸續敗退。張作霖由軍糧城退守灤州。十九日，又退守山海關。三十一日，奉系的熱河都統汲金純也退出熱河。這便是直奉之戰。

③ 民六議員屬舊國會，民八議員屬新國會。當時的爭執，各有宣言。民八議員說："六年國會之分子，既依據院法變更，已在廣州自由行使職權；復於民國八年續

開憲法會議。現在若欲促成憲會，只能繼續八年……召集。"民六議員説："廣州開會，祇能認爲護法手段，不能認爲適法行爲。……非常國會自六年十月起，迄十一年六月止，連續開會，計已四年零七個月；益以北京民二、民五兩次開會十九個月，均已滿六年以上，若非從黃陂復位，撤銷民六……解散……令接算，不獨衆議員任期三年早經屆滿；即參議員任期六年者，其議員資格亦不存在；更何有恢復之餘地乎？……"兩方爭論，很難解決。然而舊國會的召集是護法招牌之下的必要條件，到底新國會敵他不過，只得縮手。直到現在，民十時舊法新選的新新國會也很活動，雖他們早在半途流產，而想望取代舊國會的志願卻甚迫切。

四　最近的外交局勢

中國自從五口通商以來，外交上的積弱，早成不可掩飾的事實，在上一編裏已經大略道過了。所以民國成立之後，俄、英兩國的對於蒙、藏，仍得因緣利用而有所挾持。不久，歐洲的奧大利與塞爾維亞因事起釁，便把德、法、英、俄、意、比諸國一一打入旋渦，使全世界都被牽動，釀成有史以來空前的大戰，兵禍竟綿延了四五年。這四五年中，不但犧牲了無數生命，損失了無數財産，便是各國的政治，也湧動了好幾起革命的潮流；各國的領土，也有好幾處在地圖上變了顏色。因此，國際上的形勢，頓起了絕大的變化。中國最近的外交，便以歐戰爲轉軸。

歐戰初起，在一九一四（民國三）年的夏天。中國以距離較遠，且無從參加的緣故，便於八月六日宣布中立。日本卻藉口英日同盟，於八月二十三日向德宣戰，出兵與英軍會攻青島。中國無法阻遏，只得於九月三日宣告畫萊州、龍口和接近膠州的地方爲戰區，並約明以濰縣車站爲界，日兵不得越界西出，破壞中立。就是那天，日兵在龍口上陸，占領城鎮和郵電機關。二十六日，日兵占濰縣車站。十月六日，日本派兵到濟南，占領膠濟鐵路全綫和鐵路附近的礦産。三十一日，日兵會同從勞山灣上陸的英兵向青島開始總攻擊。十一月七日，青島的德守將出降。自日本派兵占路後，中國政府迭次抗議無效。後來中國要求撤兵，日本便於一九一五（民國四）年一月十八日由他們的駐京公使日置益逕向中國政府提出五號二十一條的要求。這五號的條件，在在足以制中國的死命，——第五號的七條尤酷① ——爲前此所未有。並且他們要求中國嚴守秘密，倘或洩漏，他們當更索賠償。中國不能不睬，便以陸徵祥、曹汝霖爲全權委員於二月二日開始與日本會議。挨到五月七日，日本發出最後通牒，脅中國政府速行承諾，以五月九日午後六時爲限。九日午前，中國政府即答復承認。二十五日，陸徵祥等遂與日使日置益訂結密約二十五條。——這便是"五月九日"的由來。

後來歐戰的風聲愈鬧愈急，中國因德國使用無限制潛艇攻擊，也於一九一七（民國六）年八月十四日布告對德宣戰。所以歐戰停止以後中國政府便於一九一九（民國八）年一月二十一日派陸徵祥、顧維鈞、王正廷、施肇基、魏宸組爲全權代表，前赴巴黎，參與凡爾賽和會。

當中國宣告參戰的時候，協約各國（英、法、意、俄等）與中國便互提希望條件，彼此都很諒解。② 一九一八（民國七）年一月八日，美總統威爾遜提出和平條件十四條，公告大衆。其中最重要的，便是

　　和平條約須用公開的方法決定；此後無論何事，不得私結國際盟約，外交事件均須公開。（第一條）
　　立最確的保障，縮小武備，到足以保護國内治安的最低額。（第四條）
　　組織國際聯合會，相互保障各國的政治自由；國無大

小，一律享同等的權利。（第十四條）

後來凡爾賽和會於一九一九年一月十八日開幕，各國都承認這十四條爲議和的基本條件。因此，中國對於和會頗有很大的希望。

但和會開後，英、美、法、意、日五國另組最高會議，壟斷一切。中國代表提出的撤廢勢力範圍，撤回外國軍警，裁撤外國在中國境內所設的郵電機關，取消領事裁判權，收回租借地，歸還租界，關稅自主等希望條件，和取消對日密約的陳述書，都遭拒絕；竟説"這不是和會的權限所能議，當俟萬國聯合會行政部能行使職權時，請他注意。"後來最高會議開會，討論處置德屬殖民地的方法，日代表便把青島也拉列在内，要求將德國在山東的權利，無條件讓與日本。當由被招出席的中國代表王正廷、顧維鈞否認，提出詳細説帖，要求德國直接交還中國。其間經了不少波折，直到四月二十二日，英、美、法、日四國——意國因要求占領阜姆不遂，那時已退出和會，——再開最高會議，招中國代表陸徵祥、顧維鈞赴會諮詢。英、美都怪中國自己弄僵，③雖力爲爭辯，終是不濟，英國乃唱議把山東問題交由英、法、美三國的專門委員核議。

這個消息傳到中國，輿論大爲不平，於是五月四日、六月三日這兩天北京專門學校以上的學生便先後起了兩度激烈的示威運動。風聲傳播開來，各地罷課罷市的運動便接踵而起，且有鐵路工人聯合罷工之説，形勢日見緊急。政府不得已，乃於六月十日把中日交涉案中牽連到的交通總長曹汝霖、駐日公使章宗祥、幣制總裁陸宗輿免職。然而和會是受最高會議操縱的，所以三國的專門委員核議時，依舊布散着不利中國的空氣。——美國委員雖主持公道，而英、法委員俱袒護日本。結果仍依日本的意思，把"德國在山東的權利讓與日本"等條文插入對德和約中，列爲約文的第一五六，一五七，一五八三條。中國代表一再要求把關於山東的條項聲明保留另提，俱不許；最後要求不用保留字樣，但於臨時分函聲明不能因簽字有妨將來的提請重議，仍不許。於是中國代表只得拒絕簽字，不出席於會場。他們報告政府的電文，有"不料大會專橫至此，……若再隱忍簽字，……將更無外交之可言"等語。

　　對德和約雖未簽字，對德戰爭的態度卻已由政府宣告中止。惟山東問題日本屢次催促重議，中國以未曾簽字爲由，屢次駁復拒絕，便成了久懸不決之局了。後來美國爲要籌議限制軍備和解決遠東問題，發起在華盛頓召集會議。一九二一（民國一〇）年八月十三日，正式照會中國外交部，請參與此會。十月六日，中國派施肇基、顧維鈞、王寵惠、伍朝樞充全權代表。十一月十四日，華府會議正式開幕。其中限制軍備委員會仍由英、美、法、意、日五國的代表組織外，關於遠東的問題，則由中、英、美、日、法、意、荷、葡、比九國的代表組織委員會來討論。

　　遠東問題委員會開會後，中國代表首先提出大體的意見。旋經美代表羅德提出下列四大原則，當經一致通過，認爲討論各問題的標準：

　　（一）尊重中國的主權獨立，和土地上行政上的完全。

　　（二）與中國以完全無礙的機會，俾得發展並維持他的穩固有力之政府。

　　（三）用全力來確立各國在中國的工商業機會均等的原則，加以維持。

　　（四）不得利用現狀，攫取特殊的權利。

這四原則通過之後，中國當然得到一個至優的機會，所以對於與中國有關係的諸提案多少達到一點希望或得到一點修正。④就是山東問題，也因英、美代表的調停，在會外解決。日兵分期撤去，膠濟路由中國用十五年期的國庫證券收回，派警接防；青島即於一九二二（民國一一）年十二月五日正式交還。至於其餘的租借地收回問題，除日本對於旅、大，英國對於九龍，仍託故不肯即還外，威海衛已由中、英會派委員磋議收回的辦法，廣州灣也由法政府電令法使參考威海衛情形預備交還中國了。——這都是華府會議的結果，是國際環境所迫促而成的自然局勢。

此外有兩事值得注意，便是民國成立以來，國民和政府兩方都在外交上留貽着努力自發的成績。這成績是什麼？一是國民外交的運動，一是政府新訂商約的改善。華府會議時，國民也舉派代表前往宣傳助理，而各國庚子賠款的退還，也多半由國民自己的努力所得，這便是國民外交的成績。至於新訂的商約，如一九一五年的與智利，一九一八年的與瑞士，一九二〇年的與波斯及奧國，一九二一年的與德國，⑤都把外國領事裁判權除掉，並約明關稅由中國自主，這便是新約改善的成績。最近外交界又與蘇俄⑥的代表迭次接洽，業於一九二四（民國一三）年五月三十一日簽訂中俄解決懸案大綱協定十五條、暫行管理中東鐵路協定十一條，正式恢復邦交。於撤銷領事裁判權和租界之外，對於外蒙的庫倫問題和東三省的中東路問題等，都得到一個較爲圓滿的解決。⑦

① 日本提出的五號廿一條，逼脅殊甚。其中一號四條，關於處分山東問題；二號七條，關於侵占南滿及東蒙問題；三號二條，關於攬奪漢冶萍公司問題；四號一條，爲脅認勢力範圍的老例，叫中國承認“沿岸港灣及島嶼概不租借或割讓於他國”。至於五號的七條，更進窺中國的腹地，簡直干涉全部內政了。今特摘錄這七條的大意在下面，以見當時實逼處此的危境：

　一、中央政府聘日本人爲政治、財政、軍事等顧問。

　二、日本人在內地設立寺院、學校，許其有土地所有權。

　三、必要地方的警察，作爲中日合辦。或由此等地方官署聘用多數日人。

　四、由日本採辦一定量數的軍械。或設中日合辦的軍械廠，聘用日本技師，採買日本材料。

　五、接連武昌與九江、南昌的鐵路，及南昌、杭州間，南昌、潮州間鐵路的建造權，許給日本。

　　六、福建籌辦路礦，整理海口（船廠在內），如需用外資，先向日本協議。

　　七、允許日本人在中國傳教。

② 當中國宣布參與歐戰的時候，協約各國便對中國提出（一）多招工人赴歐，（二）多運原料品，（三）與德奧人商務一律斷絕，（四）嚴行取締居留中國的德奧人，（五）德奧兩國租界移交協約國管理，（六）沒收德奧的船舶借給協約國使用，（七）南北從速調和，（八）海關德奧人一律解職等希望條件。中國答復，除第五項聲明由中國管理外，餘悉承認。同時中國也向協約各國提出（一）海關稅率實行值百抽五，（二）庚子賠款無息延期五年，（三）爲取締德奧人的緣故，得協約國同意後，可不受辛丑條約“天津二十華里內中國軍隊不得通過”的約束等希望條件。除俄國對第二項只允延期三分之一外，餘都由各國承認。

③ 一九一五年五月的中日條約，固然出於無奈。然一九一八年九月章宗祥又與日本訂濟順高徐豫備借款契約，而且當時答復日本外務省的照會，竟說“接奉貴翰，……提議關於山東省諸問題……中國政府……欣然同意”，則不啻自己再縛一道繩子。所以一九一九年四月二十二日之會，威爾遜便問中國的代表說：“爲什麼有一九一五年五月的中日條約？”中國代表說：“出於強迫。”又問：“一九一八年九月，歐戰將停，日本決不能再施壓迫了，爲什麼還有欣然同意的換文？”中國代表竟答不過來。照此看來，和會局勢的大壞，確都是中國自己弄僵的。

④ 當時在華府會議所提關於中國的諸案，如撤退外國駐兵案，撤廢領事裁判權案，撤廢在中國境內的外國郵局案，撤廢外國在中國的無綫電臺案等，都有一些結果。或一部分的實行，或調查後再議，或附條件的贊成，多少總變了些向來的態度，落了些便宜的機會。

⑤ 奧德兩國的商約，都是戰後改訂的新約，一掃從前利益均霑的惡例。

⑥ 俄國革命後叫做俄羅斯社會主義蘇維埃聯邦共和國。當初建蘇維埃政府時，雖暫以莫斯科爲中心，而統一全俄的運動，不曾少懈，因此與他同主義的獨立小國便漸漸重復搏合起來；遠東共和國既合併在先，烏克蘭等又與他新近聯合，全俄的境土，幾乎全復舊觀了。最近他竟廢去俄羅斯的舊稱，改做蘇維埃社會主義聯邦共和國，來表示他感化力的擴大。中國因與他的歷史關係太深，竟忘不了俄羅斯的名稱，所以現在仍舊簡稱他做蘇俄，或稱蘇聯。

⑦ 關於外蒙事件的解決，詳見外交部公布的中俄解決懸案大綱協定第五條。關於中東路事件的解決，詳見同協定第九條。暫行管理中東鐵路協定便根據這第九條而定，他的內容，便是中國未贖還前中俄各派管理人員的組織細則。

五　文學革命和國語運動

　　文學革命的運動不是七八年前憑空突起的。他的動機，早在二千年前已經伏下了。漢武帝時，丞相公孫弘奏稱：“詔書律令下者，……文章爾雅，訓辭深厚，恩施甚美；小吏淺聞，不能究宣，無以明布諭下。”那時在官的小吏已不能了解文章爾雅的詔書律令，何況百姓！可見中國的古文早就成了一種不適用於民間的死文字了。只因歷來科舉制度的擁護，卻拉拉扯扯地硬把這垂沒的壽命延長了二千多年。但違反自然的貴族文學終究壓不住平民文學的自然發生的，所以二千年來，模擬因襲的古文雖儘管得勢，而民間的白話文學也不聲不響地在那裏繼續成長，自由開展。①最近五百年中，白話小說的流行最廣，勢力既大，影響又深，於是把白話的知識和技術都傳播得很遠，竟超出平常所謂“官話”的疆域之外，不知不覺地寫定爲大家都懂的國語了。文學革命的容易成功，這便是憑藉的武器。

　　一九〇五（清德宗光緒三一）年，科舉正式廢止，古文的權威應該差些了。然而二十多年以來，雖儘有許多提倡白話書報、官話字母、簡字字母的人先後起來號召，但大家仍只認通俗易曉的條件而沒有明目張膽地主張白話文學是替代古文的。因此，古文的殘餘勢力依舊纏綿在一般所謂文人的腦裏。直到一九一七（民國六）年，方才有正式的“文學革命主張”在有力的雜誌上發表出來。

　　第一篇在新青年上揭載的，是胡適的文學改良芻議，他說：

　　　　文學者隨時代而變遷者也。一時代有一時代之文學，……因時進化，不能自止。唐人不當作商、周之詩，宋人不當作相如、子雲之賦，——即令作之，亦必不工。逆天背時，違進化之跡，故不能工也。……以今世歷史進化的眼光觀之，則白話文學之爲中國文學之正宗，又爲將來文學必用之利器，可斷言也。……

這文披露之後，陳獨秀接着發表了一篇文學革命論。於是正式舉起文學革命的旗子，竟首先呐喊着做這運動的急先鋒了。那革命的旗子上便明揭着三大主義：

　　　　推倒雕琢的，阿諛的貴族文學；建設平易的，抒情的國民文學。
　　　　推倒陳腐的，鋪張的古典文學；建設新鮮的，立誠的寫實文學。
　　　　推倒迂晦的，艱澀的山林文學；建設明瞭的，通俗的社會文學。

這主義標出了，當然會引起許多人的注意，那一年的新青年裏便有許多討論文學的通信。

明年過來，新青年的文字一律改用白話。這年四月，胡適又發表他的建設的文學革命論。那篇的大旨是：

　　　　我的建設新文學論的唯一宗旨，只有十個大字："國語的文學，文學的國語。"我們所提倡的文學革命，只是要替中國創造一種國語的文學。有了國語的文學，方才可以有文學的國語。有了文學的國語，我們的國語方才算得真正國語。

這麼一說，把從前種種的主張，都歸納到十個字，其實又只有

"國語的文學"五個字。於是新文學的旗幟更鮮明了，進行也就更順利了。但是響應的固然逐漸加多，[2] 而無聊的反對也就風動一時。

這爲什麼呢？原來自從民國成立以來，國體雖早變更，而新舊思想的衝突卻處處呈露，不容諱飾。兩度帝制的倏現，非法與合法的爭持，便是這種衝突的表現。不但政治界是這樣，而且一般社會的思想也不免這樣。各地人們的信念裏還是儘量容留着祭孔、復古、扶乩等把戲，一朝有人出來高唱非孔、疑古、斥迷信的言論，當然要引起衝突了。新文學的運動首先要打破因襲的思想，自更容易招人猜忌。所以那班自命衛道的人便連類共怒，竟把他們所反對的一切悉裝在新文學的頭上而狠狠地報以惡聲了。於是激起了幾度很劇烈的暗潮，結果便有林紓與蔡元培的辯論。[3] ——這辯論便可代表一般思想界的新舊衝突。

林、蔡的辯論是一九一九（民國八）年三月中間的事。過了一個多月，巴黎和會失敗的消息傳來，於是有"五四"、"六三"的學生運動。那時各地的學生團體，爲要便於宣傳起見，忽然發生了無數小張的報紙，全用白話。此外又有許多白話的新雜誌應時出現。[4] 一年以後，日報也漸漸地改了樣子了。如北京晨報的副刊，如上海民國日報的覺悟和時事新報的學燈，在當時竟做了三個最重要的白話文機關。到得一九二〇（民國九）年，便是素來十分持重的大雜誌也漸漸地趨向白話了。

至於國語統一的運動，也是近來教育界上一件很重要的大事。這事起原很早，當明季歐洲教士初來東土的時候，嫌華語華字的難通，便利用羅馬字母來拼音代替，已經伏下改革的動機了。中日交戰失敗以後，白話書報初起，各地的有心人爲要謀教育的容易普及，便創造好多種拼音的文字；內中得到官廳的提倡而風行較遠的，當推直隸王照的官話字母和浙江勞乃宣的簡字字母。到宣統年間（一九〇九——一九一一），國語教育的名詞便在官文書裏出現了。⑤

　　但在一般社會的觀念裏，還只是一個像前面所説的只認片面的態度。因此，進行上便不很爽利。直到國語文學的呼聲大張之後，又經過了幾番"全國省教育會聯合會"的提議采用和全國高等師範校長的會議推行，教育部才於一九一八（民國七）年十一月把五年前"讀音統一會"⑥所製定的"注音字母"公布。可見文學革命的運動很幫助了國語統一的運動不少。從此以後，教育部對於國語教育的實施便十分盡力。公布注音字母的後一月，設立"國語統一籌備會"。明年一月，通咨各省區"自本年秋季起，國民學校一二年級先改國文爲語體文"；旋又修正國民學校令，改國文爲國語。二月，據國語統一籌備會會員胡適、錢玄同、劉復、朱希祖、周作人、馬裕藻等所議，頒行標點符號。繼又開辦"國語講習所"，咨各省區選送合格人員入所講習。五月，咨各省區"在秋季始業前應就地籌辦國語講習所"。七月，又咨各省區分設國語統一籌備會。十二月，頒行國音字典。於是國語的教育乃漸得完成，而國語文學的進行也從此相得益彰；到最近變更新學制時，連中學課程中的國文也變做國語了。

① 漢、魏、六朝的樂府，唐代的白話詩和禪宗的白話散文，五代、宋人的白話詞，金、元時代的白話小曲和白話雜劇，明、清五百多年的白話小説，便是平民文學一線相承的演進。

② 一九一八年冬天，陳獨秀又辦了一個每週評論，也是白話的。同時北京大學的學生傅斯年等出了一個白話的月刊，叫做新潮。這時候，文學革命的運動，已經引起了大多數知識階級的同情了。到明年初，除了新青年、新潮、每週評論之外，北京的國民公報也有好幾篇響應白話的文字。

③ 林、蔡的辯論，揭載在北京的公言報上，不過兩封辯難的長信。林紓的信，是責備蔡元培的，説他不應在大學裏提倡新文學新道德，並容納這班有新主張的人充當教授。蔡元培的答信卻很明白地把當時一般人的誤會解釋了。因此，這辯論在當時很有關係，不但對新文學的進行加以助力，而且促起了不少旁的新精神。詳見新潮第一卷第四號（一九一九年四月）的附錄。

④ 這許多雜誌中，如星期評論，如建設，如解放與改造（後改稱改造），如少年中國，都有極好的貢獻，爲時代精神的表現機關。

⑤ 那時資政院議員江謙有"質問學部分年籌辦國語教育說帖"一件發表過，這國語教育的名詞便成立了。

⑥ 教育部爲要範正漢文的讀音，於一九一二年十二月頒布讀音統一會章程，召集開會。明年二月，該會開幕，凡會期三閱月，製定注音字母三十九個，並審定字音六千五百餘。

國史講話[*]

---

[*] 1924 年 10 月—1925 年 10 月作。北京孔德學校鉛印。

一　宋代的統一

唐代的藩鎮，大家知道了。那時候的節度使，真像現在的督軍：土地，人民，財賦，沒有一件不是由他做主。權力既大，自然要一天天的恣橫起來。以至節度使成了世襲的官職，不是兒子繼了父親的位，便是屬官殺了主人而自立。朝廷一切顧問不得。所以那時名爲統一，實在已經分裂了。

這樣的從唐至五代，擾攘了一百六十餘年，就連名義也禁不住分裂了。所以那時成了五代十國的局面。這個局面如何統一，大是難題。

宋太祖趙匡胤，本身也是後周的節度使。他受了部下的推戴，把黄袍披在他的身上，大家羅拜呼萬歲，就逼着周恭帝讓位，做了皇帝。他有一天，召了樞密學士趙普論天下事，喟然歎道：

“從唐季以來，數十年間，換了八姓十二君，弄得兵革不息，生民塗炭。現在要定一個久長的計畫，應該怎樣做才好？”

趙普答道：

“陛下説出這句話，真是天地神人之福！這些禍亂都是由于節鎮的權過重。若能稍奪他們的權柄，天下就自然安定了。”

太祖點頭稱善。

過了些時，太祖和他的故人侍衛都指揮使石守信等（這一輩人就是推戴太祖做皇帝的）飲酒。酒酣，太祖斥去了左右的人，對他們道：

“我不是你們也不會有今日的地位。但是天子也實在難做得很，倒不及做節度使的快樂！我現在竟弄得不敢安枕而臥了！”

石守信等聽了不懂，請問緣故。太祖道：

“這不難懂得，這個位子誰不願坐！就是你們沒有貳心，你們的部下又誰不要富貴！倘使有這一天，你們的部下把黃袍加在你們的身上了，你們便是不要做也不成了！”

石守信等聽了這話，驚慌極了，滴着淚，請太祖指示出一條生路。太祖道：

“人生像白駒過隙。所以要富貴，不過爲的是多積金錢，使得自己可以娛樂，子孫可以吃現成飯罷了。你們何不解去兵權，買了幾處好田宅，替子孫立着產業；還多買些歌童舞女，朝晚飲酒，歡樂地終了天年呢？你們如能這樣，我也和你們約爲婚姻。君臣之間兩無猜疑，豈不是一件很好的事！”

他們聽了，都感謝道：

"陛下替我們計畫得這般好，那真是我們的幸福了！"

大家回去，就假說疾病，請罷典兵。太祖一一依從，賞賜他們甚厚。

這一段故事，喚做"杯酒釋兵權"，是歷史上傳誦爲佳話的。

五代時，藩鎮強盛，要換一個節度使，必須先派人去疏通，並且發兵防備。這樣做去，尚有換不成的。太祖用了趙普的計畫，漸漸地削弱他們的權柄。每逢一個人出缺，就叫文官去接替。又添設各州通判，凡軍民之政都歸他統治，奏事得直達御前。又令節鎮所領支郡都直接隸屬于京師，他們也得自己奏事。于是節度使的權柄就輕下來了。

自唐玄宗以來，藩鎮屯了重兵，所收地方支稅都自行截留。五代時，他又令部下占據了場務（場務如鹽場礦場之類），中央更少了一筆收入。太祖用了趙普的計畫，命各州除了度支經費之外，所有金帛完全送到汴都。每一個節度使出缺，即命文官權知所在的場務。一路（宋初分國內爲十五路）的財政，設一個轉運使專管其事。于是各地方的財利盡歸到中央了。

太祖又命各州的長官，揀選本道驍勇的兵丁送到都下，補入禁衛兵。又從禁衛兵中選出強壯的兵，定爲"兵樣"，分送各道，召募教習；等到精練了也送到都下。又立"更戍"之法，分派禁衛兵戍守邊城，逐期掉換，使得他們常常往來道路，可以操習勤苦，均平勞佚。於是藩鎮不得把兵丁作爲自己的專有品了。

從前藩鎮跋扈專斷，屢屢枉法殺人，朝廷不能過問。太祖又命各州，凡定死罪，均須錄案奏聞，付刑部詳覆。于是藩鎮又不得專擅殺戮之權了。

以上都是太祖對付境內藩鎮的事。

那時宋的四圍，南有荊南、武平、南漢，西有後蜀，東南有吳越、南唐（南漢亡後，南唐自貶國號曰江南），北有北漢，依然是並峙爭雄的局面。不過這幾國都已積漸衰頹，而宋太祖恰承着後周世宗的餘烈，居然從小朝廷裏脱穎而出。許多積弱之國的中間，有這樣的如日方昇的一個新朝出來收拾他們，自然是望風而靡了。所以首尾十九年，統一運動竟得大告成功。現在簡單叙述於下：

九六三（乾德元）年，慕容延釗平荊南，得三州，十六縣。連着滅武平，得州十四，監一，縣六十六。

九六五（乾德三）年，王全斌收全蜀，得州四十五，縣一百九十八。

九七一（開寶四）年，潘美克南漢，得州六十，縣二百四十。

九七五（開寶八）年，曹彬下江南，得州十九，軍三，縣一百八十。

九七八（太宗太平興國三）年，陳洪進來朝，獻漳泉二州，縣十四。吳越國王錢俶亦獻其境内十三州，一軍，八十六縣。

九七九（太平興國四）年，太宗親征北漢，滅之，得州十，軍一，縣四十一。

宋滅各國，有的也借着些理由進兵，但没有理由的多。如南唐，既經遣使入朝，又去國號稱江南國主，行用宋的年號，小心謹慎極了，但太祖一樣的要滅掉他。那時曹彬打了年餘，江南國主李煜差了他的臣子徐鉉來説情，道：

　　“李煜無罪；陛下師出無名。煜以小事大，如子事父，没有什麽過失，爲什麽要伐他？”

太祖道：

“你説他如子事父，既是父子，豈可分做兩家！”

後來徐鉉又來請命，太祖按劍怒道：

“不須多言！江南本沒有什麼罪。但天下已成了一家，臥榻之旁豈容得他人鼾睡！”

所恨的，太祖太宗統一中國的事業還沒有做得完全，他們終究不能搶還契丹取去的燕雲十四州！

起初，石敬瑭借了契丹的力量，起兵抗後唐，既入洛陽稱帝，契丹乃割取燕雲十六州而去。這十六州的名目，是：

幽　薊　瀛　莫　涿　檀
順　新　媯　儒　武　蔚
　（以上十二州俱在今直隸省北境）
雲　應　寰　朔
　（以上四州俱在今山西省北境）

這十六州中，已由後周世宗收回了瀛莫二州。尚有十四州，太祖處心積慮地要去奪還。所以他平了荊湖西蜀，把收來的金帛別儲在一個庫裏，喚做封樁庫。又把歲終用度之餘也放在裏邊。他嘗對近臣説：

“幽燕一方淪落在外邦，覺得很是可憐。我想等這庫積了四五百萬，就遣使和契丹商量。如他們肯把這些地方還給我們的，我們便把庫中所藏酬謝他們。倘使不肯，我們也可以用二十疋絹買一個胡人的頭。他們的精兵不過十萬，只消費我們二百萬疋絹，也就把他們買盡了！”

太祖不久死了。太宗繼位，打平了北漢，想乘勝奪取幽薊；不幸大敗而歸。九八五(雍熙二)年又去，分三路進兵；不幸一齊敗了，勇將楊業(即小說和戲劇中所說的楊老令公，這一次戰爭即是楊家將中"八虎闖幽州"的一段事)也死了。

這是統一事業的一段恨史。

統一的局面，根本成立于中央集權之上。但中央集權得太利害了，地方的官長固然沒有反叛的能力，卻連勦治土匪的權力也沒有了，所以各處的盜賊也就乘勢起來了。看真宗時黃州知州王禹偁的一疏，就可知道一些約略：

"自五季亂離，各據城壘，豆分瓜剖七十餘年。太祖太宗削平僭偽，天下一家。當時議者乃令江淮諸郡毀城隍，收兵甲。撤武備者二十年，書生領州，大郡給二十人，小郡減五人。號曰長吏，實同旅人。名爲郡城，蕩若平地。雖則尊京師而抑郡縣，爲強本弱枝之術，亦匪得其中道也。臣比在滁州，值發兵輓漕，關城無人守禦。……城池頹圮，鎧仗不完。及徙維揚，稱爲重鎮，乃與滁州無異。嘗出鎧甲三十副，與巡警使臣彀弩張弓，十損四五。蓋不敢擅自修治，上下因循，遂至于此。今黃州城雉器械復不及滁揚，萬一水旱爲災，盜賊竊發，雖思備禦，何以枝梧。蓋太祖削諸侯跋扈之勢，太宗杜僭偽覬望之心，不得不爾。其如設法維世，久則弊生。救弊之道，在乎從宜。……今江淮諸州，大患有三。城池頹圮，一也。兵仗不完，二也。軍不服習，三也。濮賊(真宗時，濮州賊夜入城，掠知州王守信，監軍王昭度家)之興，慢防可見。望陛下特紆神斷，許諸郡酌民戶衆寡，城池大小，並置守提軍士，多不過五百人，閱習弓劍，然後

漸葺城壁，繕完甲冑，則郡國有禦侮之備，長吏免剽略之
虞矣。"

我們讀了這篇奏疏，可以知道<u>徽</u><u>欽</u>二宗時，<u>梁山泊</u>勢力之所以
大，與<u>金</u>人南侵之所以順利的緣故了。

二　契丹勢力的南漸(上)

　　契丹是東胡種(即今所謂通古斯族)，鮮卑宇文氏的後裔。他們從唐末興盛起來，直到北宋的末年才被金國滅掉。在這二百餘年(十世紀初至十二世紀初)之中，他們是亞洲最有勢力的一個國家，漢族始終俯首在他們的下面。他們的國號起先喚做契丹，後來改名爲遼。二十四史裏有一部遼史，即是專記他們的事的。

　　契丹起先不通中國，所以不知道他們有没有國家的組織。約在九世紀的後期，他們一族分做八部，每部舉出一個領袖，喚做"大人"。在八個大人的中間，再互選出一個總領袖，喚做"王"。王有特殊的旗鼓，可以號令各部。每隔三年，就換選一次。

　　這個法子行了三四十年，他們選到了阿保機。阿保機姓耶律，爲人很勇敢，又很有智謀，屢次攻戰都有成功。到了三年期滿，他不肯交代了。一連做了九年。七部的大人氣憤不過，乘着他的不備，用兵圍住了他，逼他交出旗鼓。他一時没法，對他們説，"自從我做了王，掠來的漢人很多。請你們許我帶了原有的一部和掠來的漢人住到古漢城(在今熱河承德縣西南，近古北口)去，自成一部罷"。他們允許了。古漢城的地土很肥饒，又有鹽池，他積聚了幾年，用了他的妻子述律氏的計策，邀集七部大人到鹽池宴會，埋伏了兵，把他們一齊擊殺了。接手就把七部完全攻滅，併成了一國。他又北侵室韋(今奉天北部地)和女真(即一八六○年割與俄國的東海濱省)，西取突厥故地(今綏遠及甘肅北部)，又監督了奚國(今熱河南部)，于是亞洲東北諸部族都爲他的聲威所懾服了。

　　唐亡那一年（九〇七），他帶兵三十萬侵擾雲州（今山西大同縣）。晉王李克用與他連和，希望他幫同攻擊朱溫（梁太祖），和他約爲兄弟，又送他金繒數萬。他也贈與晉王馬三千匹，雜畜一萬多。但他一回去，竟完全背約，反向梁朝進貢求封。因此，李克用非常恨他；到他臨死的時候，拔出一枝箭，付與他的兒子李存勗（即後唐莊宗），叫他必滅契丹。

　　契丹日益強大，阿保機就自稱皇帝，尊號天皇王，改元神册（神册元年是公元九一六年；阿保機即遼太祖）。

　　九一三年，盧龍節度使劉守光僭稱大燕皇帝，晉王出兵討伐。劉守光衰困不支，派他的參軍韓延徽到契丹求救。韓延徽到了契丹，不肯下跪。阿保機怒了，把他留住，發他到野裏牧馬。述律氏勸道：

　　　　“這人能守節不屈，乃是一個賢人。我們應當好好的待他，把他收用才對。”

阿保機依了她的話，召他來談談，果然很有主見。于是請他做了謀主，一切事務都去詢問他。韓延徽感恩圖報，教他們造起官署，築起城郭，立起市廛和里巷，使得他們的行政可以上軌道，掠來的漢人住在裏邊也可以得到家室的樂趣。又教他們墾種荒田，使得人民有正當的工作可做，國家的富力也可望增加。于是漢人安于生業，不想逃亡，而契丹也有了正式的國家的樣子。

　　幽州（即今北京）東面七百里的渝關（即今山海關），道路窄狹，最狹處只有數尺寬，兩旁都是很高的亂山，攀援不得，是一個極險要的地方。唐朝時，那地募了土兵做防禦軍，就把當地的田租完全供給軍食。幽州的官又每年送去繒纊，做戰士的衣服。這些土兵在收穫完工的時候，就肅清鄉野，堅修壁壘，防着契丹。契丹到了，他們閉了營不戰。契丹去了，他們立刻派驍勇的兵據在狹道上攔截。所以契丹常常失利，不敢輕於入寇。這些土兵也是爲了自己的田園盡力，奮勇防守，不假絲毫的勉强。自從周德威做了盧龍節度使，怠忽邊備，把渝關竟失掉了！阿保機要乘勢攻下幽州，述律氏又出主意，說道：

> "我們不必攻地；只須用了三千個騎兵到幽州城外刦掠，使得城中的糧食無從接濟，這地方自然不久是我們的了。"

他依了她的話，屢使契丹寇掠盧龍諸州。幽州城圈以外，也常有契丹騎兵的踪跡。漢人從涿州運糧到幽州，契丹兵往往伏在半途掠奪。弄得幽州城東十里之外，沒有人敢去做打柴牧羊的生活。

他們也屢次出兵和後唐開戰，可是那時後唐的兵力甚强，契丹倒大敗了好幾次，被擒了幾員大將。在後唐的一朝（九二三——九三六）之中，他們始終沒有得志。

九三六（後唐末帝清泰三）年，後唐的河東節度使石敬瑭謀反，和他的左右官吏商量反計。他的書記桑維翰建議道：

> "公是唐明宗的女壻，契丹主曾與明宗約爲兄弟。現在契丹的部落就在雲州應州（今山西北部）之間，公倘能推心屈節的事奉他們，得到他們的歡心，到要用着他們的時候，自然可以朝呼夕至。這樣做去，帝業那怕不成！"

石敬瑭聽了很得意，就令桑維翰做了表文，向契丹皇帝稱臣，並請用父禮來事奉他；約定帝業成功的日子，把盧龍一道（今直隸北部）和雁門關以北（今山西北部）的許多州一齊割與他們。他的都押牙（總管儀仗侍衛的官）劉知遠諫勸道：

“稱臣已儘夠了；稱他爲父是太過了！我們只要送些金帛去，他們的兵已是會來；若約定送與許多土地，恐怕他們將來要爲中國之患吧！我們到那時再懊悔，也來不及了！”

但石敬瑭皇帝心熱，那裏肯聽這種話！表文送到契丹，契丹皇帝耶律德光（阿保機的次子，即遼太宗）大快樂，立刻寫一覆信，答應到了仲秋，他自己帶了全國的兵來幫助他。

九月中，耶律德光帶了五萬騎兵——號稱三十萬——從揚武關向南，旌旗不絕的連着五十餘里。後唐的防務實在疏忽得很，雁門關竟沒有派兵去守，由得他們長驅直入。到了太原，紮起營來，有百餘里的長，五十里的厚。他們一到，就把後唐的兵打敗了一陣。

石敬瑭會想靠了契丹而得到帝位，難道別人就不會這樣想嗎？和他一般心思的人，就是趙德鈞。他是盧龍節度使，和契丹打仗屢次得勝，威名很大的。石氏既反，他自請出兵，卻按兵不動；一面秘密派人到契丹皇帝處請求，倘肯把他立爲中國皇帝，請把發來的兵南平洛陽，他就和契丹結爲兄弟之國。這個條件，當然比石敬瑭的輕得多，但是契丹因爲他的兵力很強，心中久已怕他，竟想答應了。石敬瑭聽得這個消息，驚惶非常，趕緊差桑維翰前去哀求道：

“大國帶了義兵進來，一戰就打得唐兵瓦解。趙北平父子（趙德鈞封北平王，其子延壽那時做河北道南面行營招討使）不忠不信，屯兵觀變，不是肯出死勁打仗的人，有什麼可怕！況且石氏得到中國，自然要竭盡中國的財富來事奉大國。皇帝又何必貪趙北平的一點小利呢！”

契丹皇帝還猶豫未決，桑維翰就跪在帳前，從早到暮，一路哭，一路爭。契丹皇帝没法，只得指了帳前的一塊石頭，對趙德鈞的使者説：

> "我早已把中國皇帝之位許了石郎；除非這塊石頭爛的時候，這話才可改了！"

於是契丹皇帝作了册書，命石敬瑭爲大晉皇帝；自己解了衣冠，替他穿戴。這一天，石敬瑭割幽、薊、瀛、莫、涿、檀、順、新、嬀、儒、武、雲、應、寰、朔、蔚十六州與契丹，再講定歲輸縑帛三十萬疋。契丹眼紅了三十年的地方，到這時始由他親手所立的中國皇帝雙手奉獻與他，而且陪贈了許多州，他們不但有達到願望的欣慰，實在是出于意料的成功呵！

契丹皇帝對石敬瑭説：

> "桑維翰爲你盡忠得很，不可辜負他，你應該用他作宰相！"

于是桑維翰就做了中書侍郎、同平章事（就是宰相）。石敬瑭預備奪取京城（洛陽），想留一個兒子守着太原，契丹皇帝叫他把所有的兒子一齊唤了出來，由他親自揀擇。結果，他選出了重貴，于是石重貴就做了河東節度使。

他們行到潞州，契丹皇帝對石敬瑭道：

> "我遠道來幫你，現在大事已成。我若南行，河南的人民一定要驚惶。你應當自己帶了漢兵南下，使得他們可以安心一點。我唤我的手下帶了五千騎兵，護衛你到黄河北岸。你倘然還不敢去，定要他們伴你渡河，要帶多少也隨你的意。我現在留在此地，等候你的消息。倘有緊急，我便下山

救援。等到洛陽定了，我就回去了。"

石敬瑭對于他這番厚意感激極了，和他執手泣下，不忍分別。隔了久久，方始忍淚別去。

石敬瑭行到洛陽，後唐末帝和他的后妃子女在宮中放火，自己燒死。他車駕入宮，召集百官，正式做了皇帝（他就是後晉高祖）。

自從他做了中國的皇帝，事奉契丹真是恭敬到了極度。表文上稱契丹皇帝爲"父皇帝"，自稱爲"臣"；又聽了契丹皇帝的訓令，改稱自己爲"兒皇帝"。每年輸送縑帛三十萬疋之外，吉凶慶弔，歲時禮物，以及珍奇玩好，路上絡繹不斷。但契丹皇帝只要有些小小的不如意，就派遣使者南來詰問，或者申斥。石敬瑭也只有卑詞謝罪。晉朝使者到契丹去，契丹對待他們驕傲得很，說的話使人難受。使者回來，把這些話傳出去，朝官和國民都覺得可羞可恥；但石敬瑭也是安然的受了。九三八年，契丹派人送寶册與他，加他尊號爲"英武明義皇帝"。他派兵部尚書王權去謝。王權不高興，對人道：

"吾的年紀已經老了，那還值得到沙漠中布帳裏去屈膝！"

他把這差使辭了。石敬瑭發怒，把他停官。

上面說的趙德鈞怎樣呢？他的兵雖强壯，但因他想做皇帝，利欲薰心，也就失了鬥志，很輕易的給契丹兵打敗了。他們父子逃到潞州，給契丹捉住，送到自己的國裏。趙德鈞見了述律太后，把帶去的寶貨完全獻上，幽州的田宅册籍也獻與她。太后問道：

“你前日爲什麼派人到太原行營中去？”

他答道：

“奉唐主的命令，與上國結好，請上國皇帝早日引兵
歸國。”

太后指了天，斥他道：

“你從我的兒子求做皇帝，説什麼謊話！”

她説着時，又指了心喊道：

“這心是瞞不得的！”

接着又道：

“我的兒子南下的時候，我曾警戒他：‘倘使趙大王引兵
北向渝關進發，你便須急急的引兵回國，太原也不必去救
了。’你既設心要做皇帝，何不先把我的兒子打敗，再慢慢的
打算也還不遲咧！現在你做了唐朝的臣子，既孤負了主人的
吩咐，不打敵兵，還要沾我們的光，趁火打劫：事到如此，
問你有什麼面目活在人世！”

趙德鈞聽了，慚愧得擡頭不起，答不出一句話來。述律太后又
問道：

“你的寶貨器玩是在這兒，田宅呢？”

“在幽州。”

“幽州現在屬那一人？”

“属太后。”

太后道：

“既是属了我，你還獻什麼呢！”

趙德鈞更慚恨了。從此以後，他總是鬱鬱不歡，吃不多東西。過了一年，就死了。他的兒子趙延壽在契丹，位至燕王。後來他仍想憑藉契丹的勢力，做中國的皇帝。皇帝又沒有做成，依然惹得一身的没趣。事在下講。

三　契丹勢力的南漸(中)

　　自從石敬瑭把燕雲十六州割與契丹，雁門以北的吐谷渾人（鮮卑部落，此三字讀如ㄊㄨㄩㄨㄣ）也就屬于契丹的統治權之下。他們受不住契丹的搜括和暴虐，便聚了部落千餘帳，從五臺山逃奔到中國來。遼太宗知道了，大怒，派使者到中國，責備石敬瑭不應收留契丹的叛民。責備的話很兇，把石敬瑭嚇出了病，不久就死了。晉朝大臣會議，奉石重貴（即是遼太宗選派爲河東節度使的）繼位，這便是後晉出帝。

　　出帝卻是一個傲氣的人，不像他的父親。他即位之後，到契丹告哀，只稱孫而不肯稱臣。遼太宗當然又大怒，立即派人來責問他，爲什麼不稱臣，又爲什麼不先行稟聞，聽候册授，就敢自己貿然登位。那時契丹的盧龍節度使趙延壽正想代了晉朝做中國的皇帝，屢勸他們滅晉，就議定了南征的計畫。

　　趙延壽投降契丹的時候，有一個牙將（低級軍官）喬榮，也一同投降，契丹派他做"回圖使"，到中國來管理販賣物品的事。自契丹派使斥責晉出帝之後，出帝和他的宰相景延廣有志自立，豫備和契丹開戰，就把喬榮囚了起來，把他們採辦販賣的貨物都沒收了，把在中國販賣貨物的契丹人都殺死了。許多大臣都説契丹有大功于晉，晉朝決不可做出這等事來，出帝便把喬榮放還契丹。他臨行時，景延廣對他大聲説道：

　　"你回去，對你們的主人説：先帝是北朝所立，所以奉表稱臣；今上是中國所立，對于北朝本沒有自己卑屈的義務，只因他不敢忘了先帝的盟約，要保持鄰國的交誼，所以自稱爲孫。這已經是儘夠客氣了，再沒有稱臣的道理！你們主人若是上了趙延壽的當，要來欺侮中國，我們這裏有十萬口橫磨的劍，足夠對付你們。將來你們打敗了，給天下人笑，可不要懊悔咧！」

喬榮因爲失了貨財，恐怕回去受罪，請他把所説的話寫了出來，帶至契丹。遼太宗一見，怒得更厲害了，立刻喚趙延壽帶了五萬兵丁，進攻中國；並答應他到了打下的時候，便把他立做中國的皇帝。趙延壽高興得很，極力計畫攻打的策略。

中國人受了無數契丹的氣，人心激昂了好久，所以兩國的兵接觸時，中國方面打了好幾回勝仗。晉出帝御駕親征，打得遼太宗屢次逃遁。打了兩年，契丹的野心還沒有達到。中國的財力固然窮竭了，契丹的人畜也死了無數。述律太后對她的兒子道：

「叫漢人來做契丹的主人，行嗎？」

「不行！」

「那麼，你爲什麼定要做漢人的主人？」

「石氏太負恩，容不得！」

「你便是得了漢地，也不能據爲己有；倘使我們敗了，豈不是我們更要傷損，更要懊悔！」

這時契丹頗有和意，晉朝的主和大臣桑維翰就乘勢勸出帝派使請和，卑詞謝罪。但遼太宗痛恨景延廣的大話，一定要他親到。出帝不答應，兩方又戰了。

　　杜重威是石敬瑭的妹夫，他做了元帥，要想學他的妻兄的老法子了。他自己握了重兵，還屢次奏請加兵；儘量加下去，連看守宮禁的幾百個兵丁也給他需索去了。別人要救兵，他一個也不撥；別人請打仗，他一概不允許。卻派遣心腹人到遼太宗處要求重賞。太宗道：

　　　　“趙延壽的威望本來太淺，不配做中國的皇帝。你若投
　　降，這位子便是你的了！”

杜重威聽了大喜，在營中伏了兵卒，請許多將官出來，把降表交給他們看；他們只得從命。他又命兵卒一齊到營外排陣。他們原已悶住了許久，聽得這個命令，以爲快要戰了，都高興得很，那知元帥原要解除他們的軍械！一時人人慟哭，哭聲滿野。這事傳出去，沒有一個對于杜重威不是切齒痛恨的。

　　遼太宗接受了他們的降表，喚趙延壽穿了皇帝的服裝，到晉營中撫慰兵卒。杜重威前去迎謁，他又把皇帝的服裝與他穿着。其實是戲弄，但趙杜二人卻都以爲契丹皇帝已經立了他們做中國皇帝了。當下，杜重威領了遼太宗南行，一處處去説降，勢如破竹地到了大梁。

　　出帝聽得杜重威等投降的消息，知道再不能挽回過來，即在宮中放火自焚。給人拉住，降了契丹。遼太宗把他們一家送至黃龍府（今吉林一帶）安置。

　　遼太宗在路上，就派人去捉景延廣。捉了來，怒聲問道：

　　　　“我們兩國失歡，都是你一個人鬧出來的。現在你們的

十萬口橫磨的劍到了那裏去了?"

他又喚喬榮來,叫他和景延廣辨證,重重的把景延廣羞辱了一番,才算把這口氣嘔出了。羞辱過了,便命將他送至契丹。他在路上乘了看守人的一個疏忽,自己扼住了咽喉而死。可憐這個英雄是失敗了!

九四七年春正月朔,晉朝的百官遙辭出帝,換了素服紗帽迎接遼太宗,伏在路旁請罪。遼太宗戴着貂帽,圍着貂裘,穿着盔甲而至;停了馬,教他們起來,換了吉服,撫慰一番。百官都呼躍而退。他到了洛陽,百姓看見他就驚慌逃避。他忙登城樓,喚翻譯官對他們道:

"我也是一個人,你們不用害怕! 我本不要到這兒來,原是你們的將官領我來的!"

遼太宗到了中國,全不知中國的政治,一味想搜括財物,搬回國去。趙延壽請他發給契丹兵士的飯錢,他說自己國裏是沒有這規矩的,只須放他們出去"打草穀"好了(打草穀,是搶掠)。於是契丹騎兵四出,分番到人家刧奪,京畿的居民,丁壯死在刀槍上,老弱死在溝壑裏,東西數百里間成了赤地! 但他又對管理財政的大臣說,契丹兵三十萬,平了晉國,應與優賜,叫他趕速營辦。那時府庫空竭,只得括借都城中居民的錢帛,自將相以下完全搜索過了。他又分派使者數十人到各州去括借,用嚴刑來壓逼,弄得民不聊生。這些錢帛收到之後,他並不賜與兵丁,卻藏在內庫裏,豫備帶回國去。于是內外怨憤,都想把契丹趕出國境。

遼太宗召集了晉朝的百官,對他們道:

"我們國土數萬里,君長二十七人,多麼偉大! 中國的風俗和我們大不相同，我有些不愛住。我想揀選一個人來做你們的主人，好不好？”

這班官吏連忙很恭敬地回答道：

　　“‘天無二日！’上國和中國的臣民都一心一意的推戴皇帝！”

遼太宗道：

　　“你們既要我做你們的主人，現在應該首先做的是些什麼事？”

他們一齊答道：

　　“王者初有天下，應該大赦。”

　　二月初一日，遼太宗戴了通天冠，穿了蟒紗袍（中國皇帝的衣冠），登正殿，奏樂，設儀衛，受百官的朝賀。中國官吏仍穿中國制服，契丹官吏仍穿契丹制服，分列兩旁。下詔稱“大遼會同十年”，大赦。

　　趙延壽因遼太宗負約，自做皇帝，心中怏怏。他託人到太宗處說情，說他已不敢望做漢天子，只想做皇太子。太宗冷冷的答道：“皇太子是應該由天子的兒子做的！”結果，只把他遷官，做了丞相。

　　後晉的時候，曾經行過鄉兵制；因爲村民不懂軍事，教了一年多，毫無成績，這事便停止了。但是無賴子弟經過一次鄉兵的集合，再也不肯回去種田，山林中的強盜從此多了起來。自從契丹滅了中國，放他們的兵丁出去打草穀，激起了民怨，又把他們的親信人做了節度使及刺史，他們初做中國的官，一切不懂，漢人中的壞人便去依附他們，教他們妄作威福，拚命搜括，于是人民的生活大起不安，強盜隨處都是：多則數萬人，少亦不下千百，攻陷州縣，殺掠吏民和契丹人。遼太宗看着這個情形，對他的左右道：

"我真想不到，中國的人民會得這般的難制！"

他就大動歸思了。

三月中，他帶了文武諸司數千人，諸軍吏卒數千人，宮女宦官數百人，盡載了府庫的東西回契丹。他在路上高興地説道：

"我在本國的時候，常常打獵，快樂得很。自從到了中國，只覺得氣悶。現在回去，死也不恨了！"

但他再沒有回去打獵的福分了，行到欒城（今直隸正定府），得了熱病而死。契丹人剖開了他的肚腹，放下數斗鹽，載着北去。中國人替他起一個綽號喚做"帝羓"（羓是醃肉）。

趙延壽要做皇帝的野心終沒有死，趁着遼太宗的死，自稱受他的遺詔，權知南朝軍國事。契丹永康王兀欲，是遼太祖的長孫，遼太宗的姪子，契丹諸將議立爲皇帝（即遼世宗）；他騙趙延壽飲酒，把他鎖了起來。趙延壽就完了！

晉朝的河東節度使劉知遠很有些強兵，他看着晉亡不救。有人勸他趕去了契丹，自做皇帝，他答道：

　　　　“契丹到中國來，只想得到一點財貨；財貨一滿足，他
　　們自然走了。我們等他去了，再去取他，豈不便當！”

　　後來他知道遼太宗死了，就由太原打入洛陽。一路的守城官望風
而遁，他就到大梁即皇帝位。這便是後漢高祖。

　　杜重威降了契丹，遼太宗把他的軍械數百萬悉數收去，軍馬
數萬匹完全送回契丹。他再沒有能力了。他每次出來，道旁人都
罵他，把瓦礫擲向他的身上。劉知遠做了皇帝，他又投降。劉知
遠把他的牙將殺了，家貲充公了，但用他做太傅。過了一年，劉
知遠死了，發下詔書，說他搖惑人心，把他和他的三子一起處
斬。路人對着他的尸首蹴踏詬罵，一陣子便踏得粉碎了。

　　可憐趙延壽和杜重威處心積慮，引契丹滅中國，結果卻便宜
了劉知遠！

四　契丹勢力的南漸(下)

後漢被後周所篡，劉知遠的胞弟河東節度使劉崇便據了山西十二州(均在今山西省中部)自稱北漢皇帝。他要報亡國之仇，也依了石敬瑭的故事，低首下心地向契丹求援，除了獻送金帛之外，並自稱姪皇帝，稱遼世宗爲叔皇帝，請行册封的典禮。遼世宗便派人册命他爲大漢神武皇帝。但是他們合兵打了幾回後周，始終沒有得手；劉崇反而氣死了。

後周世宗(柴榮)是一個極有才幹和勇氣的人。他打蜀，打南唐，都勝利了。在他的末一年(九五九)，他自己帶兵伐遼，取瀛(今直隸河間縣)莫(今直隸任邱縣)易(今直隸易縣)三州，把瓦橋關(在今直隸雄縣南易水上)以南都搶了回來。他本來想乘勝打下幽州，只因他病了，沒有達到這願望。

他死了一年，宋太祖就接受了皇位。太祖對於契丹，只取守勢，因爲要努力打平由節度使變成的各國皇帝，再沒有經營北方的力量。

宋太宗滅了北漢，又想乘勢打下幽州，所以他從太原一直東行，進圍遼的南京(即幽州)。當時兵勢甚銳，順薊二州都降與他了。契丹名將耶律休哥來救，大敗宋軍於高粱河，太宗逃了回來，宋軍死了一萬餘人。這是趙宋開國以來第一次吃的大敗仗。

遼景宗死了，他的兒子隆緒(遼聖宗)繼位，年方十二，由承天太后攝政。承天太后便是現在的戲劇和小說中最著名的"蕭太后"，她既懂治道，又知軍政，每回打仗，又能自己披甲督戰，所以官吏將士都肯聽她的命令。那時總管軍務的耶律休哥，又是一個極能作戰的人。於是契丹復到了全盛時代。宋太宗雖以新興的銳氣，終不能在他們的孤兒寡婦的局面之中得到勝利，連年用兵，只落得精銳喪亡了大半，勇將楊無敵（楊業的綽號）也戰死了。

一〇〇四年，遼聖宗奉了承天太后大舉攻打中國，深入內地。一時人心惶駭，都想避亂。宋真宗召集群臣，討論辦法：只聽得江南人王欽若提議避到金陵，蜀人陳堯叟提議避到成都。他更問宰相寇準，寇準道：

"臣要把獻策避地的人先殺了，把他的血釁了鼓，然後北伐！陛下若能御駕親征，契丹自然會得逃走。否則亦可想出一點奇謀，把他們擋住。若要逃到金陵、成都，徒然使得一處處的人心渙散罷了！"

真宗聽得這番議論正大，遂決定親征。

當時命朝臣出知諸州，在殿前受勑。寇準警戒他們道：

"各州的百姓都是兵；各州的府庫都是財。我不希望你們立戰功，只希望你們堅守。若是你們失去了一城一壁，可不要怪我用軍法從事！"

他把提議逃到金陵的王欽若出判天雄軍（今直隸大名縣），不准他辭職。王欽若嚇極了，在軍中整天閉着門，脩齋唸經，禱求佛菩薩的保佑。

宋真宗雖是親征，心中也着實害怕。寇準逼住了他，一定要前進。好容易到了澶州南城（今直隸濮陽縣城南），真宗望見契丹軍勢甚壯，又想停下了。寇準指揮衛士，把御輦向前開發，就渡過了黃河。真宗無奈，只得到了北城門樓（今濮陽縣）。遠近宋軍望見城樓上張着黃色的御蓋，知道真宗已到，大家跳躍着呼喊"萬歲"。這聲音傳播了數十里遠，軍氣頓時一壯。契丹料不到真宗能親來，聽得宋軍的歡呼，心中有些吃驚。他們數千個騎兵衝向城樓，宋軍迎上，擊殺了大半。真宗到澶州五天，契丹就請和了。

宋的舊將王繼忠降在契丹，他向遼聖宗言和好的利益，又寄書到宋營中勸和。真宗本來怕事，落得借此收場，就派曹利用到遼軍議和。承天太后對他說，他們這次所以出兵，爲的是要取還周世宗奪去的瓦橋關南的地方；現在如能把這些地方還給他們，當然無事。利用把這話回報，真宗道：

> "歸地的事沒有名義，我們不能答應。倘使他們要財貨，那麼，漢代已有'以玉帛賜單于'的故事，我們可以照辦。"

寇準正想把契丹打敗，使得他們向中國稱臣，並將幽薊之地一併獻出，聽得這話，大驚道：

> "照我的計策做去，可以保得百年無事。若這樣苟安地做了，數十年之後他們又要生心了！"

但真宗已怕得很了，說道：

> "數十年之後，自然又有人去抵禦他們了。我忍不得生靈的困苦，姑且聽了他們的話，和他們講和吧！"

寇準還是執意不肯答應。但這時有說他壞話的，以爲他想借着這回兵事，自己擡高地位，他受不下這種毀謗，只得答應了。

　　真宗再派曹利用到遼軍商議歲幣，對他道：

　　　　“若是實在没有法子，便是一百萬也没有什麽不可以。”

寇準聽得這話，連忙召了曹利用來，叮囑他道：

　　　　“這事雖是你奉了御旨，可以答應到一百萬，但我决不
　　　許你這樣做。倘使你對他們許過了三十萬，我就把你斬了！”

曹利用到了那邊，講定了每年送銀十萬兩，絹二十萬疋。並議定
名稱上宋爲南朝，遼爲北朝；南朝爲兄，北朝爲弟；宋真宗稱蕭
太后爲叔母。兩方便各自退兵。

　　這便是歷史上所謂“澶淵之盟”，是宋代種族史上的一件大
事。——後來遼興宗雖曾于一〇四二年派人又來求地，宋仁宗使
富弼前往，再三磋商，又加了歲幣銀絹各十萬，但兩國國交總算
没有破裂。自從澶淵之盟以後，雙方的和平居然保持了一百二
十年。

　　寇準從澶州回來，頗矜張自己的功績。先前在天雄閉門唸經
的王欽若到這時想報讎了，對真宗毁寇準道：

　　　　“城下之盟，春秋所恥。澶州這一回，以天子的尊貴而
　　　爲城下之盟，這是陛下的奇恥大辱！陛下懂得賭博嗎？賭博
　　　的人輸得快要完的時候，把所有的錢一齊拿了出來，做末一
　　　次的勝負：勝了便加倍，負了便完結。這唤做‘孤注’。陛下
　　　在那時，做了寇準的孤注，這是多麽危險呵！”

真宗聽了他的話很動心，對于寇準就漸漸地疏遠。並且爲他自己

湔除恥辱起見，假造天書，舉行封禪，做出許多粉飾太平，張揚功德的事。於是道教就大盛了。

遼聖宗是一個勤於治政的人，在位四十九年，契丹很是強盛。他死了之後，因皇位的爭奪，起了好幾次內亂，契丹從此不能振作。到了天祚帝，他專喜打獵，不留心國事，於是末運就到了。

契丹的東邊，有女真一族。女真分爲生熟二種：熟女真住在混同江（即今松花江）的西南，算是契丹的臣民；生女真住在混同江的東面，只算契丹的屬國，不算契丹的臣民。生女真風俗樸陋，人民強悍，善于騎射，勢力漸漸地強了。遼天祚帝喜歡打獵，屢次派人向生女真勒索優種的鷹，他們便爲他發兵到鄰國去尋覓，捕得獻上。後來不勝其擾，契丹的官吏又待他們很苛刻，他們積憤不平，就叛了契丹，立領袖阿骨打爲帝，國號大金。這是一一一五年的事。阿骨打即是金太祖。

遼天祚帝帶了七十萬人前去親征，但給小國寡兵的金打得大敗而歸。天祚帝敵不過他們，只得請和。金太祖説，和是没有什麽不可，但須歲送供獻的東西，契丹帝並須以兄禮奉事金帝。這便是契丹對中國的一副面目了！天祚帝不肯答應，和議未成。那時宋徽宗正想奪回石敬瑭割去的地方，約金國和他夾攻契丹，磋商的條件，是成功之後，金國把石敬瑭所割之地歸還宋國，宋國把按年送與契丹的歲幣改送與金國。但雙方出兵之後，金兵所向有功，宋兵卻連連的敗了。

金兵打破契丹的中京（今熱河平泉縣），西京（今山西大同縣），南京（今北京），天祚帝四面逃竄。一一二五年，他給金兵擒獲，封爲海濱王，契丹亡了。他們稱帝共九世，傳了二百十年（九一六——一一二五）。

契丹亡時，遼太祖的八世孫耶律大石率衆西奔，豫備興復。他隨走隨打，走了數千里，軍勢很大了。到了別喇薩軍（城名，在吹河上，今俄國中亞細亞七川州界内），他們的王棄國而逃。耶律大石就在這地建立都城，都城名作遜鄂爾多，國家名作西遼，自做闊兒汗，名作天佑帝（即是西遼德宗）。他們傳了八十餘年，居然成爲西域的一個大國，直到蒙古興起時才滅亡了。

契丹的帝系，列表於下：

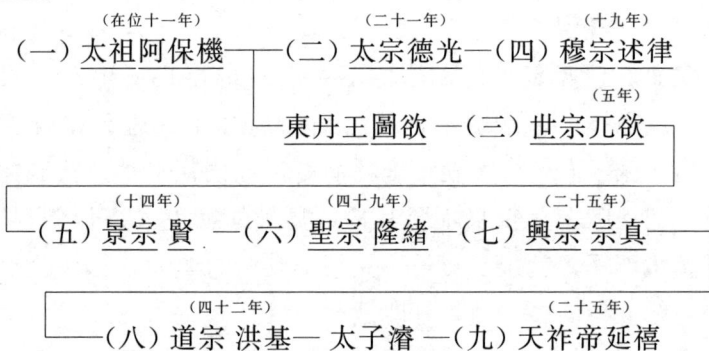

$$
\begin{array}{l}
\text{(在位十一年)} \qquad \text{(二十一年)} \qquad \text{(十九年)} \\
\text{(一) 太祖阿保機}\!-\!\text{(二) 太宗德光}\!-\!\text{(四) 穆宗述律} \\
\qquad\qquad\qquad\qquad\qquad\qquad\qquad\quad \text{(五年)} \\
\qquad\quad \text{東丹王圖欲}\ -\!\text{(三) 世宗兀欲}\!- \\
\end{array}
$$

$$
\begin{array}{l}
\text{(十四年)} \qquad\qquad \text{(四十九年)} \qquad\qquad \text{(二十五年)} \\
\text{(五) 景宗 賢}\ -\!\text{(六) 聖宗 隆緒}\!-\!\text{(七) 興宗 宗真}\!- \\
\end{array}
$$

$$
\begin{array}{l}
\text{(四十二年)} \qquad\qquad\qquad \text{(二十五年)} \\
\text{(八) 道宗 洪基}\!-\ \text{太子濬}\ -\!\text{(九) 天祚帝延禧}
\end{array}
$$

五　西夏的始末

自九世紀之末，迄十三世紀之初，這三百餘年之中，有一個民族在今甘肅陝西的北部，綏遠的南部建立一個國家，喚做西夏。這個國家的勢力固然不大，卻也不弱。記載他們的事實最詳細的，有清代張鑑做的西夏紀事本末三十六卷，在九種紀事本末之內。

你們還記得五胡十六國中有一個夏嗎？這個夏國是赫連勃勃立起來的。赫連勃勃本姓鐵勿，這個姓是"胡父而鮮卑母"的意思。他做了皇帝，都於統萬（今陝西北首橫山縣西）。他死了不久，夏國就給後魏滅掉了。這是第五世紀初年的事。

統萬城，到了唐朝名爲夏州，隸屬在朔方郡。唐僖宗時（八七五頃），有一個黨項［眉批：應作"党"］種的拓跋思恭做宥州刺史，進據夏州。黨項，是西羌種，爲今西藏族。但拓跋是後魏的姓，後魏是鮮卑種，爲今蒙古族。拓跋思恭之爲蒙族抑藏族，至今未能判明；但夏州一帶總是黨項羌所居住的地方，這是可以斷定的。那時黃巢打破了長安（八八〇），僖宗逃到成都，拓跋思恭糾集了夏州的華夷人民駐紮在武功（今陝西關中道屬縣）防守。黃巢敗了，僖宗還京，因他有保駕的功勞，賜姓李氏，任命他爲定難節度使。從此，他也成爲一個有力的軍閥。

唐亡之後，中原無主，他們世有銀、夏、綏、宥、靜（注見下）五州之地，雄視北方，儼然一國。

他們傳了九世，到李繼捧。這時適值宋代開國，兵威很盛，他覺得害怕，就於九七九年把他們世傳的地獻與宋朝。宋朝遣使到夏州，護送他的總麻以上的親族一齊到開封。繼捧的族弟李繼遷在銀州，聽得護送的朝使來了，謊報乳母死了出葬，便和他的黨羽數十人奔入地斤澤（在夏州東北三百里，今綏遠境）獨立。

夏州一帶的人民因爲李氏據地已有了一百年的歷史，不忍失去這樣的一個中心，多去歸依繼遷。繼遷聚了豪族，漸漸强大，打算興復。他到夏州去詐降，把夏州的官長殺了；又襲據銀州，打破會州。宋朝對他，雖也曾打了幾回的勝仗，但是要剗除他的勢力卻總沒有這個力量。

繼遷向契丹請降，契丹封他爲夏國王，把義成公主嫁與他。他有了契丹的幫助，在宋的邊疆上鬧得更利害了。宋朝沒有法子，只得復命李繼捧做定難節度使，鎮守夏州，賜姓名爲趙保忠，重重的賞賜他，教他招降繼遷。九九一年，繼遷請降。宋朝任命他爲銀州觀察使，賜姓名爲趙保吉。但結果，除留了這個姓爲對宋講和的地步之外，他依然是叛了。

九九七年，他遣使投誠，並請求給他一個節度使的職位。那時宋太宗剛死，真宗初即位，很想安撫他，就任他爲定難節度使（李繼捧因降了契丹，已執回開封），仍把他們向來佔據的夏、綏、銀、宥、靜五州完全割與。從此，西夏的基礎就很結實的站住了。

他得了五州之地，愈加驕傲；沒有多久，又來寇邊了。直到一〇〇三年，他襲破西涼府（今甘肅武威縣）時，才給吐蕃酋長射死。

他死後，子德明繼位。契丹原封繼遷爲西平王，這時仍令德明襲封。宋的將官曹瑋奏道：

　　“繼遷盤踞了河南的土地（五州地皆在河套之南）二十年，

弄得中國永遠有西面的憂患。現在他們國危子弱，正可一舉
撲滅。臣願得精兵若干，出其不意，把德明擒送到闕下。這
是復河南爲郡縣的一個好機會呵！這個機會一失掉，將來他
們更強盛的時候就要不可制了。”

但宋真宗因爲新與契丹講和，德明是契丹封的西平王，怕另啓邊
釁，不肯贊同他的計畫。

一〇〇六年，趙德明遣使到宋，奉表歸誠。真宗又授他爲定
難節度使，一樣的封爲西平王，賞賜甚多。德明要拿到中國的茶
帛，也表示極度的恭順。只是一件，宋朝叫他把子弟送來做抵
押，他説這不是先世的故事，不肯答應，單送駝馬謝恩而已。從
此，德明每年朝貢不絕，雖則他在自己的國中也如皇帝一般。

德明的兒子趙元昊，是一個有大志的人，他屢屢勸他的父親
不要向宋朝稱臣。德明總警戒他道：

“我們用兵已久，沒有什麼益處，只是弄得自己疲乏罷
了。我們一族，三十年來不披皮毛，改穿着錦綺的衣服，這
是宋朝的恩澤，不應該忘記的！”

但元昊答道：

“披着皮毛，做畜牧的工作，這原是我們一族人的本行。
英雄的出世，自有帝王的身份，管他什麼穿的錦綺！”

一〇三二年，德明死了，他嗣位。嗣位之後，他嚴明號令，用兵
法部勒諸部；做中國置文武班；立蕃文和漢文的學校；分命蕃漢
人做宰相以下諸官。那時華州有張吳二生，因爲考不上進士，投

到他那裏。凡是夏國的立國的規模，寇宋的方略，大都出于他們二人的指導。

一〇三四年，元昊改元開運。這是西夏國的第一個年號。一〇三六年，他自制蕃書（西夏文字）十二卷，形體方整，像中國的隸書，但筆畫重複，卻像篆書；又制了衣冠禮樂。他下令國中，一律改用新文字、新禮節。一〇三八年，他正式稱帝，建國號曰大夏，改元天授禮法延祚。他派人奉表到宋，表文道：

"臣祖宗本出帝胄：當東晉之末運，創後魏之初基。遠祖思恭，當唐季率兵拯難，受封賜姓。祖繼遷，心知兵要，手握乾符，大舉義旗，悉降諸部。父德明，嗣奉世基，勉從朝命。臣偶以狂斐，制小邦文字，改大宋衣冠，革樂之五音爲一音，裁禮之九拜爲三拜。衣冠既就，文字既行，禮樂既張，器用既備，吐蕃、達靼、張掖、交河莫不從服：稱王則不喜，朝帝則是從，輻輳屢期，山呼齊舉，伏願一垓之疆土，建萬乘之邦家。再讓靡遑，群情又迫，事不得已，顯而行之：遂以十月十一日郊壇備禮，爲世祖始文本武興法建禮仁孝皇帝，國號大夏，建元天授。伏望皇帝陛下許以西郊之地，册爲南面之君。敢竭愚庸，常敦歡好。魚來雁往，任傳鄰國之君；地久天長，永鎮邊方之患。至誠瀝歷，仰俟帝俞。謹遣使奉表以聞。"

這樣一篇又利害又客氣的表文，宋朝收到了確是非常躊躇，樞密院裏議了數天不能決定。但到底削去了他的賜姓和官爵，斷絕了互市；又揭榜於邊，募人有能生擒元昊的，或斬了他的首級來獻的，即授爲定難節度使。然而這事有誰去做呢？

那時，他據有十八個州，名目如下：

夏州（今陝西橫山縣西）

銀州（今陝西米脂縣）

綏州（今陝西綏德縣）

宥州（今綏遠伊克昭盟鄂爾多斯右翼後旗地）

靜州（今陝西米脂縣北）

靈州（今甘肅靈武縣）

鹽州（今甘肅鹽池縣）

會州（今甘肅會寧縣）

勝州（今綏遠托克托、薩拉齊二縣）

甘州（今甘肅張掖縣）

涼州（今甘肅武威縣）

瓜州（今甘肅安西縣）

沙州（今甘肅敦煌縣）

肅州（今甘肅酒泉縣）

洪州（今陝西定邊縣）

定州（今甘肅平羅縣）

威州（今甘肅靖遠縣）

龍州（今綏遠伊克昭盟前套地）

他的都城建在興慶府（今甘肅寧夏縣），背着賀蘭山，對着黃河，是一個形勢很好的地方。

趙元昊屢次侵邊，使得中國疲於應付。判永興軍的夏竦揭牓道：

“有得趙元昊頭者，賞錢五百萬貫，爵爲西平王。”

元昊知道了，派人到中國的市上，帶了幾卷蘆簾，假作賣蘆簾的，到一家飯館裏去吃飯。陝西的蘆簾非常高，帶不進屋去，就靠在飯館的門外。吃完後，轉身就走，算是忘記了。到了晚上，飯館裏的人看牠還沒有人拿去，以爲可以吞沒了，很快樂地展開來一看，原來裏面貼着一張牓文。牓上寫道：

"有得夏竦頭者，賞錢兩貫。"

夏竦聽得這件事，趕快叫他們藏匿，但大家早已宣傳出去了；他非常的慚愧。

元昊雖屢次打勝，但兵士死亡了許多，西夏人民很怨他。那時中國的兵倒練習得很好，也出了幾個名將；如韓琦、范仲淹等雖是書生出身，然而號令嚴明，士卒愛戴，使得西夏畏服。邊境上的中國人民曾替他們唱出一首歌謠，道：

"軍中有一韓，西賊聞之心膽寒。
軍中有一范，西賊聞之驚破膽。"

元昊既不能大大的開闢疆土，中國方面勢又逼人，於是他又有服屬的心思了。一〇四三年，他遣人來投誠，表文上稱"男邦泥定國兀卒曩霄（泥定是西夏的正名；兀卒是西夏人對於國王的稱謂，譯言吾祖；曩霄是元昊的改名）上書父大宋皇帝"。他只肯稱男而不肯稱臣，正與後晉出帝一樣。但宋朝一定要他稱臣，並說兀卒的名號不成體統，一定要換過。磋商了一年多，元昊果然肯稱臣了；但稱臣是要有代價的，這代價要的非常大。現在把他的誓表上的話開出一筆賬：

每年賜絹十三萬疋，銀五萬兩，茶三萬斤。
進奉乾元節，回賜銀一萬兩，絹一萬疋，茶五千斤。
進奉賀正，回賜銀五千兩，絹五千疋，茶五千斤。
每年賜中冬時服，銀五千兩，絹五千疋。
賜生日禮物銀器二千兩，細絹一千疋。

韓琦、范仲淹都說他要索太多，不要答應他。但宋仁宗也像真宗一般的厭於用兵了，甚願借這稱臣的面子將就收場，再也不肯聽他們的話，遂冊封元昊爲夏國主，賜物一切照辦。

宋朝送與遼的歲幣，上面已經講過了的，到這時又憑空添上了西夏的一筆。雖是得了他稱臣的卑詞，自己又有賜給的榮名，實際上無異於加上一宗賠欵。趙元昊得了這一宗賠欵，很可以補償他歷年用兵的損失，並供給他休養國家的用度；但宋朝卻真弄得民窮財盡了。

自西夏請和之後，中國的西部平靖了二十餘年。傳到元昊的孫兒秉常，又大舉的侵邊。雖是終沒有得志，但宋神宗時的財政因此更艱窘了。直到北宋的末年，他們沒有停手。宋朝南渡之後，夏與宋就沒有什麼關係了。

十二世紀的中叶，夏仁宗繼位，軍政漸衰，又内多亂。有一個任得敬，因平亂的功勞，位至宰相。他相了夏國二十餘年，起了變心，想要篡位，先誣殺了許多近親的大臣。仁宗看他的勢力漸漸逼近，沒有法子，把國中西南路的地分給與他，使他自立爲一國；並上表于金帝，替他求封。金帝知道他的來意，不允許。任得敬聽得這個消息，心中害怕，不敢動手，便被仁宗殺了。

十三世紀的初年，夏襄宗爲蒙古所攻，力量不支，只得投降，並獻女爲好。夏神宗時，蒙古又來攻了，神宗傳位與子獻宗，自號上皇。蒙古連手打下許多城邑，獻宗憂悸而死。他的姪兒睍即位。一二二七年，睍力竭出降，元太祖把他殺了。

夏自拓跋思恭據地至元昊立國約一百五十年，自元昊立國至此約二百年。他們對付宋、遼、金、元四國，向背無常，看了四國的強弱來定對付的方針。又因僻處西方寒瘠之地，不當衝要，不甚受強國的壓迫。所以他們的國運會得這般的長久。

夏帝系表

```
        在位十七年              二十年                 十九年
(一) 景宗元昊 ──(二)毅宗諒祚 ── (三) 惠宗秉常 ─┐
┌────────────────────────────────────────────┘
│      五十二年              五十五年               十二年
└(四) 崇宗乾順──(五) 仁宗仁孝 ── (六) 桓宗純祐
         │                                      六年
         └── 越王仁友 ── (七) 襄宗安全 ─┐
┌──────────────────────────────────────────┘
│                                                十二年
│  某 [眉批：某似宜與          彥宗 ──(八) 神宗尊頊 ─┐
│      仁孝、仁友並。]                                  │
┌──────────────────────────────────────────────────┘
│      三年
└(九) 獻宗德旺
    │              一年
    └── 某 ──(十) 南平王睍
```

六　女真的勃興(上)

　　十二世紀的初年，有一個很僻陋的民族勃然興起於黑龍江邊，在十五年之内打滅了一個强國，又占據了半個大國，執掌亞洲的牛耳有一百年的歷史，這就是女真。這確是很可駭詫的事。

　　契丹是蒙古族。女真在契丹的東邊，是東胡種，即滿族。他們的地方南接高麗，東到日本海，恰當現在東三省東北大部和俄領沿海洲。他們的國名(或部族名)，自漢魏以來中國書上所記没有一定，他們的組織如何也不能確實知道：實在他們離中國太遠，太少接觸了。隋唐時，他們唤做靺鞨，分爲黑水和粟末二大部。唐太宗打高麗時，粟末部曾經出兵十五萬，幫了高麗把唐兵打敗。到唐玄宗時，黑水部酋長到中國來入朝，玄宗賜他姓名爲李獻誠，將他所據的地方立了黑水府，就任命他爲黑水府都督。後來粟末部漸强，建立渤海國；黑水部臣屬於他，再不前來進貢，這黑水府就無形地取銷了。五代時，契丹强盛，渤海國給契丹滅掉。靺鞨民族亡國之後，散住在混同江(即今松花江，在吉林省界内)一帶。他們住在江的西面的，算是契丹的百姓，稱爲"熟女真"；住在東面的，不算是契丹的百姓，稱爲"生女真"。但生女真雖不是契丹的百姓，卻也是契丹所管。後來契丹因避興宗(宗真)的名諱，把女真的真字缺去末二筆，變做女直。

　　生女真僻處東北，風俗極樸陋，體質極强悍，善於騎射。他們裏面有一個完顏部，世居按出虎水(按出虎，譯言金)的源頭。遼道宗時，完顏烏古鼐做遼的節度使。他的先人在本地已有了六代的經營，所以到他那時基礎已經打得很好，漸漸地强盛起來。鄰近的部族附屬他的很不少。他有九個兒子，同心協力，開闢疆土，在許多的部落中就成爲最强的一部。

烏古廼的孫兒有一個名喚阿骨打的，很有雄才和大志。契丹曾經起過一次叛亂，自己打不平；阿骨打幫了他們就打平了。他從此知道契丹雖大，並不可怕。遼天祚帝是一個嗜好打獵的人，每年差人到女真去索取名鷹和海東青（海東青是一種獵鳥，能捉天鵝），女真人不勝其擾，他派去的使者又是貪黷的很，以至鬧得怨聲載道。阿骨打趁着這個機會，起了諸部的兵二千五百人反叛契丹。契丹國家雖大，但竟没有剿滅他們的能力。

一一一五（宋徽宗政和五，遼天祚帝天慶五）年，女真的將佐一齊勸阿骨打改稱尊號。阿骨打遂即皇帝位，國號大金（當以按出虎水得名，但阿骨打自己説是取不變不壞之義），改元收國。這便是金太祖。

天祚帝聽得這個消息，發下詔書，招他降順；他寫的回信也招天祚帝降順。天祚帝去的詔書稱他的姓名；他寫的回信也稱天祚帝的姓名。天祚帝受不下去，發兵七十萬親征。但金的鋭氣方張而遼的暮氣已盛，七十萬大兵竟没有用！

契丹屢屢打敗，只得向金國求和。有人對金太祖説，自古英雄開國，一定要先求得大國的封册的。太祖依他的話，就請遼帝對他行封册的典禮；並且要求遼帝歲貢物品，稱他爲兄。天祚帝不敢不依他的請求，但又不願意這樣辦：弄些小巧，册封他爲"東懷國皇帝"，册文中也没有稱他爲兄的話。東懷是什麼？原來即是周書上説的"小國懷其德"的意思，他看金是東邊的小國呢。金太祖懂得這個道理，把封册退了回去。

起初，宋朝的内侍童貫領兵打吐蕃，奪回失去的三州，頓時驕傲得不可一世，以爲契丹也對付得過了，自請出使遼國，偵看風色。有一個燕人馬政，前去見他，和他規畫奪回幽州一帶土地的計策；他聽得很高興，就帶他回宋，換姓名爲李良嗣，領到徽宗處，把這番意思説了。徽宗聽他説出宋與女真夾攻契丹的一個奇計，也非常高興，賜他姓了國姓。從此，馬政變爲趙良嗣。不久，就差他由海道到金通好，説明這個主意。金太祖答應了。

　　金太祖要見一見他自己的手段，就出兵伐遼的上京，邀趙良嗣同行。果然馬到成功，守將把城降了。當下他們二人議定夾攻的計畫：金國打遼的中京（今熱河平泉縣），宋國奪取燕雲故地。但宋國收回了燕雲以後，應送金國歲幣若干。趙良嗣回宋，把這些情形報告徽宗，徽宗滿心歡喜，答應事成之後，把送與遼國的歲幣照樣送與金國。

　　遼天祚帝碰着這樣的强鄰，還是只管打獵。金太祖打到中京時，天祚帝正盤桓在鴛鴦濼（湖名，在今熱河赤峰縣西）上，聽得這個消息，慌張失措，只得輕騎逃入夾山（在今察哈爾豐鎮縣西）。金兵乘勢攻克西京（今山西大同縣）。

　　宋國爲履行夾攻的協約，由童貫帶兵伐燕；不想竟被遼將耶律大石打敗了。第二次交戰，又在蘆溝橋（在今北京城西南三十里）失敗。童貫滿腹的高興，竟受了這兩次的挫傷；恐怕回不得朝廷，只得秘密派人到金國，請把燕京也歸他們打下。金太祖知道有利可圖，就帶兵由居庸關（在今北京西北一百里）打入燕京。

　　起初，宋國與金國約定的是要取還石敬瑭割與契丹的故地；後來想起營州（今直隷昌黎縣）、平州（今直隷盧龍縣）、灤州（今直隷灤縣，以上三州今俱屬津海道）是五代時劉守光要做大燕皇帝而割與契丹的，也要收了回來。屢次派趙良嗣到金國請求，金太祖只是不許。他不但不許加給這三州，並且責備宋國出兵失期，還不應當遵照原約給地，只肯給燕京及山前六州（薊、景、檀、順、涿、易，今京兆及津海、保定兩道的北部，山前謂燕山之南）。後來他打下了燕京，便給宋國一封信，説道：

　　　“燕京是用本朝的兵力打下來的，所有的租稅應當完全
　　歸本朝收取！”

宋國急切要得地，答應他在歲幣四十萬之外再加代稅錢一百萬
貫，糧二十萬石，換取燕京和六州；初時的奢望是打消了。金人
既受了宋國的錢米，卻又把燕京的職官和富戶一概遷徙到自己境
內。童貫等到得燕京，可憐只是一所空城了！

　　女真未建國時，是沒有文字的。自從他們日益强盛，捉獲了
契丹人和漢人，方始行用契丹文和漢文。金太祖很看重文字，叫
他的子弟都去學習；又命完顏希尹製了女真字體，頒行本國；還
在各處訪求文學之士，邀他們到國都中去闡揚文化。一個草野的
民族，開始與經過數千年的陶冶的漢族文化接觸，當然興起極深
的景仰心，願意急急的同化了。於是太祖阿骨打改名旻，他的弟
弟吳乞買改名晟，斜也改名杲，算是“日”字頭的一輩；他的兄子
黏沒喝改名宗翰，斡本改名宗幹，斡離不改名宗望，弟子蒲盧虎
改名宗磐，算是“宗”字排行的一輩。姓呢，都是完顏。

　　太祖在位九年，死了。弟晟繼位，是爲太宗。

　　金太宗三年（一一二五），捉獲了遼天祚帝，遼國完全滅了。

　　遼國的平州軍節度副使張瑴降金，太宗任爲平州留守。過了
不多時，張瑴叛了金國，把平州獻與宋國。徽宗貪了一點小便
宜，歡迎他投降。太宗派兵打平州，張瑴逃入燕京。太宗派人責
備宋國，宋國怕他，只得殺了張瑴，把首級送去。這是金人恨宋
的一件事。

　　宋的內侍譚積宣撫兩河燕山諸路，很收了些金國的叛亡之
民。金人向他索取宋人所許的錢糧，他又說這是趙良嗣口頭答應
的，沒有憑據，不肯照付。這又是金人恨宋的一件事。

　　遼天祚帝逃匿在夾山時，宋國秘密派人去教他投降自己。遼

帝雖然沒有來，但金與宋的仇怨又因此深一重了。

　　積了這許多仇恨，金太宗便決意南伐。宗望打下幽州，長驅而進。宋人四面逃竄，沒有一個能抵禦他們的。金兵到了內地，徽宗急得沒有辦法，只得下詔罪己，向各處徵兵，自己傳位於太子桓（欽宗）。那時太學生陳東等伏闕上書，請殺弄權誤國的大臣和宦官蔡京、童貫、王黼、梁師成、李彥、朱勔六賊以謝天下（蔡京、王黼是誤國的宰相；童貫、梁師成是擅弄威福的宦官；李彥是在西北搜刮民財的；朱勔是在東南搜刮民間珍寶的——即花石綱）。欽宗聽從了他們的話，把這六賊殺的殺，逐的逐。朝廷上算有了一點新氣象。

　　欽宗派使者到金軍求和，宗望不答應。一一二六（靖康元）年，宗望渡過黃河，直逼汴京。欽宗嚇極了，豫備逃走；兵部侍郎李綱泣諫，請死守這個國都。欽宗便任他為親征行營使，抵禦金軍。太宰李邦彥等都主張割地求和，欽宗便派人到金營去請求。宗望對使者"望天討價"，說出以下的幾項條件：

　　（一）犒師金五百萬兩，銀五千萬兩，牛馬一萬頭，表段一百
　　　　　萬疋。
　　（二）割中山（今直隸定縣）太原（今山西陽曲縣）河間（今直隸
　　　　　河間縣）三鎮之地。
　　（三）尊稱金帝為伯父。
　　（四）以宰相和親王送金國做押頭。

使者回來說了，欽宗為急于救亡，不敢"着地回錢"，一一的答應了。第四項最容易做到，立刻令他的弟弟康王構和少宰張邦昌前往做抵押的專使。第三項也不費力。只是第一項最難：他刮借京城中民財，只得到金二十萬，銀四百萬，一切的藏蓄都已空了，還沒有達到金人所要索的總額的二十分之一！

　　過了幾天，四方勤王之師漸漸來了，欽宗又想戰了。都統制姚平仲夜襲金營，不幸沒有得勝，他自己逃走了！欽宗嚇得很，

廢了行營，免了李綱的職，表示對于金人道歉。陳東和京城市民數萬人伏闕上書：請復用李綱。欽宗勉强聽從他們的請求，改任李綱爲防禦使。

金人疑心康王不是真的親王，要換一個王爺去代。欽宗命弟肅王樞前往，康王和張邦昌都回來了。宋爲履行第二項的條件，把割三鎮的御筆書送去。宗望得了這書，不等到金幣數足，就拔隊回國。但宋的外交政策太胡亂了，一方面發御筆書割地，一方面又密詔這三鎮固守不割。不但如此，還送臘書（放在臘丸中的密信）給遼的貴族，要他們做内應，以爲他們抱着亡國之痛，一定肯答應的。以前是想和金夾攻滅遼，現在是想和遼夾攻平金了！但天下的事情那有這般容易！

臘書發了幾通，都給金人捉獲。金太宗很怒，又命宗望和宗翰分道伐宋。宗望克了真定（今直隸正定縣），長驅到汴。宗翰克了太原和洛陽，也長驅到汴。宋國累次派使請和，二帥要求盡割了河東河北兩路的地（即今直隸山西兩省），才肯罷兵。

正在磋商和議的時候，有一個兵丁，名喚郭京，自己説能用"六甲法"（六甲是一種役使鬼神的方術，即呼風喚雨之類）生擒金國的兩帥。欽宗這時也急昏了，聽得有這種不勞而獲的便宜事情，樂得一試，就賜與金帛數萬，叫他自己募兵。郭京盡喚守禦的兵下城，自坐城樓上出兵挑戰。金人鼓譟而進，郭京的兵完全敗死。郭京道：

"不忙！只要我自己下去作法。"

他下了城，竟引了餘兵逃去了。金兵登到汴京城上，守城的兵一時大亂，逃得精光。這算是北宋亡國的一齣趣劇！

這時，欽宗只得帶了大臣，自到金營中奉表請降；並照了他們的要求，獻出河北路與河東路。金人不肯就此罷休，加索金一千萬錠，銀二千萬錠，帛一千萬疋。宋國比以前更窮，而金國的需索比以前更兇，那裏能夠足數！一一二七（欽宗靖康二，高宗建炎元）年，金人再邀欽宗到營中，續逼徽宗出宮，后妃太子宗戚男女三千餘人悉赴軍前，城中子女、金帛、寶玩、車服、器用、圖書，没有一件不搜索而去，公私上下一切都空！

金國二帥令宋國百官議立異姓做中國皇帝，百官仰承他們的旨意，連署推張邦昌。金人就册封張邦昌爲楚帝，帶了徽宗、欽宗以及宗室的許多人北還。二帝到了金國，金太宗封徽宗爲昏德公，欽宗爲重昏侯，把他們送到五國城（今吉林三姓城）居住。後來他們就死在那裏。

北京前門外有一條延壽寺街，諸位知道嗎？延壽寺是遼金時一個極大的寺院，現在的琉璃廠一帶統統是寺中的基地。聽説宋國的二帝送到北方時，曾在這個寺裏居留了幾天。

經了這一回的變故，中國就亡了一半。後來康王構（即高宗）雖繼續了宋室的帝位，但只是一個偏安于南方的局面了。

七　女真的勃興(下)

演說宋朝的歷史的，有三部重要的小說。一部喚做楊家將，是講北宋與契丹的戰事的。一部喚做水滸傳，是講北宋末年的强盜生活的。一部喚做精忠傳(一名說岳傳)，是講南宋與女真的戰事的。精忠傳一書共有八十回，用岳飛一人做綫索，叙述女真的兇暴，奸臣的誤國，很是淋漓盡致，所以戲劇中也有幾齣著名的戲是從這書裏出來的。諸位不曾見過八大鎚嗎？這齣戲一名朱仙鎮，乃是岳飛大破金兀朮的一段事。戲場上的兀朮塗了滿臉的金碧，戴了翎頂，披了狐裘，兩手揮著兩個銅鎚，何等的威風凛凛！卻被岳家軍中四個善使銅鎚的將官殺得大敗，連呼"阿喲"而遁。岳家軍真利害呵！

金兀朮是誰？金是他的國名，兀朮是他的原名，宗弼是他的漢名。他是金太祖的第四子，所以江南人喚他爲四太子。在北宋滅亡之後，他屢屢帶兵南下，想打平南宋。只是他的運氣没有像他的哥哥宗望(二太子)那麼好，連次給韓世忠和岳飛打敗了。但他雖打了敗仗，他的威名可真不小。現在人儘多不知道阿骨打(太祖)和吳乞買(太宗)的，卻很少人不知道金兀朮。這因爲金國開國後半期中的兵威差不多是他一個人的活動，而且他又深入中國的南部，所以大家容易記清楚了。

自從徽欽二宗被擄北行之後，大楚皇帝張邦昌因爲没有金兵留衛自己，人心又不服，只得迎接康王構登了帝位，這便是南宋高宗。高宗用了李綱爲右僕射(宰相)兼御營使，把主和誤國的李邦彥、張邦昌等貶的貶了，殺的殺了。李綱整頓軍政，一時狠有些振作氣象。但是金人的兵力這樣大，大家只想避去他們的鋒鏑，那敢同他們對壘，高宗究竟不是一個勇敢的人，禁不住左右的慫慂，所以李綱相了七十餘天就免職了。陳東又上書，請留李綱，並罷斥主和的人。奸臣黃潛善等因爲他的話與己不利，借端觸怒了高宗，把他殺了。但陳東實在不認識李綱，只爲謀國家的利益而得了死罪。他死的時候，許多人都替他流淚。

李綱免了，陳東殺了，於是定計南遷，御駕到了揚州。那時金國的宗望已死，宗翰、宗輔、宗弼等分道伐宋。一一二八（高宗建炎二）年，宗弼又打到了汴京。明年，宗翰渡過淮河，離揚州很近了。高宗得訊，立刻逃過長江，到了鎮江，又逃到杭州。宗弼野心勃勃，請得太宗的許可，大起北方的兵來伐宋。他路過的地方，隨即下令，禁止百姓穿著漢式的衣服，又勒令他們照了金國風俗，剃去前額的髮，不照樣的便殺。他們分了兩支兵渡江，打破江東（今江蘇、安徽）江西（今江西）兩路的諸府州。高宗又逃到明州（今寧波），坐在船上避敵；後來又到溫州。宗弼到了杭州，大燒大掠而去。高宗回到越州（今紹興），收拾遺民，江東和江西兩路算又取了回來；但是四京卻完全屬於金國了（四京的名目，是東京開封府，西京河南府，南京應天府——今商丘，北京大名府）。

宗翰南下時，金太宗叮囑他，等到平了宋國，仍當依張邦昌舊事，在宋臣中立［眉批：“立”可改“找”。］出一人做中國的皇帝。他所以這樣做，乃是要用中國人攻中國，使得金國自己可以休養生息。所以他們打下了京東、京西兩路（今山東、河南）之後宗翰便冊立劉豫爲齊帝——他是宋的濟南知府而獻地與金國的。他做的帝，是“金子皇帝”，與石敬瑭和契丹的關係一樣。他起先建都北京（大名），後來徙都東京（開封）。

劉豫做了金子皇帝，當然與宋國不能兩立，他就遣將伐宋。

那時宋國很出了幾員戰將，而尤利害的是岳飛，他既有武藝，又有謀略，又得兵心，劉豫打他不過，只得到金國去請兵。太宗命宗輔、宗弼等前去幫他。劉豫派了他的兒子劉麟，姪子劉猊，帶兵會合了金兵南下。到揚州大儀鎮，給韓世忠打得大敗。劉麟、劉猊一對弟兄，棄了輜重逃了。宗弼等既打了敗仗，又聽得太宗病重，也就引兵歸國。一一三五（高宗紹興五）年，高宗還到臨安，定都在那地。那時離他的即位已有九年了，南宋偏安的局面纔得立定。

金太宗死後，太祖的嫡孫亶繼立，是爲金熙宗。他和宗翰不合，宗翰憂憤而死。

劉豫立爲齊帝，全是宗翰的力量，所以他特別奉承宗翰。他不料因此就激起了別個將帥的嫉恨。宗翰死後，劉豫伐宋無功，又到金國請兵。熙宗令宗弼假稱南征，馳入汴京，宣詔把他的皇位廢了。齊國建立了八年。

宋國自從二帝被擄，失了中原，舉國怨金人徹骨。但是完顏氏國勢方盛，宋已累代積弱，要想報復也不易成功。高宗屢次募人出使金國，名爲祈請使，稱臣奉表，請求緩師，且請送還二帝。金人不許，使者常被拘囚。王倫即是其中的一個。後來金的大臣有主張和議的，把他放了回來。秦檜是北宋亡時被捕到燕的，這時也放了。

他們二人回國之後，漸漸用事，竭力主張和議。後來徽宗死了（一一三五），高宗復以王倫充使，奉迎梓宮（柩）回國。他去時，有幾個金的大臣主張齊國舊地可以還與宋國，金熙宗便派人送他回來説明此意。那時秦檜已經獨攬朝權，他重派王倫到金定議。金國于是任命了張通古爲江南詔諭使，和王倫同到。高宗聽得金使的名稱喚做"詔諭"，心中不安，令群臣會議得失。群臣中説不可和的很多，樞密院編輯胡銓尤爲激烈。他的疏文道：

“謹按王倫，本一狎邪小人，……頃緣宰相無識，遂舉以使虜。無故誘致虜使，以詔諭江南爲名，是欲臣妾我也！是欲劉豫我也！劉豫臣事醜虜，南面稱王，自以爲子孫帝王萬世不拔之業。一旦豺狼改慮，捽而搏之，父子爲虜。商鑑不遠，而倫又欲陛下效之！……夫三尺童子，至無知也，指犬豕而使之拜則怫然怒。今醜虜則犬豕也，堂堂天朝宰相相率而拜犬豕，曾童孺之所羞，而陛下忍爲之耶！倫之議乃曰，我一屈膝，則梓宮（徽宗）可還，太后（徽宗后）可復，淵聖（欽宗）可歸，中原可得。嗚呼，自變故以來，主和議者誰不以此啗陛下哉！而卒無一驗，是虜之情僞已可知矣。……向者陛下間關海道，危如纍卵，當時尚不肯北面臣虜。況今國勢稍張，諸將盛銳，士卒思奮，……較之前日蹈海之危已萬萬矣，倘不得已而遂至用兵，則我豈遽出虜人下哉！今無故而反欲臣之，屈萬乘之尊下穹廬之拜，三軍之士不戰而氣亦索，此魯仲連之所以義不帝秦，非惜夫帝秦之虛名，惜夫天下大勢有所不可也！今內而百官，外而軍民，萬口一談，皆欲食倫之肉。謗議洶洶，陛下不聞。正恐一旦變作，禍且不測。臣竊謂不斬王倫，國之存亡未可知也！

雖然，倫不足道也，秦檜以腹心大臣而亦爲之。陛下有堯舜之資，檜不能致陛下如唐虞而欲導陛下如石晉！……孔子曰：‘微管仲，吾其披髮左衽矣！’夫管仲，霸者之佐耳，尚能變左衽之區爲衣冠之會，秦檜，大國之相也，反驅衣冠之俗歸左衽之鄉，則檜也不惟陛下之罪人，實管仲之罪人矣！

孫近附會檜議，遂得參知政事。天下望治有如飢渴，而近伴食中書，漫不可否事。檜曰虜可講和，近亦曰可和。檜曰天子當拜，近亦曰當拜。……嗚呼，參贊大臣徒取充位如此，有如虜騎長驅，尚能折衝禦侮耶！臣竊謂秦檜孫近亦可斬也。

　　臣備員樞屬，義不與檜等共戴天。區區之心，願斬三人頭，竿之藁街，然後羈留虜使，責以無禮，徐興問罪之師，則三軍之士不戰而氣自倍。不然，臣有赴東海而死耳，寧能處小朝廷求活耶！……"

秦檜見了此疏，那裏耐得住，便把胡銓發配到廣州。韓世忠、岳飛等亦上疏諫止，秦檜恐怕激出變故，打算奪去諸將的兵權。這個和議就定了。全國人民没有一個不把秦檜切齒痛恨的。張通古還金時，韓世忠想在半途把他截殺了，破壞和議，但没有做到。一一三九年，王倫奉命到汴京向金國領地。

　　金國還地的事，宗弼原不贊成，所以他做了都元帥之後，和議又破壞了。一一四〇年，他打到河南。那時岳飛住在郾城（今開封道屬縣），兵勢甚銳。宗弼會集了他的女壻龍虎大臣等會議，以爲許多將帥都容易對付，惟獨岳飛難當，豫備用了全力打一仗。這個消息傳出來，大家不免憂慮；但岳飛很坦然，知道他們的本領不過如此，于是每天差人去叫罵挑戰。

　　宗弼有一部分精兵，穿了重甲，用皮帶貫起來，三人爲一聯，喚做"拐子馬"。宋兵總擋不住他們的衝鋒。這一次，宗弼用了一萬五千個騎兵——五千拐子馬——來攻擊，岳飛吩咐步卒，入陣後不要抬頭，單砍馬足。他們因爲貫了皮帶，所以跌了一馬，兩馬就不能走了。宋兵奮擊，打得金兵橫屍滿野！宗弼大哭道："自從我們在海邊上起兵之後，都用拐子馬取勝，現在竟完了！"他加兵再來；岳飛自己帶了四十個騎兵，東奔西突，又把他們打敗。宗弼恨極了，會兵十二萬人更來一試；但岳營中單是一個小將楊再興帶了三百個騎兵就殺死他們二千人，他們又輸了！再接上幾戰，没有一戰不是金人敗的，宗弼就逃走了。

　　那時兩河豪傑齊起，揭了"岳"字的旗幟來響應岳飛，打敗金兵，把他們北歸的道路截住。宗弼逃進汴京，岳飛就在汴京西南朱仙鎮紮下營寨。一時父老百姓頭頂香盆，挽車牽牛，到岳飛營門來饋送糧餉的不知多少，竟致塞滿了道路。宗弼要征兵抵抗，但沒有一個人投到的。汴京之外，他的號令都不行了。他歎道：“自從我們起兵以來，那裏有像今日這樣的過不去的！”有一個金將，他制不住他的部下了，只得勸他們道：“你們不要輕動，等到岳家軍來時，我們投降好了！”有許多金將，已經不等到岳家軍來，先自遠道趨降了。

　　先前岳飛很喜歡喝酒。高宗因爲倚他中興，曾對他說過，“你等到將來打入北方時再喝罷”，從此，他涓滴不飲。到這時，既有四方豪傑的響應，又有很多的金國將帥來投誠，他快樂極了，對他的部下說一句滿意話道：“等到我們直打到黃龍府（契丹所置府，今奉天開原以北及吉林全境，内蒙古東北境皆其轄地）時，然後來痛痛快快地喝一回罷！”

　　岳飛計畫渡河，而秦檜方且要把淮河以北的地送與金國。他看形勢不對了，促着高宗發下班師的詔書。岳飛奏道：“金人的銳氣挫折完了，我們正是得手，時間不會再來，機會不可失去呵！”他不肯奉詔。

　　秦檜知道他決心北伐，就先把別的將帥一齊召還，然後說岳飛孤軍不可久留，應行班師。岳飛在營，一天之間接到了十二次的金字牌（這是驛傳遞信的最速的：一天行五百餘里，馬行如飛，專遞御前發下的軍事機宜；牌係木質，朱漆，金字），逼他回去。他奉詔泣下，望東再拜道：“十年之功棄於一旦了！”百姓聽得他要班師，齊來痛哭道：“我們頂了香盆，運了糧草來迎接官軍，爲的是什麼！我們這種事情，金人都知道的。相公去了，他們那裏肯饒恕我們，我們怎還活得成呢！”岳飛無法安慰他們，也跟著他們哭。一時哭聲遍野。他留了五天，等百姓們搬徙；百姓們跟着他南行的不計其數。

　　岳飛走了之後，由他奪來的土地當然仍由金國取去。明年，宗弼渡過淮河，到了廬州。高宗命岳飛前往救援，金兵望風而遁。宗弼給秦檜一封信道："你們天天請和，但岳飛正在打算奪取河北。如果你們真是要議和的，一定要先把岳飛殺了，我們纔能答應！"秦檜本就很忌岳飛，經不得宗弼一提，他就託諫議大夫誣奏他的罪名，把他們父子捉入獄中。但誣奏的罪名找不到一點證據；經過了兩個月，秦檜寫了一張小紙付給獄吏，不多時獄中就報岳飛死了。這時是一一四一年，岳飛只有三十九歲。他的兒子岳雲也被秦檜殺了。金國人所怕的宋將只有岳飛一個，聽得他死了，諸將都酌酒相賀。可憐岳飛痛飲黃龍的志願沒有成就，反給他們先痛飲了！韓世忠見事不可爲，棄官而去。

　　岳飛死在杭州獄裏。現在演他死事的戲劇，喚做風波亭。這個風波亭，是當時大理寺獄中的一個亭子，這遺址現還存在（舊按察使司獄署右首土地廟前）。他的墳在西湖北面棲霞嶺下，喚做岳墳。我們游西湖時，在船中遠遠就望見一座石坊，上面刻著"碧血丹心"四個大字。元朝趙孟頫曾做了一首題墓詩，道：

　　　　鄂王墳上草離離，秋日荒凉石獸危。
　　　　南渡君臣輕社稷，中原父老望旌旗。
　　　　英雄已死嗟何及，天下中分遂不支！
　　　　莫向西湖歌此曲，水光山色不勝悲。

　　和議定了：東部以淮河爲界，陝西以大散關（在寶雞縣西南，爲秦蜀往來要道）爲界；歲貢銀二十五萬兩、絹二十五萬疋。高宗本已稱臣，金國依舊稱他爲康王。一一四二年，熙宗遣使送了袞冕圭冊，冊立康王爲宋帝，並送還徽宗梓宮及韋太后。自此以後，宋就成了金的屬國。

　　金熙宗在位十四年，被他的從兄亮刺殺了。亮即位後，淫暴得很，把宗室殺了二三百人，於是金國漸漸地露出衰颯的樣子來。他派人到臨安，畫了西湖的景致而歸；題詩在圖上，有"立馬吳山第一峰"的句子（吳山在西湖畔，即今城隍山），這見得他滅宋的志願了。一一六一年，他帶兵六十萬，分了五道而進。他自己打下淮西諸府州，想從采石磯（在今安徽當塗縣西北牛渚山下）渡江，但給宋兵打敗。那時他的從弟雍（世宗）趁他南征，自立于遼陽。他聽了大駭，回到揚州，召集諸將，限他們在三天之內定要打過長江，否則一律處斬。諸將就先把他殺了。這次戰事，金國不曾得手，所以宋國又硬了些，不稱臣了。金國派兵來責問不稱臣的罪，倒又給宋國打敗了一次。兩國就重新議和。

起初兩國往來國書，是用君臣的禮節的。金喚做下詔；宋喚做奉表。宋的表上，"大宋"去了大字，"皇帝"去了皇字。金使到宋，宋帝起立問金帝起居，下了坐位聽詔。宋使到金，一切自居於陪臣的地位。宋孝宗三次遣使議和，始改爲叔姪之國，得稱皇帝；又改詔表的名目爲國書，歲貢的名目爲歲幣；歲幣減去銀絹各五萬，地界照熙宗時所定。從此兩國之民又休養生息了四十年。

宋寧宗時，韓侂胄當國，威權日大。他看金國漸弱，動了恢復中原的願望。一二〇六年，宋軍北伐；但結果卻潰敗而回。金章宗發兵報復，宋國大爲震恐。宋人把韓侂胄殺了，前往請求議和。一二〇八年，和議復成：改叔姪的稱呼爲伯姪，加增歲幣銀絹各十萬，另給犒軍銀三百萬兩；並獻了韓侂胄的首級，贖取淮南之地。

即在這時，蒙古興起來了，首當其衝的即是金國。不到三十年，金就亡給蒙古了。事詳下講。

金帝系表：

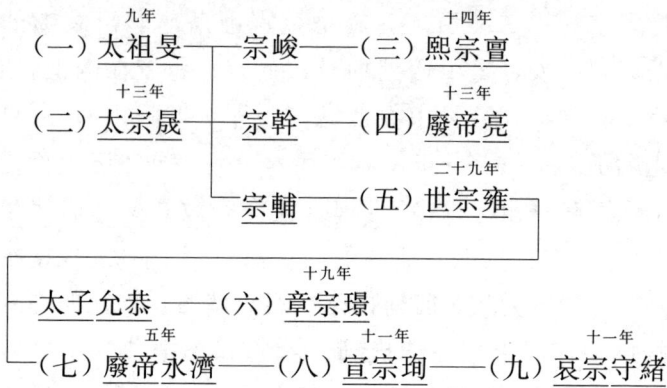

八　蒙古的立國(上)

　　在十三世紀的初葉，有一個民族勃然興起於蒙古，他們有極強悍的體力，極精銳的騎兵，極嚴明的軍律，所以他們東征西伐，所向無敵，沒有多少時候，滅了四十多個國家，成立了四個大汗國，占有亞洲的大半部和歐洲的東部，打通了歐亞交通的大路。這真是一個空前的事業。至今歐洲人談起這件事，還有些兒驚恐，"黃禍"一名即由此而來。雖則他們的榮耀的壽命不過百餘年的歷史，但他們已給與全世界人民一個極深的印象。這就是蒙古族，先前名作韃靼而在中國方面喚做元朝的。

　　契丹的歷史有遼史，女真的歷史有金史，蒙古的歷史有元史，都在二十四史之內。但這種史都是漢族人編的，他們忌諱的地方很多，而且文字歡喜修飾，所以容易失真。他們本國人作的史，遼金兩國的現在還沒有發見，元朝卻有一部元秘史，是蒙古人用蒙文做了而明初人用漢文翻譯的，我們很可以從這裏面得到許多真實的史料。即使書中的材料也有靠不住的，但總不致失去他們的游牧部落的真相。所可惜的，這一部書只記鐵木真(元太祖)和窩闊台(元太宗)兩朝的事情，且記的也不完全。但更有天外飛來的幸事，把那時的材料給與我們，即是意大利人馬哥波羅(Marco Polo)到中國來，在忽必烈(元世祖)的朝上做官，他回國後做成一部游記，叙述那時的事蹟。這書很可以接着元秘史。這三朝原是元朝中最重要的時期，我們很可以在這二書上看出他們的創業期的狀況。我現在作這一篇講話，就用元秘史的材料作骨幹。

韃靼國分白韃和黑韃兩部，都住在戈壁沙漠之北，白韃部的人顏色稍白，住在陰山的北面，克魯倫河的東面，即今察哈爾特別區的東北部及外蒙古車臣汗的東南部。他們也像女真般的分生熟二種：近漢地的喚做熟韃靼，他們以種植爲生；遠的喚做生韃靼，專以游牧爲生。生韃靼人極强悍，但是自己境内没有鐵鑛，所以也就没有兵甲，只磨了獸骨做成箭鏃。黑韃部的人身材既短，面貌又醜，住在克魯倫河的西面，即今外蒙古車臣汗西部。他們也是游牧部落，隨了水草而居，以打獵爲生。

如今説的成吉思汗的一族，是從黑韃部中起來的。元秘史説他們的祖先是一隻蒼色的狼和一隻慘白色的鹿，牠們相配了，一同渡過騰吉思湖（即今裏海），來到斡難河（即今敖嫩河，在外蒙古車臣汗的西北部，爲黑龍江的源）的上流不兒罕山（即今肯特山的東南幹部，亦在車臣汗西北）前面，産了一個人，名字喚作巴塔赤罕。這不知在什麽時候。秘史説他們傳了二十三世到成吉思汗：以二十歲傳一代計算，這一件故事應當放在八世紀的中葉，在漢族史上是在唐代的中期。但這僅是一個極粗淺的猜想而已。

巴塔赤罕傳了十世，到脱羅豁真。他生了兩個兒子，大的名都蛙鎖豁兒，小的名朶奔篾兒干。這位哥哥只有一隻眼，生在額上，能望見三站遠的東西。有一天，他和弟弟同上不兒罕山，望見有一叢百姓行來，他對弟弟道：“這叢百姓裏有一輛黑車子，上面載着一個女兒，她生得好。若是不曾嫁人呵，你就可以討來做妻子。”朶奔篾兒干下去看了，這女兒名阿蘭豁阿，果然生得好，也不曾嫁人；他就娶了。

阿蘭豁阿是豁里禿部落（在今熱河界内）的官人豁里剌兒台的女兒。這位官人爲什麽帶了他的女兒和百姓到不兒罕山來呢？只因豁里禿地面上的貂鼠、青鼠（即今灰鼠），野物被自己部落中禁約，不得打捕，他煩惱了；聽得不兒罕山的野物很多，所以投來了。他們住在這裏，成爲豁里剌兒一姓。

都蛙鎖豁兒死了，他的兒子不把朵奔篾兒干做叔叔般看待，撇下了他，自己遠處去了。他留在那邊，有一天，上山捕獸，在樹林裏遇見一夥人，正殺了一隻三歲的鹿，把牠的肋骨肚臟煑着。朵奔篾兒干向他們討肉吃，他們把鹿的頭皮連肺自己留了，其餘的肉都給了他。他把鹿肉馱着回去，路上又遇見一個窮困的人，領了一個兒子行來，向他哀求道："我肚子餓，我養不了這個孩子，你若肯把鹿肉給與我時，我便把這孩子送與你。"他依了他的請求，把一隻鹿的後腿給與他了，把那人的兒子換來，在家裏做使喚的。

阿闌豁阿起先生了兩個兒子；她的丈夫死後又生了三個。先前的兩子起疑了，暗地裏講道："我們的母親既沒有房親兄弟，又沒有丈夫，如何生了這三個？家中只有這個用鹿肉換來的使喚人，莫非就是他生的嗎？"這種話漸漸的傳給他們的母親知道了。春間一日，阿闌豁阿燒熱了一鍋羊肉，把五個兒子一齊喚來，在她的前面排列坐着，每人給與一枝箭幹，叫他們折；一時都折斷了。再把五枝箭幹綑成一束，叫他們折；五人輪着，再也折不斷。於是母親開言道："你們兩個大的疑惑這三個弟弟，這也是人情。你們不知道，每天夜裏有放黃白光的人從天窗上進來，把我的肚子摩挲，他的光明透入我的肚裏，我就有孕了。這樣看來，他們顯然是天的兒子，不可比做凡人。久後他們要做帝王呵，你們休得造次的說！"於是她接着教訓道："你們五人都是我一個肚子裏生下來的，像剛才五枝箭幹一般：各自一枝呵，那一個都折得斷；你們同心呵，便如五枝綑在一起，他人再不能來損傷你們了！"

後來，阿闌豁阿死了，她的四個兒子看最小的弟弟孛端察兒很弱，不當他兄弟看待，不把家產分與他。孛端察兒氣了，自己歎道："我住在這裏做什麼！我獨身出去，由他要死就死，要活就活，豈不爽快！"他就騎了一匹青白色禿尾子的馬，順着斡難河行去，到了一處，蓋了茅草的屋子住下。

住了幾時，他看見一隻小小的黃鷹正在抓一隻野雞，忽然動了一個念頭，拔下了幾根馬尾做個套，把這黃鷹套住了。他沒有東西吃，見山崖邊有狼圍住的野物，射殺了，或者見有狼吃殘的食料，拾起了，把自己吃賸下來的養了這頭鷹。如此過了一冬。到春天，鵝鴨都來了，孛端察兒將他的黃鷹餓了飛放，捉到無數。一時吃不盡，挂在枯樹上；不久都臭了。

他的一個哥哥忽然想起他了，沿了斡難河去尋他。行到一處，問那地的百姓，有沒有那般的人騎了那般的馬來，他們答道："有個那般的人，騎着那般的馬。他再有一個黃鷹飛放着。日裏到我們這邊吃馬奶子，夜間不知道他在那裏宿。但見西北風起時，鵝鴨的翎毛像雪片一般的刮下來，想必是住在那裏罷。"正説話間，他望見一個人來到，果然是他的小弟。他們就同回去了。

孛端察兒在馬上對他的哥哥説道："人的身子要有了頭才好呵！衣服要有了領才好呵！"説了，他的哥哥不懂得，沒有答應。他再把這話説了兩遍，他的哥哥纔問道："你儘説這兩句話，究竟是什麼意思？"他道："恰纔你在那裏看見的那一叢百姓，他們沒有個頭腦管束，大小都一般，我們很可以把他們擄來，做我們的百姓呵！"他們到了家裏，兄弟們商量之下都以這個計畫爲然，便由孛端察兒做了頭哨，把所有的百姓都擄了回來。從此，他們人口也有了，茶飯使喚的也有了。

他們這一族從此強大起來；孛端察兒的子孫很興旺，做了一族中的主人。又經了九傳，到合不勒，做了黑韃靼的合罕（合罕，即可汗，一部酋長的稱謂）。這時是在十二世紀的初葉，正當金國初興，遼宋殘滅之際。

　　白韃靼本來沒有鐵器，自從換得了宋國的鐵錢之後，大作軍器，又把魚皮製成盔甲，兵力更強了。這時女真族的武功正是煊赫一世，不知道螳螂捕蟬，黃雀也正在螳螂之後呢。他們的西北邊防空缺，白韃靼就乘時興起，屢來寇邊了。金太宗時，他們自稱大蒙古國，改元天興。金兀朮帶了八萬兵去打，那知連年不能打勝，只得用金幣來講和。兀朮臨死時，上給金帝的遺表，也說西夏和北蒙終是他們的後患。到一一七〇年頃（金世宗大定間），金國人忽然傳唱一首歌謠，道：

　　　　韃靼來，韃靼去，
　　　　趕得官家沒去處！

官家，即是皇帝，所以金世宗非常憂慮，以爲韃靼要趕去他了。他就下令痛剿，每年向北方剿殺一次，希望把他們的壯士都殺完，喚做“減丁”。白韃靼因之一蹶不振。

　　在捕魚兒海子（今名貝爾池，在蒙古車臣汗東部）和闊連海子（今名呼倫池，在黑龍江省西部）的中間，住着一種塔塔兒人。黑韃靼合罕合不勒死後，傳位于他的堂弟俺巴孩。俺巴孩爲嫁女兒與塔塔兒，親自送去，卻給他們拿住，送到金國去了。他們爲甚麼要把他執了送與金國，秘史上沒有言明，或者就爲了減丁的緣故，白韃靼闖下的禍要黑韃靼一同負責呢。當下黑韃靼人立了他的姪兒忽圖剌爲合罕。這時約在一二〇〇年頃。

　　忽圖剌的姪兒有一個喚做也速該的，他有一天在斡難河邊放鷹，看見篾兒乞人（韃靼中的一種）赤列都正迎了他新娶的妻子回去，那婦人生得顏色很美，他隨即回家，引了他的哥哥和弟弟奔來。他們夫婦見了害怕，這婦人在車內喚她的丈夫道：“那三個人的顏色好生不善，必要害你的性命。你快些走罷！你只要留得性命，像我這般的婦人總可以娶到。你若是記挂我，請你用我的名字訶額侖叫喚你的後娶的婦人好了。"説罷，就把穿在身上的衫兒脱與他做紀念。赤列都剛在馬上接得衫兒時，也速該弟兄們已奔近了，他就打馬沿了斡難河而逃。他們三人趕他，一連過了七個山岡，趕不上，繞回來，牽了車子，將那婦人包圍着走。訶額侖哭道："我的丈夫的頭髮不曾被風吹過，肚子不曾餓過，如今走去，是怎生的艱苦呵！"她號淘大哭，哭得把河裏的水，山上的樹木都震動了。回到也速該家中，就做了他的妻子。

　　忽圖剌合罕爲了俺巴孩的仇讐，到塔塔兒處報復，厮殺了十三次，不曾得勝利。也速該在戰事中，擄得塔塔兒的將領鉄木真等回來，那時訶額侖正懷孕，在斡難河邊産了一子，因此就取名爲鉄木真，紀念自己的武功。這是一一六二年的事。這小孩子就是將來創立蒙古大帝國的成吉思汗。

　　鉄木真九歲時，他的父親也速該帶他往母舅家索取女兒爲妻，在半路上遇見了德薛禪，邀他們到他家裏，喚他的女兒孛兒帖出來相見。這女兒生得好，比鉄木真大一歲，也速該便把她聘下，命兒子留在那家做女壻，自己回去了。

　　也速該回去時，遇見塔塔兒們做筵席。他在路上走得飢渴，下馬歇了。不想塔塔兒們認識他，暗地裏互相招呼，説道："也速該來了，我們爲鉄木真被擄的寃仇，不要把他放過！"他們就在飯食中下了毒藥，送與他吃。他吃了上馬，在路上就覺得身子不好；行了三天到家，便死了。臨死的時候，囑人把他的兒子鉄木真領了回來。

　　有一年的春間，俺巴孩合罕的兩個夫人祭祀祖宗時，訶額侖帶了兒子去得緩了，她們就不給與她祭祀的茶飯。她想起亡夫，不免發了幾句怨言，她們鬧起來了，把他們母子撇下，自己走了。訶額侖好生忍耐，拾着果子，掘着草根，把兒女們一個個的養大。她時時把報復泰亦赤兀惕〔眉批：泰亦赤兀惕，可改泰赤烏。](俺巴孩一族的姓氏)兄弟們的仇讐的一件事教訓兒子。

　　泰亦赤兀惕兄弟們忽然想起來了："以前撇下的鉄木真母子們，如今莫不似飛禽的雛兒般毛羽豐滿了，走獸的羔兒般長大了?"他們就領了一夥人去看。這些人到時，鉄木真母子們心中害怕，把三個年紀小的弟妹藏在崖縫裏，大一點的弟弟上前鬥射。泰亦赤兀惕們大聲叫道："我們只要你們的哥哥鐵木真，其餘的人都不要!"鐵木真更害怕了，上馬逃入山中；被他們瞧見了，隨後追上。鐵木真鑽入密林裏，他們進不去，就散布在周圍守着。他在密林裏住了九天，不曾吃過一頓茶飯。他想："這般無名的死是不值得的，不如出去的好!"他牽馬下山時，便給他們捉獲了。

　　他們捉獲了他，替他戴上一面枷，在他們的百姓中傳出號令，教每個營中都押他住上一夜。有一天，他們正在做筵會，鐵木真把看守的人用枷梢打倒，逃出來了。他先逃到斡難河邊林內臥着，又恐被人看見，投在斡難河的溜道裏，臥在水中，只露出面目來。那個被打倒的人大聲叫喚，泰亦赤兀惕們聚來，在白日般的月光裏挨排着尋，他竟給一個人尋見了! 幸而這人本來就很瞧得起他，悄悄地對他說道："正爲你這般有見識，所以他們要妬忌你。你謹慎些! 等我們散了之後，你自尋你的家去罷!"他果得逃了出來，與他的母親弟妹們相會。他們遷了一處地方，依然打捕土撥鼠和野鼠吃着過活。

　　鐵木真自從定親之後，與他的外家久已音問隔絕。這時他尋到德薛禪家，娶了孛兒帖回來。她呈上拜見翁姑的禮物，內有一個黑貂鼠的襖子。鐵木真道："我的父親也速該在時，和克烈部的脫里罕交情很好，約爲兄弟，他便似我的父親一般。如今他在土拉河(在今外蒙古土謝圖汗北部)邊黑林子裏住着，我把這襖子送與他罷。"脫里罕見了這個盟兄弟的兒子，收了他的夫人的襖子，很快樂，安慰他道："你的離散了的百姓，我來與你收拾完聚好了"。

有一天清早，天還沒有大明的時候，訶額侖母親使喚的老婦人喊道："母親，母親，疾快起來！我聽得田地顫動的聲音，莫不是從前害苦了我們的泰亦赤兀惕兄弟們又來了！母親疾快起來！"於是一家的人都起來了，鐵木真騎了一匹馬，並準備了一個從馬，他的母親和他的弟弟每人騎了一匹馬，他的妹妹由他的母親在馬上抱着，到不兒罕山去了。獨有孛兒帖夫人没有馬騎，落在後面。這警醒他們的老婦人要把她藏起，教她坐在黑車子裏，駕了一隻花牛而行。她要走的快，儘把花牛打着，不料車軸子竟折斷了。正在想和她的少主母步行入山時，一夥軍人已趕到了，斥道："這車子裏是什麽人？"老婦人回道："載着的是羊毛。"軍人下馬，將車門拉開一看，原來是一個年少的婦人！他們就把她們拖下車來，駄在馬上，去襲鐵木真了。

這些軍人是從什麽地方來的？原來這是篾兒乞人，他們爲了三十年前也速該奪取赤列都的妻子訶額侖的讐怨，到現在纔來報復呢。他們繞了不兒罕山三遍，捉不到鐵木真，就道："我們要報奪取訶額侖的讐怨，如今已把鐵木真的妻子拿住了，這讐也算報了！"説着，下山回家去了。

鐵木真在山中躲了三天，見篾兒乞去遠了，纔下山來，椎胸告天道："只因豁阿黑臣老母（老婦人的名）像黄鼠狼般能聽，像銀鼠般能見，所以我纔躲得過我的小性命，被不兒罕山遮救了！這山以後須時常祭祀，我的子子孫孫也須一般祭祀！"説訖，對了太陽把繫腰掛在頸上，帽子掛在手上，椎胸跪了九跪，用馬奶子酒奠了（這是韃靼人祭天的禮）。

於是他投奔到脱里罕處求救。脱里罕便起了二萬軍馬，又請住在東方的札木合（孛端察兒的七世嫡孫）也起了二萬軍馬，合兵攻打篾兒乞，篾兒乞慌忙走時，他們的軍隊也緊緊跟着，就在夜

裏擄掠。鐵木真在一班走的百姓內高聲呼喚孛兒帖的名字，他的
妻聽得，跳下車來，和伴着的老婦人一同走到他的馬前，握住了
韁繩。在很明的月色之下，彼此都認清了。孛兒帖給篾兒乞搶去
時，已被他們配了赤列都的弟赤勒格兒。這時赤勒格兒嚇極了，
只管揀了黑暗窄狹的地方鑽去，歎口氣道：“我原像一隻黑老鴉，
命分裏只可吃些殘皮；一時忘形，卻想吃雁和鸂鶒，現在弄得大
禍到了我的頭上來了！”鐵木真等在這裏，一陣的把篾兒乞人的房
子推倒，把他們的美婦人盡數擄掠而回。

　　自此以後，鐵木真很有些威望。加以他的容貌不像一般黑韃
靼人的醜陋，他的待人不像一般部長們的暴虐，所以他很得人
心，韃靼中各部落有許多投附在他的麾下的。數年之間，他聚了
好幾萬人。衆人會同商議，立他做合罕，尊號爲成吉思。成吉思
是蒙古語“天賜”之意，合罕即是汗，所以我們稱他爲成吉思汗。
他們推他爲合罕的時候，大家對他盟誓道：“打仗時我們做前哨，
把擄得的美女和好馬送與你；打獵時我們首先出去，把各種的野
獸圍來與你。如在厮殺時違了你的號令，或在平日壞了你的事，
聽憑你把我們離了妻子家財，拋撒在沒有人煙的地方！”
　　鐵木真既做了合罕，就命令手下的人，那個帶刀，那個帶弓
箭，那個管飲食，那個管養馬，那個管牧羊，那個管修造車輛，
那個管家內人口，那個如遠箭近箭般做使者（謂往來應對之事），
一一的委付了。
　　這是一二〇六年的事，鐵木真年四十四。

九　蒙古的立國(下)

　　我們在上一講中知道，鐵木真同時有勢力的部族，做他的讐敵的共有三種人：一是毒殺他的父親的塔塔兒部人，一是欺侮他的母親並捕捉他本身的泰亦赤兀惕族人，一是搶奪他的夫人的篾兒乞部人。那時有勢力的人做他的恩人的也有兩個，一是克烈部的脫里罕，一是札答剌部的札木合，他們都是爲他奪回被搶的夫人的。

　　從地理上講來，這些地方一半是在今外蒙古和黑龍江，一半是在今西伯利亞。雖是我們的歷史地理之學不發達，不能確定這些部落的所在，然而大概情形我們總可以知道一些。塔塔兒最東，靠近金國，屬於白韃部。從現在的地域上看，是在黑龍江的西部，外蒙古的東部，説不定還佔着察哈爾的東北部。篾兒乞靠西，在貝加爾湖之南。泰亦赤兀惕較中，在貝加爾湖之東。這兩部都在今西伯利亞。克烈部和札答剌部都偏南，在今外蒙古庫倫一帶。

　　此外尚有一個大部，喚做乃蠻，在篾兒乞的西南，大約在今外蒙古三音諾顔汗。他們有數十萬兵馬，是漠北的一個最大的部落。

　　以上所記，確是沈悶得很，但若要了解蒙古民族的重要歷史，卻不可不先強記一下。今爲便於強記起見，畫一個極草率的地圖在下面。

　　我所以一定要大家記清楚這些名字，因爲這許多部落都是給

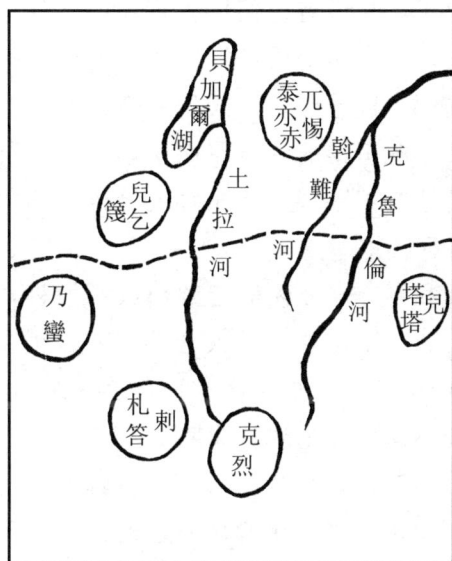

虛綫之上爲西伯利亞，下爲外蒙古及黑龍
江。〔眉批：應補鐵木真。〕

鐵木真滅掉的。他們在上一講中雖有恩讐的區別，而在這一講中
的滅亡原是一例。鐵木真滅了這許多部落，得了這許多土地和人
民，蒙古國的基礎方纔建立得堅固，於是他們始可向外發展，打
成全世界所未有的一個大帝國。

　　鐵木真做了合罕之後，有一天，札木合的弟給察兒搶了鐵木
真的屬下的馬群。這馬群的主人獨自襲去，夜間暗暗的到他馬群
旁邊，伏在馬鬃上，把給察兒的脊梁射斷了，將自己的馬群趕了
回來。札木合本來看鐵木真做了合罕，心中懷着妬忌，現在有了
這個理由，便領了三萬人越嶺來與他厮殺。鐵木真也起了三萬人
迎着；但被他打敗，退了下去。札木合就把立鐵木真做合罕的部
長們在七十個鍋子內都生煑了。

　　札木合去後，鐵木真收拾殘眾，重新生聚起來。

　　一二〇〇年，金國因塔塔兒不聽命令，命丞相完顏襄領軍勦捕。鐵木真知道了，想借着這個機會報他的父親的仇讐，邀克烈部脫里罕派兵夾攻，居然把塔塔兒的寨子打破。他把搶到的大珠和金銀綳車諸物都獻與金國，金國的皇帝很快樂，給他官號爲札兀圖魯（招討使）。脫里罕的資格原比鐵木真高，所以金國封他爲王，大家從此稱他爲王罕。塔塔兒殘破之後，鐵木真和王罕分擄了他們的百姓而回。

明年，乃蠻和泰亦赤兀惕等十餘部殺馬設誓，立札木合做盟長，要攻鐵木真和王罕。他們二人合兵迎着。正在布陣間，忽然起了大風雨，天地暗晦，札木合方面的兵跌在山澗裏死的很不少。他們以爲天不保祐，軍隊就潰散了。

札木合軍隊潰散之後，各部的兵就各歸了自己的部落。鐵木真又去窮追泰亦赤兀惕們，在斡難河邊連戰了幾回。不意頸間中了流矢，血出的太多了，暈了過去。他部下猛將者勒篾把他的壅血舐淨了。到夜半，他醒來，呻吟道："我的血乾了，口渴得厲害呵！"者勒篾聽得這話，立刻脫淨了衣服，默默的到敵人的營內，在車箱裏覓馬乳；但覓不到，只找得了一桶酪（凍的乳）。他提了回來，尋了一點水，把牠調開，給鐵木真喝。鐵木真旋喝旋歇，喝了三次方完。停了一回，他的眼睛纔亮了，心裏也清楚了，起身坐着。到天明時，他看見自己坐的地方積着的血液如泥濘一般，便問道："如何弄得這樣？"者勒篾道："慌忙不及拭淨，又怕没有人侍候你，所以當時嚥的嚥了，吐的吐了。恐怕到我的肚子裏的也有這許多呢！"他就把夜裏覓馬乳的事説了。鐵木真驚詫道："你如何可以脫淨了衣服到敵營中去！倘若被擒，你豈不要説出我的受傷？"者勒篾道："合罕放心！我若被擒，我便説我本是要投降他們的，給你們知道，把衣服脫去了要殺，我乘間扯脫出來。他們看了這種情形，聽了這一番話，自然肯給我一身衣服；我便可偷騎了他們的馬回來了。"鐵木真感激他的好意，重重的謝他。

　　泰亦赤兀惕們即於這一夜潰散了。營內的百姓自料不能逃，許多人留着。明天，鐵木真上馬，把已走的百姓也都追了回來，把泰亦赤兀惕的嫡系子孫們殺個乾淨。在這時，投降的人很多，他得到幾個勇將，泰亦赤兀惕和札木合二部的百姓都給他收伏了。他拓地到克魯倫河。

　　一二〇二年，鐵木真又去打塔塔兒，得了個全勝，把那邊的人都擄了回來。他開了一個親族會議，商量處置他們的辦法。因爲他們有殺父的讐恨，所以定議把他們族中的男子只要像車轄一般大的都殺了，餘下的各分做奴婢使用。議畢之後，別勒古台（鐵木真的弟）走出來，塔塔兒人問他今天商議的是什麼事，他老實說了。他們心中不堪，互相傳語，就據了一個山寨，每人袖着一把刀，約道：“待鐵木真派人來殺時，我們至少也殺了他們一個人再死！”鐵木真傳令打山寨，他們出力死守，軍士們已經打得很辛苦了；及至打開，他們各持兵器，徒手搏擊，又把軍士們殺傷了無數，雖則他們自己是終於死完了。鐵木真道：“自己一族裏商量的大事，給別勒古台泄漏了，弄得軍馬死傷了許多。以後計議大事，不許別勒古台進來；只教他在外面處理鬭毆盜賊的事情。議事後，我們喝完了一杯酒時，方許他進來。”

　　鐵木真便把塔塔兒的女子也遂和也速干姊妹納做了夫人。

　　現在要轉叙王罕的事情了。

　　王罕在初做合罕的時候，曾殺死幾個弟弟，因此惹起了他的叔父的惱怒，要去殺他。他逃到也速該處，手下只賸得一百個人。也速該待他很好，替他把叔父趕走了，把原有的百姓收集與他。他們就結成了契友。

　　到鐵木真結婚以後，他們繼續先世的交誼，依然很親密。往後，王罕又想殺死一個弟弟，這人聞訊，就逃入乃蠻求援；乃蠻替他起兵，把王罕趕到回紇去了。不到一年，王罕又走了出來。他在路上窮而且餓，只擠着五個羖䍽羊的乳，刺着駱駝的血當飲食。鐵木真知道了，迎接他到自己的營中，教百姓們供給他的資用，自己又替他攻掠鄰部，招還他的原有的部民。

乃蠻知道王罕回部，又發兵把他打敗，將他的妻子百姓都擄了去。他只得到鐵木真處求救。鐵木真派了四個猛將，救出了他們。王罕感激的很，説道：“在先他的好父親把我的失散了的百姓救了與我，如今他兒子又把我的失散了的百姓救了與我，天地知道我的心，我是要報他的恩的！”他又説道：“也速該曾一次把我的失散了的百姓救與了，現在他的兒子鐵木真又把我的失散了的百姓救與了，他們父子二人爲什麼要這般辛苦來？我如今老了，將來這些百姓教誰管？我的弟們都没有德行，我的兒子桑昆也是没有用的，若教鐵木真做了桑昆的兄，使得我有兩個兒子，豈不很好！”他遂于黑林子裏會着鐵木真，結做了父子。他們一同説道：“勦捕敵人時一同勦捕；圍獵野獸時一同圍獵。若有人離間呵，休要聽信！親自對面説的話方可信。”

這些話給王罕的兒子桑昆聽見了，他心中十分妬忌。鐵木真爲要和王罕親厚上加親厚，所以索取桑昆的妹嫁與自己的兒子，又要把自己的女兒嫁與桑昆的兒子。桑昆正在氣憤中，立刻斥去了。

鐵木真受了桑昆的拒絕，當然不高興。札木合知道這事，以爲有機可乘，便到桑昆處説鐵木真如何如何的與乃蠻塔陽罕的使臣往來通話，如何如何的口裏説父子，心中懷別計；勸他們父子再不要倚仗他，趕快把他除掉。

桑昆聽了他的話，屢次派人到王罕處去説，王罕只是不聽。桑昆急了，自去和他説道：“你在時，他已經把我們這樣的不當數了；將來父親老了之後，我們祖宗辛苦收集來的百姓，他如何還肯讓我管着！”王罕道：“孩兒，自己人怎生捨棄得！我們現在正倚仗着他，若是存了惡意，恐怕天要不保佑我們咧！”桑昆見不從，煩惱着走了。王罕看他這樣，又覺得不忍，喚他回來叮囑道：“你但去做；你只要量你的力可以勝得他，你就可以做。”

於是王罕、桑昆、札木合一班人領兵去襲鐵木真。但鐵木真的健將很多，他們不曾得勝；桑昆也中箭傷了。

鐵木真派人到王罕處責問道：“父親，我有什麼事嗔怪了你？要斥責我，何不好好的說，如何領了軍馬來，要把我們的家業破壞？莫不是有人離間了你了？當初我們不曾共說來：‘若有人離間呵，不要信；對面說話時方可信’。如今，父親，我們曾對面說話了嗎？你的父親有四十個兒子，你最長，所以立你做合罕。你殺了你的幾個弟弟，被你的叔父攻打，你帶了一百個人逃到我的父親處求救。我的父親領着軍馬，把你的叔父趕走，把你的百姓還與你。你曾感激的說：‘天地知道我的心，這恩是一定要在你的子孫跟前還報的！’後來你的弟弟在乃蠻處借得軍馬，又來打你，你走入回回地面去了。你從那裏出來時，路上窮乏得很，騎着一匹瞎沙馬，吃羊乳駝血過日子。我差人迎接你到自己營內，好好的奉養你。你後來把篾兒乞勝了，我把他們的百姓牲畜財產都與了你。後來你又給乃蠻打敗了，我派了四個猛將把你的家族百姓牲畜都救了回來。你又曾感激的說出許多話。如今我有了什麼錯處，惹起你這般的斥責？請你教人說與我聽！”

王罕聽了這番言語，嘆息說道：“我很知道我和鐵木真兒子有不可分離的道理，但不幸我們現在已經分離了！”他心中一陣難過，把佩刀刺破了小指，用小皮桶盛了血，付與來使，教他回答鐵木真道：“我若有心要害鐵木真兒子，我便任他刺出這樣的血來！”

鐵木真再教對桑昆說道：“我與你父是有衣服生的兒子（乾兒），你是赤裸裸生的兒子。父親把我們一般抬舉，你恐怕我攙在你先，生心恨我，要把我趕了。如今你應該替父親消愁解悶，再不要使他心裏難過。你若儘教父親愁悶不歡，莫不是你於父親在世時就想做合罕！”桑昆氣憤憤的答道：“你何曾稱他為父親來，你只説他是喜歡殺人的老子！你又何曾稱我爲安答（朋友）來，你只説我是惡人的師父！你的心，我們已都知道了！”

　　鐵木真知道兩方面終於不能並存，就趁着王罕起了金撒帳做筵會的時候，日夜兼行去掩襲他們。他到後，圍住他們的營寨，廝殺了三晝夜。他們抵擋不過，一齊投降了他。

　　王罕父子在他們的部衆投降鐵木真的時候，單身往西逃去。王罕行得渴了，走到一條河邊，下去飲水。正飲間，給乃蠻哨望的人看見了，把他拿住。他喊道：“我是王罕！”哨望的人不信，把他殺了。桑昆流落在野裏，後來逃到西夏。

　　鐵木真滅掉了王罕，拓地直至土拉河邊。

　　乃蠻一族住在土拉河的西邊。他們知道在他們東北的許多部落已經漸漸的給鐵木真吞併完了，心中很不安定，因此，塔陽罕就派人約合白韃部的人和他們夾攻鐵木真。白韃部不願意，派人對鐵木真説：“乃蠻的塔陽要來奪取你們的弓箭，教我做右手（東面的軍）。我特來提省你一聲，你要隄防着！”

　　那時鐵木真正在圍獵，知道了，就圍獵處與衆人商量。許多人都説現在夏天馬瘦，打不得。斡赤斤（鐵木真的弟）道：“你們如何儘説馬瘦，我的馬卻肥呢！我們既經聽得了這種話，如何還坐得住！”別勒古台也同樣的慷慨的喊道：“在我們活的時候，若給別人把弓箭奪去了，我們還做得什麼！男子的死和弓箭在一處，原是很好的！乃蠻靠他們的國大人多，説出可恨的大話，我們應該乘此奪取他們的弓箭，來吐出這一口氣！我們如今就該上馬！”鐵木真許了他們的要求，立刻準備起來。

　　這年（一二〇四）四月十六日，鐵木真祭了旗纛，去打乃蠻。因爲人又少，路又遠，所以多設疑兵，夜中令每人都燒火五處。乃蠻哨望的在山頭上望見，果然驚訝道：“只道達達們來的少，如何燒的火竟像星一般多呀！”他們報與塔陽。塔陽久聽得達達們剛硬，刺到眼上不轉睛，刺到腮上不躲避的，心中不免害怕；但也只得迎戰。

乃蠻的軍馬紮在納思山的前面；鐵木真領兵直進。那時札木合在乃蠻軍中，塔陽就問他："那趕來的幾個人，像狼趕群羊一般，直追到圈內的是誰?"札木合道："這是鐵木真用人肉養着的四隻狗。牠們都是銅的額，鐵的心，鑿子般的齒，錐子般的舌。牠們把鐶刀做馬鞭使，把風當飯吃，把露當水喝。每逢厮殺的時候，就是牠們吃人肉的機會。牠們平時用鐵索拴着；如今解了鐵索，垂涎喜樂的來了！"（四狗是者別、忽必來、者勒篾、速別額台四個猛將。）塔陽道："原來是這樣，我們應該離得這種下等人遠一點。"他們就退上山去，跨山立了。

塔陽又看見了一種樣子了，問道："那後來的軍，像剛吃飽乳汁的小駒，圍繞了他的母親喜歡般來的是誰?"札木合答道："他們是把有槍刀的男子殺了還剝奪他的衣服的兀魯兀惕和忙忽惕兩種人。"塔陽道："既如此，我們離得這種下等人更遠一點吧。"於是他們又上去了好多遠。

停了一回，塔陽望見了一個特異的人，忙問道："那個像貪食的鷹般當先來的是誰?"札木合微笑道："這就是鐵木真；他渾身穿着鐵甲，像貪食的鷹般來了！你見麼？你們曾說見了達達，要像小羔兒一般，把蹄和皮喫得一些兒不留，你如今試着吧！"塔陽但說可怕，急令再上山走。

塔陽又問："跟着許多軍馬來的，這個魁梧的人是誰?"札木合答道："這是訶額侖母親的一個兒子，也是用人肉養着的。他披了三層鐵甲，三個強牛拖着來了！他把帶弓箭的人一口嚥下呵，不礙着喉嚨；他吞一個全人呵，不够當一頓點心。他怒時，隔山射箭呵，可以穿透十人二十人。他大拉弓時可以射九百步；小拉弓時可以射五百步。他生得不似常人，像大蟒蛇一般。他的名字是拙赤合撒兒（鐵木真的弟）！"塔陽驚道："這般呵，我們只可一齊上山頂去了！"

乃蠻人看見他們來勢凶猛，嚇得昏了，都爭奔到高山的頂上，再沒有一點廝殺的勇氣。鐵木真見日色已晚，圍着納忽山宿了。這一夜，乃蠻人想逃，跌在山崖裏死的很多。明天就拿住了塔陽。鐵木真把他的母親納了。

即在這一年的秋天，他又打破了篾兒乞，把他們的百姓完全虜歸。

從此以後，漠北的土地和人民都歸給他一個人掌管，他的土地和西回紇接界，他的軍士有數十萬。

不久，他捉到了札木合，把他殺了。鐵木真更沒有一個敵人了。

一二〇六年，鐵木真於斡難河源頭舉了九腳白旄纛，即皇帝位，國號大蒙古。那時他四十四歲。他大封有功的臣：那人封王，那人封萬戶，那許多人封千戶，一一分配了。

他把百姓分與他的母親和諸弟諸子。他說："幫我立國的是母親，兒子中最長的是拙赤，諸弟中最幼的是斡赤斤，所以母親和斡赤斤處共分與一萬百姓，兒子拙赤處分與九千。"諸弟及諸子處自八千至一千五百不等。

韃靼人到這時，始有正式的國家，可以和其他歷史久長的國家對抗了。以下當繼續講他們向外拓地的事情。

韃靼人的生活狀況，順述數條于下：

他們不懂得什麼叫做曆法，只看草發青時知道換了一年，看月初生時知道換了一月。

他們吃的是羊肉，飲的是牛羊的乳。他們打到別地方時，吃完了羊就獵射兔鹿野豕做糧食，所以發出的兵雖有數萬人之多，竟可不帶餉糈。

他們的馬都是從初生時教練起的，所以幾千隻馬聚在一群，

會得沒有一點聲音；不去縛住牠，也不會走散。他們白天不餧芻
秣，待到晚上牧放。他們每一個人有幾匹馬，每天換騎一匹，所
以馬力不至疲乏。

他們一向沒有文字。所以起兵數十萬，從元帥至千户、百
户、什夫長，都是口頭傳令而行。他們如有命令發到遠方，只消
派一個人騎了快馬前去，他決不會增損一句話。

他們一向不知道什麼叫做國號和年號。直到因征伐而得到回
紇和女真的降人教導了他們，方始用回紇字行文于西域，用漢字
行文於女真。他們于是自稱爲"大朝"，稱年爲"龍兒年"（辰），
"虎兒年"（寅），"兔兒年"（卯）等，以代干支。中國有傳他們用
"龍虎"紀元的，這是一種誤解。

他們臨戰時規律極嚴，不聽命令的人雖是貴族也必誅戮。戰
勝時搶到的東西，不許私有，須俟事定後均分。均分的辦法，是
以上下爲多寡，一定要留下一分獻給合罕；留守的大臣也分
得到。

他們征戰的事，都是在夏間定議，使得大家可以避暑牧養，
到秋間努力上陣。

十　蒙古領土的擴張（一）

　　一件事情的功罪有時很難判定。蒙古人爲要達到他們的統一世界的野心，作上了近一百年的大戰爭，靠了他們的勇敢與殘暴，打得處處城郭成了丘墟，人民死在他們的鋒鏑之下的不計其數，我們在情感上，實在不能不罵他們一聲“獸性大發的民族”！但是一件事情總是可作兩方面觀察的，往往所失在此而所得在彼。我們的祖宗固是飽受了他們的虐害，可是到了後來確是得到他們的好處了。正與生在冰川時代的人，爲了冰川的激急與寒冷，喪失了不知多少的生命，但結果卻逼得人類會得盡力去用他們的腦力，因而得着很高的理智，成就今日的文明，是一樣的。

　　蒙古人的殘暴對於後人的好處是什麼？是打通歐亞交通的大道。本來歐亞兩洲因爲地理上的阻隔，各自發展各自的文化，二三千年不相聞問；經了他們不怕艱險，儘自橫衝直撞，東到日本，西到波蘭，南到爪哇印度，陸道海道一起開通，於是兩洲的文化就漸漸的接觸了。東方的指南針、印刷術、火藥……既傳到了西方；西方的天文學、算學、煉糖術……也傳到了東方。歐洲人對於東方的知識原是極寡少的，自從蒙古兵打到了歐洲，歐洲人就有到蒙古朝廷上來做官的，他們回去時帶了許多東方的新知識，歐洲人於是纔知道東方也有文明程度很高的國家。馬哥波羅游記一書，遂看得像經典一般的尊重。

　　他們的功績就是就現在的中華民國看，也有許多可說的。例如雲南，唐以後是不屬中國的，他們把牠打了下來，就依然成爲中國的地方。又如西藏，向來是與蒙古没有關係的，但自蒙古將牠打下之後，把他們的國教算做自己的國教，於是這兩個民族的情誼是特別融洽了。諸君不曾在這回班禪額爾德尼入京時見到許多蒙古人遠道來參拜嗎？這還是六百年前的舊因緣呢。

閒話少説，且説成吉思汗自從把蒙古各部落統一之後，乘着這股新興的鋭氣，就努力向境外發展他的勢力。首先當住他的馬蹄的，便是金國（女真）與夏國（唐古忒），因爲金國是蒙古的東南鄰，而夏國是他們的西南鄰。

金夏兩國的武力何嘗不强，我們在前幾篇上早已説過牠們對於宋國的壓迫的情狀了。可是蒙古兵是非常勇猛的：他們每一個兵有十八匹馬，騎了一匹，其餘的跟着；騎的一匹乏了，就換騎別匹，所以馬也不會疲乏。如碰到了緊急事故，須趕走的，他們可以十天不踏到地。馬低了頭囓草，人就在馬背上酣睡。饑渴時，就把酪乾化開了喝着；没有酪乾時便刺馬出血，就了創口吸飲。因爲他們有這等精神，所以所到的地方都像摧枯拉朽一般，没有一國可以敵得過他們的。金夏兩國都是向來的大國，往常對於堂堂的宋國何等耀武揚威，何況這種蠻荒的酋長，那裏瞧得上眼。但到這時竟一敗再敗，没有法子，只得把金銀緞疋和駝馬獻與他，把公主嫁與他了。

大家還記得嗎？前次在契丹勢力的南漸下篇中曾經説過："契丹亡時，遼太祖的八世孫耶律大石率衆西奔，豫備興復。他隨走隨打，走了數千里，到了別喇薩軍（城名，在吹河上，今俄國中央亞細亞七川州界內），他們的國王棄城而遁。耶律大石就在這地建立都城，國名大遼。"如今耶律大石已是傳了三世了。乃蠻部敗滅時，塔陽汗的兒子屈出律逃到那邊，把他們的王殺了，自立做王。成吉思汗派者別（就是塔陽害怕的四狗之一）前去打仗，又把屈出律殺了。西遼的地就完全隸屬於蒙古。

現在要講到向來没講過的地方了，希望諸君都去買一本歷史地圖（例如北京大學蘇甲榮先生所著之中國地理沿革圖）來對看着，因爲地方的名目太多了。

在現在俄屬中央亞細亞的南部，那時有一個國，喚做花剌子模，是西遼的西鄰。西遼的地既隸屬了蒙古，成吉思汗便再向西去，攻打他們。沿路的城邑都望風而下。他們的國王默哷抵抗不過，往西逃到裏海的島上，不久病死了。他的兒子扎拉鼎往南逃，逃到了印度；收集舊部，打算恢復。花剌子模的國是亡了。蒙古兵渡過印度河去追他，不知道他隱匿在什麼地方，就把印度大掠了一回。

成吉思汗自身卻沒有到印度去，他和者別等追默哷到裏海，就沿了裏海的西岸前進，翻過了高加索山（在裏海與黑海之間，今俄國南境）。現在俄國地方，那時有許多不相統一的部族。高加索山的北部，是突厥族的欽察部居住的地方。成吉思汗一到，就把欽察部打敗了。欽察部不甘服，糾合了附近的許多部族來抵抗，不幸又給者別打得落花流水。欽察部的酋長霍灘逃到俄羅斯南部酋長處求救。這人是霍灘的女壻，他就大會諸部酋長，幫助霍灘抵禦蒙古軍隊。但臨到上陣時，欽察部的兵見了蒙古人就胆戰了，不由的潰散下來。蒙古軍衝上前去，把俄羅斯的兵打得大敗，他們的酋長數十人都陣亡了。這是一二二二年的事。

過了二年，蒙古兵又從欽察部回頭往東，打到康里部去。不消説得，他們又勝了。那時成吉思汗下令班師，他們就把平定的西北城邑立了“達魯花赤”而回（達魯花赤，是蒙古話“官長”的意思。蒙古人平定的地方，儘可教本地人或別處人做總管、元帥、宣撫使等官，但必用蒙古人做達魯花赤，權在總管、元帥等之上）。

蒙古自從成吉思汗到憲宗蒙哥，三十年中，舉行了三次大規模的西征。這是第一次。

起先，成吉思汗要打畏兀兒（即回鶻，亦作回回，在西夏的西邊，西遼的東邊），派人去見西夏國王，要他幫助出兵。西夏大臣阿沙敢不斥道：“你既没有獨手打畏兀兒的勇氣，就不必做大可汗！”夏王依了他的話，就没有把兵隊給與他。到這時，成吉思汗把畏兀兒滅了，差人去西夏責問不發兵的罪名。他已經建立了蓋世的武功，説出的話是何等的神聖。但阿沙敢不卻是一個硬漢，他不怕他的氣燄，對着來使道：“他若要與我們廝殺，就請到賀蘭山來戰罷！他若要我們的金銀緞定，就請到西凉來取罷！”（賀蘭山在今甘肅寧夏縣，西凉府在今甘肅武威縣，那時都是西夏的地方。）使臣回去報了，成吉思汗正因騎馬跌傷，睡在榻上，聽得這話，大怒道：“他敢説如此大話，我如何可以回去！我就是死呵，也得去問他一個明白！”就起兵到賀蘭山，把阿沙敢不打敗了，把他們所有能廝殺的男子都殺了，所有的駱駝等物都虜了。

到這時，西夏王睍只得投降，把金佛和金銀器皿、男女、馬駝等物，各以九九數來獻。成吉思汗只令在門外行禮。正行禮間，成吉思汗忽然胸中打噁起來，他很不快樂；到第三天，便把西夏王殺了，把他的宗族也都殺淨了。但成吉思汗還嫌得不痛快，教侍奉的人在每次進飲食的時候，總説一聲“唐古忒人已經殺盡了”！

就是這一年（一二二七），成吉思汗在六盤山（在甘肅固原縣）死了，年六十六歲。在他做合罕以至大可汗的三十年中所做的事業，是滅了泰亦赤兀惕，滅了塔塔兒，滅了克烈部，滅了乃蠻，滅了篾兒乞，打敗了女真，滅了西遼，滅了花剌子模，搶掠了印度，滅了欽察部，滅了康里部，滅了畏兀兒，滅了西夏。這是怎麼一筆大賬？他的地盤用現在的疆界來看，佔有内外蒙古、天山南北路、甘肅、阿富汗和波斯的東半部，俄羅斯的南部。他已經侵佔了亞洲的一大半，而又侵入了歐洲了。在三十年之中，爲了他個人的野心，掀起了空前的大戰，用一個荒僻的部落的力量，主管了無數名邦，這真是可使大家十分驚詫的。假使經過了傳奇的小説家的手筆，定要説他是玉皇殿前第一位凶星下凡了。

成吉思汗有四個兒子：拙赤、察合台、窩闊台、拖雷。長子拙赤和次子察合台是不和睦的，所以他把大可汗的位子傳與三子窩闊台。他死時，拙赤已先死了。他臨死時遺命，把平生征服的許多地方分與數子，除窩闊台承受蒙古全境外，拙赤的兒子分得花剌子模西部、康里部、欽察部的地方，察合台分得花剌子模東部和西遼的地方。他們後來就成立了一個欽察汗國，一個察合台汗國。只有他的小兒子拖雷，僅僅分得他的父親的老家，不能自成一國；直到後來他的兒子旭烈兀打下了波斯，花剌子模以南的地方都歸他們一支管轄，纔成立了一個伊兒汗國（伊兒，蒙古話是藩王的意思）。這是二十年後的話。

窩闊台，即是後來謚爲太宗的。太宗即位六年，就把金國滅掉。金國原是亞洲最大的一個國家，爲什麼會得亡得這般快呢？原來宋國人正要報復南渡的仇讐，趁蒙古新興，邀約他們南北夾攻。蒙古人應允成功之後，把黃河南面的地方都歸還宋國。宋臣趙范諫宋理宗道：“徽宗時，派了趙良嗣和金國立盟，約定夾攻遼國，事成後，便把燕雲故地歸還我們，話説得何等好。可是遼國亡了之後，金兵就打到中國來了。現在還是把從前的禍患做一個鑑戒罷。”但理宗那裏肯聽。蒙古兵圍了汴京，金哀宗四方逃竄，汴京降了。蒙古人把金國的后妃、諸王、宗室男女五百餘人送到軍前，解回本國。他們在路上受的痛苦，比北宋的徽欽二宗所身經的還要厲害些呢。可憐一個汴京，在一百零八年之中，把兩個帝王家一例的斷送了！

金哀宗逃到蔡州（今河南汝南縣），差人到宋國借糧，叮囑這個使者道：“你去對他們説，你們替自己打算也太不週到了！蒙古滅了許多國，直滅到西夏，以至于我們。我們的國亡了，就要輪到你們的身上來了。唇亡齒寒，這是一定的道理。所以你們若肯和我們講和，那麼，你們照顧我們的也就是照顧你們自己了。"
使者把這番話轉達給宋理宗，依然沒有得到允許。到一二三四
年，蒙古和宋國的兵攻破了蔡州城，金哀宗就自縊而死。從阿骨
打創業至此，計一百二十年。

西北諸國，雖在成吉思汗的時候已經立了許多達魯花赤，後
來又建立了幾個汗國，可是這些民族仍是屢起反抗。花剌子模的
王子扎拉鼎從印度回來，自稱波斯可汗，打算恢復。太宗遣將征
他，他逃到波斯山中，給人殺了。波斯本來是一個大國，文化很
發達的，但蒙古兵一到，就蹂躪得不成樣子了。

欽察部和俄羅斯諸部也不安定。一二三五年，太宗大派諸王
出兵，在拙赤位下的有拔都等，在察合台位下的有貝達爾等，在
太宗位下有貴由（定宗）等，在拖雷位下的有蒙哥（憲宗）等，以拔
都爲統帥。一路浩浩蕩蕩，走了兩年，剛纔到得欽察。他們的酋
長八赤蠻出來拒敵，給蒙古兵打得大敗，逃在深林中，一日數
遷。蒙哥吩咐許多軍隊把這個林子團團圍住，進去搜捕。但是他
們只尋得一所空營，營裏只留下一個看守的老婆子。他們問她八
赤蠻到那裏去了，纔知道他已經逃到裏海中的島上去了。他們追
上時，恰巧水退，可以在沙灘上步行過去，蒙哥大喜道，"這是
天開我們的道路呵！"他就進兵把那裏的人都殺光了。他們捉到了
八赤蠻，叫他跪。他道："我是一國之主，豈是求人饒命的！況
且我不是一頭駱駝，爲什麼要向人屈膝！現在我既給你們捉到，
就請王爺自己開刀好了！"依他的話，蒙哥命自己的弟把他殺了。
這時候，欽察部的屬部全都恐懼輸誠，裏海以北的地方完全定
了。就在這年的冬天，蒙古的兵又打進了俄羅斯。

俄羅斯自從一二二二年給者別打敗後，到這時已經十四年
了，許多酋長只管內鬨，並不一致抵抗蒙古人，反而有賣國賊領
導他們入境。蒙古人進了俄境，先去招降南部的酋長幼里，叫他
每年把當地錢糧十分之一獻給他們。幼里寧死不應。蒙古人就把

他們的城圍得水洩不通，猛力攻擊。古代俄國的房屋和城垣原是用木料造的，只有天主教堂纔用磚石，所以城也容易攻破。他們雖是嚴守，到第六天上就給蒙古兵打下了。幼里閉門自殺，一時城垣房屋都燒得精光。拔都聽得幼里的兒婦貌美，要她出來；她不肯，他把她的兒子當場殺了，她就跳樓而死。這是一二三七年的十二月二十七日的事，見于俄國人做的史書上的。

這時俄國的共主攸利第二派兵來救，又給蒙古兵打敗。他們乘勢趕到莫斯科，不費什麼力，就打下了。他們四面的攻打，直打到攸利第二全家戰没。

蒙古兵在俄境內固可謂勢如破竹，但到底也有盤根錯節的地方。他們西南一軍打到廓爾斯科城，那邊的酋長瓦夕里守禦堅固，竟打不下，反而被他將蒙古兵殺死了數千人。拔都帶了許多軍隊，猛烈攻擊了兩個月，方始打下了。他們便把城中人殺完，流的血像河水一般的多。他們捉到了瓦夕里，投到血河中，淹死了。他們固然終究得到勝利，但總覺得不高興，就喚廓爾斯科城爲卯八里克，這個名詞的譯義，乃是“惡城”呢。在他們許多的馬到成功的戰績之中，這番的事已經算得一個大大的挫折。

他們在俄境的東部和北部打了三年，差不多都打平了，休息了一回，便去取南俄。南俄的最大的城，喚做計掖甫，是以前的都城。那裏城牆高峻，城內禮拜堂三十處，金塔矗雲。蒙古人稱牠爲“金頂汗的國”。他們於是先打計掖甫的附近的城，使得牠没有旁援，然後合力攻擊，于一二四〇年十二月初六日打破了。

南俄既打平，他們更出了俄羅斯的西境，進打馬札克（即匈牙利）和波蘭。到這時，蒙古的兵力已經侵入歐洲的中部了。這回的戰爭，是歐洲人最爲深記不忘的。我們在下講中再詳述罷。

十一　蒙古領土的擴張(二)

　　一二三五年蒙古人大規模的第二次西征，在上一講裏已經説到他們打出俄國的西境了。這一次打得最遠，直打到現在意大利境內。

　　蒙古人自從打平了全俄，就向波蘭和馬札克（即匈牙利）進兵。馬札克三面環山，非常險峻，不易行軍。可是這種困難是壓不住蒙古人的雄心的。拔都定計，分兵五道齊進，他自己打馬札克，察合台的兒子貝達爾打波蘭。

　　一二四〇年的冬天，貝達爾一軍的前鋒打入波蘭。他們趁着河水冰凍的時候，踏冰而過，掠獲了許多東西。那時波蘭一國分爲四部，其中一部的王名喚亨力希，他集合了三萬人，分爲五軍，第一第四軍是日耳曼人，第二第三第五軍是波蘭人，大舉的抵禦。蒙古人看他們來勢洶洶，就用了慣用的老法子去對付，這老法子是：開手時假敗，騙他們前進，等到他們的兵進完了，立刻用精騎把他們圍住攻擊。這些兵受不住，死了無數。亨力希中了矛，從馬上跌下來，給他們殺了。他們把他的頭挂在竹竿上，號令波蘭全境。所有俘獲的敵兵，一起把他們的耳朵割下。這些割下的耳朵都捆起來，一共捆成了九大捆。可憐日耳曼和波蘭的殘兵全成了無耳之人了！

　　拔都一軍是打馬札克的，他没有出兵的時候，先派自己手下的英國人前往勸降。馬札克王貝拉不願意，但也不十分防備，只派將士守住了險峻的山口，斬伐了許多樹木堆積在當路，豫備擋住蒙古人的兵馬。起先，欽察部的酋長霍灘失敗，帶了屬下四萬家投奔到馬札克，具拉開出一個條件，説“你們若要進境，須得改信天主教”。他們爲了生命的安全，答應了。具拉得到許多新附的人民，正在高興之際，那知民間主客不和，大家已在埋怨他的招進異族来咧。到這時蒙古人打到邊疆，人民知道他們進兵的理由是爲馬札克收納了欽察部的降人，更加吵鬧起來。具拉没有法子，只得把霍灘關在獄裏。一二四一年的春天，守山口的將官逃回來，報告蒙古兵已經把塞路的樹木打開了，把看守山口的兵士打散了。具拉趕緊下令集兵；但令下的第三天蒙古兵已經進到城下了。他想候到了救兵再出戰，天主教士烏孤領以爲這樣是徒然表示自己的怯懦，就由這位教士領兵出禦。蒙古兵見他們來時，依然襲用誘敵的老法子，退下去了。烏孤領追趕上去，到了一處泥潭的地方，蒙古兵卻轉身回來。這地方，蒙古人雖是初到，但因爲他們營中有許多歐洲人作領導，所以路徑很熟悉，可以騎在馬上隨意游行；但追的人都是欽察部來的客兵，不認識路，並且身上穿着鐵甲，身子累墜的很，走的極慢，陷在泥潭中爬不起來了。蒙古兵對準了他們放箭，一霎時射得個片甲不留。只有烏孤領逃了回來。百姓又大鬧起來，説蒙古軍中多欽察部人，欽察部的首領就是霍灘，若不把他殺了，他一定要作內應了。於是霍灘就死在馬札克的獄裏。

那時拔都紮營在賽育河(Szamos River)的東面，具拉駐軍在西面。具拉用了一千個兵丁守住橋梁，把許多車輛環成了若干營壘，把盾牌挂在車輛外面擋住箭鏃，設備確是很堅固的。拔都使一個奇計，下令夜裏進兵，一軍過橋，一軍繞了下游偷渡。當時有人報信到具拉營中，烏孤領趕緊出巡，蒙古兵已經和他們爭橋了。相持之下，居然把蒙古兵打退，加兵守界而歸。馬札克人回到營中，安心得很，以爲一時是不會有什麼事了。那知蒙古兵用火礟攻擊守橋的兵，到天亮時就渡河過來。一渡過河，便把馬札克人的營壘圍住，射發的箭像雨下一般。打到午刻，蒙古人放開了西南一角，讓他們逃走；他們逃時，蒙古人在後面緊追着。馬札克人多數陷在泥濘裏飲箭而死，逃脫的沒有幾個，賽育河的水變成了紅色了。貝拉因爲騎了一匹好馬，方得逃入深林。馬札克的宰相被殺，剝開他的衣裳看時，國王的印章挂在他的身上。拔都一見大喜，喚馬札克的降人假充了貝拉，發告示到各處地方，説"蒙古人快給我們打敗了，你們人民須要安居，不可害怕"。告示上並且罵蒙古人爲"猛狗"，使得他們不起疑。馬札克人本來因爲得不到戰事勝敗的確信，煩悶得很，這時看見了這個告示，都以爲是一個佳報，也就不走了。那知過不上幾天，蒙古兵突然到了，把他們完全擄去。

合丹（太宗的兒子）帶的軍隊是五道中的一道，他們從馬札克的東南小路上翻山入林，到魯丹城（當是 Kronstadt）。這個城是日耳曼人住的。蒙古兵到了，民兵出來抵抗。蒙古兵又用他們用慣了的老法子，先退下去。民兵一見大笑，以爲這一輩人是沒有膽量的，回到城裏作樂去了，既不關城門，又不登城防守。但蒙古兵猝然間重來了，這個城就毫不費力地取到了。他們據城之後，選了六百個勇壯的日耳曼人做前導，一直的打過去，到處殺人放火。他們又命俄羅斯和馬札克的降人做先鋒，自己在後面督責着。這班先鋒真是必死隊，進亦死，退亦死，他們的尸首積滿了城濠了，蒙古兵就踏在尸首上面衝過去。因爲他們是這般的猛悍，所以軍鋒所及，沒有一處是不殘破的。

拔都會合了合丹的軍隊，紥營休息，分派土人主管各城，勒索人民的賦税，供給自己的軍食。

他們要渡過多惱河（Danube River），到西邊去，但沒有船。候到冬天，多惱河冰了，河西格蘭（Gran）地方的守兵捶鑿冰塊，阻住他們的去路。兩面的兵在冰上打了幾回，沒有什麽勝負。過了幾天，冷得厲害，鑿開的地方依舊冰凍起來。蒙古人要試驗新結的冰是否結實，把軍隊移走了，只留下幾個游牧的人守着許多牛馬在河岸上吃草。隔岸的人望見，以爲他們的大隊是走了，落得佔些便宜，就踏冰而過，奪取牛馬，驅向河西。蒙古人看的清楚，一霎時萬騎齊進，像風捲殘雲一般，把他們打的不成樣子。

拔都和合丹兩軍都過了多惱河。拔都自打格蘭，命合丹去追貝拉。那時貝拉正避在國內南境，派人到羅馬教皇處求救，又派人到日耳曼共主處求救，教使者對他們説，"你們如忍心不救我，停不了幾天蒙古人就要打到你們的國度裏來了！"這件事似乎没有下文，實在蒙古人的威望在這時既這般大，誰還敢觸犯他們的虎威呢。合丹進了馬札克的故都布達配斯特（Buda-pest），尋不到貝拉，就把這個城燒了。輾轉進攻，貝拉逃到地中海的島上，又乘舟北徙。合丹不去追他，引兵東行，到塞爾維亞（Servia），大掠而歸。

拔都打格蘭，立礮三十架，擊毀了城牆，進入内堡。但内堡的守將是一個西班牙人，防備的非常周密，竟打不下。那時地中海的北面是維尼斯國（Venetia，現屬意大利），他分軍西行，穿過奧地利亞（Austria），直打到維尼斯；又派一軍進奧地利亞的境内。他的兵走得更西了，西歐人都驚惶得很，準備逃難。但他們擾亂了一回，也就退了。據歐洲人的觀察，這些軍隊都是小隊，目的並不在略地，只爲防日耳曼等國出兵，借此作偵探之用的。

太宗窩闊台於一二四一年死了。明年四月，拔都在軍中得到凶信，就下令全軍東返。

這是六百七十年前的巴爾幹半島（Balkan Peninsula）的大戰。這是蒙古人在歐洲獨霸稱雄的大戰。歐洲人見他們怕極了，把他們喚做"上帝的鞭子"（The Whip of God）。

自從蒙古滅了花剌子模和欽察部之後，拔都的父親拙赤在花剌子模建立"鄂爾多"（這字的意義是帳殿），統轄俄羅斯諸部；但因相距太遠，不容易控制。到這時，拔都從馬札克回來，他的武功如此煊赫，俄羅斯人還那有敢反抗的。他便建立了一個欽察汗國，在浮爾嘎河（Volga River，在裏海北）的下游，造了一個都城，名喚薩萊（Sarai，今名 Saratov）。這個鄂爾多喚做阿勒泰鄂爾多，意思是"金頂的帳殿"。俄羅斯諸王都來朝受封。他命他的兒子安得累第一掌管俄羅斯的北部；又在黑海的北面造一個鄂爾多，命他的兒子撒里答住在那裏，掌管俄羅斯的西部。撒里答共有部眾六十萬，裏邊蒙古人只有六萬，其餘都是天方教人和天主教人。

拔都又把東方錫爾河（未詳，或是 Ishim River）以北的地方分與他的哥哥鄂爾達，烏拉河（Ural River）以東的地方分與他的弟弟昔班。鄂爾達的鄂爾多的顏色是白的，昔班的是藍的。拔都的鄂爾多既用金色，稱爲金帳汗，所以鄂爾達就被稱爲白帳汗，昔班就被稱爲青帳汗。俄羅斯的土地，便給蒙古人"鼎足三分"了。

一二五六年，拔都在浮爾嘎河邊上死了，年四十八。

拔都死後，他的弟弟伯勒克繼位。他是信奉天方教的。他派官查閱俄羅斯的戶口，按了人丁收取賦稅。有人說，他定的賦稅數目極苛，每一丁每年須繳皮五張，黑狐一頭，白熊一頭，黑貂一頭，平常貂一頭，獺一頭。這確是太重了，或者只有富家的丁是如此的，或者竟是官吏的趁火打劫，也未可知。他在人民較多的城鎮裏都設置地方官一員，而用"八思哈"（蒙古官，理民事，主賦稅的）三人總管事務。田畝的稅，在收穫的十分中取一分；牛羊馬的稅，在百頭中取一頭。教士都免賦。一時俄羅斯人很不服，曾起了幾回反抗，可是終究給他的兵力壓住了。

後來伯勒克和他的堂兄弟旭烈兀不和，開了幾次仗。埃及王比拔而斯也是信奉天方教的，和旭烈兀也有讐怨，很想拉攏伯勒克幫着自己。一二六二年，他就遣使渡黑海到欽察汗國來通好。

起先伯勒克的兵屢次侵擾東羅馬，東羅馬看埃及和他親近，便阻住了這個使者，不讓他通行。埃及王再寫了信派人送去，囑伯勒克不要攻擊東羅馬，纔把這使者放了。當埃及使者北行時，伯勒克也派人到埃及去，對埃及王說："我們兄弟四人都入教，願意和你合力攻擊旭烈兀。"埃及王很優禮他，囑他帶回許多禮物，並贈可蘭經的纏頭布一方。過了十餘年，埃及王又聽了東羅馬的囑託，送信給伯勒克，請他再不要侵犯東羅馬的疆界。伯勒克的武功，我們固然因史書的不完備，不能慤知道，但看了這一段記載（這一段記載是西洋學者從埃及歷史上看到的），也可知道他是要繼續拔都的功績，在歐洲境內努力擴張領土的。

　　自伯勒克以後，欽察汗國的繼承者雖没有赫赫的武功，但總是握住了俄羅斯的主權。直到傳了七代，在一三六〇年頃，諸王爭位，自相殘殺，纔衰頹下去。而這時俄羅斯人也競圖自立，莫斯科王兵勢很大，打算驅盡蒙古人。恰巧中國方面的漢族也正在這時趕走蒙古皇帝，創成恢復的功業。所以十四世紀的中葉，好算是蒙古人倒霉的時期。

　　欽察汗國既衰，蒙古人在俄羅斯境內新建的國家有三個，黑海的北面有客勒姆部，浮爾嘎河邊上有喀桑部，裏海的北面有阿斯塔拉干部，和薩萊城的汗國是並立的。但後來黑海北面的一部成了"親俄派"，受了他們的指使，于一五〇一年把薩萊城的汗國滅掉了。過了五十年，俄王伊凡第四把浮爾嘎河和裏海邊的兩部也都攻滅了。又過了二十年（一五七一），客勒姆部的王感受脣亡齒寒的悲哀，覺悟蒙古人勢力日衰的非計，要恢復舊時的地位，便糾合了土耳其兵，長驅入俄，攻破莫斯科，屠殺官民八十餘萬，燒城而去。這是蒙古人對於俄羅斯人最後的示威，距離成吉思汗的初次西征已有三百五十年了。

　　客勒姆部因有南鄰土耳其的幫助，所以傳國最久。直到一七七八年，纔給俄羅斯吞併了。

　　十九世紀之末，蒙古人在俄國做酋長的還有布哈爾和機窪兩部，都是青帳汗昔班的後裔。但是他們都受制於俄人，只擁着一個虛位而已。機窪部酋長曾經請求俄帝，願得金錢若干，讓出這個小國；俄帝卻不肯用實在的金錢換得名義上的利益，沒有答應。布哈爾部的酋長聽說也有同樣的意思。這句話已經說了三十餘年，可惜我們的史書太不完備，不知道現在是怎樣了。

　　蒙古人在俄羅斯境内保存了六百餘年的壽命。當他們鐵騎西征的時候，何等的顧盼自豪，那裏把俄羅斯人放在眼裏。那知道在六百餘年之後，竟反過來了，不但在俄羅斯的蒙古人完全失掉了勢力，並且連蒙古的老家也變成了俄羅斯的殖民地了，並且蘇維埃共和國代蒙古人建立了共和政府，要和中華民國脱離約法規定的關係了！

十二　蒙古領土的擴張(三)

凡是讀過歐洲中古史的，一定知道有“十字軍”(Crusade)的一件事。十字軍是怎麼一回事呢？簡單説來，是基督教與回教的衝突。原來耶穌的墳在耶路撒冷(Jerusalem)，每年基督教徒去朝謁聖地的不計其數。後來這塊地屬於土耳其了，土耳其是信奉回教的，他們因爲宗教的不同，對於朝謁聖地的人常常加以虐待。歐洲的基督教徒不服氣，起了十字軍來奪取耶路撒冷。自從一○九六至一二七○年，在一百七十五年之中，起了七次兵。可是這些軍隊多半是平民，他們的組織雜亂的很，又没有公認的首領，所以不曾得到什麼結果。

如今我們要講的，是一二五二年蒙古人第三次的西征，這次的行軍在時間上是相當於第六次的十字軍，在戰綫上也歸結於耶路撒冷的附近(十字軍是從西到東的，蒙古人是從東到西的，耶路撒冷一帶便是聯接他們路綫的樞紐)，在目的上也是攻擊回教的國家。但蒙古的軍隊不像十字軍那樣没有組織，他們是極有力的，所以能在亞洲西部攻滅了兩個回教的大國——木剌夷(Mulahida)和八吉打(Baghdad)——又向西去，直打到非洲的埃及。

這次西征的主將，是旭烈兀。他是成吉思汗的孫子，拖雷的兒子，蒙哥(憲宗)和忽必烈(世祖)的弟兄。蒙哥做了大可汗，就派旭烈兀管着西域。不久，因木剌夷和八吉打不聽命令，派他起兵征伐。蒙古人大舉的西征共有三次，第一次由亞洲正西到西北(從西遼到俄羅斯)，第二次由亞洲西北到歐洲東部(從俄羅斯到馬札克），這一回第三次西征乃是由亞洲正西直到亞歐非三洲的交界處。旭烈兀在蒙古大帝國中的功績，和他的堂兄拔都差不多。拔都打平了俄羅斯，建立了欽察汗國；他打平了木剌夷諸國，也就建立了伊兒汗國。

要講木剌夷和八吉打，不能不知道一點回教的情形。回教是第七世紀之初穆罕默德（Mohammed）創立的，他是阿剌伯（Arabia）人，用他的信教徒的兵力征服阿剌伯全部和叙里亞（Syria）等地方，以教主而兼國王，建設回教的帝國。他死了之後，這教皇的位子稱爲“哈里發”（Caliph），這字是代天治事的意思。到八世紀的中葉，哈里發建都於底格里斯河（Tigris）邊的八吉打城（Baghdad），這便是這一講裏要講的八吉打國。這個都城的直徑有五英里遠，住着二百萬人口，極爲富庶，文化程度也很高。在九世紀時，這個城是世界上最富最大的城。如今到了十三世紀，已經漸漸地衰敗下來了。各屬國國王即位時雖依舊要受哈里發的册封，各屬國國王的祈禱文和錢幣上雖依舊要用哈里發的名字，但只是一個虛名的羈縻，實際上哈里發已沒有什麼指揮的權力了（比了現在的羅馬教皇還好一點）。話雖如此，八吉打終究是一個亞洲西部的文化中心點，牠經過了四百餘年的歷史，凡是回教的經典以及法律、化學、物理、天文、音樂、堪輿術、相術，都有研究的人，總不失其爲一個學問的薈萃之所。

穆罕默德的女壻阿里（Ali），也是繼承做哈里發的。他有很好的道德，很高的智識，他把希臘哲學家的哲理參入自己的宗教之中。但給保守舊義的回教徒反對了，把他殺死。他的一派從此成爲回教的別派，稱爲十葉教（Shi'ism）。這派的人在八吉打的東邊裹海的南面立了一國，稱爲伊思馬耳（Ismailis），國王的位稱爲“伊瑪姆”（Imām），地位比哈里發次一等。他們這個教本來是正大光明的，不料積漸改變，凡是教徒都有替教主報仇的義務，所以暗殺的手段特別利害。鄰邦遭了他們的毒手，恨極了，大家喚他們做"木剌夷"，意思是不走正路的邪教。這個綽號漸漸地遮掩了正式的國名而把牠代替了。

　　木剌夷蓄養刺客的事，馬哥波羅游記中有一段記載寫得很好。這段文字的大意如下：

　　　那裏的王在山谷中間揀了一處風景最好的地方，造了一個大花園，種了許多嘉樹奇花，蓋了許多亭臺樓閣；畫棟雕梁，珠簾繡幕，裝飾得講究非凡。池沼裏面傾注了美酒、牛乳、蜂蜜。後宮裏養着許多美麗的女兒，穿了很漂亮的衣服，學習歌舞，常常到亭池間游嬉。山谷的口子上立了關，別人是進不去的。

　　　這個國王選了民間喜弄武藝的少年，叫他們住在宮裏，練習技擊。這些少年有給國王賞識的，國王在食物中暗地投了麻醉劑給他吃了，乘他昏迷的時候，馬上擡到迷谷裏去。藥性退了，他醒來，所見的東西全不是原來的樣子了：那裏有好的東西吃，有好的酒飲，有好的女孩子伴着他，他以爲是到了天堂裏了。過了幾天，又給他吃了一點麻醉劑，把他擡出谷來。那時國王就召見他，問他數日來看見的是什麼，他一一說了，聽的人都羨慕的了不得。

　　　國王在這時候，就對許多人說："我們的教主穆罕默德說的：'凡是服從上帝命令的人都可以進天堂。在天堂裏，無論什麼嗜好都可以滿足'。你們聽了：我和穆罕默德的地位是平等的，凡是服從我的命令的也可以永遠住在天堂裏享受幸福。你們勉力罷！"血氣正盛的少年聽了這種話，那有不感激涕零，誓以身報的。因爲這樣，所以鄰國的君主和他們的國王有什麼不合，常常給這班少年刺死。

但木剌夷的武俠少年雖是這等的勇敢，終究抵抗不住猛虎一般的蒙古人的鋒鋩。

　　一二五六年，旭烈兀到了波斯。一路酋長豪族都來迎師，並獻獅子等物。他命令他們，各各帶兵同誅木剌夷。木剌夷的王兀克哀丁科沙（Rokn ud-din Kulshah）知道他們的聲勢浩大，屢次派人進謁，請求緩期納款。旭烈兀知道他意在緩兵，不許他的請求，依然節節進攻。那時天氣正寒，人馬乏食，利於急攻，就定議用砲火轟擊，諭令五日出降，過期便要把全城的人民殺完。但那裏的人民願意死守，旭烈兀砲火攻城時，他們也在城上盡力發弩相拒。有一天大風雪，蒙古兵都生了凍瘃，不能仰攻。但明天晴了，他們就繼續發砲了。到第四天上，木剌夷人力竭而降。他們的王把金玉寶貨一齊獻出，旭烈兀看着數目不多，完全賞給衆將官。因爲木剌夷國內許多城堡都險峻不容易攻下，所以旭烈兀許木剌夷王不死，叫他派人招降，一時大小五十餘堡不費兵力而定；他們把這些城堡都毀壞了。他們國內有許多書籍和測天儀器，旭烈兀也都收了；在他的眼光裏以爲沒有用的便燒了。

　　木剌夷全境既平，旭烈兀想把這王殺了，但因前已許過他不死，恐殺了他給天下人取笑，遲遲未發，只把待遇漸漸地低落了下來。兀克哀丁科沙心中不安，請入朝大可汗。到了蒙古，憲宗拒絕不見，送他回來。走到半路，蒙古官把他和隨從的眷屬一起殺了。他的國民，早由旭烈兀分配到各個營內，在他入朝的時候也全都殺了。

　　旭烈兀滅了木剌夷，就進攻八吉打。那時八吉打的哈里發是木司塔辛（Mostasim），愛聽音樂；有一次頭痛時，樂官做了七十二絃的新式琵琶彈了，他的病就好了。他因爲這般，所以國事的權都操在幾個大臣的手裏。八吉打有一處地方，是十葉教人住的，哈里發縱容親軍去搶了。他的用事大臣謨牙代丁也是奉十葉教的，怨他殺害了他的同教，就與旭烈兀暗通消息，許爲內應。他又勸哈里發裁減兵額，節省兵餉，有緊急的時候再徵兵入衞。

木司塔辛本是一個極吝嗇的人，就答應了。

　　旭烈兀派人送信給哈里發，信上説：“我征木剌夷時，請你出兵幫助，爲的是要鞏固我們的友誼。你的兵卻是永不來。諺語道：‘太陽落了月纔有光，太陽出來時月就落了。’我們蒙古自從我祖成吉思汗西征，滅了無數國家。這些亡國逃民到了你的國境，你就開門延納。等到我們的兵來時，你就準備抵抗了。現在我自己來了，你如果是一個見機的人，快快毁平了城堡，親來請降。要是願意打仗，也快些聚集了軍馬等候着。到了飛走的路都没有時，你可不要懊悔咧！”哈里發是受人尊敬慣了的，向他請封的國王都要向他的驢腿上接吻，他那裏受得了這種氣，即刻答書道：“你們得了十天功夫的徼倖就自信爲世界上惟一的帝王，看自己的命令像上帝的命令一樣的不可反抗，你們不知道自西至東，凡是信從上帝奉行正教的都是我的臣僕。只要我一動怒，伊蘭（Iran，裏海南面一帶地的總名）的百姓都立刻起來攻擊你們了。你們還説什麽毁平城堡的話！”蒙古使者出城時，八吉打人民洶洶地圍住了他，要把他殺了。幸虧存心賣國的大臣謨牙代丁派兵保護，方始逃出。

　　使者回來説了，旭烈兀大怒道：“哈里發失禮！天許我同他戰，一定是赦他不得的！”又派人去説道：“上帝已經把世界給與成吉思汗的子孫了，哈里發如要抗命，只有開戰！”哈里發聽得他真要開戰，不免軟了下來，遣使到旭烈兀處説，從來攻擊八吉打的没有一個不受到天罰，引了許多證據。旭烈兀雖斥爲妄言，但究竟因爲他是一個回教的教皇，確也有些躊躇。他命手下的起課先生占了一卦，報説這事必無成功，並且進攻之後要犯着六種災難：（1）軍士染疫而死，（2）天不出日，（3）天不下雨，（4）有旋風地震傾覆世界，（5）土地没有收穫，（6）大汗過了六個月即死。但佛教的僧侣是不怕回教的，還是勸他速即進兵。他不聽，召了木剌夷的天文家取斷。八吉打與木剌夷雖同奉回教而派别不同，所以這位天文學家説：“起課先生的話是不一定準的，不如攻了八吉打再來占卜罷。”他又引了以前哈里發給人殺死的事實，證明他們的承受天命未必可靠。旭烈兀經了許多人的慫慂，就下動員令了。

一二五七年冬，旭烈兀到了底格里斯河邊，用羊胛骨占卜，得了吉兆，就渡河南下。軍隊所過的地方驚擾得很，男女逃避，爭舟而渡。蒙古軍背水立陣，和八吉打的兵打了一天，沒有輸贏。到了晚上，兩軍都在河邊紮營歇息。八吉打的軍營紮在低地，蒙古軍乘夜決堤，把他們的兵淹死了無數。

八吉打的都城跨着底格里斯河，分爲東西二城：西城有子城，東城的城牆尤其高厚，城上築敵臺一百六十三個。旭烈兀分軍圍東西城，並在上游排列了許多礮船，防他們逃逸。一方面他又築營掘濠，拆了人家的牆磚做自己的礮臺。哈里發怕了，派大臣前去，請照前議毀了城堡投降。旭烈兀笑道：“這是從前的話呵！現在我們到了八吉打的城下了，可不能這樣辦了！”他派人到城裏聲言道：“蒙古人要把八吉打人民搬到叙里亞去，願意去的可以就出來。”願意搬去的人果然出了城，蒙古人把他們分配到各個營中。明天，完全殺了。

哈里發到了這時，只得領了三個兒子和法官、教士、貴族等三千人出降。蒙古兵進城大殺大掠，到第七天上方纔封刀，死的已八十萬人，房屋已燒去大一半了。死屍像山一般的積着，臭氣薰天。因此旭烈兀只得紮營在城外。一個四百年的文化中心，六百年的宗教中心，到這時竟摧殘淨盡！

旭烈兀到了哈里發的宮中，大設宴會，命手下人把哈里發牽來，對他説：“你是此地的主人，我是客人，你有什麼東西送給我啊？”木司塔辛戰戰兢兢地開了庫門，獻上錦衣二千件，黃金一萬的那（的那，幣名），還有許多別的珠寶。旭烈兀搖頭道：“這一點東西只可賞給我的底下人，還有呢？”木司塔辛没法，只得領他們去取窖藏；他們從井裏撈起來，又得了不少的黃金珠玉。歷任的哈里發的積蓄到這時完全給旭烈兀取去了。

木司塔辛自己知道活不成了，請求旭烈兀許他沐浴就死。同死的有他的長子和宦官五人，都裹了氈毯，放在大路上，驅着戰馬蹴踏而死。因爲照蒙古的規矩，王侯是不應斬首的。據另一說，蒙古軍開發窖藏時，取出黃金無數，旭烈兀喚哈里發把牠吃了。他請免，旭烈兀斥道，“你既經吃不下去，爲什麼不分給將士？這明明是蓄積了防我呵！”就把他殺了。還有一說，旭烈兀入宮後，看見黃金滿庫，大爲驚詫，召了哈里發來，責備他道，“你這樣的貪財，有了這些黃金，不用來修整武備，只管藏匿起來，以致爲我所擒，你真是死有餘辜了！”於是把他關在庫裏，不給飲食。哈里發竟在庫裏活活餓死。這幾個說法不知道那一個是真的。

木司塔辛的叔父逃到阿刺伯，埃及國王迎他到自己國裏，立爲哈里發，受他的策封。不久，他想恢復故國，帶兵還鄉，但不幸也給蒙古人打死。雖則他的族人還在埃及繼續做哈里發，可是寄託在人家的屋下做關門皇帝，只有一個空名罷了。到後來，連這個空名也給土耳其滅掉了。

旭烈兀打平了八吉打，更往西去，打叙里亞。叙里亞是埃及的屬國，都城是德木古斯(Darnascus)，在地中海的東岸。叙里亞人聽得蒙古兵到了，都恐懼得很，逃到埃及的很多。那時正在冬天，他們在途中凍死了不少。蒙古兵到時，德木古斯的城雖堅，兵雖多，但因爲兵的裏面有阿刺伯人，又有土耳其人，軍心不齊得很，不多幾時這座堅城就給旭烈兀攻破了。城破之後，大殺五日，大掠半月，捕捉了童幼婦女十萬人。

旭烈兀占了叙里亞，又遣將渡紅海，打算取埃及的迷思耳(Misr)，但沒有成功。

一二五九年，憲宗病重。旭烈兀聽得此信，便下令班師，遣將留守叙里亞。班師時，經過俾路芝和北印度，又掠取了幾個城邑。從此以後，從蒙古一直往西，到地中海，都在他們的掌握之中，一些没有阻擋了。

後來旭烈兀鎮守西域，建都於波斯北部的大不里士（Tabriz，在裏海西岸）。一二六四（世祖至元元）年，世祖忽必烈册封旭烈兀爲伊兒汗。這個汗國的地方，東至阿母河（Amu Daria，在今俄屬土耳其斯坦），西至叙里亞，南至阿刺伯海，北與欽察汗國接壤。歐洲人稱牠爲東韃靼國（欽察汗國稱爲西韃靼國）。

欽察汗國的伯勒克汗與旭烈兀有私讐，他列舉了旭烈兀的罪狀，興師聲討。旭烈兀迎戰，頗失利。埃及王比拔而斯（Bibars）因旭烈兀占奪叙里亞，很怨他，借了這個機會，與伯勒克聯兵，一致攻伐旭烈兀。不久，旭烈兀病死了。這兩個敵國的兵戎卻並不因他的死而停止，依然連續下去，直到伊兒汗國的亡滅。

伊兒汗國的土地完全是回教的根據地。武力的統一固然有力，但總不及宗教的可以攝伏人民的内心。當成吉思汗初打入花刺子模的時候，他因爲那裏回教盛行，偏要侮辱回教。回教是戒飲酒的，他命取酒囊放在教堂中。又把可蘭經包在馬足上，命回教教士替他牽着馬韁繩。他又登了教士的講臺對衆人説：“上帝生我，是要我做了執鞭的牧人，來鞭笞全世界的人民的。若不是你們得罪了上帝，天爲什麼要生我呢！”這種事情在開創時是不妨有的，因爲那時有的是武力，原不怕人家的反對。到了基業已定，志在守成，那時惟一的重要事情就是延攬人心了。所以成吉思汗雖是侮辱回教，旭烈兀雖是屠絶了兩個回教教主的國家，但伊兒汗國的第五主合贊（旭烈兀的曾孫），他就要一反祖宗的行爲。他知道回教中有一種傳説，説回曆六百九十年（回曆，以教主穆罕默德避難之年爲元年，這元年是耶穌紀元六二二年）要出一個賢能的汗振興他們的教；他爲印合這一個豫言起見，所以自己就洗澡入教，祈禱上帝，厚賜教士，改去拜偶像的舊習慣。

　　合贊既得民心，就悉心提倡文化，整頓政治。他看了天方臺儀器，自運巧思，創製了許多新儀器。他引了幼發拉底河（Euphrates）溉田，於是境內悉成了肥土。他下令墾田，四年後始完糧，於是兵燹之後的許多荒野都成了平疇。他熟於蒙古的世系、族派、姓氏等掌故，命他的臣子波斯人拉施特哀丁（Rashidud-din 一二四七——一三二六）用阿剌伯文（即今回回文）著蒙古全史（一三〇七年成書）。我們現在能覈知道一點蒙古的史實，這部書有極大的功勞。大家説，這是蒙古建國西域以來第一個賢能的汗。可惜一三〇四年他就死了，年紀只有三十四歲。

　　合贊三傳之後，伊兒汗國繼嗣屢絶，疏族登了汗位，民心不安。那時花剌子模、八吉打等地方又復獨立，國勢更不振了。到一三七〇年，便給駙馬帖木兒滅掉了。總計伊兒汗國的始終，共有一百多年的壽命。

當代中國史學 [*]

---

[*] 1945—1946 年與方詩銘、童書業合作。勝利出版公司，1947 年 1 月；又，遼寧教育出版社，1998 年 3 月；上海古籍出版社，2002 年 4 月。收入本書以遼寧教育出版社版録排，略作校訂。

凡例

（一）本書近百年的斷代，以作者卒年爲準。有時爲叙述方便起見，其卒年不在百年範圍内者，亦加略述，但以超過不遠爲限。

（二）本書有時爲方便於叙述起見，一書或同見於兩節中，如傅樂焕先生的宋遼聘使表，既見於斷代史研究節中，復見於舊形式的撰述節中。

（三）本書本臨文不諱之例，雖作者師友亦均稱名，今人則加"先生"二字。

（四）本書所叙作者不用其筆名，即以筆名顯於世者亦均用其本名，以期統一。

（五）本書所用年代，俱爲中國紀元；其有關於國外者方用西紀。

引論

　　從今年（民國三十四年）逆數一百年，是清代道光二十五年，即公元一八四五年。那時中國在外交上，剛締結了第一個不平等條約——南京條約；在國內，太平天國的革命運動正在萌芽。此後的中國，便開始遭受着狂風暴雨的襲擊，我們的國家，就在這狂風暴雨之中，作猛烈的掙扎；到今年，終於獲得了最後的勝利：中國的歷史，從此又將走入一個新的階段。在這新舊交替的當兒，我們回顧過去一百年中的中國文化，不禁感慨係之：這一百年中，中國人雖不能說絕無進步，但是進步得這樣的慢。一百年前，我們對於西洋的文化，望塵莫及；一百年後，我們的文化，仍是迂緩地隨在人家的後面，與別人家比較起來，依舊相去很遠，我們真覺得對不起我們的祖宗。

　　但是，話說回來，這一百年之中，我們各部門的文化，也有比較進步迅速的，史學便是其中的一門，而且是其中最有成績的一門，我們在現在——這新時代開始的時期，對於百年中最有成績的學術——史學來作一個總結算，怕不是件沒意義的事吧！

　　這百年來的史學，可以分作前後兩期，大致民國成立以前爲前期，民國成立以後爲後期。前期的史學界，學者們依然走着過去的大路，繼續前此學者的工作，對歷代正史，加以補作或改作，對歷代正史的表志，更用心地加以補充或修訂，同時那時的史學界，還有三種新的趨勢，就是一、金石學的考索，二、元史和西北邊疆史地的研究，三、經今文學的復興。

金石學的考索，一方面固然是繼承宋人的餘緒，另一方面，卻也是乾嘉漢學的支流，那時研究經學的人亟於獲得實證，古器物學和古文字學，就都漸漸的展開了。元史與西北邊疆史地，有着不可分的關係。元史的研究，是繼承前此的成績；西北邊疆史地的研究，一方面固由於元史研究的影響，一方面又由於西北邊事的緊急，許多學人要求獲得實際的知識，以資應用；又要求獲得歷史的知識，以明彼此强弱的積因。經今文學的復興，是乾嘉漢學迷信漢人的一大反動，要求直接得到春秋戰國時的經籍的原本，並直接看到春秋戰國時的人物的面目；雖然他們所求到的，並不是真正的原本；所看到的，也並不是真正的面目，但終比從前人前進了一步。

後期的史學，方向更多，大要言之，除繼承前期的成績，加以發展外，又多出：一、考古學和史前史的研究，二、中外交通史和蒙古史的研究，三、敦煌學的研究，四、小說、戲曲、俗文學的研究，五、古史的研究，六、社會史的研究。這六項當中，社會史的研究成績較少，我們將併在“史籍的撰述和史料的整理”一章中敘述，不另列一類了。

後期史學的面目，是頗爲新穎的。它所以比前期進步，是由於好幾個助力：第一是西洋的科學的治史方法的輸入。過去的乾嘉漢學，誠然已具有科學精神，但是終不免爲經學觀念所範圍，同時其方法還嫌傳統，不能算是嚴格的科學方法。要到五四運動以後，西洋的科學的治史方法才真正輸入，於是中國才有科學的史學可言。在這方面，表現得最明顯的，是考古學上的貢獻；甲骨文和金文經過科學的洗禮，再加上考古學上的其他發現，便使古代文化的真相暴露了出來。此外如新的考據論文，多能揭發各時代歷史的真相，而史料的整理，也比從前要有系統得多。這都是科學方法之賜。第二是西洋的新史觀的輸入。過去人認爲歷史是退步的，愈古的愈好，愈到後世愈不行；到了新史觀輸入以後，人們才知道歷史是進化的，後世的文明遠過於古代，這整個改變了國人對於歷史的觀念。如古史傳說的懷疑，各種史實的新解釋，都是史觀革命的表演。還有自從所謂"唯物史觀"輸入以後，更使過去政治中心的歷史變成經濟社會中心的歷史，雖然這方面的成績還少，然也不能不說是一種進步。第三是新史料的發現。在近百年中，新史料發現很多，一方面可以補充過去史籍的不備，一方面卻又決定了後期史學的途徑。這批史料，主要的是：各地發現的史前遺物，安陽出土的甲骨文，各地出土的古銅器，西北發現的古代文物，內閣大庫，與軍機處保藏的檔案，與新出現的太平天國史料。這許多新史料，給予後期史學的影響，是非常巨大的。第四是歐美日本漢學研究的進步。近來歐美日本學者對於漢學的研究，極有貢獻，他們的成績傳入中國，很與國內學者以刺激，使中國的史學也隨之而進步。這在中西交通史和蒙古史的研究上，最有幫助。第五是新文學運動的興起。這是使小說、戲曲、俗文學研究興起的主要原因。

中國史學進步最迅速的時期，是五四運動以後到抗戰以前的二十年中。這短短的一個時期，使中國的史學，由破壞的進步進展到建設的進步，由籠統的研究進展到分門的精密的研究，新面目層出不窮，或由專門而發展到通俗，或由普通而發展到專門；其門類之多，人材之衆，都超出於其他各種學術之上。這並不是我們隨意瞎吹，大家只須去查一查近人著述和論文的目錄或索引，便可明白了。

茲爲方便起見，把近世前後兩期史學的關係，列表如次：

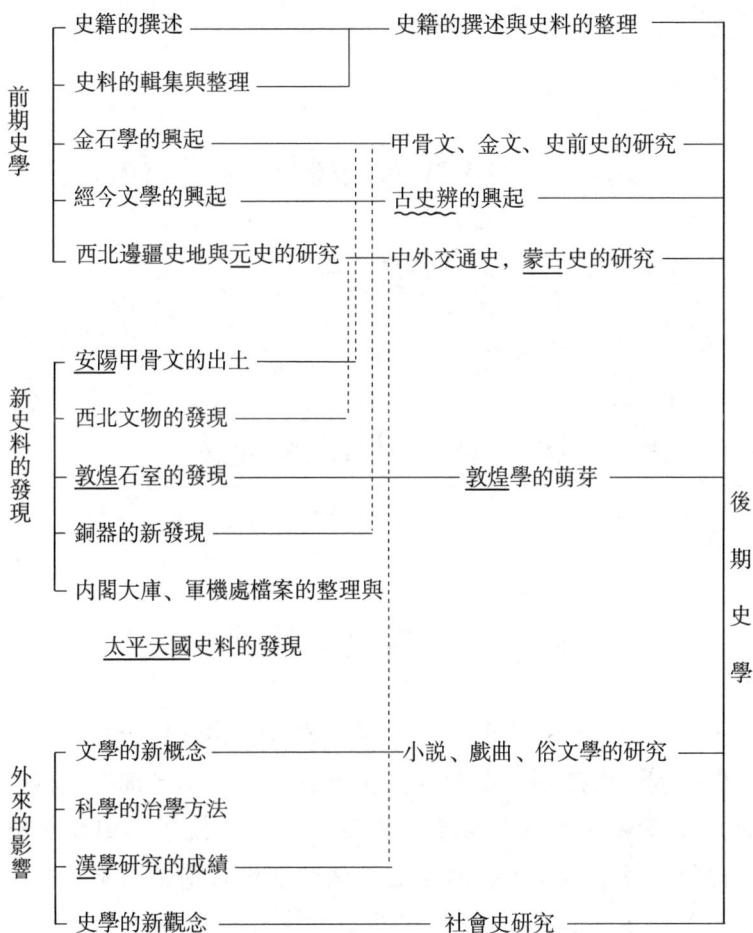

前期史學
史籍的撰述 ┐
史料的輯集與整理 ┘── 史籍的撰述與史料的整理 ─
金石學的興起 ── 甲骨文、金文、史前史的研究 ─
經今文學的興起 ── 古史辨的興起
西北邊疆史地與元史的研究 ── 中外交通史，蒙古史的研究 ─

新史料的發現
安陽甲骨文的出土
西北文物的發現
敦煌石室的發現 ── 敦煌學的萌芽 ─
銅器的新發現
內閣大庫、軍機處檔案的整理與
　太平天國史料的發現

外來的影響
文學的新概念 ── 小説、戲曲、俗文學的研究 ─
科學的治學方法
漢學研究的成績
史學的新觀念 ── 社會史研究 ─

後期史學

上編　近百年中國史學的前期

第一章　史籍的撰述

第一節　當代史的撰述

史學本來以現代爲重要，治明史的人常感覺到野史太多，而治清史的人卻常感到野史太少。在近百年中，其局部紀述現代史事的，有魏源聖武記十四卷。源觀察力極爲銳敏，組織力亦頗高，書中所述雖有失實，但在這一個時期中，卻不得不算是一本很好的著作了。其自序有云："荆、楚之南有積感之民焉，生於乾隆征楚苗之前一歲；中更嘉慶征教匪征海寇之歲，迄十八載，畿輔靖賊之歲始貢京師；又迄道光征回疆之歲，始筮仕京師。京師掌故海也，得借觀史館秘閣官書及士大夫私家著述故老傳説，於是我生以後數大事，及我生以前上迄國初數十大事，磊落乎耳目，旁薄乎胸臆，或涉兵事，或不盡涉兵事，有得即書，未遑著述。"由此，知源對史料的搜集是頗費苦心的。

太平天國的興起和滅亡，是中國近代史上的一件大事，而記述曾國藩、李鴻章等用兵始末的，有王闓運湘軍志十六卷。闓運曾佐曾國藩幕，然係文人，缺乏史德，對於史實往往以愛憎爲顚倒，常有故意歪曲的地方。郭崑燾嵩燾弟兄，曾經逐條簽駁，著湘軍志評議，這部書的不可信任由此可見了。但闓運文學修養極好，故其書文采斐然，稱譽的人仍然極多，且稱爲唐後良史第一。

　　湘軍志的曲筆既爲當時所不滿，且其書中對曾國荃的戰績完全加以抹殺，乃由國荃命王定安更爲之。定安爲曾國藩弟子，與國荃及李鴻章均熟識，對於湘軍淮軍的戰績，耳聞目見，知道得尤爲清楚，在史料收集上，亦曾費很大的苦心。其自序中説："及壯，佐曾文正公戎幕，從今宫太保威毅伯游者二十餘年，湘中魁人巨公什識八九，其他偏裨建勛伐者不可勝數，東南兵事，飫聞而熟睹之久矣。其後宦游天津，稍習淮軍將帥，而湘陰左文襄公及今陝甘總督茶陵譚公、新疆巡撫湘鄉劉公，鈔録西北戰事，累百數十卷，先後郵書見畀。最後從雲貴總督新寧、湘鄉兩劉公家，得其奏章遺稿，於是又稍知滇黔越南軼事。自咸、同以來，聖主之憂勤，生靈之塗炭，將帥之功罪，廟謨之深遠，上稽方略，下採疆臣奏疏，粲然畢具；而故老之流傳，將裨幕僚之塵譚，苟得其實，必録焉；其或傳聞異辭，疑信參半者，寧從闕疑，非真知灼見，不敢誣也。"其書名湘軍記，凡二十卷。論斷叙述，亦頗公平。在史學上的價值，似較湘軍志爲勝。

　　在這個時期中，歷史著述，除上列三書外，更有李元度國朝先正事略二百卷，朱孔彰中興將帥別傳三十卷。元度書雖自具別裁，然所述頗爲簡略，孔彰書亦然。

第二節　舊史的補作與改作

　　陳壽三國志寫作極爲謹嚴，但其以吳、蜀並列，而尊魏爲正統，在當時已經爲習鑿齒所不滿。鑿齒所撰漢晉春秋，即以蜀繼漢；及司馬光作通鑑，用陳壽之例，以魏紀年；朱熹作綱目，則又以昭烈帝接漢統，尊習氏的説法。對三國志加以改作的，宋有蕭常的續後漢書，元有郝經的續後漢書，均以蜀爲正統。在近百年中，與蕭、郝抱同樣見解而改造舊史的，有湯承烈季漢書九十卷。書未刊行，莫友芝極爲稱賞，謂其對表志尤爲用力，凡七易稿乃成。三國志雖嫌簡略，裴松之的注卻採摭極博，後人修改三國史事的，要超過陳志裴注，當然是不可能的事。蕭郝二人，目的在正閏之爭，所注重在書法，對於史實本不十分重視。承烈的書，莫友芝謂其詳核過於蕭郝；陳壽書無表志，而承烈於此用力極勤，亦爲特識。

　　今本晉書，因臧榮緒舊本改撰而成，其書不盡滿人意。此期中周濟作晉略六十卷，凡本紀六，表五，列傳三十六，國傳十一，彙傳七，序目一。包世臣特爲推許，謂：“分散故籍，事歸一綫，簡而有要，切而不俚，抉得失之情，原興衰之故，貶惡而不没善，獎賢而不藏匿，大之創業垂統之猷，小之居官持身之術，不爲高論，不尚微言，要歸於平情審勢，足以救敗善後，非典午之要删，實千秋之金鑒。”魏源復評其書，謂爲：“以寓平生經世之學，遐識渺慮，非徒考訂筆力過人。”濟書之價值，由此可以推知了。

　　五代史有薛居正、歐陽修二書。薛書極爲詳細，歐書仿春秋筆法，掛漏的地方不少。其與梅聖俞書中所説的：“閒中不曾作文字，只整頓了五代史，成七十四卷，不敢多令人知，深思吾兄如何可得，極有義類，須要好人商量。”其所説的義類，如兩相攻曰“攻”，以大加小曰“伐”，有衆曰“討”，天子自往曰“征”，自今視之可謂無聊，章學誠評之爲“正是三家村學究技倆”。薛、歐二書皆以都於汴京的爲骨幹，諸國皆闕略，此種見解頗不協於人心。起而正之的，有陳鱣續唐書七十卷，以後唐直接承繼唐昭宗，列莊宗、明宗、閔帝、末帝於本紀；復以南唐繼後唐，列烈

祖、元宗、後主於本紀，而以梁、晉、漢、周爲世家；十國除去
南唐，補入岐王李茂貞，合北漢於漢，是爲九世家，與梁、晉、
漢、周共爲十三世家；列傳唐臣稱爲臣，其他則稱諸國臣；瑣細
的事情則歸於表中。凡紀七，表四，志十，世家十三，列傳三十
六。書無多大長處，徒爲正統、閏位的爭論而作。而列沙陀於正
統，似尤未安。此外梁廷枏有南漢書十八卷，吳蘭修有南漢紀五
卷。廷枏、蘭修均廣東人。廷枏書附有叢録二卷，考異十八卷，
南漢文字略四卷；蘭修書有地理志一卷，金石志一卷。南漢建國
於粵，此二書實均由其地方觀念而作，但亦頗有精審之處。

　　明、清之際，流傳野史極多，但經清政府的禁毀，加以文字
獄大興，留存者極少。嘉、道以後，文禁不如以往的嚴密，但時
間既相隔較遠，材料的搜集頗難，故成書極少，惟徐鼒有小腆紀
傳六十五卷，補遺五卷。復有小腆紀年二十卷，用綱目體，搜集
史料略備。又錢綺南明書三十六卷，未刊行，傅以禮曾見之；
"南明"一詞即爲綺所首創。戴望對南明史亦曾用力，欲作續明
史，惜僅成傳數篇。望與傅以禮書説："勝國南爐遺事，二十以
前最所留心，喪亂以後輟而不爲。"戴氏不永其年，殊爲可惜，否
則以其精博，所成就的當必有過人之處。

　　司馬光的資治通鑑，斷於五代，宋以後都有人續作。及畢沅
續資治通鑑出，較前此各家的著作爲勝。畢書僅限宋、元兩代，
不及明世，蓋慮明、清交替時的叙述，有觸忌諱。及清中葉，清
廷文網漸疏，續畢書而紀述明朝一代大事的，乃有陳鶴明紀六十
卷，夏燮明通鑑一百卷，義例一卷，目録五卷。陳氏所叙述僅至
莊烈紀，且未畢。其一部分，及福王、唐王、桂王始末，由其孫
克家續成。克家又有考異若干卷，未及刊行。燮書凡九十卷，復
有前編四卷，紀述明太祖建號以前的史實；附記六卷，記弘光、
隆武、永曆三帝及魯王事：共爲一百卷；且自撰有考異，附入正
文每條的下面。陳氏書雖用有雜史多種，大致本於明史與明史

稿；夏書則用及永樂、正德、嘉靖等數朝實録，較陳書略爲完備，但二書均有闕漏之點。宋李燾欲續修司馬光資治通鑑，採北宋一祖八宗一百六十多年的史實，起於太祖的建隆元年，止於欽宗靖康二年，其書極繁，所採史料亦極多，名爲續資治通鑑長編。其後楊仲良因燾書撰皇宋通鑑長編紀事本末一百五十卷。燾書中經散佚，四庫館臣自永樂大典宋字韻輯出，中間缺去徽宗、欽宗兩朝，及熙寧、紹聖間七年的史實。黃以周與秦湘業即據仲良書以補燾書的缺佚，凡六十卷。於是長編全書可以得其梗概。

宋袁樞以司馬光通鑑每叙述一事，其事實的首尾分在數卷，檢查甚難，乃分門別類，每事記其源流，詳其首尾，成通鑑紀事本末四十二卷。"紀事本末"的一體即由樞所首創。李銘漢仿此體，就畢沅續通鑑加以剪裁；書未成而死，更由其子于鍇加以續作，後刊行於山東，名續資治通鑑紀事本末，凡百二十卷。銘漢僻居西陲，而能以獨力爲史，其魄力見識均足令人欽佩。

第三節　舊史表志的補訂

歷代正史不一定均有表、志，表、志俱備的有史記、漢書、新唐書、宋史、遼史、金史、元史、新元史、明史。有志而無表的，有後漢書（范曄本未及作志而死，梁人劉昭取司馬彪續漢書的八志補足之，並自爲作注，今本後漢書的志即此）、晉書、宋書、南齊書、魏書、隋書、舊五代史、新五代史（稱考而不稱志）。

三國志、梁書、陳書、北齊書、北周書、南史、北史，則表、志俱無。此無表無志的七種，與有志無表的九種，其不能謂爲完全，自不待論。即有表有志的九種，有待補訂的地方也極多。這一部分工作，宋代人已經在開始了，如錢文子的補漢兵志一卷，熊方的補後漢書年表十卷，都是。清儒善於補苴輯校，在這一方面的表現最好，這百年中也有許多是值得稱述的。

屬於史記部分的，有劉文淇楚漢諸侯疆域志三卷。楚漢之際，群雄割據，疆域遷變不常，文淇能苦心鈎稽，按年月以定其疆界，正其異名，這是一件很不容易的工作。

屬於漢書部分的，有：夏燮的校漢書八表八卷，蔡雲的人表考校補一卷、續校補一卷，翟雲升的校正古今人表一卷。

前此梁玉繩有人表考，極爲詳博，從古籍中將每個人的史實，搜羅得相當完備，可以說是一部古代人名大辭典。雲書即是補正梁作的，但所補正的並不多。雲升的亦僅略有校正，比起玉繩的書來，真是差得太遠了。此外劉光蕡有前漢書食貨志注二卷，楊守敬有漢書地理志補校二卷，徐松有新斠注地理志集釋十六卷(錢坫撰，徐松集釋)，汪士鐸有漢志釋地略一卷，漢志志疑一卷，陳澧有漢書地理水道圖說七卷，吳承志有漢書地理志水道圖說補正二卷。漢書地理志爲古代地理學上一篇很重要的文字，留意沿革的人莫不詳加研究。前此有吳卓信的漢書地理志補注一百零三卷，冶數代於一爐，而不僅依傍一史，精博詳瞻，得未曾有。楊守敬和汪士鐸都是專門研究古代地理學的，守敬的漢書地理志補校，與士鐸的漢志釋地、漢志志疑都作得很好。徐松就錢坫的書撰爲集釋；陳澧的圖說，鈎稽本志，且參以水經酈注，其圖漢地、今地並著，均可以說是一部很好的書。其研究藝文志的，則姚振宗有漢書藝文志拾補六卷，漢書藝文志條理八卷，劉光蕡有前漢書藝文志注一卷。振宗精於目錄學，所著的書很多，拾補和條理二書，均不愧名作，尤以拾補中補充漢書藝文志的書籍很多，是十分充實的作品。光蕡的書便很疏略。

屬於後漢書部分的，振宗亦有後漢藝文志四卷，曾樸有補後漢書藝文志一卷、考十卷。晉范曄後漢書本無志，司馬彪八志中亦無藝文志。前此補作的，有錢大昭補續漢書藝文志一卷，侯康補後漢書藝文志四卷，顧櫰三補後漢書藝文志十卷。大昭書最疏略；侯康書亦頗凌亂，且缺集部；懷三書本係未定稿。振宗治目錄學極精審，所補遠較前三書爲勝。曾樸書據後漢書本傳、隋書經籍志、經典釋文叙録，凡有涉於後漢的，均爲寫出，兼及釋、道二藏，分爲七志，又與振宗書分爲四部的不同。曾樸書成於光緒二十一年，振宗書則成於光緒十五年，前於樸書六年。但據曾樸所作自序，則並未見振宗之書，二人不謀而合，均感前此補藝文志者的不備而爲之補苴，并且所成就的都很高。

屬於三國志部分的，有楊守敬三國郡縣表，附考證八卷（吳增僅撰，守敬補正）。守敬治沿革地理最篤實，成就極高。此外姚振宗有三國藝文志四卷。前此已有侯康補三國藝文志，亦四卷，而振宗書較善。

屬於晉書部分的，有錢儀吉補晉兵志一卷。正文雖然僅寥寥數千言，而分注極詳，一代制度恍然如見。文廷式有補晉書藝文志八卷，秦榮光有補晉書藝文志四卷，吳士鑒有補晉書經籍志四卷，黃逢元有補晉書藝文志四卷。各有長處，而廷式之作較善。補表的繆荃孫有後凉百官表一卷，南凉百官表一卷，西凉百官表一卷，北凉百官表一卷，夏百官表一卷，北燕百官表一卷。蓋因萬斯同歷代史表僅有漢、趙、後趙、成、秦、後秦、燕、後燕、南燕，加以練恕西秦百官表，亦僅十國，乃採晉書載記、太平御覽、姓氏書及金石拓本，以補二人所不逮，實足與前賢相抗衡。

屬於魏書部分的，有溫曰鑒魏書地形志校録三卷。曰鑒以魏志常有訛誤，乃取兩漢、晉、宋、隋各志，參以水經注、元和郡縣志、太平寰宇記、輿地廣記、讀史方輿紀要諸書，更旁參以全祖望、趙一清、洪亮吉諸人的考證，證其疏誤，補其闕漏，元魏一朝的幅員乃清楚可見，實可與吳卓信的漢書地理志補注比美。此外陳毅有魏書官氏志疏證一卷。

屬於隋書部分的，有楊守敬隋書地理志考證附補遺九卷。守敬此書稿凡五易，前後歷三十年乃成，實爲隋志的功臣。姚振宗又有隋書經籍志考證五十二卷。隋書十志皆包括梁、陳、齊、周、隋五代。經籍志以隋代官私書目所謂見存者，先録爲長編，附以梁代之所有，但其中有見於前復見於後的，注於此復注於彼的，而注文亦多不與本文相維係，皆以意爲比附，於撰人時代又每多離合失次，章法殊未能盡善。先於振宗而爲書的有章宗源隋書經籍志考證十三卷，其稿未全，僅史部十三篇而已。振宗此書，適可彌補其缺陷。其采輯幾於全備，凡叙一書必詳其源流根本，後自加案語，多精確無可移易。梁啟超譽爲目録學的權威，實非過甚。此外張鵬一亦有隋書經籍志補二卷。

　　此外屬於南北史的，有汪士鐸南北史補志十四卷，又有南北史補志未刊稿十三卷。屬於宋史部分的，有王仁俊西夏藝文志一卷。附刻於其所輯西夏文綴中。屬於遼史部分的，有繆荃孫遼藝文志一卷，附刻於其所輯遼文存中。王仁俊遼史藝文志補證一卷，附刻於其所輯遼文萃中。屬於明史的，有傅以禮殘明宰輔年表一卷。

　　在近百年中，還有一些史學著作，雖然不是補正各史表志，但是專考某一史事，鈎稽全史，旁參他書，而使其事昭然若揭，可以與正史相表裏，在這裏也該帶便述及。此類著作有徐松漢書西域傳補注二卷。松曾以事謫伊犁，因此對西域史事地理均極爲留心，除此書外更有西域水道記五卷，新疆賦一卷，新疆識略十二卷(代松筠撰)。此書博採他書，更證以本身的見聞，後來王先謙漢書補注西域傳部分幾乎是全採此書。松又有唐兩京城坊考五卷，唐登科記考三十一卷。松精研兩唐書，全唐文的纂録即出其手。此兩書除正史外更參以筆記碑銘，爲研究唐史的權威之作。勞格有唐郎官石柱題名考二十四卷，唐御史臺精舍題名考三卷。所搜採的材料亦均很完備。

第四節　學術史的撰述

舊史中的儒林傳與藝文志，對於學術的派別源流均略有所叙述，但在正史中僅佔有很小的地位。唐、宋以還，佛教昌盛，有佛祖統載、傳燈録等書。其後儒家也漸加仿傚，於是有朱熹的伊洛淵源録等學術史專著，乃從此開其端。清初黃宗羲有明儒學案六十二卷，及其未成書而由全祖望續成的宋元學案一百卷，規模較大。在近百年中，有唐鑒清學案小識十五卷。前此已有江藩的漢學師承記及宋學淵源記，漢學記較善，宋學記則脱略殊甚。鑒書視藩書差詳，但主觀見解極深。其書分傳道、翼道、守道三案以分別其高下，又別設經學、心學兩案以表示排斥的意思。蓋純爲爭道統而作，無足觀取。又戴望有顏氏學記十卷，專叙一學派的源流分佈，對顏元學術上的成就，叙述得頗爲詳明。阮元的疇人傳四十六卷，羅士琳的續疇人傳六卷，諸可寶的疇人傳三編七卷，對歷代天算學的淵源流別，加以叙述，爲此期中別開生面的著作。

第五節　譜牒與方志

章學誠在其文史通義中曾經有過這樣的意思，他以爲方志是一方的歷史，族譜家譜是一族一家的歷史，年譜是一個人的歷史。其中尤以年譜爲最重要，因爲偉大的歷史是常由一個人造成的。我們不能想象無拿破侖，無瓦特，歐洲的歷史究竟成個什麼樣子，歐洲歷史如此，我們的歷史上亦何獨不然。故名人年譜實較地方志及族譜、家譜尤爲可貴。

年譜興於宋朝，如薛執誼的六一居士年譜，洪興祖的昌黎先生年譜都是。其體例可分爲三種：

　　第一種是譜主自撰的。此種年譜最爲可貴，因其出於自道，必有爲他人所不能道的，固然自道之作總有令人不盡滿意之處，然仍爲一絶好的史料。此種年譜明代僅見，前此未聞，清代則特盛。在近百年中，有：梁章鉅退庵自訂年譜一卷，徐鼒敝齋主人年譜若干卷，王先謙葵園自訂年譜三卷。徐鼒譜極誠樸有趣。先謙爲晚清有名學者，所校訂編刻的書極多，此譜下半即述其編書刻書的經歷。第二種爲其朋友、子弟、門生所作。此種年譜價值也很高，因爲作譜的人對譜主極爲接近，對其生活經歷也知道得非常清楚，其史料價值總是極爲可貴。只是此類年譜，多不免阿諛溢美之辭而已。在近百年中，也有一些是很好的，如阮長生阮尚書年譜二十四卷，蔣彤養一子年譜三卷，管慶祺、戴望陳碩甫先生年譜一卷，李瀚章、黎庶昌等曾文正公年譜十二卷。阮尚書年譜譜主阮元爲清中葉經學和金石學的領導者，此譜爲其子所作。養一子年譜譜主李兆洛，爲有名的地理學者；陳碩甫先生年譜譜主陳奐，爲有名的經學家；曾文正公年譜譜主的文章政治盡人皆知：此三譜皆其門生所作。譜主既爲不可磨滅的人物，作譜的人又爲其子弟與門生，且或爲極有名的學者，故可説是本期的佳著。第三種爲後人補作或修改昔人所作的年譜。此種年譜作時極爲困難，因作者與譜主的時間相隔太遠，或雖不過遠，而與譜主並無密切的關係，由是作譜的人僅能在譜主所遺留之文字記載中，去苦心的鈎稽史料，因此在著作上很難得到譜主的真相。但清儒在考證學上極有本領，此種年譜實能充分表現其尋取真相的精神。在近百年中，有：丁晏鄭康成年譜一卷，陳思王年譜一卷，陶靖節年譜一卷，陸宣公年譜一卷，趙之謙張蒼水年譜一卷，張穆顧亭林年譜四卷，閻潛邱年譜四卷，江標黃蕘圃年譜二卷，吳昌綬定庵先生年譜一卷，繆荃孫徐星伯年譜一卷。張蒼水年譜舊有一本題全祖望撰，之謙力辨爲僞作，其所改撰的年譜，極善。張穆二譜，以顧譜爲善，遠勝舊作。吳昌綬書初本程秉釗創稿，僅得十幾條，以授之於陳昌紳，又得若干條，又以授於昌綏，方撰成今譜。

更有其體裁極近於年譜而實非年譜的，今附於此。有魏源孔子編年一卷，孟子編年一卷，林春溥孔孟年表二卷，孫詒讓墨子年表一卷。

方志之作，古已有之，其見於隋書經籍志的，如冀、幽、齊三州圖經，常璩華陽國志，陳壽益都耆舊傳，圈稱陳留風俗傳等。雖無方志的名稱，但分地記載其風土人物，實即等於後世的方志。自宋以後始有正式的方志出現，如咸淳臨安志、嘉泰會稽志等猶存於今。自清以來，凡文化較高的地方，其長吏、士紳莫不以修志爲事。但今存方志，十之八九皆由地方官奉行故事，開局纂修，徒位置冗員，鈔撮陳案，殊不足以語於著作之林。注意方志編纂方法的，實自乾隆中葉始。李文藻的歷城、諸城兩志，全書均纂集舊文，不自著一字，以求絕對的徵信。後謝啟崑修廣西通志，首列叙例二十三則，遍徵舊作，舍短取長，説明所以因革的緣由，而認修志爲著述大業。然真能説明方志的意義的，只有章學誠。前此之爲方志的，皆爲圖經的概念所囿，以爲僅一地之地理書而已。學誠則謂方志必立三家之學，仿正史紀傳的體例而作志，仿律令典例的體例而作掌故，仿文選、文苑的體例而作文徵；三書相輔而行，缺一不可。其晚年總湖北通志局事時，即實行其理想，分爲湖北通志、湖北掌故、湖北文徵三書。可惜爲人掣肘，不終其事，僅有副本一部分流傳至今。在近百年中，方志之佳者，有：阮元嘉慶浙江通志，道光廣東通志三百三十四卷、卷首一卷，陶澍嘉慶安徽通志，李兆洛嘉慶鳳臺縣志十二卷，及嘉慶懷遠縣志（董士錫續成），林則徐道光湖廣通志（俞正燮爲總纂），張澍道光興文縣志，道光屏山縣志，道光大足縣志，道光瀘溪縣志，吳榮光道光南海縣志，方履籛道光河内縣志三十六卷，道光永定縣志，道光武陟縣志三十六卷，黃培芳、曾釗道光新會縣志十四卷，莫友芝、鄭珍咸豐遵義府志四十八卷，陳澧同治番禺縣志，馮桂芬同治蘇州府志一百五十卷、序圖一卷、卷首三卷，陸心源同治湖州府志，歸安縣志五十二卷，黃彭年光緒畿輔通志三百卷、卷首一卷，郭嵩燾、李元度光緒湖南通志二百八十八卷，何紹基光緒安徽通志三百五十卷、補遺十卷，郭嵩燾光緒湘陰縣圖志三十四卷、卷首一卷、卷末一卷，王闓運光緒湘潭縣志十二卷，光緒衡陽縣志，光緒桂陽縣志，李慈銘光緒紹興府志，光緒會稽新志，繆荃孫光緒湖北通志，光緒順天府志一百三十卷、附錄一卷，光緒荊州府志，光緒昌平縣志，王樹枏宣統新疆圖志一百十六卷。

第六節　地理學的著述

中國地理學本爲歷史的附庸，正史中多有地理志或地形志。即使有幾種史是根本無表志的，或雖有志而無地理志的，清代的學者在這一方面所作的工作，大致都能够把這種缺陷彌補起來。這在前面第三節正史表志的補訂中已經加以叙述，兹從略。

清代學者嗜古成癖，一切學問均傾向於考古的方面，故地理學亦爲歷史的地理學。除一部分關於邊徼地理的著述或游記外，大都是關於歷史地理的著作。邊徼地理留待以後專章講述，歷史地理可分爲三類。

郡縣的建置，每代均有革易，名稱極爲紛亂，讀史的人多以爲苦。地圖亦爲讀史者所不可缺的工具，近百年中，此類著述，有李兆洛歷代地理志韻編今釋二十卷，皇朝地理韻編二卷，歷代地理沿革圖一卷，皇朝一統輿圖一卷（共二十二幅）。地理志韻編今釋依韻編爲類書，搜羅雖僅限郡縣，然參考檢查極爲便利。地理沿革圖，頗簡略，遠不如楊守敬歷代地理沿革圖的詳確，但圖用賈耽之法，以朱墨套印，開卷了然，故後之制沿革圖的均仿效之。此外楊丕復的輿地沿革表十四卷，頗便檢閱。先於此者，有陳芳績的歷代地理沿革表四十七卷，惟前書係以地名爲經，朝代爲緯，由今以迄古，後書反是，而其功用則相同。楊守敬有歷代地理沿革總圖七十一篇（一作歷代輿地沿革險要圖）。守敬本爲著名地理學者，此書爲綜合其研究考證的心得而作，其繪製之精確，篇幅之宏巨，實屬本期不可多得的佳著。

酈道元水經注是地理學的名著，清代學者在這本書上費的力量最深，有全祖望、趙一清、戴震三家校本。由趙一清書中知前此治水經注的，更有錢曾、黄宗羲、孫潛、顧炎武、顧祖禹、閻若璩、黄儀、劉獻廷、胡渭、姜宸英、何焯、沈炳巽、杭世駿、齊召南諸家，此學之盛可知。在近百年中，治此學的有汪士鐸著水經注提綱、水經注釋水及水經注圖二卷。前二書皆未刊行，水經注圖則係因黄儀的圖而作，儀於每水各寫一圖，士鐸圖足以補其不備。陳澧有水經注西南諸水考三卷。澧於地理學功夫本極深，此書以注記東北諸水詳而確，西南則略而訛，故補正之，考證詳博，厥功至偉。王先謙有水經注箋四十卷、卷首卷末各一卷、附錄二卷，綜集各家校本而成，檢索極便。楊守敬以畢生之力爲水經注疏，以無力全刻，乃爲水經注要刪四十卷、圖四十卷、補一卷，其書頗是朱謀㙔，而不直趙一清與戴震，謂“此書爲酈氏原誤者十之一二，爲傳刻之誤者十之四五，爲趙、戴改訂致誤者爲十之二三”。守敬卒後，書尚未完，其門人熊會貞賡續其業，成要刪補遺四十卷，注疏八十卷，亦寫成定稿。成稿之日，會貞自刎而死，其篤於師生之誼如此。聞其書已售於中央研究院歷史語言研究所，將謀爲之刊行。守敬實集清代三百年來水經注研究的大成，其專心致志真可驚也。

清代治先秦地理學的，雖不如前兩類的蓬勃，然亦頗不乏佳著，如閻若璩的四書釋地，胡渭的禹貢錐指，蔣廷錫的尚書地理今釋，都是。在近百年中，有朱右曾詩地理徵七卷，左傳地理徵二十卷。右曾治先秦古籍頗矜慎，二書考訂均極詳確。又有程恩澤國策地名考二十卷，遠較張琦戰國策釋地爲博瞻。更有顧觀光的七國地理考，不但詳備，且每多論述戰國史可貴的見解。

第二章　　史料的整理與輯集

第一節　　當代史料的整理與結集

唐以後歷代均有實錄。每帝崩殂之後，必由繼立的人加以修撰，相沿成爲定制，亦爲國史的藍本。清修實錄，規定繕爲五分，每分各具滿、蒙文一部，大本紅綾面的兩分：一存於皇史宬，一存於奉天崇謨閣；小本紅綾面的兩分：一存於乾清宮，一存於內閣實錄庫；又有小本黃綾面的一分，亦存於內閣實錄庫，以爲講筵之用。然此諸本均藏於中秘，不是外面輕易看得見的，必須入國史館供職方能得見。蔣良騏於乾隆三十年任國史館纂修，據實錄紅本，成東華錄十六卷，由天命至雍正。在近百年中整理這一項史料的，則王先謙有東華錄二百卷，續東華錄四百十九卷；朱壽朋有光緒朝東華續錄。先謙於光緒初入史館，援例繹乾隆以後各朝，爲蔣良騏書的續編，至同治末爲止，其中咸豐一朝凡六十九卷，爲潘頤福所編；又以良騏書過於簡略，復自天命至雍正，錄之加詳，成東華錄、東華續錄二書，總稱十一朝東華錄。但良騏所據的爲初纂實錄，非乾隆以後改訂之本，故其書雖簡略，但所紀的事有出於先謙書以外的。朱壽朋續書，範圍較廣，其時光緒實錄尚未著手纂修，乃雜錄各書及報紙而成。

我國國史，自唐代以後，例爲官修。清代在天聰初年設文館，旋改爲內三院：國史、秘書、宏文。入關以後，改三院爲內閣，設翰林院，以國史館作爲附屬，掌修國史，其體爲本紀、傳、志、表。書終清代無成，但也有爲館臣所鈔刊而留傳的：國史賢良祠王大臣傳一卷，國史文苑傳一卷，國史循吏傳一卷，滿漢大臣列傳八十卷。此等由史學上言之均無甚價值，但仍爲有價值的史料。

利用傳記的有錢儀吉的碑傳集一百十六卷，繆荃孫的碑傳續集八十六卷，及閔爾昌的碑傳集補。儀吉書所采集的除碑、版、狀、記之文外，更旁及於地志雜傳，以時間、官爵、事實排比之，所錄甚備，書成於道光間，故所採僅至嘉慶朝爲止。荃孫續書，與前書體例一樣；爾昌所補亦然。

清代政典的撰集，多出於皇室，如乾隆三十二年所撰的清通典、清通志二百卷，十二年所撰的清通考二百六十六卷是。餘如皇輿表、職官表、職貢圖、授時通考、賦役全書、大清通禮、宮史、八旗通志、盛京通志、大清一統志、六部則例等，此等亦可備參考。其包括較廣的，當爲光緒二十五年所續修的大清會典諸書：大清會典一百卷，會典事例一千二百二十卷，會典圖二百七十卷。

第二節　正史的補注與校訂

清代學者對於歷代正史所下的功夫很深，其有關表志補作與校訂的，已詳見本書第一章第三節，茲不贅論。在近百年中，對於整部書作校訂與補注的，漢書方面周壽昌有漢書注校補五十六卷，王先謙有漢書補注一百卷。清代學者，研習漢書最爲精審，先於此者，有錢大昭的漢書辨疑二十二卷，沈欽韓的漢書疏證三十六卷。壽昌究心班書有年，所成較錢、沈二家爲善。先謙爲壽昌門人，採錄各家的成果，勒爲一編，用力三十餘年，其書方成，對治漢書的人方便不少。

後漢書方面壽昌又有後漢書注補正八卷，先謙則有後漢書集解一百二十卷。後漢書在清代研習的人亦不少，錢大昭有後漢書辨疑十一卷，續漢書辨疑九卷，沈欽韓有後漢書疏證二十卷，惠棟有後漢書補注二十四卷，棟書最爲精審。先謙於棟極爲敬服，而憾其與唐李賢注別行，無人爲之合併，集解之作即由於此。然先謙書於棟注外殊少精義，且脫漏亦頗多，遠不如其漢書補注的詳愼。集解每卷均附有其門人黃山的校補。

三國志方面，梁章鉅有三國志旁證三十卷，周壽昌有三國志注證遺四卷。二書均頗簡漏，遠不如趙一清三國志注補的精善。

晉書方面，吳士鑑有晉書斠注一百三十卷。用裴松之注三國志的方法，取諸家雜記類書，以比勘其異同，所採至爲完備。書雖署名與劉承幹同撰，實不過因承幹任刊刻的費用，故列其名而已。

新唐書方面，唐景崇有志爲新唐書注，其與舊唐書有異同的，皆加以考辨，復雜取唐人故書雜記入注。成稿過半，唐氏旋歿，其事因而中斷，今所刊的，僅本紀注十卷。

明史方面，王頌蔚有明史考證攟逸四十二卷。頌蔚初任軍機處行走，因就軍機處值房所藏明史考證稿，爲之刪略增補，乃成是書，考證頗爲精愼。補遺一卷，則其子季烈所作。

第三節　舊史料的輯佚

書籍經過累代的灾厄，隨時都有散亡，輯佚之學即由此而興。其初本爲漢學家治經之用，後更及於史部，所成就極大。

近百年中，對於史料作大規模輯佚的，有汪文臺、湯球兩人。

汪文臺有七家後漢書輯本，即謝承後漢書八卷，薛瑩後漢書一卷，司馬彪續漢書五卷，華嶠後漢書二卷，謝沈後漢書一卷，袁山松後漢書一卷，張璠漢記一卷，佚名氏後漢書一卷。湯球有漢晉春秋輯本，晉陽秋輯本，晉紀輯本，晉書輯本，三十國春秋輯本，即習鑿齒漢晉春秋三卷，杜延業晉春秋一卷，孫盛晉陽秋三卷，檀道鸞續晉陽秋二卷，干寶晉紀一卷，陸機惠帝起居注一卷，曹嘉之晉紀一卷，鄧粲晉紀一卷，劉謙之晉紀一卷，臧榮緒晉書十七卷，補遺一卷，王隱晉書十一卷，虞預晉書一卷，朱鳳晉書一卷，謝靈運晉書一卷，蕭子雲晉書一卷，蕭子顯晉史草一卷，史約晉書一卷，何法盛晉中興書一卷，晉諸公別傳七卷，蕭方等三十國春秋，武敏之三十國春秋，常璩蜀李書，和苞漢趙記，田融趙書，吳篤趙書，王度二石傳，范亨燕書，車頻秦書，王景暉南燕書，裴景仁秦記，姚和都後秦記，張咨涼記，喻歸西河記，段龜龍涼記，劉昞敦煌實錄，張詮南燕書，高閭燕志，此外更有十六國春秋纂錄十卷、校勘記一卷，十六國春秋輯補一百卷。文臺、湯球所輯均極爲精慎，尤以湯球所輯，内容的廣泛與詳密實爲前此所未有。

汪文臺、湯球兩家外，更有張澍宋衷世本注五卷。世本爲司馬遷史記的藍本，漢書藝文志著錄十五卷，宋代的鄭樵、王應麟對其書尚有徵引，則其散佚當在宋、元之際。先於張澍而輯世本的很多，秦嘉謨所輯爲十五卷，似最爲豐贍，但其將史記世家、左傳杜注，國語韋注凡涉及世系的，均歸於世本，可信的程度實在很低。張澍所輯則最爲翔實。澍，甘肅武威人，其所輯錄的涼土文獻亦極多，有趙岐三輔決錄二卷，辛氏三秦記一卷，袁郊三輔舊事一卷，三輔故事一卷，劉昞十三州志一卷，劉昞敦煌實錄一卷，涼州異物志一卷，西河舊事一卷，喻歸西河記一卷，段國沙州記一卷。

澍所輯偏於雍、涼，更有曾釗所輯錄的則盡屬交、廣。釗，廣東南海人，輯有楊議郎著書一卷（即楊孚交州異物志），異物志一卷，交州記二卷，始興記一卷。嚴可均、繆荃孫所輯則偏在吳越。可均，浙江烏程人；荃孫，江蘇江陰人。可均輯有周處風土記一卷，張元之吳興山墟名一卷，山謙之吳興記一卷，沈懷遠南越志二卷。荃孫輯有張元之吳興山墟名一卷，山謙之吳興記一卷，較可均尤縝密。

以上所論諸家，其輯書均以唐宋間類書爲總資料，下及六朝、唐人的史注。但初期的輯佚則僅在永樂大典。永樂大典本爲最拙劣的類書，其書以洪武韻目按字分編，其體例蕪雜可笑。但古書賴以保存的，卻不少。書初存於內府，後更移存於翰林院，清代從此輯出的書很多，即以四庫全書中所輯錄的而論，合存目計算凡三百七十五種，四千九百二十六卷，其數量實至爲驚人。在近百年中，從大典所輯出的書，有徐松宋會要稿三百六十六卷。明初纂修大典時，將宋會要史事分隸各韻之下，有國朝會要、續會要、乾道會要、中興會要、光宗會要、寧宗會要、政和會要七種，亦有僅稱宋會要的。嘉慶十四年，徐松入全唐文館任提調兼總纂官，時大典已佚去一千多冊，但所存的尚有十之八九。徐松簽注大典時，凡遇有宋會要，均用紙標以“全唐文”三字，所得有五六百卷，松未及整理而卒。後其稿流落於北平琉璃廠書肆，爲繆荃孫所得，後更爲廣雅書局所有，僅刊有職官一門，原稿復爲王秉恩所藏匿。民國四年，劉承幹復購自王氏。二十年，復由北平圖書館購回，由大東書局影印，書共二百冊，爲研究宋史所不可缺的重要史料。

第四節　古史史料的整理

我國的歷史發源很早，甲骨文中已經有史字。甲骨文雖然大部分是貞卜的記錄，但也有記事文字和典册的出土。例如中央研究院歷史語言研究所在殷虛發掘所得，曾有一塊骨版，上面沒有鑽灼的痕跡，和以後的典册一樣，仍然用“王若曰”三字開始。這一些貞卜文字記事文字與典册全是殷代的史籍。周代人卻很喜歡把他們的歷史記錄在銅器上。墨子魯問篇所説的“攻其鄰國，殺其民人，取其牛馬粟米貨財，則書之於竹帛，鏤之於金石，以爲銘於鐘鼎，傳遺後世子孫”，可爲證明。書之於竹帛的，因爲易於腐壞，故很難保存，尚書、春秋、左傳、國語、逸周書、紀年、戰國策、世本諸書，是幸而留傳着的，經過幾千年的輾轉鈔寫，有許多訛誤的地方，清代學者在這幾本書的校訂上已費了很大的功夫。屬於近百年的，有簡朝亮尚書集注述疏三十五卷，孫詒讓尚書駢枝一卷。自僞古文尚書案定讞以後，很需要一部新疏。一時興起的，有江聲、王鳴盛、段玉裁、孫星衍四家，以星衍的尚書今古文注疏三十卷爲最善。朝亮即本四家之書而續爲補輯，所著不甚詳博。詒讓書在訓詁方面的貢獻很大。劉文淇有左傳舊注疏證八十卷。文淇爲學極博瞻而矜慎，其書草創四十年，長編已具，未成而卒。其子毓崧，孫壽曾，曾孫師培續作，亦未成，尚缺昭、定、哀三世。林春溥有戰國紀年六卷，對於戰國策曾略作研究，校正通鑑錯誤的地方不少。顧觀光有國策編年一卷，是專對國策作年代考訂的。朱右曾有逸周書集訓校釋十卷，何秋濤有逸周書王會篇箋釋，孫詒讓有周書輯補四卷，對於逸周書有不少發明。朱右曾有汲冢紀年存真一卷，王國維有古本竹書紀年輯校一卷，今本竹書紀年疏證二卷。紀年佚於兩宋之際。今本紀年兩卷乃元、明人搜輯，復雜採史記、通鑑外紀、路史諸書而成的。清代學者關於此書的考訂很多，以陳逢衡的竹書紀年集證爲最詳瞻。國維所輯晚出而最謹嚴，稍涉疑似的，均不爲之闌入，較右曾及諸家書爲精審。先此雷學淇有竹書紀年義證四十卷，竹書紀年考訂六卷、辨誤一卷、考證一卷，雖然用今本紀年來疏證，卻已能用群書所引的古本來校訂，他用紀年來校訂史記戰國史部分的錯誤，已有很好的成績。

第三章　金石學的興起與研究

第一節　碑志學的結集與研究

在清代早期的金石學著述裏，著錄的多偏於碑志而略於鼎彝。例如王昶的金石萃編，其書卷帙極爲浩繁，有近於類書，其中十分之九皆爲碑志，鼎彝僅占很少的一部分。最大的原因，是當時的銅器多藏在宮廷，而民間所藏的一部分又多在豪紳巨賈的手中，外人不易得見，不如碑志的任人可以椎拓與傳流。所以在乾、嘉時著錄銅器的，除政府所編印的幾種書外，很少有其他的記載。但在近百年中，這一個情形卻完全不同了，著錄銅器的書遠比著錄碑志的爲多。

著錄碑志的著作，主要的有孫星衍、邢澍的寰宇訪碑錄十二卷，趙之謙的補寰宇訪碑錄（附失編）五卷，楊守敬的三續寰宇訪碑錄。三書均爲治碑志學的必需工具書，惜楊書未及刊行。

其次，王懿榮著有漢石存目二卷，山左北朝石存目一卷。懿榮於晚清爲名收藏家之一，此二書收採頗備。端方的陶齋藏石記四十四卷，係著錄其所藏歷代碑志的，並附有考釋，其中所存史料不少。葉昌熾的語石十卷，考證既多精審，又爲系統的叙述，實前之所未有。所謂碑志學本係專指碑碣與墓志，但其廣義即指金石學中的石，故凡磚、陶、封泥均爲其附庸。在此期中，有陸心源的千甓亭磚錄六卷、續錄四卷，古磚圖釋三十卷，劉鶚的鐵雲藏陶四冊，吳式芬、陳介祺的封泥考略十卷。陶與封泥至近代始爲人所注意。封泥考略所附考釋，條理精審，其中有不少可補漢書百官公卿表的闕遺。

第二節　金文的結集與研究

清高宗乾隆十四年命梁詩正纂録内府所藏的銅器，爲西清古鑒四十卷，後復纂西清續鑒甲編二十卷、乙編二十卷，寧壽鑒古十六卷。其所著録的銅器固甚豐富，然摹刻則頗失真，在考古學上的價值不高。由於政府的提倡，流風所被，遂成爲一種風氣。這時著録銅器的，有錢坫的十六長樂堂古器款識考四卷，陳經的求古精舍金石圖四卷諸書。

在近百年内，著録銅器的書籍漸多，最著的便是阮元的積古齋鐘鼎彝器款識十卷。阮元所藏銅器極富，所著録的除拓片而外，更有由他書摹入的。其書大部出朱爲弼手，所附考釋亦多精義，以彼時經學正在極盛時代，故能援經以説古器也。此外如曹載奎的懷米山房吉金圖二册，張廷濟的清儀閣所藏古器物文十册，劉喜海的清愛堂家藏鐘鼎彝器款識法帖（不分卷），長安獲古編二卷，吳雲的兩罍軒彝器圖釋十二卷，二百蘭亭齋收藏金石記四册，吳榮光的筠清館金文五卷，都是名著。諸人皆富於收藏，所著録的銅器極多，間亦有考證。

光緒間的銅器收藏者，以潘祖蔭、陳介祺二人爲最多，盂鼎與毛公鼎即爲二人所藏。介祺對銅器真僞的鑒别力極精，間有考釋，亦頗精審。祖蔭有攀古樓彝器款識二册。介祺有簠齋吉金録八卷（爲鄧實所輯），簠齋金石文考釋一卷，陳簠齋尺牘。

前此諸書所録，或爲其一家的收藏，或雖兼收别家，而分量均極少，且所録間有僞器。其所録極豐，鑒别亦精，使學人得此一編而可不煩外求的，有吳式芬的攈古録金文三卷九册，方濬益的綴遺齋彝器考釋三十卷。

這等書都是史料的結集。所附的考釋雖間有對典章制度或名物訓詁有所考訂，但不可信的居多。其最大的收穫，當在對銅器真偽的鑒別。

所謂金文係以鐘鼎禮樂器爲主，但鈢印、鏡鑒、泉布亦可附入。在近百年中，著錄鈢印的，有陳介祺的十鐘山房印舉十二册。介祺藏印極多，此書著錄之富，可謂空前，實爲鈢印的一大結集。著錄鏡鑒的，有梁廷枏的藤花亭鏡譜八卷，陳介祺的簠齋藏鏡二卷。著錄泉布的，有李佐賢的古泉匯十六卷，李佐賢、鮑康的續泉匯四卷。

第三節　吳大澂與孫詒讓

近百年內，早期金文的研究，在文字與歷史考證上收穫最大的，是吳大澂與孫詒讓二人。從此以後，金文的研究方慢慢地走上科學的途徑。尤其是在文字研究上的收穫，説文古籀補與名原兩部書，真可以算是劃時代的作品。

大澂對於銅器的結集，貢獻不小，在研究上也有很大的成就。當時他的勢位甚尊，故有力搜集大量之銅器，其書有恒軒所見所藏吉金錄二册，愙齋集古錄十二卷，十六金符齋印存二十六册。其中尤以愙齋集古錄所輯爲最豐，與吳式芬的攈古錄，方濬益的綴遺齋鐘鼎彝器款識二書，有同等的價值。其所著書有説文古籀補十四卷、補遺一卷、附錄一卷，字説一卷，權衡度量實驗考一卷等。説文古籀補係據銅器文字以補説文的缺遺，其中訂正許慎的地方真不少，從此説文解字在文字學上的權威才開始動搖。大澂爲書極爲矜慎，其後補其書的，有丁佛言的説文古籀補補，強運開的説文古籀三補，但其體例取材及斷論均遠不如大澂書。字説中篇篇有新義，爲其研究金文之心得。大澂生平所藏古玉甚多，既考證而品第之，成爲古玉圖考一書，後又以考工記等所記玉人桃人的尺度，相爲比勘，成權衡度量實驗考；他所定的

“周鎮圭尺”、“周黄鐘律琯尺”、“周劍尺”，當然不能算得真正的周尺，但這種嘗試的精神是值得敬佩的。

詒讓爲晚清最有成績的學者，所研究的範圍極爲廣博，其成就也是多方面的，固不僅金文一端，如周禮正義、墨子間詁諸書，均爲不刊的名著，且是第一個作甲骨文研究的人。這裏所要叙述的，僅在金文這一方面，他所著的便有：古籀拾遺三卷，古籀餘論二卷，籀膏述林十卷。古籀拾遺是補正薛尚功鐘鼎彝器款識，阮元積古齋鐘鼎彝器款識及吳榮光筠清館金文三書的。古籀餘論則係補正吳式芬的攈古録金文的。二書均極精審。其論文如毛公鼎釋文、籀文車字説諸篇，不論在金文本身研究或古史研究上，都有很高的價值。詒讓更著有名原二卷，共七篇，是詒讓古籀拾遺、古籀餘論、契文舉例三書的例略，其意蓋在探求文字制作的本源，及其演變的痕跡。此書所根據的材料大部分是以金文爲主，也間有用及甲骨文的地方。但其時著録甲骨文的書籍，僅有鐵雲藏龜一種，不過一千多片，且印本多模糊不清，故此書雖用有甲骨文的材料，實在極少，而大部仍然是以金文爲主的。

這期中金石學的研究，一方面還不免帶着骨董的氣息，一方面是文字學的一支流，那時金石學家所注意的只是銘文，他們的著作，除圖録外，也只是些文字學上的研究，對於史學上的貢獻並不很大。吳大澂的權衡度量實驗考，算是一部史學上的著作，只因所用的方法並不準確，所以他的結論依然是不足爲據的。

第四章 元史與西北地理的研究

第一節 元史史料的整理與元史的改作

元史的修成，時間不及一年，不惟在內容上可議的地方太多，即當時有許多史料亦爲館臣所未及見。早期的元史研究者，在這一方面用的功力最深，其貢獻最大的應爲李文田，有元秘史注十五卷，耶律楚材西游錄注一卷。元秘史爲元代的秘密國史，錢大昕最稱道其書，以爲“論次太祖、太宗兩朝事跡者，必於此書折其衷”。文田的注，繁徵博引，將書中所叙述的地理、年代、史實，就其所搜集的史料，詳加比證，徵引書籍達六七十種。西游錄係耶律楚材自述其奉太祖之詔出塞，隨軍西征，所見一切山川、疆域、人民、風俗的狀況。惟今本經盛如梓刪節，僅存數百言。文田的注亦極博贍。文田又有元史地名考一卷，和林金石錄一卷，詩一卷，考一卷。和林金石錄一書係就和林故地的碑碣文字以考證史實，所錄不盡爲元代物，但卻以元代物爲多。聖武親征錄與元秘史同出一源，而編次內容有小異。其書譯者不知姓名，四庫全書總目訛要所著錄的爲兩淮鹽政采進本。其後錢大昕、徐松、翁方綱、張穆均有傳鈔本，張穆以其書授何秋濤。書傳寫訛誤，脫字失句極多，幾不可卒讀，秋濤取而細校，逐字逐句爲之是正，成聖武親征錄校正一卷，其自序有云：“箋注姓名，移置甲乙，疏論異同，排比先後，寒暑屢易，繕錄乃成。”秋濤對此書的辛勤可知。秋濤復有朔方備乘八十卷，多言西北地理，其中有關於元史者，如遼金元北徼諸國傳，元代北徼諸王傳，元代北方疆域考都是，均頗爲精審。

　　丁謙於此所考索者亦多，有元秘史地理考證十五卷，附元秘史作者人名考等，西游記地理考證一卷，劉郁西使記地理考證一卷，張耀卿紀行地理考證一卷，元經世大典圖地理考證三卷，元史外夷傳地理考證一卷，元耶律楚材西游錄地理考證一卷，元聖武親征錄地理考證一卷。丁謙所著地理考證的書極多，有蓬萊軒輿地叢書前編、續編（即浙江圖書館叢書一集、二集）。西游記爲李志常所編，記邱處機見元太祖途中所見聞，於西域山川道路記叙甚詳。西使記中統四年所作，記西征一切道里、疆域、山川、風景的狀況。張耀卿名德輝，曾於定宗二年召見，次年乃成紀行一卷，所記的均爲道路所經及途中的見聞。經世大典，元虞集所編，惟全書已亡，僅永樂大典中有其圖存。丁謙考證多而不甚精，間引外國著述，亦多非學術上的著作。蒙古源流爲蒙人撒囊撒辰台吉自述其種族的著作，可與元秘史、聖武親征錄對照而比較其異同。此書乾隆九年方譯爲漢文。沈曾植究心元代史事有年，用力甚勤，蒙古源流箋證八卷，爲其未成之作，由張爾田先生加以校補。聖武親征錄校注一書，則係與李文田合作。

　　元史的蕪漏，當時身與史館的即已經知道，如朱右有元史補遺十二卷，其書今已散佚。至清代錢大昕始欲對元史全部加以改作，成元史稿一百卷，而未刊行。清末日人島田翰至江、浙訪書，還曾見到其手稿二十八册，已缺前二十五卷。今刊行的僅有元史氏族表三卷，元史藝文志四卷而已。繼大昕之後而改作元史的，有魏源，著有元史新編九十五卷。源修海國圖志時，知元代西北三藩所達的地域很遠，乃發憤改作元史，其書亦未完成，至光緒末年始有刊本，凡本紀十四卷、列傳四十二卷、表七卷、志三十二卷。其進呈表中有云："採四庫全書中元代各家著述百餘種，並旁搜元秘史、元典章、元文類各書，參訂舊史，成元史本紀、列傳、表志凡如干卷。"其用力雖甚勤，然所得則極有限。源書中復引有外國史料頗多，但如馬禮遜外國史略，瑪吉思地理備考，均無史料的價值，因其雖知海外有新史料甚多，卻尚無搜求的門徑。曾廉，湖南邵陽人，與魏源同里，其元書一百零二卷全以元史新編爲藍本，所增加的史料無幾，蓋無可取。

第二節　洪鈞及其元史譯文證補

　　元史史料的整理與元史的改作，自洪鈞的元史譯文證補出，又起了一個新的變局。這一個變局是劃時代的，自此國内治元史的人，方知道怎樣利用海外的史料。元史譯文證補凡三十卷，所用的史料，遠及於波斯、阿拉伯、俄羅斯、法蘭西、英吉利、德意志、土耳其諸國。爲之搜集與翻譯的，有使館館員及洋文參贊金楷利(Kreyer)等，因洪氏於其時出任德、俄、奧、荷公使，故有此便利也。其所引用的海外書籍，見於卷首的引用西域書目中，火者拉施特兒哀丁蒙古全史，阿拉哀丁阿塔蔑里克志費尼書二卷，瓦薩甫書五卷，阿黎意聚史六卷，阿卜而嘎錫突厥族譜，俄羅斯人戴美桑法譯本，多桑土耳其史、蒙古史，貝勒津譯、拉施特書太祖本紀蒙古部族考等三卷。其譯證補傳多用多桑書，記拔都西伐則本於華而甫書，駙馬帖木爾補傳則本於東羅馬書，察合台後王補傳則雜採西人所譯的西域人著述，太祖本紀及蒙古部族考則本於貝勒津所譯的拉施特書。

　　洪氏書的成就所以如是其大，除由其個人用力之勤及天才外，其所遭遇的時代亦爲一重要的因素。茲將洪氏以前歐洲對於蒙古史的研究作一簡略的叙述，以見其所遇機會之好。

　　十九世紀初年俄人施密德(I. J. Schmidt)在外蒙傳教，得蒙文的蒙古源流，乃譯爲德文，一八二九年刊行於聖彼德堡。時多桑書已出第一册，故施密德曾采用其書的中西回教材料作注。多桑(D'. Hosson)通阿拉伯、土耳其語，利用回教與中文材料，成蒙古史（*Histoire des Mongoles*）一書，以一八二五年刊行於阿姆斯特丹，一八三四年至一八三五年再版，一八五二年三版。其再版時大加增補，更參考施密德所譯的蒙古源流，其所用的中文材料多爲當時教士的翻譯，所用回教史料有火者拉施特兒哀丁（Khoja Rashid Eddin）的蒙古全史，阿拉哀丁阿塔蔑里克志費尼（Alai Eddin Atta Mulk Juveni）的世界征服者史，瓦薩甫（Abdullah Vassaf ul Hazret）的伊爾汗史記諸書。至於發憤翻譯波斯文重要蒙古史料的，有俄人貝勒津（Berezin），渠於一八六一年根據波斯文拉施特蒙古全史譯出部族志，一八六八年譯出成吉思汗傳前半部，一八八八年譯出後半部。其他則有華爾甫（Wolff）著蒙古史（*History of the Mongols*）、哈木爾（Von Hammer-Purgstall）著欽察汗史（*Geschichte der Goldenen Hordein Kiptschack*），哀忒蠻（Prof. Erdmann）著不動搖的鐵木真（*Temudschin der unersch-utterliche*）等。洪氏於一八八九年出使，上述諸種有關蒙古史的著作均已出版，乃恣意搜取，故乃有此劃時代的著作出現，使四十年來研究元史的人始終跳不出洪氏的圈子。

第三節　西北地理的研究與撰述

道光中葉以後，地理研究起了一個很重大的變局。前此的地理研究爲古代的，偏重於地理的沿革部分，這在本書上編第一章第六節已經有詳細的叙述，兹不贅論。在近百年來則爲實用的，偏重於近代邊疆部分。這雖然和前期的沿革地理研究有淵源的關係，但卻自成一種史潮，且此種史潮與元史研究，其關係相當密切，如李文田的元秘史注，洪鈞的元史譯文證補，其中關於地名的考訂，均應屬於此種研究的一部，故西北地理與元史的研究是互爲表裏，各有其不可分的地方。此等著述亦應說到徐松，松以嘉慶十七年謫戍伊犁，在戍中撰成西域水道記五卷，校補一卷，新疆賦二卷二書；又新疆識略十二卷（代松筠作），則係補祁韻士的西陲總統事略而作。此外張穆有蒙古游牧記十六卷，以内、外蒙古各旗爲單位，用史志體，而自爲作注，考證古今山川、輿地的沿革，源流分明，爲蒙古地理有系統的著作。自來研究蒙古史的人，多注意於成吉思汗的武功與政略，至於元亡之後，其部落竄歸沙漠，以至成爲今日的蒙古，其中史事的演變幾乎没有人注意。張穆的書獨對此點加以詳盡的叙述。其書經何秋濤爲之校訂，益臻完備。秋濤的朔方備乘八十卷，初名北徼彙編，其書言蒙古事最詳，而尤注重於中國與俄羅斯的關係，如北徼界碑考，俄羅斯學考，烏孫部族考，俄羅斯進呈書籍記，尼布楚城考，俄羅斯互市始末諸篇，均極精審，且所採書籍至爲完備。

第四節　域外史地史料的整理與撰述

由於元史與西北地理的研究，遂逐漸發展而及於域外史地，今日之中外交通史一學即由此啟其端緒。惟在本期中，雖有此一門學問，其成就則極小。其書可數的有沈曾植的島夷志略廣證一卷。島夷志略係元人汪大淵撰，述南海的風物地理頗詳，曾植此書考訂亦尚明審。丁謙於前史四夷傳地理皆有考證，此外又有穆天子傳地理考證六卷，後魏宋雲西行求經記地理考證一卷，唐釋辨機大唐西域記地理考證一卷，圖理琛異域錄地理考證一卷。謙所著書總名蓬萊軒輿地叢書前編、續編，編入浙江圖書館叢書一集、二集，其書包羅極廣，但所考證，附會的地方太多。

吳承志有唐賈耽記邊州入四夷道里考實五卷。耽所記見新唐書地理志，所記水道、陸路均極詳細，爲研究中外交通史最重要的史料。承志所考，亦有精到的地方。

魏源的海國圖志一百卷，不盡言地理，更有夷情備採、戰艦、火器條例等，爲當時致用之作，但述史事及考證頗有錯誤。

徐繼畬瀛環志略十卷，鑒於源書，多加辨正。繼畬書本於美國人雅裨理的著作，復隨時對西方人士有所接談。爲之筆録。其書今日視之固屬幼稚，但在當時使一般人眼光擴大，亦自有其歷史的價值。

黃遵憲日本國志四十卷。遵憲在晚清出使日本，搜集彼國材料，成此一書，將日本的政情、風俗、歷史統賅無餘，亦爲近百年史學上的一大著述。

第五章　經今文學的興起與貢獻

第一節　經今文學與辨僞學

經今文學運動的興起，是中國近代學術史上的一件大事。這雖然在表面上應該是經學的問題，但在骨子裏，對於史學實有很密切的關係。治史學的人所憑藉的是史料，有史料然後方有歷史，而經則大部分爲古代的史料。治史學的人對於史料的真僞應該是最先着手審查的，要是不經過這番工作，對於史料毫不加以審查而即應用，則其所著雖下筆萬言，而一究内容，全屬憑虛御空，那就失掉了存在的資格。中國的僞書僞史極多，唐以後開始有了雕版，得書方便，學者自易比較研究，所以自宋以來辨僞的學問尤其發達，重要著作，如王柏的詩疑，鄭樵的詩辨妄，胡應麟的四部正譌，閻若璩的尚書古文疏證，姚際恒的古今僞書考等都是。即在清代官修的四庫全書總目提要裏，也有不少辨僞的議論。但他們主要的工作是辨僞史、僞子、僞集，很少有辨僞經的。鄭樵的詩辨妄僅是在刼毛傳衛序鄭箋，王柏雖頗能揭發詩經的本來面目，其主要的目的卻在衞道，這些都不是對經的本身有所考辨。姚際恒書中有一點辨僞經的地方，但不很多，也不很精。最偉大的要算是閻若璩了，古文尚書二十五篇的真僞問題，從宋代的吳棫以來一直辨論，不能決定，他用了一生的精力，研究了許多問題，才正確宣告了它的死刑。過去的學術界一向被宗經的觀念所支配，認爲經中所叙述的盡是真正的史料，可以用之而不疑，這一種錯誤的看法，自閻若璩的工作成功以後方才改過來，於是繼之而有經今文學運動興起。

　　經今文學運動的出發點是公羊傳，這是因其時十三經中僅何休的公羊解詁爲今文家言。復興今文學的大師爲莊存與，他著有春秋正辭一書，多講微言大義。至其門人劉逢禄、宋翔鳳出，今文學方正式成立。翔鳳著過庭録一書，極喜附會，但也很有創見。逢禄有春秋公羊傳何氏釋例十卷，公羊何氏解詁箋一卷，左氏春秋考證二卷，以左氏春秋考證爲最精。他發現春秋左氏傳的原本不是編年的，它的體裁近乎國語，後來給人增竄書法凡例，按年排比，才成爲今本的左傳。這是改變天氣的一個霹靂。劉宋二人之外，接近經今文學的人，尚有龔自珍、魏源與邵懿辰等，自珍有：左氏抉疣一卷，是書今佚，其己亥雜事詩第五十七首有云：“其劉歆竄益左氏顯然有跡者，爲左氏抉疣一卷。”自珍本爲劉逢禄門人，是此書當係繼左氏春秋考證而作的。

　　魏源有詩古微十九卷，書古微十卷。詩古微主旨謂毛傳及大小序均爲僞書。書古微則係認定古文尚書及孔傳爲僞作，且論及馬融、鄭玄所説的古文尚書亦非孔安國的真傳。

　　邵懿辰著禮經通論一卷，這書謂儀禮十七篇並非殘本，所謂古文逸禮三十九篇則全屬劉歆所僞作。

第二節　廖平與康有爲

經今文學運動至康有爲出，遂呈一極大的進步。他不僅疑及僞經，且疑及在古代經籍上所表現的史實；其託古改制一説實爲千古不易的定論。有爲所著有僞經考十四卷，孔子改制考二十卷。僞經考中的最大發明，在論秦焚六經未嘗亡缺，河間獻王及魯共王無得古文經的事實，而斷定古文經爲劉歆所僞造。有爲對諸問題的考證，雖間有武斷或粗心的地方，然體大思精，其結論終無可移易。孔子改制考一書則以爲先秦諸子均喜託古改制，六經是孔子所作以爲宣傳的書籍，堯、舜時代爲孔子所託的理想社會。

有爲的書在當時影響很大，其學術價值也很高，但其學則出於廖平。僞經考及孔子改制考二書的議論，已由廖氏粗引其緒，不過由有爲加以敷衍發皇而已。平所著有今古學考二卷，古學考一卷。自許慎作五經異義以後，直至廖平才第二回作今古文的分析，而成今古學考一書。他後來所作的古學考，中有知聖、辟劉兩篇，是爲孔子改制考及僞經考的藍本。他首先發現了孔子的託古改制，所以孔子説的三年之喪，他的弟子和時人都來問難。這是給有爲一個極大的提示。只因廖平爲學不甚謹嚴，文筆又不足以達意，所以這個風氣要待康有爲來開倡。

繼康有爲而起的有崔適，他著有史記探源八卷，春秋復始二十卷，以及五經釋要等書。史記中有被劉歆增竄的部分，在僞經考第二史記經説足證僞經考的後面已粗引其端緒。崔氏承此風氣，所作史記探源謂史記本爲今文學，其古文經説部分爲劉歆所竄入，加以搜檢，幾無餘蘊（雖然他所認爲劉歆竄亂的部分未必完全可靠）。春秋復始專尊公羊，斥去左傳，并發見穀梁亦爲古文，並從刪落。他希望得到春秋經的原始解釋，進而看着真孔子。

　　晚清經今文學家的著作和學説，最近學者中如錢穆、楊寬諸先生都提出種種的反證，加以猛烈的排擊，認爲"有新聞紙的氣息"，"只是宣傳而不是學術"（錢説見其所著劉向歆父子年譜，楊説見所著中國上古史導論，均收古史辨中），其言誠有是處。然經今文學派的長處，本在破壞僞經和僞古史，其積極的建設部分，能成立之説本少，我們似不必深究他們真正的用意，是否在宣傳他們的政治主張，我們只問他們的説法有沒有道着古書和古史真相的處所，如果有的話，則他們的著作和學説便有了學術上的價值。破壞與建設本是一事的兩面，他們既揭發了僞經和僞古史一部分的真相，便能引人去認識真經和真古史；至於他們所説的真經和真古史，是不是比原來的僞經和僞古史可信些，我們現在暫時可以不問。

中編　新史料的發現和研究

第一章　甲骨文字的發現與著録

第一節　私人的收藏與集録

　　殷墟的甲骨卜辭，是近四十多年來新發見的古物。第一個收藏甲骨文字的人，是王懿榮，前後所得約在一千四五百片左右。光緒二十六年"庚子事變"起，王氏殉難，其所藏的甲骨文字，大部分售於劉鐵雲，一小部分贈於天津新學書院。就其故物而爲之編集的，有唐蘭先生的天壤閣甲骨文存二册。此書爲唐先生由王氏次子及輔仁大學所藏拓本中所選録出來的，均爲王氏故物，共一〇八片。

　　與王懿榮同時搜羅甲骨文的有王襄，其所藏編爲簠室殷契徵文十二卷。此書與考釋合爲四册，共收甲骨文字一一二五片，印刷不精，且多本爲一片而剪爲兩片的，甲骨文的研究者最初對此書極爲懷疑。

　　王懿榮死後，其甲骨文字大部分均售與劉鐵雲。其後劉氏更續有所得，約五千片左右，編爲鐵雲藏龜六册（共一〇五八片）。

劉氏於宣統二年流新疆死，其所藏的甲骨文字，一部分歸於羅振玉，編爲鐵雲藏龜之餘一册，所收共四十片；一部分歸於上海商人哈同，由王國維編爲戩壽堂所藏殷虛文字一册，所收共六五五片，由姬佛陀署名，而實爲王氏所編；一部分歸於葉玉森，編爲鐵雲藏龜拾遺一册，所收共二四〇片；一部分歸於商承祚先生及其友人，已編入殷契佚存中；一部分歸於吳振平，由李旦丘編爲鐵雲藏龜零拾一册，所收共九三片；一部分歸於柳詒徵先生，復歸國立中央大學，由李孝定先生編爲中央大學史學系所藏甲骨文字一册，更收入胡厚宣先生所編的甲骨六錄中，惟李先生書爲摹錄，胡先生書爲影印而已，所收共二五〇片；又一部分歸於陳中凡先生，董作賓先生已編入其甲骨文外編中，尚未印，胡厚宣先生復編爲清暉山館所藏甲骨文字，書爲甲骨六錄的一種。

黃心甫與徐枋先後於甲骨亦有所得。黃氏之物已由其子編入鄴中片羽中。徐氏所藏，後售與燕京大學，由容庚、瞿潤緡二先生編爲殷契卜辭三册，所收共八七四片。

羅振玉於光緒二十八年在劉鐵雲家中，始見到甲骨文字，除後得劉氏所藏的一部分外，更大量收集，遂成爲收藏甲骨文字最多的一人，編爲殷契書契前編八卷，殷虛書契後編二卷，殷虛書契續編六卷，殷虛書契菁華一卷。其所著錄約七八千片，除續編爲他人所藏外，餘均羅氏一己之物。此四書中，菁華所印爲照片，其餘都爲拓片，用玻璃版精印。在初期對於甲骨文字的搜羅與流傳，當以羅氏的貢獻爲最大。

其後，王襄及霍保祿均有所得。王氏所獲，已編入其簠室殷契徵文中。霍氏之物，則捐贈於國立北京大學，由唐蘭先生編爲北京大學所藏甲骨刻辭，所收共四六三片，今尚未印。

羅氏而外，劉體智所藏甲骨文字亦極豐，其數量與羅藏等，由郭沫若先生編爲殷契萃編五册，所收共一五九五片，僅爲其藏物的一小部分；其未著錄的，尚在二萬片左右。

其他尚有商承祚的殷契佚存二册，郭沫若的卜辭通纂别録一何氏藏骨，孫海波的誠齋殷虚文字一册，李旦丘的殷契摭遺一册，胡厚宣的廈門大學藏甲骨文字（見甲骨學商史論叢初集），華西大學所藏甲骨文字，束天民氏所藏甲骨文字，曾和窨氏所藏甲骨文字（俱見甲骨六録），此諸書所録亦在數千片以上。

第二節　中央研究院與河南博物館的殷虚發掘

中央研究院的殷虚發掘，共十五次，兹將其每一次所得甲骨文的數目及時間作一簡略的叙述：

第一次在民國十七年十月十三日至三十日，其間共十八日，獲甲骨文字七八四片。

第二次在民國十八年三月七日至五月十日，其間共兩月零三日，獲甲骨文字六八四片。

第三次分爲二期，第一期在民國十八年十月七日至二十一日，第二期由十一月十五日至十二月十二日，獲甲骨文字三〇一二片，中有大龜四版，復得獸頭刻辭二。

第四次爲民國二十年三月二十一日至五月十二日，其間共三月，獲甲骨文字七八二片及獸頭刻辭一。

第五次在同年十一月七日至十二月十九日，共一月又十二日，獲甲骨文字三八一片。

第六次在民國二十一年四月一日至五月三十一日，其間共兩月，獲甲骨文字一片。

第七次在同年十月二十四日至十二月二十日，共一月又二十六日，獲甲骨文字二十九片。

第八次在民國二十二年十月二十日至十二月二十五日，共兩月又五日，獲甲骨文字二五七片。

第九次在民國二十三年三月九日至五月三十一日，其間共兩月又二十二日。於小屯獲甲骨文字四四一片；於侯家莊獲大龜七版，甲骨文字四十二片。

第十、第十一、第十二三次均無甲骨文字發現。

第十三次在民國二十五年三月十八日至六月二十四日，其間共三月又七日，獲甲骨文字一七八〇四片。

第十四次在同年九月二十日至十二月三十一日，其間共三月又十二日，獲甲骨文字二片。

第十五次在二十六年三月十六日至六月十九日，其間共三月又四日，獲甲骨文字五九九片。

此十五次發掘所得的甲骨文字，其第一次之物由董作賓先生摹錄爲新獲卜辭寫本，刊安陽發掘報告第一期中，共三八一片；郭沫若先生又選錄二二片，爲卜辭通纂別錄一。第三次所得的大龜四版及獸頭刻辭，均已由董作賓先生發表於其所著的大龜四版考釋及獲白麟解中，刊安陽發掘報告第三期及第二期，又均著錄於郭沫若先生的卜辭通纂內。第四次所獲的獸頭刻辭，見董作賓先生的甲骨文斷代研究例中，刊慶祝蔡元培先生六十五歲論文集，又見於郭沫若先生的卜辭通纂。第九次所得的大龜七版及侯家莊所得的甲骨文字，均著錄於董作賓先生的安陽侯家莊出土之甲骨文字中，刊田野考古報告第一集。此第一次至第九次所得，除見於上列諸書暨論文外，更由董作賓先生編爲殷虛文字甲編，所收共三九四二片，九次所發掘的菁英，均已在其中了。十三次至十五次所得，更由董先生編爲殷虛文字乙編，這件工作現在尚正在進行。

在中央研究院作殷虛發掘的時候，河南博物館亦曾作殷虛發掘，前後共二次，所得甲骨文字凡三六五六片。

第一次在民國十八年十月，其間凡經兩月。第二次在民國十九年二月二十日至三月九日，又四月十二日至月底，其間凡一月又十一日。所得由關伯益先生編爲殷虛文字存真一至八集共八册，凡選録八百片；又由孫海波先生編爲甲骨文録二册，凡選録九三〇片。

第三節　外人的收藏與集録

外人收藏甲骨文字的，以美人方法斂（Frank Herring Chalfant）與英人庫壽齡（Couling）爲最早，前者爲長老會駐濰縣的宣教士，後者爲浸禮會駐青州的宣教士。二人所購甲骨文字甚多，均先後讓與歐、美博物院。方氏對於甲骨文字的摹寫頗精，所用的是鋼筆，因此很能表現出契刻的意味。其手摹的甲骨文字，凡四二三頁，現已出版的共二二九頁，是方氏自己選定而認爲是最可信的；此二二九頁已先後印爲三部書，在中國及美國出版：

（一）庫方二氏藏甲骨卜辭（*The Couling-Chalfant Collection of Insonibed Oracle Bone*），所收凡一六八七片，共一三二頁，原物分存四處：

（1）C.S 蘇格蘭皇家博物院（愛丁堡），由方氏出讓。

（2）C.C 美國卡内基博物院（畢兹堡），由庫氏出讓。

（3）C.B 大英博物院（倫敦），由方氏出讓。

（4）C.F 支加哥田野博物院（美國），由方氏出讓。

（二）甲骨卜辭七集（*Seven Collection of Inscribed Oracle Bone*），所收共五二七片，凡三二頁，原物分藏七處：

（1）SV.T 天津新學書院，本爲王懿榮舊藏，由其子翰甫所贈。

（2）SV.SM 上海皇家亞細亞學會博物院，由方氏出讓。

（3）SV.B 柏根氏（Paul Bergen），由方氏出讓。

（4）SV.P 普仁斯頓大學（美國），由方氏出讓。

（5）SV.W 衛理賢（德國）。

（6）SV.S 臨淄孫氏。

（7）SV. R 皇家亞細亞學會。

（三）金璋所藏甲骨卜辭（*The Hopkins Collection of Inscribed Oracle Bone*），所收共四四八片，凡六十六頁。

方氏所摹錄的甲骨文中，間有僞片，如庫方二氏藏甲骨卜辭即有郭沫若先生和胡光煒先生的辨僞表，證明其中僞刻極多。

加拿大人明義士（James Mellon Menjies）爲長老會駐安陽的牧師，亦得有甲骨文字很多，編有殷虛卜辭（*Oracle Records from the Waste of Yin*）一册，所收共二三六九片，僅爲其所藏的一小部分，其未著錄的當在一萬片左右。

美人福開森（Ferguson，J. C.）曾得劉鐵雲所藏甲骨文字的一部分，由商承祚先生編爲福氏藏甲骨文字，所收共三七片。又柏根所藏，已由方法斂編入甲骨卜辭七集中，後其物由柏根氏贈與濟南廣智院，明義士復編爲柏根氏舊藏甲骨文字（*Bergen Collection of Inscribed Oracle Bone*），刊齊大季刊六七期。白瑞華（Roswell S. Britton）爲美國現在研究甲骨文字最有成績的一人，編有殷虛甲骨拓片（*Yin Bone Rubbings*）一册，殷虛甲骨像片（*Yin Bone Photographs*）一册，前者所收共二二片，後者一〇四片。

日人林泰輔藏有甲骨文字六百片，復匯商周遺文會、榷古齋、聽水閣、繼述堂諸家所藏，編爲龜甲獸骨文字二卷，所收共一〇二三片。郭沫若先生卜辭通纂別錄二爲日本所藏甲骨擇尤，所收共八七片。金祖同先生更編有殷契遺珠二卷，所收係日本河井荃盧、中村不折、堂野前種松、中島蠔叟、田中救堂、三井源右衛門等六家所藏的甲骨文字。共一四五九片，其中一部分已經著錄於郭沫若先生書中，河井荃盧的一部亦已著錄於林泰輔的龜甲獸骨文字。

第二章　銅器群的發現與考釋

第一節　新鄭與渾源銅器群的發現與考釋

民國十二年八月二十五日，河南新鄭縣有個叫李鋭的，在園中掘井，得大鼎一，中鼎二，以八百餘金售於許昌張慶麟，繼復從事發掘。事爲當地駐軍知悉，乃劃定區域，大事開掘，計所挖的井穴，深至三丈有餘，輻員至十餘丈，所得共百餘器，今存河南博物館。這年冬便有蔣鴻元先生的新鄭出土古器圖志初、續、附三編出版，這書頗有錯誤之處，又縮影器形較小，圖版未佳。十八年冬關百益先生編有新鄭古器圖録二册，後復編爲鄭冢古器圖考四册，前者係用照像玻璃版印，後者則係摹繪。二十六年更由孫海波先生編爲新鄭彝器一册。圖版較蔣、關二先生的書爲精，且另有花紋拓出，於研究上頗便利。新鄭銅器群爲春秋時鄭國的遺物，惟百餘器中有銘文的僅二器，一牢鼎，一方器，而牢鼎銘文模糊，僅有數字可辨。一方器有銘文七字，王國維釋爲"王子嬰次之□盧"。嬰次，爲楚公子嬰齊，即令尹子重，關百益釋爲"王子頬次之庶盤"，認藏器之地爲鄭屬公墓，郭沫若則認嬰次爲鄭子嬰齊，近人都從郭説。

民國十二年，法國美術商人王涅克(L. Wannieek)於山西渾源發現大批銅器，器薄而帶輕快味，銘文很少，和春秋以前的銅器不同，均爲其全購而去。著録此批銅器的，有商承祚先生的渾源彝器圖一册。王氏得到此批銅器後，采用當地土人的説法，認爲係秦始皇巡狩所遺，於是在歐美遂流行一種"秦式"的説法，認爲這些銅器受着斯基泰（Scythia）文化的影響。近來我國學者如郭沫若、劉節先生和日本梅原末治都對這説曾作強烈的反駁，其實西洋人的所謂"秦式"，應稱"戰國式"。梅原末治曾由中國古鏡和斯基泰系小鏡作比較，而否認這些銅器曾受斯基泰影響，劉節先生更從銅器形制和紋樣的變遷源流來否認外來影響的説法。

第二節　洛陽銅器群的發現與考釋

洛陽城東面有金村，遍地均爲古墓。民國十八年秋迄十九年冬，發現韓君墓，今洛陽城東，舊土城東北角，有大墓八，其中有六個已爲人盜掘。及民國二十三年，其餘兩個亦皆被盜，出土的遺物共五六百件，見懷履光（Bishop W. White）主教的洛陽故都古墓考（*Tombs of Old Loyang*）。書中所收均爲韓器，間亦有漢代器物雜入其中，因爲同遭發掘的尚有漢代的墓葬。其中最著名的爲驫羌鐘，其十二藏廬江劉氏，餘則爲懷氏所得，今藏加拿大多倫多博物院。懷主教的韓君墓發見略記，有向達譯文刊北平圖書館館刊七卷一期。我國徐中舒先生有驫氏編鐘圖釋一册。此外郭沫若先生有驫羌鐘銘考釋（見金文叢考），驫羌鐘銘追記二則（同前），驫羌鐘補遺論及所謂秦銅器（見古代銘刻彙考續編），唐蘭先生有驫羌鐘考釋（見國立北平圖書館館刊六卷一期），劉節先生有驫氏編鐘考，吳其昌先生有驫羌鐘補考（均見北平圖書館館刊五卷六期）。溫廷敬先生有驫羌鐘銘釋（見中山大學研究所史學專刊一卷一期），劉、吳、唐、徐四先生都認這爲周靈王時器，郭先生認爲周安王時器，溫先生認爲周威烈王時器，國外有高本漢的驫羌鐘之年代一文（劉叔揚譯，刊考古社刊第四期），也認周靈王之説爲是。我們由其銘文有"入長城"和水經注所引紀年晉烈公十二年事相合，以及出土地點、同出土物等看來，分明是戰國時代周威烈王時的韓器。

日人梅源末治有洛陽金村古墓聚英，所收録的亦爲此銅器群的一部。

第三節　壽縣銅器群的發現與考釋

壽縣銅器群的發現，共有兩次。第一次在民國十一年二月，爲瑞典工程師加爾白克（Karlbeck）所得，較大的鼎壺簋等件現存瑞京東亞蒐集部，著有中國古銅鏡雜記，刊中國科學美術雜誌四卷一期（譯文見考古社刊）。第二次爲民國二十二年七月五日，發見於朱家集的李三孤堆，由土人發掘，深五六丈，寬二丈，發見木槨銅器，有鼎重至七百餘斤，重要的銅器約在七八百件以上，均爲淮楚之器，今存安徽省立圖書館。其餘藏在其他學術機關及私人的，尚屬不少（劉氏善齋有“曾姬無卹壺”二，勺二，北平圖書館金石部也購得九件，天津寳楚齋有鼎、匜、豆、勺等件，上海朱氏也藏有一鼎）。編集的書，有孫壯先生的寳楚齋藏器圖釋。商承祚先生的十二家吉金圖録中，亦著録有寳楚齋所藏的楚器。更有劉節先生的楚器圖釋一册。胡光煒先生有壽春新出土楚王鼎考釋，刊國風半月刊四卷三期、四卷六期。唐蘭先生有壽縣所出銅器考略，刊北京大學國學季刊四卷一期。徐中舒先生有壽縣出土楚銅器補釋，刊大公報圖書副刊三十一期（三十三年六月十六日），郭沫若先生有壽縣所出楚器之年代，刊古代銘刻彙考續編。中央研究院歷史語言研究所曾派李景聃先生前往壽縣調查，李先生有壽縣楚墓調查報告，刊田野考古報告第一册。上海市博物館等曾組壽縣史跡考查團，擬正式從事發掘，曾派鄭師許、商承祚先生等前往考查。

壽縣出土諸器中有楚王“酓肯”“酓忎”諸名，“酓”即“熊”字，自來無異説。“熊忎”，胡光煒、郭沫若諸先生均認爲即楚幽王熊

悍，可無疑問，"熊肯"之"肯"，天津某公、壽縣王松齋先生釋爲
貲，謂楚文王；馬衡、唐蘭兩先生謂即楚考烈王熊元，"元""肯"
乃聲之轉，郭沫若先生認即楚幽王熊悍，"肯""悍"乃聲之轉；徐
中舒先生認即楚哀王熊猶，"猶"之偏旁"酋"，古文作"甶"，與
"肯"字形近；胡光煒、劉節兩先生認即楚王負芻，胡先生認爲
"肯"當釋"朏"，即史記之楚王負芻，越絕書之楚王成，"朏""成"
乃聲之轉，劉先生又認"肯"當釋"歬"，"負芻"是"畬歬"字形之
誤。由我們看來，"熊忎"既即幽王熊悍，楚文王與此未免年代相
去過遠，考烈王徙都壽春時決不會帶走這些重器；哀王立國僅二
月餘被襲殺，怎能鑄這許多銅器？負芻在位五年，在這五年中外
則有秦侵犯，內則兄弟爭立，結果爲秦虜去，那裏會有銅器入
葬？如果説"熊肯"即是"熊忎"，爲同一王所作之器，前後異名，
也説不過去，因此"熊肯"即考烈王的説法比較可信，大概李三孤
堆是楚幽王的墓，同時還入葬了考烈王的許多銅器，這是比較近
情的。

第四節　安陽銅器群的發現與著録

安陽有銅器發現，在宋代即已如此，凡宋代著録銅器書中所
謂出於"鄴之亶甲城"及"洹濱"的，均爲安陽所出。自中央研究院
歷史語言研究所在殷虛發掘以來，所得銅器極多，有二尺大的方
鼎以及各種銅容器銅兵器，而盜掘的事情亦常有發生，所得均由
古董商人售之於北平，其中以黃氏尊古齋所獲爲最多，編爲鄴中
片羽二集，共四册，所録僅一器非商物。其他如羅振玉的貞松堂
集古遺文、殷虛古器物圖録，容庚先生的頌齋吉金録及續録，于
省吾先生的雙劍誃古金圖録及雙劍誃古兵器圖録，劉體智先生的
小校經閣金文拓本及善齋彝器圖録，商承祚先生的十二家吉金圖
録諸書，凡注明爲安陽出土的，亦均爲其地所出的商代物。此外

日本梅原末治著有河南安陽與金村的古墓，刊史學雜誌四十七篇
九號，傳河南出土的二個尊彝，刊國華第四十六編一號，河南安
陽發見的遺物，刊東方學報京都第七册，傳説安陽出土的二大銅
器群曾被盜賣到日本，一爲侯家莊出土，一爲大司空村出土，其
中有三大盉，高至二尺四寸左右，一尊高至一尺二寸八分，一罍
高至一尺六寸八分，都是少見的大器。

　　先是羅振玉輯殷文存，王辰先生輯續殷文存，均以簡單圖形
及有以干支爲名的認爲商器。此説爲郭沫若先生所反對，因爲在
周代中葉尚有以干支爲名的。但是從前把商代當作新石器時代及
金石並用時代的，今由此大批安陽銅器群的發現，更加以中央研
究院的科學發掘，可以證明其説不確。商代不僅是銅器時代，而
且已經到了銅器時代的最高峰。

第五節　濬縣銅器群的發現著録及其他

　　河南濬縣曾有大批銅器發現，由孫海波先生編爲濬縣銅器一
册。其後中央研究院於民國二十三年曾整理其殘址，又續得銅器
若干，見郭寶鈞先生的濬縣新村古殘墓之清理，刊田野考古報告
第一集。

　　山東滕縣亦有銅器群的發現。又中央研究院在河南輝縣及汲
縣亦有所得。北平研究院在陝西鬥鷄臺亦曾作大規模的發掘，惟
現在均尚無報告發表。

第三章　考古學的發掘和古器物學的研究

第一節　史前遺址的發現和研究

我國史前遺址的發掘，以北平周口店的遺址爲最早。民國十年至二十年間，澳人師丹斯基（Dr. O. Zdunsky）與楊鍾健先生、裴文中先生，在北平西南房山縣屬的周口店，先後發現猿人的牙齒及頭骨等化石。學者初稱之爲北京種中國猿人，繼定名爲震旦人，年代約在四五十萬年前，較爪哇與英國所發見的尤爲近古，在周口店主要堆積的上洞，也有真人遺骸的發現，是晚期舊石器時代的遺址，有石器、骨器和有孔石卵、有孔牙齒及貝殼等的發現，見裴文中先生的中國猿人化石之發現（科學十四卷八期），周口店洞穴層採掘記，舊石器時代之藝術，及楊鍾健先生的中國猿人與人類進化問題（科學十五卷九期），中國猿人的新研究（地質論評一卷一期）。

舊石器時代的遺物，係法人德日進（Pére Teilhard de Chardin）與桑志華（Pére Hicent）在陝甘河套發現，有穿孔用的尖銳器物，刮磨器物，以及食餘的驢犀、象、土狼、羚羊的骨和駝鳥卵等，與歐洲的舊石器時代遺物相同。發現地層，在黃土下層與相當的沙層及黃土底部礫層中。詳見二人所合著的華北舊石器工業（*On The Discovery of A Paleolithic Industry in Northern China*）。

新石器時代的遺物，自十九世紀以還，各地皆有零星的發現。至於大量採集，則有瑞典人安特生（J. G. Andersson）。民國八年，北平地質調查所技師朱庭祐先生在遼寧、熱河採集石器多種。次年，劉長山先生復在河南得石器數百件。安特生時任北洋政府的農商部顧問，繼往考查，略有所獲，更在奉天沙鍋屯、河南仰韶村及甘肅洮沙諸地得遺物極多，以仰韶所得的爲最豐富，故稱之爲"仰韶期"；所得有彩色陶器，故亦稱彩陶文化。安特生編有中國遠古之文化（*An Early Chinese Culture*），奉天錦西縣沙鍋屯石穴遺址（*The Cave Deposit at Sha Kuo Tun in Fongtien*），甘肅考古記（*Preliminary Report on Archaeological Reaserrch in Kansa*）。

　　民國十五年，李濟先生、袁復禮先生考古山西，發現夏縣西陰村遺址，見李先生所著的西陰村史前的遺存。除了所得石器、獸骨、陶片、貝殼之外，又得了一個殘繭。

　　民國十九年、二十年，中央研究院歷史語言研究所在山東歷城縣城子崖發掘二次，發見黑陶文化，稱爲"龍山期"，見李濟先生、吳金鼎先生等所編的城子崖。

　　鋤頭考古學的發掘，於文化層的發現一點，最於史學的研究有利。李濟著小屯與仰韶（安陽發掘報告第二冊），根據安諾及貔子窩兩處陶器的發現，判別彩陶的時代在前，刻紋在後，等到中央研究院的發掘，在後岡發現了三叠層的陶器文化，更明顯了。後岡上層爲白陶文化層，中層爲黑陶文化層，下層爲彩陶文化層，可知彩陶最先，黑陶次之，白陶又次之。白陶和小屯殷墟文化相似，黑陶與龍山（城子崖）文化相似，彩陶則與仰韶文化相似。後來在侯家莊高井臺子也有類似積累的文化層發現，只是上層不是白陶而是灰陶。後岡的黑陶是輪制的，而高井臺子的黑陶是在轉輪盤上模制，吳金鼎有高井臺子三種陶業概論，刊田野考古報告第一冊。後來濬縣大賚店和洹淇流域曾普遍發現相類的遺址，這在史前史的研究上是一條光明的綫索。梁思永先生著有小屯龍山與仰韶，來探討這三種陶器文化的流布和影響，可知殷墟高度文化的產生，不是偶然的了。

　　至於殷墟的發掘和銅器群的出土，已另詳"甲骨文字和金文的研究"一章中。

第二節　　日人的考古學侵略

　　自從日俄戰後，日人得到旅順大連，對遼東各地作種種調查，考古發掘也是其調查事業之一，其大規模的發掘，主要的有貔子窩、牧羊城、南山里、營城子、何家溝等地。

　　日人自在大連的濱町、旅順的大臺山和貔子窩附近發現貝塚，得到了石器、彩陶器，便開始計劃貔子窩的發掘。民國十七年四月，日人的東亞考古學會和關東廳博物館便開始正式發掘，經兩星期而終了，發掘所得保藏於京都帝國大學考古學教室，報告書名貔子窩，在十一月刊行。這次的發掘所得，除石器時代的石器、骨器、陶器外，還有銅鏃、弩機、鐵器、鐵片、明刀、布泉等，可以考見周末漢初遼東的文化情態。牧羊城的發掘在同年十月，經二十五日終了，至民國二十一年編印牧羊城一書。這次發掘所得的古物，除石器時代的遺物以外，也還有銅器、鐵器和周末漢初的古錢以及漢瓦當等，正同貔子窩一樣，可知那地在周末漢初時，土人正從石器時代進入金石器並用時代，而由中國內地移往的居民已挾有銅鐵器時代的高度文化。南山里的發掘在民國十八年十月，曾掘得漢代的磚墓，到民國二十二年編印南山里一書，除得銅器五銖錢少許外，大多是瓦器，這和朝鮮樂浪所發掘的漢墓，同是研究漢墓和漢代文化的資料。營城子，最初在民國元年二年經日人濱田耕作、八木奘三郎發掘了二個漢墓，得陶器、漆器等物（報告見東洋學報二卷三號及三卷一號）。民國二十年日本關東廳偶然在營城子發現磚墓，便從事發掘，繼續又發掘了另一古墓，編印成營城子一書。這次發掘所得彩色磚、瓦器、五銖錢外，還有漢代壁畫，這是研究漢代繪畫的重要資料。營城子一書附錄有濱田耕作的漢代壁畫和水野清一的營城子古墓壁畫的畫跡二文，對漢代壁畫有很精密的研究。

何家溝在吉林顧鄉屯，民國二十年八月北平國立地質調查所派員和哈爾濱特別區研究會合作，曾在這裏發掘，曾得若干化石，報告載中國地質調查彙報十一卷二期。民國二十一年六月日本早稻田大學理工學部和滿蒙學術調查研究團，重在這裏發掘，發現許多舊石器時代遺物。

自從日寇在民國二十年九一八以後侵佔了我國東北，這等考古學的侵略也如同軍事侵略一樣，非常積極：民國二十二年五月，東亞考古學會組織考古團，在旅順郊外方家屯發掘羊頭窪的石器時代遺物。六月原田淑人等在寧古塔南調查發掘渤海國首都龍泉府的遺址，水野清一等又調查昂溪的石器遺址。六七月間梅本俊郎等在遼陽、太子河從事漢代石槨墓的發掘。從八月到十月有熱河自然科學調查隊采集多數陶器石器。鳥居龍藏又在熱河調查契丹文化。

日人在我國東北種種考古學的調查和發掘，雖也是他們侵略事業的一部門，但在我國史學研究上，確可得到許多新史料。日人對於朝鮮的發掘，如樂浪漢墓的發掘，不僅爲漢代美術工藝放一異彩，於漢代思想、風俗等各方面也提供大量具體的資料。尤其對漢代墓制的研究，漢代漆器的研究，有很大的幫助。

日本私人的著作，鳥居龍藏有滿蒙古蹟考、八木奘三郎有滿洲考古學、滿洲舊蹟志。

第三節　古器物學的研究

古器物學的研究，在我國還在萌芽時期，還是這最近的三十年來的事。只因中國古器物的資料太散亂了，有許多部門資料又太貧乏了，所以研究的成績還不能滿意。可是有許多部門確已得到了相當的成就。例如銅器的研究便是一例。

過去金石學家對於古器物，不免帶着玩賞和寶藏的意味，至多對於銘文的考釋上用些工夫，對於它本身在歷史上文化上的價值很少注意。到最近考古學家和古器物學研究者，對於古器物的研究就不同了，他們拿科學的比較方法去研求，對每一種古器物，不但要考訂它的年代，還要追究它的來源和演變的歷程，來確定它在歷史上文化上的價值和地位；不但要知其然，還要研究它的所以然之故，更要研究它在過去社會裏人們怎樣製造它？怎樣利用它？人們又怎樣改進它？又怎樣的放棄它？它的形式有怎樣的演變？它的紋飾又有怎樣的演化？對於這種種問題的追究，便是近人研究古器物的最大的進步。

馬衡先生的戈戟之研究，唐蘭先生的古樂器小記（都見燕京學報），郭沫若先生的說戟（殷周青銅器銘文研究），蔣大沂先生的漢代戈戟考（華西協合大學中國文化研究所集刊第三卷）和論戈柲之形式（金陵、齊魯、華西三大學中國文化研究彙刊第三期），對於銅器中的重要兵器——戈和戟，和銅器中的樂器，曾有很精密的分析。蔣大沂先生的古玉兵雜考（同上第二期）裏，對於銅器中的“戊戚與斧”和“戈戟與厹矛”，也都曾有精確的研究。宋代以來，銅容器中的“毁”（即簋），都誤釋爲“敦”，或釋爲“彝”，又誤把“盨”當作“簠”，這個錯誤，錢坫、黃紹箕等雖已曾辨正，還不爲一般人所信，自從徐中舒先生作陳侯四器考釋，對於“盨”的即“簠”，曾提出了有力的論證，從此這懸案便解決了。容庚先生的殷周銅器考，對銅器各方面都有周詳的分析，確是部集大成的著作。日人梅原末治有戰國式銅器研究、支那考古學論考等書，對於銅器及其他古器物都有深刻的研究。

銅器的式樣，由於石器、角器、陶器、竹木器而來，前人雖已約略論及，可是論證不很充分。銅器中的鬲、甗、瓶，是由陶器演化而來，就器名就很清楚。銅器中的鼎和鬲，也是陶器的演化，日本濱田耕作有鼎與鬲一文（收狩野教授還曆紀念支那學論叢及東亞考古學研究），他從初期鼎下的款足（空足）三股和鬲的一樣，證明鼎是鬲的演化（安特生卻認爲鼎和鬲的起源是獨立的）。銅器中的簋、簠，字都從"竹"，由竹器演化而來，也很顯然。日本梅原末治又以爲尊是由於竹筒的變形（見關於中國銅器時代，刊史林十九卷三號、二十卷二號，我國有胡厚宣譯本）。銅器中的酒器多從角器演化而來，像角這器就稱爲角，觥、觚、觶等器，字都從角，王國維古禮器略説又以爲角和爵古同音，無非是角器的演化。濱田耕作又有爵和杯一文（刊市村博士古稀祝賀東洋史論叢），他以爲斝的起源是由於獸角的根幹橫平的切斷，而爵的起源是由於像蒙古人那樣的斜切。我國郭寶鈞的古器釋名（刊蔡元培先生六十五歲紀念論文集），對於銅器形式的來源更有詳盡的推斷，銅兵器中的斧鉞固然起源於石器，而戈的來源是由於角器的，郭寶鈞有戈戟餘論（中央研究院歷史語言研究所集刊五本三分），對此又曾提出充分的論證，不但戈角同聲，戈形似角，而角本是獸的武器，原始人利用作兵器是很自然的。這些研究，不但是替古器物探源，同時還替中國史前史增加了新頁。本來研究史前史，除用考古學社會學等方法以外，語源學也是重要的。

　　過去金石家研究銅器只注重銘文，現在古器物學研究者於此，已把銘文和形式花紋同樣地看重了，這是大進步。郭沫若先生的彝器形象學試探（刊兩周金文辭大系圖錄）、周代彝銘進化觀（刊古代銘刻彙考），對於銅器形式花紋和銘文的演化，曾作大略的探究，徐中舒先生的銅器的藝術（刊第二次全國美展特刊和中國藝術論叢），又根據了殷墟發掘的結果來補充郭先生的説法，對於銅器的名稱、用途以及形式的流變和盛衰，都有周詳的分析。唐蘭先生的參加倫敦藝展銅器説明，又約略地注意到銅器地域的不同，這些系統的初步研究，是他日研究銅器演化的南針。

度量權衡是百物制度之本，度量衡的考研，本是件極重要的事。隋書律曆志雖曾分隋以前尺度爲十五等，共二十八種，可是隋書只有諸尺和"晉前尺"（即"周尺"）的比例，究和現代尺度相差怎樣，是需要研究的。王復齋鐘鼎款識所摹的"晉前尺"，沈彤、程瑤田都曾用以考證古代禮制，但據王國維先生的考證，是宋代高若訥所摹制的。所幸年來古物屢有出土，晉荀勖造"晉前尺"時，共校七品，第五品是"劉歆銅斛"，乾隆年間曾出"新莽嘉量"，便是"劉歆銅斛"，現藏故宮博物院，王國維先生曾驚爲"曠世瑰寶"，著莽量考一文，後又成記現存歷代尺度一文，除"劉歆銅斛"外，又列舉歷代實物拓本摹本十六種，比較其短長而推究其變遷的原因，很有重大的發現。劉復先生曾著故宮所存新嘉量之較量及推算（刊考古學論叢及工業標準與度量衡一卷四期），較量和推算都非常精密，從此隋以前的尺度都分明了。民國二十一年福開森又得一銅尺，傳洛陽金村出土，便是著名的"驫鐘尺"。二十三年葉遐菴先生又得一鏤牙尺，傳也是洛陽出土，長短都和"劉歆銅斛尺"同，還有"商鞅量"，馬衡、唐蘭兩先生都曾研求，唐先生有商鞅量與商鞅量尺一文（刊北京大學國學季刊五卷四號），證明"商鞅量"所用的尺正和"劉歆銅斛"相同，從此周尺便得到了實證，隋書的記載也得證明。唐代尺度，日本頗多珍藏（在正倉院法隆寺等處），王國維先生有日本奈良正倉院藏六唐尺摹本跋。宋的三司布帛尺，以前孔尚任曾藏有一具，王先生也有宋三司布帛尺摹本跋。民國九、十年間鉅鹿曾出土宋木尺，王先生也有宋鉅鹿故城所出三木尺拓本跋。近年出土的古尺，還有傳爲安陽出土的殷代骨尺（現歸中央研究院歷史博物館），傳爲壽縣出土的銅尺，傳爲河南出土的玉尺（藏福開森先生）。用古錢的尺寸來推考尺度的，日本有足立喜六的長安史蹟考，我國丁福保先生有古錢有裨實用譚等。至於楊寬先生的中國歷代尺度考，不但是部集大成的著作，也還有許多校正前說的地方。

關於銅鏡，我國有羅振玉的古竟圖錄三卷，徐乃昌的小檀欒室鏡景六卷，日人有富岡謙藏的古鏡之研究，支那古鏡圖說，後藤守一的漢式鏡，梅原末治的在歐美之支那古鏡等，對於銅鏡曾有精密的研究。

除了銅器和度量衡器之外，近人對於玉器、漆器、明器、瓷器以及古錢都有較進步的研究。玉器的研究，日人濱田耕作著有竹齋古玉圖說（我國有胡肇椿先生譯本，改名古玉概說）。我國陳大年先生也有所藏古玉說明書的出版，對於玉器之由石器演化而來，以及玉器本身的演變，都很有寶貴的見解。蔣大沂先生的古玉兵雜考裏對於圭和璋的制度也都有新見。漆器方面，日人對於樂浪出土的漆器很有研究，梅原末治在其所著中國考古學論考一書中，也有關於漆器的考論。我國鄭師許先生著有漆器考。民國二十五年長沙楚墓曾出土大量銅器、石器、漆器、木器、陶器及革帛等物，商承祚先生著長沙古物聞見記一書，對於戰國時代的漆器，不但提供了寶貴的資料，並有所考證。明器方面，日人濱田耕作著有中國古明器汲象圖說；我國鄭德坤先生著有中國明器一書，鄭先生對於明器的源流曾有精析的分辨。古錢方面的研究，近年來以丁福保先生的貢獻最大，他除著古錢有裨實用譚等書以外，還有古錢大辭典的編印，這使研究古錢的人得到了很大的方便。瓷器方面，比較上陳萬里先生的探索最為深刻，對於宋、明二代龍泉窰的瓷器，還曾作實地的發掘和研究。

第四章　西北文物的發現與著錄

第一節　中外考察團在西北考古的成績

　　當十九世紀的後半期，中亞一隅，幾成了考古學上的寶庫，中外人士到西域去探險的，一時不絕於途，使漢唐的歷史文化和西域的史蹟，放出許多異彩，使今日要改作或重寫這段史實的，得有了最寶貴的史料。

　　西域探險隊以外人所組織的爲多，至於國內，僅有與斯文赫定(Sven Hedin)合作而由徐炳昶先生所領導的西北科學考察團，最近更有教育部所組織的西北史地考察團。

　　民國十六年(一九二七)夏天，由北平中國學術團體協會與瑞典地理學家斯文赫定決議，組織考察團前往新疆探險，定名爲中國學術團體協會西北科學考察團，團長二人，中國一人爲徐炳昶先生，外國一人即爲斯文赫定，另有中國科學家四人參加，爲袁復禮先生、黃文弼先生、丁道衡先生、詹蕃勛先生，而以黃先生負考古的責任。考察時期定爲二年。遂於是年五月九日自北平出發，循平綏路至包頭，九月至額濟納河，十七年一月抵哈密。同年春夏間，因斯文赫定與德國漢薩(Hansa)航空公司所訂用的新式飛機航行天山南路的計劃不能實現，德國團員紛紛歸國，全團經費復發生問題。及斯文赫定回國籌劃就緒，而新疆當局對於考查團的行動又加以限制，徐先生與斯文赫定不得已，乃於十七年底決定中止穿行沙漠的計劃，先返北平；一部分團員則仍留各地工作。記述這一次考察經過的，徐炳昶先生撰有徐旭生西游日記三册，斯文赫定撰有長征記（*Auf Grosser Fahrt Leipzig*. 1929. 此書有李述禮先生譯本）。

此次探險，在考古學上貢獻極大，發見長城遺址，且於居延故塞發見漢代居延都尉府的簡牘約兩萬片，於吐魯番發見高昌古墓群，得磚陶甚多，於羅布淖爾得漢代簡牘及其他古物，於庫車得壁畫及寫經亦不少。黃文弼先生編爲高昌一册，高昌第一分本一册，高昌磚集一册，高昌陶集一册，羅布淖爾考古專刊。前五種已出版，後一種已編校完畢，惜至今尚未刊行。由黃先生高昌磚集贅言中，知其新疆考古報告的程序，係以地爲綱，首爲高昌，次蒲昌（即羅布淖爾），次焉耆，次龜兹，次法沙，次于闐，共爲六輯。甚盼其能早日編成問世也。此外更有一些記述此次考古經過的論文：蒙新旅行之經過及發現（北京大學國學季刊第二卷第三號），天山南路大沙漠探險談（女師大學術季刊第一卷第三期），西北科學考察團在新疆考古情形（同上第四號）。

黃先生復於民國二十一年秋天，奉教育部命令至蒙古新疆兩地考察教育及文化，隨鐵道部所組織的新綏公路察勘隊至新疆，經蒙古草地，於二十二年春天到哈密，秋天即返迪化而還南京。此次復在羅布淖爾等地工作甚久，所得古物亦極豐，其羅布淖爾考古專刊所述，即有此次所得的遺物。其記述此兩次發現的論文有：蒙古新疆兩地考古經過（責善半月刊一卷三期），羅布淖爾考古專刊叙錄（同上二卷六期）。今黃先生復又作第三次新疆探險，所得未詳。

西北史地考察團爲教育部所組織，於民國三十一年曾至居延、敦煌諸地考察。

關於外人考察我國西北的，爲數甚多，包括美、英、法、俄、德、匈、瑞典、日本諸國。向達先生於其所譯斯坦因西域考古記中，附有十九世紀後半期西域探險略表，係由日人石田幹之助中央亞細亞探險之經過及其成果一文所附的年表增補而成，所列極爲詳細。本節所述，僅擇其重要的幾次而已。

斯坦因(A. Stein)本爲匈牙利人，任職於印度政府，自清光緒二十六年至民國十九年(一九〇〇至一九三〇)，前後曾在我國西北作四次考察：

第一次：光緒二十六年至二十七年(一九〇〇——一九〇一)，

第二次：光緒三十二年至三十四年(一九〇六——一九〇八)，

第三次：民國二年至五年(一九一三——一九一六)，

第四次：民國十九年(一九三〇)。

其第一次係在塔里木盆地探察，於和闐附近沙磧中，掘得壁畫及簡牘極多，此外尚有各種語文的佛經殘卷，編有和闐沙埋廢蹟記(Sand-Buried Ruins of Khotan)一書和古代和闐考(Ancient Khotan)二冊。後書第一冊爲本文，第二冊爲圖版，極爲精美。本文後又附有 Chavannes, A. H. Franke, Bnshell, Rapson, Thomas, Church, Léczy, Margolinth 諸人關於其所得遺物的考釋。第二次復由塔里木盆地，至甘肅敦煌及敦煌西北部長城遺址，從事發掘，得簡牘極多。次年五月復在敦煌千佛洞石室中，取得石室藏書及古代藝術品，滿載而歸印度。其後編有西域圖考(Serindia)五冊，千佛洞記(The Thousand Buddhas)和沙漠契丹廢址記(Ruins of Desert Cathay：Personal Narrative of Exploration in Central Asia and Westermost China)二冊。第三次則由帕米爾轉道新疆，復得簡牘及敦煌石室藏書五百七十卷，編有亞洲腹部考古記(Innermost Asia)四冊。第四次來中國，欲謀再舉，爲我國政府所阻而止。

勒柯克(A. von. Le Coq.)，德國人，曾組考察團來我國西北兩次：

第一次：光緒三十年至三十一年(一九〇四——一九〇五)，

第二次：民國二年至三年(一九一三——一九一四)。

第一次在吐魯番作大規模的發掘，沿天山北路至塔里木盆地探察，所得壁畫及古物古文書甚多，編有中亞古希臘佛教藝術考（Auf Hellas spureu in Ostturkistan）和高昌（Chotscho）。第二次亦至新疆。當勒柯克第一次考察仍留新疆的時候，德國格魯威德爾（A. Grünwedel）復率另一考察團來中國，與之合作，至光緒三十三年（一九〇七）夏天始告結束。二人合編有古代庫車考（Alt-Kutscha）。勒柯克更編有一部中亞美術及文化史圖集（Bilderatlas zur kunst und Kulturgeschichte Mittel-Asiens），其中圖版是總集前三次所得的古物，且附有説明。

伯希和（P. Peliot）爲法國著名的漢學家，奉其國教育部、安南河内遠東學院及法國學士院金石文藝部三者的命令，曾組織考察團來我國西北探險，探險時期自光緒三十二年至三十三年（一九〇六——一九〇七），爲時雖短，所得卻很不少。伯希和逾葱嶺，沿塔里木盆地北段而入甘肅，在庫車發掘一佛寺遺址，在敦煌千佛洞取得石室藏書，遠較斯坦因所得爲重要。渠著有中國西域探險報告書（Le Rapport de U. Paul Paliot sur Sa Massion an turkestan Chinois，有陸翔先生譯文）。此爲清宣統二年（一九一〇）二月二十五日法國考古學院開會時，伯希和所宣讀的報告書，刊考古學院院刊一九一〇年一二月刊（中譯文刊説文月刊第二卷）。其專記千佛洞的有甘肅中古書庫的發見（Une Biliothèque Médiévale Retrouvér an Kan-su），文刊河内法國遠東學院院刊一九〇八年第八期，此爲伯希和在千佛洞所記的日記。

科智洛夫（P. K. Kozloff），俄人，於光緒三十三年至三十四年（一九〇七——一九〇八），曾組織考察團入蒙古探險。光緒三十四年，在寧夏北部加是諾爾額濟納河畔，掘得西夏黑城（Kara Khoto）故址，得古器物及西夏文書籍甚多，其有裨於史學的地方不少，今均藏列寧格勒人種博物館。渠編有蒙古安姆多與黑水死城（Mogolia, Amdo and the Dead Town Kara-Khoto）。

橘瑞超、大谷光瑞，日人，於光緒二十八年至民國三年間，曾組織中亞探險隊，由西比利亞入新疆北部及甘肅，前後凡三次：

第一次：光緒二十八年至三十年（一九○二——一九○四），
第二次：光緒三十四年至宣統元年（一九○八——一九○九），
第三次：宣統二年至民國三年（一九一○——一九一四）。

第一次由大谷光瑞與渡邊哲信、堀賢雄、本多惠隆、井上弘圓一行五人，自倫敦出發，經俄國，抵裏海沿岸的縛喝（Balkh），由此過撒馬爾罕，科干德（Kokand）綠洲，越呾剌健（Talixkan）嶺，而入喀什噶爾至葉爾羌；大谷與本多井上分道轉克什米爾而入印度，渡邊與堀氏則留庫車、和闐；光緒三十年年底方東歸。第二次則由橘瑞超與野村榮三郎二人於光緒三十四年自北平出發，在吐魯番、庫車及喀喇和卓附近木頭溝等地考察；次年，轉入南路，往來於羅布淖爾沙漠中，尋求漢代樓蘭國的故址；九月入葉爾羌，復訪求唐代斫句迦國的故址。第三次爲橘瑞超、吉川小一郎二人，橘瑞超當結束第二次探險後，即轉道印度赴英，復由倫敦出發經俄國而至新疆，在塔里木盆地及吐魯番、敦煌一帶考察，三年有餘，始沿阿拉善山脈東行，入戈壁沙漠，經黃河北鄂爾多斯一帶，由山西包頭、歸化而抵張家口，始由北平而返其本國，所得典籍及美術品極多。大谷光瑞編有西域考古圖譜二冊；橘瑞超編有中亞探險一冊。斯文赫定由光緒二十年至民國二十四年，曾考察中亞七次。其中一次係與我國合作，已具述如上。所貢獻以地理方面爲大。記其旅行生活而頗爲簡單的，有亞洲腹部旅行記（*My Life as an Explorer*，有李述禮先生譯文）。其在考古學上，以發現樓蘭故址最爲重要，所得遺物由德國維斯巴登的語言學家喀爾亨利（Karl Himly）加以整理，確定其地即爲漢代的樓蘭。喀爾死後，復由孔拉（Conrady）教授加以研究，編有斯文海定樓蘭所獲縑素及簡牘遺文（*Die Chinesischen Hand-Schriften und Sonstigen, Kleinfunde Sven Hedins in Lou-*

Lan)。

第二節　漢晉簡牘的發現與著録

清代光緒二十六年(一九○○)，斯文赫定在樓蘭故址，今羅布淖爾地方，發見晉代簡牘，已編入前述的喀爾亨利及孔拉書中，向達先生曾摘録其一部分爲斯文海定樓蘭所獲縑素簡牘遺文鈔，刊國立北平圖書館館刊第五卷第四號。斯坦因第一次考察，曾於和闐附近得晉代簡牘；第二次在羅布淖爾及敦煌長城廢址得漢晉簡牘極多，尤以敦煌漢簡爲最重要。此批史料，由法國漢學家沙畹(Ed. Chavannes)博士，編爲斯坦因所獲中國簡牘考釋(*Les Documents Chinois Decouverts Par Aurel Stein Dans les Sables Du Turkestan Oriental*)，所收共九百九十一片，共分三編：

第一編：第一片至七百零九片，係敦煌西北古長城廢址所得的遺物。

第二編：第七百二十一片至九百五十片，係蒲昌海北樓蘭廢址所得的遺物；其中少數係爲斯坦因第一次考察在尼鴉所得，自九百四十片至九百五十片。

第三編：第九百五十一片至九百七十四片，係在和闐東北瑪咱托拉一地所得；第九百八十一至九百八十三片則爲拔拉滑史德一地的遺物。

後羅振玉、王國維二人，自沙畹書九百九十一片中，取五百八十八片，編爲流沙墜簡三卷、考釋三卷、補遺一卷、附録一卷。第一卷爲小學術數方技書，共八十片，由羅振玉署名。第二卷爲屯戍叢殘，分簿書、烽燧、戍役、廩給、器物、雜事六類，由王國維署名。第三卷爲簡牘遺文，由羅氏署名。補遺一卷所收的，爲斯坦因古代和闐考第二册中所載的尼雅木簡。附録爲日本橘瑞超在羅布淖爾所得西域長史李柏書稿。后王氏復撰有流沙墜簡補正一卷，賀昌群先生更撰有流沙墜簡校補，刊北平圖書館館刊第八卷第五期，均對此書有所補訂。

沙畹考釋係就斯坦因所得選錄而成，後其剩餘由法國漢學家馬伯樂(Maspero)寄與張鳳先生，張先生乃以沙畹原書爲初編，以此爲二編，編爲漢晉西陲木簡彙編，然此所謂二編在史料上的價值極低。

西北科學考察團於民國十九年(一九三〇)，在漢代居延故塞發見大批漢簡，曾由馬衡先生、向達先生、賀昌群先生、余遜先生分作釋文，由商務印書館在香港影印，書未出而太平洋戰爭爆發，其下落不明。幸由勞榦先生用原簡的反體照片，編爲居延漢簡考釋六卷(釋文四卷，考證二卷)。釋文四卷的分類爲：

(一)文書：書檄，封檢(附郵驛記載)，符卷，爰書(以上卷一)。

(二)簿錄：烽燧，戍役，疾病死亡，錢穀(以上卷二)，器物，車馬，酒食，名籍，資績，簿檢，計簿，雜簿(以上卷三)。

(三)信札。

(四)經籍：歷譜，小學，六藝諸子，律令，醫方，術數。

(五)雜簡：有年號者，無年號者(以上卷四)。

居延漢簡在出現時期上雖較敦煌漢簡爲後，但在量上卻較之多出數倍。

國立西北圖書館藏有漢簡三十，亦屬居延所出，見劉國鈞先生的跋裘元善舊藏漢簡，刊書學第一卷第四期。

第三節　敦煌石室所藏典籍的發現與著錄

敦煌石窟寺在鳴沙山，一石室中藏有典籍甚多，大概爲宋初所藏，其外則飾以壁畫。清光緒二十五年五月二十五日

（一九○一）道士掃除積砂，壁破，藏書始發見。據斯坦因所記，卷子在石室中係緊緊的一層一層亂堆在地上，高達十英尺左右，據後來的推測，將近有五百方英尺左右，石室僅約有九英尺見方，兩人處其中，已無多少餘地。斯氏在組織第二次考察團來中國時，即由洛克齊（professor de L'oczy）教授告以敦煌千佛洞壁畫的美麗與考古學的價值，故渠於光緒三十三年（一九○七）至敦煌凡兩次。其第二次到敦煌的時候，即聽到藏書發現的消息，乃與該寺王姓道士幾經商議，由斯氏捐與該寺一大筆款項，易取藏書甚多。四月之後，復得一部分。總共此次所載去的，由斯氏自己所記，爲寫本二十四箱，美術遺物五箱。民國三年（一九一四），斯氏再至敦煌時，又由王道士手售與一批，共五大箱，約六百多卷。現均存倫敦不列顛博物院，所藏歷來均未公開，目錄的編制亦最近方告完成，尚未刊印，故其確數尚不得而知。向達先生所經眼的，曾到六九六三號，外尚有刊本二十餘卷，其他域外語文寫本二百餘卷，是則斯氏所帶去的，當在七千卷以上。其美術遺物今存於印度新德里古代中亞博物院中。羅福萇先生著有倫敦博物館敦煌書目，刊北京大學國學季刊第一卷第一期，係據法人沙畹所鈔的書目重爲編定。向達先生亦有倫敦所藏敦煌卷子經眼目錄，刊圖書季刊新第一卷第四期。

　　當斯坦因第一次取去敦煌藏書的第二年，法國伯希和亦去敦煌，復由王道士售與大批卷子。伯氏返法時，路過北京，始爲中國學術界所聞。當其在六國飯店展示此批寫本時，操着滿口流利的中國話，一場暢談，使在場的羅振玉諸人爲之驚嘆不已。今存巴黎國家圖書館的，自二○○一號至三五一一號，共一千五百多卷。羅福萇先生有巴黎圖書館敦煌目錄，係譯自日人狩野直喜在巴黎所鈔錄的，僅有三分之一，刊北京大學國學季刊一卷四期。除巴黎圖書館外，尚有五百多卷在伯希和家中，王重民先生編制國家圖書館所藏敦煌書目時，始盡得見。所得美術遺物則藏集美

(Guimet)博物院及盧浮宮中。

當伯希和路過北京展示其所得後，羅振玉、李盛鐸等乃吁請學部，將所餘敦煌卷子運京，交京師圖書館保存（即今北平圖書館的前身）。此項殘存，陳垣先生編有敦煌劫餘錄六冊，凡得八千六百七十九號，復由胡鳴盛先生檢閱未登記的殘葉，又編成一千一百九十二號，共爲九千八百七十一號。

其餘散在私家的尤其不少，如羅振玉、李盛鐸均藏有很多，李氏即有四百卷左右，有簡目流行，今已售於日本。當敦煌卷子全部運至北京時，王道士藏匿者猶不少，斯坦因第二次所得的即此，其餘則藏在兩大轉經桶中及新塑佛像內。前者今已無存，大部均落在當地士紳的手中；後者最近敦煌藝術研究所曾發見一部分，共編爲六十八號。

著錄石室藏書的，以羅振玉爲最多，有敦煌石室遺書十二種，鳴沙石室古佚書十八種，鳴沙石室佚書續編，鳴沙石室古籍叢殘三十種，敦煌零拾七種，貞松堂藏西陲秘籍叢殘三集；所集多爲巴黎圖書館及其本人所藏。

北平圖書館所藏的一小部分，由許國霖先生編爲敦煌石室寫經題記與敦煌雜錄二冊，向達先生亦曾編爲敦煌叢鈔，所鈔共若干種，刊國立北平圖書館館刊中。巴黎圖書館所藏，劉復曾錄出一部分，編爲敦煌掇瑣。其他尚有蔣斧的敦煌石室遺書，蔣斧編、羅福萇補的沙州文錄，王仁俊的敦煌石室真跡錄甲乙集，所收多爲巴黎圖書館所得的遺物。

第四節　　宗教典籍美術遺物的發現及其他

中世紀中央亞細亞所流行的宗教，以佛教爲最有勢力。此外則有火袄教，以其發源於波斯，故又稱波斯教，以火爲神，極情崇拜。又有摩尼教，乃由摩尼所創，爲二元性的，其教義既一方面承認火祆教，同時又收入佛教與基督教的教義，而成爲一種混合的宗教。又有景教，本爲基督教的一派，爲五世紀時君士坦丁堡的一個主教聶氏托里（Nestorius）所創，以爲基督是人間的神，基督的母親瑪利亞，不能稱爲神之母，而應稱爲人之母，基督雖爲神，而聖母瑪利亞卻不能爲神，其説在歐洲不能通行，乃轉向亞洲，遍及於波斯、印度及東方諸國。這四種宗教的經典，在中亞及敦煌石室中都有發現，以佛教的爲最多，景教、摩尼教次之，而火祆教則僅有一斷葉而已。

　　著録敦煌石室佛教典籍目録的，有李翊灼的敦煌石室經卷未入藏經論著述目録（刊古學彙刊第三卷第二號），羅振玉的日本橘氏敦煌將來藏經目録（見雪堂叢刊）。葉恭綽先生亦有旅順關東廳博物館所有敦煌出土之佛教經典，刊圖書館學季刊第一卷第四號。在日本有矢吹慶輝的斯坦因蒐集敦煌地方出土古寫佛典解説目録，英國博物館藏敦煌出土古寫經典目録；高楠順次郎在大正藏第十九也有敦煌本古逸經論章疏並古寫經目録。其他如大谷光瑞考察團所得，有西晉元康六年題記的諸佛要集經，西凉建初五年的法華經及善導大師阿彌陀經跋語，其餘尚不少，均係西域發現，見前舉大谷光瑞書中。

　　關於景教，以前僅有西安出土的大秦景教流行中國碑。在西北探險後，所得的新資料不少，尤以德國考察團在吐魯番庫車一帶所掘得的福音書、贊美歌之類爲多，俱用窣利語寫成，又發見若干寺院遺址及壁畫斷片。至其經典，巴黎圖書館有景教三威蒙度贊一卷，係伯希和在敦煌石室所得，附有景教經名三十五種。李盛鐸藏有宣元至本經一卷，志玄安樂經一卷。日人高楠順次郎復得序聽迷詩所經一卷。更有“一神論”一卷，亦在日本，其中如譯瑪利亞爲“末艷”，耶穌爲“移鼠”“翳數”“夷數”，且有叙述聖母懷妊及耶穌誕生的概略，及摩西十誡等。

　　摩尼教經典在敦煌亦有發見，見日人羽田亨的新出波斯教殘經考，刊東洋學報第二卷第二期。石田干之助亦有敦煌發見摩尼光佛教法儀略考，刊白鳥還曆紀念東洋史論叢。此外勒柯克在高昌尚發見有回鶻文的摩尼教經典。

火祆教的遺物幾無發見，據勒柯克説只有一碎葉而已。

美術遺物在西域及敦煌石室中發現甚多，見前舉諸書中，均屬斷片。惟敦煌壁畫，在藝術史上的價值很高，自伯希和前往，爲之編號攝影後，方爲人所注意。伯氏編有敦煌圖録六册（Les Grottes de Touen－Houang），每册收照片六十四幅，係屬活葉。賀昌群先生曾據此書編爲敦煌佛教藝術的系統，刊東方雜誌第二十八卷第十七期。勞榦先生編爲伯希和敦煌圖録解説，刊説文月刊第三卷第十期。我國學者專赴敦煌考察壁畫的，最早有陳萬里先生，編有西行日記。近西北史地考察團亦專赴其地考察，有向達先生的論敦煌千佛洞的管理研究，刊文史雜誌第四卷第一二期。近教育部成立敦煌藝術研究所，對此作專門的研究與整理，但最近已有裁撤説。最近向錦江先生曾往敦煌考察，有記敦煌一文，刊中學生雜誌第九十一期，對於千佛洞的雕塑壁畫也曾作約略的記述。

此外，諸西北考察團更獲有其他的典籍。如最早斯文赫定在羅布淖爾曾發見戰國策的斷片，橘瑞超在吐魯番得有論語、漢書張良傳、史記仲尼弟子列傳的斷片，柯智洛夫在黑城得有易經、莊子、劉智遠諸宮調、番漢合時掌中珠諸書；尤以末二種爲最重要，劉智遠諸宮調爲今日留存最早的一本諸宮調著作，番漢合時掌中珠爲西夏文的字典，中外學者由此方讀通西夏的文字。在敦煌及西域更出有唐代户籍不少，此爲治社會史者最寶貴的史料；陶希聖先生曾將已經發表的，彙編爲唐代户籍簿叢殘，爲所編食貨半月刊的一個特輯。

第五章　內閣大庫軍機處檔案與太平天國史料的發現與著録

第一節　內閣大庫軍機處所存檔案的整理與著録

內閣爲明清兩代政令所從出，自清雍正以後，其權始爲軍機處所奪，故其所存舊檔，大部分是明末清初的遺物。由內閣大庫檔册（刊玉簡齋叢書），知所藏分存六庫，其編目爲禮、樂、射、御、書、數，前四庫爲檔案，後二庫則多爲典籍。檔案從時代上可分爲三類：（一）明檔。（二）清檔。（三）清盛京舊檔。清宣統元年，大庫屋壞，乃以所藏移於文華殿兩廡，極爲零亂。時張之洞以大學士軍機大臣管學部事，奏請以大庫所藏書、數兩庫的典籍，成立學部圖書館（即今北平圖書館的前身）。其他禮、樂、射、御四庫所存的舊檔，閣議則以“舊檔無用”四字，奏請焚燬。時羅振玉任學部參事，派赴內閣接收書籍，見所有舊檔俱近代史上極可寶貴的史料，因此請於張之洞，將此歸學部收藏，案卷之類貯於國子監南學，試卷之類則貯於大堂後樓。民國二年教育部設歷史博物館籌備處於國子監，五年移於午門端門，乃移南學及學部所藏的檔案與試卷，存於端門門洞中。民國十年，歷史博物館爲經費積欠，無法工作，乃將較破碎的檔案，裝八千麻袋，共十五萬斤，以四千元的代價出售於同懋增紙店，爲造還魂紙的原料。事爲羅振玉所知，乃以三倍的價值將原物買回，存於北平天津兩處，曾略加整理，編有史料叢刊初編十册。其後李盛鐸復以一萬六千元的代價，從羅振玉處購去。中央研究院歷史語言研究所復由馬衡先生的介紹，以一萬八千元購藏，乃成立明清史料編刊會，由陳寅恪、朱希祖、陳垣、傅斯年、徐中舒諸先生總其事，編有明清史料三集，每集十册，共三十册，分甲乙丙三編，丁編本已編成而淪於香港。其歷史博物館所存，較爲完整的，則於民國十一年移存於北京大學，該校分三部整理：一分朝代，二摘由，三整理内容，曾出有目録一巨册，復編有順治元年内外官署奏疏，洪承疇章奏文册彙輯。

軍機處爲清雍正以後政府實權所寄的地方，民國十三年故宮博物院將其所藏檔案移存於大高殿中，擇其重要的加以整理，初刊有掌故叢編十册。其後乃易名爲文獻叢編，更將其性質類近的編爲專刊，如三藩史料、文字獄檔諸書，而以外交史料爲最有價值，有：嘉慶朝外交史料六册，道光朝外交史料四册，清光緒朝中日交涉史料八十八卷、四十四册，清光緒朝中法交涉史料二十二卷、十一册，清宣統朝中日外交史料六卷、三册。

第二節　太平天國新史料的發現與著録

太平天國爲近代民族革命運動的一大波瀾，惟清政府官書視之爲盜寇，其遺文遺物遭毀滅殆盡。但其典章誥諭，多留存於海外圖書館中。國人至海外鈔録此種史料的，最早爲劉復的太平天國有趣文件十六種，但多爲瑣碎小品，史料上的價值很低。同時程演生先生更由巴黎東方語言學校録得太平天國原書八種，編爲太平天國史料第一集，其目爲：天命詔旨書，頒行詔書，天父下凡詔書二部，太平詔書，天朝田畝制度，建天京於金陵論，貶妖穴爲罪隸論。

民國二十一年蕭一山先生至英國，復從大英博物院中，攝得太平天國原書二十二種，更加以中央圖書館在揚州所得的一種，编爲太平天國叢書第一集，其目爲：王父上帝言題皇詔，舊遺詔聖書，新遺詔聖書，天條書，太平詔書，太平禮制，太平軍目，太平條規，太平天國癸丑三年新曆，幼學詩，太平救世歌，詔書蓋璽頒行論，天朝田畝制度，天情道理書，御制千字詔，行軍總要，天父詩，醒世文，王長次兄親目親耳共證福音書，欽定士階條例，幼主詔旨（以上爲英國所藏），英杰歸真（此爲中央圖書館所得）。更编有：太平天國詔諭一卷，太平天國書翰一卷。此外蕭先生在國内各雜誌如逸經、經世、國聞週報曾發表了不少的太平天國史料，如太平天國詔旨抄（見逸經與經世），戈登文書（一部分曾見國聞週報），粵匪起事根由，洪秀全來歷，洪仁玕自述，太平兵册（均見經世）。更加以邋邋貫珍中之太平史料及資政新编等書，编爲太平天國叢書第二集，書未出而毀於香港。

　　謝興堯先生亦曾輯有太平天國叢書，共三輯，凡十二種，除第一輯爲其本人論著，第三輯爲太平詩史外，第二輯爲珍籍彙编，所收史料亦不少，其目爲：金陵癸甲紀事略一卷，附粵逆名目略一卷（謝介鶴撰），粵逆陷寧始末記四卷（陳錫麒撰），癸丑中州罷兵紀略一卷（陳善鈞撰），庚申避難實録一卷（趙偉甫撰），越州紀略一卷（古越隱名氏撰），儉德齋隨筆一卷（胡辰齡撰），干王洪仁玕等口供（凡洪仁玕口供一篇，幼天王洪福瑱、恤王洪仁政、昭王黃文英口供各一篇）。王重民先生至英國劍橋，復鈔攝太平天國文獻數十種，有劍橋太平文獻新録，刊國聞週報第十三卷第九期；其已發表於逸經的，有太平天國，劍橋所藏之太平天國文件，欽定軍次實録。復擬彙刻太平天國官書新编十種，目録爲：天理要論，太平天國甲寅四年新曆，戊午八年新曆，太平禮制，己未九年會試題，資政新编，干王洪寶制，欽定實録，誅妖檄文，太平天國，其書尚未刊行。

　　羅邕先生编有太平天國詩文鈔二册，其中真僞雜陳，以俞大維先生所録德國柏林圖書館所藏爲最可貴。

抗戰而還，太平天國史料亦曾發見數起，如幼贊王蒙時雍家
書，干王致英教士艾約瑟手札（以上俱見簡又文先生金田之游），
瑞天豫傅廷佐等告示，瑞天豫傅廷佐等致李短韃藍大順書，翼王
給涪陵人民諭，翼王布告（以上俱見説文月刊三卷十一期），均極
珍秘。此外故宮博物院所刊行的掌故叢編、文獻叢編中，亦有不
少的太平天國史料。

下編　近百年中國史學的後期

第一章　史籍的撰述與史料的整理

第一節　近代史的撰述與史料的整理

所謂近代史，現在史家對於它的含義與所包括的時代，有兩種不同的看法。第一種認爲新航路發見以來，世界的交通爲之大變，人類生活與國際關係，較之中古時代，顯然有不同的地方，是爲中古史與近世史的分界；這時期歷史孕育出未來的局勢，每以民族的思想爲其演變的原動力；故近世史的範圍，實包括近三四百年來的歷史，無論中國與西方皆係如此：此派可以鄭鶴聲先生的中國近世史爲代表。第二種則認爲在新航路發現的時候，歐洲僅產生了商業革命，明季以來，中國雖與西方接觸，但並沒有顯著的影響；其後歐洲產生了工業革命，中國與西方發生新的關係，以中國言方係近代史的開始：此派可以蔣廷黻先生的中國近代史爲代表。

在這兩種不同的看法之下，所產生的近代史著述很多，如陳懷、高博彥、吳貫因、魏野疇、邢鵬舉、羅元鯤、梁園東、沈味之諸先生的著述，各有長處。其最完善的，爲鄭鶴聲先生的中國近世史。民國十八九年，鄭先生在南京中央政治學校教授中國近世史，曾編有講義，共二十八章，起自明季，至民國初年止。此書即係根據講義改編而成，全書體大思精，甚爲賅備，惜迄今僅出二册。

蔣廷黻先生的中國近代史，係從鴉片戰爭開始叙述，迄於"七七"的抗日戰爭開始爲止。爲書僅四章，極爲簡單，然言簡事賅，不愧爲名家之作。

郭廷以先生亦有中國近世史。郭先生的看法與蔣先生一樣，其書搜輯完備，考證精詳，惜迄今亦僅出二册。

沈鑒、王栻二先生有國恥史講話。二先生係蔣先生的門人，其爲書一本其師説，雖内容不無矛盾與不一貫之處，但用極活潑的語體文叙述，搜集史實又極爲正確，這在近代史著作中尚爲創作。又陳恭禄先生的中國近代史，雖間有錯誤處，亦甚詳備。

在近代史叙述中，國民黨對於國家民族的貢獻應該占很大的篇幅，而國民黨五十年來的歷史，也應該是近代史上最輝煌的一部分。關於國民黨黨史的寫作，以鄒魯先生、馮自由先生的貢獻爲最大。鄒先生有中國國民黨黨史稿。此書鄒先生曾兩加改訂，初僅一册，近增爲四册，補訂初稿的地方不少，所叙極爲公正翔實。馮先生有中華民國開國前革命史。馮先生身預開國前若干次革命運動，民初時復任臨時稽勛局局長，於各省革命事跡的調查不遺餘力，所藏革命時代各種筆記、報章、表册甚夥，故成就特高。此書共三册，三十餘萬言，分五十一章，所記極爲詳細。他復有革命逸史二集，係仿稗乘而作，足以補正史之缺。

對於近代史史料的整理，有左舜生先生的中國近百年史資料初續編各二册。左先生書中所採有價值之材料頗多，但亦雜有價值很低的史料。蔣廷黻先生有中國外交史資料，惜其書僅成上中兩册，下册迄今未出。王芸生先生有六十年來中國與日本，所録甚多不經見的史料。此外中央黨史史料編纂委員會近輯有黨史史料叢刊，今雖僅出兩集，但所載不少珍貴的史料。

第二節　通史的撰述

中國通史的寫作，到今日爲止，出版的書雖已不少，但很少能够達到理想的地步。本來以一個人的力量來寫通史，是最困難的事業，而中國史上須待考證研究的地方又太多，故所有的通史，多屬千篇一律，彼此抄襲。其中較近理想的，有呂思勉白話本國史、中國通史，鄧之誠中華二千年史，陳恭禄中國史，繆鳳林中國通史綱要，張蔭麟中國史綱，錢穆國史大綱等。其中除呂思勉、周谷城、錢穆三四先生的書外，其餘均屬未完之作。錢先生的書最後出而創見最多。

編著中國通史的人，最易犯的毛病，是條列史實，缺乏見解；其書無異爲變相的綱鑑輯覽或綱鑑易知錄之類，極爲枯燥。及呂思勉先生出，有鑒於此，乃以豐富的史識與流暢的筆調來寫通史，方爲通史寫作開一個新的紀元。他的書是白話本國史四册。書中雖略有可議的地方，但在今日尚不失爲一部極好的著作。又呂先生近著尚有中國通史二册，其體裁很是別致，上册分類專述文化現象，下册則按時代略述政治大事，叙述中兼有議論，純從社會科學的立場上，批評中國的文化和制度，極多石破天驚之新理論。

張蔭麟先生亦欲以極簡潔的筆調，集合數人的力量，寫一通俗的通史，不加脚注，不引原文，使有井水處，人人皆熟於史事。漢以前由張氏自撰，唐以後則屬於吳晗先生，鴉片戰後的社會變化則屬於千家駒先生，中日戰爭則屬於王芸生先生。惜其書未成。張氏所自撰的有東漢前中國史綱一册。張氏英年早逝，甚盼吳先生等能本其書的體例，完成其志願。

第三節　文化史及專門史的撰述

　　文化史部門，柳詒徵、陳敦原二先生均有所撰述。柳先生有中國文化史二冊，所用係綱目體，徵引繁富，並有其一貫之見解；陳先生亦有中國文化史二冊，並稱佳著。

　　民國二十五年商務印書館有中國文化史叢書的編輯，由王雲五、傅緯平二先生總其事。王先生有編纂中國文化史之研究一文，記其事極爲詳悉，並附有擬編中國文化史叢書八十種目錄。惜抗戰以後，其出版即較緩慢，太平洋戰爭爆發，乃完全停止。其已出版的有四十餘種，精善的有白壽彝中國交通史，馮承鈞中國南洋交通史，李儼中國算學史，鄭振鐸中國俗文學史，王庸中國地理學史，姚名達中國目錄學史等。諸先生均爲國內有數的專家，所撰均甚詳賅。顧剛與史念海先生也合撰了中國疆域沿革史一冊。

　　中國哲學史的研究，以胡適、馮友蘭二先生的貢獻爲最大。胡先生有中國哲學史大綱。此書爲中國第一本有系統的哲學史，惜今僅出上冊。西漢以下，搜集材料已逾二十年，他日成書，必可以震撼全世。胡先生尚有其他論哲學史的文章多篇，均收在胡適文存及胡適論學近著中。馮友蘭先生有中國哲學史、中國哲學史補、中國哲學小史等著作。中國哲學史搜材充備，考訂精詳，態度公允而客觀，敘述亦極有條理系統，中國哲學演變的真相，讀此書可明白其大概，誠爲哲學史中最完善之杰作。

　　梁啟超先生有先秦政治思想史，爲論中國政治思想史最早的書籍，惟僅限於先秦部分。此外陶希聖先生及蕭公權先生均有中國政治思想史，陶先生書極有創見，已出四冊，僅餘清代一冊未出。蕭先生書分爲"創造"、"因襲"、"轉變"、"成熟"四時期，現僅出版"創造時期"一冊。

　　又郭沫若先生有先秦天道觀之進展，傅斯年先生有性命古訓辨證，均用最新的方法，以甲骨文金文典籍爲材料，而叙述先秦時代的中國哲學。二書取徑全同，其成就可謂突過前人。

　　關於中古佛教部分，以湯用彤先生的成就爲最大，他有漢魏兩晉南北朝佛教史。呂澂先生有漢藏佛教關係史料集，對於佛教史的研究，抉發幽秘，貢獻極大。至於梁啟超先生的研究佛教史專門論文多篇，更是這方面研究的先驅，有劃時代的價值。

　　道教史有許地山先生的道教史，惜許先生早逝未成。

　　梁啟超對於清代學術極爲留心，其本人復爲經今文學運動的一員，撰有清代學術概論，近三百年學術史。前書可見清代學術演變的大概；後書本屬未定稿，雖較前書爲詳，然頗凌亂。錢穆先生亦撰有近三百年學術史，書中首述兩宋學術淵源，以經世明道之旨爲依歸；正論凡十七家，詳人所略，略人所詳，與梁氏書取徑不同。

　　中國文學史撰著很多。較重要的，有胡適先生的白話文學史，見解極有獨到之處，惜未全部完成。陸侃如、馮沅君二先生合撰的中國文學史簡編，雖簡單而不漏。陸、馮二先生更合撰有中國詩史，頗稱詳備，爲此類書的創作。

　　鄭振鐸先生亦有中國文學史，與其文學大綱相輔而行，亦至詳備精到。

　　郭紹虞、羅根澤兩先生各有中國文學批評史，二書均尚未完成。郭先生書僅出上冊。羅先生書亦僅有前一二冊，至隋唐五代而止。現在戰事告終，舊業可復，知必有以慰吾人之望。

　　史學史有金毓黻先生的中國史學史，叙述詳盡。

　　關於科學史，有錢寶琮先生的中國算學史，李儼先生的中國算學小史，陳邦賢先生的中國醫學史；而竺可楨先生對於中國歷史上氣候的研究，李儼先生對於中國舊算學的研究，尤有貢獻。

　　關於政治史，有曾資生先生的中國政治制度史，已出四冊，至隋唐部分，極爲翔實。

關於外交史，有張忠紱先生的中華民國外交史，書僅出第一册，由辛亥革命(一九一一)叙至華盛頓會議(一九二一)而止。

第四節　斷代史研究的成績

通史的寫作，非一個人的精力所能勝任，而中國歷史上需待考證的問題又太多，因此最好的辦法，是分工合作，先作斷代的研究，使其精力集中於某一個時代，作專門而精湛的考證論文，如是方可以産生一部完美的斷代史，也更可以産生一部完美的通史。

中國歷史的斷代，普通都分爲：古代史，秦漢史，魏晉南北朝史，隋唐五代史，宋遼金元史，明清史，民國史。本書除古代與元代及民國史另有專章叙述外，其餘的都在本節作一個簡單的介紹。

關於秦漢史的研究，以勞榦先生的成就爲最大，所發表的論文如：兩漢戶籍與地理的關係(歷史語言研究所集刊五本二分)，兩漢各郡人口增減數目之推測(同前)，漢代奴隸制度輯略(同前五本一分)，從漢簡所見之邊郡制度(同前八本二分)，漢代兵制及漢簡中的兵制(同前十本一分)，兩漢刺史制度考(同前十一本一二分)，漢簡中的河西經濟生活(同前)，漢代社祀的源流(同前)，兩關遺址考(同前十一本三四分)，俱極精審，發前人之所未發。勞先生對於漢簡的研究，其成就亦極大，居延漢簡即是全部由其釋文而出版的。考證兩卷，推論兩漢邊塞制度，粲然如在目前。

楊樹達先生對兩漢史實極爲專精，有漢書補注補正六卷，爲王先謙書的功臣。其論文有兩漢婚喪禮俗考，兩漢喪葬制度考(清華學報四卷一期)，考證均極精確。

　　孫毓棠先生的兩漢史研究，多偏重在制度史和經濟史方面，其論文有西漢的兵制（中國社會經濟史集刊五卷一期），東漢兵制之演變（同前六卷一期），漢代的交通（同前七卷一期），漢代的農民（今日評論一卷十六十七兩期）。

　　錢穆先生則偏於文化史與學術史的研究，其論文有：劉向歆父子年譜，兩漢博士家法考（中央大學文史哲季刊二卷一期）。

　　史念海先生則偏重於地理與交通的研究，其論文有：西漢侯國考（禹貢四卷二期），西漢燕代二國考（同前七卷八九期），秦漢時代國内之交通路綫（文史雜誌三卷一二期）。他所畫的“西漢地圖”業已完成，凡五十幅。

　　譚其驤先生在沿革地理及内地移民史等方面的成就都很大，而其關於漢代的論文，如新莽職方考（在二十五史補編内），漢百三郡國建置之始考（地學雜誌二十二年第二期），亦均貫串史實，可成定論。

　　漢簡除居延所發見的外，更有敦煌漢簡，這是在敦煌漢塞所發見的。這一批簡牘的考釋，自然以法國沙畹博士有鑿空之功；但沙氏誤釋的地方太多，遠不如王國維的流沙墜簡考釋。王氏的屯戍叢殘考釋，對於兩漢邊塞制度的考證，大致都極精確。他更有漢魏博士考三卷，亦稱精審。敦煌簡，賀昌群先生有流沙墜簡校補一文，對於王氏的考釋間有補正的地方。賀先生更有烽燧考（中央大學文史哲季刊一卷二期），所考定的雖不限於漢代，但所用的材料大部分是居延漢簡與敦煌漢簡。

　　此外呂思勉先生有秦漢史一書，尚在印刷中，爲極偉大的新式斷代史。

　　魏晉南北朝史的研究，以陳寅恪先生的貢獻爲最大，其所發表的論文有：桃花源記旁證（清華學報），天師道與濱海地域之關係（歷史語言研究所集刊三本四分），東晉南朝之吳語（同前七本一分），讀洛陽伽藍記（同前八本二分），魏書司馬叡傳江東氏族條釋證及推論(同前十一本一二分)，讀哀江南賦(清華學報十三卷一期)。魏晉南北朝的歷史向來研究者甚少，荊榛滿目。陳先生以謹嚴的態度，豐贍的知識，作精深的研究，殆爲斯學的權威。

周一良先生對於魏晉南北朝史的研究，貢獻之多，僅次於陳寅恪先生，其論文有：北魏鎮戍制度考(禹貢三卷九期)，南朝境內之各種人及政府對待之政策(歷史語言研究所集刊七本四分)，論宇文周之種族(同前)。

王伊同先生有五朝門第二冊，排比史料，詳實之至。

隋唐五代史的研究，亦以陳寅恪先生的貢獻爲最大，他撰有隋唐制度淵源略論稿一冊，唐代政治史述論稿一冊。二書對於唐代政治的來源及其演變均有獨到的見解，爲近年史學上的兩本巨著。其他論文尚有連昌宮詞箋證(中國文化彙刊第四卷上冊)，秦婦吟校箋(清華學報)，武曌與佛教(歷史語言研究所集刊五本二分)，李德裕貶死年月及歸葬傳說考辨(同前)，李唐武周先世事蹟雜考(同前六本四分)，李唐氏族之推測(同前三本一分)，李唐氏族之推測後記(同前三本四分)，三論李唐氏族問題(同前五本二分)。

岑仲勉先生治唐史用力最勤，創獲亦多，陳先生而外，當推岑氏。著有：翰林學士壁記注補(見史料與史學)，補唐代翰林兩記(歷史語言研究所集刊十一本三四分)，足與勞格、徐松的書並駕。其他論文尚有登科記考訂補(歷史語言研究所集刊十一本一二分)，唐集質疑，讀全唐詩札記，讀封氏聞見記，跋唐摭言，續勞格讀全唐文札記，論白氏長慶集源流並評東洋本白集，白氏長慶集僞文，白集醉吟先生墓志銘存疑，從金澤圖錄白集影頁中所見，文苑英華辨證校白氏詩文附按，兩京新記卷二殘卷復原。惜除第一篇外，餘文均隨歷史語言研究所其他書刊淪於香港。

此外羅振玉有：唐折衝府考補一卷，唐折衝府考補拾遺一卷。羅氏此書蓋係補勞經原的唐折衝府考，谷霽光先生更有唐折衝府考校補一卷（在廿五史補編內），均極精審。

　　宋、遼、金、元史的研究，除元史在後面有專章外，這裏先叙述宋史研究的成績。宋史成於元末，最爲蕪雜，明清兩代欲爲之改作者極多，或其書未成，或已成而不饜人望。鄧廣銘先生年來取兩宋各家類書、史乘、文集、筆記等，將宋史各志詳校一遍，所費的力量不小，所成就亦極大。其宋史職官志考證已刊於歷史語言研究所集刊中。更有岳飛韓世忠年譜，陳龍川傳，及論文陳橋兵變黃袍加身故事考釋（真理雜誌一卷一期），宋太祖太宗授受辨（真理雜誌一卷二期），宋史許及之王自中傳辨正（同前一卷四期），宋史的研究，鄧先生實有篳路藍縷之功。

　　張蔭麟先生亦專攻宋史，惟英年早逝，不克竟其全功。但就所發表的論文看來，其成就已很大，僅次於鄧廣銘先生而已。其論文有：南宋亡國史補（燕京學報第二十期），順昌戰勝破賊録疏證（清華學報第十三卷一期），宋太祖誓碑及政事堂刻石考（文史雜誌一卷七期），宋太宗繼統考實（同前一卷八期）。

　　遼金史的研究，以陳述、傅樂焕兩先生的成就爲最大。陳先生有遼文彙、遼史補注之作，其他論文尚有阿保機與李克用盟結兄弟之年及其背盟相攻之推測（歷史語言研究所集刊七本一分），曳落河考釋及其相關諸問題（同前七本四分），契丹世選考（同前八本二分），頭下考（同前八本三分），頭下釋義（東北集刊一期），契丹女真漢姓考（同前二期），所論均極詳確。更有遼國聞見雜録，似尚未刊行。傅樂焕先生有：春水秋山考，廣平淀考附夏捺鉢考，四時捺鉢説論，遼史游幸表證補，駁池内宏“混同江考”兼論遼史天祚帝紀的來源（並見歷史語言研究所集刊十本一分，總名遼代四時捺鉢考五篇）。更有宋遼聘史表稿，刊歷史語言研究所集刊十本三分，均極精審。

　　馮家昇先生對於遼史研究的貢獻亦大，有遼史源流與遼史初校一書。其他更有太陽契丹考釋（史學年報第三期），契丹祀天之俗與其宗教神話風俗之關係（同前第四期），遼金史地理志互校（禹貢一卷四期）。

此外譚其驤先生有遼史訂補三種（浙江大學文學院集刊二集），張亮采先生有宋遼交聘表，用力俱甚勤。

金史，陳述先生有金史氏族表初稿，刊歷史語言研究所集刊五本三分及四分。復有金國聞見雜録，似尚未刊行。

關於明史的研究，以吳晗、王崇武二先生的貢獻爲最大。吳先生有明太祖一書，爲明太祖的傳記，叙述生動而翔實。更有元帝國之崩潰與明之建國（清華學報十一卷一期），明成祖生母考（同上十卷三期），明代靖難之役與國都北遷（同上十卷四期），十六十七世紀的中國與南洋（同上十一卷一期），明教與大明帝國（清華學報十三卷一期）等文。王崇武先生有：明代的商屯制度（禹貢五卷十二期），明初之田兵與堡塞（歷史語言研究所集刊八本三分），論明太祖起兵及其策略之轉變（同前十本一分）。李晉華先生致力明史有年，用力極深，有：明史纂修考。更有其他論文，如：明代遼東歸附及衛所都司建置沿革（禹貢二卷二期），明懿文太子生母考（歷史語言研究所集刊六本一分），明成祖生母問題彙證（同前），明史德王府世系表訂誤（同前八本二分），均精確。黎光明先生對明史用力亦極勤，有嘉靖御倭江浙主客軍考，鈎稽排比，至爲精當。此外朱慶永先生著有明末遼餉問題，刊南開大學政治經濟學報第四卷，也很詳盡。

南明史的研究，由於民族主義思想的刺激，在清末時，對於史料的收集與研究，已經有人着手，劉師培及鄧實皆欲作後明書而未成，師培書已由章炳麟預爲之作序。最近則以朱希祖先生用力最深。朱氏藏南明珍秘史料極多，曾在中央研究院院務月報二卷七期上發表其編纂南明史的計劃，惜其書未成，僅有論文：明季史籍五種跋文（燕京學報第三期），南明史籍跋文（圖書月刊二卷四期）。謝國楨先生對於晚明史料的搜求，亦費苦心，有晚明史籍考，著録完備；還著有明末社黨運動考一書。

明列朝實録，中央研究院歷史語言研究所曾着手校訂，以北平圖書館所藏的内閣大庫本爲底本，與該所所藏的廣方言館本，北京大學所藏的明鈔本兩種校訂，其事已完成，更復與嘉業堂明鈔本及抱經樓本校勘，前後幾費時十載，此項工作對於明史研究有極大的貢獻。

查繼佐罪惟録一書，實無異於莊廷鑨之明史，其鈔本原藏吳興嘉業堂，張閬聲先生爲之校正，商務印書館印入四部叢刊三編，予治明史者以極珍貴之史料。

清史的研究，以孟森及蕭一山先生的貢獻爲最大。孟氏的貢獻在清初及清人開國前歷史的研究，有八旗制度考實（歷史語言研究所集刊六本三分），清初三大疑案考實，香妃考實。其成就最大的，則爲明元清系通紀。“明元”謂明代的紀元，“清系”謂清代的世系，“明元清系通紀”即是以明代的紀元叙清代的世系。清人肇基於明初，本爲明朝的屬夷，至太祖努兒哈赤猶身自朝明廷三次。清代對此種史實均極力爲之隱諱，孟氏搜輯群籍，更旁及外國史料，作爲長編，期以補明清兩史的闕漏，兼發清人隱諱的痕跡。其書初名清朝前紀，後方易今名。清朝前紀已由商務印書館爲之刊行，增補以後，亦已出版前編四卷，正編十五卷，至嘉靖三年爲止。孟先生更有心史叢刊三册，其中所收論文，均能復現已亡失的史實。

蕭一山先生致力清代史事二十餘年，有：清代通史（上中兩册），清史大綱，清代學者著述表，曾國藩等書。民國八九年間，日人稻葉岩吉的清朝全史譯本頗流行，其觀點極爲荒謬，蕭先生乃發憤爲清代通史，先後出版上中兩册，約一百二十萬言，下册亦有初稿流傳。清史大綱一册則本其民族革命史觀，作簡略的叙述，可與通史相輔而行。

太平天國史的研究，以簡又文、羅爾綱兩先生的貢獻爲大。簡先生有：太平軍廣西首義史一册。他對於太平文獻向極留心，往年曾擬作太平天國全史，此書即爲其第一部，由洪秀全的出身及革命運動的醞釀，叙至馳驅八桂，共七卷，四十二節，體例詳明，取材豐富，爲太平天國史的杰作。除此書外，更有太平天國雜記，太平天國雜記二輯，金田之游及其他，所收論文均精，其中且有新史料不少，如韓山文的太平天國起義記，金田之游，蒙山采訪記等。

羅爾綱先生有太平天國史綱。羅先生是廣西人，對於太平天國革命的史實，從小就聽得十分清楚，此書剪裁得當，爲簡單而扼要的一本太平天國全史。此外更有：金田起義前洪秀全年譜，洪秀全，太平天國史叢考，湘軍新志。年譜叙至洪秀全金田起義時爲止。據羅先生自己説，永安建國，南京建都，及在洪秀全領導下縱橫中國十五年的太平軍苦戰史蹟，非年譜的體裁所能範圍，擬另撰一太平天國全史。甚盼羅簡二先生的全史均能早日殺青問世。太平天國史叢考中所收的論文，如洪大泉考，黃畹考，均精確無可移易。湘軍新志主要在説明湘軍的制度及清代軍制的轉變，但湘軍的興起與太平天國的滅亡，關係極密切，故也列在此地叙述。

蕭一山先生對太平天國史亦注意特深，其所集的太平天國叢書一、二集中，所收史料，均有極精到的跋語，爲很好的太平天國史論文。

此外謝興堯先生有太平天國史事論叢，太平天國叢書。後書中所收的太平天國詩史，費力至深。又郭廷以先生有太平天國曆法考訂，亦爲極費功力之作。

第五節　沿革地理的研究與成績

　　沿革地理在清代是一門特別發達的學問，從顧祖禹一直到楊守敬，著作特別多，貢獻也絕大；但民國成立以後卻慢慢的衰落了。民國二十三年，頡剛與譚其驤先生有鑒於此，在北平創辦禹貢學會，並從是年三月一日開始發行禹貢半月刊。在發刊詞裏，曾經提到禹貢學會的具體工作計劃，第一個計劃是想把沿革史中間的幾個重要問題研究清楚，從散漫而雜亂的故紙堆中整理出一部中國地理沿革史來；第二個計劃是要把研究的結果，用最新式的繪製法，繪成若干種詳備精確而又合用的地理沿革圖；第三個計劃是要廣事搜羅所有中國歷史上的地名，一一加以考證，用以編成一部可用、够用，又精確而詳備的中國歷史地名辭典；第四個計劃是要完成清人未竟之業，把每一代的地理志都加以一番詳密的整理；又地理書籍中往往具有各種文化史料，例如各正史地志什九皆載有州郡戶口物產，爲最好的經濟史料，州郡間有詳其民戶所自來的，爲最好的移民史料，故其第五個工作，是要把這些史料輯錄出來，作各種專題的研究。禹貢半月刊一直出到第七卷，到七七抗戰發生方才停刊。這七卷之中，且出了若干專號，有：利瑪竇世界地圖專號，回教與回族專號，康藏專號，後套水利調查專號，東北研究專號，西北研究專號，南洋研究專號，古代地理專號。對於上面提到的五個計劃，在這七卷半月刊中也部分的作到了。

　　關於古代沿革地理的書籍，如禹貢，職方，山海經，穆天子傳，都有專題的研究。關於水經注，有賀次君先生的水經注經流支流目。

　　關於各史地理志的整理，有：王振鐸漢書地理志水道與説文水部水道比較表（二卷三期），李子魁漢書地理志中所記故國及都

邑(一卷四期)，**侯仁之漢書地理志中所釋之職方山川澤寖**(一卷
五期)，**姚師濂華陽國志晉書地理志互勘**(二卷四期)，**譚其驤補
陳疆域志校補**(五卷六期、十期)，**史念海兩唐書地理志互勘**(三
卷二期至三卷九期)，**聶崇岐宋史地理志考異**(一卷八期至三卷五
期)，**王育伊宋史地理志燕雲兩路集證**(三卷七期)，**譚其驤遼史
地理志補正**(一卷二期)，**馮家昇遼金地理志互校**(一卷四期)，**譚
其驤清史稿地理志校正**(一卷二期、九期)。

關於中國地理沿革史的寫作，顧剛同史念海先生合撰了一部
中國疆域沿革史。

沿革地理的研究，以錢穆、譚其驤二先生的貢獻爲最大。

錢先生的研究偏重於古代部分，有：**史記地名考及周初地理
考**(燕京學報第十期)，**古三苗疆域考**(同前十二期)，**楚辭地名考**
(清華學報九卷三期)，**黃帝故事地望考**(禹貢三卷一期)，**戰國時
宋都彭城考**(同前三卷三期，又見先秦諸子繫年考辨)，**中國史上
之南北強弱觀**(同前三卷四期)等論文。

譚其驤先生的研究則遍於沿革史各部分，有：**漢百三郡國建
置之始考**(地學雜誌二十二年第二期)，**新莽職方考**(廿五史補
編)，**論兩漢西晉户口**(禹貢一卷七期)，**元福建行省建置沿革考**
(同前二卷一期)，**元陝西四川行省沿革考**(同前三卷六期)，**釋明
代都司衞所制度**(同前三卷十期)等論文。

蒙文通先生對古代沿革地理的貢獻亦很大，有：**古代河域氣
候有如今江域説**(禹貢一卷二期)，**論古水道與交通**(同前一卷七
期，二卷三期)，**赤狄白狄東侵考**(同前七卷一、二、三合期)。
犬戎東侵考(同前六卷七期)，**秦爲戎族考**(同前)等論文。

王庸先生則集中於中國地理學史的研究，有中國地理學史一
書的撰述。

馮家昇先生則用其全力於東北史地的研究，有我的研究東北
史的計劃一文，刊禹貢一卷十期。更有：**東北史中諸名稱之解釋**

（禹貢二卷七期），東北史地研究之已有成績（同前二卷十期），周秦時代中國經營東北考略（同前二卷十一期），漢魏時代東北之文化（同前三卷三期），述肅慎系之民族（同前三卷七期），述東胡系之民族（同前三卷八期），蠕蠕國號考（同前七卷八九合期），豆莫婁國考（同前七卷一、二、三合期），原始時代之東北（同前六卷三、四合期）等論文。

中央研究院歷史語言研究所擬作東北史綱，由傅斯年、方壯猷、徐中舒、蔣廷黻、蕭一山五先生合撰，今僅出傅先生所作的第一册。金毓黻先生也有東北通史之作，集材至多。他更有渤海國志長編二十卷。

日人爲了要侵略我國東北，對於我國東北邊疆史地的研究，近年來真是不遺餘力，其研究所得的成績也有足供我們作參考的。東北民族在魏晉以後，往往乘中國之衰，崛起立國，鮮卑、契丹、蒙古、女真等族，其史蹟都有專著可稽，獨粟末靺鞨所建的渤海國，向來没人注意。唐代有張建章渤海國記三卷，已散佚，清乾隆年間僅官撰的滿洲源流考和朝鮮韓大淵的海東繹史，曾有史料的搜輯，稍後朝鮮柳得恭著渤海考，才對渤海史事作有系統的研究。到最近二三十年日本白鳥庫吉等編撰滿洲歷史地理，對渤海國的研究重新開創風氣，民國四年日本鳥山喜一有渤海史考之作，後四年我國唐晏便有渤海國志一書，民國二十年黃維翰又撰渤海國記三篇，始合中韓日三國方面的史料加以編著，到二十三年金毓黻的渤海國志長編出版，對於渤海國族的研究，可說已登峰造極，所引我國書籍八十六種，朝鮮書十三種，日本書三十九種，確是一部偉著，只是體例上考證上還不免有可議之處，而史料的搜輯上還不免有疏漏的地方。

第六節　社會經濟史研究的成績

社會經濟史的研究，是隨着社會革命運動而興起的，當國民革命軍北伐的先後，社會主義勃興於中國，爲探索革命的正確前途，一般革命家都努力於中國社會經濟的研究，尤其是集中精力於社會經濟史分期的討論，這樣就產生了所謂"中國社會史的論戰"（在此以前，劉師培先生已有許多關於中國社會史的新見解，散見於其全部著作中）。

研究社會經濟史最早的大師，是郭沫若和陶希聖兩位先生，事實上也只有他們兩位最有成績。郭先生應用馬克思、莫爾甘等的學說，考索中國古代社會的真實情狀，成中國古代社會研究一書，這是一部極有價值的偉著，書中雖不免有些宣傳的意味，但富有精深獨到的見解。中國古代社會的真相，自有此書後，我們才摸着一些邊際。這部書的影響極大，可惜的是：受它影響最深的倒是中國古史的研究者，而一般所謂"社會史的研究者"，受到它的影響卻反不大，這是因爲當時的"社會史研究者"，大部分只是革命的宣傳家，而缺少真正的學者，所以郭先生這部偉著，在所謂"中國社會史的論戰"中，反受到許多意外的不當的攻擊。

陶希聖先生對於中國社會有極深刻的認識，他的學問很是廣博，他應用各種社會科學和政治學經濟學的知識，來研究中國社會，所以成就最大。他的著作繁多，較重要的有中國社會的分析，中國封建社會史，南北朝經濟史（與武仙卿先生合作）等書。我們認爲：郭先生的貢獻偏在破壞偽古史上，而陶先生的貢獻卻在揭發整個中國社會史的真相，雖然他的研究還是草創的，但已替中國社會經濟史的研究打下了相當的基礎。

陶先生爲集中力量研究起見，發起食貨學會，出版食貨半月刊，在這半月刊中發表文字的，除陶先生本人外，以全漢昇、楊聯陞諸先生的貢獻爲多而重要。全先生有中國行會制度史，唐宋帝國與運河二書。

　　陶先生有周代的諸大族的信仰和組織，刊清華學報十卷三期，楊先生有東漢的豪族，刊清華學報十一卷四期，至於陶、全二先生發表於食貨半月刊上的論文，有價值的很多，陶先生有：五代的都市與商業（第一卷），五代的莊田（同前），王安石以前田賦不均與田戶改革（同前），十一至十四世紀的各種婚姻制度（同前），金代猛安謀剋的土地問題（同前），十六七世紀間中國的採金潮（同前），齊民要術裏田園的商品生產（第三卷），元代長江流域以南的暴動（同前），北宋初期的經濟財政諸問題（第二卷），宋代的職田（同前）等文。全先生有：中古佛教寺院的慈善事業（第一卷），宋代都市的夜生活（同前），清末西洋醫藥傳入時國人所持的態度（第三卷）等文。食貨半月刊中其他研究者發表的論文還多，雖然瑕瑜互見，然其貢獻已不少了。

　　蒙思明先生對於中古社會經濟史亦很有研究，所著有元朝的社會階級制度，最近復完成了魏晉南北朝的社會一書，精審詳博，較前書爲尤善。

　　齊思和先生最近對於春秋戰國時代的社會研究得很有成績，已發表的有封建制度和儒家思想（燕京學報二十二期），戰國制度考（同上二十四期），尚有中國封建制度考一書未出版。

　　李劍農先生有中國經濟史講義，似尚未刊行。傅築夫、王毓瑚二先生的中國經濟史料彙編，近正在搜輯中，全部完成之後，中國經濟史的研究，必又有新的進展了。

　　專門刊載社會經濟史論文的定期刊物，除陶希聖先生的食貨半月刊外，更有中央研究院社會科學研究所的中國社會經濟史集刊，偏重於近代的研究，以湯象龍、梁方仲兩先生的成就爲最大。

　　中國社會經濟史的研究，現尚在草創時期，最近的趨勢，似乎已經漸漸脫離宣傳革命的窠臼，而走上了研究學術的大路：在這點上，陶希聖先生的功績，實在不可埋没。以前研究中國社會經濟史的人，總把秦漢到清末劃成了一個段落，現在已知道東漢以後至中唐以前，社會經濟也自成一階段，這個研究也以陶先生及楊聯陞、武仙卿諸先生之力爲多。與陶先生派別相近而有貢獻的社會經濟史研究家很多，不勝介紹，將來當另作一專文論之。（馬乘風先生有中國經濟史二冊，自上古至漢代爲止，材料相當豐富，見解相當正確，亦爲此派不可多得之佳著。）

　　郭陶兩派以外的中國社會經濟史研究者，人數更多，但有貢獻的卻甚少，他們不但少有貢獻，有的人甚至於反使中國社會經濟史的研究走入了歧途，這班人實在够不上稱爲學術研究者，只是政治上的宣傳家而已，在這裏恕我們不加贅述了。

第七節　舊形式史籍的撰述與整理

　　在這一節中，想把應用前期所用的方法而撰述的史籍，或整理的史料，如紀傳體的史籍，各史表志的補訂及正史的整理等著作均包括起來；有的爲了便於叙述起見，在前幾節中已經提到了。這些史籍，在形式上雖然是傳統的，但在內容上有的卻已經超過了前期，其所以歸在此節叙述者，不過僅爲分節的方便而已。

　　清史稿五百三十四卷。此書經由衆手，於重要史料均未寓目，而議論又頗荒謬，今政府已予查禁。

　　徐世昌著有清儒學案。清學案舊有唐鑑書，已見前編，兹不贅論。徐氏此書，自較唐書爲博，然由衆手所成，論斷亦多可議，殊不足以語於著作。近錢穆先生復有清學案之作，其書一出，唐、徐二家書自然可廢，聞已在刊印中。

　　朱文鑫史記天官書恒星圖考一卷，陶元珍三國食貨志，三國志世系表補遺一卷附訂訛，羅振玉補宋書宗室世系表一卷，聶崇岐補宋書藝文志一卷，陳述補南齊書藝文志四卷，臧勵龢補陳疆域志四卷，羅振玉魏書宗室傳注六卷，谷霽光補魏書兵志一卷，傅樂煥宋遼聘史表稿。這許多著作，均係對正史的表志等有所補訂。

　　張森楷史記新校注一百三十卷，廿四史校勘記三百二十卷，通史人表二百四十八卷。史記新校注，爲張氏一生精力所聚，甫成定稿而卒。此書薈萃衆本，復詳加校勘，訂正訛誤，折衷異同，皆極精審。史記校注前此有日人瀧川龜太郎的史記會注考證，去取不精，剪裁失當，無足觀取。張氏此書，甚盼能早日刊行。

　　陳垣先生有舊五代史輯本發覆三卷。薛居正五代史，自歐陽修書出後逐漸湮沒。清乾隆時求其書不得，乃從永樂大典及諸類書中輯出。陳先生這一本書，即據此輯本而溯其源始，方見其中多改竄的痕跡，如忌虜、忌戎、忌蕃、忌酋、忌僞、忌賊。經過此番工作，知道清政府改竄舊典的事，在薛氏五代史輯本中亦甚多。

　　關於古史史料整理的，有于省吾先生的尚書新證四卷，詩經新證四卷。于先生利用其古文字學的知識，對詩書兩經的新解不少，當爲孫詒讓以後的第一人。又鍾鳳年先生有國策勘研一書，雖比不上金正煒的國策補釋，但對戰國策也有所貢獻。錢穆先生的先秦諸子繫年考辨，雖名爲先秦諸子的年代作考辨，而其中對古本竹書紀年的研究，於戰國史的貢獻特大。

第二章　甲骨文字與金文的研究

第一節　契文舉例與殷虛書契考釋

　　甲骨文發見以後，不久即有劉鶚的鐵雲藏龜出版，著錄甲骨
文字一〇八五片。孫詒讓乃據此一小部分史料，撰爲契文舉例二
卷。孫氏對於金文本有很高深的研究，此書發明頗多，雖以後新
史料大量增加，不少地方須加改正，但有許多仍然是成爲定
論的。

　　羅振玉繼劉鶚之後，收藏甲骨文極多，所著初有殷商貞卜文
字考一卷。此書分考史、正名、卜法、餘論四部分。其後又撰成
殷虛書契考釋一卷，其目分爲：都邑，帝王，人名，地名，文
字，卜辭，禮制，卜法。這是甲骨文發現以後的第一部名著，無
論考史釋字，俱有很大的發明。後有王國維序，對此書譽揚備
至。或謂即爲王氏所作，而以五百金售之羅氏的。振玉更有殷虛
書契待問編一卷，和釋叔，釋爰，與林浩卿博士論卜辭王賓書，
與王靜安徵君論卜辭上甲書，俱頗有發明。

第二節　王國維郭沫若等的研究與貢獻

　　甲骨文字的研究，自從王國維先生以後，產生了一個劃時代
的革變，這個革變便決定了甲骨文字這新史料在史學研究上的地
位，使已茫昧的商代歷史呈現了新的光明，更使以後研究殷商史
的人不得不以甲骨文字爲唯一可靠的史料。王氏所著有殷卜辭中

所見先公先王考，殷卜辭中所見先公先王續考，殷周制度論，釋昱，釋旬，殷虛卜辭中所見地名考，殷禮徵文，古史新證。王氏研究甲骨文字的貢獻，主要的是在證史。例如先公先王考對於殷代世系的考證多數精確；王氏據甲骨文證王亥爲殷之先祖，謂“天乙”是大乙之誤，史記殷本紀報丁、報乙、報丙之次、當爲報乙、報丙、報丁之誤；又從甲骨文和楚辭證明王亥的弟弟叫王恒，都確不可易。殷周制度論與殷禮徵文對於殷代禮制的探討及殷周制度的異同，亦均發千古之秘。古史新證爲王氏在清華研究院的講稿，集其對古史研究的菁英而成，也是初學研究古史的一部好書。

那時研究甲骨文的，除羅振玉、王國維外，異軍特出的有葉玉森，葉先生曾有殷契鉤沈、説契等文，刊學衡雜誌，遺稿有殷契書契前編集釋，已刊印。

王氏死後，在甲骨文字研究上，能承繼他的，是郭沫若先生。郭先生的成就主要的在殷商史蹟的探討，有甲骨文字研究二卷，卜辭通纂考釋三卷，卜辭中之古代社會（見中國古代社會研究），及殷周是奴隸社會考，古代社會研究的自我批判。其中卜辭通纂尤集郭先生研究成績的大成。

郭先生更有殷契萃編考釋，這書乃從劉體智所藏甲骨擇取十一得一五九五片而成。它的考釋中，也有許多新見，例如：“日”的出入有祭，足證堯典“寅賓出日”“寅餞入日”之爲殷禮，“鳳”爲“蜃”，“步”有方位，足徵殷人神話的殘痕。此外，郭先生在古代銘刻彙考和續編中也有不少新見解。

商承祚、吳其昌諸先生對甲骨文的研究，大體上是繼承王國維先生的，都很有成績。但吳其昌先生的卜辭所見先公先王三續考（刊燕京學報十四期），什麼“帝立”“王倪”等的考證，未免有些鑿空。商承祚先生的殷商無四時説（清華週刊文史專號），也不足爲定論。

第三節　甲骨文斷代研究的發見與文字考釋

甲骨文所包括的時代，自然是從盤庚遷殷到帝辛滅亡二百七十三年的期間。但在這許多年的史料中，某一片應爲某王貞卜的甲骨，假如無從斷定，則其史料價值當減低不少。甲骨文的斷代，在甲骨文字研究上，是最重要的事，而且是刻不容緩的。這一個渾沌終於給董作賓先生鑿破了。董先生最初僅將甲骨文分爲五個時期，最近更進而分爲十四個時期，因此一片甲骨文在手，即可知其應屬於那一個王在何年何月何日所卜。這一個發現，不惟在甲骨文研究上須劃一新的時代，而且從史學上看來，真是其功不在禹下。

中央研究院歷史語言研究所第一次的殷虛試掘，即由董先生所主持，其後十四次發掘亦大半參加。他根據發掘的經驗及研究的心得，撰爲甲骨文斷代研究例（刊蔡元培先生六十五歲紀念論文集上），其斷代標準凡十：世系，稱謂，貞人，坑位，方國，人物，事類，文法，字形，書體。由此而分爲五個時期：第一期：盤庚，小辛，小乙，武丁，第二期：祖庚，祖甲，第三期：廩辛，康丁，第四期：武乙，文丁，第五期：帝乙，帝辛。此文中所持的標準均極精確，尤以用“貞人”來分辨爲一絕大的發明。除此外，董先生更有商代龜卜之推測（安陽發掘報告第一期），獲白麟解（同前第二期），卜辭中所見之殷曆（同前第三期），大龜四版考釋（同前），釋馭馽（同前第四期），殷曆中幾個重要問題（歷史語言研究所集刊四本三分），骨文例（同前七本一分），五等爵在殷商（同前六本三分）。此後董先生乃專從事於古代曆法的研究，積十年之力，撰成殷曆譜十四卷。此書博大精深，對於甲骨文及殷商史的研究已經發展到很高的階段。關於殷代曆法，劉朝陽先生更著有殷曆質疑（刊燕京學報第十期）。

甲骨的文字考釋，以唐蘭先生的貢獻爲最大。他有古文字學導論，殷虛文字記，天壤閣甲骨文存考釋。唐先生在古文字學上，所用的有兩個方法，一是自然分類法，一是偏旁分析法。這兩個方法是由唐先生所發現，前者打破了許愼説文解字所用的分類方法，後者對於文字的認識是一個很大的進步。由這一個方法，許多不認識的字都可以認識，而其準確性亦極大。

丁山先生在文字考釋上的貢獻也很大，有釋疾（歷史語言研究所集刊一本二分），釋夢（同前），釋蒙（同前），殷契亡尤説（同前一本一分），宗法考源（同前四本四分）等文。

陳夢家先生的研究，主要的在商代的宗教神話與制度，但對於釋字，也有很多的發明。其論文有釋凸（考古社刊第五期），釋玫，釋豕（同前第六期），史字新釋（同前第五期），史字新釋補證（同前），隹夷考（禹貢半月刊五卷十期），射與郊（清華學報十三卷一期），祖廟與神主的起源（文學年報第三期），古文字中的商周祭祀（燕京學報十九期），商代的神話與巫術（同前二十期）。

徐中舒先生在甲骨文上的成就，偏重在商史，有殷周史料考訂大綱。對於文字的研究，有皇王士三字之探源（歷史語言研究所集刊四本四分），可謂直探奧秘。

胡厚宣先生初曾與董作賓先生合編有甲骨年表，最近復有甲骨學商史論叢二集，以其勤勞，頗有貢獻；尤以釋四方風名一篇爲善。

第四節　金文的研究與斷代

金文的研究，在清代已經萌芽，到了吳大澂與孫詒讓出來，結束了前期的研究，對後期又開闢了一條大道。吳孫二氏在金文的研究上，可以説有承先啟後之功。

第一個能夠承繼吳孫二氏的研究而爲之發揚光大的，是王國維先生，他有古禮器略説，觀堂古金文考釋（所考釋的有毛公鼎，散氏盤，不娶毀，盂鼎，克鼎），周莽京考，邾伯鼎跋，散氏盤跋，克鐘克鼎跋，鑄公簠跋，遹毀跋，生霸死霸考，鬼方昆夷玁狁考。王先生諸文，如言地理、謚法、民族、曆法，多極精確。

容庚先生有金文編，編錄殷周金文，凡收一萬六千六百七十二字，這是金文類編的大成。但釋文還不免有許多可商之處。容先生還有殷周禮樂器考略，殷周銅器考。他對於銅器的分析和研究有很精到的地方。

全盤整理存世銅器銘文而爲之總結的，有郭沫若先生及吳其昌先生二人。郭先生有兩周金文辭大系圖錄五册，兩周金文辭大系考釋三册。吳先生有金文曆朔疏證二册，金文疑年表一卷。郭先生所用的方法，根據器銘本身所表現的時代，然後再根據器物、花紋、人名、地名等，輾轉互證。由這個方法，於西周文字得其年代或近似的，凡一百六十二器，此爲上編；下編則爲列國遺物，以國爲別，其中亦貫以年代，得列國的文字又一百六十一器，大抵在時代上屬於東周。圖錄分圖編與錄編，前有彝器形象學試探一文，爲研究銅器花紋形制的第一篇文章。郭先生這種方法完全是受日人研究銅鏡的影響，日人研究銅鏡，先把有紀年的鏡作根據，以爲各時代的標準器，再由此標準器的形式花紋和銘文字體分類研究，這樣銅鏡的系統便確立了。日人對我國銅鏡的研究便因此得到很完美的成績。吳先生所用的方法，則專據銘文的年月曆日用劉歆的三統曆來推步，其書除曆朔疏證及疑年表外，更有：人器經緯表，王號表，諸侯王表，重見人名表，重見史臣表，王在王格表。他所斷定的遠不如郭先生的可靠，郭先生曾論專據後代曆法推步銅器銘文的不足信，認爲學者如就銅器銘文的曆朔相互的關係來恢復殷周古曆，再據古曆作標準來校量其他，就可靠了。但在目前所得的資料，還不足以這樣的研究。後來高本漢（Karlgren）著殷周銅器論，論西周月有四分，即：初吉、既生霸、既望、既死霸，西周銅器銘文常見四分的名稱，而東周銅器，在六十六器中僅有一器銘文有既生霸，五十五器中二十六器銘日的，都稱丁亥，因此他懷疑東周銘文日用丁亥是一種風習，如同漢代銅鏡，無論這月内有没有丙午，一律稱丙午一樣，所以用曆法來推算銅器銘文的年月是不可靠的。他更進一步把西周銅器分爲兩期，穆王以前爲前期，以後爲後期，根據若干標準器的花紋形制和字體來辨别銅器的年代，據其研究的結果，前期得七十七器，後期得七十五器，無圖録而銘文屬於西周的二十八器，無法決定的有二十九器，這又是種另闢蹊徑的研究方法。

郭先生的兩周金文辭大系考釋，不但是一本有系統考證金文的著作，也是本通釋金文的佳作。除此以外，于省吾的雙劍誃吉金文選，也是本通釋金文的名著。

郭先生除上列二大作外，更有金文叢考，金文餘釋之餘，金文續考（在古代銘刻彙考内），古代銘刻彙考續編，殷周青銅器銘文研究，所論都有獨到的地方。吴其昌先生對於金文本有一個很大的計劃，擬作金文曆朔疏證（年表附），金文方國疏證（地圖附），金文世族疏證（系譜附），金文名象疏證（字典附），金文習語疏證（韻表附），金文職官疏證，金文禮制疏證。惜除曆朔疏證外，僅成金文世族譜，金文名象疏證兵器篇四卷，其餘都未成書，就作了抗戰中的間接犧牲者了。

徐中舒先生對於金文亦有極深邃的研究，所涉範圍甚廣，其成就僅次於郭沫若先生而已。他有陳侯四器考釋（歷史語言研究所集刊三本四分），説尊彝（同前七本一分），狩獵圖象考（蔡元培先生六十五歲紀念論文集）等文。

丁山先生的研究，在晚周銅器方面的成就最大，所斷定的時代均極可信，有簫太史申鼎跋（北平研究院史學集刊第四期），齊叔弓鐘銘跋（同前），班毀銘跋（同前），楚公逆鎛銘跋（同前），陳騂壺銘跋（責善半月刊二卷六期），句趫其夷戈銘跋（文史雜誌第三卷一、二合期)。

陳夢家先生、唐蘭先生的研究也有相當的貢獻。陳先生有禹邢王壺考釋(燕京學報二十一期)，陳口壺考釋(責善半月刊二卷二十三、四期)。唐先生有莽京新考(潛社史學論叢第一期)，古樂器小記(燕京學報第十四期)。

銅器著錄的有通檢，始於王國維先生的宋代金文著錄表，清代金文著錄表，繼之有容庚先生的西清金文真偽存佚表，羅福頤先生的三代秦漢金文著錄表，內府藏器著錄表，最近又有福開森先生的歷代著錄吉金目，王、容、羅三先生的著作，都只限有銘之器，不錄釋文，福開森先生的著作，搜羅最廣，收書達八十種，並及無銘之器，並附錄釋文，很便檢閱，都比前此各表爲勝。可是福開森先生對於同銘而不同器的，往往混而爲一，且不免有張冠李戴之處，對於辨偽也未下工夫，所以還不能使人滿意。

第五節　銅器的收藏與結集

在本期中，銅器的收藏者，除公共機關外，私人所藏以羅振玉及劉體智二人爲最多。羅氏編有：貞松堂集古遺文十六卷，貞松堂集古遺文補遺三卷，貞松堂吉金圖三卷，夢郼草堂吉金圖三卷，續編一卷，殷文存二卷，三代吉金文存。其中所錄以羅氏私人所藏的爲最多。劉氏有小校經閣金文十八卷，善齋吉金錄二十八卷，善齋彝器圖錄(容庚先生所編)。

容庚先生及于省吾先生亦各有所藏，容先生有頌齋吉金圖錄，著錄的均爲其私人所藏。更編有寶蘊樓彝器圖錄，所著錄係盛京舊物，今藏北平古物陳列所。復有武英殿彝器圖錄，則係著錄熱河故宮之物。于先生有雙劍誃吉金圖錄二卷，著錄其私人所藏。

此外商承祚的十二家吉金圖錄，鄒安的周金文存六卷(附補遺），孫壯的澂秋館吉金圖，所集録的均爲國内所藏。其藏於國外的，已著録者，有容庚的海外吉金圖録，濱田耕作的泉屋清賞彝器部三册，續一册，梅原末治的白鶴吉金集（以上爲日本所藏），葉慈（W. Perceval Yetts）的獻氏吉金録（*The George Eumorpopoulos Collection Catalogue of the Chinese and Corean Bronzes*），寇氏吉金録（*The Cull Chinese Bronzes*），伯希和（Paul Pelliot）的中國銅器集（*Bronzes Antiques de la Chine*），梅原末治的歐美所藏中國古銅器捃華（以上歐美所藏）等。

第三章　元史蒙古史中外交通史的研究

第一節　元史蒙古史研究的成績

元史的研究，自錢大昕到洪鈞，中間有了很大的進步。及柯紹忞與屠寄出來，方獨力撰史，不像前此僅作片段的研究與整理。雖其間有魏源、曾廉的元史新編與元書，但離理想的境界太遠，且在那個時候也還未達到撰史的地步。紹忞所撰爲新元史，二百五十七卷。寄所撰名蒙兀兒史記，一百六十卷。紹忞書本紀二十六、表七、志七十、列傳一百五十四，共二百五十七卷；有鉛印本、木印本兩種，以民國十年所刊成的木印本爲定本。柯氏爲書費時達數十年，徐世昌爲總統時，下令使列於正史，增廿四史爲廿五史。寄書本紀十八、列傳一百二十九、表十二、志一，凡一百六十卷。内本紀缺一，列傳缺十一，表缺二，實一百四十六卷。此書初印本八册，後續增至十四册，最後印本則爲二十八册；各本的次第微有不同，自應以後印本爲定本。柯書體大思精，熔鑄新舊史料，實集錢大昕以來研究的大成。近世學者多譏其書不注出處，但柯氏本自作有考異，以省費故，未能刊行。蕭一山先生曾親見原稿，皆引據出處，精審異常。屠書本未成，所用外國史料，均由其子孝實所譯，但孝實非蒙古史專家，如所譯乞迷亞可亭(Jeremiah Curtin)的俄羅斯之蒙古(*The Mongols in Russia*)及史學史(*History of Historians*)二書，皆無史料的價值。

陳垣先生對蒙古史鑽研極精，所著有也里可温考，元西域人華化考，元典章校補。也里可温考於耶穌教在元代的傳布狀況，考證精博，又於也里可温一名的語源亦有精當的解釋。元西域人華化考，考證回回、畏吾兒、波斯、印度的回教徒，耶教徒，摩尼教徒漢化的狀況，彌爲精博。

王國維先生在元史方面的成就亦甚大，不亞於其在甲骨文、金文及漢簡研究上的貢獻，其所校注者有蒙韃備録校注，黑韃事略校注，聖武親征録校注，長春真人西游記校注，單篇考證有遼金時蒙古考，韃靼考，南宋時所傳蒙古史料考，元秘史主因亦兒堅考，蒙古札記。

陳寅恪先生和岑仲勉先生對於蒙古史亦有很高的成就。陳先生有彰所知論與蒙古源流(歷史語言研究所集刊二本三分)，元代漢人譯名考(國學論叢二卷一號)。岑先生有拉施持七十二省之研究(聖心一期)，蒙古史札記(歷史語言研究所集刊五本四分)，元代天山南路置驛之今地(同前十本四分)諸篇。

馮承鈞先生和姚從吾先生對於蒙古史籍的翻譯，均有貢獻。馮先生譯有多桑蒙古史二册，蒙古史略一册。姚先生譯有蒙古史發凡(輔仁學志一卷二期)。蒙古史的研究，最近以韓儒林先生的貢獻爲尤大，所著有突厥蒙古之祖先傳説(史學集刊第四期)，成吉思汗十三翼考(華西大學中國文化研究所集刊第一卷)，蒙古答剌汗考(同前)，元代闊端赤考(同前)，成都蒙文聖旨碑考釋(同前第二卷)，讀蒙古世系譜(中國文化研究彙刊第一卷)，八思巴字大元通寶跋（同前第三卷）。

　　楊志玖先生近亦專攻元史，所作關於馬可波羅離華的一段漢文記載（文史雜誌一卷十二期），實爲不易的定論。

第二節　中外交通史的研究

　　中外交通史的研究，本爲元史及西北地理的派衍，但所受的直接影響，卻爲歐美漢學家的研究成績。這一項學問，在中國本爲新興的，但在近數十年中，其成績的表現已頗爲驚人，在將來是一定可以駕歐美而上之的。

　　中外交通史的研究，以向達、岑仲勉二先生的貢獻爲最大。向先生有中外交通小史，中西交通史，唐代長安與西域文明，明清之際中國美術所受西洋之影響（東方雜誌二十七卷一號）。岑先生有Kinsay乃杭州音譯（聖心第一期），Zaitun非刺桐（同前），唐代大食七屬國考（同前），南海崑崙與崑崙山之最初譯名及其附近諸國（同前第二期），諸蕃志占城屬國考（同前），義淨法師年譜（同前），佛游天竺記考釋，唐代戲樂之波斯語（東方雜誌四十卷十七期），唐代最南大商港 AL-Wakin（同前二十期）。

　　陳垣先生的研究偏重在宗教方面，有火祆教入中國考（國學季刊一卷一號），摩尼教入中國考（同前一卷二期），回教入中國之史略（東方雜誌廿五卷一期），中西回史日曆。

　　方豪先生的研究亦多係宗教，且在明清之際，有：中國天主教史論叢，嘉靖間葡萄牙人在寧波被屠問題（以下俱見中外文化交通論叢），明季西書七千部流入中國考（文史雜誌），拉丁文傳入中國考，浙江外來宗教史略。

　　馮承鈞先生和張星烺先生的貢獻多在史籍的翻譯。馮先生譯有西域南海史地考證譯叢四編，史地叢考三編，西突厥史料，交通印度兩道考，崑崙南海古代航行考，蘇門答臘古國考；所著有中國南洋交通史，王玄策事輯（清華學報四卷一期），樓蘭鄯善問題（輔仁學志）。張先生輯有中西交通史料彙編六册，其中外國史料均自亨利玉爾（Henry Yule）及亨利高狄埃（Henry Codier）的契丹及其通道（*Cathay and the Way Thither*）中譯出，對於不識歐文的人便利不少；更著有：中世泉州狀況（史學年報第一期），斐律賓史上李馬奔 Limabong 之真人考（燕京學報八期），中國史書上關於馬黎諾里使節之記載（燕京學報三期）。

馮先生及張先生均譯有馬可波羅游記，前者所譯的爲法人沙海昂本，後者所譯的爲亨利玉爾本及拜内戴拖本。惟亨利玉爾本僅刊印有第一册及導言。

黃文弼先生對西域史亦有極深湛的研究，著有高昌疆域郡城考（國學季刊三卷一期），樓蘭之位置及其與漢代之關係（史學年報三期），均發明不少。

姚柟先生、張禮千先生、許珏先生曾創辦中國南洋學會，對南洋史之研究貢獻不少。姚先生與許先生合作有古代南海史地叢考一册，所收論文有：憍陳如王扶南考，緬王莽氏考辨，元成宗平緬考，鄭昭貢使入朝中國紀行詩譯注，黃金地考釋證，丹丹考，赤土考，古印度移民橫越馬來半島縱跡考察記，譯著並收，其中論文俱多精審。

第四章　俗文學史與美術史的研究

第一節　小説史的研究

中國小説向來是被認爲不登大雅之堂的，其研究完全是由外來的刺激所引起。在歐美，小説是文學很大的一個部門；所以最初研究中國小説史的人，都是對於外國文學有很深湛的研究，如胡適及周樹人先生諸人。

胡適先生對於中國小説史的研究貢獻最大，在亞東圖書館所標點的著名舊小説的前面均冠有胡先生的考證，莫不有驚人的發現和見解。計有：水滸傳考證，水滸傳後考，水滸傳續集兩種序，紅樓夢考證，跋紅樓夢考證，跋乾隆庚辰本脂硯齋重評石頭記鈔本，吳敬梓傳，吳敬梓年譜，西游記考證，跋西游記本的西游記傳，三國志演義序，鏡花緣引論，醒世姻緣傳考證，所論既博且精，莫不出人意外，入人意中。對於小説史作精密的研究，此爲開山工作。

周樹人先生對於中國小説史最初亦有貢獻，有中國小説史略。此書出版已二十餘年，其中所論雖大半可商，但首尾完整，現在尚無第二本足以代替的小説史讀本出現。

鄭振鐸先生對於中國小説史的成就也極大，當爲胡適先生以後的第一人。其論文有三國志演義的演化，水滸傳的演化，西游記的演化，明清二代的平話集，巴黎國家圖書館中的小説與戲曲，俱收入其所編中國文學論集及佝僂集中。

孫楷第先生的貢獻，則在中國小説史的目録學方面，他有中國通俗小説書目，日本東京所見中國小説書目提要，附大連圖書館所見中國小説書目提要等著作。

馬廉先生收藏中國小説極富，其論文有明代之通俗小説（孔德月刊二期），舊本三國演義版本的調查（北海圖書館月刊二卷五號）。

張政烺先生學問極爲廣博，即在小説史研究上亦有很高的成就，如所發表的封神演義的作者（獨立評論二〇九號），講史與咏史詩（歷史語言研究所集刊），其見解均精確不易。中國小説史的研究，雖已有相當的成績，但是還不曾有大規模的探討。時局承平以後，這方面的研究，必將日趨興盛。因爲舊小説不但是文學史的材料，而且往往保存着最可靠的社會史料，利用小説來考證中國社會史，不久的將來，必有人從事於此。

第二節　劇曲史的研究

關於劇曲史的研究，第一個有貢獻的，是王國維先生。他著有宋元戲曲史，真是一本不朽的名著。有了這一本書，然後方有後此許多人的成就。在劇曲史的研究上，這一本書是有鑿空之功的。王氏除此書外，更有：錄鬼簿校注二卷，唐宋大曲考一卷，戲曲考原一卷，古劇腳色考一卷，優語錄一卷，錄曲餘談一卷，曲錄六卷，都是極有貢獻的著作。

鄭振鐸先生的研究是多方面的，其有關劇曲的論斷多見於所著中國文學史中；論文有雜劇的轉變（小説月報二十一卷），傳奇的繁興（同前）等。

吳梅先生爲曲學大師，其研究不在史的方面，故此類論文極少。他著有元曲研究，顧曲塵談，南北曲簡譜等。

盧前先生爲吳氏的門人，得其所長；其在史的研究上，貢獻亦不多，著有明清戲曲史，簡單而極爲扼要。

馮沅君先生在劇曲史的研究上，偏重於劇場的結構，服裝及演出。在這一方面，馮先生的貢獻很大，有古劇四考（燕京學報二十期），古優解，元明孤本雜劇鈔本題記。他另外還同陸侃如先生合輯有南戲拾遺。

錢南揚先生對劇場史亦極有研究，有宋金元雜劇搬演考（燕京學報二十期），又輯有宋元南戲百一錄。其他輯錄宋元南戲及元人雜劇的，有趙景深先生的宋元戲文本事，元人雜劇輯逸。孫楷第先生亦有吳昌齡與雜劇西游記（圖書季刊新一卷二期），所論極爲精確。還有吳曉鈴先生對於劇曲史有很深邃的研究，如所發表的元曲作家生卒新考(北京大學文科研究所油印論文十四)，説旦(國文月刊)，均多精論。

元明雜劇以明代臧晉叔元曲選所著錄的爲最多；但臧氏對這些史料任意加以刪改之處亦很不少，使人不足以窺知其本來的面目。最近鄭振鐸先生在上海發見大批新的史料，爲明人趙琦美所鈔校，共二百四十二種：元人著作凡九十二種，有二十九種爲人間孤本，其他的異文亦不少；明人著作凡三十五種；其餘亦爲元明人所作，尚待詳細考證。這批史料，已由商務印書館開始影刊流行，名元明孤本雜劇。

第三節　其他俗文學史的研究

所謂俗文學，其範圍極廣，凡屬一切用口語寫作而明白易曉的，均應在其列。但鄭振鐸先生曾説，小説劇曲雖應屬於俗文學，然而本身太大，以之包括於俗文學中，殊覺不稱，應行析出。故此節所謂俗文學，除小説劇曲外，其他一切口語文學的研究均包括其中。

胡適先生是白話文運動的開創者，對俗文學極有研究，除小説部分已在第一節叙述外，更有白話文學史上册，國語文學史；其中多論及俗文學，惜前書僅出上册而止。

鄭振鐸先生有中國俗文學史，上起先秦歌謠，下迄清代的東西調，所包甚廣，爲俗文學史一本劃時代的名著。

李家瑞先生專究中國俗文學，造詣甚深，曾與劉復合編中國俗曲總目稿，計所搜集的遍及河北、江蘇、廣東、四川、福建、山東、河南、雲南、湖北、安徽、江西，共六千餘種。其所作論文更有打花鼓(歷史語言研究所集刊五本四分)，説彈詞(同前六本一分)。趙景深先生亦有彈詞考證，大鼓研究等作品。

唐代俗講，爲俗文學中很大的一個部門，向達先生有唐代俗講考(文史雜誌三卷九、十期)一文，研究精審。

　研究歌謠是北京大學所發起的。自民國六年起，北大日刊上即逐日登載歌謠。後來研究所國學門組織歌謠研究會，發行歌謠週刊，雖時斷時續，而搜集編刊歌謠及其他民俗史料的風氣憑它造成。民國十六年，廣東中山大學亦組織民俗學會，發行民俗週刊，出版"歌謠"、"諺語"、"謎語"、"婚喪禮"、"進香"等冊子數十種。

第四節　美術史的研究

　美術史的研究，方今正在萌芽之中。美術是一種專門的技術，非內行人，是無法深究它的歷史的，而中國美術家，新的一派所學的是西洋的美術，對於本國的美術史，研究起來，當然有相當的困難；而舊派的美術家，又往往缺乏歷史的觀念和方法，所以中國美術史方面研究的成績，並不十分豐富。現在我們把中國美術史的研究，分為書畫、雕塑、建築、音樂四門來敘述，因缺乏參考的書籍，疏陋之譏，知所難免！

　關於書法史的研究，著述極少，只有幾篇零碎的論文，散見於各雜誌中，如東方雜誌二十七卷二號所載沙孟海先生的近三百年的書學，便算是較有系統的作品了。繪畫史方面的著述，則比較來得多，而且已有相當的成績。全史的著作有潘天壽、俞劍華兩先生的中國繪畫史，鄭昶先生的中國畫學全史，滕固先生的唐宋繪畫史，童書業先生的中古繪畫史(未刊)等，其中以中國畫學全史較為完備，唐宋繪畫史和中古繪畫史較有見解。論文有陳師曾先生的中國人物畫變遷(東方雜誌十八卷十七號)，滕固先生的關於院體畫和文人畫之史的考查(輔仁學志二卷二期)，葉季英先生的中國繪畫之骨法與輸入凹凸法(金陵學報二卷一期)，中國山水畫之南北宗(民族雜誌二卷九期)，童書業先生的中國山水畫南北分宗説辨僞（考古社刊四期）、重論中國山水畫南北分宗説兼答啟功先生（大美晚報文史副刊）、中國山水畫南北分宗説新考（齊魯學報二期）、沒骨花圖考（齊魯學報一期），啟功先生的山水畫南北宗考（輔仁學志），向達先生的明清之際中國美術所受西洋之影響（東方雜誌二十七卷一號）等。滕、葉、童、啟四先生的論文解決了繪畫史上山水畫南北宗和花卉畫徐黃異體兩個大問題，較爲重要。

關於雕塑史的研究，頡剛曾在甪直保聖寺發現唐代楊惠之的塑像，經過詳細的研究，才知道這塑像已不是原蹟；但在雕塑史的研究上，仍極有價值，關於這方面，頡剛曾著有多篇論文，發表於小説月報及中山大學語言歷史研究所週刊等雜誌中。又趙邦彥先生有調查雲岡造像小記（中央研究院歷史語言研究所集刊第一本第四分）一文，爲研究雕塑史必讀的著作。

關於建築史的研究，朱啟鈐、梁思成諸先生在北平曾有營造學社的組織，其著作出版的，除中國營造學社彙刊以外，另有梁思成先生編著的營造算例、清代營造則例和劉敦楨先生編著的牌樓算例等書，其已辦或已定的計劃，有山西大同及河北古建築的調查，清代建築年表的編輯，明代營造史料及圓明園史料之蒐集，對於建築史的研求，已有不少成績。

關於音樂史的研究，全史有王光祈、鄭覲文兩先生的中國音樂史，孔德先生的外族音樂流傳中國史，論文有劉復先生的從五音六律到三百六十律（輔仁學志二卷一期），呂氏春秋古樂篇昔黃節解（文學雜誌），賀昌群先生的漢唐間外國音樂的輸入（小説月報二十卷一號），邵茗先生的唐宋樂舞考（劇學月刊二卷十二期），元明樂舞考（同上三卷四期），清代樂舞考（同上三卷六期），舞器舞衣考（同上三卷七期）等，都有相當的貢獻。

以上幾門美術史的研究，以繪畫建築兩門爲較有成績；以書法史的研究最爲貧乏。希望國内專家對於各方面美術史的研究，加緊繼續努力，以便著作通史的人有材料可以采用。

第五章　古史的研究與古史辨

第一節　古史研究興起的背景

最近二十多年來古史的研究，可説是當代史學研究的核心之一。當代的史學界中，有許多學者集中於古史的研究上，已得到了相當的成就，對於中古史以及近代史的研究，反而熱心較差。這種畸形的發展可説是史學界不良的現象，但古代史是後此歷史的根源，不從根源着手，支流的真相確也不易尋得，而且古史上的問題比較繁複，史料的搜集和批判比較困難，研究上所牽涉的各科學問也比較多，不分工合作是不易見效的，所以最近的歷史家分別對於古史作各種不同的研究也有他們的不得已的苦衷。

中國人向來有個"歷史退化觀"的謬見，以爲愈古的時代愈好，愈到後世便愈不行，這種觀念根深蒂固地種在每個國人的腦海中，使大家對於當世的局面常抱悲觀，而去幻想着古代的快樂。目前我國民族文化的不易進步，這也是一個大原因。海通以來，西洋的新科學和新史學輸入到中國，使國人思想上受到了很大的刺激，開始發現過去歷史觀念的錯誤，於是對古史傳説，便漸漸開始懷疑了。

遠在清代中葉，大膽的崔述已經本其宋學的"衛道"精神和漢學的考據方法，把一部分荒誕不經的古史傳説一筆削去，他所著的考信錄，真是清代史學研究上的一部奇書，其目光的敏鋭和史學方法的謹嚴，在近代的史學界上可説已發生了巨大的影響，雖然他因爲限於時代，一切的研求還是不够徹底。

到了清代後期，經今文學派興起，疑古的精神大熾，劉逢禄懷疑左傳，魏源懷疑毛詩和漢古文尚書，邵懿辰懷疑逸禮，都是懷疑古文經的先聲，等到廖平、康有爲、崔適等繼起，更大舉對古文經攻擊，而且又聯帶地懷疑到古史傳説上，認爲古史傳説多出諸子的創造，用來達到他們"託古改制"的目的的，這樣一來，"疑古"的學風便一發而不可遏了。

民國以來，西洋的治學方法和新史觀不斷的輸入，更予人們以莫大的啟示。胡適先生在北京大學講學，常根據他從西洋得來的治史方法，考證中國歷史上的問題，於是古代史的威信更爲搖動。頡剛等身逢其會，便開始提出古史上諸問題加以討論，"古史辨"便在這種情態之下出現了。

同時古金文和甲骨文的研究，在清末已發其端，到了民國時代，王國維先生首先利用這類考古學上的材料參酌了文獻來研究商周史的真相，及門諸子和近世諸學者多能繼續他的精神不斷探求，於是古史的研究又開一新紀元，真古史的骨幹也已漸漸竪立起來了。

要而言之，古史研究興起的背景，是：（一）史學上尋源心理的發達；（二）西洋的科學治學方法和新史觀的輸入；（三）清代中葉以來疑古學的漸次興起；（四）考古學的抬頭。

第二節　古書著作年代的考訂

研究史學，第一步的工作該是搜集史料和批判史料。研究古史，自然應該先把古書的著作年代弄清楚，使這些古書得到史料上適當的價值，所以這方面的工作頗爲一般古史研究者所重視，至今也已得到了相當的成績。

最值得注意的，要算尚書各篇著作年代的考訂了。今文尚書二十八篇中最先爲人所懷疑的是金縢，程頤已認這篇非聖人之言，後來王廉、王夫之、袁枚都曾對此懷疑（袁枚著有金縢辨）。其次爲人所懷疑的要算堯典、禹貢了，康有爲的孔子改制考就認爲堯典爲孔子所作，不是堯舜時的實錄。頡剛在民國十二年答適之先生論今文尚書時代書中（收古史辨第一冊），曾全盤討論到今文尚書的著作年代，認爲這書各篇可分三組：

1. 盤庚、大誥、康誥、酒誥、梓材、召誥、洛誥、多士、多方、呂刑、文侯之命、費誓、秦誓——在思想上文字上都可信爲真。

2. 甘誓、湯誓、高宗肜日、西伯戡黎、微子、牧誓、洪範、金縢、無逸、君奭、立政、顧命——文體平順，或爲後世假作，或出史官追記，不過決是東周間的作品。

3. 堯典、皋陶謨、禹貢——決是戰國至秦漢間的僞作，與那時諸子學說有相連的關係。

這些見解，在今日看來，當然很欠精密。關於堯典，頡剛後來編有尚書研究講義，從制度上疆域上文辭上證明今本堯典爲漢人所作，童書業先生的評顧著尚書研究講義第一冊（浙江圖書館館刊三卷六期），又補充了許多見解。關於禹貢，頡剛提出了著作在戰國時代的見解，以後丁文江先生、翁文灝先生都曾表示贊同（丁說見答顧頡剛論禹治水不可信書，翁說見師大地理月刊演講錄）。郭沫若先生在金文叢考中也主張此說，後來馬培棠先生著梁惠王與禹貢（禹貢半月刊二卷五期），大梁學術（同上二卷六期），禹貢與禹都（同上二卷八期），禹貢與紀年（同上二卷十期），又斷爲梁惠王後元十六年所作，這也還有商榷的餘地。關於洪範，劉節先生曾作洪範疏證（見東方雜誌二十五卷二期及古史辨第五冊），從用字上音韻上證明這是戰國末期作品。童書業先生在五行說起源的討論一文（古史辨第五冊）中，曾根據古史傳說的演變來證明洪範決非戰國末期作品，認爲作在戰國的初期。張西堂先生在尚書研究講義（廣東省立勷勤大學講稿）中也支持童先生的主張，認爲今本洪範訓王的"皇"字，在史記、尚書大傳本作"王"，不足證明洪範的晚出。關於高宗肜日，郭沫若先生的先秦天道觀之進展，根據天字與帝字的用法以及民本的觀念，也認爲不足信。關於粊誓，余永梁先生曾有粊誓的時代考（已收古史辨第二册），以爲是春秋時僖公所作。關於吕刑，郭沫若先生在金文叢考中曾因金文中無天地對立的觀念，而懷疑吕刑的著作年代，但證據還不夠堅强。此外各篇近人雖也常討論到它的著作年代，但都没人作專門的研究發表。我們希望各篇商周書都能考定它的時代，因爲這於古史研究是大有裨益的。

除了尚書以外，比較地爲中外學者所深切注意的，便是左傳和國語的著作時代問題，因爲這個問題已爲晚清今文家所提出而没有解決的。國外學者對於這問題有研究的要算高本漢了，他著有左傳真僞考，從文法上證明左傳非魯人作，而左傳與國語確爲用同一方言人所作，但決非一人之作品。此外卜德著有左傳與國語一文，由二書的引詩多寡上及用"帝"與"上帝"的多寡上，證明二書原非一物。國内學者對此問題作考論的很多，馮沅君、童書業、孫海波、楊向奎諸先生對此問題都曾作比較研究。馮先生的左傳與國語的異點一文（附馮譯左傳真僞考後），比較二書共説一事而文不同的凡十五則，並從"於""于"與"與""及"等字的用法上證明二書全不相干。孫先生的國語真僞考（燕京學報第十六期）也認二書記一事而事實多不同，又以爲司馬遷曾據左傳而未引國語，國語在當時尚未成書。童先生的國語與左傳問題後案（浙江圖書館館刊四卷一期）承認左傳並非春秋的傳，又把史記周本紀所載國語之語與國語對照，知道鄭語等篇在史記前已成立，又從記事上、文法上、文體上、古史傳説上證明左傳、國語非一書分化，而國語中的齊語、吴語、越語等篇是晚出的。楊先生的論左傳之性質及其與國語之關係（北平研究院史學集刊第二期），又反駁晚清今文家的主張，認爲左傳確是春秋的傳，而國語與左傳非一書的割裂。關於這個問題到現在還沒有得到定論，總之，左傳和國語二書決非春秋時代的作品，是可以無疑的了。

關於三禮的著作年代，還急待我們去作深切的研究。比較上有成績的，有錢穆先生的周官著作時代考，他從祀典、刑法、田制各方面證明周禮是戰國時代晉地的著作。還有郭沫若先生的周官質疑（見金文叢考）從金文中的官名來考驗周禮，同樣地證明周禮是戰國時代的作品，而且還認爲"荀卿子弟子所爲，襲其師'爵名從周'之意"。禮記方面，有童書業先生的二戴禮記輯於東漢考（浙江圖書館館刊四卷二期）和洪業先生的禮記引得序，都考定今本禮記輯成於東漢時代；關於專篇的考證，有楊寬先生的月令考（齊魯學報第二期），認爲月令是晉太史之學，經春秋戰國時代陸續補訂而成的。在這方面我們希望有人出來作更進步的研究，因爲這些問題還不能算完全解決，沒有討論到的問題還多着呢。

關於諸子的著作年代，近人考辨得很是熱烈，因已收入古史辨第四册和第六册，留待後面詳說。

此外日人研究中國古籍的也很多，比較有價值的論文也不少，江俠庵先生選譯的先秦經籍考（商務出版）雖不够完善，也足供我們的參考。

第三節　古代民族史的研究

最近古史上的研究，以民族史方面的探討爲最有成績。我國的古史傳說本來非常紊亂，這方面的研究確實給我們在長夜漫漫中找到了一綫曙光，使我們在紊如亂絲的古史傳說中摸到了真實的邊際。

古代民族史方面的研究所以到今天會有這樣的成績，我們不能不歸功於劉師培和王國維兩先生。劉先生曾在古代姓氏的傳說上，先研究出古代民族史的一個面目來，他在偃姓即嬴姓説（見左盦集）中曾證明“熊”“盈”“偃”“嬴”“依”爲一姓的分化，這是很寶貴的見解。王國維先生用他的二重論證法研究甲骨文和文獻的結果，又主張殷以前的帝王宅京皆在東方。只有周獨崛起於西土。接着徐中舒先生便作從古書中推測之殷周民族一文（清華大學國學論叢），以爲：“由載籍及古文字説明殷周非同種民族，約有四證：一曰，由周人稱殷爲夷證之……二曰，由周人稱殷爲戎證之……三曰，由殷周城内之地稱夷者證之……四曰，由箕子遜於朝鮮證之。……綜此四證觀之，周人之視殷人爲東方異族明矣……。”這個結論對於古代民族史的研究確是個重大的啟發。等到傅斯年先生作成夷夏東西説（刊慶祝蔡元培先生六十五歲紀念論文集），更鋪張古代民族有東西二系之説，不僅以爲周興於西土，連夏也是興於西土的；只有殷是興於東方，從祖先神話證明殷與東北民族同出一源。至於虞夏商周的朝代系統只是周人的觀念，東方人卻另有其朝代觀念。傅文一出，給予古史學界的影響更大，從此古代民族有東西二系的説法幾乎成爲定論了。其後傅先生又作姜原（中央研究院歷史語言研究所集刊第二本第一分），姜亮夫先生作夏殷民族考（民族雜誌一卷十一、十二期，二卷一期二期），胡厚宣先生作楚民族起於東方考（北京大學潛社史學論叢一期），都爲此説增加了證據不少。胡先生從卜辭金文以及傳説中的地理和文化禮制來證明楚民族本和殷商同族，本在黃河流域，在殷周之際給周人所逐而南遷的，這些説法都很有見地。最近楊寬先生作中國上古史導論（古史辨第七册），集合諸説，主張：殷、淮夷、徐戎、楚、郯、秦、趙等爲東系民族，周、羌、戎、蜀等爲西系民族；所謂華夏民族，即此二系民族的混合體，一切古史傳説亦皆由此二系民族之祖先傳説交混錯綜而成，他較劉師培先生更進一步，不僅認“熊”“盈”“偃”“嬴”“依”爲一姓之分化，又認“殷”也即是“盈”，又即是“依”（“殷”古或作“郼”，讀如

“衣”），更認爲姬姓和姒姓也是一姓的分化，戎和蜀又是一聲之轉，古代只有這東西二系的民族。楊先生又主張歷史上並無夏國的存在，以爲夏代的古史傳說無非是周人依託宣傳而成，著有說夏、說夏補二文，並見中國上古史導論中。童書業先生又著鳥夷一文，載楊先生伯益考（齊魯學報第一期）後，補證傅、楊諸先生殷爲東夷之論，並著姬姜與氐羌一文（未刊），主張姬、姜二姓由氐、羌來。東西二系民族之論，至今日差不多已漸臻家喻户曉的地步了（承認有夏代而又主張夏族起於東方的，有楊向奎先生所作夏民族起於東方考一文，載禹貢半月刊古代地理專號）。

關於古代其他民族的研究，近人也著有論文很多，如王國維先生作鬼方獯鬻玁狁昆夷考（見觀堂集林），考證薰育、鬼方、昆夷、玁狁、狄、匈奴等皆爲一族，其說頗爲精確。此外錢穆先生著有西周戎禍考等文，蒙文通先生著有赤狄白狄東侵考、犬戎東侵考、秦爲戎族考等文，均載禹貢半月刊中。顧剛亦著有九州之戎與戎禹一文，載禹貢半月刊古代地理專號。

關於中國民族由來的討論，自清末以來，討論也很熱烈，雖然這問題到現在還無定說。大家如要知道他們辨論的内容，可參看繆鳳林先生的中國民族西來辨（學衡第三七期），中國民族由來論（史學雜誌二卷二期及三、四合期）。這兩篇文中，已把中國民族由來的各說大略都引徵和評論到了。

古史辨以外，關於古史研究的專著，近年頗有新作，如吕思勉先生的先秦史（開明書店出版），童書業先生的春秋史，楊寬先生的戰國史（均未刊），都有很新的發現。蒙文通先生的古史甄微（商務出版）也是一部極有見解的作品，他從地域上分剖古史傳說的同異，確也尋得了古史傳說一部分的真相。對蒙先生著作提出反證明的，則有張崟先生的古史甄微質疑（史學雜誌二卷三、四合期）一文。

第四節　古史辨與古史傳説的研究

自從頡剛在努力週報的讀書雜誌上發表了層累地造成的古史觀，曾引起了師友們熱烈的討論，因爲頡剛提出了堯舜禹等古史傳説中的帝王有神性的問題，史學界便開始注意到古史傳説的研究。頡剛由於師友的督促，毅然編著了古史辨第一册，於民國十五年出版。在這一册裏，許多論證，在今日看來是不够堅强的，但主要的見解，到今日，頡剛還很堅持着。

頡剛所編著的古史辨第二册，可以説是承繼第一册的研究的，上編討論的是古史問題，中編討論的是孔子和儒家的問題，下編是關於第一册的評論，在民國十九年出版。其中頡剛所作秦漢統一的由來和戰國人對於世界的想像，主張三代國境只在黃河流域，周是氐羌中的一種，到今日已無可疑，劉復先生的帝與天，魏建功先生的讀帝與天，認帝之原義爲上帝，這個説法確是開啟古史傳説的一個鑰匙。

古史辨的第三册是討論易經和詩經的，第四册和第六册是討論諸子的，這留待下節來論述。現在所説到的，便是頡剛所編著的古史辨第五册。這册上編談的是漢代經學上的今古文問題，下編論的是陰陽五行説起源問題及其與古帝王系統關係問題。這册古史辨雖然也研究到古史傳説，可是主要的卻在替漢代經今古文問題重新加以估定。自從晚清今文家提出了“新學僞經”的説法以後，許多古書像左傳、周禮甚至於史記、漢書都有了劉歆作僞和竄入的嫌疑，同時許多古史傳説像月令一系的五帝説，左傳郯子所述的古史傳説，羿浞代夏以及少康中興的故事，都有劉歆等人僞造的嫌疑。

頡剛認爲古史的傳説固然大半出於自然的演變，卻着實有許多是出於後人有意的僞造。新莽爲了要奪地位，恰巧那時五行的學説盛行，便利用這學説來證明新的代漢合於五行的推移，以此表明這次的篡奪是天意，劉歆所作的世經分明是媚莽助篡的東西，而世經裏排列的古帝王的五德系統，也分明是出於創造和依託的，這其間當然會造出許多僞史來了。對這問題，顧剛曾著了五德終始説下的政治和歷史一文來加以重新估定。錢玄同先生所著重論經今古文學問題（標點本新學僞經考序），可以代表錢先生對於經今古文問題的見解。對於晚清今文學家的主張徹底反對的有錢穆先生，他著有劉向歆父子年譜，也已收入了這册古史辨。在這册中，又因討論今古文的問題而連帶地討論到陰陽五行的起源，因此又收入了梁啓超先生的陰陽五行説之來歷和劉節先生的洪範疏證等篇。

　　自從顧剛在古史辨第一册上提出了古史傳説的見解以來，這十多年中關於古史傳説的研究確實有了相當的成績，紊如亂絲的古史傳説，到今日確已研究出一個綫索來了，這不能不算是當今史學界上一件值得欣慰的事。因此在民國三十年便有古史辨第七册的結集，古史辨第七册，是呂思勉、童書業二先生合編的。這册書分爲上中下三編，上編是古史傳説統論，收了顧剛所著的戰國秦漢人的造僞與辨僞和楊寬先生的中國上古史導論；中編是三皇五帝考，以顧剛與楊向奎先生合作的三皇考和呂思勉、蒙文通、繆鳳林諸位先生關於三皇五帝討論的論文爲中心；下編爲唐虞夏史考，以顧剛與童書業先生合作的幾篇論文和呂思勉、陳夢家、吳其昌諸位先生的論文爲中心。這確是近十餘年來古史傳説批判的一個大結集。

　　在古史辨第七册中，最應注意的，是一支生力軍的加入，那便是楊寬先生的中國上古史導論的發表。他一方面贊成我們的古史神話演變説；一面又反對自康有爲以來的"託古改制"説和"新學僞經"説。他認爲古史傳説多是古代東西二系民族原有神話的演變和融化，它的演變多是自然的演化，而很少是人爲的改造。

他竭力主張神話傳說分化説，認爲一個神話會分化演變成幾個神話，這便是古史内容日趨複雜的主要原因。童書業先生曾説："所謂累層地造成的古史觀，乃是一種逐漸造偽的古史觀，我們知道：古史傳説固然一大部分不可信，但是有意造作古史的人究竟不多，那末古史傳説怎樣會'累層'起來的呢？我以爲這得用分化演變説去補充它。因爲古史傳説愈分化愈多，愈演變愈繁，這繁的多的那裏去安插呢？於是就'累層'起來了。所以有了分化説，累層地造成的古史觀的真實性便越發顯著：分化説是累層説的因，累層説則是分化説的果。"（古史辨第七册自序二）童先生對於楊先生貢獻的介紹和批評是相當正確的，楊先生把古史傳説大部分還原成爲古代東西二系民族的神話，每一個古史傳説中的人物也都指出了他在神話中的原形，雖然有許多地方還有待於修正，大部分的體系可算是確立了。

　　拙作戰國秦漢人的造偽與辨偽，只是一篇通論式的文章，可以代表個人近年來的見解。我覺得過去造偽的人往往兼任着辨偽的工作，辨偽的人也往往兼任着造偽的工作。例如儒家感覺古代神話的不可信，用人事去解釋它，這一方面便是辨偽，一方面就是造偽。劉歆、王肅一輩人的偽造古書古史，也是因爲當時流傳的古書古史不盡可信，所以想用自己認爲可信的"古書""古史"去辨正它，這一方面是造偽，一方面也便是辨偽。這個見解，我現在還認爲是正確的！

　　至於第七册古史辨的中下編，從三皇一直討論到夏桀，都是近年來國内古史傳説研究者的成績，雖不十分完全，但也可以鳥瞰一斑了。三皇的問題，經過這樣的探討，大部分可説是解決了。三皇傳説出於"太一生兩儀"哲理的神話化，同時泰皇的傳説又出於黄帝（即上帝）等神話的演化，也已成定論。五帝的傳説雖然還需要作進一步的綜合研究，可是五帝的前身都是神話中的上帝，也已可斷定，昔年頡剛認爲五帝傳説起於五色天帝的神話，到現在還堅持着這個主張。夏史傳説也很多出於神話的演化，昔年顧剛認禹爲社神的見解，現在已有童書業、楊寬諸先生提供了不少堅强的證據。關於古史中的朝代傳説，童書業先生的帝堯陶唐氏名號溯源，也是值得注意的一篇文章。

這裏附帶地要説的，就是近年來因爲古史傳説的研究，引起了學者們對於古代宗教和神話的研究。在古代宗教和神話研究中，楊寬、童書業兩先生和顧剛大都着眼於古史傳説的探索上，而專門對古代宗教和神話作研究的，以郭沫若、聞一多、陳夢家諸先生的貢獻爲最大。

郭沫若先生的先秦天道觀之進展一書和釋祖妣（見甲骨文字研究）等文，對於我國古代的宗教和宗教思想，曾有很新穎的見解。郭先生認爲"社"即是"高禖"、"高唐"，又即"郊社"。聞一多先生的高唐神女傳説之分析並補記（清華學報十卷四期），更進一步認爲古代各民族的"高禖"即是各族的先妣，楚的先妣高唐與其祖先"高陽"實是一人，自母系社會轉變爲父系社會，先妣也就由女性變爲男性了。接着孫作雲先生作九歌山鬼考（清華學報十一卷四期），更認爲九歌中的"山鬼"便是高唐傳説中的"巫山神女"。陳夢家先生關於這方面的研究，發表有古文字中之商周祭祀（燕京學報十九期）、商代的神話與巫術（燕京學報二十期）、祖廟與神主之起源（燕京大學文學年報三期）、高禖郊社祖廟通考（清華學報十二卷三期），對於商周的宗教和神話很多新的發見。

更有值得一提的，是蔣大沂先生的與楊寬正書（亦載古史辨第七册中），他根據了楊先生研究古史傳説的結果，提供了研究古代神話的一個很可寶貴的見解，他認爲我國古代神話也有光明與黑暗兩境界，有關崑崙的傳説原是天堂的神話，有關幽都的傳説原是地獄的神話，而黃帝伐蚩尤以及堯舜伐共工和誅鯀等故事，就是光明和黑暗之爭的象徵，我們希望在這方面能有更精深的研究，那麼古史傳説的初相就更可以明了了。

第五節　古史辨與古書的研究

古書的研究其實就是古史的研究，因爲古書是古史的史料，研究史料就是建築研究歷史的基礎。所以有人説"古史辨"變成了"古書辨"是一種怯退的表示，這句話是不對的。

古史辨的第三册是專門研究易經和詩經的，上編易經部分，收了十五篇論文，除頡剛自著的周易卦爻辭中的故事，論易繫辭傳中觀象制器的故事，論易經的比較研究及彖傳與象傳的關係書三文外，比較重要的論文有胡適先生的論觀象制器的學説書，錢穆先生的論十翼非孔子作，李鏡池先生的易傳探源，余永梁先生的易卦爻辭的時代及其作者，容肇祖先生的占卜的源流等文。周易卦爻辭中的故事，在積極方面，研究了"王亥喪牛羊於有易"、"高宗伐鬼方"、"帝乙歸妹"等故事；在消極方面，説明了卦爻辭中没有堯舜禪讓和聖道的湯武革命等故事，所得到的結論是：作卦爻辭時流行的幾件大故事是後來消失了的，作易傳時流行的幾件大故事是作卦爻辭時所想不到的，從這些故事的有與没有上，可以約略地推定卦爻辭的著作時代當在西周的初葉。論易繫辭傳中觀象制器的故事主要在説明這故事是出於漢人京房一派所僞託的。論易經的比較研究及彖傳與象傳的關係書是請李鏡池先生對於周易本文作比較的研究，同時説到彖傳和象傳的關係，我覺得象傳的爻的部分原與彖傳相合，象傳的卦的部分則是後出的。

胡適先生的論觀象制器的學説書，認爲觀象制器之説本來不是歷史，易繫辭傳此章雖有稍後出的可能，但象傳各條皆有觀象制作之意，當是同一學説，他反對我的觀象制器之説作於京房一流人的意見。錢穆、李鏡池二先生的論易傳文章，都從思想及其他方面説明易傳非孔子作。李先生更認爲彖傳與象傳的著作年代當在秦漢間；繫辭與文言的著作年代當在史遷之後，昭宣之前；

説卦、序卦、雜卦的著作年代在昭宣後。余永梁先生的易卦爻辭的時代及其作者，也主張卦爻辭爲周初作品。容肇祖先生的占卜的源流把占卜的起源和流變考證得清清楚楚，讀了此文，更能明白易經在占卜史上的地位了。此外如錢玄同先生的讀漢石經周易殘字而論及今文易的篇數問題和李鏡池先生的左國中易筮之研究、周易筮辭考等文，也都解決了易經上的許多問題。這裏連帶地要提到的，便是郭沫若先生對於易經的見解。郭先生在金文叢考的金文所無考裏因爲"乾""坤"二字爲金文所無，天地對立的觀念亦爲金文所無，認爲經部的著作在春秋以後。郭先生另有周易之制作時代一文（見青銅時代），認爲經部作於戰國初年的楚人馯臂子弓，而傳的大部分是秦時荀子的門徒楚國人所著。

第三册下編詩經部分收了五十九篇長長短短的文章，顧剛自著的有詩經在春秋戰國間的地位，瞎子斷扁的一例——靜女，論詩經所録全爲樂歌等文，對於春秋戰國時代人的用詩，孔孟二子對於詩的態度和詩經所録是否全爲樂歌等較大的問題曾有所考證，對於詩經中的各篇如靜女、野有死麕、褰裳、碩人各篇也曾有所解釋。同時胡適、俞平伯、劉大白、魏建功、董作賓諸位先生對我的見解都有所補訂討論。此外鄭振鐸先生的讀毛詩序對於詩序痛加抨擊，是批評詩序的最有力的一篇文章。陳槃先生的周召二南與文王之化，説明二南與文王毫無關係，大多數只是東周時代江漢民族的作品。俞平伯先生的葺芷繚蘅室讀詩札記，對於周南卷耳、召南行露、小星、野有死麕，邶風柏舟、谷風等篇都有新見解發表。胡適先生的詩三百篇"言"字解，是以科學方法研究詩經文法的第一聲。他的談談詩經也有許多新穎的見解。其他關於"起興""六義"等問題也有鍾敬文、朱自清、何定生諸位先生的討論。總之對於詩經的研究可説是相當的熱鬧了。

古史辨第四册和第六册都是專門討論諸子問題的，編輯者是羅根澤先生。第四册内容也分上下兩編，上編爲儒、墨兩家，下編爲道、法兩家；第六册仍分上下兩編，考證遍及先秦各學派，範圍更擴大了。

這兩册古史辨中所收的論文極多，不勝一一介紹。較重要的有：胡適先生的諸子不出於王官論、詳論近人考據老子年代的方法，梁啟超先生的論老子書作於戰國之末，錢穆先生的荀卿考、關於老子成書年代之一種考察、再論老子成書年代，馮友蘭先生的大學爲荀學説、中庸的年代問題、老子年代問題，張壽林先生的老子道德經出於儒後考，張季同先生的關於老子年代的一假定，孫次舟先生的跋古史辨第四册並論老子之有無，譚戒甫先生的二老研究，唐蘭先生的老子時代新考，郭沫若先生的老聃關尹環淵，唐鉞、鄭賓于二先生的論楊朱，門啟明先生的楊朱篇和楊子之比較研究，容肇祖先生的韓非的著作考，王正己先生的孝經今考，蔡汝堃先生的今文孝經成書年代考；更有羅先生自著的：戰國前無私家著作説、荀卿游歷考、由墨子引經推測儒墨兩家與經書之關係、老子及老子書的問題、晚周諸子反古考、商君書探源、再論老子及老子書的問題等篇，頡剛所著的，亦有從吕氏春秋推測老子之成書年代一文。

胡先生的諸子不出於王官論，是近今研究諸子學轉變風氣的第一篇重要文章。過去的學者都承認劉歆、班固等的説法，認爲諸子之學都是王官之學之餘裔。胡先生否認此説，謂諸子之學皆春秋戰國之時勢世變所産生。此説一出，諸子之學之真價值和真地位乃完全顯著。此後錢穆、馮友蘭、羅根澤諸位先生都受此説的影響（不過馮先生雖否認諸子皆出王官的舊説，但他另有其諸子之學的源起説，謂諸子學與王官之學也有相當的關係，其説後出而很近情）。羅先生的戰國前無私家著作説、晚周諸子反古考等文，都是繼承胡先生的説法而作更進一步的探討的。

這兩册古史辨所討論的，無非是諸子的"人"和"書"的問題。最可注意的，是老子及老子書的年代問題。其間可分爲三派：第一派是主張老子及老子書晚出的，代表的論文很多。最早提出此問題的爲梁啟超先生，其後如錢穆、馮友蘭、張壽林、張季同與羅先生及顧剛本人都竭力主張此說，雖然各人的主張也不盡同，但大致都認老子和老子書晚出，不能代表春秋末年的思想。還有孫次舟先生，他不但懷疑老子書，並認老子並無其人。第二派是維持老子和老子書年代的舊說的，胡適先生爲其中主張最力的一人，他認爲主張老子和老子書晚出的人所持的證據和所用的方法都很危險；他和錢穆、馮友蘭二先生曾有所辨論。此外如張煦、馬叙倫諸先生都是這一派的代表。第三派是折衷派，例如唐蘭先生主張老聃與孔子同時，老子爲老聃遺言，但與墨子、孟子同時成書；郭沫若先生又說老子確係孔子之師，老聃老子書確爲老聃之語錄，集成此語錄者爲環淵，即是關尹。總之關於老子問題，現在還在討論之中，最後結論還不能馬上得到，但老子和老子書的舊說之必應修正則是無問題的。

其次爲近人爭辨得熱鬧的，是墨子的姓氏問題。自從清末江瑔提出墨子之"墨"非姓的見解後，受他影響的人也很多。較近情的，是錢穆先生"墨本刑徒之稱非墨子之姓"說。關於這個說法，馮友蘭先生的中國哲學史中也采取了。但我們覺得這個說法雖有相當的價值（揭露了墨學一部分的真相），但不無可疑，因爲從墨子書中看，其接受傳統的貴族學說處很多，墨子本人也有相當的貴族色彩，舊說墨子爲宋大夫，而宋人的愚笨素爲先秦諸子所稱道，墨學的有宗教色彩以及兼愛非攻等種種難於實現的理想都是漢人思想的表現。童書業先生發現宋公子目夷之"目夷"，古書或作"墨臺"，而墨子爲墨臺氏之後又明見於古籍，再從墨子與宋國關係之深一點觀察，墨子很有爲公子目夷之後的可能，因此童先生就與顧剛合著了一篇墨子姓氏辨（載北平研究院史學集刊第二期），除提出墨子爲公子目夷之後的見解外，又駁評了江、錢二先生的說法。近來頗有人贊同我們的見解，但這個問題的論定仍須俟諸異日。

中國史學入門[*]

---

[*] 中國青年出版社，1983 年 7 月初版；1986 年 5 月修訂版；1993 年 12
月增訂版；2007 年 9 月 4 版。北京出版社，2002 年 1 月 1 版；2009
年 3 月 2 版。收入本書以中國青年出版社 1993 年 12 月增訂版錄排，
略作校訂。

序　言

　　攤開在讀者面前的這本小書，是顧頡剛先生的談話記錄。顧頡剛是什麽人，這對於我國史學界、學術界，是很熟悉的。但是對於一般青年讀者，則有些陌生。

　　有一位史學界的老同志，爲了便於我寫篇小序，以簡略介紹顧先生，就給了我一篇史學家白壽彝同志的悼念顧頡剛先生和顧頡剛先生主要學術年表。後者，是"悼念顧頡剛先生學術報告會籌委會"在一九八一年所制。

　　主要根據這兩篇文章，我簡要説説顧頡剛先生其人其事。

　　顧先生是我國著名史學家。他是江蘇蘇州人，一八九三年生，一九八〇年十二月在北京逝世，享年八十有七。

　　他四歲讀四書，七歲讀五經。十歲開始每天作文一篇，作經義、史論、策論。十一歲讀綱鑒易知録。一九二〇年，在北京大學畢業，並留校爲助教。

　　他先後在廣州中山大學、北京燕京大學、北京大學，以及雲南大學、齊魯大學、中央大學等學校當歷史學教授。我聽到有的史學專家對我講："顧先生是我的教師"，"我聽過顧先生的課"。應當説，他對於培養我國史學人才，有過重要貢獻，是一位老的史學教育家。

　　史學家白壽彝同志説："頡剛先生，作爲一個歷史學家，在古史研究上有卓越的成就，在歷史地理學和邊疆地理學上有新的發展。他對於民俗學和通俗讀物，也都是熱心的提倡者。"

又说："頡剛先生對史學的見解，幾十年來在史學界有廣泛的影響。"

又说："頡剛先生在中國近代史學史上，是一位有成就、有地位的歷史家，給我們留下了豐富的學術方面的遺産，在國內外享有相當的聲譽。"

以上，就應當説是我國史學界對於顧老的公論。

顧老生平著述甚多。我略作摘引於下：

一九二三年，作詩經的厄運與幸運、與錢玄同論古史書。

一九二四年，作孟姜女故事的轉變。

一九二五年，作論詩經所録全爲樂歌、妙峰山香會調查。

一九二六年，作古史辨第一册自序、秦漢統一的由來和戰國人對於世界的想像、春秋時的孔子和漢代的孔子。

一九二九年，作周易卦爻辭中的故事。

一九三〇年，編寫中國上古史研究講義及五德終始説下的政治和歷史。

一九三一年，作堯典著作時代考。

一九三二年，作從呂氏春秋推測老子之成書年代。

一九三三年，作漢代學術史略（後改名爲秦漢的方士與儒生）。

一九三五年，作戰國秦漢間人的造偽與辨偽、王肅的五帝説及其對於鄭玄的感生説與六天説的掃除工作、三皇考。

一九三九年，作中華民族是一個。

一九四〇年，作燕國曾遷汾水流域考。

一九六一——一九六六年，作周公東征史事考證。

一九六二年，他的尚書大誥今譯（摘要）發表。

一九七八年，整理舊作莊子和楚辭中崑崙和蓬萊兩個神話系統的融合、"周公制禮"的傳説和周官一書的出現。

一九七九年，作"聖"、"賢"觀念和字義的演變。整理舊作從古籍中探索我國的西部民族——羌族、論巴蜀與中原的關係。並開始發表尚書校釋譯論。

一九八〇年，整理舊作禹貢中的崑崙、鄒衍及其後繼者的世界觀。編訂顧頡剛古史論文集第一集、孟姜女故事研究集。

有一位老史學家對我說：“顧先生是以古史辨起家的。”所謂古史辨，是頡剛先生把他和別人研討古史的論述，加以編集而成，先後共有八冊。考辨古史，他從一九二〇年就開始了。

例如，他所編的古史辨第三冊是討論周易與詩經；又如，古史辨第五冊，是討論經學的今古文問題；而其第七冊，是研討神話傳說時代的古史。

顧老在考辨古史的學術活動中，是有其獨到見解的。例如，他認爲“時代愈後，傳說的古史期愈長”。周代人心目中最古的人是禹。到了春秋孔子時，最古的人是堯、是舜。接下來，到了戰國時期，人們心目中的古人就有了更古的黃帝和神農。再接下來，到了秦朝，就有了較之黃帝更早更古的三皇。而到了漢朝以後，人們説最早還有盤古。

顧老，按照他對於古史記載的看法，認爲有些古史傳統説法，必須打破。比方説，他認爲，古代的神話中人物“人化”之極，把古代説成了黃金世界。其實春秋戰國以後的一些古代觀念是春秋以前的人所沒有的。所謂“王”，只有貴的意思，並無善的意思。自從戰國時的政治家，要依託古王去壓服今王，就極力把“王道”與“聖功”合在一起。於是把古王的道德功業夸張成高到極頂，好到極處。他認爲，要懂得五帝、三皇的黃金世界，原是戰國後的學者造出來，以便給他當時的君王做樣子的。

在考辨古史時，顧老爲什麼從一九二二年開始，就花了力氣研究尚書呢？這是因爲他感到我國封建史學體系，主要是從戰國到西漢的儒家們來完成的。通過這般儒家的手，確立了堯、舜、禹、湯、文、武、周公這一古史系統。而這個時期的儒家們，主要是靠了尚書來創建其古史體系的。要想摧毀這一封建史學體系，就必須摧毀尚書的經學地位，驅散它本來面目上蒙着的迷霧。所以，顧先生一生的主要力量，實際是放在對尚書的整理與研究上。顧先生搜集、積累有關尚書的豐富資料，進行了多方面的探索，寫成筆記達數十巨册。他以充分論證，從根本上動摇了儒家利用尚書而編成的古史系統（見白壽彝的悼念顧頡剛先生）。

顧老是我國近代的史壇大師，在學術上貢獻大、影響廣。他在政治品格方面如何呢？也應當説一説。

我有一位抗大二期的同學，他是抗戰前的老黨員，叫王念基。他對我説：顧頡剛在"一二·九"運動的前後，曾經和我們秘密黨員有來往。這位黨員經常寫些文章宣揚我黨抗日救亡的主張，發表在顧頡剛所主持的"通俗讀物編刊社"所印發的一些小册子及顧老主編的大衆知識上。而且，頡剛先生當時以燕京大學歷史系主任的社會身份，在以他爲社長的編刊社裏，還掩護過我黨的一些活動，保護過我黨黨員。這些史實，那個親身經歷過的老黨員，在解放後曾幾次寫過回憶文章，加以記叙。這位抗戰前的老黨員，名叫郭敬。他在悼念與追記（未發表）的文章裏叙道：

"雙十二事變後，編刊社擁護中國共產黨停止內戰，一致抗日的號召。"

"我和社內的幾個黨員和民先隊員，是用顧先生的名義分別聘請來工作的。充實了編刊社的力量，掩護了黨、團員的活動，使編刊社成爲黨員和民先隊員在白色恐怖下的一個秘密立足點。"據説，顧先生本人開始不知道他們是共產黨，但到後來是知道此事的。

"社長顧頡剛先生是一位學識淵博，國內外著名的史學家，熱心抗日救亡和對群衆進行宣傳教育的事業。平時雖不在社內辦公，實際上編刊社是在他的領導和支撐下才能存在。他待人接物和藹親切，視社內青年如門生弟子，工作中以身作則。爲了編刊社的生存和發展，對南京政府和有關當局，不能不有些往來。但對國民黨蔣介石投降反共的行爲是反對的，對中國共產黨主張的抗日民族統一戰綫政策是同情的。他很謹慎，在給南京政府文教主管人送編刊社出版的樣書時，囑咐我們把對内團結禦侮，對外一致抗戰和類似的幾種宣傳進步思想的小册子不要送。他知道這些書的出版容易受到迫害和查禁。"

"通俗讀物編刊社"的前身是顧先生創立的"三户書社"。從"九一八"、"一二·九"到抗戰，在顧先生努力下，出過各種小册子前後有五六百種，如傀儡皇帝坐龍廷、二十九軍大戰喜峰口、義軍女將姚瑞芳、打漢奸等。到了一九三八年，該社遷到西安，還編印了八路軍大戰平型關和八路軍火燒陽明堡等小册子(見郭敬同志的悼文)。這些小册子先後共發行五千萬册，擁有廣泛的讀者，影響很大。

在"九一八"日本帝國主義侵佔我東三省之後，顧老參加燕京大學教職員學生抗日會。他主辦"三户書社"，所謂"三户"，是取"楚雖三户，亡秦必楚"的意思。用通俗讀物的形式，進行反對日本帝國主義侵略的宣傳。

這些，可以證明顧老在"九一八"事變時，在"一二·九"運動中，在抗戰前夕的政治風貌和進步活動。這對於一位有社會地位的學者來説，在當時的歷史條件下，是難能可貴的。

顧先生在一九二五年大革命時，在五卅運動時，曾經爲京報編過救國特刊。他作了上海的亂子是怎樣鬧起來的和傷心歌。

一九一九年，顧先生受到五四運動的影響，曾參加新潮社，作對於舊家庭之感想，署名顧誠吾，發表於新潮。

中國近代史上有若干大的人民革命運動。一九一九年五四運動，一九二五年的五卅運動，一九三一年"九一八"後的人民反日救國運動，一九三五年的"一二·九"抗日救亡運動，一九三七年的抗戰鬥爭，都是些大的人民革命鬥爭。顧老在上述這些革命浪潮裏，在重要的歷史關頭，在重大的人民鬥爭中，是有過重要進步活動的。他並非只是埋頭書齋的人。

解放後，他擁護中國共產黨的領導，自覺接受馬克思主義，熱愛社會主義制度。他先後任中國科學院歷史研究所研究員、中國史學會理事、中國民間文藝研究會副主席。又任全國政治協商會議第二、三屆委員和第四、五屆全國人民代表大會代表。還被選爲民主促進會中央委員。

一九五四年，總校資治通鑑。一九五五——一九五七年，他校點史記。一九七一年，他和其他史學家奉中央之命，主持校點二十四史。

我從一九六六年春以後，就再也不曾同他見過面。後來，我曾問過一位史學家，我說："在'文化大革命'中，顧頡剛先生大概是平安度過，沒有挨鬥吧！他不是毛主席、周總理點名要他校點二十四史嗎？"

誰知道，回答是這樣的："哪裏！哪裏！顧先生在'文化大革命'中，挨鬥不少、不輕！把他老先生鬥得够殘忍、够殘酷的呀！"

我不禁悚然！在這場"砸爛"、"粉碎"的大災難中，原來並非只想幹掉我們這些"黨內走資派"老黨員們哪！像顧老這樣的大學者，也都不饒！

只是，顧老並未被鬥死。他在一九七一年，又重新披掛上陣，主持校點二十四史。在一九八〇年，他逝世之前，還以八十七歲的高齡，整理編寫好幾部學術著作。

我這個人，本來並不認得顧老的。雖說，在三十年代我已久仰他的鼎鼎大名了。然而，一九六五年冬到一九六六年春，我與顧老先生等老專家、老黨員一同養病在北京香山療養院。其間，我沒有放過這個難得的機會，我天天向他恭敬地討教。老先生越談越興奮，以後乾脆約定，天天上午在他的病房進行面對面的談講。一連講了二十多個上午。

　　講的全是古史、史書和史學。有些雖是應我的請教和發問，大部分卻是老先生一個專題、一個專題地講説。我像一個用功的學生，把他的每一句話，差不多都詳細記録下來了。他爲了照顧我作筆記，就有意地放慢速度，不是滔滔高論，而是徐徐漫説。於是，這部筆記，不僅寫得很厚很多，並且有綱有目，條理分明，有其完整清楚的體系。

　　最後，老先生發話了，説："你是不是可以把我所談，你所記的，加以編寫印成一本小書呢！"那時我的本意，只不過是爲了學點史學知識。我當時還在第一綫上，有自己的工作崗位，既没有能力，也没有時間編寫成書。所以，我當時不敢作出應諾。

　　十六年以後，一位老黨員敦促我："還是把這個本子，整理一下編寫出來爲好。"我才真的動手做起來。

　　我惟一的心願是，這本小書能够對於一些中、青年史學研究人員，對於一些中、青年歷史教學工作人員，對於一些刻苦自學歷史的人們，能够有一星半點的助益。

　　也許，我也算報償了顧老先生的一椿心願：他當年要我編寫的那本小書，我終於盡了我的力量，完成了那個使命。惜乎！顧老已經不在人間，他不能親自過目了！

何啟君

一九八二年六月九日於北京

三版前言

——新消息

　　這部書已經出版了二次，這是第三版。自從初版以來，曾有日文譯本在日本出版；還有香港刊行的本子。據知也有人譯成英文。可惜的是，這些本子都缺了一大塊，原因是編者自己漏了許多。這當然是一種不幸。

　　1992 年 7 月，編者在收拾陳年老筆記本子時，忽然發現了一個褐色小本本。這裏頭有 95 頁記錄着 1965 年顧頡剛老先生對我講述的中華古史。這是重大發現，令人驚喜。翻閱之下，知道這個本子，比前一個藍色本，更爲重要。書名入門，必須增補上褐色小本的記載，才真的更會體現這一書名。

　　爲什麼出了這些事？和“文革”有關。我是 1965 年單獨聽講的，1980 年才着手整編藍色本本，那時忘記十多年前原是把聽講筆記先後錄寫在二個本子上。是“文革”之前所聽所聞，到“文革”之後，才單單發現了藍色本。又過了十多年，才新發現了褐色本。這一發現，就像偶然看見了新寶藏。

　　對於讀者來説，這是新聞！對於編者來説，這是一次新奉獻！我感到莫大的慶幸！

　　這兩個本子都是往年不尋常的日子，所作的不尋常的記錄。兩本合一，才是真正的全璧。

　　褐色本所記，中心是中華民族之緣起、壯大與發展。這裏包含着古族、古事、古人、古文字、古書、古神話、古故事、古器物、古文學、古詩、古代軼聞趣事。

這裏是顧頡剛大師一生心血的閃光晶體，展示了他老先生對中華民族之遠古先人的深刻探索，也展現了顧先生的淵博與精深。顯示着這位鼎鼎大名的史壇巨人對於古史的諳熟、通曉及其鏗鏘有聲的獨到見解。

這是一些歷史唯物主義的史學研究成果，以至於所有談論，即使是遣辭造句，也是經過精心推敲的。例如對中華上古各族的分分合合，都不隨意動用些不科學的語言。

作爲整理人，我在整理原筆記時，十分注意不走樣子，不離格兒。努力保持顧老原話、原意、原色、原味。當然筆記語言，同他本人的口頭語言不可能一般模樣。而把數十年前的筆記語言，再化成讀者可能看得清的語言，並不可能一個錯字、一個錯句也沒有。

整編者在編寫過程中，對於中華民族的久遠的歷史和文化，越發感到驕傲和光榮，想讀者必將有同感。

當然，一些史學研究家和一般學者，也會感到他山之石，可以攻玉，此書將有助於他們自己的科研工作。

何啟君

一九九二年八月於秦皇島海濱

一　中國民族史概要

今天，十二月十五日，顧老看起來面色紅潤，腰板倍兒直，精神焕發，應我的請問，興致盎然地講述中國民族的源流。他的思路異常清晰，語言有條不紊，邏輯性强。談起中華民族的歷史，他帶着一片摯愛之情，高論滔滔不絶。他的北京話帶有少許蘇州鄉音，徐徐漫道。

1. 打破兩個錯誤的觀念

人們對於中華民族的來源，有兩個不科學的錯誤觀念，必須打破。

第一個錯誤，説中華民族自從三皇五帝以來，一直是統一的；又一直是封建帝王世代相傳下來的。

其實不然，三皇五帝是許多民族在悠悠的遠古時期的不同的神；後人才把這些神聯繫起來，成爲許多民族共同的神，稱作"三皇"和"五帝"。古人説自己是"三皇"、"五帝"生出來的，是黄帝的子孫。其實，這是不對的。這個説法鐵板釘釘般地定下來，就使得科學的民族史無法研究。

第二個錯誤，以爲中國民族是在四面八方之中央，其他少數民族在四邊，東方的民族叫做夷，西方的稱爲戎，那在南方的就叫蠻，而北方的則呼爲狄。

實際上並非如此，古時，夷人、狄人各方都有。夷、狄、戎、蠻並没有某種固定的地域分配。

現今，我們知道的有"北京人"，山西"丁村人"，廣西"柳江人"。這都是新發現的五十萬年前到四五萬年前的古人。這些古人，與今日之中華民族，究竟有何聯繫？還不知道，没有研究清楚。

今天的中華人，只不過四千年。而人類整個歷史異常漫長，有文字記載的歷史，才數千年。可是，考古，可到達一萬年；古生物學可到一百萬年；地質學可以到幾百萬年。真不知，人類史從何時起始。

現在的有文字記載，又有文物爲佐證的人類歷史，仍舊是太短太短了。

2. 中華民族的形成、壯大和發展

(1)商

古老的中華民族歷史，有文字資料的，自商代的甲骨文起始，算來不過只有三到四千年。

商人，是中華民族。它的東邊爲鳥夷人。鳥夷人把鳥作爲自己的圖騰。鳳鳥氏、玄鳥氏和爽鳩氏都是鳥夷。鳥夷人所佔地域極爲廣大。大概以山東爲中心，最北到東北地區；南到江蘇；西到河南。這些都有考古的根據。鳥族文化是黑陶文化。黑陶在山東、河南、東北、江蘇等區域發現很多。黑陶的特點是薄，上面都有鳥頭。這些是近些年才發現知曉的。

商的西邊是羌人。羌人占地有陝西、甘肅一帶。

商人在河南、河北地區。同其他部落比起來，當時已算是很大的了。

商的南邊是越，在甲骨文中無越的資料。因商同越的交往少。那時，商與南方、北方的關係少，而與東方、西方的關係多。

商的北面，仍是夷。夷人沿海而居。另外它的北邊還有狄，但關係不多。

商代的中華民族大概如此。

(2) 周、秦

商之後爲周。周是羌人。羌人分成二支，一是姬姓，一是姜姓。都起源在渭河流域，陝西一帶地方。姬姓同姜姓聯姻。羊加男人爲"羌"，羊加女人爲"姜"。他們都以羊做圖騰。

周人後來向南、向東方擴展。向南方擴展的是太伯。他沿漢水向東南發展到湖北、江西、浙江、江蘇，建立了吳國。這當然不是太伯一人、一次行動所達成的，而是慢慢地逐步形成的，從而吳國被周所統治。那個地方原本是越人。

另外，周人向東擴展到了山西，再往東南到了河南。這一來，周人便同商人起了衝突，發生戰爭。結果，周滅了商。周的地方大了。最初周武王時候，他們擴充到河南、陝西、山西三省，地域就很龐大了。

周武王死了以後，他的子侄起來叛亂。這就引發了周公的東征。東征名義上是平叛，實際上則大大開拓了疆域。河北、山東都被吞併了。這個地帶原是鳥夷的居留地，鳥夷人被迫分散，有的留下，有的逃到南方，有的逃往西方，有的跑往北方。所以周公東征的地方愈大，鳥夷人的分散也愈廣。

　　後來的秦人，姓嬴，是鳥夷的一族。周公把秦人從東方趕到了西方。後來的越國，也是鳥夷人，嬴姓。犬戎滅了周，東方的鳥夷人姓嬴的自東方搬遷到西方。總之，東方和西方的各族混合了。到了秦代，東方的各族的人，則爲來自西方的人（秦人）所統治了。

　　狄，即犬戎，以犬爲圖騰，商時已有。到周時，同犬戎就近了。狄在西、北方，勢力很大，地域很廣。西部的在陝北地區，北部的在山西、河北地區，内蒙古全是狄人。戰國以後變爲匈奴。歷史上的匈奴，來自狄人。

　　到了春秋時代，狄人分爲白狄和赤狄二支，用旗的不同來劃分。赤狄占地在陝西、山西、河北一帶。白狄在河北的定縣。晉人滅掉了山西與河北的很多白狄和赤狄。到戰國時期，秦又滅了陝西白狄。於是，狄更往北去。所以，戰國到秦、漢，狄人都到長城以北去了。秦、晉、燕各國都營造長城。到戰國時，晉國亡了之後，趙國、秦國、燕國全都造長城，爲的是防禦狄人。

　　秦、漢以後，匈奴力量大，地域比中原還要大，佔有了蒙古和新疆。匈奴人善於騎馬射箭，善於打仗。所以秦朝特別派了大將蒙恬去抵禦匈奴。可是，仍然被匈奴人搶去肥沃的河套地帶，直到漢武帝時候才奪回。

　　秦、漢時代，在北面以長城阻擋匈奴的戰馬。在南方，就開拓越。西周時吳太伯已到了越，這時又到南海郡和桂林郡（即廣東、廣西），還到了閩中郡（即福建）和象郡（就是越南）。

　　越南的越人，在古代原本和浙江的越人是相同的。浙江的越有甌人，東甌人在溫州，西甌人在廣西。

　　南方的越人，用船向南方去，十分便利。如同北方的匈奴用馬，能開到遠方。

　　越人，矮小的身子，黝黑色的皮膚，所以也有人稱其爲馬來種族。因爲體格和馬來人相同，這一種族，也許是中原人。再往南，則到了東南亞，好像匈奴人之到了西伯利亞。

所以，古代的中華人，分爲三：

一、在中間地區，中華先人，是東方的人和西部的人所合併起來的。

二、在北邊地區，匈奴人，向北擴展。

三、在南部地區，越人。

因此，可以這樣説：全亞洲，在遠古的歲月裏，曾是三族共同開發。古日本、古朝鮮可能是鳥夷人。因爲鳥夷人説，其祖先是鳥卵所生。在朝鮮，現在有許多證據。

從商、周到秦代，許多民族合併起來，漢代以後就叫中華民族，這其中包括了許多少數民族。例如，貴州的夜郎國，雲南的滇國都併到一起。夜郎國，在漢武帝以前是獨立存在的，到武帝時把它合併了。"夜郎自大"是怎麼回事？漢朝使者到夜郎國，夜郎國王問道："漢朝，比起我夜郎國來，孰大？"所以留下這個典故。比喻一個人不知天高地厚，而妄自尊大，人們就説他是"夜郎自大"。其實，他本不大。

中華民族的形成、壯大和發展，要歸功於三個人：

一、周公，他併下鳥夷，一直到了東方，到了海邊。

二、秦始皇，他併下了南方的越，到了福建、廣東、廣西。

三、漢武帝，他發展到了雲南、貴州。

四川，戰國時，秦國就加以開發。四川，一是巴，在重慶；一是蜀，在成都。秦始皇之能够統一全中國，和開拓四川大有關係。因爲，四川有米，打下巴和蜀之後，有了三個大地區，就可以攻取東方，東方卻不能打四川。

内地的小種族有許多許多。如蠻，它分很多個種族。對於蠻的開發，要歸功於楚。

楚，本爲東方的人，同鳥夷很近。楚人姓芈。楚以羊爲圖騰。原先在河南的東部，被周公一打，遷徙到漢水流域湖北一帶。到了荆山，周公的力量達不到了，以後，它壯大起來。接着，南方的許多小種族都爲它所合併。包括安徽、湖北、湖南、江西等各區域。楚曾派人打雲南，沒有成功。但南蠻的大部分是被楚所同化。

戰國時，越國滅了吳國之後，楚國把越國滅掉。所以，楚在春秋、戰國時代，地域最大，其周圍有五千里。其次，才是秦。當時，許多人以爲楚是要統一全國的；可是，楚卻爲秦滅掉。

春秋時代，有四個大國。即齊國、晉國、秦國、楚國。齊國占了山東的大半（東北部），及河北的南部。晉國占了山西的全部及河北的西部。晉國本在山西的南部，它向北發展，到了雁門關以南一帶地方。

秦國，原先是在甘肅的東部——清水縣。後來它擴充到陝西中部，再擴充到陝北以及陝南，加上甘肅的西部。到戰國年間，秦國擴展到四川。秦始皇時，已經達到了福建和兩廣，這時的版圖同當今的領域，就已經差不多了。

說到燕國，很有味道，它本來很小，可是到戰國時期卻大起來。它到了遼寧及內蒙古的東部。燕昭王向東北發展，到達熱河、遼寧。這一擴充，主要是打擊了朝鮮。原在遼寧、熱河、河北、東北之一角的朝鮮人，便移到了現下的朝鮮。

朝鮮人稱大河爲"灤"。"灤"字變音成"遼"，又變爲"凌"，這在韓音中，都是河。

朝鮮人東遷，但是有一部分朝鮮人仍然留居在東北，這就是原名稱的高麗。到唐朝，唐太宗又去打高麗，當時主要在今之鞍山一帶區域。所以戰國時的燕國很大。

戰國時候有七個國家最大，即齊、楚、燕、趙、秦、韓、魏。當時韓國、魏國在他們各國中間地方，被擠得無法向外擴大。韓國就是河南的中部和西部；魏國是山西、河南與河北的各一部分，這是最小的兩個國家。

趙國往北發展，它原來在山西的北部和河北的西部，建都在河北的邯鄲。

（3）漢

十二月十六日，香山療養院院址在香山公園的裏頭，位在山腳下一個小平原。院的四周都是山，我們環香山而居。十二月，聞名的紅葉大部凋落，只有零零星星的紅色楓葉掛在枝頭。人們仍可以尋覓到好看的、完整的葉片，夾在書間。

爲了追求知識，我經常在山間小路陪同顧老散步談心。當然，我不放棄任何一個時機，向大學者討教，問了這，問問那。顧老可説是學富五車，滿腹經綸。從三皇五帝到盤古開天辟地的傳説，舉凡中華古族之每一史篇，他都順手拈來，口中滔滔，絕無停頓。以一老者，其記憶力之超群，那是驚人的。他還誨人不倦，每一對他來説本是平常之題，他都耐心細講，令人感到娓娓動聽。

在室内，在病房裏，正式開講時，他更是正襟危坐，雙目放射出智慧、和善的柔和之光。我忽然想起什麽叫厚積薄發？他腹内所容納的史學知識太廣太博了，而講得又是那麽淺近易懂，大概就是這個意思吧！

今日，繼續講説中華民族的古史。老學者如數家珍地説着。

漢代武帝時候，到達河西走廊，又擴大到新疆及朝鮮半島的中部和北部；再加上貴州（夜郎國）同雲南。漢武帝的疆土大極了，中華民族壯大了，凡漢疆域内的人都説是漢人。實際上，人的血統很亂。漢人不是單一的血統，是許多族的混合。

漢武帝打敗了匈奴，他的單于（即王）呼韓邪就向漢朝投降。漢宣帝時，匈奴來朝拜。漢元帝時，就把王昭君匹配給呼韓邪。在這個時期裏，匈奴是投降，不是壓迫漢人。

這時，匈奴分爲一南、一北二支。向南的匈奴投降了漢朝。這一支中有一部分後來到了山西。向北的一支，北匈奴，到東漢中葉被大將竇憲打敗。他向西發展到了中亞，再向西到了歐洲。現在的芬蘭和匈牙利是北匈奴後人。

自此以後，匈奴沒有了。南匈奴，變爲漢人，北匈奴，變爲歐洲地域的人。

（4）三國、兩晉、南北朝

發展到三國時期，統一的中國分爲三。這也有好處，可以再發展。

曹操打敗了烏桓。烏桓是鮮卑人，鮮卑人原是西伯利亞人，鮮卑是西伯利亞的變音。他們佔有熱河一帶，把烏桓强遷到內地來。曹操打敗烏桓，就向東北擴充。

劉備的西蜀向南擴充到雲南，把雲南和四川連成一片。

東吳向海上發展，派了朱勝駕上戰船去清剿海盜，發現了臺灣。這是中國和臺灣有關係的開始。公元三世紀，吳國派人到了臺灣，佔有並加以統治。只是吳國被滅掉之後，臺灣就無人去管了。

吳又開發了廣東，名謂廣州和交州（廣東之西部）。本來，秦和漢代就已經到了廣東，但無大開發。到三國時代，同化了。

晉統一了三國。但時間很短，不多久就鬧起五胡十六國之亂。五胡亂華，一個是南匈奴，在山西地帶，起來鬧。二是羯，這是由南匈奴分化出來的一支，也在山西（山西匈奴人多）；還有鮮卑人（原是西伯利亞人）起來鬧，他們在熱河地帶；再是氐人，戰亂發生在四川；又有羌人，在甘肅、青海起來作亂。

五胡，都想搶佔中原。所以，這時他們先後立起十六個國來。這十六國都在黃河以北，黃河以南的區域，屬於東晉，都城在南京。

北朝的後魏最是強大，他們是鮮卑人。北魏開始在山西大同建都，後來發展到黃河以南，就遷都洛陽。

北魏孝文帝下令，使自己的民族全部漢化。衣服穿漢服，語言、文字一概用漢語、漢字，於是魏完全漢化。這個族的姓也改了，如姓拓跋的改姓元。他們不再姓兩個字，只姓一個字。

同時，鮮卑族的一支由首領吐谷渾率部人到達青海，從事游牧，用漢文，並以他自己的名字作爲族名。他們原先在東北，以後漸漸到達西北。

（5）隋、唐、五代

隋統一了南北朝。隋煬帝作了一件好事。他把運河連結起來，使南方同北方的文化易於交流。中國自古以來，所有的河流全都是東西向的，自從運河開通并聯繫起來以後，就有了南北運行的河道，南北經濟得以大暢通，使蘇州、杭州、揚州成爲全國的商業中心。運河把木材、糧食、鹽、絲品，運往南北，方便快捷。

到了唐代，唐太宗時候，疆土大大擴張。例如新疆，漢代已經開發，但沒有設立郡縣，所以仍有三十六國。到唐代，改設郡縣，加強統治，進一步開拓。

唐代在東北，設立了安東都護府，爲的是治理朝鮮。又在新疆設置安西都護府；在越南，設立安南都護府，從此，越南就一直叫安南；在内蒙古設置安北都護府。這一來唐的聲名大極了。

全世界能來的，全來了，阿拉伯、波斯、東南亞的人都來。

　　唐代的疆域，比起漢代來，更大。

　　唐代開始同西藏有了關係。藏人原是羌的一支，本名"發羌"。藏人讀"發"爲"撥"的音。讀"大"爲"吐"的音。所以稱作"吐蕃"。這個"蕃"應讀爲"撥"的音。唐太宗把文成公主嫁給藏王，有許多工匠隨嫁而去，還帶了不少種子，以幫助吐蕃建設工業、農業。又有些樂人，搞音樂，所以布達拉宮至今有唐樂。這一下子，唐和西藏成了甥舅之國。此後，西藏同中國有了親誼。

　　唐代，外國人來的多，他們來中國，第一先登上廣州，廣州就繁榮起來。所以後來廣東話中唐音最多，廣東人自稱爲唐人，華僑在外國聚居自稱唐人街。

　　唐時，開發疆土極大。

　　到五代就不行了。後梁、唐、晉、漢、周，是爲五代。漢人朱溫篡唐，建立了後梁；沙陀（在今新疆）人李存勖滅梁，建立了後唐；沙陀人石敬瑭借着契丹（在熱河）人之助，推翻後唐，建立了後晉；沙陀人劉知遠乘契丹滅了後晉，建立了後漢；漢人郭威推翻後漢，建立了後周。五代前後不過五十三年。

　　說起來，五代時期倒也沒有什麼破壞，只是亂七八糟。此時，文化有一點進步！把古書刻在木版上，印出來。有個人叫馮道，他是三朝元老，辦了這件好事。

(6)宋、遼、金

　　宋朝的疆域縮小了，是統一朝代中最小的。比之於秦和漢，比之於唐，數它最小。

　　宋放棄了東北，放棄了河北的北部，即燕雲十六州，都棄給契丹人（熱河爲其原居地）。

　　宋太祖把南方的，大渡河以南的土地，從地圖上以御斧砍去，全部放棄給大理國。

宋最怕遼。遼是契丹人，這時已經佔有了東北。每年宋都得送些金、銀、絲等財物給遼。於是契丹愈加强大，常常要和宋家打仗。所以楊家將的故事就發生在山西一帶。遼前後約有百年。宋、遼常開仗，宋常敗北。遼成爲大國，佔有全東北。

金人起來了，金人是滿人的祖先，是當地人，在吉林等處。金人受遼壓迫過甚，就起來反抗，滅掉了遼。這也就是滿人滅了鮮卑人。金人接着又去攻打宋。宋徽宗時，皇帝只喜歡字畫和玩樂。最後宋亡了國。北宋原在開封，宋高宗被迫到南方建立南宋，都城在杭州。宋和金，以淮河與秦嶺爲界，後來宋向金稱臣。金先後不及百年，也就完了。

（7）元

不久，蒙古起來。成吉思汗原在外蒙古。人越向北方越勇，馬越靠北邊越驍。蒙古原本還是個小部落。經成吉思汗東戰西打，成爲大國。

成吉思汗不打中國，他往西去打西夏，即寧夏，這裏當時是藏族、羌人，一下子滅了西夏。他又打到中亞，打到俄羅斯，打到莫斯科。早先俄羅斯本不是統一的，蒙古人去攻打，倒使它統一起來。

成吉思汗立了四大罕國，罕即王，就是王國。在東北，立一個罕國；在蒙古有兩個罕國；在中亞，也立了一個罕國。這就把北冰洋以南（包括西伯利亞），長城以北，東到東北（除朝鮮之外），西到東歐的廣大幅員的領土，全都統一在成吉思汗的統轄之下。

成吉思汗的孫子忽必烈，才打到中國來，並建都於北京，國號稱元。另外那四個大罕國不在他的管轄之下。他只有中國和東南亞(印尼除外)，印度支那半島和朝鮮通通包括在他的領域之內。元朝的地方，實在太大了。

在元代，蒙古人爲首，色目人第二(一切外國人如波斯人，阿拉伯人，意大利人等)，漢人屬第三，南方人(即淮河以南的人)列爲第四。由於元人種族壓迫至甚，漢人的反抗亦最甚。八十多年以後，漢人朱元璋起事，滅了元朝。

馬可波羅發現了中國，把歐、亞兩大洲聯通起來。

總的説，元朝好處：一是戲曲的發展；二是歐、亞相通。

(8)明

明朝的國名，來自明教。明教即波斯的摩尼教。朱元璋把元人趕回蒙古去，建立了明朝。

朱元璋的兒子明成祖重造萬里長城。從前的長城都用土，宋以後改用磚，明成祖完全用磚。

明代疆域比元代小。這時期沒有朝鮮了，沒有内蒙古了。長城以外，全非明的領土。西藏明稱爲烏思藏，置烏思藏都指揮使司。西藏的喇嘛教自元代傳入到漢人中。

明代沒有新辟的疆土，只有十八個省。雲南設土司治理，安南、緬甸只是進貢。

明代移民是大事，從内地各省遷徙大量人民去雲南。所以雲南話到現在還很好懂。

明朝另有一件大事，鄭和太監下西洋，就是到南洋去。南洋的各個島國他都去了，去過印尼很多地方。這給華僑開了路，此後廣東、福建移居去南洋的更多。

（9）清

清朝地方大，元以後數清代地域最廣大。

清時有了新疆，新疆地方自宋朝之後放棄了，到清朝重新開拓，所以名叫新疆。這一地區，是康熙時重開，乾隆定名。

清時又開拓西藏。從明代以後，西藏實行政教合一，喇嘛管政治，沒有藏王。到清代在喇嘛活佛死去以前，最後用手一指，照此方向的遠處尋找這時出生的小孩，抽籤決定哪一小孩可繼承活佛。而抽籤人是清人，於是清人取得宗主權。清朝並不直接管理，設有駐拉薩的辦事大臣管大事。西藏只有廟沒有王。

對蒙古也這樣，清對蒙古也取得宗主權。蒙古有王。清政府在蒙古也設辦事大臣，分設於二處。蒙古的盟族管政事，清政府不派人去管旗內的事。

清人推行懷柔政策，常以公主嫁予蒙王。此外，又設都統，管軍事，一設在綏遠；二設在察哈爾。這兩區在清代時候，都在蒙古範圍。

清人對新疆，設伊犁大臣。

清人即金人，他們自稱是後金。在入關之前，努爾哈赤之子清太宗時，改名爲清。清人把“清”“明”二字聯起來，“清”在“明”之上。

滿洲，不是地名，是佛教中的尊號。就是“曼殊”，變音成了滿洲。

清代統治甚是巧妙。所管臣民漢人排第一，滿人排第二，其次爲回，再次爲蒙、爲藏。漢、滿、蒙、回、藏，五個族。對於滿以外的各族統治都實行懷柔政策。

滿人作爲統治者，容易當官，卻不能經商、務農、做工。只靠官糧。其大臣可以自己任意圈地成爲地主。滿人進關是大量的，以爲不勞動可以喫飯。但到後來，當官的還行，普通旗人沒有生機，就很苦了，其婦女當妓女的頗多。

清朝對於漢人採行科舉制度，以保護他們的利益，對待心懷不滿者，則大興文字獄。康熙、雍正、乾隆三代所興文字獄多極了。在經濟上，清人不大管，着力在政治上壓迫。

對於蒙、藏，儘量提倡喇嘛教，家中有兩個男性就送一人去當喇嘛。所以，蒙、藏人口越來越少。蒙古少到百十萬；藏人才二百萬。

回教，自唐朝開始，隨阿拉伯人來而傳入。唐以前，只信佛。

回紇族，在南北朝時就多，他們也就是後來的維吾爾。他們先信伊斯蘭教，所以名曰回教。阿拉伯人，最早先到新疆一帶。

突厥，唐代突厥强大，佔有蒙古地帶。後來很快就變化了，分爲東、西突厥。一部分同化到蒙族中，一部分同化在維吾爾族。土耳其，原是突厥，所以，外國人曾稱新疆叫做土耳其斯坦。新疆人的長相，有些像西方人，因爲他們是突厥的後人，先在西方建立了土耳其國。

匈奴族，究竟屬於什麼族，有爭論。有人說是蒙古族，有人說是突厥族。

蒙古族本身只是一個小部落。他在成吉思汗以後，發展起來，容納了許多民族。

顧老說起歷史來，談興越來越濃。可是，他老先生從來不拿個本子，甚至也不曾有過提綱邊看邊說。而所談內容又廣、又深、又細，又前後呼應，條理性、邏輯性強得很。我生平聽過的講話多多矣，然而，如此之博、如此之專的大學問，惟顧老數第一。大學者，是不是個個都治學這般嚴，這般精，記憶得這般清楚？

3. 各民族神話中的祖先

　　十二月十九日，香山是北京西山一個極爲幽美秀麗的小山。這裏曾作爲清代乾隆皇帝的一處行宫。環山有密密的青翠松柏。十二月，隆冬季節，松林的碧綠和紅色楓葉兩相映照，美極了。

　　我的病友們常穿行在翠松、楓葉相間的峰巒上。我渴求知識，就伴着顧老漫步；也伴着佛教大師趙樸初老詩人與大畫家吴作人，在山林小道上談着，傾聽着。回到病房我趕緊用筆録下來。

　　所以日記本就成爲無價寶藏。而以記録顧老的史學講談爲最多、最系統、最珍貴。

　　顧老的治學精神如青松之堅强，所以他的學術成果異常豐碩。日記本上記下了這一天的講壇所述：

（1）盤古開天辟地

　　盤古是南方各民族神話中的神，説他用斧開天辟地。苗人的這個神話，被漢人所接受。他不是一個族的祖先，而是所有苗族和瑶族人的祖先。苗族居住區域内，有盤古的廟，逢到節日就來紀念他。每一族的每一支，每一年都紀念盤古。

　　苗族和瑶族人，在東漢以後，向南發展。他們原來在湖南，卻被楚國趕走了。現下湖南西部還有苗人。凡能種田的地方，都被楚人和後來的漢人給占了。

（2）三皇五帝的各種説法

盤古之下，有三皇。戰國時説的三皇是：天皇、地皇、泰皇。這是秦人的説法。那時，人没有地位，所以三皇都是神，到漢朝，變了，説三皇是：天皇、地皇、人皇。

在秦始皇時候，他讓大家議他的稱號。大家説，古人云：三皇以泰皇爲最貴。秦王説，自己願意稱作皇帝。皇帝是三皇五帝的簡稱。於是，決定尊稱：秦始皇。

楚辭中用了東皇、西皇，是上帝的意思。道家説，天、地之上，還有道。道即太一，於是稱泰皇爲至尊。道家認定：無天地之先是渾沌。這一説法又和盤古開天辟地，在天地之先，在天地之上的説法統一起來。

到漢代，改天、地、人，爲三才。才的意思是材，是根本。以爲所有的一切都源於這三才。人，在天、地之中。這時，漢代才有了人。表示人力很大，能改天換地。後來，説天皇十二頭，地皇十一頭，人皇九頭。這有兩種意思：一是神話，是説天皇有十二個頭，地皇有十一個頭，人皇有九個頭。二是一種理性説法，説是天皇傳了十二代，地皇傳了十一代，人皇傳了九代。

考究起來，歷史上實際上没有三皇。三皇之説，是一種人的理性上的學説。三皇説，直到清朝，一直無變化。

再説五帝。五帝在古代的三本書中，有三種説法。

第一，五帝德，是大戴禮中的一篇。其中説五帝是：黄帝、顓頊、帝嚳、堯、舜。這一説法，司馬遷所作的史記採用了。

第二，易傳所説的五帝：庖羲（代表漁獵）、神農（代表農業）、黄帝（代表社會制度）、堯、舜。這一説法，更加理性化了。

第三，月令，小戴禮（禮記）中的一篇，説五帝是：太昊、炎帝、黄帝、少昊、顓頊。

以上三種説法中，都有黄帝；第一和第二説裏都有堯、舜。

尚書中，有堯典篇，講堯與舜的事，又稱帝典。後人説孔子編的古史書，叫做尚書，是古代史官的記録。説是孔子不信黄帝，所以只有堯、舜以下的歷史。這樣，自孔子之後，推翻了三皇，歷史從堯、舜以後起始。近代康有爲説，孔子不過是託堯、舜之古以改制，實際上没有堯、舜。

説到這裏，得聯繫五行來講，五行相克説從戰國時候開始有的。漢朝發展了五行説，又有了五行相生説，意思就是：

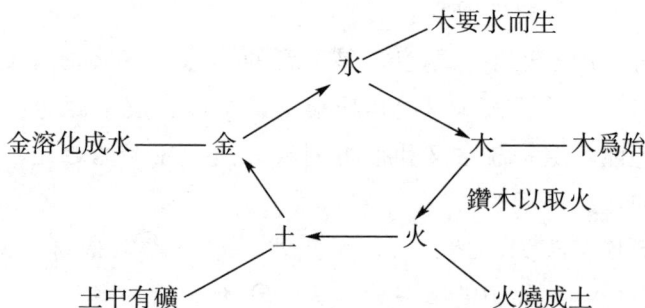

```
                    木要水而生
              水
          ↗        ↘
金溶化成水 ── 金          木 ── 木爲始
          ↖        ↙
              土 ← 火    鑽木以取火
          土中有礦        火燒成土
```

這就是五行相生。把宇宙萬物歸爲金、木、水、火、土。

五行相克説，是這樣的：

```
              木大土就小
          土 ←────── 木
    水淹  ↙            ↖  金器砍木
    土掩 水            金
          ↘          ↗
    水滅火    火        火煉金
```

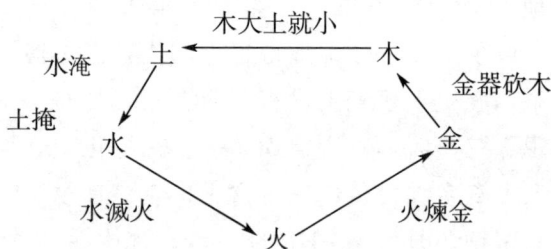

這一五行相克之説，似乎更有些科學性。這是科學的根源，也是迷信的初始。算命來源於這裏。自漢以後，采用五行説，以發展迷信，把什麼都説成五行了。

在五行相生説以後，漢小戴禮中的月令就是説皇帝以下與人民百姓每月要做的事。這些事要按五行的次序去做。

例如：太昊（木，即種），是春，在東方；炎帝（火），是夏，在南方；黃帝（土），土王用事，每季有十八天，在此期内幹一切的事。土事分於四季之中；少昊（金），是秋，在西方；顓頊（水），是冬，在北方。黃帝居中，四時皆有，最高。

西漢時期，這一說法甚是盛行。凡殺人，都要秋決，因少昊，用金於秋。那時候說，春生，夏長，秋殺，冬藏。

西漢末年，有個劉歆，他想用五行相生說調和以上三種五帝的說法。他的新說法是：

一、太昊伏羲氏　　　木
二、炎帝神農氏　　　火
三、黃帝軒轅氏　　　土
四、少昊金天氏　　　金
五、顓頊高陽氏　　　水

這是第一輪的五行。

六、帝嚳高辛氏　　　木
七、帝堯陶唐氏　　　火
八、帝舜有虞氏　　　土

這是第二輪的五行。

這乃是劉歆說法。他把五帝弄成爲八帝了。漢光武帝劉秀，說自己得了上天給的赤伏符，也是火，因爲漢是火德。曹丕稱帝後，年號稱黃龍，表示自己是土德。上述劉歆這個說法，一直保持到清朝。

現在研究起來，可能是：

伏羲氏——爲一個社會時期。太昊，是天神，人拜天神之意。

神農氏——爲另一社會時期。

軒轅氏——亦是一個社會時期，這時有了車。

這些都是有文字史料以前的歷史，沒有根據，都是人們的推想。

到戰國時，有個韓非子，他又提出有巢氏、燧人氏之説。這都是推想的，把社會人格化。尚書中有傳説，有推想。

中國人用火已有四五十萬年了。在那個遠古時候，部落有許多，没有統一的皇帝。

（3）夏、商、周的傳説和歷史

現在的中國史，只能看到夏、商、周的史料。夏在周的文字史料裏才能看到一點，可是仍然一直没有找到夏的器物作證。根據文字史料，商以前肯定有夏。至於夏以前的事，就無法肯定了。

夏時，稱王爲后。夏的王有名叫相的，又有個名叫皋的。左傳上講：“崤有二陵焉，其南陵，夏后皋之墓也。”崤，是山名，在函谷關以西，陝西的東部。

周，常自己稱作夏。周、夏可能是一族。夏，是從西方來的；周也是從西方來的。南陽，夏人的居留地，見史記。夏在河南的西部。

“中華”二字來源於夏，“夏”與“華”，古時同音。因人們居於中間地帶，所以稱爲中華。

夏、周都來自西方，又建立了大國。夏代有四百年，周代有八百年。時期很長。長期間裏來自西方的民族治理着中原之地，故曰中華。

禹，可能是夏時人們所崇拜的神。在尚書中，有禹貢篇。這是戰國人所作。這一篇講地理，把天下分成九州：

冀州——山西、河北；

兖州——河北、山東；

青州——山東東部；

　　徐州——山東南部、江蘇北部；

　　揚州——江蘇南部，浙江、江西；

　　荆州——湖南、湖北及河南的南部；

　　豫州——河南；

　　梁州——四川、陝西南部；

　　雍州——陝西、甘肅。

以上地域是戰國時代七國的範圍。

　　禹貢篇是爲了向皇帝進貢而作的，分別講各地、各地區、各個經濟地理狀況，連當時的水旱交通路綫也寫了。這是史書中很有價值的一篇。使人相信，中國自古以來是大統一的。

　　周時，在文字上已有禹這個人。中國的歷史，先有神話，再到傳說，再到歷史。所以，禹可以有二個説法：一説有其人；二説無其人。或者説：本有其人，或傳而爲神；或者説，禹原爲神，後爲人。

　　總之，可以説，黃帝、堯、舜，用歷史科學來考察，肯定是沒有的。禹，可能有，可能沒有。黃帝、堯、舜、禹，可能將來在甲骨文中，發現文字證據。

　　孟子説：舜爲東夷之人。堯讓位給舜，舜讓位給禹的傳説，怎麼產生的呢？原來，古氏族社會，男人嫁出去。上一代人的壻爲酋長，他再傳位給下一代的壻。這保留了上古之民的讓位殘餘。母系社會原爲母性統治，後來轉而變成女子的丈夫統治，他再讓位給女兒的丈夫。這樣，才有堯讓舜，舜讓禹的傳説，在舊社會，我用了八年時間研究三皇五帝，才有了成果。我替商務印書館編教科書時候，我用了“所謂”二字談三皇，説五帝。戴季陶是國民黨要人，知道了以後，説是這樣取消了中國民族的信心。爲此，他要罰商務印書館一百六十萬元，後來託人説情了結此案。這是民國十三年（二十年代）的事情。我一氣之下，到了燕京大學，連續發表了數篇文章，詳細闡發三皇、五帝的考證及結論。

　　顧先生有三皇考專書，專寫自己的這部分研究成果。如今，他口頭說着，我手中錄着，心中記着。感到這實在是大學問，要鑽研多少古書，多少古史資料，才能有膽有識地發表給世人！令人讚嘆！

二 經書、子書和戰國古書

1. 最早的中國文字

中國文字，最早的是殷墟甲骨文。更早，是否還有文字，要將來看出土的東西。

現在從甲骨文上來看，甲骨文原來只用於當時的占卜。上古之時，凡要記事都記在竹子上。可是竹子不能存留久遠，而記在甲骨上則可長久留存着。

甲骨文保存到現今、且已被發現的，約有二十多萬片。原來，商王很迷信，凡事都要占卜。"卜"字，是占卜時火燒骨頭上的裂紋。商王所占卜的事記寫在骨上，於是成了史料。并且，連商王的世系也找到了。只是不記人名。

2. 經書漫談

到了周代，有了五經，是最早的史書。這五經是：

一、尚書

二、易經

三、詩經

四、禮經　後來又分作三經，即：1. 儀禮；2. 周禮；3. 禮記。

五、春秋　春秋又分成三：1. 左氏傳；2. 公羊傳；3. 穀梁傳。

再加上孝經、論語、孟子、爾雅，共有十三經。五經變成爲十三經。

那時貴族的教育是：禮、樂、射、御、書、數。其中至爲緊要的是禮、樂。禮字，本是送玉給人。禮與樂是配合的。人們見了王，見了諸侯，見了大夫，見了朋友都要行禮、唱詩歌。所以那時人們都善於歌唱。那時的樂師不以知識豐富作爲專長，而是唱用於禮的詩。其次是射御，以便作戰時之用。而史書，在教育中並不重要。因爲，作史，是另有專人去做的。至於數，由於要管理，得用數。所以，古代教育有上述六項，分三類：一行禮；二作戰；三管理。

（1）詩經

詩經有風、雅、頌。頌，是祭祀祖先的時候所用。風、雅用於交際。雅，用於高貴的客人。風，多半是抒情的。

詩同樂，不能分。古代的樂器有鐘（金）、鼓（革）、琴（絲）、瑟（絲）、簫（竹）、磬（石）、柷（木，木質打擊樂器）、笙、匏、敔（音於，土）。瑟，現今已經沒有了，它有弦二十七條。

（2）尚書

尚書是王和貴族講的話。尚，是上古的史。漢以前叫書，表示是用文字書寫的。漢代人以爲那是從古時傳下來的，所以叫它爲尚書。詩只有三百篇，而尚書有如檔案，多得很，没有數。春秋、戰國直到漢代，都鈔了古時的書簡，到後來書簡都爛掉了。他們鈔寫時也改動那些書簡，鈔一次，改一次。有些，就失去了原來面目。最初鈔寫尚書的人，不知虞、夏的事。到戰國時候，有了墨子和左傳，才多出虞和夏二部分。漢朝人所用孔子、墨子引的尚書，已經不是原來的尚書了。原尚書篇帙十分浩繁。漢代人説孔子編了詩經和尚書，事實上不是這樣的。現在所看到的尚書，是漢朝人選編的。尚書是中國最早的史書。

尚書可以分爲五大類：一是典——記君王的事；二是謨——記載臣對君的言論；三是訓——記對一般政事的議論；四是誥——一些文告；五是誓——誓言，誓師之詞。

古代史事，在典這個部分中。尚書記言多，記事少。後人知道夏、商、周的事情，幸虧是有了尚書。可惜的是，尚書只留下來二十八篇。

漢以後，魏代有王肅，把漢代的尚書所没有了的，又編了一下。有的有根據，有的是他自造的。王肅加寫了二十五篇。他又把漢代尚書裏面的專門文章分出五篇來。於是總共成了五十八篇，傳到今天。王肅僞稱尚書原是一百篇，經過秦代焚燒之後，只存下五十八篇。

宋代學者經過研究，確定二十五篇並不是原作，對此提出懷疑。以後，討論了八百年，到清代乾隆時，作了結論，肯定這二十五篇是假造的，但是其中也有些真正的史料。

（3）禮經

——儀禮

禮經，即儀禮，這裏分爲：

1. 冠，成年人戴冠時，加上自己的字；2. 婚；3. 相見；4. 燕，即讌；5. 覲；6. 射；7. 鄉，低等的官；8. 喪；9. 喪服，戴孝。

——周禮

周禮，分爲六官，即六篇，是六個大官的事情：

1. 天官冢宰，談宮內的官所負責的事情；

2. 地官司徒，管人民土地；

3. 春官宗伯，管禮節；

4. 夏官司馬，管軍事；

5. 秋官司寇，管司法；

6. 冬官司空，管工程。

周禮相傳爲周公所做。説他制禮作樂。事實上不是。這部書是戰國時候的人做的。這時，快要大一統了。齊人計劃統一天下後，如何統治全國的設想，在天子之下設立六個大官。每一大官下，設六十個小官，則總共有三百六十個官。

——禮記

禮記，是儒家的散文，一篇一篇的，共有四十九篇。有一部分是儒家言論，一部分是古代禮節，也有儒家想像中的古代的禮節。

現在的大學和中庸，原本是禮記中的二篇。

（4）春秋經

春秋經，傳説是孔子做的。原來是單獨一部，現在放入三傳中。春秋是魯國的編年史，是一年一年記下來。一年分四個時節、十二個月。依次寫下來，是古代史中很有次序的史書。此書只是記載周王、諸侯、卿、大夫。卿是大夫裏的最高層。過去的古史書，沒有人民。春秋，是説的東周平王之後的事情。實際上並非孔子所做。是孔子的學生把魯國的編年史簡單的鈔了一份，有些又去掉了。

春秋是大事記，太簡單，光看春秋還是弄不明白，所以才有左傳來補充。

——左傳

左傳，戰國時期所寫，是春秋時期的史料。

古代的史官，記事時分作二部分：一爲大事記；二爲細記。左傳是根據史官所細記的部分，鈔下晉國、楚國、齊國、魯國、衛國五國的史料，把五個國家的史事統一起來，作爲編年史。左傳傳說是左丘明所做，不知他是什麼時候的人。傳說他是孔子的學生，事實上並不是。因爲，左丘明是孔子死了以後八十年的人。左傳的作者和成書年代，學術界尚無定論，衆說紛紜，我以爲清代經今文學家的說法有一定道理。

尚書中史料少，左傳中史料豐富些。左傳中沒有夏和商的篇章。作左傳時，前述五國的春秋前期的史料，已經大多毀掉。

古史書傳至今天的，左傳的價值數第一。

——公羊傳

公羊傳，是戰國時候，經學家公羊氏口講的，到漢代寫成文字。這部經書，沒有史料，只是把春秋經的大意，解釋了一下，說明孔子的本來意思。

——穀梁傳

穀梁傳，是冒牌的，漢代中葉做的書，沒有價值。

(5)孝經

孝經，是漢朝最重要的書。那時，只要是讀書人，想讀書，就必須念孝經。孝經，是漢代讀書人第一部要讀的書。因漢代特別重孝。當時初進入封建社會，每人有了產業可以繼承了。父傳子業，子承父業，所以提倡孝。這部書的篇章最少，只有十八章。講王、臣、大夫的孝。

（6）論語

論語是孔子講的話。少數也有孔子的弟子講的。

孔子的時候，没有作書的風氣，到戰國時候才開始有了著書風氣。這部論語是孔子的再傳弟子所記録的。其中有個曾子，即是曾參。所稱"子"，就是先生。還有個有子，即有若。這二人都是孔子的弟子。從書中對曾子和有子的稱呼，可以明白論語是孔子的再傳弟子所著。這是一部戰國初期所寫的書。這時候，孔子的話已經輾轉傳説數十年了，已經不是孔子的原話，有的也不是他的原意。然而，這書仍然是孔子原話、原意最多的書。

論語共有二十篇。前十篇是他的再傳弟子所寫。後十篇是更後的人所寫，大約是戰國中期所寫，所以，價值也就更差了。

前十篇與後十篇比起來，後十篇所以在前十篇之後，這是因為前十篇裏稱孔子為"夫子"，這"夫子"的意思就是老師；後來"夫子"又用來指"那一位先生"，"夫子"變為與"子"相同的尊稱，這時已到了戰國中期，所以後十篇出現了"夫子"這一稱呼的新用法，就可以知道它的寫作時間了。

這部書有價值，可表現孔子、春秋時代人的思想。

左傳要和論語一同閲看。

（7）孟子

孟子共有七篇。是孟子的弟子寫的，其思想和左傳相同。孟子主要是記言，代表了戰國時代孟子的思想。

孔子和孟子不一樣。孔子尊霸，就是尊各個大諸侯。而孟子就尊王，因爲孟子的時代，諸侯很少了，人們希望大一統。孔子只是尊古代的王。

到了漢代，帝王已經立起來，人人不可侵犯。孟子同這個時代的思想就又不相同。孟子曰："君之視臣如草芥，則臣視君如寇仇。"又曰："民爲貴，社稷次之，君爲輕。"這些，在孔子的思想和言論裏都沒有，漢代以後的思想和言論也沒有。這因爲，孟子時期並無真正的帝王。他所説的王，只不過是他希望中的、想像中的王。

孔子、孟子前後相距百年。

(8) 爾雅

爾雅是分類的詞典，如草、木、魚等類。解釋古書中的字和詞，爾雅裏有：

1. 釋詁——即以今天的話來説古字；
2. 釋言——即以今天的話互相解釋；
3. 釋訓——解釋形容詞。

所以爾雅是訓詁之學。爾雅，是西漢人所著，其中的今話，是漢代的話。

(9) 易經

易經，講八卦。八卦是：乾☰，乾是父、是天；坤☷，坤是母，是地；震☳，震是長子、是雷；坎☵，坎是次子，是水；艮☶，艮是少子，是山；巽☴，巽是長女，是風；離☲，離是中女，是火；兌☱，兌是少女，是金。八卦裏包有一家八口。

八卦和五行説不同，八卦分成八類，五行分成五類。

從八卦裏，重叠起來得出六十四卦來。六十四卦，每卦六爻，共有三百八十四爻。從這些卦爻裏，可以定出哪些事能做，哪些事不可做，就有了籤訣。籤訣當中，有"利涉大川"這樣的話，意思就是可以過河。又有"利用行師"的話，意思是可以作戰，等等。

占卜可分爲二種：一是卜，把龜甲用鑽鑽一下，再火燒，然後看上面的裂痕。二是筮，用蓍草排列開來，再看得到什麼。今天用錢來排列的叫金錢課。

古人做事，都用占卜來決定。

易經，春秋時代就已經有了，到秦、漢時代，把易經放進儒學當中，儘量把哲學思想放進易經裏，使這一經書哲學化。比方"天往不復"，"否（一個卦的名字）極泰（也是一個卦的名字）來"，都出自易經。又説："一陰一陽之謂道"，等等。

（10）經書雜論

經書是四官所寫的：

卜官——寫周易，有宗教史、哲學史；

史官——寫春秋、左傳、尚書；

樂官——寫詩，又寫樂譜；

禮官——寫禮，制度史。禮官，現在不見了。

所以經書可以代表中國古代文化史。

五經當中，尚書最難讀。至於孝經、論語好讀易懂。

五經是戰國以前的書，戰國以前的書只有五經了，非常寶貴。

五經的語言，是周朝的語言。論語説："子所雅言，詩書執禮，皆雅言也。"雅就是夏，雅言就是夏代的話，就是周代的貴族的話。"禮不下庶人"，那不是普通人的話，可能當時的普通人，聽也聽不懂。當時的雅與俗不一致。因此，那時的文字與語言是不一致的。

經：“天不變，道亦不變。”道不變的是經，實際上經書都是古代的史料。

從漢代到清朝對於經書的迷信必須打破。因爲要照五經去做，是維護封建統治。

3. 説説諸子百家

中國當代另有一位老史學家名叫翁獨健先生，他是顧頡剛先生的學生。他的夫人是民族學院的歷史學教授，對我講：“顧先生是我的老師。”1980 年，他們在聽到我説正在整理顧老於 1965 年冬對我講的中國歷史，他們看了初稿之後，深刻指出：“顧老先生長期從事研究中國歷史，特別是古代史的研究和教學，爲中國歷史科學研究作出了杰出的貢獻。在他的論文和發表的專著中，提出了許多創見性的理論觀點。在他的一系列的學術著作中，都有他的獨到見解，即使有不同看法，甚至認爲有錯誤，也有保留價值。”

如今，已是 1992 年，翁先生這位燕京大學的解放前的教務長，這位解放後北京市的教育局長，一位年高望重的教育家、史學家，也已作古。想起他對於顧先生的學術評價，每翻開我記載顧老系統講述的各個中國歷史篇章，就難以抑制我對顧老亡靈的無限悼念和深深的緬懷之情。

現在，翻閱筆記本，已經聽到顧老生前的諄諄之音，他在開講：諸子百家。

戰國諸子的著述，是戰國時代的一些記録。秦統一後，爲了滅除各民族的民族意識，把正式記錄燒掉了，所以研究戰國史，子書的材料就很珍貴了。所有的子書，都是戰國思想史，也是戰國史。司馬遷在史記裏所寫戰國史的部分，有許多錯誤，因爲他沒有掌握戰國的史料。從前的人只信孔子、儒家，排除子書，一般人不讀子書，沒有人研究戰國史，所以過去對於戰國史是一片模糊。近代才對子書，對戰國史進行研究。

在孔子之前，没有一人開門收徒，也無一人把貴族的書公開給平民百姓的。把五經普及於一般人，孔子是第一人。這是孔子最大的功勞。所以後人説五經是孔子編的。

孔子對政治無主張，只要維護周的制度。孔子主張安分，不想改變君君、臣臣、父父、子子的名分。他不信天命，主張敬鬼神而遠之。孔子看不到時代要變了，講古人的修養多，講天下大事少，非常少。

這一時期，奴隸制變爲封建制。人們向往封建制度好，於是大家對於將來的社會是怎樣的，做了各種設想，於是才有了諸子的各種主張。

孔子以後，春秋末年，戰國初年，第一個大思想家是墨子。

（1）墨子

墨子有明確的主張，他有十大主張：

第一，尚賢。就是尊重賢人，以爲凡是做官的都是賢人，打破原來的階級。天子是天下最賢的大賢人；諸侯是一國的大賢人。他主張打破世襲。不要父傳子，而要賢傳賢。這是大變革，要打翻周制。

第二，尚同。就是要組織起來。一鄉，聽鄉長的；一國，聽君的；天下人，聽天子的。全國都要層層向上同。同時，各國對君主無須進貢，很寬鬆。

第三，兼愛。他設想諸侯相愛，兼愛各國的人，彼此就不會打仗。

第四，非攻。他以爲那攻伐兼併的戰爭都是不義的，加以反對。

第五，明鬼。孔子不信鬼神，存而不論，這是説鬼神是存在的，不信就是。墨子不同了，要"明鬼"，證明鬼神實有，所以他信鬼神。

第六，天志。墨子信天神，以爲天是最高的神，天是有意志的。

第七，非命。不要相信命運。只要做個好人，便一切自然都會好起來的。

第八，非樂。認爲音樂無用，聽音樂妨礙耕織，是浪費。

第九，節用。他覺得貴族太浪費了，去掉無用的浪費，財富就會增加一倍。

第十，節葬。他認爲當時厚葬費用太過，是極大的浪費，提出節葬的主張。

總之，墨子想大大改變周的制度。可是當時的人，都尊古，於是墨子的主張便藉託古人，説古來如此。

墨子究竟是山東人，還是河南人，不清楚。墨家的勢力當時甚大。讀書人非儒則墨，不屬於儒家，便屬於墨家。墨家有組織，孔子無組織。墨家組織的領導人是鉅子。鉅子是"大老"、"先生"。鉅子是代代相傳，就是賢人傳給賢人。

墨子雖然"非攻"，卻善戰。在墨子的書中，戰書多。他要以戰爭來消滅戰爭。墨家研究"名學"，即邏輯學，是講説話方式的，叫做墨經，墨家都讀。墨子，政治、軍事、科學都有，高於孔子。可惜，他被人罵得狠。孟子罵墨子的"兼愛"是無父，即禽獸。

漢代，對墨子很怕，因爲墨家有組織，故消滅墨家。這一來墨子的書便無人看了。到了漢代末年，道教起來了，便把墨子的書收到道藏當中，就是把墨子的書和道教的書併到了一起。幸而這樣才把墨子的書大部分保留下來。

清朝乾隆要研究戰國諸子，才從道藏裏找出墨子來，才了解墨子。過去讀孟子，以爲墨子壞極了。

（2）楊子

楊子，名朱。他的史事已經不清楚。

楊子只管自己，不管天下大事。孟子説他"拔一毛而利天下，不爲也"。孟子認爲楊朱的"爲我"，是"無君也"，是禽獸。楊子有見解。主張"全生保真"，不爲外物所移、所累，保持超然。

他的時代處在戰亂之際，對人生采取消極態度。楊子的書，沒有傳下來。其後出了莊子。莊子的書文學性強，傳下來了。自戰國至於今日，人們都喜歡讀。莊子的中心思想，是發揮楊子的思想。

（3）莊子

莊子，莊周，宋國人，就是河南人。他作了個小官，管理園林。莊子人很聰明，文章寫得好，但所説的道理難懂。

莊子的第一篇，逍遥游，説大鵬鳥那麽大，同小鳥是一樣的，又何必做大鵬呢？

第二篇齊物論，把世界萬物看成一個樣，無有大，無有小；無有強，無有弱。所以，不要去爭什麽大和小，好和壞。説是，從大處看，從高處看，全都是一般模樣。從天上看，人的高一點和低一點，是不分的。

第三篇養生主，以爲"我生也有涯，而知也無涯。以有涯隨無涯，殆矣”。就是説，知識是無限的，以有限的生命去追求無限的知識，是危險的。他反對比較、反對知識、反對爭，主張一個人生命很短促，不必有知識；不必爭，不必勝過人家。

他的主張極端頹廢。

（4）老子

老子，名老聃，陳國人，即河南人。

莊子之後，有老子一書。有人説，老子在孔子之前，可能老子這本書在莊子一書以後，把莊子簡化成五千字。老子一書裏説：“長短相形”，是比較而言的。又説：“高下相傾”，高以下爲基礎，也是比較而言的。

可是其主導思想，是不要像墨家；也不要像孔子那樣爲百姓憂勞。因爲“孔突不黔，墨席不温”。孔子家的烟囱黑不了，墨子的坐席温不了。説他們生活得太苦，到處跑，太爲人家，不爲自己。

孟子説墨子是“摩頂放踵（從頭到腳跟都磨破了）利天下”。墨子是太爲人家了，楊子是太爲自己了。孟子所説的太爲自己了，包括了老子、莊子。

老子講政治，主張恢復到原始社會。所謂“小國，寡民”，就是國要小，人口要少。這種情況屬於氏族社會。老子上説，“使民復結繩而用之。甘其食，美其服，安其居，樂其俗。鄰國相望，鷄犬之聲相聞，民至老死不相往來。”所以，看來老子應當是楊子、莊子以後的人。

道家是從楊子開始，到莊子、老子興起來的，道家思想當時有很多人相信。

老子説：“不尚賢，使民不爭”，反對墨子。老子的宇宙觀是：“無爲而治”“無爲而無不爲”。

老子的主張："有物混成，先天地生，寂兮寥兮，獨立而不改，周行而不殆，可以爲天下母。吾不知其名，字之曰道。"老子這段話的意思是這樣的："道，先於天地而生，道是物，不是精神。道是萬物之母，即道是物質的。"

儒家、墨家是向外看的，道家是向内看的。

戰國時候，每一家，對於古代史都有不相同的説法。各家都不是以證據説話，都是出之於對古代史的想像。儒家、墨家、道家對於古代史不同的説法，都使古史變化，改變。

禮記曲禮上講：

"毋剿説，毋雷同，必則古昔，稱先王。""毋剿説"，就是不鈔襲別人："毋雷同"，就是不同於別人；"必則古昔"，則，即傚法；就以古爲法則；"稱先王"，稱道、稱頌先王。

總之意思都是獨出心裁的説古代的事，稱頌先王的事。所以，對於古代史事，各家各自不同。甚至於各家内部不同的人的説法也不同了。

(5)韓非子

韓非子顯學篇中有一段話：

"孔子、墨子俱道堯、舜，而取舍不同，皆自謂真堯、舜。堯、舜不復生，將誰使定儒墨之誠乎！"

顧老解釋這段話説：儒家講堯、舜，道家還講神農、伏羲、黄帝。因爲這些更無憑據，更可以據此以壓堯、舜，從而壓倒儒家、墨家。

三家總是説以前的好，都以爲一代不如一代，都是厚古薄今，越古越好：戰國不如西周，西周不如夏、商，夏、商不如堯、舜，堯、舜不如黄帝，黄帝不如神農，神農不如伏羲。上述這種思想一直傳下來。諸子的子書裏保存了戰國史。

(6)法家

　　法家的代表人物有：李悝（魏），吳起（楚），商鞅（秦），韓非（韓），李斯（秦）。他們都主張變法，認爲儒、墨、道三家全都提倡古道，不合乎今天；應該變法，以適應於當時。法家主張要法後王，爲今後定法。這和儒、墨、道三家的法先王（照着先王的古法去做）相對立。

　　法家的主導思想是打倒貴族，因爲貴族是無功受禄。法家要使人民直接隸屬於國君，不歸貴族所有，所以，開創一個新時代。

　　李斯在他當秦相之時，最明顯。秦始皇的時候，有人説周之所以延續了八百年，是因爲周家大封宗族的緣故。現在你爲天子，而子侄不過都是匹夫，没有被封官，有朝一日就可能發生田常式的政變。田常是齊人，曾起來奪齊的政權。

　　李斯極力反對這個説法。他講道，上述説法，是讀書不通的緣故。所以他們就錯誤地把古法當成了今法。李斯勸秦始皇燒掉了一切古書，並下令今後不準讀古書。秦始皇聽了李斯的話，收集了天下的古書，到項羽打進咸陽以後，就大火燒掉了全部所收集的古書。以後，只剩餘下民間還遺留的一些古書。

　　儒家把一族之長，也作爲一國之君。曰：親親！叫做宗法。對於這個，墨子反對，不贊成親親。宗法社會從周代開始。法家起來加以變革。

　　戰國之時，法家都强調各國都要富國强兵，他們講政治、講經濟、講軍事，注重生產。商鞅爲秦國變法，一是發展農業；二是作戰。原先本來有士、農、工、商。商鞅不要讀書人（士），也不要商人。他只要農事和戰事這二件事。爲了農事，他講水利。楚、漢相爭，鴻溝爲界。鴻溝就是這時期所開的人工河。西門豹作鄴令，開了許多水利。今天，都江堰的水利工程，是秦的李冰所開造。

法家這批人很能幹，不是書呆子，不是空談家。

(7)管子

法家在齊國有些不同。因爲齊是工商業國家。齊的土地適宜於制鹽、打鐵、繅絲。當時各國所穿的衣，都從齊國來。齊國女工多，紡織業很興盛。

齊的法家也作書，叫管子。管子其人，是春秋時代的人。是一位大政治家，管子的主張都在管子一書當中。管子是齊國的法家，和秦國、楚國的法家不相同。秦是不要工商業的。齊則依靠工商。所以，管子講工、農、商、兵。這時的齊國，文化也很高。

(8)陰陽家

陰陽家的代表人物是鄒衍。鄒衍是齊國人。此人迷信，陰陽家都有迷信。

周禮中，天官、地官等五行思想，在管子裏就多。齊國的讀書人相信這一些。月令就是陰陽家的思想。

陰陽家的主導思想，是以五行決定政治。但陰陽家從戰國時代，就同儒家相混合。到了漢朝，陰陽家和儒家二者已經不可分了。陰陽家是儒家的右派；法家同儒家也合起來了，成爲儒家的左派。漢代的董仲舒，是陰陽家的儒家代表。左派是荀子，名荀卿，是戰國末年的人。到了漢代，儒家經學家都混合了陰陽家的思想。然而皇帝則采用法家的思想。可是皇帝仍然提倡有陰陽家思想的儒家。陰陽家説，天子即皇帝代表着天來辦事的。這是漢皇帝的愚民政策。

漢朝儒家董仲舒、劉向等人，都無有價值。

墨家，是漢皇帝所極力摧殘的。因爲他們有組織。墨家，到漢朝這個時候，學説不行了，組織解了體。

道家，在漢代初年，很流行，這正是文帝、景帝的時候，這時提倡無爲而治。貴族人人讀老子。讓人民休生養息，生活安定。

六十年以後，到了漢武帝，才又打匈奴。花了許多錢。武帝末年，信神，求取長生藥，出外巡視、祭祀等，又花了許多錢。後來由於皇帝要錢，定出許多捐税，商人們倒了霉，完了蛋。

秦、漢二代，都重農輕商。商人不許坐車子，不許穿絲織品等等。

戰國時，儒、墨、法、道是諸子中最重要的幾家。

(9)名家

名家(邏輯家)是從墨家當中分出來的。偏於詭辯。如名家説"白馬非馬"。又如説，天下的中央在燕的北面，在楚的南面，都是詭辯之辭。

名家有言："一尺之棰，日取其半，萬世不竭。"這句話，有道理。

(10)雜家

雜家的主導思想，近乎道家。

秦代有呂氏春秋一書。呂不韋作秦相，政治大權全在呂氏手中。他養了許多門客，使這些門客把戰國時代各家學説合起來，編成一本書，叫呂氏春秋，後人可從其中知道戰國時的史事。到漢朝，淮南王劉安編了淮南子。這部書，混合了漢代初年各家的學説。上述這兩部書，如同百科全書的樣子。

(11)諸子雜論

秦、漢時期，各家學説趨於混合，大多混入儒家，只是墨家學説未能收進去。漢以後，儒家只讀經書，不讀子書。也讀一點老子、莊子的書。

隋、唐就有了科考制度，但那時未曾固定化。到宋代以後，推行科舉，固定下來，三年一考，大張科舉。這以後，儒人連老子、莊子的書也不讀了。

清朝中葉，乾隆時，儒人覺得只讀經書不够了，這才經書、子書都讀。子書於是得到校勘、注釋。

清人畢沅，是當時的署陝甘總督，他請了人校勘子書。這是在四庫全書的編纂之後。四庫全書未能特別注意子書。有個王念孫，是高郵人，專讀子書，并且細細考訂。清朝末年，有俞樾、孫詒讓，也讀子書，考訂子書。孫詒讓還爲墨子一書作了注釋，叫墨子間詁。現在，只有管子一書，尚未整理好。

清人所作子書的校勘、注釋對於讀經書有幫助，便於對經書和子書比較研究。這一來也就打倒了經學的權威。現今，有了甲骨文的研究，可以更好地進行比較和研究，這比清代又好多了。

例如，關於王道和霸道。過去的人説古之王道是和平的，霸道是殺氣。這種説法來自宋人。現在知道，這是不對的。王道並不是和平的，這從甲骨文中可以找出來。

經書中，没有奴隸社會時的事情。現在從青銅器裏，可知古王很殘忍。如現存在歷史博物館的盂鼎上，記載周王賜給盂(一個臣子)一批奴隸："人鬲(奴隸)自馭至於庶人六百又五十又九夫"，另一批"千又五十夫"。在小盂鼎上又記載着：周王命盂(一

臣子)伐鬼方(西北方的一個國家)，一次獲"甾"(即酋長)二人，
"馘"(戰爭中所殺的，割其耳以計數)74812 人，"俘人"13081 人。
第二次又獲"甾"(酋長)一人，"馘"237 人，俘……人。"馘"音國，
就是割下所殺的人的耳朵，計數上報給王，這很殘忍。當然，這
些在經書中，全都沒有。現在從金文中可以得知。

還可以舉出一些例子：

孟子引"書"(逸書)尚書，當時的尚書。

"有攸不惟臣，東征，綏厥士女(安撫男女)篚(即筐)厥玄黃
(黑的黃的絲織品)紹我周王見休(好)，惟臣附於大邑周(服從了
周)。"孟子解釋道：

"其君子(貴族)實玄黃於篚以迎其君子，其小人簞(筐)食壺
漿以迎其小人，救民於水火之中，取其殘而已矣(去其殘暴)。"
("綏"作安義解)

現在應當翻譯爲："條國不服從周王，周王派兵東征，到了
他國裏，把他們的男女都捆了來做奴隸。把他們的絲織品搶來裝
在筐裏，獻給周王讓他高興。這條國就服屬於周朝了。"

　　這一段譯文，是顧老親自逐字、逐句所翻譯，所手書。
對於顧老的手書，我當然是一字一字照鈔，不敢有錯。對於
顧老的全部口講，我也是敬謹鈔錄，惟恐出錯，或漏掉。顧
老的語言，我務求保持其原貌。盡一切可能不因我的記錄簡
疏，再還原他的原話時，整理不小心，致於失去原面目。我
總要對顧先生、對讀者負責任的。

以上的例子，是在研究了甲骨文以後，纔可能得知的。這說
明王道，並不是那麼慈祥的。

孟子："盡信書不如無書，吾於武成取二三策(簡片)而已矣。
仁人無敵於天下，以至仁伐至不仁，而何其血之流杵也！"逸周書

世俘（即武成，是尚書的一篇）："武王遂征四方，凡憝國九十有九國，馘磿億（十萬）有七萬七百七十有九（殺 17 萬人），俘人三億萬有二百三十（俘了三十萬人）。"這樣的兇殘，而孔、孟還以爲古時的王都慈祥！

諸子，他們當時著書很多，可是傳下的少，諸子裹頭別的人，還有惠施、宋銒、慎到、申不害等人。到現在已經不見他們的書。頂多只能在另一部書裹見到他們的一句兩句話。

有的書，在秦時沒有燒光的，在漢書藝文志裹，還保有着他們著作的書目。可是書的本身後來又給東漢末年的董卓燒完了。因之，上述幾部子書，能傳到今天，極不容易。

從前，大燒上古的書，共有三次：一是秦，爲了政治目的；二是項羽；三是董卓。到後來，各朝各代的大小戰亂，都要燒書。

4. 經書、子書以外的戰國古書

經書、子書以外的戰國時的古書，對於研究中國古代史很有價值的，還有一些。

（1）竹書紀年

竹書紀年，這部書本來已經失去，連司馬遷也没有見過，被埋葬在梁襄王的墳裹。這座墳墓埋葬了許多的書，共有幾車的簡。直到西晉司馬炎時，爲河南汲縣盜墓人所發現。政府知道後，收了裏面全部的簡，并且請人考證。當時，書是很多的。後來這些書在五胡十六國之亂時散失了許多，但這部書並未丢失，直到唐代還有。唐朝的讀書人，都喜歡讀它、用它。到宋朝，遷都南渡以後，又丟失了。明朝人，又設法收集起來，但加了些自己的東西，有些不大真實。所以名今本竹書紀年。其中有真，也有假。清朝咸豐年間，有一位朱右曾重新編集，後來民國初年有王國維再一次重新編集，叫古本竹書紀年，直到今天。但是書仍甚殘缺。可是對於中國古史研究用處很大。這部書的依據有三：一是傳說。西周以前的事，其實全部是傳說，因爲没有歷史的文字材料。這個部分，價值不太大。二是春秋時代的部分，因爲有了春秋這部書，所以價值也不算大。三是戰國部分，由於是當時的紀年，所以價值之大，如同春秋一個樣。這部書，仍可以糾正司馬遷所著史記中關於戰國時期史事的錯誤。

（2）穆天子傳

穆天子是指周穆王。這是一本西周的歷史小説。凡是歷史小説，書中的人和事都是真的。一些説的話，是假的，一般都有百分之七十的真實性。這部書，也被埋葬在梁襄王的墳墓中，後來被發現的。

左傳上説“昔穆王欲肆其心，周行天下，將皆必車轍馬跡焉。”這是説周穆王要以八駿駕車，走遍天下。西周的天下只有陝西、河南、山東、河北的一部分，主要在渭水流域，疆域不寬。到了戰國時代，各個國的疆域才擴大。穆天子傳這部小説裏，説穆王向西北走去，到了西伯利亞、中亞，走了三萬多里路。實際上當然靠不住。可是也可以看出戰國時候的人，所具有的地理知識很多，很廣，所以能寫出西伯利亞、中亞這些很遠的地方來。

西王母的傳説，在這部歷史小説裏也見到。説是穆王和西王母見面，還賦詩、飲酒，好像一對情人。西王母可能是一個國家，因名字裏邊有個母字，故後人説成是女人。唐朝的詩人作詩，有詩寫道：“八駿日行三萬里，穆王何事不重來。”這詩句是代替着西王母説的話。

穆天子傳這部古小説書，到現在還有，内容全真。裏邊戰國時候的古字很多。到西晉，人們就不認得了。

漢朝人整理古書很有成績，但是没有，也不可能看到竹書紀年和穆天子傳這兩部書，因爲這是西晉才發現的戰國時的書。再有漢朝人看到過，一直傳到今天的戰國古書，有以下六部。

（3）國語

國語，左丘明作。書中分八國，講述他們的史事：1. 周；2. 魯；3. 齊；4. 晉；5. 鄭（河南）；6. 楚；7. 吳；8. 越。這部書的紀事方式不是編年，而是只紀大事，不寫年代。只説事和人的話。主要記話，記事也少。這是戰國時的人所記春秋和西周時的史事。其價值和左傳一書相等。所以，我們研究春秋時的歷史，有春秋、左傳、國語三部書。然而國語一書，各段都不相關聯，顯得零星。經過了漢人的整理，書内的古字和詞，都經漢朝人改過了。

（4）戰國策

戰國策是戰國時候的人講述當時的事。講述各國的事有東周（河南）；西周（河南）；秦、齊、楚、趙（山西）、魏（河南）、韓（河南）、燕、宋、衛（很小，在河南）、中山（在河北定縣）共十一國。

戰國策是縱橫家所編寫，作爲給各國國王作參謀和所説的話。其中，也記有些史事。因爲主要目的不在於記事，而在於如何使人相信他的話，所以史實材料不多。

(5)逸周書

逸周書的意思就是不是周朝的正史。這是戰國人替西周所寫的史。

書的內容講文王、武王陰謀伐商。這些多半是些想像，只有很少量的根據。因是戰國時人所寫，所以，終究還有些可讀的真東西。

此書，現在正在整理。[①]（說話時在 1965 年）

(6)世本

世本，系統的記載古代歷史，從遠古到戰國；是一代又一代的史官記下來的。包括：各國的都邑、世系（王、諸侯、大夫）以及器物的製作。這部書已經失傳，現正在把它恢復起來，可是很不容易，因爲所遺留下來的太少了。唐司馬貞做史記索隱，就根據這部書。這樣，可以判斷世本是唐代以後散失的。現在有世本八種一書。

史記主要根據是：國語、戰國策，特別是世本、春秋、左傳、尚書。那時候，左傳是一般人所見不到的。一屋子的簡，十八萬字。漢代的人知識少，就因爲即使有錢，要抄書、看書不容易。一般人家書少，只有皇家書多。

(7)山海經

山海經，戰國時搞巫術的人所著。是中國地理的最古書籍，

---

①　校訂者按：此指沈延國的逸周書集釋。

可以説是中國第一本地理書。這書分成二個部分：一是山經，二是海經，分別説説：

一、山經中分作五經：1. 南山經；2. 西山經；3. 北山經；4. 東山經；5. 中山經。

從中山經裏可以知道是講湖南、湖北、四川。這是楚國的巫人所著。其中有關於山名、産物、鬼物，人見了鬼以後好處是什麼，壞處是什麼；有哪些草木可以治病。

東山經的東，是山東和南方的廣東、福建。這個部分寫得最馬虎。

中山經、北山經、西山經，這三部分裏，寫的山較細。

二、海經，又分爲二，再包括八部：

甲、海内：1. 海内南經；2. 海内西經；3. 海内北經；4. 海内東經。

乙、海外：1. 海外南經；2. 海外西經；3. 海外北經；4. 海外東經。

當時，以爲大地是方的，東、南、西、北都有海，山在中，海内在山之外，海外在海内之外。海經也講海，主要是講各國。鏡花緣是鈔録海經中的各國，有：1. 貫胸國，説國人胸膛有個洞，2. 無腸國，3. 大人國，4. 小人國，5. 長股國，6. 一臂國，7. 女兒國，等等，共有一百多個國家。其中有些是真實的。戰國之時已經有海外交通，可以到達亞洲若干個國家，已經可以到外國去了。所以，這裏邊就講到印度，叫"天毒"。"天毒"應當讀爲"天竺"。此外，還講到朝鮮；講到倭，倭就是日本。日本是很古的國家。海經雖然很荒唐，但是也有不少可以讀的。

這部書最有價值的，是保存了一些古代神話。儒家的書完全没有神話。

例如"精衛"這個古神話，就載在這部書裏。説的是炎帝女兒名叫精衛，到了東海，自己死在那裏。她恨海，就銜木石去填東海，永遠地填。

又例如"夸父逐日"，説的是有一人名夸父，去追趕太陽，追不上，到了鄧國，渴死了。他倒了，可是身子變化成了鄧國的樹林。

又如羿射日，羿是神。當時共有十個太陽，過於炎熱。羿射了九個太陽下來，只餘下一個太陽。[1]

再如：禹治洪水。説是大禹殺了許多怪物，才治好了洪水。

有一本書叫中國古代神話，專門編集山海經裏的各個神話。

山海經裏記下了不少古代傳説的神話。儒家把神話裏的若干人，改造爲歷史人物。如果没有山海經這部書，則不易認識儒家之作假。

例如：夔在神話中，只有一只腳。黄帝把他殺了，用他的皮來做鼓，很響，五百里以内可以聽得到。這是神話。可是儒家變化了，孔子説舜把夔作爲臣子，管音樂，管得好。舜很高興，説道：夔這樣的人，有一個足够了！這在山海經裏，可以知道，"夔"是野獸，殺了做鼓很好，很響。

所以説山海經的價值在於：一是保存了古神話；二是反證了儒家如何把神話改變做歷史。過去，人們把山海經看作是胡説，因之幾乎失傳。

　　　　十二月二十三日。近兩天，室外寒風呼嘯，我在温暖的顧老病房裏，凝神敬聆老先生的中國上古史高論。先生面含微笑，目光和善，用其夾雜着軟吴儂音的普通話，説出智慧的語言。既有古史、古事、古人；又有史書、古經；再有故事、神話、趣聞；還涉獵着古文學、古詩，旁征博引，令人喟然讚嘆的獨有考證。這對於我來説是一種引導我走上史壇

_____

[1]　校訂者按：此故事今本山海經無，見於莊子秋水成玄英疏引山海經。

之堂的幸運。聽講的人，只是我一個人，因此，我也有着極大責任感細細録下來。

（8）楚辭

楚辭是一部戰國時代的文學書籍。首先書中的離騷肯定是屈原的作品。至於書中其餘的篇章，其作者就不一定了。

比方説九歌，是楚人祭神的時候所唱的歌。從這裏可以見到宗教信仰。

第一歌，叫東皇太一。"東"，東方出來，"太一"是最高的意思，這是楚的上帝，是太陽神。

第二歌，雲中君，就是雲神。

第三歌，湘君，湘水之神。湘夫人是湘君的夫人。後人錯誤地以爲是舜的二個妃子，一名娥皇，一名女英。説是舜到南方去了，没有歸來。這二位夫人就到南方去尋他，結果死了。在洞庭湖中的君山，有舜的二個妃子的墓。後來南方人把娥皇、女英混同作爲湘君、湘夫人。

戰國時有個故事。宋玉有一篇高唐賦。高唐，陽臺所在的地方。説楚懷王在陽臺上做了個夢，夢見巫山的神女，而雲雨之。神女説道："我旦爲行雲，暮爲行雨。"

九歌中還有：

大司命，是掌管壽殀的神。大司命，意思是正司命。

少司命，爲副司命。掌管子嗣和兒童命運的神。

河伯，楚人祭黄河的神。因爲楚國人早先本來在魏國地帶（河南北部，河北南部），周公東征把楚人趕到南方。但他們仍然要祭黄河。楚人可能是夏人，是中華的正支。

山鬼：楚山神。

國殤等：楚神。

祭祀的時候，巫者去祭。男巫祭女神，女巫祭男神。那時的女巫如同妓女，去祭，是想望着神來與之交。當時，以爲人與神可以交合。那時的神有性慾，如人一樣也吃、也淫，不同於今日的神。

天問：傳説屈原到楚王廟看了壁畫，畫的全是古史，因而問天。其中，保存了許多神話。例如，治洪水的鯀，被上帝殺了，變成黃龍，到了水裏。所以後來就有了大禹同應龍共同計劃治水的故事。印度以爲龍是壞東西，叫它毒龍。中國的龍能在大海、在大陸、在長空活動，所以人們最崇拜它。還有一個神話，王亥，是湯的祖先，是商的一個酋長。他放牧到河北的"有易國"。國君開初對待他甚好，後來卻把他殺了。王亥的兒子名叫上甲微，報父仇，把國君殺了。司馬遷沒有注意到商曾到達河北，所以史記上沒有這件事。現在從甲骨文中知道王亥是商的大祖。商人曾殺了三百頭牛來祭他。足見此人之了不得。楚人原來在黃河流域，所以知道其人其事。天問中還有些夏、商、周的故事。

楚辭和山海經有同等價值。都記下了神話。實際上，古人是相信神話的。古史的一部分，來自神話。

戰國時期傳到今天的八部書，而又不列入經傳的，就是上面所説的這一些。

三　中國史書

　　我每每翻開一個藍色大本子，就一邊閱讀着一頁頁有吸引力的文字，一邊憶想着一位年高而勤奮的學者——顧頡剛老先生。我常想到這位中國學術界、史學界的著名大師，曾經怎樣熱烈地向我談論過古老的中華民族，她的淵源，她的祖宗，她的文化，她的哲理。

　　那是在一九六五年冬末到一九六六年春初，已是"文化大革命"大霹雷的前奏——戰鼓冬冬作響的時節，我因病住在北京西郊香山療養院。起始，我常是獨自一人，携了手杖穿行於山間林叢，或擷採紅葉，或憑弔名人老墓。到後來，漸漸同一些病友結伴而行，行行談談。這裏頭有趙樸初同志，我向他請教過一些宗教方面的知識。還有一位美術大師，大畫家吳作人同志，我向他請教過一些關於美術方面的知識。再有一位，就是顧頡剛老先生了，我向他請教的不少啊！

　　往往是一邊走在山間小道上，一邊我恭謹地請問他一些關於古老的中華民族歷史的種種問題。我所問的大多是些很普通、也不太好回答的題目：如"究竟爲什麼叫做中華？""爲什麼稱之爲中國？""什麼叫西羌？什麼叫東夷？什麼叫南蠻、北狄？""爲什麼叫華夏？""炎黃子孫的由來"。老人極有興致地談論着，滔滔不絕。而話題都由小題目引申到大題目，從普通的常識，進入到較爲專深的領域。

　　幾天後，這位老人也許是看到我的求知慾火越燒越旺，因而他的談興也愈益高漲。於是，我倆商定，把作爲體育治療的山間散步，改爲室内談史。每天上午，我到他的病室裏聽講。講者一人，聽者一人。我按我素有的習慣，用當時最好的空白筆記本，把顧老講座的所有高論，細細記錄下來。最後，記完了一個厚厚的大本子。這本子的封皮是藍色的，可以説是一本藍皮書。

　　連續談論了二十多天之後，顧老説道：“你最好能把這個本子所記下來的，整理出來，編成一本小書！”

　　可是冬冬戰鼓聲，越來越響，終於成爲隆隆大砲聲。“文化大革命”把他與我都分割開來。這個藍皮書，也被造反派的朋友們抄了去，成爲“罪證”材料。從一九六六年扣到一九七二年，最後連同另幾個本子一起發還給我。我見到這些筆記的字裏行間被人劃上不少紅色筆跡，大概是被認爲“這裏有大問題，值得清查”！

　　近來，有的老同志勸我：“你最好還是整理出來，給更多的同志看看，這是值得的！”於是，我翻開它，一頁頁地重新鈔寫了一遍。

　　顧老的講述，是從介紹中國史書開始的。

1. 二十四史

一九六六年一月四日上午　　　顧頡剛先生談中國史書

　　中國歷史，有文字記載的，至今可以算出有四千二百年。即，夏，四百年；商，六百年；周，八百年；以後，累代相傳，至於今天。

　　世界上的古老國家有：古埃及，至今有五千年歷史，是世界上最古老的國家；其次是巴比倫；第三爲中國；其四是印度，有三千年歷史；古希臘也有三千年歷史。

　　中國記載自己歷史的書，有許許多多。首先是二十四史。這是正史，是國家承認的史書。

　　先説二十四史，她包括哪些史書呢？一是史記；二是漢書，實即前漢的書；三是後漢書，即東漢的史書；四是三國志，晉時人陳壽所寫；五是晉書，唐朝房玄齡等人作的；六是宋書，講南朝的宋，南梁時的沈約所著；七是南齊書，講南朝的齊，梁時蕭子顯著；八是梁書，南朝的梁，唐朝姚思廉寫的；九是陳書，南朝的陳，唐朝姚思廉寫的；十是魏書，北朝的魏，北齊人魏收作的；十一是北齊書，北朝的齊，唐時人李百藥所著；十二是周書，北朝的周，唐朝令狐德棻等人合寫；十三是隋書，唐朝魏徵等合寫；十四是南史，唐朝李延壽寫的；十五是北史，唐朝李延壽寫的；十六是舊唐書，五代時後晉人劉昫等人所寫；十七是新唐書，宋人歐陽修等人同寫；十八是舊五代史，宋朝薛居正等人所作；十九是新五代史，宋朝歐陽修作；二十是宋史，元朝脫脫等人所著；二十一是遼史，元朝脫脫等人所著；二十二是金史，元朝脫脫等人所著；二十三是元史，明朝宋濂等人合寫；二十四是明史，清朝張廷玉等人作。

　　二十四史，是官方史書，國家正式的史書。她不包括春秋，也不包括新元史。新元史的成書，是因爲明朝人寫元史過於簡單潦草，只用八個月就寫完了；所以，到了清代，有位柯劭忞，就重寫元代的史。北洋軍閥徐世昌曾下令把這本新的元史，放進正史中，成了二十五史。二十五史是開明書店印的，其中没有清史稿。清史稿本未完成，後來也印成了書。

　　二十四史中的舊五代史一書，早已成爲殘缺不全的本子。因此人們只看歐陽修的新五代史一書了，所以舊五代史幾乎失去。到了清代乾隆年間編四庫全書時，才又把舊五代史編進去。

現在，毛主席命中華書局標點二十四史，預計到一九七○年可以印出來。① 這套史書較爲難讀。比如，一些人名及有些地名、外國人名、少數民族的人名，不加標點，就不好讀。

二十四史，以商務印書館的百衲本爲最好，是找了現在能找到的最好最古的版本，集中起來編印的。武英殿的二十四史，清朝乾隆時所刻，最爲實用。後來，開明書店的二十五史，就是以殿本爲底本，特鑄鋅版印刷的。② 字小而清楚，翻閱、保存、携帶都很方便。

二十四史，共有書三千二百四十九卷，③ 先後爲十九家所撰寫。

二十五史，共有書三千五百○六卷，先後爲二十家所撰寫。

2. 史記

一九六六年一月四日　　　顧頡剛先生談史記

中國的史書，在正史——二十四史中，各代的官家、朝廷寫

---

① 校訂者按：新標點的二十四史於一九七八年全部出齊。

② 在開明書店刊行二十五史的緣起中曾說明翻印二十五史"在本質方面和需要方面""比得上米糧和布匹"。把二十五史縮印成不很大，也不很重的九本是爲了使圖書館和個人購買、收藏方便。所以"特鑄鋅版印刷，把字體縮到新五號字那樣大小"。這是一項很有意義的工作。

③ 校訂者按：如後漢書跟漢書、魏書一樣算子卷數，應增加十卷，後面講後漢書共一百三十卷，就是算子卷數的，那麼二十四史的卷數爲三千二百五十九卷，二十五史的卷數也應增加十卷，爲三千五百十六卷。

的多，個人寫的少。司馬遷做太史令的官，是管皇家藏書、祭祀和天文之事的，寫出了史記這一史書。這是什麼緣故？因爲他和父親司馬談先先後後都有可能看到當時皇帝的大量藏書，這是別人不易有的條件。比方說，左傳這樣的史書，那個時候只有皇家才有。

　　司馬遷的父親司馬談，生在漢朝初年。他見過許多楚漢之際的人，問過楚漢相爭以及這個時期的許多史事，就記載下來。這是司馬談的功勞。但司馬談也是一位宗教家，他官爲太史令，兼管祭祀時設壇和讀祭文這些迷信的事。有一年漢武帝封禪祭泰山，沒有帶上司馬談一同去。他一氣而亡，把寫通史的遺願留給兒子。

　　司馬遷，陝西韓城人。自二十歲就四方出游。他到江蘇、浙江、湖南、江西、山東各地去游覽訪問。由於親見親聞的多，所以思想也不同於他父親。他見到在民間生活裏，經濟很重要。他不迷信，作了太史令之後，只不過是敷衍而已。

　　在司馬遷的生平活動裏，極其重要的是修訂曆法。他認爲當時通行的舊曆法，看月亮不準確。在古代甲骨文中，就有閏月，有十三月、十四月的記載。足見最古老的曆法中是很有問題的。他認爲當時人民生活的主體——農業，必須隨着太陽來定春、夏、秋、冬。這也就是地球繞太陽一周。而秦時有"顓頊曆"，按照這一曆法，每月月初本應見到月亮的，而實際上並沒有在這個月的開始見到月亮。這個曆法所定的每月的中旬即"月望"時，在天空的月亮應是圓的，但實際上已是缺的了。所以，這種秦代曆法很亂。

　　到了漢代，司馬遷的時代，他要負責改正過來。他經過努力，改爲陰陽合曆，即至今還起作用的"夏曆"。"夏曆"經漢司馬遷修改之後，至今沒有大的變動。他那時還不明確知道地球繞着太陽轉，但對太陽與大地的一些關係，已有不少初步認識。於是定爲一年三百六十五天，分爲十二個月。

所以，司馬遷是科學家。

司馬遷作史記，是把世本做骨幹，又把其他大量史料放進去。世本已經把各朝代的大輪廓定下來了。他在得到他父親司馬談所寫史記的遺稿之後，就想把自己所見所聞的許多史實材料寫進去。他用了十年功夫寫成史記。這一史書的重要部分是漢武帝時的史實。史記的價值，特別在於司馬談所寫的楚漢相爭年間的事，和司馬遷所寫的漢武帝時的事。

他們父子在寫史時，沒有多少顧忌。如封禪書中，司馬遷寫漢武帝的迷信就很詳細。又如平準書中，說到漢武帝爲了作戰而又無錢，曾如何去壓榨商人。酷吏列傳，則把武帝時的酷官，一一寫出。在此之後的歷代寫史者，寫史書都不敢直言當時的事。

史記的文章好，大有文學價值。史事記得好。史記是好書。

此書共有一百三十篇，分爲五部分：

一、本紀：寫帝王世系情況，及各代帝王大事。共十二篇。

二、表：有古代帝王世系的表，以及各諸侯的表；還有漢代的王，即皇帝之子的表；王子侯，即諸侯王子弟的表；功臣，打天下的大功臣的表。共有十篇。

三、書：專講制度的，共八篇。是古代政治制度史的系統記載。在這以前的記載都很零散。這八篇是：

1.禮；2.樂；3.律，對於此篇内容，有兩種説法，一種説法認爲是講兵法，一種説法認爲是講音樂的；4.曆。以上四篇都已失傳。現有的是後人補的。由於補寫者也是漢朝時人，所以有一定可靠性。5.天官書，寫的全是天上的官，每一顆星都用人間的官名來命名；6.封禪書；7.河渠書，講水利；8.平準書，講經濟。

四、世家：同本紀一樣，記載各諸侯與王的一年年，一件件大事。

五、列傳：記叙一個個重要歷史人物。常常是在一篇之中，寫許多人物。有循吏列傳記對人有好處的官吏；有儒林列傳；有酷吏列傳；有游俠列傳；有刺客列傳，記叙以作刺客爲職業的人物；有龜策列傳，記叙占卜者們的事；有扁鵲倉公列傳，記叙大醫師們的事；最有價值的是貨殖列傳，記司馬遷親見各地經濟情況，各地物産狀況。還有一部分叫“四夷列傳”，其中又包括有：匈奴列傳；東越列傳；南越列傳；西南夷列傳，寫貴州的；大宛列傳，寫新疆的。新疆，在漢時稱大宛國。這裏的馬很高大。

有了上述這些列傳，中國古代史就更容易更清楚了。這些列傳中的記載都是司馬遷所親眼見的，親耳聽到的。

司馬遷不是死讀書的人，所以，他寫的史記是不朽的。他是中國史學的奠基人。司馬遷史記以前的史書，如春秋、左傳都寫得零散、不系統。

可惜的是，司馬遷只寫了十年。他爲了李陵的事，坐過獄，受過閹刑。再以後，又做漢武帝的中書令，在宮中管文書，忙起來了，也就不能作書了。

所以，史記也可以説是未完稿。没有經過細修細改，有些還嫌潦草。司馬遷在四十多歲時，武帝還在世，他就亡去。

史記寫的是通史，自五帝寫到漢武帝，前後三千年的史。以後的史書，漢書以下，都是斷代史。

3. 漢書、後漢書

一九六六年一月五日　　顧頡剛先生談漢書、後漢書

上午，早飯後，我按照約定，携帶藍皮筆記本，走進楓

林村（香山療養院）顧老先生病房裏。我見到顧老正伏案書寫，近前細觀，只見他的案頭放了幾本資料書籍，還有一個元書紙的紅格本子。紅色格子是直行的，老人正用毛筆，往那中國老式本子上一行行地鈔寫着什麼。而那些細小的毛筆字，都是蠅頭小楷。①

顧老，年已七十多歲，養病期間，還要天天努力作學問。他在作學問時，在類集資料進行鈔錄時，要細細書寫蠅頭般的毛筆小字，到老不懈。這種精神和苦功夫，實在感人！

顧老開講了。他說道，在史記之後，班彪接着司馬遷繼續寫漢代的史。司馬遷的史記，只寫到漢武帝的時候。班彪是西漢末年的人，他想繼續寫史記以後漢朝的事，作了續史記，即史記後傳，有六十五篇。

班彪的兒子班固繼承父親，撰寫漢書。班固生於東漢初年，自幼受到父親的影響，努力研究史學特別是漢史。漢明帝把班固召去命他寫漢書。他勤奮地寫了二十多年，基本上寫得差不多了，但是還沒有最後完成。皇帝又要班固的妹妹班昭補寫，終於最後成書。

漢書共有一百篇，八十餘萬言，一百二十卷。

這一百篇是班彪、班固、班昭一家兩代共同努力寫成的。是史記之後的著名史書。漢書又名前漢書，是我國第一部紀傳體的斷代史。無論在史學上、在文學上都有價值。

漢書同史記，有一部分重複，把司馬遷所寫的部分進行了重修，又把司馬遷所沒有寫的補充起來，並改正和充實了司馬遷的粗疏的地方。如在帝紀中增加了不少重要詔令，在傳記中增加了

---

① 　校訂者按：這是顧先生在寫他的讀書筆記。

很多政治、經濟、軍事方面的材料，史料價值極高。所以説，讀史記不可不讀漢書。

但班固不如司馬遷聰明，他只能規規矩矩地寫，無自己獨到見解，只是史料更加豐富了。

漢書較之史記有發展。班固把史記中的八書，重新組合並加以充實，寫成十志。這是一個重要發展，是對於我國史學的重要貢獻。十志是：

一、禮樂志，是關於我國古代政治機構和典章制度的；

二、刑法志，記叙我國古代政法方面的事情；

三、食貨志，記載我國自古以來的貨物、經濟方面的情況，這個部分比司馬遷所寫的經濟部分要好；

四、天文志；

五、律曆志，記載了許多自然和自然科學方面的事情；

六、五行志，是關於古代自然變異的情況；

七、藝文志，這個部分寫得好，記叙我國古時各學術、學科、學派的源流，尤其重要的是記載了西漢宮廷藏書目録，從這當中知道戰國以後的大量書籍的書名；

八、地理志，中國自古以來直到那時，没有人寫過中國疆域，班固在這裏寫了一百〇三個郡及各郡的户口，哪個郡有多少個縣，有哪些河流，哪些山脈等等，這大有用處，很有價值，以後，再講中國的區域地理，就好多了；

九、溝洫志，史記有河渠書，班固在他的溝洫志裏加以充實補充，詳細載明黄河變遷及治理河道的辦法，就中以哀帝時賈讓的治河三策是古代治水的寶貴文獻；

十、郊祀志，古代祭祀在郊外，故稱郊祀。

漢書十志，最主要的貢獻乃是講經濟的食貨志，講文化的藝文志和講疆域地理的地理志。

這個源於史記的十志，對於唐宋史學影響較大。後來，典志著作，如通志、通考、通典等典章文物的專著，愈益發展。

　　漢書中還有八表，其中百官公卿表講官制及官吏的俸禄。比如，司馬遷爲太史令，一年六百石米。當時的大官，一年得二千石。中級官吏，最低的是一年一二百石米。而皇帝是無限的。有"少府"的官，專門負責皇帝的一應用項。凡山與湖等非耕地的物産税收都歸皇帝。那時，"大將軍"爲最大的官，丞相不如大將軍。御史大夫是副丞相。只是到了後來，御史專管向皇帝進諫，弄些提醒、勸告之類的事。

　　漢史很重要。因爲漢朝是中國封建社會的初期，初建封建社會的種種制度。在這以後，中國長期的封建社會，在社會制度上一直沿襲下來。變化不大。

　　我們再説説後漢書。現在的後漢書，是由兩本書合併而成的。一本是南朝宋范曄所著的後漢書，是整理了十八家的"本紀"和"列傳"而成此書。另一本書是晉人司馬彪寫的續漢書，此書中有志。後人把司馬彪的志併入了范曄的後漢書。全書共一百三十卷。

　　毛澤東同志説過：後漢書寫得較好，值得看看。他特別指出：書中的"李固傳"、"黃瓊傳"很好。①

4. 史書續談

　　　　一九六六年一月六日　　　顧頡剛先生續談二十四史——

---

①　筆者注：毛澤東同志在一九六五年一次黨的重要會議上，曾向全黨領導幹部推薦過後漢書。他認爲"李固傳"和"黃瓊傳"中，有些警句，至今對於黨的負責幹部，還是很有意義的。他認爲其中的"嶢嶢者易缺，皦皦者易污"的句子，和"陽春之曲，和者必寡。盛名之下，其實難副"這樣的話，都足以令人自警、自勉。這些話，當時在黨內一定範圍中，普遍作了傳達，也產生了影響。

三國志和唐朝史書八部著作

今日早飯後，我照往常那樣走進顧老的病房，坐在明朗陽光照耀着的寫字臺旁，習慣地持筆凝神，一邊聽着這位老人的娓娓而談，一邊速速地作着筆記。老人談話操着南音吳語，大概爲了照顧我這個北方人的緣故，一字一句都儘量緩叙慢談。在多數情況下，他總是等我記完一句或一段後，才繼續往下説。間或我對某古人的姓名或書名，或年代數字一時聽不甚清，或不知某字是哪個字時，我就立刻請問。問清記畢，他方才説下去。比如説，當談到南朝宋人范曄時，我問他："哪個'業'字？"他告訴我"日旁一個華的曄"。可是我平生有迅速作筆記的鍛煉，所以我也能够儘量做到使他的思考與叙談，不必由於顧及我要作記録，而受影響。

顧老興致勃勃地談開了。

今天，我們先談三國志。這部書是晉朝的陳壽所著。因爲晉朝是接受了魏的所謂"禪讓"（實際上是司馬氏父子們篡了魏的曹氏天下），所以到了晉代寫三國之事，便提高了魏，而壓低了蜀和吳。陳壽是蜀人，他就説孔明用兵，非其所長。陳壽本人是親自經歷了三國時期的。

三國志的價值全在這本書的注中。南北朝時，南朝宋的裴松之，集合了有關三國的大量資料，對陳壽的三國志作出許許多多的"注"。"注"的字數比三國志本身的字數多得多。很多三國時代的故事，都是注進去的。從這些"注"裏，可以看出裴松之在收集三國時的史料方面，是無所顧忌的。

曹操成了壞人，多是在"注"中才有的。三國志的作者陳壽，把曹操寫爲好人。三國時的曹瞞傳，可能是吳人著作，也不曾罵曹操。

後來的三國演義，有許多是來自三國志的"注"。三國演義可以稱爲史實的，約有百分之八十。只是有些說話，一些描寫有虛構。至於"借東風"、"華容道"之類的故事，都是三國時期以後的民間傳說。這些民間故事，有一部分具有一定的真實性，有些則是夸大。

中國的史書，晉書以後，大多是官修。宋書寫南朝的宋史，是南朝梁沈約所著。新五代史是後來宋朝歐陽修所著，此外的史書都是官修。

中國古代，都有專門的史官。司馬遷的祖先就曾是周朝的史官。史官寫當代的事，然後存在國史館。後一代的史官，再正式寫成書。一般是照史記的體例寫。寫成之後，是給皇帝看的，並不發表。

同時，古時私人修史之風也很盛。在全部古代史書中，私人著作所佔比例很大。隋朝，皇帝下令禁止私人修史，並建立官修史書的機構。到了唐朝，皇家更重視史書的事，專門設立"史館"。唐太宗、唐高宗及其宰相如房玄齡、魏徵都直接參加修史。從這時以後，官修史書與宰相監修國史，成了定制。以後每一新建立的朝代，總要爲前一個朝代修史。

唐太宗集中了許多文人，寫唐以前的史。自晉書寫起，到隋書，共有六部：

晉書：人說是御撰，也署了唐太宗的名，實則是房玄齡等人集體寫的。唐太宗只親自寫了王羲之傳。（記錄者按：另一說是，唐太宗寫了其中兩個皇帝的本紀和陸機與王羲之傳的論。）此書爲一百三十卷。

梁書：姚思廉繼承其父姚察的遺稿寫成的，五十六卷。

陳書：姚思廉繼承其父姚察的遺稿寫成的，三十六卷。

北齊書：李百藥作，有五十卷。

周書：令狐德棻等人集體寫成，五十卷。

隋書：魏徵和一些文人、史官集體合著，八十五卷。

一部史書，許多人同寫，有好處，可以共同商酌。但另一方面，許多人共同寫一本書，也有個壞處，就是不大統一。

唐高宗時，又編寫了五代史志，即包括宋、齊、梁、陳、隋的史。後來，把五代史志並入到隋書的"志"中。所以，隋書中的"志"，並不僅是隋這一個時代的事。

隋書的"志"裏，最有價值的是經籍志。這是漢書藝文志的繼續。要知道古代有多少書，看漢書藝文志及隋書經籍志便可以知道從戰國到隋朝的書籍。中國自古打仗多，戰爭中書散失的多。現在靠着上述這二本書，能夠知道古代究竟有多少書。但是，書的本身是早就不見了，只能見到書名。

隋書地理志也很有價值。比方説吧，西晉滅亡前後，由於連年戰亂與灾荒，黃河流域一帶的人，大量南遷到長江流域一帶去生活。十年之内向南方流亡的人口，就有一百多萬。陝西、甘肅跑到四川、河南的十萬户。關中等地外流人口，占到百分之八十。

當時，皇帝自己也把黃河流域的一些郡、縣往南方搬遷。如，燕州、青州，原爲北方的。可是，後來南方也有了燕州、青州。隋書地理志把這種喬遷的郡、縣寫上了，從中可以知道這種變化。

以上，我們談的是唐代對於史書寫作，所進行的努力及其所作的貢獻。這時的皇帝、宰相、唐太宗、魏徵，都親自領導寫史并親自動筆寫史。所以，二十四史中有八部正史著作，是唐代完成的。這八部之中，要包括李延壽獨自寫的南史和北史，南史八十卷，北史一百卷。

一九六六年一月七日　　顧頡剛先生繼續談二十四史

唐書和五代史寫過兩次，寫得好。後晉劉昫等人作舊唐書，有二百卷。宋人薛居正等人寫了舊五代史，有一百五十卷。新唐書是宋朝歐陽修等人集體寫成，有二百二十五卷。新五代史也是宋代歐陽修寫的，此書乃是他一人所撰，共有七十四卷。

宋朝有著名史書資治通鑑，爲司馬光等人所寫。但此書不在二十四史中，我們暫不詳談。

到了元朝，有脫脫等人寫了宋史，有四百九十六卷。又遼史也是脫脫等人所著，有一百一十六卷。脫脫等人還著了金史，有一百三十五卷。

上述三書，寫得不好。都是元人寫的，所以把知識分子壓低了。這些作者，只不過是把宋國史館、遼國史館、金國史館的東西，湊攏成書。也很草率，都是用一二年的時間就編成的。

元史是明朝的宋濂等人合著，有二百一十卷。

到了清朝，編寫明史，從康熙至乾隆，先後寫了一百年。這部史書好，是張廷玉等人先後合力編寫而成。最初，由一位叫萬斯同的人來寫明史。此人生於明末，不做官，以私人資格寫明代史事，所以底子打的好。此書有三百三十二卷。

以上是關於中國史書二十四史的種種情況，我們只能談個大略。

清代還有不在二十四史之內的史書：

一是新元史。這是清末民初的柯劭忞所著。這部書是到民國初年才完成的。柯劭忞發現了很多元代的史料，特別是關於蒙古人一直打到歐洲，打到了俄羅斯、波蘭、匈牙利等許多地方。這些事，西洋人記得多，明朝宋濂等人都不知道，所以元史就不能充分寫出來。

清末名妓賽金花的丈夫叫洪鈞，是清末狀元，也是清代狀元中最有學問的人，可惜他五十多歲就死了。他研究我國西北的歷史地理。當時帝俄欺凌我國很嚴重，侵佔我國土地也最大最多。

清代研究這些史事，一時蔚然成風。

洪鈞在出使德國時，收集到許多蒙古在西方的資料，就寫了一部元史譯文證補。這樣，就爲元史開闢了新篇章。

柯劭忞主要是依據洪鈞的書，略加其他史料，重新寫出了新元史，爲元史改正了錯誤，進行了補充。

另外，清代歷史著作而又不列入二十四史的，還有清史稿。

民國時，袁世凱命趙爾巽爲清史館長。他集合了一些翰林和學者，把清史館的史料，加以整理編寫成清史稿。在一九二八年，由張作霖出錢印刷出版。

此書立足於清朝，罵辛亥革命爲盜，説是"盜起武昌"。所以，在民國時期，爲國民黨所禁止。然而，要瞭解清代歷史，也不得不看這本書。因爲一直還不曾有清代正史。

清史關係大，寫好清史也難。應當用大事記來寫。

清史稿有一百三十一卷。書中有不少反動思想，而且太粗。對於清史稿，臺灣已經改編，也出版了。

另有一部史書叫通志，是南宋鄭樵作的。他自三皇寫起，直到唐朝末年。它把唐以前的斷代史打通了。這本通志有二百卷。讀它的人很少。但有價值。鄭樵作此書，是私人著作，卻由南宋皇帝爲之刻印出版。

最後，再談談資治通鑑。此書由北宋司馬光主編，幫助編撰的有劉攽、劉恕、范祖禹等。這是一部通史。共二百九十四卷，又考異、目録各三十卷。歷時十九年始成。全書上起周威烈王二十三年，下至後周世宗顯德六年，貫串一千三百六十二年史事。取材廣泛，以政治、軍事爲主，略於經濟、文化。書名"資治"，目的在於供封建統治者"鑒前世之興衰，考當今之得失"，從歷代治亂興亡中，引爲鑒戒。此書在我國史書中，有很高的地位，堪稱古代史學之杰作，對後世史學發展影響很大。

四 雜史

一九六六年一月八日　　顧頡剛先生談雜史

今日，我們在説過了二十四史之後，應當接下去講講中國史書的另一重要部分——雜史。

正史，是少數人寫的。雜史，是歷代許多人寫的，故雜史的書多，量大，無邊無際。

雜史的形式多種多樣。有的是正史的體例，有的是筆記體例，有的是詩、文體例，有的是小説等種種體例。這些都得要看。在這些著作之中，有許多史事是正史中所不曾有的。

中國的雜史，歷代都不少，我們分別地概要説一説。

漢朝雜史

先從漢朝的雜史著作説起，最重要的有下述一些書：

甲、西京雜記：在這本書裏，講了漢朝的許多故事。書的作者是誰？沒有定論。有的説是劉歆，有的説是晉朝葛洪。

舉例説吧，關於王昭君，在漢書中，並沒有這個人物的故事。漢書只説了呼韓邪單于來朝見漢元帝，元帝賜給昭君。而西京雜記中講：毛延壽給每一宮女畫肖像畫，就向她要錢。但是王昭君不給他錢。於是，毛延壽故意把王昭君的容貌畫壞了。漢元帝見到這一畫像，就不要王昭君了，過了些年，又賜給單于。說是到了分別的時候，元帝見到昭君甚美，結果把毛延壽殺了。

這個故事，到後來成了正史。不過，我想此事恐非實史。

西京雜記一書，在漢魏叢書中可以找到。此書很好讀。

乙、還有一種是地方人士記地方之史的書。如四川人揚雄寫的蜀王本紀，是關於古代的蜀國還沒有被秦國滅亡以前蜀王的事。書中神話色彩甚濃，好比說子規鳥（到了半夜就鳴叫）是蜀王杜宇所變的。爲什麼一個王變成鳥呢？因爲他與他宰相的妻子私通，其後，自己感到羞恥，遂變成鳥。

又說：古時從秦通到蜀非常難。秦王就造一石牛，要贈給蜀王，預先把金子放在石牛的屁股下面。欺騙蜀王說石牛會拉金子。蜀王很喜悅。爲了要把秦王所贈的石牛搬到蜀國來，乃開闢通秦的道路。路修好了，秦王隨之發兵，循着此路襲擊蜀國。此說不可靠。

這本書原已散失，到了清代，才又集起來。

丙、江浙、吳越人的書，一是越絕書，相傳是東漢初袁康作。這書保存了許多吳越史料。如說越王勾踐滅掉吳國之後，就遷都到了琅琊，即山東半島的青島附近。這在史記裏就沒有此事。從左傳、孟子上看，越國都城是遷到山東半島了。越絕書又說，越國那時靠了船，使海上交通很發達，成了海上霸王。

其書還說奄城在江蘇常州。過去，只知道奄城在山東，何以又是在江蘇呢？孟子中說過，呂氏春秋中也說了：周公東征，把奄人趕到了江南。這一點，現在已經發現了遺蹟，常州尚有三層奄人遺城古蹟。越絕書，不知作者是誰人，只知是東漢人作的。

再有第二種叫吳越春秋，是趙曄作的。這本書小説化了，着重寫了越王如何滅吳的故事。寫得細。書上說西施確有其人。說是西施原先已經和范蠡私通，待到嫁給吳王之後，成功了大事，才又和范蠡私下逃去。當然西施究竟是否真有其人，也不一定。

這些書都見於漢魏叢書。

丁、還有些用賦的體裁寫漢朝之事的。班固有兩都賦，這兩篇賦是説漢代東京的事和西京的事。

張衡，東漢人，爲太史令。作二京賦和南都賦。二京，即是漢朝的東京洛陽、西京長安。南都是漢光武起事的南陽。二京賦寫了十年。這三篇賦都載於昭明文選之中。

六朝雜史

到了六朝時期，雜史著作，可以舉出如下一些。

甲、南朝宋皇帝的本家劉義慶作的世説新語。

該書講述晉朝的事很多。它把某人説了什麼警句，以及一些奇人奇事，都記下了。晉朝有清談的風氣，所以奇談的資料頗多，分作三十六類。這書雖説是南朝時的人所著，可是記了晉代的事，爲唐朝唐太宗的晉書采用了很多。這書有單行本，容易買到。

乙、晉人常璩作的華陽國志。

作者是四川人。其書講華山以南的人與事，包括了漢中、四川、雲南各地的人物和事情。它主要是記人物。有單行本可買到。

丙、晉人法顯和尚寫的佛國記。

法顯和尚去過印度，他的印度之行，早於唐代的玄奘，是我國第一個去印度的人。法顯到印度是打陸路上去，從海路上回。從這本佛國記裏，可以知道中國同印度之間的交通。該書很精練、簡略，只有九千五百多字。裏邊記着他在去印度的時候，一路經過張掖、敦煌、新疆各地方，到克什米爾，過印度河，到達印度。他在返回時，是海上航行，經過斯里蘭卡、印尼，再漂到廣州，遇大風，到山東青島附近的嶗山登陸。

這本書是世界最早的中外長篇旅行記之一。

丁、北魏時有楊衒之（楊，一作陽或羊）作的洛陽伽藍記。

伽藍，就是廟宇。該書内容是：經過長時間戰亂以後，再看看洛陽的伽藍（廟），還保存了多少，因此記之。

雖説是記的廟，但其中記下許多大官的事情，並及於許多政治大事。

戊、水經注，北魏人酈道元作的。

我國古代有一部水經，是關於水道的專門著述。因爲它的内容過於簡單，又有些錯誤，所以晉人就有爲水經作注的，酈道元就是極著名的一個。

他是河北涿鹿人，是位地理學家。他讀過古代許多重要的地理書籍，如山海經、禹貢、漢書地理志等，都覺得不能滿足。

他親身走過很多地方，河北、江蘇、安徽、山西、陝西、内蒙古等地，進行大量實際調查，用水道記各地之事。他決定以水經爲綱領，寫出一部新的綜合性地理著作。水經注可謂歷史地理，比漢書地理志要好。它記下水道一千二百五十二條，比水經多了十倍。不僅記下川流的源與去向等，還記下水道流域的山嶽、城市、物産；甚而采録了不少民間傳説、民謡、方言等可貴的史料。

酈道元注重實地考察，對於古書中汝河的源頭，究竟是在哪裏，他親自去探察，結果在大盂山蒙柏谷找到了。又如古書對於山東泗水的起源，存在着不同的説法。他就自己去尋其源流，結果證明水經和漢書地理志的記載都是錯的。

崑崙山，原爲虛無的，没有這個山。到了漢武帝，他指定把新疆的喀喇崑崙山叫做崑崙山。而水經注把此山放入喜馬拉雅山裏。

他又把印度的恒河的源流，説成是來自喜馬拉雅山。酈道元在書中記述了不少古代印度的事，古時印度的歷史常是下一代推倒上一代的史。

此外，還有些柬埔寨古時的事情。

這一地理巨著，可謂中國歷史地理學的不可少的著作。從此書之中，可以畫出許多地理圖來。

酈道元由於是北朝北魏人，沒有到過南方，所以對於北方的歷史地理很有貢獻，而若干有關我國南方的地理資料就有些不大準確。

此書有四十卷，佚去五卷，現今留存的約有三十萬字，可謂巨著。

唐朝雜史

到了唐代，就有不少雜史名著。簡要説説。

甲、唐代雜史，最好的，首先在唐詩中。如杜甫的詩，稱爲詩史。他的著名詩篇：石壕吏、新婚別、垂老別等，寫出了唐代人民的痛苦。

又如，白居易的新樂府，都是駡唐時官家的。如像新豐折臂翁以及長恨歌等，也都有一定的歷史價值。

乙、蠻書。唐人樊綽著。這書所説的"蠻"，是指的古代的彝族，有所謂"烏蠻"、"白蠻"之別，是講述古時雲南的歷史。古代有"南詔國"，就是這本書裏所説的"蠻國"，樊綽把那裏有關少數民族的史事記下來寫成書。

當代的向達已把此書整理好了，他作的蠻書校注已經由中華書局出版。

丙、大唐西域記，唐人玄奘著。

玄奘，原姓陳，河南人。自幼出家當了和尚。西游記中所描繪的唐僧取經的故事，都是虛構，根本不是歷史。但是，唐僧玄奘到印度取經，是實有其人，實有其事。

玄奘去印度，從西安出發，出玉門關，橫穿新疆，經中亞、阿富汗，到達印度的北部。

過了十八年以後，他又經由西域各地，回到了長安。唐太宗親自聽取他講印度之行的許多見聞。

他把自己旅途中所見所聞，寫成一本書叫做大唐西域記。這部書記載了玄奘親自走過的一百一十個大大小小的古國，還有另外他聽人說到過的二十八國的情形。包括有河西走廊、新疆，以及阿富汗、巴基斯坦、印度、孟加拉、尼泊爾、斯里蘭卡等國家和地區的古時情況。記叙了有關的城市、人民、風俗、名勝、人物、傳説故事等等。内容豐富，準確可靠，是研究上述地帶的歷史、地理的重要參考書籍。

現在，我們的佛教協會在整理校注。解放後，此書也出版過的。

大唐西域記還受到外國的重視，有世界性。有些國家已經翻譯了，成了世界名著。

書中講了些印度故事。這就知道了中國不少的古代故事原本來自印度，只是經中國人略略改了一下。

比方説，唐人有小説杜子春。説的是杜子春，是個公子，借了人家的錢，賭光花光了。再去借，再去賭。後來，他看破紅塵，出了家去修道。有一回，好似在做夢，他見到一只猛虎撲來，他的心不爲所動。接着又看見一個美女，要倚傍他，他的心也不爲之動。又見到他自己家裏親人在他面前了，於是心裏爲之一動。這時，他多年修道煉的丹，一下子都燒在火裏。煉丹，原是漢武帝時的事情，用來成仙、鬥鬼魔的。

這個杜子春的故事，就來自印度。

丁、唐人筆記，是唐代雜史的重要部分。留存下來的，大多數都收在宋朝人編的太平廣記之中。有了太平廣記，唐人的一些小說、筆記，就都可以看到了。

宋人不止編出太平廣記，他們編成四部大書：

一是太平御覽，有一千卷。這是分類的百科全書。記載帝王、山川、天文、地理等。

二是太平廣記，有五百卷。都是收集的古人的小說和筆記。

三是册府元龜，有一千卷。其中收了古人的史書，也分了類。多半是些正史。後代刊印的正史有了錯誤，而此書裏收的正史，還無有錯。所以，還能用來校正二十四史。

四是文苑英華，有一千卷。

以上這四部書，都很有用處。

宋代雜史

宋代的雜史有許多，我們只說二部特別重要的。

甲、最有價值的是夢溪筆談，爲宋人沈括所作。沈括是政治家、軍事家，主要的是一位大科學家。他的一生研究了軍事科學，有邊州陣法一書。他研究了物理學、數學、地理學、天文、曆法、水利、地質、氣象、地圖學等等許多方面的學問。諸種科學知識他都知道。他在各學科領域，都有很大成就。他發現了石油礦。宋人已發現陝北延長出石油。他也發現月亮本身沒有光，月光是反射了太陽的光。

沈括做過地方官吏，研究科學，是以求改革。他還指揮過軍隊，打敗敵人大軍。

由於宋代統治者的腐朽，他的政治改革的宏圖都失敗了。到了晚年，五十八歲時，沈括閒居在江蘇鎮江市。他用全部精力著書立説，終於寫出夢溪筆談這部大著作。

這部巨著的内容十分豐富。有政治、經濟、文化、科學、技術等方面。

本書共有三十卷，有六百多條目。關於科學、技術的，占三分之一。包括着：數學、天文曆法、氣象、地質、地理、物理、化學、生物、農業、水利、建築、醫學、藥物學等。既記載了作者本人的科學成就，也寫出了我國十一世紀的科學成果。讀此書，就能知道宋人的科學水平。

夢溪筆談在世界科學史上有很高的地位。英國科學家李約瑟，在他的學術著作中國科學技術史第一卷中，就讚揚夢溪筆談是"中國科學史上的坐標"。

這部大作，已經由胡道靜加以整理，有兩種本子，分別由上海出版公司和中華書局出版。

乙、第二部重要雜史值得我們談談的是松漠紀聞。此書是南宋初期的人洪皓作的。"松漠"是指現在我國東北地區。那時，洪皓奉宋高宗之命，到當時的金國爲使官。可是，被金的統治者給扣留下了，就如同蘇武一般，過了十多年以後，才放他回到南宋。他把十餘年在金國的所見所聞，寫成松漠紀聞，這對於研究金史，研究東北地區古代狀態，有不少難得的資料。

南宋人很喜歡做筆記，一些出使者，把筆記寫成書的很多，其中以松漠紀聞爲首。

南宋時的其他許多筆記，都存於明朝毛晉校刻的津逮秘書裏邊。書名的"津"，是指水路；"逮"字，是及到的意思。

其他的宋人筆記，有宋人筆記叢刊，已由商務印書館出版了。

元代雜史

甲、元代的雜史，首推說郛。“郛”字，是外城的意思。這本書是元代陶宗儀(字九成)編寫。他把宋朝、元朝的很多書，都加以摘録，編作此書。由於元代的書，在連年戰爭中，大量失去，所以說郛很有用。

其中有真臘風土記，是專記柬埔寨的。作者周達觀曾到柬埔寨住過很久。有許多事情，柬埔寨人没有記載，這本書裏卻有。現代柬埔寨人曾按這部書中所説的一些寺院，去實地查找，結果找到了。

所以，研究亞洲的歷史，必須讀中國史書。

乙、元曲選。從這部書裏可以看元代的社會風貌。該書是明代人所編。元曲有浪漫性，也有現實性。

如西廂記是王實甫的代表作。這是一部描寫張生和崔鶯鶯戀愛故事的戲劇。作者歌頌了青年男女爭取愛情自由，冲破封建禮教束縛的鬥爭精神。

元雜劇中以“水滸”故事爲題材的，最少也有三十多部，如李逵負荊等。馬致遠作的漢宮秋，寫王昭君出塞的故事。

再如竇娥冤，是大都人關漢卿寫的。他是漢人，所以借着這一劇本來寫元朝社會的黑暗。劇中竇娥喊出“衙門自古向南開，就中無個不冤哉”，就是對於元朝統治者的抗議。元曲選，可以作爲雜史看。

丙、水滸傳。元末施耐庵著。宋江這樣的人物，在宋史侯蒙傳裏有記載。宋末元初有一本書叫大宋宣和遺事，記載了一些宋江的故事。自南宋起，宋江故事在民間有許多傳説。到了元朝，民間以宋江爲主人公的口頭傳説，以及説書先生們的平話和戲曲的故事，就越發多起來。

施耐庵拒絕做官，把大部分是元代發展流傳着的宋江故事，寫成了水滸傳。此書可以作雜史讀，譬如書中説到貨幣情況時，講"銀子少，票子多"。可見是通貨膨脹。又如對於西門慶這種土豪劣紳種種惡劣形狀的描寫，別的書沒有，在這本書裏就很多。

明代雜史

到了明代，有許多書是屬於雜史。

甲、今古奇觀，來自"三言"等，"三言"即：喻世明言、警世通言、醒世恒言。這些白話小説的短篇集子，都是明人馮夢龍所編寫。此人致力於民間文學，這種民間文學是士大夫不去注意的。他把宋代、元代、明代三個朝代民間説書人的話本與口頭故事都寫出來，成爲小説。

"員外"這種人物和稱謂，史書所不曾有，是些地主、商人、財主。從這些書的故事裏，可以看到那時商業發展情況，以及其他社會風貌。

馮夢龍又注意民歌。一是"樂歌"，即有樂器配唱的歌，他有一書名掛枝兒。二是"山歌"，即徒歌，即沒有樂曲，隨口唱的歌，他又有一書名山歌。

乙、金瓶梅。明代無名氏作，可能是山東人作的。描繪男女之間的事多。但是，從這一小説當中，可以見到明代豪富們的生活，是何等的腐爛。

丙、關於明末的史事有兩本書：一是荊駝逸史；二是明季稗史彙編。編者誰人，不知道。著名的揚州十日記及嘉定屠城記略都在其中。後來，到清朝末年，同盟會的人們，對於"揚州十日"與"嘉定三屠"又做了革命的渲染。

這兩本書現在都有，可以到北京圖書館去借閱。

丁、酌中志，明末人劉若愚作。作者與明代大宦官魏忠賢同黨。魏忠賢被逮捕治罪之後，劉若愚下了獄，他在獄中寫太監和明朝宮中的事。

戊、野獲編。明人沈德符寫。明朝的人喜歡記明朝的事。這樣的人和書有很多。因爲明朝無有那麼多的文字獄。

這本書有三十卷。讀了它，對於知道明朝的事情，很有好處。

清朝雜史

到了清朝，因爲文字獄很殘酷，所以清人不敢寫清代的事，這和明朝大爲不同。可是也有些書能作爲雜史來讀。

甲、清朝初年的梅村集。這時還沒有文字獄，能把清王及后妃的事寫出來。

吳梅村即吳偉業，有圓圓曲長詩，記叙清人入關的事。詩中說："鼎湖當日棄人間，破敵收京下玉關。慟哭六軍俱縞素，衝冠一怒爲紅顏。"陳圓圓是吳三桂的愛妾。吳三桂是明末鎮守山海關，拒清兵於關外的大將。他一聽説圓圓被李自成的部將佔去，便一怒而投降了清軍。反過頭來，引着清兵攻取了北京。

還有一篇詩清凉山贊佛，説的是清朝皇帝順治出家的事。

這些詩篇，清朝都沒有禁。

乙、筆記。有滿人禮親王著的嘯亭雜錄，書中記叙了許多清朝的事。

丙、聊齋志異。清人蒲松齡作。作者是山東淄博人。他屢次投考不中，在科舉失意之後，着意於收集民間故事，寫成短篇文言小説。

起初，這部小説不敢刻印出版，許多年之後，才敢印出來。書中不少文字是揭露清朝社會黑暗的。有一篇寫了"羅刹鬼國"，説這個鬼國，把一個個圓骨做成項鏈，用以買官。這是罵清朝的。因爲清朝的官吏才戴朝珠。

丁、紅樓夢。是一部了不起的小説，也是一部有價值的史書。曹雪芹通過對於寶玉、黛玉愛情故事的描繪，也寫出了清朝一代的社會面貌。通過對於賈、史、王、薛四大家族興衰史的描寫，反映了十八世紀中國社會的衰敗景象。

書裏説賈、史、王、薛曾是何等豪富！

賈不假，白玉爲堂金作馬。
阿房宫，三百里，住不下金陵一個史。
東海缺少白玉床，龍王來請金陵王。
豐年好大雪，珍珠如土金如鐵。

所説的這四大家族的勢力够多大！賈雨村這個人物，就是由於走了賈家和薛家的門子，以致幾年之間，便從知府陞爲御史，再陞吏部侍郎，再陞兵部尚書、京兆府尹等。這就揭示了這一歷史時期，清朝政治的腐敗。

又例如，寫元春入了宫，成了皇貴妃。賈家的社會地位是更加大大抬高起來。可是一個妃子要想走出宫牆，回一趟娘家，就很不自由，極不容易。要造省親別墅，其建築與設備達到"天上人間諸事備"的高度。還給她一條嚴酷的規矩：當日出來，當日歸。元春從這次省親以後，這個青年皇貴妃便死去。她已經是皇帝的妃子，尚且無有自由。

這種事在其他書裏是不敢寫的。所以説紅樓夢對清朝有諷刺。有人把這部書比作清代社會的鏡子。總歸可以説，它揭示了十八世紀清代社會政治、經濟、文化、生活習俗各方面的景況。

戊、閲微草堂筆記。清代大學士紀曉嵐（昀）著。這人是河北獻縣人，是四庫全書的"總編輯"。他把自己平日親自見到，親自經歷過，親自聽到過的許多社會故事，寫成此書。

紀曉嵐，曾經犯了罪，充軍到新疆。因爲他有個親戚叫盧見曾，作兩淮鹽運史的官，犯了法，皇帝要治他的罪，抄他的家。紀曉嵐在乾隆皇帝的身旁管事，自然知道了這件事情。他就派人給盧見曾送去一個信封，内中没有片紙只字，只放了一點茶，和一點鹽。盧見曾收到以後，想了想，也就明白了，這是告訴他查抄他的家産。他便迅速轉移分散自家的財産。後來，皇帝知道是紀曉嵐泄露的機密，就把他充軍到烏魯木齊。在充軍期間，紀曉嵐寫成閲微草堂筆記。

讀此書，能看到許多清代的社會情景。

己、儒林外史。清文人吴敬梓作的長篇小説。記叙了清代讀書人的生活，他們一心想的是"書中自有黄金屋，書中自有千鐘粟，書中自有顔如玉"。對於科第很是羨慕，中了舉就如同天上的星。但所謂"掄才大典"的科舉考試時，"也有代筆的，也有傳遞的，大家丢紙團，掠磚頭，擠眉弄眼，無所不爲"。

秀才中舉，大不易。這就産生了許多社會醜陋事態。有的利欲熏心，品格卑下。范進聽到中舉的消息，竟然歡喜得發了瘋，挨了胡屠户一記耳光，才清醒過來。從此他就"平步登天"，田産房屋、奴僕錢米、衣服杯盤都有人送上門來。他母親高興得痰迷心竅而死。匡超人出身於"莊農人家"，原來比較樸實，但自從聽了馬二先生要他走"舉業"之路的引誘，以後又得到了知縣的賞識，逐漸失去原來的純樸，墮落成熱衷於功名富貴的流氓無賴。他當訟棍、做槍手、放私債、造假信、騙賣婦女、冒名頂替，無所不爲。

有的讀書人，一旦中了舉當了官，一上任就打聽撈錢的訣竅。念念不忘"三年清知府，十萬雪花銀"。衙門裏整天價響的"戥子聲，算盤聲，板子聲"。

吳敬梓本人憎惡這些科舉制度的黑暗，他不肯赴考，家裏也窮，乃寫儒林外史一書，揭示清代的科考與官場的污濁。也可以作爲史料書籍來看。

庚、板橋雜記。清人余懷寫的。采用筆記記載了秦淮河上的人家和事情。雖説寫秦淮河的人與事，但並不是專記妓女，也記叙了許多嫖客。這些嫖客中有政治人物，所以就牽連到當時政治紛爭。

桃花扇就是根據這本書的記叙而寫成的。這個故事記的是明代末年的事。這書的描述，使人感到妓女比官好。

辛、清末出了些"譴責小説"。有官場現形記，有文明小史，有孽海花……

這些譴責小説，使人知道清朝社會腐朽之甚。

清以後，到了民國時期，有一本新華春夢記，是罵袁世凱的。又有一本叫啼笑姻緣的小説，張恨水作，是罵軍閥的。再後來，到抗日戰爭期間，張恨水又寫了一部小説八十一夢，是罵蔣介石的。

以上所談各朝各代，代代都有富有史料價值的書籍。這些書籍的體例有種種不同，有筆記，有回憶録，有學術著作，有詩，有賦，有小説，有劇本，有史書……還有一種"竹枝詞"，每一首是四句、七言，原是宋人唱的詞，後人用這一詞牌，寫出不同時期、不同的人和事。從中皆可以找出史料。

這些富有史料價值的各種體例的書籍，我們學歷史、研究歷史的，都應把它們當作歷史書去查閱參考，所以都叫做雜史。

五　經學、漢學

一九六六年一月九日　　顧頡剛先生談關於整理古代史料——經學、漢學

顧頡剛先生是一位史學大師，是一位對於我國古代經書有獨到見解的學者。經學對於我來說，是十分生疏和深奧的大題目。我敬謹聆聽着，細細筆記着。他的講座開始了。

我們在前天和昨天，連續地說了中國歷代雜史的著作。我們要研究中國歷史，還有必要整理更爲古老的史書——經書。

經書，即十三經，是我國周朝及周朝以前的史。當這些古老的經書最初撰寫的時候，作者當時並不知道後人對這些書要作注的。可是，自從有了孔子，自從經書同孔子發生了關係，經書便出現了如何解釋，怎樣理解的問題。因爲，孔子要教他的弟子，就得有教科書，他就用經書作爲教科書。如何講經？某經的文字和内容怎麼樣？這一問題就提出來了。

經書，在孔子以前，已經有了。書經是歷史文件，早已有了。詩經，到了孔子時代，已經成書。只是這些孔子之前的古經書，到了孔子時代及他以後，發生了變異，不同了。

自從孔子起始，儒家把經書一代代傳下來。一代又一代的老師們，都要講經。對經書加以解釋。加些訓話，就是要以今言注古語。在注釋講解時，都還發揮些大意，這些講解、注釋、發

揮，每個朝代，都各有不同。大家漸漸都是以當時的理解，當時的思想、大意，去論古，去講論古之經書。於是經書越來越離開了自己的原貌。有些甚至連基本內容也變化了。

到了漢朝，出現了今文經學。因爲這時期的中國文字有了新發展，出現了隸書，這是今字體。儒家們用新字體——隸書來書寫古之經書。這麼一來，就又有了脫漏之處，加進之處，以及錯字等。書的面目又爲之一變。這就產生了今文經學。

漢代今文經學家中，有影響、有淵源的人，往往是他們一句話就能使經書走了樣子。他可以把書中的古意、原旨，變成爲漢朝人自己的思想，或被説成了戰國時代的人們的思想。經書就這樣變了。

所以，我們研究經書，不能把他看作是孔子的思想，更不能看成是孔子之前的經書的原意。即使孔子本人的原話，也並不就是經書的原貌。

到漢朝的時候，經書改用新字體寫的經書和經學，都已有了不小的變化，都已失去原來的面目，發生了很多分歧：

詩經，有齊、魯、韓三家。齊是齊人轅固生；魯是魯人申培；韓是韓嬰，燕人。這三家對於詩經的説法各不相同，是西漢今文詩學的開創者。

詩經是我國最早的詩歌總集，大部分是民間歌謠，是周初到春秋共五百多年的創作。這部書反映了這個歷史時代的社會風貌，所以研究這一時期的歷史，詩經裏有寶貴史料。

尚書也有三家：一是歐陽生的；二是大夏侯（名勝）的；三是小夏侯（名建）的。三家的尚書也不一樣。

禮記，又分了三家：一家是大戴（德）的；二家是小戴（聖）的；第三家是慶氏（普）的。三家也是三個學派。

春秋，則有公羊（公羊是姓，名叫高，是齊人）的，稱春秋公羊傳，簡稱公羊傳；還有穀梁（穀梁是姓，名叫赤，是魯人）的春秋穀梁傳。簡稱穀梁傳。這兩部書都是對春秋時代的史事加以評論，很空。

春秋一書，本是記魯國之史的，從魯隱公寫到魯哀公，二百多年的歷史。這部魯國的史書，由於也牽連到當時其他一些諸侯國的史事，所以，後人就把這一段歷史時期，叫做"春秋時期"。

周易，則分爲施(名讎)、孟(名喜)、梁丘(梁丘是姓，其人名賀)這麼三家，説法各各不一。

周易又叫易經，有六十四卦的卦辭和三百八十四爻(yáo)的爻辭。另一部分是易傳，是解釋經的。如序卦、説卦、雜卦等篇，共有十篇，都是一些注釋和論述。

易經產生在殷末周初。由於人們對當時的許多自然現象和社會現象不好了解，就求神問卜，以解答疑問，判斷吉凶。久而久之，整理出一些符號和文字出來，周易就是這麼漸漸產生的。

周易不止於是占卜迷信書，它也反映了古時自然科學如天文曆算的成就以及那時代的社會現象及其説明。它既有豐富的哲學思想，又有社會歷史及自然科學的思想等等史料。

論語，是孔子死了以後，由他的弟子們所編的孔子言論集。這樣的書，到漢朝，也分成齊和魯二家。

總之，漢代儒者對於經書説法不一。今文派內部，互相爭論。

在西漢初年到東漢時期，凡是國定本的經書，全部是今文派的。這時候今文派有首領，叫做"博士"。"博士"，是代代世襲，父傳子，子傳孫。

今文派爲什麼他們互相間對於經書、經學的説法發生那麼多的不同？

第一個原因是無意中立異。在講解各部經書時，各家有自己的老師。教師講解自然難免不一樣；就是聽者、記者，也難免弄錯了。一代代的下去，錯誤越來越多，越來越大，這是無意中形成的分歧所發生的變異。

第二個原因是故意的分歧。因爲要爭着當"博士"，就故意立異。於是經書就越講越錯，而經文本身也就越來變化越多，甚至於故意把經文寫錯。

這就是漢朝經書的變異情況。

由於今文學派的人們，既讀不通書而權勢又大，以至經學混亂。結果，導致了古文學派的産生。

古文派是漢人劉歆創立的。

劉歆學問好，看書多。皇帝請他到皇家圖書館（名叫天禄閣、石渠閣）去校書。

劉向和劉歆父子二人，都是校書的，官名叫做中壘校尉。劉向每校一書，就寫一篇讀書的要旨，講一講書中大意，與這書有多少種本子，每一種本子又有些什麽不同之處。劉歆彙鈔成別録一書。清代紀曉嵐作四庫全書總目提要，就是仿效劉向的。

劉歆繼劉向之後，也寫了七略，是我國第一部圖書分類目録。

劉歆能見到當時所有的書，比之博士，見聞多多矣！因爲漢代皇家藏書都是用古文字體書寫的，劉歆就用古字體的經書來糾正今文學派的錯誤，因而就稱作古文學派。

劉歆的目的雖是好的，可是他的手段壞。所謂目的好，是指究竟古書同今書中恰相吻合的不够多，加上有些今文學家爲經書寫的"傳"，即注釋，同古經原意不一樣，所以劉歆就重新另行寫"傳"，以求更合乎古經的原意。這當然是好的。

劉歆的手段不好，可以舉左傳爲例，左傳是古文學家劉歆所作，而不是左丘明作的。①

---

① 校訂者按：左傳的作者和時代，衆説紛紜，學術界尚無定論。在這個問題上，顧先生信從清代經今文學家的説法，到他晚年也没有改變。

左傳，是劉歆爲春秋這一歷史經書所寫的注解，所作的
"傳"。他爲什麼要寫左傳呢？因爲他以爲無論公羊爲春秋所寫的
"傳"，還是穀梁爲春秋所寫的"傳"都不好，都不合乎原書。他就
自己另外重作，以皇家藏書資料，另寫春秋的"傳"。漢家藏書當
中，有國語這部書。此書過去很少有人見到，只有司馬遷見到
過。他說："左丘失明，厥有國語"。

顧老說到這裏，講道："瞽史"，應當改爲"瞽、史"。"瞽"，
是唱詩的，"史"是寫詩的。這樣，我們可以知道，其實左丘並非
"瞽"，他並未失明。

因之，我們可以弄明白，左丘明是寫了國語，但不曾寫左
傳。左傳的編寫，乃是劉歆根據左丘明的國語來寫關於春秋的
"傳"。爲什麼根據國語寫？這是因爲國語的大部分是講"春秋時
代"的事，國語是春秋時代的大事記。

左傳，在漢代以前是沒有這本書的。漢代以前，卻有國語。

當然，我們現在所傳下來的這部國語，已經不是漢以前的國
語了。劉歆把編寫左傳所剩餘的資料，並入到當時的國語書中，
成了以後傳下來的國語，以至於今。

所以，原來是一部書，就是國語。經過劉歆的手，編作兩部
書：一是國語，二是左傳。在這兩部書裏，都有真史料，也都有
假的史料。

劉歆要漢哀帝爲左傳立"博士"，以世世代代講左傳。從此，
古文學家也有了博士。況且，詩經又有了毛公詩經，就是魯人毛
亨給詩經作傳，他又傳授給趙人毛萇。古文派詩經是與今文派不
同的，自然要立博士。

又立了古文派的尚書的博士；又立儀禮，由於今文派經書，
無有關於"王"的禮，而古文派經書中的禮，就有關於"王"的禮。
就爲了這，也立了博士。周官即是記載周朝的官制，也立博士。
還立了樂經、爾雅等經書的博士。

這麼一鬧，致使今文學派大哄，大家起來説劉歆的壞話。劉歆的做法，没能成功，他被迫離開京城。

後來，王莽稱帝，又請劉歆回京做大官"羲和"，專管文化，又做了國師。接着他回過頭來把今文派又壓下去了。他所要立的古文派經書，一一都立了博士。

可是劉歆只他一個人知道古文經書，也不易成派。他便召集了懂古文的約有一千人到京城。讓他們共同校正古文經書的錯誤。説文解字這本書，便是這時在這種情況下產生的。

要是没有赤眉起義，則王莽也許不會滅亡，則劉歆可望成功。但王莽迅速亡掉了，劉歆所立的博士全部取消了。今文學家重新興起，東漢一代的經書，便完全是今文派的經書。

古文派呢？他們在朝廷裏是倒了臺，在民間卻又生了根。民間對於經書是自相傳説，古文派的經學在民間傳播開來。傳給東漢人賈逵、鄭興、馬融、鄭玄(號康成)這般人。到清朝還很尊重鄭玄。這一派人，很有學問，爲民間所信仰。雖説古文學派後來不曾立博士，古文經書有些失傳了，可是依靠這般人物，有些古文經書傳下來，直到今天。

兩漢時代，是古文派同今文派互相鬥爭的時期。這時的經學，就叫做"漢學"。

晉朝及其以後，就没有了古文派與今文派的鬥爭。

　　一九六六年一月十日　　顧頡剛先生繼續談關於整理古代史料——經學，從宋學到清代的漢學

我們把古代經書的整理問題，在漢代所產生的漢學，所產生的經學的古文派和今文派的鬥爭情況，已經大略談過。接着下去，要談到唐代經學和宋代經學的發展，還要談清代漢學。

唐朝初年，有一位叫孔穎達的，編著了五經正義一書。還有

一位叫賈公彥，編著了周禮注疏和儀禮注疏兩部書。他們的這些
著作，是混合了古文學派與今文學派的論述與論據，把兩者的矛
盾加以調和。

他們的所謂"注疏"，就是注了古經，又注了漢朝的"注"。所
以，注得很詳細。由於孔穎達和賈公彥把經義講解得很清楚很明
白，這樣就在經學上實現了統一。這以後没有今文派同古文派的
爭執。

到了宋朝，又發生了新情況。宋代儒家根本反對唐代的注
疏，也反對漢朝的注解，以爲漢、唐兩代對於經書的注解全都不
對，於是宋人重新再注。宋注一直流傳到清朝。

宋代大儒朱熹所注的經書，有孟子、論語等，書經是朱熹的
學生蔡沈所注。

朱熹對於古經確有創見。他眼光犀利，能把古書中的矛盾發
掘出來。唐代大儒只是調和了一番。宋代朱熹看到其中的矛盾，
并且自己重作注解，創立新説，成立了宋學，發生了宋學派對於
漢學派的對立。

宋朝和宋以後的年代，皇家的科舉制度規定着，只許可用朱
熹的注去講古經，凡八股文，必須寫朱熹的説法。從此以後又
壞了。

到了清朝，經學家又反抗宋學。他們用漢學來反對宋學，認
爲：凡是漢人的説法，一概都是對的；凡是宋人的説法，一概都
是錯的。

這裏最主要的人物是清朝初年的毛奇齡，他的態度最是激
烈。毛奇齡以爲凡是朱熹的説法，一律全是錯誤。毛奇齡只説宋
人的錯誤，未講漢人的對處。在毛奇齡之後，有一位惠棟作爲經
學家的領袖人物之一，他們只説漢人的對處，不講宋人的錯處。
他們把凡是漢人的説法，就一一收集起來。因爲，這時候漢代的
許多經書已經失傳。他們認定，不論漢代時期的古文派也罷，抑

或是今文派的也罷，一概都好，一概都對。他們廣泛收集漢人的經書。於是，清代成立了漢學派。

之所以發生這種事情，有一個原因，就是清代的文字獄大興。康熙、雍正、乾隆三朝，先後有數十起大大小小的文字獄。清代文字獄，就是挑剔文字的過錯，而把文人殺頭、下獄。在獄中死去的，還要戮屍梟首。兒子也得連坐處斬。

所挑剔的文字過錯，有的爲了注大學；有的因爲寫了通鑑論；有的爲作五經簡咏一書；有的因著一柱樓詩；有的爲著續三字經；有的爲作墓志。這些儒者先先後後有許多人爲了著述，爲了文字之事，遭到殺身大禍。又因株連過多，造成人人自危。

這種殘酷的文字獄，使文人不敢看今史，只能讀古注。造成學術界的沉寂與窒息。清代的漢學，就是在這種背景之下，才產生、形成的。

清代，有一位翰林阮元，他把乾隆、嘉慶以前的漢學家們的經說輯集，刊印成爲皇清經解。共有一千四百卷。從這部書中可以知道清代的漢學，同時，可以了解漢朝古文學和古文學家們的種種説法。自然，這不是阮元一個人的功勞，而是清初以來一百多年間許多漢學家的功勞。這部書很可以參考閱讀。

這個時候，常州學派興了起來，有一位莊存與，他説漢學不能籠統地講它，漢學要分古文學派和今文學派這麼兩派。

還有一位經學家、公羊學家，叫劉逢禄，他作了一部左氏春秋考證，正是他的考證，正是劉逢禄其人，第一個説左傳並不是左丘明著作的。他提出了許多左傳同春秋不相符合的地方。只是他還不知道左傳是從國語產生出來的。

原來，春秋是從東周的史事寫起的。而關於東周的史，國語記載已經很少。這由於左丘明只知道東周後期的歷史，不曉得東周前期的史事。結果，就使得左傳的後半部同春秋相符合，而其前半部則同春秋所記不相符合。特別是關於東周初年的魯隱公、桓公、莊公這些時期的史實的記載，經文同"傳"的説法完全不一樣，各説其説，合不攏來。劉歆的左傳，對於這些，只是向經書略作敷衍，以致發生經同傳之間貌合而神離。

清代初期到中期，漢學有了發展。到清代後期，清代大儒家繼續作出貢獻。這一時期有突出成就的是龔自珍、魏源、王闓運、廖平、康有爲、皮錫瑞等人。他們都是今文派經學家。他們極力想要把漢代今文學派再次振興起來，以打倒漢代古文學派。他們這一派人，都有些新思想，主張變法。他們看到漢時今文學派的人們是主張改制的。

龔自珍受過劉逢禄的影響，他見"公羊學"家們的思想也有些主張變革，便借着闡述"公羊學"的"微言大義"，來發表自己對於清代社會要進行改革的見解。

龔自珍即定盦，自幼就受到外祖父漢學家段玉裁的教育。但他以爲死背五經、四書毫無用場，科舉考試毫無意義。他要打破清朝的死氣沉沉，他的著名詩篇寫道：

> 九州生氣恃風雷，萬馬齊暗究可哀。
> 我勸天公重抖擻，不拘一格降人才。

他運用漢學以求革新圖治。

再説魏源，他和龔自珍的思想有許多相同處，早年也受到過"公羊學"的影響，讀過許多清代藏書。他經過鴉片戰爭，在戰爭中感到了西方的侵略，也看到了清代皇帝的無能。他便主張變法圖強，提出了"師夷長技以制夷"的主張，學習西方之所長，用以反抗西方的侵略。在政治上，主張實行選舉制度。

爲什麼公羊家，以及受過"公羊學"影響的漢學家如龔自珍、魏源他們這些人，最富有變革的新思想呢？

因到了清朝道光年間，中國遭受到外侮，這樣的時代，"公羊學"的思想是最能啟發人們的改制圖新。

原來，今文學家的創始人之一的莊存與，是第一個悉心研究公羊傳的。公羊傳不同於左傳，左傳以記事爲主，各種史料甚多；而公羊傳以議論爲主，主要闡發孔子的議論，即所謂"春秋大義"。這裏面就常常要講"尊王攘夷"，這個古代的思想也有團結對外的意思。

公羊傳的大義還有"三世"之説即：

一、"據亂世"——"内其國而外諸夏"，就是説在春秋東周時，要重魯國而輕四外所封的各國；

二、"昇平世"——"内諸夏而外夷狄"；

三、"太平世"——"諸夏與夷狄爲一"。

公羊説："諸夏而夷狄也，則夷狄之。"意思是講：如果諸夏像夷狄的所爲一般樣，則魯國對待諸夏（魯國四外各國），就像對待夷人和狄人（更遠方的外國）一個樣子。

公羊又説："夷狄而諸夏也，則諸夏之。"意思是講：倘若遠方的夷人與狄人各外國的行爲，如同魯國附近各受過封的國家一樣，那麼魯國就應對他們像附近各受過封的國家一樣好好看待。

以上這些都是公羊家所具有的古老理論或理想。

這一類的道理，到了清代道光有了外侮之時，就有了現實感。在當時經學家們的頭腦裏，引起了興趣，起了作用。

他們主張改制，借了漢人的"三世"之説，主張變法。

可見，在清朝初年，一些文人儒家爲了文字獄的頻繁與嚴酷，都鑽進了古書堆裏，躲起來，只講知，不講用。然而到了清朝的後期，就不同了，把知聯繫到用，借了漢代今文學家的改制思想，倡導清之變法。這個時期是據經書以論變法。

和魏源所倡言的"師夷長技以制夷"之説相連，接着又有"中學爲體，西學爲用"的説法。"中學爲體"，所謂"體"就是根本的意思。第一個明白提出這個主張的是張之洞。他們以爲中國文化在世界之上，西洋則只有堅甲利兵，所以應當用中國的禮義去教育他們，用西洋的堅甲利兵技術武裝我們中國。

到了廖平，這個人很肯讀書，他因爲看到漢代經學家許慎所著的五經異義，書中講述了今文學家和古文學家所談論的“禮制”不同，就根據這些作今古學考。在這本書裏，廖平説，所謂古學，那都是周公的。因爲，“周禮”傳説是周公制訂的。實際上，“周禮”並不是周朝的禮制，而是春秋時代人們的想像，用之於戰國時代。

廖平又説：經學都是孔子的。另外，他又寫了知聖篇，説“六經”全是孔子所著。他還根據耶穌教的經義，説孔子就是中國的耶穌。

我們知道，耶穌教的聖經不一樣。他的舊教，認爲耶穌就是上帝；而他的新教，就是耶穌是上帝的兒子。

廖平説孔子是中國的救世主；在孔子以前，中國没有文化著作；自有孔子，才創造文化著作。

張之洞作兩廣總督時，請了廖平去作幕賓。廖平見到了康有爲，康有爲正在那裏講學。廖平、康有爲一見之下，互相很談得來。康有爲受到啟發，作了兩本書：

一是：新學僞經考，是根據廖平的今古學考而作。所謂“新”，是指的王莽的國號。康有爲認爲漢時古文學派的經書，全部是“新朝”王莽時的僞造，是“新朝”的假經，全不足信。

第二本是：孔子改制考，是康有爲根據廖平的知聖篇而作。此書説，孔子之所以作六經，就是爲了要改制。

這兩本書，在戊戌變法時期，大有影響。因爲，向來人們對於古之經書，十分尊重。康有爲卻給推翻了一半。孔子成了改革家。自然，康有爲就是當代孔子，要改革。

一時間，當時許多大官、大儒都起來罵康有爲，請光緒皇帝燒掉這兩本書。光緒先後禁過二次。但是這兩部書，現在又由中華書局出版了。

這兩部書有一點價值，即是説古文學派的經書，有一部分是僞造的，當然不是全部僞造。劉歆的確有僞造。他的僞造，是爲了託古，把自己聯繫上孔子的經書，以取得對他本人的信仰。

至於康有爲説孔子要改革，那就根本没有此事。改制是孔子以後的事，是戰國時期的事，是諸子的事。諸子中，有儒家。到戰國時，儒家想改制是確乎有的。例如，孟子就是託孔以改制的。

所謂託古改制，例如講在戰國時，父母死後要守三年的喪，這在春秋時期就没有。春秋時期的守喪，只有周王死後，要有七個月服喪。諸侯死了，要守喪五個月。大夫，即負責政事的官吏，死後，要服三個月的喪。士，即無有政事責任，只有點資格，這樣的人死去，要爲他服一個月的喪。

戰國時，重孝。所以儘量把服喪的時間放長。孟子曰：“三年之喪……自天子達於庶人，三代共之。”“三代”就是夏代、商代、周代，三個朝代，都是這麼守喪三年的。孟子這個説法，實爲謊言。

可是，當時滕文公聽了孟子的話，就守了三年喪。孟子記載：滕“父兄百官皆不欲，曰：吾宗國、魯先君莫之行，吾先君亦莫之行也”。就是説在滕文公以前的先人們，都不曾服過三年之喪。

孟子所主張的三年守喪，只許人們在家裏哭，不許出門生産。

儒家的改制，或者是託於周公，或者是託於孔子。他們也是把這般古人當成偶像。

康有爲又弄這種古時儒家的故技。他很大膽，但他把孔子説成是改革家的結果，也就在名義上提高孔子，而在實際上是降低了孔子。

清代後朝，是託古以求改革，託古以求變法；是根據古經學以陳説自己的新思想，主張變法維新的新思想。

再後來，到了清朝末年，重又發生了今文學派與古文學派的爭論。

清末，有一位俞樾，他是混合了漢學與宋學的，這本來是對的。因爲，漢學也好，宋學也好，都有其對的和不對的部分。但俞樾的學生之中，有的專信古文派的，例如章炳麟；另有的就專門崇信今文派的，例如崔適。這就又分出了兩派。

章炳麟，號太炎，當時屬於進步的，要革命的，他和康有爲的保皇思想相對立。可是在作學問上，章太炎是保守的，而康有爲是進步的。那時人們見他們二人互相責罵，卻不知誰何。

這時候，經學家錢玄同見到了章太炎和康有爲的文章，認爲章太炎的古文派攻擊康有爲的今文派是正確的。因爲今文派有的是説謊。另一方面，錢玄同認爲今文派對古文派的攻擊也很有理，因爲古文派有造僞經的事。錢玄同以爲應當取古文派和今文派之長，而去掉兩派之所短。

今文學派和古文學派，以及漢學與宋學，今日看來，都有其可取的方面，也都有其應當排斥的部分。

清代末年只有古文派與今文派之爭，清代初年才有漢學與宋學之爭，隨着清朝的滅亡，今文派與古文派之爭亦亡。

我們在前邊曾説過，清代後期的經學家，比如説龔自珍（定盦）、魏源，直到廖平、康有爲是據經書以論變法，託古以改制，託孔以改制，主張維新用經書作依據。到了他們之後，出現了不讀經書，而只講變法維新的。

到了民國時期，一般是不讀經書了，只有少數人才讀經書。在這個時期中，還研究經書的，有位蒙文通，是廖平的學生。另有一位研究經書的學者是錢玄同，是俞樾的學生的學生。因俞樾有兩位經學大弟子，一爲崔適，是講今文學的；二是章炳麟，是崇尚古文學的。可是錢玄同向崔、章二人都學過，所以錢玄同對於古文學派和今文學派都知道。

錢玄同搞的是漢學，即漢朝對於古代經書之研究。由於發生了古文與今文兩派，把經學弄亂了。到底何者是正確的？清人研究了二百年，錢玄同又接着幹。他見到我以後，想以我來代替他完成這一研究，於是把許多漢學的大問題，同我談説。

錢玄同因患高血壓，在五十多歲時得了中風症而逝去。他是當代科學家錢三强的父親。

中華人民共和國成立後，還在研究經學的人，總共不過二十人。現在尚有上海復旦大學的周予同及我（顧頡剛）等，也都是六十以上的人了。

現在關於經學的新著作，只有詩經新義、左傳選、尚書的翻譯，其他就没有了。

顧頡剛老人又講了一點有關的辭語概念。他説："國學"一辭乃是中國古時各種文、史、哲的學問之總稱，而"漢學"一辭只是漢朝人關於經學的學問。

經學自漢、晉、唐、宋、元、明以至於清朝，不斷地有所發展。這對於古代經書的解釋，亦即古代史書所記史料的整理，很有意義。

六 清代古學整理、考據學

一九六六年一月十一日　　　顧頡剛先生講清代古學整理，關於考據學

清代皇帝不許清代人講談清代事。尤其是清代初期，清人剛入關後幾代皇帝屢次興起文字獄，對待文人采取嚴酷政策，使得一般文人學士不敢抒發自己意見，不敢議論時政。即使是詩文中有一字一句的不妥，也有遭到殺身滅族慘禍的可能。例如，凡説到蠻夷，都不准許；説到古之蠻夷，也得換換字，"夷"字要改爲"彝"。

一般儒家學者，便不敢多論微言大義，特別怕聯繫當時現實的義理、經濟的研究討論，改變爲把自己的時間和精力用在對於古代典籍的尋章摘句上，以求逃避現實。

於是考據學因此發生。

考據是研究古書的方法，即是以此書對校彼書，而把這一本書和那一本書的矛盾之所在找出來，加以查考。這是整理古代史學、史料的方法。清代人們擅長用考據方法以讀古書。

考據作爲治學的一種方法，各代都有。但是，到了清代，特別是乾隆當皇帝的時候，大力提倡經學的考據。對於古經古典的考據使清皇朝感到放心，他們感到文人們墜入到故紙堆裏，對於他們較爲安全。在朝廷的鼓勵下，一些達官貴人如阮元、畢沅等，就出來倡導經學的考據學，於是考據學大爲盛行。乾隆時，

翰林錢大昕就著有二十二史考異一書。

最早的考據學的書籍是清初顧炎武的日知録。顧炎武的治學方法，的確可以説是清代考據學的先河，他每到一個地方或見到一塊古碑，或見到一處古蹟，他都要考據一番。所以説是"讀萬卷書，走萬里路"，只是一味的關在屋子裏讀書還是不行。

乾隆、嘉慶年間的許多學者，是把自己的學術研究全部都從事考據。他們在學問和考據之間劃個等號，以爲研究即考據，學問即考據，考據以外並無學問。

中國古書很多，真是浩如烟海。經過幾千年的代代傳鈔，便有了不少錯誤、漏失、混亂的地方。有的古籍簡直已經没法子讀下去，考據家們用十分精密細緻的校勘方法，幾乎對於所有重要的古經古籍，都進行了詳細的考訂，使後人讀起來省卻了許多精力。有些已經變得難讀通的古老典籍，也變得比較容易讀得通。這總得説是考據家們的功績。

有一位叫徐松的，是道光時人。他因事獲罪，被皇帝充軍到新疆。他看見古書中所記載的水道，和他一路親見親聞的實際狀況多有不合之處，就寫了一部西域水道記的書。

清代先後有考據方面的著作，達數百部之多。

以上所談都是關於對於古書的考據。

下面再談對於古器物的考據。

對古代器物的考據，自宋朝開始，而其盛行則是清代乾隆朝。乾隆皇帝收集的古代器物很多。

乾隆時編了一部西清古鑒。"西清"是皇宫裏的一個殿的名字。在這本書中，把許多古代器物一一畫出來，上面的文字一一細描出來。這對於考據古史大有用場。

對於古器物的考據，一開初也只是考釋這些古器物上的文字。

這一風氣，在皇帝倡導影響之下，就傳及於大官、巨富和大儒之家，風氣極盛。這樣，後來就有了描摹古字的風，叫做"彝器款識"（識，音著）之風。"彝器"，指青銅器中鐘鼎一類的禮器。

到了近百年，考據學已不是重在考釋古字，而是偏重在考據古物。

接下去，我們要説考據學的另一個方面。就是對古代文字的考釋。

古代文字都是象形。古埃及文字，也是一樣，是象形字。後來，中國文字既有象形，又有聲。例如，我所姓的這個"顧"字，"雇"爲聲；"頁"爲頭，是形。你所姓的這個"何"字，"人"爲形，"可"爲聲。

中國文字的書寫，在古代，在後來，到今天，變化很多、很大。

清朝人注釋説文解字的很多，這就是要研究東漢時代的小篆，知道了小篆字體，便能認得大篆，從而容易認識古鐘鼎文。

清朝末年，有一位大學者叫吳大澂。他是中日甲午之戰中的敗將，作過湖南巡撫。他對於鐘鼎文很有研究，著有字説，把古文古字的原理，剔出了一些來。又著有説文古籀補（籀，讀宙）。

原先的古文古字有三種：一是小篆；二是古文；三是籀文。因爲，漢代有一本書叫史籀篇，是用大篆書寫的，所以叫做籀文。

吳大澂雖然是清人，但他收集到的古文字的資料多，比之於漢朝人的資料還多些。所以，他就可以用手頭的資料來校勘漢代的史籀篇。這樣，有了説文古籀補一書，鐘鼎文也就系統化了。能識得鐘鼎文，便能弄清古鐘鼎古銅器上所記載的周代前後時期古史古事。

説考釋古文古字，我們要專門講一下對於甲骨文的考釋和研究。

在六十年前（記錄者按：這是六十年代的話，至今，應爲九十年了），中國發現了殷墟的甲骨文。

什麼叫"殷墟"？"殷"是個地方，在河南省安陽市的西北郊。這地方在殷商之季曾長期作爲京都。商朝被周武王打敗滅掉之後，這地方就沒有多大用處，時間長了，漸漸由荒蕪到變成一片廢墟，慢慢地被埋到地下，以後人們稱它爲"殷墟"。

何謂"甲骨文"？甲，是烏龜的甲殼；骨，是牛的肩胛骨或其他大型動物的大骨。殷人在這些甲和骨上用刀刻上古文字，有的用筆寫一下，再用刀子刻下來。

商王每做一事，都要先占卜。怎麼占卜？是先把一些龜甲和牛骨整治一下，刮薄弄平，再鑽個圓窩。然後用火燒烤，甲與骨經火一燒，便出現裂紋，這叫卜兆。商王根據這些裂紋、卜兆來判斷吉凶，以便決定某事可否去做。這些裂紋常常是"丫"、"卜"。

商王的管占卜的官，就把這些卜兆問疑的結果，刻在甲骨上。它很不易毀壞，經過三千多年，還能保留下來。

甲骨文除了一些卜辭之外，還有的是其他記事的文字。

甲骨文已經是有着嚴密結構和有一定規矩的字體。它除了象形字以外，還有些假借字。甲骨文還不是最初最早的古文字，但這是我國目前所發現並已有系統研究的最古文字。

關於商的正史、周的正史典册，都已經失去，沒有留存。因爲那時是寫在竹簡上，而竹簡易於腐爛。

自從有了甲骨文，商代的史事，就有了文字依據。

甲骨文怎麼發現的呢？

其實，在歷代本草綱目一類的藥書上，就有"龍骨"，也説過龍骨上有字，但早先不了解。

到清朝末年，我國的古文字學，有了長足進步。到吳大澂時，他還未見到這種甲骨文，也未曾研究過。

有一位山東人叫王懿榮，在北京當官，病了服中藥，他見到藥裏有"龍骨"，上有文字，認得一點，於是開始去四處收集龍骨，得到了大量甲骨文。①

八國聯軍攻入北京，王懿榮自殺而亡。他所遺下的大量甲骨，先是歸到著作老殘游記的劉鶚那裏，他著鐵雲藏龜，爲第一部甲骨書。後來有一部分甲骨又爲末代皇帝溥儀的尚書房行走——羅振玉所得。

清朝覆亡了，羅振玉跑到日本。他在那裏把甲骨文印出來了。因此，世界轟動。他又派自己的親屬去安陽找過甲骨文。

商代在這裏——安陽的殷墟，曾建都二百多年。所以商的占卦、問卜、記事的甲骨文，多出在這裏。

由於商王很迷信，凡要行事，都要先祭神占卜來作出決定。辦理祭神和占卦、問卜的人，設有專職的官，就是史官。官雖不大，權力不小，能代神鬼説話。同時，史官掌握刀與筆以刻寫甲骨卜辭。

甲骨文有一定的格式，多是這樣子：某某日卜，某史官問，要做某事，是吉？是不吉？某月。

甲骨文的内容，大概有三方面：一是記載祭祖的事；二是爲了征伐的事；二是商王出行的事。其他，還有商王疾病、出獵、生子……。故從甲骨文中，知道商王的事甚多。

甲骨文至今已經收集到二十萬片（記錄者按：一説是十多萬片）。最初是私人發掘，後來政府去發掘，有許多還没有印出來，科學院準備全部都要印出來。②

對於甲骨文的研究，已經進行了六十多年（按：這是一九六六年的話）。開始，只是要認識這些字。後來有個王國維，是清末皇帝溥儀的尚書房行走，對甲骨文做了許多研究，從而對於商

---

① 校訂者按：有人認爲是傳聞，不可信。因爲北京的中藥店按中醫藥方揀出的龍骨，都是搗碎後包裝的，從搗碎的龍骨上不會發現甲骨文。

② 校訂者按：現在已編成甲骨文合集，由中華書局出版。

的歷史弄清了很多。有些史記裏所記的商代帝王、商代地理狀況、商的制度……他又重新研究一遍，進一步搞明白了。

研究甲骨文，在我國歷史科學和古文字學中，是一項新的學科，叫甲骨學。

近四十年來，甲骨文的研究，又有了很多進步。甲骨文約有近五千字，在王國維時，只識得八百多字，現在已經能認識兩千字左右，有些字，不大固定，要猜才成。有些字，只懂得意思，不知讀音。有些字，猜也猜不出。

現代的甲骨文的研究者，有郭沫若；于省吾，在吉林大學；商承祚，在中山大學；及唐蘭，在故宮博物院，爲副院長。①

考釋古文字，包括考甲骨文和考鐘鼎文。六十年來，鐘鼎文的發現越發多了。最大的銅器是從商墓中出土的司母戊大鼎。所謂"司"就是祭的意思，"戊"乃是人的名字。商代人常常用他自己的生日來命名。所以才有"戊"這樣的人名。

這件商代大鼎，重有一千七百斤。大鼎裏可以住下一只牛。

商代、周朝，最初鑄造各種鐘和鼎的銅器，是爲了祭祀的時候，作爲禮器。以後逐漸多了起來，就制成了一些日用器皿；還有專供欣賞的"弄器"。

這些鐘、鼎銅器上，不僅有精美的花紋圖畫，還有一些文字。這就是"銘文"或叫"金文"。這些鐘和鼎上的銘文，有的只有幾個字，有的幾十字，有的幾百字。有的銘字是書寫當時的歷史。

所以，歷代留傳下的銅器，和以後從商、周遺址古墓出土的銅器，它們上面所有的金文，就成了研究商代、周代社會歷史的寶貴資料。在解放前，大量的銅器都被外國人弄走。我們只能見

---

① 校訂者按：這裏所舉的甲骨文研究者，僅限於顧先生同輩的學者，不包括他後一輩的學者。

到個名字。例如，美國所存放的中國古物、銅器就很多。

有壽春(今壽縣)楚器。壽春這地方，在安徽，原是戰國時代的蔡國的地方，後來成了楚地。這裏，發現的楚物多，特別是解放後，出土很多。其中既有蔡國的，也有不少楚國的。

研究古史，考釋古銅器鐘、鼎文字很重要。竹簡則又是一種古史資料，不能忽視。

竹簡，有長沙楚墓的竹簡。在竹片上，寫了不少戰國時的事。這座楚墓，是在抗日戰爭期間出土的。由於墓好，不通空氣，所以竹簡没腐爛。這些古竹簡，一出土就得趕緊放在藥水裏，這樣才能不爛，才能保存。

漢簡，就是漢代的木簡和竹簡。漢代人主要是用簡來書寫文字。這些年來，考古工作者發掘出大量漢簡。

武威漢簡是一九五九年在甘肅武威出土的。已經整理出來的是手鈔的儀禮，是西漢時所鈔寫的，是一部專講禮節儀式的儒家經典。這對於研究漢代經學有價值。

又有居延漢簡(居延在甘肅)，是一九三〇年在漢代烽燧遺址發現的。在這批大量木簡(少量是竹簡)中，有許多書信、雜記和經籍。這批漢簡所提供的資料，對研究漢朝的政治制度、土地制度、軍事組織、邊塞設施等方面，有重大價值。

多年來，各地發掘出許多漢簡，對於研究漢代和漢代以前的歷史，是不可少的第一手資料。自然應當重視，應當加以考據研究。

關於整理古史，要考據許多方面的古書。對於古書的考據與研究，有其特殊意義。我們現在説一點兒關於敦煌石窟中所藏古書的情況。

敦煌，在我國甘肅省的最西邊。"敦，大也；煌，盛也。"這地方在漢代曾是交通要道上的繁盛之地。

在晉代，開始由和尚樂尊，在敦煌城東南的山腳下，召募了些人，開鑿石窟。先後一千年，到隋、唐達到高峰。所開的洞有一千多，所以也叫千佛洞。這些洞裏大多是佛教的神與人的塑像和壁畫。

可是，在敦煌的洞窟裏藏有大量古書。著名的是"藏經洞"，這裏頭藏有從晉朝到唐朝、到宋朝，先後十個朝代的大量佛經。還有各種文字的古書。有小說，有户籍，有契約，有詞曲等。

這裏所藏的古書，都是卷子，數量不少，有三萬卷之多。北宋時代，這一帶有兵灾、戰亂，所以把這些古書放進山洞。這個"藏經洞"外面是牆壁封起來的，壁上有畫，後人不知壁畫的裏頭是個大書庫。

清代光緒二十六年（一九〇〇年），洞窟塌了，才知道內裏有藏書。當地人不懂，有個道士叫王圓籙發現了，以爲是仙人傳下來的。每有病人，就把這些古書燒成灰，當仙藥，喝到肚中，治病。

後來，有個英國考古隊，從新疆到了甘肅。該隊領隊斯坦因，爲匈牙利人。他聽到了這件事，趕到了這裏，騙哄道士，并且用五百銀子賄賂他。這個斯坦因就從這裏盜去大量古書，其中包括經、史、子、集很多書籍。當然，佛經最多。這些古代書籍中，還包括有吐火羅文字寫的書，一種新疆古代文字。還有"火祆教"的經書，火祆教是古波斯人的教。我國明朝的明教，原本來自波斯的火祆教。書庫裏還有道教的經書。有民歌。有隋朝的刻版書，是我國最早的刻版書。現今，國內只有宋朝的刻本。大書洞中，還有最早的拓本書籍，唐代拓的古書。例如歐陽詢的代度寺碑拓本。歐陽詢，是唐太宗時代的著名書法家。

斯坦因並不懂中文。他選走了一大部分，送到英國。

以後，法國也知道了。法國駐北京使館的武官叫伯希和的，他懂中文。他到敦煌來選書，選走中國所久已失傳的古籍。他是個有名的漢學家，把古書中的一些精華拿走了。

　　這時，消息才傳到北京。清朝宮廷命令甘肅的官員把書運到北京來。這時尚有八千卷。卻又因貪污成風，一路上偷了許多，就不到八千卷了。於是，官吏把所剩餘的書，一分爲二，一卷分做二卷，到了北京還是八千卷之數。這些書先是放在學部。這時，學部尚書又私自去選其精者，後來賣給日本人。最後，才歸到北京圖書館。抗戰前，又被國民黨送到美國去。這些全都是國恥。

　　以上所談，是關於清代的古史整理，關於考據古經書、古文字、古器物、古書、敦煌書庫的一些簡略情形。

七　史料學與考古學的結合

　　一九六六年一月十二日　　顧頡剛先生談史料學與考古學的結合

　　清朝前期重視整理古經古書，清朝後期則重視整理古器古物。逐漸地把史料學同考古學結合起來了。

　　乾隆時期，有一個人叫程瑤田，著有通藝錄，專講用實物以整理史料。自此開始了史料學同考古學相結合的新階段。爲了考察古物，程瑤田曾經先後四次去全國各地的農村和各處存有古物的巨家，進行訪問考察。接着他的，有吳大澂繼續這樣努力。

　　關於如何把史料學同考古學結合進行，我們分別説説。

　　第一，玉器。玉器在我國古代很通行，這實際上是石器時代的遺留。

　　商代、周朝的人們，流行着用玉作爲裝飾品及禮節用品，身上掛的都是些玉。見了人，贈送的禮品也是玉。帝王任命官吏，沒有印，就用玉當作信物。諸侯去朝見天子，也是帶一塊玉來，天子再用另一塊玉，對照一下，就承認下來。還有，人死之後，口中含上玉，再葬埋。因此，就要大量的玉。要這麼多玉，從哪裏來？中原地區産玉不多，西北的和闐這個地方産玉多些。所以，從這裏也可以知道中原地帶同西北地區之間的往來交通很早。

　　到了清代，吳大澂著有古玉圖考一書。他把古玉器的考據研究同古代歷史的研究聯繫起來。在這本書中，畫出了各種各樣的古代玉器。周禮中，記載了天子的各種玉器都是什麼尺寸，多麼長短；也記載了諸侯及其以下各級官吏的玉器的尺寸、長短。吳氏按照周禮書中所記的這些玉器的尺碼大小，自己把當時所看到的古玉量一量，比一比。他考出周朝的一尺，只等於清朝時一尺的六寸。大體上是古代的一尺，同現代的半尺差不多少。

吳大澂又著權衡度量實驗考。過去說，古代一個人耕種一百畝地。吳在這本書中，根據考據，知道古代的一百畝，等於後來的三十畝。

第二，印。古代帝王所用的印，叫做璽。清朝人大量收集古璽、古印。山東濰縣有個陳介祺，在咸豐年間，同吳大澂是朋友。他是個進士，但不做官，只收集各種古代器物。所以影響了濰縣這地方不少人故意製造假的古物，一直到後來還有這種風氣。

陳介祺收集的古印很多，又收藏了許多古代銅器，著有十鐘山房印舉一書。所謂"十鐘山房"，就是表明自家收藏了十個古鐘。陳氏常和吳大澂通信，商討古器物、古印同古史的一些問題。

在十鐘山房印舉這本書裏，論述了戰國時代到漢代的各種的印。他所列舉的印中，官名甚多，可以考見古代的種種官職。

第三，封泥。又發現了許多"印泥"。周代以至漢代，人們寫信，是寫在木板上。司馬遷寫一信，要用許多板子。那時，在寫好的信上，再加蓋一個木板，然後再用繩子四方捆縛起來，打個繩結。結上放一點黏土作成的泥塊，泥上再蓋上一印，以防別人私自打開來閱看。這就叫作封泥。

古人每一封信，都有一個印泥。古印都是陰文，是凹下去的字，一經蓋到泥上，就成了陽文，凸起的字。

山東人吳式芬，著有封泥考略。作者得到了許許多多的古印印泥，加以考察研究之後，弄清楚了古代官吏制度。

二十四史各部史書裏，只記載了各代大的官。所以封泥及對於封泥的研究，就能够補充這些史書的所缺所漏。

山東濟南博物館還收有四百塊封泥。

第四，符。虎符，是銅質虎形的憑證。古代，這種虎符的一半放在帝王那裏，另一半放在將軍那裏。要是帝王要發兵了，就派人持虎符作爲命令。到了帶兵的將軍那裏，將軍要把自己所收有的另一半符，放到一起加以封合。相合，就承認是王的命令，就得照令行動。

虎符的剖切面不平，面上有若干高高低低的地方。所以，兩半符就要封合一下，以辨別真僞。

古時一般官吏不用符。

研究古符，也是通過古物以考古代歷史。

第五，節。節和符有其相同之處。古之帝王派出使者的時候，就把信寫在節上。節是用銅製造的。

新近發現了楚國的鄂君啟節。"啟"，是一個人的名字。從這種古節上的文字，還可以知道那時代的山川道路及其他古代的事情。

第六，陶器。陶器，是古代工業上最早的發明。由於陶器可以放水，所以古人家家都用都有。這種家家用陶器的情況，表明人類已經可以定居，可以住在最早的洞裏或房裏。陶器的出現，約在新石器時期。所以最古的陶器，成爲新石器時代的標誌。

隨着人類文化的進步，一代代人類社會的發展，陶器的製作也不一樣。發展到仰韶文化時，制陶技術已經頗爲成熟。早期的燒窰由於封密不嚴，常是燒出紅色的、紅褐色的，或者是雜色的陶器。到了仰韶文化時期，燒陶的窰裏可以把温度燒到高達一千度，其成品以紅色陶器爲多，上面常有黑色的綵繪。所以叫"仰韶彩陶"。

"仰韶"是個地名，在河南澠（讀免）池縣，仰韶是澠池縣內一個村名。這種仰韶彩陶，是史前時代的，是夏、商以前的器物。這是地質學家發現的。

這種彩陶上的色彩與花紋跟後來的陶器上的色彩與花紋都不同，卻是和中亞細亞的阿那（現已屬於蘇聯境內）的古陶很相同。這說明那時候東西方的交通已經通達。

這種仰韶彩陶上，有花卉，有幾何圖案，還有簡單而整齊的示意符號。有的陶器甚大。

後來，又發現了"龍山黑陶"。這是大汶口文化、龍山文化時期的陶器。這個地帶，在山東濟南附近。龍山黑陶，是在山東、河南一帶出的。彩陶可以在西邊一些地方及西北一帶找到，而黑陶則是在東邊地帶找到。

"龍山黑陶"，由於人類文化又進了一步，制陶技術又有了新發展，燒出來的多是灰色陶器和黑色陶器。這種陶器很薄，也很光，是黑亮光滑的蛋殼陶。

又發現了殷墟的陶。就是河南安陽所發現的古殷墟白陶。南方蘇州也發現過白陶。燒制白陶的窯內溫度，要高達一千二百度到一千四百度方可。這證明社會文化又有了發展。

彩陶在先，更早一些；黑陶在它之後，居中；白陶在後。商代人已經把彩陶看作古物。在這之上，更無別的古物。

白陶上面有凸起的花紋；黑陶無有花紋；彩陶的花紋，是畫上去的。表現了三個歷史時期的文化。即是：彩陶時代、黑陶時代、白陶時代的社會文化。

到春秋戰國時，陶器上有了文字。可是陶器粗了。這是因為此時社會文化又有了更大發展，很多器物用了銅器。這個時期的陶器上面，每家都刻上自己的姓名。

時代越是古，陶器色彩越好。古時，帝王也用陶器，尋常百姓更不用說了。

漢朝以後，陶器演變爲瓷器。瓷器上有彩釉。

明器，或者叫冥器，是給神或者死去的人所用的陶器。在這種陶器當中，有小房子，有馬以及什物等品。這些也都反映古人各時代的生活。現在已經發現了明器中，以新石器時代的爲最早。

據孟子記載，孔子曰："始作俑者，其無後乎！爲其像人而用之也。"這個意思就是说，開始作俑的人將没有後嗣，因用像人的俑來殉葬。實際上則是，用俑作爲殉葬品，證明了古代是活人殉葬。有一個商朝的古墓，開掘後，發現墓很大，是有百人生生被殺而殉葬的一個大墓。到後來，爲了少殺人，改爲以陶做的俑去殉死者。

俑，可以表示各時代的文化。

最美的是唐代的俑。唐代的彩馬，官吏的俑與歌、舞的俑，都好。這些俑的上面都有彩釉。

在洛陽曾發掘一古墓，墓裏有幾百個俑。表示死者的殉葬奴隸有男、有女，很多。從這些俑可以考證出那時的衣服，而古代衣服是最不易保存下來的。但看見唐之俑人裝束，便可以知道唐時的人，穿短裝的多，衣服的長短剛到膝部。

從以上的叙説，我們就可以明白，考證古史，就不能忽略對於古陶器的研究。

第七，碑與墓志銘。銘在墓中，碑在墓外。古代大墓，有石闕，在墓的二側。闕上有文字，表明墓内埋的什麽人。闕，有警衛的意思。

碑，把死者的事，記載在上面，漢代的碑，有一人高，上面的字不多。碑上都有一個孔洞，這是因爲在祭祀的時候要用羊，這個孔洞用以結繩。

墓前有碑、有闕都是從漢代開始有的。所謂"天闕"，乃是皇宫宫門兩邊的大樓。

墓志銘也是漢代以後才有的。

銘很考究，都是石質。其形狀像龜。要上、下切開作兩半，下面的一半，刻上文字，然後再把另一半蓋在上面。再到後來，這種銘就不再切開了，只是方石一塊。

在河北省的臨漳縣，是曹操建都的地方。這裏有一銅雀臺，附近古墓頗多，傳說是曹操七十二疑冢的所在，說是曹操故意偽造的。實際上，現在已經弄清楚了，那些全是後來北魏人的老墓。這些墓内，有銘，上有文字記載，就證明了。

北魏的時候，人死後，墓前不准有碑。所謂"魏碑"，多是廟宇裏的碑。

從銅雀臺的北魏古墓中，看到銘，從文字記載上知道這些墓中人，姓元，原先姓拓跋。這是些貴族，所以墓很高很大。

考釋這種古銘文，對於研究北魏皇朝和貴族情況有用。如他們爲了要漢化，對其少數民族的原來祖傳的拓跋姓，也一律要改。這些銘文，就是這一史事的物證，是可靠的文字證明。

唐代以前，貴族才能在墓中用銘。可是一到唐朝，改變了，不是貴族的人，也在死後的墓内用銘了。就是説，死了人，都可以用銘。一般的墓，用磚作銘，上面寫朱砂字。

有的宮女，死了之後，要爲之作銘，又不知其事，所以銘上就這樣寫：

　　×氏（要有個姓），但不知何許人也。

河南洛陽以北有北邙山。這裏是好多朝代的葬地，古墓多，出土的銘也多。有兩個人下功夫去加以收集。一是張鈁，這人早先在民國時期，是軍閥，解放後還活着。此人收集了二千多塊銘。第二人是于右任，國民黨的元老，他收集了不到二千塊銘。

這些銘捐獻出來了。一部分存在陝西博物館，一部分藏在河南博物館。這些銘的文字，有的可以校正二十四史的錯誤。例如，關於某代某大官，是哪年生的，哪年死的。

第八，石刻畫圖、文字。

在漢墓中，有刻的畫，發現了武梁祠、孝堂山（在山東長清），把古代忠孝節義的故事刻在墓裏邊的壁上。其上，還有文字。漢以前沒有墓內畫。

圖，已經發現的有天文圖，是在蘇州見到的，宋人所刻。

還有地理圖，是在西安發現的，也是宋人所刻。這份地理圖有兩部分：一爲禹跡圖，畫的是禹的行跡。二是華夷圖，是畫中國及其四方各夷國的圖。

關於地圖，我國自晉代就有很好的地圖了，那時的地圖上，就能夠分出等高綫來。晉代的裴秀、唐代的賈耽，都能畫出好的地圖來。這種古地圖上，都打着格子，每格表示一百里。

宋朝石刻的天文圖、地理圖，是世界上又早又好的圖。

又發現了石刻都市圖。有平江城坊圖，這兒的"平江"，是指蘇州。在這個石刻圖上，街道和河道，都畫出來並刻在石上，也是宋人刻的。

石刻的文字，就更多了。

古代石刻的文字，傳到現今的，有儒家的古經古籍；有釋家的經典；有道家的古經。

關於道家的古經著作，有老子共五千字，是最少的了。它刻在幢上，就是六角或八角的石柱。

關於儒家的古籍，刻有十三經。在後漢熹平刻了七部經於石上，傳說是蔡邕書寫的，後人稱之謂一字石經。到了魏代，又刻了兩部經：一是尚書，一是春秋。叫做"魏三體石經"。爲什麼叫三體？就是書寫時用了三種字體：古文字、小篆、隸。刻這兩部經書，用的石碑很多，刻寫了四萬八千字。

到了唐代，把十二經都刻了，叫做開成石經或唐石經。宋代補刻了孟子。這些現在都存於西安的碑林，但已有殘缺。

關於釋家的經，刻的最多。

北京房山，有自唐代到明代的石刻經文。先後刻了幾百年。房山的佛經，由於都在山洞裏，在古塔中，現在還没法子看，没有開發出來。[①]

古代所刻的佛經，究竟總共有多少萬塊，不知道。泰山有金剛經石刻，一個字，有小桌面大。河北省磁縣有個響堂寺，這裏的石刻佛經，至爲巨大。

上述這些佛經，多是刻在山上。

不用説，古石刻文字，古石刻畫，古石刻圖，對於研究古代史，都是富有價值的。

第九，書畫。

先説説書，即古人所寫的字。

我們向來知道中國古代書寫的字，流傳下來的，人們把它分做兩派：南派——唐；北派——魏。

可是，現在發現的新疆存有三國時代、西晉時代所書寫的字。這是寫在紙上的。這一珍貴文物，已流到了國外。

所謂南派，是帖；所謂北派，是碑。帖者，信也，古人所寫的信件。

寫魏碑的，可以參考墓銘的字。

南派的古帖，在宋朝重新集了許多部帖，宋太宗時刻了淳化閣帖在石上，然後再從石刻上拓出來。這部帖的石刻已經没有了。

到清代，乾隆時刻了三希堂法帖。這件古帖石刻，現在北京北海公園的閲古樓。"三希堂"，是乾隆皇帝御書房的名。三希，是三樣稀有的古寶，全是王羲之父子弟兄所寫的字。

---

① 校訂者按：文物出版社已出版房山縣雲居寺一書。

王羲之得到世世代代的大名，是和唐代李世民，以及宋代皇帝極力收集王羲之書寫的信分不開的。

還有一部描的帖，叫萬歲通天帖。這兒的"萬歲"，是指武則天。這部帖是唐代的，一直沒有刻出來，自唐朝傳到了明朝，又傳到了清朝。最後，經溥儀帶着到了東北。現在存在瀋陽博物館。這部帖也是些王羲之的字，是勾下來的。

古人所書寫的真跡原品，只有漢簡是最古的了。晉代的則有在新疆發現的紙上的古字。另外，在故宮博物院藏有西晉時的陸機所寫平復帖。這件陸機所寫的信上，有"平復"二字。

另外，還有許多古人書寫的真品，已經被運到臺灣。

歷代傳到今天的古人書寫的真跡，以宋人所書寫而流傳下來的爲最多。

接着下來，我們説説畫，古人的畫保存到今天的，除了石刻的畫而外，最古最早的是隋朝展子虔的游春圖。這是展子虔的手跡，到現在已有一千二百年了。

唐代人畫在紙上的少些，很多是畫在壁上，叫做壁畫。這樣，傳下來的唐畫也就少。有的是畫在屏風上，叫做屏畫。由於這些屏風是絲織品，也容易毀掉。所以，唐代畫留下來的少。

宋代人的畫，傳下來的就要多些。這是因爲宋徽宗很喜歡畫。在宣和年間，他成立了"宣和畫苑"，集中了不少畫家在宮裏作畫。所以，畫的多，存的也多。宋代的畫，多爲工筆畫，即細描細寫的畫，有的人就説這種畫叫"匠人畫"。

中國工筆畫中，最有名的古畫是清明上河圖。作者張擇端，是北宋人。此畫畫的是北宋時代的都城汴梁（開封）的城內外風景及運河邊上的情景。宋代的京城也叫東京開封府，是水陸樞紐。這時，有汴河、蔡河、五丈河、金水河等水道，以溝通南方經濟富庶區和山東與西安各地。有些街道十分繁華，有些大街是沿着河道形成的。

　　清明上河圖是一個長的畫卷。圖中描會了自郊區，經城區，汴河的兩岸風光。有農田、村舍、酒店，有河中船隻與縴夫。行人、騾馬熙熙攘攘。卷上畫的"虹橋"，橋上橋下，人群接踵。有飲食攤、刀剪攤、雜貨攤，有茶座，有酒店。圖中人物有數百之多，有賣花的，有賣剪刀的，有賣弓的，有賣卦的等等各類人物的形象。在街上的行人中，有穿短衣的勞動者，有騎馬的官員，有乘轎的仕女，表現了宋代社會的風俗。宋畫表現風俗的多。

　　這一畫卷共有五米多長，由於是北宋的風俗畫，就不僅具有很高的藝術價值，也有極高的研究歷史的價值。

　　第十，織錦刺繡。

　　古人的織錦刺繡，留存到現今的，有宋朝的織錦和明朝的刺繡。我們見到這些古物，有助於考察歷史。

　　刺繡，有名的是"顧繡"。因爲在明代，上海有個顧家（露香園），父親和女兒都能刺繡。繡得極好，出了名，所以有"顧繡"的稱謂。現在故宮博物院藏有這些古代藝術品。

　　第十一，古代檔案。

　　毫無疑問，古代檔案是研究歷史的重要依據。現在，我們只有明代和清代的檔案，就是明、清內閣大庫的檔案。共有存檔文字幾十萬件。

　　清朝末年，皇朝統治者想要加以清理。當時有人主張全部燒掉。羅振玉力主要保存下來。結果，就裝了八千麻袋，保藏在故宮午門樓洞裏邊。

　　其後，又有人把這些檔案當成廢紙，賣到了造紙廠。這事又被羅振玉知道了，他用二萬兩銀子買了回來。再後，到民國時期，爲當時的中央研究院買到。現在，一部分被帶到臺灣去了，可是大部分還留在北京，存於西山溫泉的檔案局。

　　總起來我們可以說，研究歷史的史料學和考古學必須結合好，要求考古學家和史學家配合得好，要把古代留存於今世的各種古物、各種史料，一一加以考證。古玉也好，古節也好，古陶也好，古碑古銘也好，古石刻也好，古書古畫也好，直到古代存檔，都需要更多專門的人、專門家、專門學者，進行研究，並跟史學研究緊密結合。

可以看出來，歷史的研究，一代比一代有更多的發展進步。

一九六六年一月十三日　顧頡剛先生續談考古

顧老接着昨天的話題，繼續談了關於考古。

說到考古，還有些值得談的。

一、我們先談古錢幣。

戰國時代以前，人與人間的交易，是以物易物。人類最古最初的交換，是用真的刀，真的鏟。後來，改爲用小的刀、小的鏟，有了“錢”。

“錢”字，就是“鏟”，是一種農具。隨着交換的頻繁，交易的發展，就有了“錢”。

錢幣的出現，開始在戰國年代。古代錢幣，最初有刀形、有鏟形。

（記錄者按：顧老說到這裏，就邊說邊畫圖形。校訂者按：下面的圖形就是他畫在“生活雜誌”那本小冊子上的。）

錢幣，到秦漢以下，變得不同了。其形狀是外圓中方。

秦朝的錢，是半兩重。漢朝的錢，是五銖的重量。一銖爲一兩的二十四分之一。

以後各朝代的錢，形狀沒有變化，只是在上面刻鑄了各個朝不同的年號。比如，唐朝有“開元通寶”，宋朝有“宣和通寶”等。都是金屬製造。

到了清代後期，把銅錢，改爲“銅元”，中間就沒有方孔了。

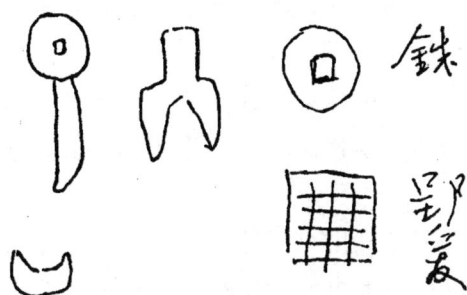

顧頡剛講史時手繪的古錢幣圖

因爲這時的物價高了。

　　古人如果用錢數量很多，就用銀子。戰國時的楚國，是用金子作錢幣。那時他們叫"郢爰"。其形有如棋盤格，一小塊一小塊的，都可以在用時剪下來。

　　金子，因爲佛教要造很多的金佛、金塔等，用得過多。每個寺院都有許多金子、金器。佛教造金塔，要把和尚的骨灰放在裏頭。

　　中國古代曾經是産金，不産銀。銀在漢代的時候，就開始用。

　　銀的錢幣，是用兩來計算。把銀子做成元寶形狀。用的時候，可以剪下一塊，再用秤稱一下分量多麼重。

　　到清代光緒年間，改元寶爲銀元。銀元來自墨西哥，所以又叫"洋元"，後來中國自己鑄造銀元。

清代後期和軍閥執政時期，他們自造銅元，大開銅幣廠。一個銅元，最初是十錢，後來升高到了二十錢；又升高到五十錢、一百錢。這時的銅元，從中國東部往西部，愈向西所鑄的銅元愈大。這都是表示這時期的物價高了，西邊更高些。這全是軍閥們造成的惡果。

我國東南各省，那時又用小銀元。有一角的，有二角的。

錢的發展，可以作爲考史的一個途徑。從錢的變化，可以看到商業、經濟的發展，比如可以看到古代的物價低。

鈔票。

説到中國的鈔票，這是從宋朝才開始有的。那時的名字叫做"交子"、"會子"。宋代也罷，元代也罷，明代也罷，都使用鈔票。鈔票的通行使用，最容易引起通貨膨脹。

宋、元、明時期所用鈔票，有所謂"貫"。一貫，就是一千錢。

人們打牌玩時，在牌中，有"一萬"，"二萬"，又有一種玩的"索牌"，這種牌裏有的叫"一千"，有的叫"二千"，"千"就是"貫"。

鈔票裏的"圓"是什麼？就是"通"的意思。

鈔票，到了蔣介石統治時期，改成了虛的本位。在民國二十多年的時候，他把全國的銀元統統收回。只有鈔票一紙。就隨意印票了，愛印多少，就發出多少，物價越來越高。

（記錄者按：各國鈔票，有的是以金子作本位；有的是以銀子作本位。都要按照實際擁有的金子或銀子的數量，來有限制地印發紙票。蔣介石時，就沒有這些了。他是虛本位。）

考錢幣，是從經濟的變異看歷史的變化。從經濟看歷史。

二、書。

接下去説古書。古書當然和古史更是大有關係，要分開來説它。

　　第一，是皇帝的日記。

　　古代各朝皇帝，由他的史官把他每一言，每一動，每一事，都記載下來。待到這個皇帝死了以後，再給他編實錄。這種實錄專記皇帝的事情、行動。還有聖訓，專記皇帝的言，他的一切文告。

　　我國古時皇帝的實錄與聖訓，現今都保藏在北京的南池子大街的"皇史宬"，"宬"這個字，其他地方見不到。

　　可是，宋朝以前的皇帝實錄已經失去，明朝、清朝皇帝們的實錄還都有。明代實錄是鈔本；清代實錄是原本。這些，都已經印出來了，是日本人印的。

　　最早見於記載的實錄，是周興嗣等寫的梁皇帝（武帝）實錄。自從有了實錄，歷代修史，在撰寫過程中，都要從實錄和聖訓裏邊去鈔原始史料。

　　當然，所謂實錄，不會把皇帝的一切真事都記下來。例如說，清代順治皇帝的母親，後來改嫁給順治帝的叔父多爾袞。這件事是屬於叔嫂結婚，實錄裏就不記了。在多爾袞死了以後，後代稱他是"成宗義皇帝"，"義"，是假的。

　　第二，是國史館的記載。

　　各皇朝都有"國史館"，負責把那個朝代的普通的史事和一些官吏的事，記錄下來，再記載一些外交方面的事、內政方面的事。

　　往昔編史時，就是下一個朝代，把他上一朝代國史館的記載，加以編寫，而成爲史書。宋史，爲元朝所編寫；元史，爲明朝所編寫。下一朝編寫上個朝代的史書，所根據的就是實錄、聖訓，再有國史館的許多資料。

　　第三，皇家編輯的書。

　　武英殿是爲皇帝編輯並印刷書籍的地方。

　　清朝專爲皇帝編書，是從康熙開始的，所編的書就是古今圖書集成。它把從前的書，分類編纂，是一種類書。

所謂類書，是古代百科全書式的書。它廣泛采集各方面的書籍，再按類別進行編輯。這就是爲什麼叫做類書的原故。

我們前幾天講過的册府元龜、太平御覽、太平廣記這幾大部宋太宗、宋真宗命臣子們編纂的大書，就都是類書。明朝成祖又下令編了百科全書式的類書永樂大典。永樂大典共有二萬二千九百三十七卷。共集有當時古今圖書七八千種，包括經、史、子、集，以及釋家的、道家的、醫藥的、戲劇的、平話、工藝技術、農藝等各類著作。舉凡天文、地理、人倫、政治制度、奇聞奇見都收入其中。在編輯時，永樂皇帝朱棣很重視，很嚴格，不止是集得特別廣，而且又特別嚴。對於所收入的書籍，不許任意删節、涂改。只許一字不差照原書原文分別編進去。所以這部大書最完整地保存下不少佚文秘典。

可惜的是，明代皇帝一直沒有采納刻版印刷的意見。所以只有這麼一部手鈔本。嘉靖皇帝時，怕被火燒掉，才要人們鈔寫了一部副本，這樣共有正副二部。到了明朝滅亡，大典的正本也隨之毀掉。到了清代，經過英法聯軍和八國聯軍的攻掠北京，這部世界文化的瑰寶大典的副本，有的燒燬，有的被帝國主義盜走。現今，我們還留有一點殘餘。

我們還是把話再拉回到清代的古今圖書集成這部大類書。集成，在康熙時，由陳夢雷編成。先後編了十年，到了雍正皇帝時，又命蔣廷錫主持其事，經最後地增删潤色，方告完工，加以出版。

集成分作六編：曆象、方輿、明倫、博物、理學、經濟。有三十二典，就是三十二類，是最大的類書。共六千一百零九部。有書一萬卷，五千本，每本二卷。它的内容，雍正皇帝有個評價說：“貫穿古今，匯合經史，天文地理，皆有圖記。下至山川草木，百工製造，海西秘法，靡不具備。洵爲典籍之大觀。”所以可以算得上是一部百科全書了。

可是古今圖書集成比之於永樂大典，所收書籍要少一些。但比永樂大典編得要好，集成是按類編書。大典是按字的音韻來分書，這個編法不好。可是大典集的書多，有二萬多卷，集成是一萬卷。

集成是用銅活字印成的。但印數極少。清代時候，如蒙皇帝賜給一部這部巨著，那就光榮之極。

到光緒帝時，外國人想要這部書，可是皇帝已經沒有了。就重新石印，印了五百部。再到後來，上海集成圖書公司鉛印了。自此之後，普通人民方能購買得到。鉛印本有一千六百本。

第四，皇家編書之二——四庫全書。

清代的乾隆帝，下令編修四庫全書。他命令郡王和大學士作總裁，又命六部尚書、侍郎爲副總裁，專門開了"四庫全書館"負責編修這部大書。紀曉嵐是大學士、漢學家，擔負了主要責任。另有不少著名學者如戴震、姚鼐（桐城派古文家）、大學士翁方綱等三百六十人擔任編修。

爲什麼叫做四庫全書？"四庫"，是在唐朝玄宗時，把那時所有的經、史、子、集四個大部的古書，分別藏在四個大書庫中間。所以，後人也沿襲了這個做法和稱謂。

四庫全書把我國古代傳下來的圖書典籍，不論已經刊印和未經刊印的書都廣泛搜集起來。包括如下幾種書：

一是"敕撰本"，二是"内府本"，都是宮中藏書；三是永樂大典本；四是各省採集來的書；五是私人進獻本，是各省藏書家獻出的好書；六是一般通行書。

雖然，不能說把全國古今所有的書，都一一收集完了，但總是由皇帝、宮廷、官家盡了最大力氣加以搜集的。其中有不少珍本秘籍。這對於保存我國古典圖書，對於文化與學術的發展，很有價值。

　　全書總共收進三千四百七十種書，每種書平均有十本，共可有三四萬本。先後編纂了十年才完成。

　　這部書的編法，又和前面所說的兩部大書，即明之永樂大典和清代康熙、雍正時的古今圖書集成，很不相同。前兩部大書，都是要把原書拆開，再按類分編或按韻分編。這樣一來，原書的面貌就看不到了。四庫全書這部巨著，編法不是這樣的。它是照原書分門別類，整部整部地進行編輯，不變原書原有的樣子。凡是這麼編的書，就叫做"叢書"。此書分爲經、史、子、集四個"庫"。

　　四庫全書整齊美觀，一律手鈔。先後只鈔了七部。第一部存在北京皇宮内"文淵閣"；第二部存在北京圓明園的"文源閣"；第三部藏在熱河行宮的"文津閣"；第四部藏在瀋陽清朝故宫的"文溯閣"。以上四部，都在我國北方地區。

　　另外，藏在我國南方的有三部：一在揚州行宮的"文滙閣"；二在鎮江行宮的"文宗閣"；三在杭州西湖畔的"文瀾閣"。那時，南方所存的三部大書，是可以借閱的。後因太平天國同清代統治者發生戰爭，在戰爭中，南方的這三部書都毁了。只杭州"文瀾閣"所存的一部，還留下半部。

　　北方的四部呢，由於英法聯軍攻北京，燒圓明園，就燒去"文源閣"的一部。

　　今日仍有三部還完整保存着：一是清宫"文淵閣"所存的一部；二是熱河行宫"文津閣"的那一部，現在北京圖書館；還有第三部，即在東北瀋陽故宫"文溯閣"的那一部。

　　現在，杭州的那半部，經過補鈔，又成了完整的一部。所以，目下在我國大陸一邊仍有四庫全書三部。

　　全書是一部很有價值的書。它保留着許多失去的書。永樂大典所收集的書，有些就爲四庫全書鈔存下來。

　　但是這部書也有壞處，就是改書。對於凡是罵了少數民族的話，全都改過。又，凡是違背封建道德的話也改了。例如，我國宋朝時期，女人可以再嫁。對於這樣的記載，四庫全書都改了。這種再嫁的事，在我國歷史上，只是到了明朝，才變爲一女不許嫁二夫，給守寡的女性立貞節牌坊。

另外，全書對於不合胃口的書，就不收録，而只存下一個書的目録。還有，在目録當中，有書評，評得不好。

再有，清朝借着整編書，又禁了一些書，燒燬了一些書。所禁書的目録有一千種。清代禁了明朝的許多書。

所以説，四庫全書有好處，也有壞處。

紀昀（紀曉嵐）是全書的總編纂官。他把其中的每一書，都作提要，説明該書的著作者及對於該書評價等。紀平生只編著了這部巨書，這使他有學術地位。

紀曉嵐爲四庫全書作提要，也作了十多年。這些提要也非他一個人寫的。又作四庫全書簡明目録。這裏邊主要是些目録，也略有書評。

乾隆又把四庫全書中的一部分書籍，編成武英殿聚珍版叢書，用木活字排印出來。這部書許可人買。

後來，有些人把南方所藏的三部全書借來鈔一些，再加上一些其他的書，編成許多叢書。并且也仿照紀曉嵐，爲他所編的每一書，寫上一個跋。

乾隆以後，叢書比前多了，也好了。

到民國時期，又印過一部四庫全書珍本初集。就是把只見於四庫全書中的、外邊所没有的書，收集起來，編纂而成。還有個二集，因着抗日戰爭起來了没有出。這是商務印書館作的。

軍閥統治時，徐世昌原也想要印刷四庫全書。但，那時商務印書館因見全國也没有這麼多紙張，所以只好印珍本。徐世昌時，印了釋藏、道藏，"藏"，是佛教和道教經典的總稱。這兩部經，是明代刻本。

我們考古，考古史，就必須去查考有重要價值的古書。古代皇帝所編纂的幾部著名巨書，收集了大量古代典籍，就要去研究、去閱讀。

第五，古書中的地方志。

我們說到古書的查考，是考古的重要方面。這當中，我們萬萬不可以輕視歷代編撰的地方志。

在古書裏，大量的未經整理的是地方志。地方志，也叫地志，或叫方志。各縣有縣志，各省有省志。

我國古代從戰國時開始，以後代代都重視編寫地方志。秦漢時期，編地方志就開始盛行成風。有風俗傳、異物志、風土記、山水記、州郡地志、外域傳記和圖文並茂的圖經。

我們前面說過，晉代有常璩編著的華陽國志，它就是今之四川省的古志。我們前些天也談到越絕書，是東漢初年袁康所寫。它就是今日浙江省的古志。

隋朝，皇帝下令各地都要編各地的風俗、物產、地圖。諸郡物產土俗記這樣大部頭的書出來了；區宇圖志和方物志等書都編出來了。

到唐代，地方志的編寫，更加發展。有的著作，記了地方的政府機關、天象、河流、堤堰、湖澤、驛道、古城、古墓、寺廟、學校、歌謠。我們前天也曾說到過樊綽編寫的蠻書，它是今日雲南省的古志。

宋代，全國普遍編修地方志，保存到現在的也還有三十多部。

元、明、清代，越發重視方志的編修。清代達到高峰，省有省志，府有府志，州有州志，縣有縣志。此外，各地還編寫了關志、衛志、屯志，以及所的、鎮的、鄉的志；還有山、水、湖、海、堤、塘的專門的志書；並有一樓、一亭、一寺、一廟、一庵、一塔、一祠、一橋、一家書院等等的志書。清代真是自古以來編修地方志的鼎盛時代。

清代初年，有位大學者顧炎武，著了天下郡國利病書，就是從明朝各地方志中鈔出來的，其內容主要是些經濟史料。

又有位顧祖禹，著作了讀史方輿紀要。此書是寫軍事地理，指出何地可以攻，何處可以守。

上述這兩位顧先生，都是要革清皇朝的命的。

我聽説毛澤東主席熟讀古史書中的兩部書，一爲資治通鑑，二爲剛剛講過的讀史方輿紀要。這個話是毛主席的表兄對我説的。

地方志書，明代以前的很多失掉；保存到今天的大部分是清代的，有八千多種。明以前的方志書，多虧了宋編太平御覽，明編永樂大典，清編古今圖書集成這些大類書，才保存了一些。

對於地方志的研究，極其重要。從這些書裏可以研究政治史、軍事史、經濟史、文化史、社會發展史等。方志裏還有大量關於氣候、天象、地形、土壤、水文、物產的記載。所以，清代就有人專門從事方志的研究了。逐漸地形成了一個專門的新學科——方志學。

現代有一位張國淦，是湖北人，收集了二千部地方志書。編了地方志的目録，著作了中國古方志考。還有位朱士嘉，正在編寫中國地方志綜録。朱先生現在湖北，他收集了張國淦所收的古地方志；之後，他自己又到各省、各地去看那裏的方志。他在著作裏，説了哪一地的方志，現在存於何處，等等，便於人們進行查考和研究。

美國圖書館大量收買中國地方志，他們收得最多。這是爲的畫軍事地圖。

第六，家譜。

説了地方志之後，我想到要説説家譜。

我國家譜中，有許多封建社會的材料。我們研究家譜，就能把封建年代的父權、族權、家法、家規等的資料，全部找到。

有所謂"義莊"，這是族田。族中無有飯吃的，可以去到義莊找吃的。義莊也可以發米給窮人吃。

有的家譜裏，還能看到族長的地位是又高、又掌握經濟大權。

研究封建社會，應當看些家譜。

原先潘光旦研究家譜，後來大概不再研究了。

其他，還有我們對於古代的傳說，對於古代神話故事，過去不以爲意。現在認識到，古之傳說、神話，都和古代社會發展有關係。所以，現代學者也要注意這方面。例如，我們研究少數民族，就見不到這方面的史書，只有神話與傳說及民歌。對於這些，就都得要看，都得收集，都得研究。

所以，我們說歷史學，關於歷史的研究，其範圍越來越大。這跟在古時的研究不同了，過去只有二十四史。

三、考古，關於古代器物的復原。

我們談到考古，談了古錢幣，談了古書，再談幾句考古物時遇到的古器物的復原問題。

古物復原是很有意義的事。例如，漢代張衡所制的地動儀、天文儀，早已失掉了。現今，又根據古書記載，重新做出來，這樣的事，豈不是很好的事。

張衡是我國東漢時代的科學家，是世界最早的天文學家之一。他對於天文、曆法和地震，都有重大研究成果。他的突出成就是天文學。他有一部天文學著作靈憲，很有名，很有價值。

張衡爲了觀測天象，就創造了比之於在他以前就有的舊"渾天儀"更其精確，更其全面得多的一架新"渾天儀"。這是一個可以轉動的銅球，上面刻了二十八宿和其他恒星的位置。銅球有軸，軸的兩頭象徵着北極和南極。球的外面，有幾個銅圈，代表着地平圈、子午圈、黃道圈、赤道圈。在赤道和黃道上刻了二十四節氣。

“渾天儀”在轉動時，刻在它上面的天象，一一顯示出來，就和天體星球的運轉很相像。

張衡還創造了測定風向的儀器，叫“候風儀”。

張衡研究了地震，創造了我國第一架地震測報儀器，叫“地動儀”。這架“地動儀”，當時，曾對洛陽一千里外的地震，有過靈驗的測報。

把這種古代科學器物，重新復原，重新製作，就很好。

又如古人製造“指南車”和記里程的鼓車，都重新做出來了，現在北京的歷史博物館展覽。

我們後人所用的指南針，是用磁石，這和古代的指南車很不同。

記里鼓車，那是利用齒輪的轉動，來擊鼓，記下里數。

四、古生物學。

古生物學和史學的關係越來越密切。

發現了“北京人”的化石，可以研究中國北方人在五十萬年以前的事。

“北京人”是在北京西南的周口店龍骨山的山洞裏發現的。科學家曾經對幾十具男、女人體的骨骼作過研究，如依照“頭蓋骨”的形狀，作爲“北京人”的頭部復原的塑型，以研究“北京人”的腦同現代人有所不同。還研究其手與現代人的手的不同，以及身軀全體結構上與現代人的不同，從而得到了許多關於介乎猿與人之間時期的“人”是怎樣的種種認識。“北京人”的發現，曾轟動了全世界。

我們還曾發現了“藍田人”，這是在陝西發掘的，是五六十萬年以前的人。①

----

① 記錄者按：一九六五年，我國還曾發現過雲南省的“元謀人”，這是舊石器時代的人類化石。對它的研究，使我們知道在一百七十萬年以前，我國就有了人類，在亞洲來說是最早的。（一說，元謀人化石的年代應不早於距今七十三萬年，可能爲五十至六十萬年。）

在“北京人”、“藍田人”的生活遺址，既有人的骨骼的化石，使考古學家加以研究，同時，還有些石的工具和石的生活用具。如用作砍砸的石器，用來刮削的石器，還有另一些東西，如灰燼之類。

石器可以研究古代猿人的生活、勞動的方式。灰燼可以研究人類在這個時候就用火了，吃東西是熟食。這是古人類史上的大變化，大進步。

上述“北京人”、“藍田人”的發現與研究，都是屬於我國舊石器時代的發現與研究。

新石器時代，在我國河南澠池發現了許多文化遺留，由於是在仰韶村發現的，就命名爲“仰韶文化”。這個時代的文化遺留，經研究後，知道了許多新石器時代的事。

在我國黃河兩岸地帶，發現了不少石器時代的遺址。像陝西、山西、河南、北京、河北、甘肅、青海，都先後發現了舊石器時代和新石器時代的人類化石和文化遺物。不少是五千年到七千年前母系氏族社會的人所遺留的。

還有山東“大汶口文化”遺留和山東“龍山文化”的許多化石及石器、骨器，是新石器晚期的遺留。研究的結果表明，在新、舊石器時代，黃河流域是中華民族的搖籃。黃河也被看作是“中華”的象徵。

新、舊石器時代的石器分別很大。舊石器時代的石器，是以石擊石，擊打出來的，所以，不容易把石器同石頭分得開。而新石器時代的石器，是磨出來的，很光滑。要是不懂得這種學問，不要説對石具、石器無法辨識，就是化石也看不懂。可是考古學者、古生物學者、古人類學者，他們都能懂得，可以看出人的化石，是男的、女的、老的、少的。

考古學家、古生物學家的研究成果，都是珍貴的歷史資料。

八 略談中國古代社會

一九六六年一月十五日　　顧頡剛先生談到中國古代
社會

　　今天，正是一夜好大雪之後。天乍放晴，曙日剛剛昇起
來。我走進顧老的病房，見到他的臉上紅撲撲的，帶着他慣
常的温和的微笑。坐在沙發上，像似正在等待着客人。我首
先開了口，説道："顧老，你一連談了十多天，使我受益匪
淺。你已經談了中國正史，中國雜史，中國古籍的整理與研
究；講了經學、漢學；講了考據學；以及史料學與考古學等
大題目大學問。我想是否可以請你談談中國古代社會，中華
民族的淵源，和中國的哲學、文學、宗教諸方面的概要情
況呢？"

　　"好！很好！那麼今天我們就談中國古代社會吧！"顧老
説下去，我就趕緊作筆記。

　　中國古代的社會制度是怎麼一個樣子？研究這個題目有些難
處。關於我國古代社會的史書，現今没有。只有物，古代社會遺
下的器物。那麼，我們史前社會數十萬年的史，怎麼辦，如何研
究？只好找社會發展史。

　　外國人先研究了羅馬、希臘所保存的西洋氏族社會末期的痕
跡。後來，又研究了美洲印第安人的氏族社會全盛期的制度。關

於印第安人早期的社會制度，也無有資料了。

美國人摩爾根作了古代社會研究。知道了人類古代社會許多情形。認識到人類的古代，先有血族婚姻制，即是本氏族內部的兄弟姐妹互相通婚。後來，有了群婚制，即是這一個氏族的男人和女人，不許同本氏族的男女通婚，而要和另一個氏族的男人、女人去通婚。這一氏族的每一女人，是另一個氏族的每一個男人的妻子。沒有誰是誰的固定的妻子，誰是誰的固定的丈夫。比起血族婚姻制來，這是一個進步。

群婚制以後，又發展進步了，有了對偶制。一個女的只能和一個男的配婚。改變了同時許多女人和許多男人交互婚配。可是，這種一女一男的婚配，也不是長期固定。此時是此女，彼時換彼男。常常變，配偶常換，不斷變換。

這樣，古代社會時候的人，不認得誰個是父親，只知道母親。那個先古時代，就是氏族社會，是母系社會。母系社會就是一切以母性爲主。

再發展下來，就實行一夫一妻制。一個女人作爲妻子，固定下來，長期地固定爲一個男人的妻子。這個男子，也固定下來，長期地固定爲一個女人的丈夫。

一夫一妻制出現了，人類就不再是只認識母親，不認得誰是父親了。再加上勞動分工的發展變化，男人是主要勞動者，作用大，關係大，地位也高了。所以，母系社會也漸漸發展變化成了父系社會。

母系社會，父系社會，在最古老的年代裏，仍然全是氏族社會。氏族社會時代，人類相互間是平等的、自由的。這時代生產很不發達，生產的東西剛够吃，沒有剩餘。沒有剩餘財物，當然也沒對於財產的私有觀念。

實行了一夫一妻制以後，兒女認識了母親，也認得了父親。父親可以支配兒女。男人比起女人更有力量，男人們在打獵中，在作戰中，作用是很明顯的。又隨着生產的發展，人們的勞動所得，除了吃、穿、用而外，有了剩餘。剩餘財物的出現，是個大事情。因爲有了多餘下來財物，有了私人所有的財物，有了對於財產的私有觀念和私有制度，人類社會發生了大變化。

這樣，氏族社會就走到奴隸社會。奴隸最初的來源，是戰爭中的俘虜。這一氏族同那一氏族之間不斷發生爭執，直到爆發戰爭。作戰的結果，有了俘虜。俘虜要勞動，勞動的多，消費的少。勞動所得，不許本人所享有，要交出來。奴隸主出現了，奴隸出現了，奴隸社會出現了。

母系社會很長，很久遠，約有幾十萬年。可是，關於這個長時期的古人類的歷史過程，沒有記載，沒有史料，更沒有史書。

母系社會的形成，主要原因是孩子不知道父親是誰人。只知道生他和哺育他們長大的母親。

母系社會，沒有史的記載，所以不能有個清楚的瞭解。人們只知道父系社會及其演進。

原始氏族社會的情況，怎麼去研究，就只好依靠社會發展史，從這裏去找尋。

下邊我們說下去，要說到中國古代社會。

中國社會在最古老的年代，人們那時有姓、有氏。姓和氏是有區別的。女人用姓，男人用氏。姓是母親的，女人的，是代代傳下來的。

一姓之中，又有不同的氏，因爲氏是男人的。古代的氏，有的是官名，有的還可以是個地名或者是用“號”。

中國古人的姓，現在所發現的，有“姬”、有“姜”、有“嫣”、有“姒”……都有個女字。

古代男人的氏，其氏的後邊，加上個名字。女人的姓，其姓的後邊，也加上個名字，她們常以她們的排行爲名。如二、三、四……待到她們出嫁之後，就不用這個了。

又，侄娣從嫁。就是一個女人出嫁，她的妹妹，她的侄女也隨同出嫁，嫁給同一個王，同一個侯。這大概是群婚制的遺留。這種情形，在我國西周和春秋時期，都是有的。

在詩經中，有西周時的詩韓奕云：

"韓侯娶妻，……諸娣從之，祁祁如雲。韓侯顧之，爛其盈門。"

這古詩所寫的，證明男方是一夫多妻，女人仍有群婚制遺留。

關於中國這一古老時代，我們没有詳細的資料。

　　　　一九六六年一月十六日　　　　顧頡剛先生繼續講述中國古代社會

中國的古代社會的氏族社會，母系社會時代，每一氏族，都有他自己的祖先。這時的氏族所謂自己的祖先，乃是神。這個神卻並不是這一氏族真正的老祖宗。

那時候的"氏族"，是一種宗教式的聯合，並不完全是血統的代代相傳的。一個氏族，可以再召另一氏族來，幾個氏族的聯合稱爲"胞族"。胞族同胞族又可以聯合，許多個胞族的聯合稱爲"部落"。許多個部落的聯合稱爲"聯盟"。聯盟發展爲"國家"。

"國家"的形成，也就脱離了氏族社會。因爲，氏族社會是流動的。國家是地域的，固定的。

氏族社會時期，人與人之間是平等的。國家的出現，人類相互間的平等就消失了，出現了人間的不平等，人民被貴族奴隸主所統治。

貴族奴隸主統治者中的最尊貴者爲國王。説這是天之子，這是一個"神"，是至尊的。

國家的統治者，不一定和氏族是同一的。統治者自稱是天的兒子，認爲上帝也管許多小的神，把自己當作是至尊至貴的神。

國王成爲神權、族權和軍權的混合體。例如，周代，周王分封各族，他自己成爲各族的尊長。王的權力很大，一切權力集中於一個人。從此，奴隸社會制度產生了。

奴隸社會制度的產生，在經濟上的原因，是生產力發展了。有了剩餘物品，有了私有財產。同時，在作戰中，有了俘虜，俘虜成了奴隸。

氏族社會時期，初期是以女的爲首。到了後來，氏族社會的首領也改爲男人。

現在，我們要談到中國母系社會的遺跡。

中國母系氏族社會，沒有史料，沒有文字記載，那是史前時代。但是，我們也可以找到一些這一歷史時代的某些遺跡。

從詩經的古詩、古民歌中，可以找到一點點。有兩首古詩，是關於商代的：

第一首詩是玄鳥，詩云：

　　天命玄鳥，降而生商，宅殷土芒芒。

第二首詩是長發，詩云：

　　洪水茫茫，禹敷（敷，是填土的意思）下土方，外大國是疆。幅隕既長，有娀（國名）方將（大的意思），帝立子生商。

這個時代，人類已經是男子作了尊長、首領了。

這兩首詩經裏的古詩歌，說了商王是天上下來的。他有母親，但沒有父親。

在呂氏春秋裏也說道：

有娀氏有兩個女兒。因爲長得美，父親說：女兒應當嫁給上帝。於是，就建造了一個高臺，讓上帝來看看自己的這兩個女兒。上帝就派了"玄鳥"（就是燕子），從天上下來，銜着兩個卵，放在高臺上。大女兒吞吃了卵。後來，她生了個兒子，名叫"契"，"契"是兒子，是男人。契這個人沒有父親。契的母親是<u>有娀氏</u>。商以爲契是他的始祖。

這裏的意思，和前邊說的<u>詩經</u>所說的事是一樣的。都是說，天命玄鳥，降落大地，自此生下了<u>商</u>的王。而商王只知其母，母親是"有娀氏"。父親呢？不知道。就是說他父親應當是上天、是神。

<u>殷商</u>的甲骨文中有一個妣乙，可能就是特别祭祀這個母性的，也許是祭的<u>有娀氏</u>，也可能是說玄鳥。所以說契無父而生，是上帝的兒子。

這些都是母系社會的痕跡，說明了母系社會時代的人，只認識母親，不知道父親。

上邊是關於<u>商</u>的。再說說關於<u>周朝</u>的。關於<u>周朝</u>，在<u>詩經</u>中，有兩首詩。

一首詩是<u>生民</u>。這詩云：

　　厥初生民，時維姜嫄。生民如何？克禋克祀。以弗（祓，求神）無子。履帝武（足跡）敏（拇指）歆（動）。攸介攸止，載震載夙，載生載育，時維<u>后稷</u>（指<u>周</u>的祖先）。（記録者按：上邊所記的詩及解釋，都是<u>顧</u>先生邊說邊寫邊解的。以下所記，同樣都是這樣）。

又有一首<u>閟宮</u>詩，也是寫"<u>周</u>"的。詩云：

　　赫赫姜嫄，其德不回（回，是邪）。上帝是依（上天的神看中了<u>姜嫄</u>），無災無害。彌月不遲，是生后稷（生下<u>周</u>的祖先后稷）。

這詩是說，周王及其祖先，乃是天上的神，看中了一個女性姜嫄，讓她生下來的。那麼，周王及其祖先，都是按神的意旨而降生。也都只提了母，未說到父。

這在史記裏也講了。史記說：姜嫄是帝嚳的后妃，她同帝嚳散步（後人說帝嚳是人類的帝王。實際上沒有這個人，沒有這個帝王），見到巨人的足跡踏上去而身動，如孕者。

周王自以爲他們最初的母性祖先是姜嫄。周王又自以爲他最初的男性祖先是后稷。看來這兩個所謂的男、女祖先，都是沒有的。

后稷是什麼？是管農事的神。“稷”是精米。

姜嫄是怎麼回事？周王常常同姜姓的氏族通婚，所以，就推想最早的女祖爲“姜嫄”。嫄者，源也，是周的來源。

從上面所說的詩經裏的古詩所記載的：商與周兩個朝代的帝王祖先都是女性。商的女祖是有娀氏。周的女祖是姜嫄。

但，商與周的父系男性祖先，就無有可靠依據。連商與周帝王自家也不大清楚。

這個時候，商也好，周也好，都已經是國家了。已經不是“氏族”、“部落”、“聯盟”那種上古的時期了。這個時期，距離氏族社會已經很遠了。但還可看到一點點母系氏族社會時所遺下的痕跡。

　　一九六六年一月十七日　顧頡剛先生談“中國”、“中華民族”的淵源

　　今日，香山雖在隆冬季節，可是，當朝日剛剛出山，那曙光透過山林中的淡薄雲靄，這冬晨山景仍然另有一種美。

沒有寒風，空氣清新，似乎還有點兒松林的馨香。我遇見顧老持着手杖，漫步在山坡小道上。我走向這位老人，漸漸地又談起了史。

我問他："顧先生，你説爲什麽稱呼叫'中國'呢？又爲什麽稱呼叫'中華民族'呢？"

我還問了"炎黄子孫"、"黄帝子孫"的原由。他和我一邊漫步，一邊漫談着。

早飯後，我按慣例和約定，又走進他的病房，他老先生還是繼續談述這些方面的話題。

在室内所談的，我立即一句句筆記下來。山間小道上的早晨漫步時所講説的，就靠記憶加以追憶。

先説"中國"。"國"字古意是城，方的城。城有方的四邊，中間有王。古代的城，意思是王的都城、京都。城外有原野、領域、土地和人民。

"中國"古代的地域不大。夏代只有河南西部、山西南部這麽一片地方。後來，逐漸有了河南、河北、陝西、山西、山東等地區，是黄河中、下游流域，也就是中原之地。

中國古代，把自己的區域以外的四方，稱作東夷、西羌、南蠻、北狄。四方全是"蠻夷"之地，自己居其中，叫"中國"。

在四五千年以前的史前時代，古中國處在原始社會。是些氏族、部落、聯盟，接着有了國家。夏代可能是我們祖先的第一個"國家"。

黄河流域的中、下游一帶地方，土質好，雨量好，氣候好，適合於農牧業。所以，有的古老氏族部落，就從西邊沿着黄河向東部發展，到了山西、河南、河北、山東這些地區。

經過各氏族、部落、聯盟之間的互相戰爭，互相兼併，和在政治、文化、習俗、語言上的互相混合交融，氏族、部落、聯盟、小國，漸漸成了較大的、更大的國家。

　　古中國原本只有很小的疆域、較少的人民。以後，一個時代、一個時代地變大了。起初，只有河南、山西的區域。到西周時候，就北部到燕山；南邊到淮河；西部到隴山；東邊到大海。中國幅員相當大了。

　　到了春秋、戰國時期，各小民族、小國家之間的戰爭與合併又進一步急劇展開着。

　　那時，燕國把今之河北省北部的各小民族、小國家，都兼併了。燕國極力向北和東北發展。後來滅了山戎族，又打敗了東胡，就擴大到東北南部，有遼東與朝鮮爲鄰。

　　晉國在今日山西一帶地方。它把當時的赤狄、白狄、長狄等小民族、小國家先後合併起來。

　　趙國在晉國的基礎上，滅了中山國，打敗了林胡，使它的國土到了今之内蒙古。

　　秦國滅亡了義渠、冀戎、邦戎這些陝西及西北地區的少數小族、小國，又併合了巴和蜀，極力向西擴展。

　　楚國、吳國、越國把長江、淮水流域和長江、漢水流域的小族、小國，如"荆蠻"、"廩君蠻"等蠻族、蠻國，逐一降伏、兼併。楚國，在戰國時代，很大。它不止有了洞庭湖區域，又有湖北、湖南、安徽這些區域，還有"蒼梧"地帶，即廣西、廣東這些地方。

　　齊國把今之山東的各小族、小國也一統而爲它的領域。

　　最後是秦國把齊國、楚國、燕國、趙國、韓國、魏國又一一合併而成了大一統的大局面、大國家。

　　秦代的國土領域很廣大。這時期又北逐匈奴，南降南越，北自蒙古大沙漠，南到大海；西到甘肅、四川、雲南；東到大海。在這一大範圍裏邊，到處設立了官府，以便加以統轄管理，中國成了統一大國。在這一範圍裏的各民族，不斷互相交融、交流，語言、文字、風俗也越來越接近和同一。

我們前邊所講的各種小民族、小國家逐漸相併合的過程，到了秦代也沒有停止。到了漢代，繼續進行着。

漢朝把新疆、西北地區的小族、小國如烏孫、樓蘭等西北三十六國併到漢的版圖，今日四川、西藏部分地區的白狼、槃木、唐菆等一百多個小族、小國也併了起來，東胡、月氏全歸併到漢朝大國。

三國時吳人到了那時稱作夷州的臺灣。西晉年代又併了今之東北的烏桓人、鮮卑人，接着又併了匈奴、羯、氐、羌、高車等族及其領域。

隋朝統一管轄兩晉時的各地區各民族，派兵到了臺灣，又把今日蒙古與新疆的東突厥、西突厥，在今日青海的吐谷渾，東北的靺鞨等族及地帶，進一步兼併進隋朝大一統的大國內。

唐代又有新的擴大。這時的大唐國，東到大海，北到貝加爾湖以北，西到中亞的咸海，南與越南爲鄰。這麼廣大的領土，又包容了不少新進來的小民族。

元代更大得不得了。

經過明朝，到了清代，就把中國的版圖進一步固定下來。清代統治者自身是滿族，首先統一了東北整個地區的各個小民族及蒙古的不少地域。進而入了關，佔有了北方各地，中原各地，有了黃河流域各省，有了長江流域各省，有了臺灣、西藏，成立了強大的清朝王國。

中國！中國！一代又一代的中國！歷史上它的地域是不斷地由小變大的。

這就是我們要説的“中國”。

再説一説“中華民族”。從前邊叙述歷史的過程中，也就知道“中華民族”自古以來，就是許多小的民族經過相互間靠攏與融合後的整體。“中華”不是單一的民族，而是許許多多、大大小小民族的匯合。"中華民族"自最古時代，到近古，到當代，是在中國領域共同生活的各族人民的總稱呼。

"中華"的源流是怎樣的呢？

"中華"最古叫"華"族，或者叫"夏"族。

根據古書所記載的古代傳說，上古之時，古人逐水草而居，有三個大的氏族部落進入到黃河的中、下游流域。一是西方來的，以"炎帝"為首的氏族部落；二是東方來的夷人氏族部落，以"蚩尤"為首領；三是西北來的，以"黃帝"為首的氏族部落。

炎帝大部落，來自陝西，沿着黃河向東而來，到了河南、山東。傳說：炎帝，姓姜，是神農氏。

黃帝大部落，自陝西北部過黃河，到了山西，沿着太行山，到達黃河之濱的各地，到達了河北涿鹿地區。傳說：黃帝，姓姬，號軒轅氏。

蚩尤，傳說他是夷人，後稱"九黎族"，這個大部落的首領，原在山東及東邊的地域。他們自東向西前進，首先碰上了自西向東而來的炎帝大部落，雙方發生了大的戰爭。經多年戰爭，炎帝失敗了，炎帝部落群退到河北，就和黃帝大部落群相聯合。黃、炎共同大戰蚩尤。蚩尤被打敗，一部分人往南方退去，到了南方荊楚的地方。從此，九黎人和南方的苗族人、蠻族人相併相合，共同居住生活下來。

北方的黃帝、炎帝兩大部落群又爭鬥起來，大戰了許多年。在河北地區，先後有三次大的戰爭。結果是炎帝失敗。於是，這兩大氏族部落群結合起來，共同開發黃河流域。創造了古老光輝的文化。

春秋時代，黃河兩邊的古人民，自稱"諸夏"或"華夏"。有時單稱一字："華"或"夏"，所以，"華夏"就是漢族之老祖。

漢族人說自己是"黃帝子孫"，或說是"炎黃子孫"，"炎黃世胄"。"華"又叫"中華"，就是這個古代傳說演變出來的稱謂。

再下來，中華族人從北方、從中原地域，又向南去，和南遷的九黎族、苗族、各蠻族相併相合。

又向東，同東部沿海地帶的夷人，相併相合。

又向西，同在西方的羌族等族，相併相合。又向北，同北方的各狄族人和其他各族的人相併相合。

經過各朝代，各時期，長時期的各族的相併合，相融化，相會聚，相匯攏，成了後來與現在的多民族的大整體，其總稱呼叫做"中華民族"。這是經過長達幾千年的演進、發展而形成的。

中華！中華！具有悠久歷史與光榮輝煌的中華！

世界人類最古是在帕米爾高原繁衍起來。以後，從這裏分爲去亞洲的，去歐洲的，去非洲的若干支。去歐洲的人，又分爲亞利安人和盎格魯撒克遜人。亞利安人，如法國人、比利時人、德國人等，其中有一支進入印度。

世界人類中，中華民族人口最多、最大。

我們再把古代中國和中華民族史的歷程，表列如下：

夏——原在中國古代的西部，是羌人。自陝西到了河南、山西。

商——原在中國古代的東方，即今之山東與河南東部。

周——原是羌人。自陝西，打到今之河南、山西、山東、湖北、河北。

秦——原是鳥夷人，從山東到了甘肅，又到今之陝西，末後統一了六國(韓、魏、楚、燕、趙、齊)，得到了中國本部。

漢——原在東方，自江蘇北部沛縣起來。打到了陝南的漢中。然後，得到了秦地。再東與朝鮮爲鄰，西到今新疆。漢比秦大。

三國——漢地分成了三份：魏、蜀、吳。這時，沒有西域了。西域成了許多小的獨立國。

晉——把三國統一起來。

南北朝——五胡進來了。北邊是五胡。南邊是漢人。這時期北人南下，約占北人的三分之一。

當時，北方的人口變化大。五胡人大量進到北方來。如大月氏人，他們原在甘肅，後來到中亞細亞。中亞原爲大夏人。大夏人，也許是"夏"的遺族。後來大夏人和大月氏人併合了。還留在甘肅的人，叫做小月氏人。又如西夏人是後來的西藏人。

這時，北方人有一個大遷移、大混雜、大交流、大匯聚。

中國人口，自古以來，總是先自西向東來。這是因爲水道流向是東西流的緣故。然後，才是一步步地又從北向南走去。①

古人先是到黃河流域。之後，黃河流域的北方人，再南往，到長江流域。而原先本來在長江流域的人，又向南遷移，到達兩廣、貴州、雲南一帶。那些原先本來生活在廣東、廣西的人，又向南遷移，去往東南亞。

中國人口的大遷移，歷史上最大規模的遷移有兩次：一是南北朝時期；二是宋朝時代。

我們要說的中國古代社會，古中國，古中華，簡略說說就這麼些吧！

---

①　據考古發掘提供的材料說明，到目前爲止，在我國華北、華中、華南、西南、東北均發現了我國先祖活動的文化遺存。因此，對顧先生此說，有不少史學家持有不同看法。

九　淺談中國古代文學

一九六六年一月十八日　　顧頡剛先生淺談中國古代文學

中國古時的文學作品，分爲兩大類：一類是能够唱出來的；第二類是不能唱的。

不論是能够唱的，還是不能唱的文學作品，都又分爲兩種：一種是長、短句；第二種是整齊的句子。

下邊我們分開來叙談。

第一，先説能唱的古文學。

中國最早的文學作品是詩經。這裏邊的古詩都能唱，大都是四個字一句，很少有三言、五言的詩篇。這是什麽原因呢？因爲當時唱詩歌的時候，唱得很慢。

詩經的詩雖然短，但可以重新再唱，反復唱，所以唱得可以長。

還有楚辭也是可以唱的，七字一句，句尾加個"兮"字。加"兮"字，以便唱的時候，可以把聲音拖長。

再有就是漢、魏樂府。樂府可以唱，是長短句。例如曹操作的苦寒行，就是可以唱出來的。舉凡是"行"，都可以唱。

樂府是接續了詩經而來的。詩經是采集了十五國的國風而成的。所謂國風，就是那時的一些調子、曲調。十五國，比方説魏國、晉國等，這些都是黃河流域的國，沒有南方的詩篇，因爲，那時不去吳國、楚國這些南邊地方去采"風"。詩經是周朝的樂官稱作"太師"的，派人到各地采風，把各地所謂的歌詞記載下來，收集起來，成了一部古文學作品。

樂府的情況有所變化。漢也好，魏也好，朝廷都設有"樂府"機關。這個機關的主管官吏，稱作"協律都尉"。由"樂府"機關的官員，到四方去采集詩歌，記載下來，成了樂府。陌上桑是這時留下的。樂府中有南方的詩歌，這和詩經不同。在漢書藝文志的目錄中，有吳、楚的作品。如屬於楚地"汝南"這個地方的古詩歌，在目錄中就有的。看樣子，那些南方詩歌，同北方樂府的詩歌，在格律風格上也差不多。只是沒有詞文留下來。

在漢書禮樂志中還留有一點漢的樂府，這是些在祭祀的時候所唱的歌。

在晉書中有一篇樂志，其中也記載了一些漢、魏的樂府。

樂府之下說到唐詩。唐詩也是能唱的，所以唐人的詩篇，有的叫做"五律"，有的叫做"七律"，這就是音樂。例如李白的清平調："雲想衣裳花想容，春風拂檻露華濃。若非群玉山頭見，會向瑤臺月下逢。"李白寫出此詩以後，唐玄宗立即命音樂家李龜年唱出來。

又例如唐代詩人王維的陽關三叠一詩，也是唱的。每到送行的時候，人們要唱一唱。"西出陽關無故人……"三叠，可能是每唱到最後一句，就重新唱三回，所以叫三叠。古代詩經中的詩也是要重唱的。

宋代的詩與詞。

宋代的詩不能唱了，可是宋代的詞可以唱。

元代，詞的調子失去了，有了元曲。這一時代的文學，主要是元曲，元曲是唱的。唱的時候，不再唱詩，也不再唱詞了，而是唱元曲。

元時有"北曲"，主要是戲，叫"雜劇"；又有"南曲"，叫戲文。都是戲，但調子不同。

明代：這時不唱詩，也不唱詞，又不唱曲。到了明的中期，在嘉靖皇帝以後，有了崑曲。崑曲是從崑山起來的，明代是全國盛行。

清代：清代道光年間以前盛行崑曲。這時候，連北方的保定等地也都唱起崑曲來了。道光後頭，有了京戲。京戲是漢劇與徽調二者合起來形成的。清末到現代，京劇普及於全國，同時各地方也都有許多地方戲。京戲如同古詩中的"雅"，是官話；地方戲就如同古詩中的"風"，是方言。

戲曲裏的唱詞不一樣。京劇的唱詞有個規律，多半是三個字、三個字、四個字組成句子。崑曲裏的唱詞都是整齊的字句。

"古頌"是古人在祭祀大典時唱的歌，如同今日之國歌。還有一種旁枝，是只唱並不表演，不似戲曲那麼邊演邊唱的。這種旁枝自古以來一直就有。宋人陸放翁作詩，有過描寫，説道：

　　　　斜陽古柳趙家莊，負鼓盲翁正作場。
　　　　身後是非誰管得，滿村聽唱蔡中郎。

這詩叙述了一位盲人，敲着鼓，唱説蔡中郎故事。這個故事當是琵琶記。蔡中郎即是漢代大文學家蔡邕。故事説，蔡邕中舉以後，其妻趙五娘尋上他的官邸，他卻拒絕收認。實際上，蔡邕根本沒有這樁事，真是"身後是非誰管得"！

如明代有個馮夢龍，他作掛枝兒、數落山坡羊，都是這種只唱不演的文學作品。

又如南方的彈詞，北方的大鼓，也都是唱的。

以上所述説的歷代文學作品，都是可以唱的。

然而歷來可以唱的文學品類，又可以分別一下。一是唱的時候，不用器樂來配唱的韻文。例如唐代以後的詩作和宋代以後所作的詞，還有民歌，這都是只唱而不伴之以樂器。

　　而另一品類，在唱的時候，又配着各種器樂，想或有個大、小不同的樂隊來伴唱。這中間，如唐代的詩，宋代的詞，漢、魏的樂府和古之詩經，唱時就都是以器樂伴唱。

　　總之，以上我們說的，全是同一個古代文學品類，即詩歌和戲曲等等能够唱的。

　　第二個文學品類，說一說“賦”。

　　賦是用韻的文學作品，是韻文，一般認爲開始於戰國時候。其實，更早些就有了賦。到了戰國時候，荀子一書中就有賦篇。秦代也有賦的。

　　漢代重賦。到了這一時代，作賦很盛行。漢代著名大賦家是司馬相如。

　　賦這種作品，是用韻的，雖然不歌唱，卻要朗誦出來。

　　據漢書說：“不歌而誦謂之賦。”賦是用有韻的文字，對於一件事，一個物品，鋪開來描寫，要加以夸大。每一篇賦很長，不只是要有韻，而且韻也常變。

　　到後來出現的四、六駢文，其源頭來自賦。

　　第三種古代文學品類，是不用韻的文，散文。

　　古人的散文，也可以分別來說：

　　第一類散文，是用整齊的字句。例如左傳，全書很多是四個字一句。這類散文，是把詩經的句法用於寫文章。這就是文言文的初始。

　　第二類散文，是用不整齊的字句寫文章，例如戰國策和史記。所謂戰國策，就是辯士、說客們到各國去作的高談闊論。史記之後，盛行駢文。

　　駢文，從漢代起始，以至於唐代，都很盛行，而以南北朝時爲最盛。庾信、徐陵都是駢文家。魏晉南北朝所流行的駢體文，講究聲韻、排偶，是四、六句法，要辭藻華麗，要用大量典故。

可是內容空洞，不切實用。這樣的文體很束縛人的思想。

唐代、宋代的散文。

到了隋代開始，就反對駢體文了。唐代、宋代，出現了韓愈、歐陽修、蘇軾的散文。有了所謂"唐宋八大家"。這個八大家，都是誰們？他們就是：

唐代的：韓愈，河南人，祖籍東北遼寧的昌黎，所以人稱"韓昌黎"；還有柳宗元，山西人。

屬於宋代的有：蘇洵、蘇軾、蘇轍，這個"三蘇"，全是四川人；歐陽修、王安石、曾鞏，這三個人則都是江西人。

"八大家"，唐人二，宋人有六，共八人。韓愈爲首，提倡"古文"。他們所説的古文，乃是周、秦時代的文章。周、秦文章是有什麼就説什麼。這種"古文"，沒有描繪，不尚辭藻，寫些樸實話。

韓愈等唐、宋著名文學家最反對四、六對偶的駢體文，主張改革文體，提倡以古代散文爲典範，寫樸素的語言。經過"八大家"的努力，終於形成寫古文的風氣，從而取代了專務華麗辭藻的駢文地位。

韓愈的祭十二郎文，破除了傳統的祭文格式。在這篇文章裏，説家常、道身世，充分抒發自己的思想感情，寫得淒楚動人。

柳宗元寫了黔之驢、捕蛇者説、封建論等著名文章，世世代代傳下來，成爲文章的典範。

唐宋八大家的文章，接近了白話文。自然這種白話文，是周、秦時的白話文，可是這卻是唐宋時代的古文。八大家的散文，句子短。

寫這種文體的文章，到清朝末年民國初年，有位梁啟超，他作的文章，是介乎八大家文體與現代白話文之間的文體。

現代的中國散文，不光是用白話，而且講究文法，又進了一大步。這種新散文，應該説是從章士釗開始的。他在民國三年編輯甲寅雜誌，很講究語法。

我國解放後，所通行的散文，完全是白話化，且又語法化。這就容易譯爲外文。

我們把前邊所談的，概括一下，已經説過的古文學，分爲：

一是韻文，是配樂器的；

二是韻文，不配樂器的；

三是非韻文，即散文。

下面該談到用方言寫的文章。

第四，用方言寫的文章。

用方言來寫文章，是自宋代的小説開始的。寫小説，在唐代是用文言。唐人小説，都是短篇、文言。

宋代有不少的説書人。這些説書的人，首先從汴梁發展起來，再到達其他許多城市，後來又到了杭州。

説書的人，最初是説些民間傳説、民間故事。他們説的時候用的是地方口語。其後，把這些説書人用方言口語所説的故事編寫成"話本"。

例如，宋代的話本錯斬崔寧和碾玉觀音，都是很好的短篇方言小説。大宋宣和遺事、五代史平話是講歷史故事的小説。

方言小説，宋以後不斷發展。

明代方言白話小説，有了長篇大部頭的書。例如水滸傳、金瓶梅，是用山東方言白話寫作的。

水滸傳寫宋江故事。宋江是實有其人的。宋代有大宋宣和遺事，記了宋江故事的大輪廓。以後，從南宋以來，尤其是元代很多年，民間流傳了許多口頭故事。明代初年，江蘇人施耐庵，把長期流傳的宋江故事，寫了一百回的小説。這部小説由於經過文人把方言口語進行了藝術加工，所以寫人叙事、語言文字，都是生動而精練的。

金瓶梅大概是山東人寫的，用山東方言寫西門慶的惡霸生活極其糜爛。該書文字頗爲工細。

到清代，用方言白話寫小説更有進步。例如紅樓夢就是用的北京話。

清末有海上花列傳，是用蘇白寫成的。還有招子庸的粤謳，是用地方韻文寫成。

第五，中國古代文集。

中國古代文集甚多。文集不像春秋戰國時諸子的著作，要有思想體系。所以，各種詩文都可以成集。

我國古代，朝朝代代都有著名文學家和他們的著名作品編成文集。

一、漢、魏人的文集，是後人編的。當時最大的文學家爲司馬相如、蔡邕、張衡。

司馬相如是漢賦最著名的作家，有子虛賦和上林賦等作品。

張衡是漢代天文學家，也是文學家，著有二京賦等名作。

二、三國，三國時的最大文學家是“建安七子”。“建安”是漢獻帝的年號。“七子”是孔融、王粲、劉楨、阮瑀、徐幹、陳琳、應瑒。

建安七子都是曹操的手下人物，是“三曹”的幕府中人。“三曹”也是大文學家，是曹操、曹丕、曹植。“三曹”的詩、賦都好。

曹操名作，如龜雖壽、蒿里行；

曹植名作，如白馬篇、送應氏二首；

王粲名作，如七哀詩；

陳琳名作，如飲馬長城窟行；

阮瑀名作，如駕出北郭門行。

建安七子和三曹的文學作品，成爲漢代以後到三國時期的文壇中興。建安文學放出了異彩。

三、晉代文學，有個所謂竹林七賢，他們的詩文很好。這些所謂七賢，爲什麼要説是竹林呢？原來，這時期清談風甚盛。這七位"賢"都是些清談家。由於當時政局混亂，這樣才產生了些清談之士。他們爲逃避現實，走向了坐而論道，談玄説玄，淨談老莊哲學；但不外乎是主張"無爲"，主張"心"應在"山林之中"。

這些人使人"望若神仙"，標榜"清高"、"曠達"，生活上放蕩無羈。有個叫劉伶的，整天價縱酒豪飲，醉了就脱衣裸形，他説他是以天地作房屋，以房屋當衣褲。這般人終日長醉不醒，脱衣裸體爲樂。

這些清談家，主要人物是：嵇康、阮籍、山濤、阮咸、向秀、王戎、劉伶。

但他們的詩文都很好，文學成就也極一時之盛。

晉人陶潛的詩好。他一名淵明，東晉時潯陽柴桑人，這地方就是現在的九江。他不爲五斗米折腰，而辭去縣令官職，歸隱田園。專門寫田園詩："采菊東籬下，悠然見南山。"他是我國古代田園詩的鼻祖。他的名篇桃花源記，是他晚年之作，以抒寫其理想中的樂園。

又有謝靈運，以用詩寫山水見長。

大約在這個時代，有著名文學作品孔雀東南飛，這位作者，卻不知誰何。

四、南北朝時，南朝的文學家是鮑照、江淹、昭明太子蕭統、梁簡文帝蕭綱、梁元帝蕭繹、徐陵、庾信等人。

他們的駢文和詩都好，這時期的詩文都盡力寫得十分美麗精巧。

昭明太子蕭統延攬了一些才學之士，由他主持，編纂了一部古代詩文選集，叫昭明文選。一直到現在，還很著名。這部書對於唐、宋各代文學，都有很大影響。

在這個年代裏，還有一部大著作文心雕龍。作者劉勰（音協），山東人。他這部書是專門講文學創作的。這部書有五十篇。

對於各種文體和文學作品進行了系統深入的分析與評論。但它主要是針對駢文來進行評述。劉勰主張：文學著作，根本的是内容好，不能片面追求辭藻之華麗。另一方面，作者主張好的作品，還是應當注意文字修飾。

這部書是對西周以來的文學著述的全面總評。這書一直是大有名氣。劉勰晚年當了和尚。

五、隋代，隋煬帝也能作詩，但他的詩作，沒有什麼新創造。

六、唐代，這時的文人能够自己編文集了。唐代文學有大成就、大進展。

一方面，初時有大詩人李白、杜甫和白居易的詩作。另一方面，有韓愈、柳宗元大散文家的文章革新。

李白，字太白。生在四川昌明(今江油)。①

這位浪漫主義大詩人，也曾想過當官，説："仰天大笑出門去，我輩豈是蓬蒿人!"結果是受到挫折。他在四方游覽時，寫過大量咏頌祖國山河之美的著名詩篇："君不見黄河之水天上來，奔流到海不復回。"咏廬山的"飛流直下三千尺，疑是銀河落九天"以及"蜀道之難難於上青天"等名詩。

也有些詩作是抒發思想的："堯舜之子不足驚"，"松柏本孤直，難爲桃李顔"，"安能摧眉折腰事權貴，使我不得開心顔"。

另有些是抒情詩："李白乘舟將欲行，忽聞岸上踏歌聲。桃花潭水深千尺，不及汪倫送我情。"這是談友情的。還有思鄉詩："床前明月光，疑是地上霜。舉頭望明月，低頭思故鄉。"這些千古絶唱，至今很多人都背得。

李白，人稱詩仙，他的詩對於後世影響大，留傳下來的詩篇

---

① 校訂者按：後來，郭沫若考證李白生在唐朝境内的碎葉，在巴爾喀什湖南邊。這地方現今已不在我國領域之内。他五歲，隨父親到了四川。

有一千首。

大詩人杜甫，人稱詩聖。他的詩被當作詩史。他是河南人。

杜甫咏泰山的詩句：“會當凌絕頂，一覽衆山小。”今日許多人都還用來鼓勵自己和別人要立大志、有雄心。

他本人在長期貧困和戰亂中，寫了不少了不起的詩篇，如“朝叩富兒門，暮隨肥馬塵。殘杯與冷炙，到處潜悲辛”。他寫過“朱門酒肉臭，路有凍死骨”；還寫過“國破山河在，城春草木深”；也寫過“讀書破萬卷，下筆如有神”；還寫過“爲人性癖耽佳句，語不驚人死不休”這些著名詩句，是流傳古今的。

他之所以被稱作詩聖，他的詩之所以被當作詩史，主要是他寫下一些反映唐代戰亂中人民疾苦的詩篇。這之中就有：三吏、三別。即是石壕吏、潼關吏、新安吏和新婚別、垂老別、無家別。這是他一生中的突出詩作，是古今詩壇上的不朽杰作。

杜甫留下的詩有一千四百首。

我們再説白居易。他字樂天，陝西人。這位唐代大詩家，也是寫社會生活，寫人民疾苦的。他的詩篇中最突出的，是長篇叙事詩長恨歌和琵琶行。

他在十五六歲時，就寫出了“離離原上草，一歲一枯榮。野火燒不盡，春風吹又生”這一絶好詩篇，至今常爲人們吟誦。他的賣炭翁等作品，十分出色。白居易的詩，深入淺出，通俗易懂。

唐代還有許多著名的大詩人和他們的大量詩章，代代相傳，爲世代讀書人和詩人們所吟誦、學習。

另一方面，唐代寫文章的大名家有韓愈和柳宗元。

我們要説一位陳子昂。陳子昂在寫作詩文上起了大變化。他反對南北朝時的靡靡之音和宮廷文學，提倡寫自己的思想與語言，主張“直抒己見”，不必過於雕琢。自陳子昂以後，文學寫作上起了大變化、大革新，成爲士大夫文學，以代替宮廷文學。

韓愈、柳宗元的文章，有如陳子昂，有變革，有革新。

然而，到了唐代中期，有了李商隱等人，又變了，又寫起靡靡之音來了。他們這些人，都是詩人，極力雕琢文字。

只是散文沒有這個改變，還是倡行戰國時代的“古文”。如像孟子這種古書，也是這時散文家們所倡導所仿照的文體。

唐代是我國古代文學的一個高峰時期，詩、文並茂。

七、宋代詩、詞、文都有新進展。

這時期寫文章還是繼續倡行“古文”，歐陽修等大名家繼承韓愈、柳宗元的文風。詩也變得拙樸些，蘇東坡、黃庭堅、王安石都善於寫詩。

北宋、南宋文學名家很多。唐宋八大家中，宋人有六位。

歐陽修，江西人，文章寫得明暢生動。他作的醉翁亭記、秋聲賦，爲後人傳誦。

宋代，詞很突出，大詞家有辛棄疾、李清照。這兩位大詞家，都是山東濟南人。李清照是古代女性中極有成就的文學家。她的詞婉約動人。

陸游，字放翁，紹興人。他是南宋大詞家、大詩人。陸放翁是愛國詩人，在死前寫了一首示兒詩：

死去元知萬事空，但悲不見九州同。
王師北定中原日，家祭無忘告乃翁。

宋代在小説文學上，開創了白話短篇小説。

八、元代。元的文學主要是雜劇。可是元雜劇是用元人的話寫的。現今我們看不大懂。

雜劇必須是四折。

普通所謂元曲，就是雜劇。元代雜劇，有唱詞，有器樂配合，有舞蹈，有故事。

戲劇在唐代已産生，到宋代，不少地方有演戲。元代雜劇是吸收了宋、金以來的宮調發展起來的。

九、明代。明代文學又講復古。這一代有李攀龍等人大倡復古，而且他們所要復的古，是比之韓愈等所要復的更其古。文章要學周朝的、學先秦諸子的。這一來文章就難懂了。

明代的詩，還是唐代、宋代的老格調。

元代盛行雜劇，這時變爲盛行傳奇。傳奇增加爲可以有二十折，也可以是四十折。

明代的戲劇，用駢文，所以現今更難懂。

明代在文學上的突出成就是長篇白話小説。

明初，有一位羅貫中，根據晚唐以來民間流傳的三國故事，有關三國的歷史、遺文佚事和三國志裏的"注"，創作了三國志通俗演義。

還有施耐庵寫成的宋江故事水滸傳。又有吳承恩寫成的長篇神話小説西游記。吳承恩是江蘇人。西游記同三國演義、水滸傳一樣，也是根據宋代以來長期流傳的民間故事，即唐僧取經的故事寫成的。

此外，還有一部長篇小説金瓶梅。

明朝的文學主要是有幾部長篇白話小説，這是明以前的文學所沒有的。我國寫作長篇小説自明代開始。

十、清代。清代文章，以考據學的文章力量最大。在研究學問上，考據文章好。文章裏的話都有證據。

在文學上，有孔尚任的桃花扇及洪昇的長生殿。

長篇小説有進展，有曹雪芹的紅樓夢及吳敬梓的儒林外史。這兩部小説，特別是紅樓夢，影響大。自乾隆以來，研究這書的頗多。有一種叫"紅學"的，就是對於這部書加以研究的專門學問。"紅學"連外國也有。

還有一本聊齋志異，蒲松齡作。用文言寫短篇小説。清末，出現了"譴責小説"。因爲這種小説寫得快，要趕着寫，要天天登報，所以結構不好。其中以孽海花較好些。

　　清代的文章，以桐城派古文影響最大。桐城派領袖人物是方苞、劉大櫆和姚鼐。這三位都是安徽桐城人。他們是散文家。他們反對八股文，提倡韓愈等八大家古文。他們的文章，寫得乾淨利索。清末，梁啟超的文章風行一時。他的文章是在古文和白話之間的文字，讀起來容易懂，生動而有興趣。清代的詩，值得一説的是黄遵憲的詩。他是愛國詩人，在鴉片戰爭以後，寫當時的事，很有特色。

十 中國宗教史略

今天早飯後，顧老叙説了中國的宗教之史。這是我曾經請教過的一個題目。所以，聽得津津有味。

説到中國的宗教，真正算得上是中國自己土生土長的宗教，只有道教。其他的教，都是從外國傳進來的。

宗教在上古之時萌生了它的初芽。先古時候的人極其迷信，所以那時的巫事很盛，巫者的權力很大。爲什麼？因爲，古人對於許多風、雨、雷、電等等自然現象不懂得。這就覺得神秘，無法解釋，也感到可怕。還有，在同大自然鬥爭時，感到人力之不足，就想借天神的神力去辦自己辦不到的事。

商王有兩個相：一叫巫賢，二叫巫咸。這二位可能不是姓巫，而是他世代爲巫。總之表明商朝時的王和人都很迷信。

孔子的時代及其以後，巫的地位才下降。巫的地位下降了，孔子纔可能成爲聖人。

"誣"字，是什麼意思？是巫者之言，即巫者的謊言。

先古的宗教，是崇拜"圖騰"。"圖騰"是個外國詞。從氏族社會時起，人就拜圖騰。這是最早的神，其實是些動物、植物、太陽、礦物。既然動、植物也是神，就圖之爲畫。在最古的時代，人們都相信他的祖先是出自於某一圖騰。

　　中國的龍與鳳，大概都是圖騰。左傳中説："太昊，以龍爲祭。少昊，以鳳祭。"太昊、少昊都是王。這裏就記載了古代的王祭拜龍和鳳。

　　商代對於祖先的崇拜最是盛行。這時的拜祖比起拜圖騰來是進了一步。祭拜祖先要用三百頭牛，可謂隆重之極。可是他們要祭拜的第一個祖先是圖騰。

　　再進一步，商朝時候又相信有上帝，説天上有一個最高的神，能管理天上的許多神，也管理人間的許多人。

　　這個時候，也説：當代的王是上帝派到人間的代表，所以人間的王權力更大了。

　　又後來，人對於山、川、木、石的崇拜發展成這些也都各有它的神。山神、水神、大樹的神，等等。山海經裏記這些很多，很多是記載各地山川的神。還説是有的神好，人見了就得福；有的神壞，人見了就得禍。把神分做好的和壞的。

　　比如説，四川的三峽，很容易沉船。所以就出來一個"巫山神女"。是山神，還是個女神。人們乘船經過這裏，要祭拜這位女性山神，以求平安渡過。

　　還有一位水神，是"湘君"、"湘夫人"。有一次，秦始皇到了洞庭湖，突然遇到暴風雨，秦始皇就問他的"博士"，這是什麼神？博士答道：這是"湘君"之神，她原是堯帝的女兒，舜帝的妃子。秦始皇聽了以後，十分憤恨，下令砍掉樹木。

　　古代大水中，最可怕的是黃河。所以，戰國時代的魏國，就用女郎來祭祀河，河的神叫"河伯"，要爲河伯娶婦。有個故事説：西門豹這個人，到鄴縣（今天河北臨漳）當縣令。到任以後，他聽到當地老百姓説："本地有一椿人們最苦惱的事，就是因爲河水泛濫，所以縣吏、鄉官、巫婆就索要巨額的錢，爲河伯娶婦。每到這個節日，就把百姓家長得好看的女兒，强行投到河裏。"

西門豹要爲百姓去掉這個灾難。有一次他到了這個河伯娶婦的地方，正看見巫婆硬要把一個少女投到河裏。這時西門豹説道：“我看這個女郎不好看，請你自己到河裏向河伯報告一聲，説要换一個女人。”於是，他把這個巫者投進河中。接着又把鄉官也投進河裏。還要把縣吏和其他的辦事人也往河裏投。大家都怕了。從此，再也不辦河伯娶婦了。

這是戰國時魏國的事。秦代也有這種風俗，甚至於用公主去祭黄河。這件事見於史記。

這些事都説明古人對於自然之神的迷信。

到戰國時代，有了對於仙人的崇拜。仙是超人。齊王、燕王都想要成爲仙。他們想要得到一種長生不死的藥，這原本是要長期享受的想法。

秦始皇、漢武帝，都曾經派人到四海去求長生不老的藥。他們聽到有人告訴説：

東方的大海里有三個神山：一是蓬萊（在山東）；二是方丈；三爲瀛洲。這三處是仙人島，島上有長生不老的藥。

秦始皇派了徐市（音父）帶了五百個童男、五百個童女，到東海的外國去求仙藥。結果是一去未歸。

這個時代，迷信又有了新的形式。

佛教是東漢初年，明帝時傳到中國來的。

佛教是世界三大宗教之一，是古印度的一個王子叫做悉達多·喬答摩所創立。後來他的教徒稱呼他爲“釋迦牟尼”。這個稱呼，意思是釋迦族的聖人。釋迦牟尼不是印度王子的真名，只是一個尊稱。

漢朝，首先有了佛教的傳入。東漢明帝時，派人到印度，請了印度人來中國傳播佛教。使臣是蔡愔。他和二位印度人攝摩騰和竺法蘭，用白馬馱着佛經和釋迦佛像，來到都城洛陽。朝廷在洛陽修了白馬寺。這是中國的第一個佛寺。

佛教是禁慾主義，講究吃素，不結婚，自己此生不享受，用今生之苦換得來世之享受。

這和仙人不一樣。仙人是相反的，是享樂主義的，講究“長生不老”。前頭已經談過，求仙從戰國時候開始的。

漢朝以後，戰亂嚴重，戰爭頻繁。人民生活，異常困苦。所以，不少人都希望着能把今生的痛苦換個來生的幸福。今生不行圖來生。佛教更加大盛。這時的統治者大力提倡，崇拜佛教。因爲，佛教的道理，是要人們這一輩子，無論受多大苦，多麽受窮，多麽受欺侮，也要忍受，以便轉生到下一輩子，有個好日子。佛教有“生死輪回”之説，有“因果報應”之説，認爲“人皆可成佛”，“頓悟成佛”。

這些佛理都便於皇帝的統治。南朝的宋文帝説，要是老百姓全皈依了佛，那麽“則吾坐致太平，夫復何事！”

所以南北朝的統治者都極力提倡信仰佛教，佛教大大興盛起來。例如梁武帝，定佛教爲國教。他自己幾次到寺院裏出家當和尚，而每一次又由他的臣子們拿幾萬萬的錢去贖他回來。

南朝宋明帝、陳後主都尊崇和尚，北朝前秦的苻堅、後秦的姚興、北魏的文成帝都崇敬佛法，對於佛教極力支持、提倡。

南朝梁武帝時，只是南京一地，就有寺院四百八十個，和尚、尼姑有十萬多。南方有的寺院，比王宮的宏麗也不差。

北魏對於興辦佛事更加賣勁。爲了鑄造天宮寺的一座佛像，用了十萬斤銅，六百斤黄金。爲了開鑿洛陽龍門石窟雕造石佛，費了八十萬，先後二十三年。北魏所建成的寺院廟宇有三萬多個，和尚、尼姑約有二百萬人。

南北朝皇帝、宰相、官吏大事興佛的結果，佛教從這時開始，在中國南方和北方普遍發展起來。

再説道教。

道教是中國原來各種迷信者的聯合。這個聯合起來稱爲道教的本身，是爲了同佛教對立。佛教先傳入，道教後建立。道教的建立是在東漢末期，佛教的傳入是東漢的初期。

道教是中國土生土長的宗教。它把圖騰、上帝、祖先、山川等崇拜全都併到了一起，成爲中國各民族原來分散零星的迷信的總體。

道教以老子爲祖師。但老子這本書無有迷信。漢文帝、漢景帝時候，曾經崇拜老子。那個時候，只是想着"清淨無爲"。

創立道教的人，是東漢末年的人，叫張道陵，也就是張陵。他是四川大邑縣鶴鳴山人。即是："張天師修道於鶴鳴山。"

到三國的時候，出來一位叫張魯，是陝西漢中人。他倡立"五斗米道"，爲人治病。治一治病，要給五斗米。這個五斗米道，一時在漢中、四川一些地方傳播開來。又有張角倡立太平道，在北方山東、河南、河北諸地也廣泛流傳。漢末的黃巾起義曾經利用過初立起來的道教。張魯也曾自封爲漢中王。

道教作了一部經，叫老子化胡經。化胡就是感化胡人，這裏的胡是指的古印度，説是老子感化印度人。這經中講：老子出關到印度，同印度人釋迦氏講道，自此以後印度才有佛教，説是中國道教先於佛教。佛教徒們非常憤恨，每一代帝王都要禁止這部道教經書。如今，這部經已經不全了，只是在敦煌莫高窟還留有一部完整的道經。

道教建立以後，許多農民造反都同道教有聯繫。赤眉起義，同它似無關係。

再後來，道教有變化。葛洪、寇謙之等人曾先後修改過道教本來宗旨。晉人葛洪，使儒、道合流，作抱朴子，把古代養生延年的仙方作了整理。北朝的嵩山道士寇謙之，"修張魯之術"。他宣傳過"修身煉藥，學長生之術"；又制定出壇位禮拜、衣冠儀式一大套形式。

道教宣揚過"羽化成仙"，"長生不老"。又進一步把儒家的

“死生有命，富貴在天”和佛家的“若有罪重之者，轉生蟲畜”的生死輪回説，摻雜到一起。所以，又是清淨修道，服丹修煉，希望到一個虛幻的仙境仙界，長生不死；又是死生有命；又是祈求來生。

呂純陽等“八仙”本是唐朝的人物，都歸入道教。

我們還要説個拜火教。這個宗教是唐朝時候，從古波斯傳進我國的。這個教的經書，現在失傳了。只有敦煌石窟留存着一部。

這個拜火教的教名，叫做“火祆（音仙）教”。祆是指的仙，火祆是火仙，倡言崇拜火，崇尚光明，所以又名“明教”。今天在福建泉州，還有明教的遺址、遺跡。泉州，在隋唐的時候，甚是繁榮，有如現在的上海。

明朝之所以叫做“明”朝，同明教有關係。因爲朱元璋起義之時，其中不少的人本是信仰明教的。所以他的國號叫“明”。

再就要説到伊斯蘭教。

伊斯蘭教來自阿拉伯，從唐朝開始傳入中國。先在我國西北一帶傳佈，而後進入内地。因爲首先是在西北的回紇人當中傳開的，所以中國就又叫它爲“回教”。在西北各地很是盛行，及後又到了雲南。

回教之中有八大門宦，就是分做八派。八派互相對立。

回教同回族是兩個不同的含意：族就是回族，回教則是宗教。

回族尚勇，有這麽一種説法，説是凡能殺死七個讎人、壞人的，可以升入天堂。

清朝統治者猛烈屠殺回族，造成民族讎恨極深。回教内部雖有八門宦相對立，但反抗清朝屠殺卻是一致的。清代時候，西北回教盛行區域，演變成了五年一小亂，三十年一大亂。這當然是清朝統治者大屠殺造成的結果。當時，在西北一些地方“白骨塔"、"萬人冢"到處都有。

關於基督教。

接下去要説到基督教。唐朝也有叫做"景教"的，這是基督教的一派。現在西安存着一塊石碑，"大秦景教流行中國碑"。這兒所説的"大秦"是漢朝人所稱呼的羅馬。

到了明代末年，有意大利人利瑪竇來到中國傳播基督教。

利瑪竇首先到達廣東，後來到了南京。他認識了徐光啟。徐光啟是明朝的禮部尚書，是大學士，但他是大科學家。

利瑪竇爲了傳教，先結識中國的讀書人和官吏。他和徐光啟談西方科學，接着就共同翻譯西方科學書籍。在他來説，是爲了傳教，在徐光啟來説，爲的介紹西方科學。

他們合譯了幾何原本。這是西方數學在中國的最早介紹。以後，徐光啟又有譯著勾股義、古算器釋等數學著作。從此，中國在原有的籌算、珠算的算法外，又有了筆算。

利瑪竇和他一起同來中國的另一些人，又同中國的李之藻合譯名理探一書。這是一部西方的邏輯學。

所以，我國在明朝，西方科學已經傳了進來。只是到了清代康熙，出現了一個怪現象。康熙本人研究西方科學，他卻不許在民間流傳這些科學知識。康熙作爲一個皇帝來説，他是既有中國學問，又懂得一些西方科學。

回過頭來還是説基督教。明朝最後一個皇帝，崇禎帝的繼位者永曆皇帝信了天主教，皇帝的母親亦信奉天主教。

基督教在中國，真正在民間傳播開來，那是清末鴉片戰爭以後，發生了洋人到處強行建立教堂，有些地方的土豪劣紳又借了洋人勢力用教堂來壓迫人民。還有的窮人也要信基督教，是因着教堂給米。這些情形使基督教漸漸發展起來。河北省有這樣的民歌：

爲什麼受洗，爲了八斗米，

爲什麼信教，爲了錢八吊。

受洗是信教的一個入教儀式，所以又有一個説法，入基督教是“吃教”。這當然是有的窮人信教的一個原因。

關於喇嘛教。紅教、黃教。

前邊説過，佛教是從外國傳來的，後來又加上了中國的創造，發生了佛教的變化、變質。

佛教傳到中國之後，分了兩派：

一曰“淨土宗”，是專念佛經；二曰“禪宗”，這一支派，加入些中國老莊哲學，有思想體系，而又善辯。有時候，人們聽不懂他們的話，他們就打人家一下，叫做“當頭棒喝”。讓你自己去“悟”，去“禪悟”。佛教在内地分出這麼兩派，是從唐朝就開始的。

在我國的邊疆，有了喇嘛教。在唐朝，佛教傳到了西藏。它和西藏本地原有的“黑教”混合了，成立了“紅教”。後來，紅教又演變成“黃教”。

黃教是明代初年藏人宗喀巴所創立。他有三大弟子：一是達賴；二是班禪；三是哲布尊丹巴。

達賴在前藏，班禪在後藏，哲布尊丹巴在蒙古。黃教中的和尚稱爲“喇嘛”，“喇嘛”是藏語，所以漢人稱呼黃教爲喇嘛教，黃教信奉者自己還是稱爲佛教。

在這個宗教當中，供有“歡喜佛”，都是人與獸相交接的佛像。這是因爲西藏自古以來就認爲：人不是人生的，人是人與獸相交合而生的。這是上古之時崇拜圖騰的遺留。

紅教許可和尚結婚，黃教不許可和尚結婚。紅教從明代以後越來越少了，黃教越來越盛行起來。

喇嘛教是政、教合一的。它本身包括了宗教、政府、軍隊、司法四種大權。這四大權力是合一的。

　　在喇嘛教盛行的地帶，小孩子到了年齡就要去當喇嘛，就好像到了年齡就應當去讀書一般。所以，凡是一家有兩個孩子，就送一個去當喇嘛。若是一家有三個孩子，就送兩個孩子去當喇嘛。當然這麼一來，這些地區人口的繁殖，也受到影響，繁衍很差。因爲，當了喇嘛就不許再結婚。

　　此外，在青海等地還有"白教"、"花教"，是喇嘛教的支流。白教同黃教有些小的不同。

　　中國宗教的簡略情況，就説這麼些吧！

十一　中國哲學史略

一九六六年一月二十二日　顧頡剛先生略談中國古代哲學史

顧先生今天談了古代哲學思想發展史。這個題目很大，有不少哲學家、哲學史學家，終生研究這一專門的大學問。中國這個世界文明古國，她的哲理有着悠久的發展歷程。中國古哲理，在世界文化庫藏中，極其光彩斑斕，爲全世界學術界所注目。我一直興趣盎然地聆聽着顧老的談述，並仔仔細細記錄下來。顧老開講了：

中國哲學史，有不少專門著作家有專門的精深著述。我們作爲一次短談，只談談大略。

古代的哲學思想，最初有周代的周公説“德”字，在周代以前根本就沒有這個字。郭沫若發現這個“德”字是從周公才開始有的。

古代的“刑”字是説壞的、强暴的、打人、殺人的意思，而“德”字是説好心好意地對待別人的意思。

“德”後來發揮成爲“道德”這個辭，有了倫理觀念，要講究作君、臣的道德；講究作父、子的道德；作兄、弟的道德；作夫婦的道德；作朋友的道德。這就是五德、五倫。古人以爲凡五倫好的，就是道德好。這樣的講究，已經同周公所講的“德”又不同了。

"道"字，古人所論的"道"，乃是循天地的"道"，例如春、夏、秋、冬。這個道字的含義，是我們現今所説的"規律"這個字眼兒。

老子最早提出"道"來，他説："有物混成，先天地生……吾不知其名，字之曰道。强爲之名，曰大。"老子的"道"，是"天"，是"一"，是"大"，是先於天。

老子，稱老聃(音丹)。他和孔子都是春秋時的人，作過周的史官，後來回到他的家鄉退隱。他家在楚國苦縣，今之河南鹿邑。著有老子一書，是用民間諺語寫成的，是韻文詩，共五千字。老子説了不少哲理，如："有無相生，難易相成，長短相形，高下相傾，聲音相和，前後相隨。"又説："反者，道之動。"

老子以後，有莊子繼承他，成爲"老莊哲學"，在中國古代哲學史上影響很大。

詩經裏有一篇烝民。烝民的意思是衆民。詩中云："天生烝民，有物有則。民之秉彝(彝，是説的則，法則)，好是懿德("好"即喜歡。"懿德"，即好的德)。""民之秉彝"一句意思是人民秉承着天的法則。"好是懿德"一句意思是喜歡好的德。

所謂"天不變，道亦不變"，這是漢朝儒家董仲舒説的。他所謂的"道"乃是永恒的。他認爲天是不變的，道永久不變。這個説法是錯的。漢朝人，還主張"天人相與"，這是司馬遷説的。這個説法是要尊天的。董仲舒還説"天人合一"。

在這些之下，有"陰陽五行"説。這一思想在春秋時就有的；到了戰國時代更有發揮，其後還有發展。講災異，説是若是人違背了天意則降災。這種陰陽五行家，以爲天有意志。比如日蝕，古時以爲這是了不得的大事情。出現了日蝕，皇帝要賜丞相以死。因爲，那時候的丞相有責任要燮理好天地陰陽。如若你丞相辦不好，就賜你死去。漢成帝的丞相翟方進，就是因爲發生日蝕，以致喪命。漢宣帝的丞相姓丙名吉，不問政事，只看天。有一天，他見到牛喘，説着：“春日牛喘，表示陰陽不調。”這種看天、説陰陽兇吉的事是他的職責。

古時丞相，如同巫者。

在漢代以前，有“月令”，就是天子命令老百姓在每個月之中所要作的農事。如果發生了天變，有了自然異變，這時候群臣要向天子上奏文來勸諫他，而天子也要下罪己詔。

古時有一個主張：定名分。要定出君、臣、民各人的地位。説這些都是天定的，永遠不能超過自己被天所定的地位。

所以，漢代大儒家董仲舒等人提倡：

第一條，“定名分”。其實在春秋、戰國時代就有了。孔子就有“定名”之説，説過君君、臣臣的話。戰國時又有“名家”，如惠施和公孫龍就是名家的代表。

第二條，“安命運”，也就是安天命。儒家主張有天命。墨子非命，他不同意儒家所講的天命。

第三條，“守常法”。常法，就是自古以來的法，古代皇帝的法。這些古法都是絕對的，必須完全要守的。

宋代的王安石倡言“變法”，他説：“天變不足畏，祖宗不足法，人言不足恤。”王安石遭到當時儒家的反對。

“天人相與”，是從戰國時代陰陽家開始提出來的，陰陽家的代表人物是鄒衍。這是儒家的變種。

鄒衍有陰陽五行的“五德終始”一説。他把人與天、人與神溝通起來，把歷史的演變、帝王的更替、朝代的興衰都看作是天意，天的安排。天有黃、青、白、赤、黑五色。每一朝受一種“德”的支配，每一種德又有盛有衰。“五行”是金、木、水、火、土。“五德”就有：金德、木德、水德、火德、土德。各朝代就分成了：

虞代是土德，其色尚黃；夏代是木德，其色尚青；商代是金德，其色尚白；周代是火德，其色尚赤。到了漢代，五德輪換變化，依了次序，漢代該當是土德，顏色尚黃了。

戰國以後，發展到了漢朝，董仲舒進一步把鄒衍的"天人相與"、"五德終始"上昇到"天人合一"的神學。他更明確地提倡上述定名分，定命運，守常法三大條。

董仲舒的中心思想是："天不變，道亦不變"，以爲人世間的一切是永恒的、不能改變的，就如同天一樣。

東漢初，佛教傳了進來。佛教也是要人們受苦，要服服帖帖的。

儒家和佛家，開始時是有衝突的。南北朝時代，南朝有一位名叫范縝的人，是南齊、南梁的臣子，當過太守、尚書左丞的官。此人是河南人。那時，皇帝拼命提倡佛教，搞得舉國若狂。范縝公然提出了無神論。他曾同一位佛家的王子——竟陵王蕭子良進行激烈辯論。他又針對佛教的"神不滅論"，寫出了神滅論一書，逐條批駁所謂的神不滅。他寫道："形者神之質，神者形之用"，所以，"形存則神存，形謝則神滅也"。就是說，在人體以外，並沒有另外的精神。他公開反對佛教的"神"，說一個人如同一把刀，其靈魂如同刀的刃。刀子沒有了，刃自然沒有了；人死了，靈魂也自然沒有了。

范縝的神滅論，引起了天子及其群臣的反對，歷史記載說："此論出，朝野喧嘩。"梁武帝信佛，下詔罵他："違經背親。"後來借故把他流放到邊遠的廣州，那時的廣州乃是嶺南蠻荒之地。

儒家、佛家的衝突，到唐朝還在繼續。唐代大儒韓愈反對篤信佛教的唐憲宗把佛骨迎接到朝廷裏（現在各佛塔都有假的佛骨）。韓愈諫憲宗皇帝說：從來沒有哪個皇帝，由於信仰佛教而得到長壽的。佛要寂滅，要解脫生死之苦，而皇帝要長生。

唐憲宗大怒，他把韓愈下放到南方邊遠之地的廣東，做潮州刺史（如同知府）。因那裏瘴氣重，韓愈得了病，快要死了。碰巧憲宗死去，韓愈才被赦回來，險些喪了命。

韓愈文章中，大闘佛教的篇章很多，可多半是批評中國人的信仰。至於説到佛經，他也不懂。他對於中國因信佛而大造寺院、大量浪費財産是反對的。他説：

　　　　"人其人（要和尚返回來還做個民人），

　　　　廬其居（把寺院給民人居住），

　　　　火其書（燒掉佛經）。"

韓愈寫了原道，"原道"，就是要以原來中國的道反對佛教的道。這篇文章説："道其所道（佛道乃是印度的道）非吾所謂道也（那不是中國的道）。"

唐時佛教極盛，一般儒者，也是信佛的，但韓愈等大儒，則反對佛教。

唐朝和五代時候，佛教和道教都極盛行，道教的最盛期是宋代。

在五代時，有個道士叫陳搏（音團），在道教中是個有學問的人，創造了太極圖。

太極圖的意思是陰陽互相消長，"陽最盛處（也是時候）即陰之尾部（最小）"。

這個太極圖的含意和漢代的陰陽五行説相銜接。這還是循環論。他們主張："君子道長，小人道消"，所以應當"扶陽抑陰"。以爲"女子是陰，應扶男陽"，"君子爲陽，小人爲陰"，把小人和女人看作一樣屬於陰，應當加以抑制，於是夫權愈盛愈高。

今天只談這些，明天再説。

　　　一九六六年一月二十三日　　顧頡剛先生繼續談中國古代哲學史——關於宋代理學

中國到宋朝時期，有了三個教：佛教、儒教、道教。就是說，宋代的儒家成了宗教——儒教。就是繼佛教、道教在東漢流佈以後出現的事。宋王朝盡力提倡："三教之設，其旨一也。"

在這個時期，全國各地到處有佛廟，有道觀，有孔廟。唐代以後，孔廟遂普及於天下。

宋朝的儒家思想，同已往各代又有不同。既接受儒家的經典學說，又更加發展了封建思想。例如，"餓死事小，失節事大"。這裏是專指女人而言。宋以後，凡三十歲以下的女人，在死了丈夫以後，都不得改嫁，給她立貞節坊。

又如，"天下沒有不是的父母"。再有"君叫臣死，臣不得不死。父要子亡，子不得不亡"。於是君臣、父子、夫婦各種等級差別極其嚴格。

宋代儒家有五個代表人物：

一是周敦頤，北宋時湖南道縣人。他作了一部通書，發揮太極圖的意思。

二是程顥，北宋時河南洛陽人。

三是程頤，和程顥是兄弟，故稱二程。他們都是周敦頤的學生，著有二程遺書，也發揮太極圖的意思。

二程提出了"理"、"天理"、"心"、"性"和"人欲"，用這些哲理上的新說法來闡釋儒家思想。程顥說：我學雖有所接受，"天理"二字卻是自家體認出來。他們把三綱五常當作"天理"。程顥說："父、子、君、臣，天下之定理，無所逃於天地之間。"

四是張載，北宋時陝西郿縣人，著有西銘。這書講道："爲天地立心，爲生民立命，爲往聖繼絕學（即已經斷了的學說），爲萬世開太平。"又說道："民吾同胞，物吾與也"，這乃是主張一切平等，來自於佛教、佛經。他提出"無欲"，說"能使無欲，則民不爲盜"，還提出了"太虛即氣"。

以上四人都是北宋人。

五是朱熹，南宋人，原籍安徽，但生在福建。

朱熹繼承了上述周敦頤、二程、張載四人的説法。寫過一本近思録，集中了上邊四人的思想。

他又更多地吸收了佛教、道教的思想，提出了"天地之間，有理有氣"。

"理"是什麼？朱熹道：理"超然於萬有之上，廣大無邊"。是無所不在的。他又説"理"也就是"仁、義、禮、智"。認爲"未有君臣，已先有君臣之理"，這個意思是説三綱五常之理，在人間有了君臣、父子、兄弟、夫婦之先，早就有了，是先天就有的。而且理是永恒的，他説：萬一山河大地都陷了，畢竟理卻是在這裏，"綱常萬年，磨滅不得"。

朱熹認爲人性中有"天理"和"人欲"的矛盾，"天理"是善的，"人欲"是惡的，所以要"存天理，滅人欲"。

朱熹關於知與行的問題提出主張，以爲：知先於行，行重於知，知行爲一。

朱熹把論語、孟子、大學、中庸編到一起，叫做"四書"。他寫了四書集注。這是一本對於儒家經典的解釋書，成爲宋、明讀書人的教科書。

程、朱理學在宋、明、清三代數百年裏，有很大影響。

朱熹還作了小學，是説年輕人應當學些什麼。又有家禮一書。他把他的思想、著作，規定在教育裏邊，要人們從小到老始終遵守。

宋代的倫理觀念起於儒家，宋的太極學起於道家，宋的禁慾主義同靜坐修心起於佛教。宋人把三教混合起來，宋代大儒把三教合一，倡導每天都靜坐，以便把"性"、"理"認識清楚。

程頤有一個學生叫楊時。有一天，楊時看見老師程頤正在靜坐，就不敢進門，等候在門外。等到程頤靜坐完畢，自己可以進門的時候，大雪已經下了一尺厚。

"性"、"理"是宋儒的中心思想。所以説上述周敦頤、程顥、程頤、張載、朱熹五人，叫理學家。

程、朱理學家認爲，人在動時就忘了本性和天理，人在靜時，就能夠恢復本性和知道天理。所以，宋儒依照佛法每天要靜坐。

在戰國時代，就討論過"性"，就是討論人性。孟子主張"人性善"，人性中有仁、有義、有禮、有智、有信。人是好的，所以壞，是因爲"習"，是人從外面學來的。

荀子主張"人性惡"，要刻苦修善，才能去惡從善。

告子主張人性無善無惡，善與惡原是人在社會行爲當中分別出來的；在這之先，並没有善或惡。

這些就是戰國時代關於"性"的不同主張。對於人性的論述，存有分歧。

到了西漢，儒者以爲人有的本善，有的本惡。這就是説人的善惡先天就有。

唐代哲學思想上，關於"性"的説法無有大變化，是隨着佛教的説法。

宋代因襲了孟子學説，主張人性善，由於爲物所引誘，才墮落爲惡。

以上是説宋代的"性"及其演化。

"理"就是"天理"，宋人大大提倡。但在戰國時候就對於"理"有了論述。那個時期説過"人心惟危，道心惟微"。這個"道心"，就是合乎天的心，是很小的。所以，應當克制人心，發揚道心。漢朝人把"五行"之説注入到"天理"當中。

宋代儒家説："栽培心上地，培養性中天"，就是在靜坐時，把人心克制住，從而發揚起"道心"。

宋朝理學家認爲，凡"人性"應當合乎"天理"。凡"天理"都是好的，是絶對的。凡人欲是極壞的，宋朝理學家不要人們有任何要求。他們要人們去靜坐，靜坐時要"入定"，入定時就忘我，此時才能"天理彌漫"。宋儒這樣講下去，就形成了人們不能作任何事了。

宋儒又注意中庸一書裏的一些有關的思想而加以發揮。中庸裏講："喜怒哀樂之未發謂之中，發而皆中節謂之和。"這裏所説的"中節"就是恰到好處。其所説的"和"，就是平和的意思。這就是説，人不能過喜，過怒，過哀，過樂，過了頭就都不對。也就是説，不發不行，發過了頭也不行。

中庸裏又講了中庸之道，説："君子中庸，小人反中庸。""庸"就是用，中庸就是中和。意思是説：從中處用之。大意是：把兩個極端加以折中。

論語一書記叙了孔子，説他是"威而不猛，樂而不淫（淫是過分），哀而不傷"。都是説適中。

中庸一書的主旨，講"中庸之道"。前幾章裏講"中庸"，到後幾章，講"治國"、"平天下"。中庸思想是儒家的中心思想。

宋人發揮了中庸的一些話，説：喜、怒、哀、樂，未發時都善，凡是發出的都壞。所以，他們成了空談心性，"不爲事功"，不做什麽實際的事，只是空談，因爲一做就錯，一發就錯。這和戰國時代的中庸思想有了不同。這時，根本不要人做什麽事，根本不要人有任何的喜、怒、哀、樂。戰國時的中庸思想並不這樣，那時只是要取個"中"。

理學家開始形成於宋代，也叫做道學家。宋史中有道學列傳，把理學家們一一列了進去。

理學在明代是至盛時期，到了清朝又糾正了。

　　　　一九六六年一月二十四日　　顧頡剛先生繼續談中國古代哲學——明代理學

明朝有了王陽明的理學。

王陽明，就是王守仁，浙江人。他曾在紹興"陽明洞"讀書，所以人稱陽明先生。

王陽明曾經學習與繼承了宋代儒家與理學的著述，但他又加以變化和發展。他學過宋代陸九淵的著作和思想，也學過朱熹的著作和思想。他知道朱熹"格物窮理"的論說，朱熹以爲一草一木都包含有"至理"，必須一個一個地"格盡"天下之物，才能體會到"天理"。王陽明在年方二十多歲的時候，就曾認認真真地"格"過。他先是去"格"竹子，從早到晚對着翠綠的竹子，冥思苦想，一連"格"了七天七夜。他一無所得，反而病倒了。自此以後，他想：一竹之理，尚不能"格"，怎麼去"格"天下之物？於是他轉而去研讀佛經、道經。同道士談養生，向和尚問禪機。再後來，他到陽明洞去靜坐修道了。他的哲學摻和了不少佛學、道學的思想。

王守仁的哲學，主要是提倡"良知良能"。他說人有天然的知和天能，不要故意造作。

王守仁認定：人有"初一念"和"次一念"。初一念是好的，次一念是壞的。初一念是爲人的，所以善；次一念是爲己的，所以惡。

他的論斷是：初一念是"良知"；次一念非良知；所以"知行合一"。不要以利害念壓是非念，初一念爲是非念，次一念爲利害念。

他講人有"良知"，要"致良知"。

關於"良知"、"良能"，其實，早在戰國時代，孟子就已經提出來了。孟子說："人之所不學而能者，其良能也；所不慮而知者，其良知也。"到了明代，王陽明盡情地發揮了。

"良知"是人的初一念，是天生的。王陽明以爲，人見了父親，自然知道要孝；見了兄長，自然知道要敬；見到小孩掉進井裏，自然有憐憫之心要去救出來。這都是初一念，都是天然就有的意念，是不學而有的。這些"初一念"所發出的行爲，是"天能"、天然的，不必學的"良能"。

這些"良知"，包括了：父子之間有親，君臣之間有義，夫婦有別，長幼有序，朋友有信等等三綱五常的觀念。"良知"中自然也包括了：人都有惻隱之心、羞惡之心、謙讓之心、是非之心。這些都是與生俱來的"良知"、"良能"。

王陽明的"致良知"説：

他一方面認爲"良知良能，愚夫愚婦與聖人同"，是人人一樣的。另一方面，又説"愚夫愚婦"們的"次一念"太重，"利害念"太多，個人的欲望太大，所以不能保持"良知"。這樣就提出了如何才能保持"良知"問題，這就叫"致良知"。

王陽明的"致良知"的辦法，就是要"存天理，滅人欲"。就是不能用"次一念"去壓倒"初一念"。不能用利害念去壓倒是非念；不能用惡念去壓倒善念。要把個人的私慾去掉了，方可保住"良知"。這就是"致良知"。

王陽明的"知行合一"説：

王陽明不贊成朱熹的知先行後説法。他認爲人的知與行是合一的。他説："知是行的主意，行是知的功夫。知是行之始，行是知之成。若會得時，只説一個知，已自有行在。只説一個行，已自有知在。"

他説：知而不行，只是未知，好比説，某人知孝，某人知悌，是指的這個人已經行了孝，行了悌。所以，知與行不能分開。

他説：一念發動就是行。

王陽明著作傳習錄。這是別人把他所傳所述的，記錄下來，整理成的書。王陽明自己不著書，他只講書，別人把他所講的，記錄編寫。

王陽明勸人家不要讀書，只能靜坐。這樣才能恢復良知、良能，才能"致良知"。

王陽明這一派人同佛教的禪宗派相結合，所以人稱王陽明爲"狂禪"。

關於李贄的哲學思想。

李贄是王陽明的後學，福建泉州人。他作過官，又進過佛院，落了髮，過半僧半俗的生活，同和尚們一起研讀佛經。他學過王陽明，後來又不同意王陽明，甚至於反對王陽明。

李贄很有思想，敢説話。他著有藏書，就是不讓人看的書。還有焚書。在明代曾一時很流行。不少人是"全不讀四書五經，而李氏藏書、焚書，人挾一册，以爲奇貨"。

他批評了道學家，他説他們"陽爲道學，陰爲富貴。被服儒雅，行若豬狗"。表面上不講利和欲，内心裏甚至於想去偷人。滿嘴的仁、義、道德，一肚子富貴榮華的慾念。那些講道學的人，都是些没有才學的人。他們只會打躬作揖，正襟危坐，活像泥胎。

李贄是第一個起來反對孔子的人。他説：今世道德，都是孔子的道德，不是我的道德。他寫了一篇贊劉諧的文章，文章説有人自稱是"仲尼之徒"。這個孔門弟子認爲"天不生仲尼，萬古如長夜"。有一天，這人同劉諧其人説起這一套話來，劉諧對他嘲笑道：你説"天不生仲尼，萬古如長夜"。怪不得，在孔子以前的時代，在伏羲氏以前的上古時代，那時的古人都是在白天也要打着燈籠走路的呵！

李贄提出不能以孔子的是非爲是非。他也貶低"六經"這些儒家的傳世經典。論語是孔子的言論集，孟子是孟子的言論集，李贄都加以批判。他以爲這些書，不過是假道學們的飯碗。

他敢於發揮自己的見解。他有不少反封建的思想，如：主張男女平等，要打破男女界限，女子也可以出門去做事，女子和男子有同等能力。

他認爲君與臣是平等的。父與子是平等的，夫與婦是平等的，有了許多平等思想。

宋代理學要"定名分"，李贄的理學要破名分，已經不完全是宋代理學了。

可是李贄的思想總體，仍然還是王陽明的。

李贄曾批注過許多書，如水滸傳，他就曾經作過批。

李贄的思想和行爲，被明朝皇帝知道了，在萬曆三十年，當他七十六歲時，遭到宮廷逮捕，罪名是"縱淫勾引"。在獄中，他自殺死去。

李贄的哲學思想，到了清朝，朝廷仍加以禁止。

下面我們把宋代理學同明代理學作一番對比研究。

宋代朱熹同明朝王陽明都是講理學，有其相同處，但也有其不同處。

朱熹拘謹些。王陽明則膽子大，敢做事。王陽明曾經平了宸濠的造反。宸濠是明朝皇家的貴族，封在江西，爲寧王。在明正德年間，寧王造起反來。王陽明正在這裏當巡撫，是個有兵權的大官，他就帶兵平定了這次叛亂。

朱熹主張講禮節，王陽明就反對。他在許多方面向朱熹立異。

本來宋代理學家，就分爲朱熹一派、陸九淵一派。王陽明繼承了陸九淵的一派。

陸九淵和朱熹同是宋代人，是同時的人，是朋友。也都講理學，但他們二人的哲學主張不一樣。例如，朱熹勸青年人要讀經書，陸九淵則勸青年不要讀經書，他説：六經都是我的注腳。那些不過是我的學問的一些解釋，没有什麽高明地方。他批評朱熹的學説，是支離破碎的做功夫。

對於大學一書，他們兩派之間，看法有矛盾。

大學這部經書，講格物，講致知，講誠意，講正心，講修身，講齊家，講治國，最後講平天下。這些內容，就是按這樣的先後順序排列的。就是說，你要先格物，才能致知。有了格物致知之後，方能作到誠意，才能去正心；有了誠意與正心，才能說到修身，才能齊家；有了修身、齊家，這才能够去治國、去平天下。

一切須從格物作起。"格物"是什麼？"格"字是什麼？"格"的古意還很難明白。大學一書裏的"格"字，是至的意思，是到達的意思，即是研究的意思，是去的意思，是排斥的意思。

朱熹以爲"格物"，是至的意思，即是研究它，是"窮理"。

陸九淵以爲"格物"，是不可知，不是要去知，而是要排斥它，排斥物。他主張"去物"，只有"去物"才能"知心"。他說道："先務其大者，再務其小者。"所謂大者，是心；所謂小者，是物。這就是陸九淵對於大學，對於"格物"致知的主張。

王陽明繼承了陸九淵。陸九淵、王陽明同朱熹學派是對立的。這種對立自宋代起，一直延續到清朝。

但是，朱熹、陸九淵、王陽明都是理學家。宋、明兩代理學家們的共同處，是：求其本性，要把人的內心當作第一位的。

顧老說到這裏評價朱熹作學問，說道：朱熹注解各儒家經書，研究各門學問。他作學問很刻苦。

前面，我們講的明代哲學，明朝的理學，王陽明的"良知"、"致良知"、"知行合一"，也講了李贄思想。

好！該說到清代的哲學思想了，明天接着談。

　　　一九六六年一月二十五日　　顧頡剛先生繼續談中國哲學史──清代哲學思想

清朝時候，皇帝信奉宋代的程、朱理學，主張定名分。在雍正皇帝的嘴頭上，就常常叨念着"不合天理"。所以雍正常殺人，非常嚴酷。

這時有一位大儒家戴震，安徽人，此人寫了一本書孟子字義疏證。他用訓詁疏證儒家古經典的方法，來發揮自己的思想。他假借着孟子，以便説他自己的見解。在這本書中他説："人死於法（而法是人定的），尚有憐之者，死於理（'理'，就是'天理'，是皇帝假借的），誰復憐之！"他明白地反對"理"、"天理"，反對程、朱的理學。

戴震在孟子字義疏證中還説過："道心在人心之中。"他認爲，聖人就是要人民有合適的欲，有飲食之欲，有男女之欲。人不能没有這些根本的欲望去求道，人是不能超出根本欲望之外的。

清朝皇帝雖然信仰程、朱理學，可是清代大儒反對理學。

有些大儒提出"禮、理論"。其主張是，漢學家講的是古之"禮"，宋人儒家講的是"理"。應當怎樣呢？應當講作"禮"，而不要講作"理"。這麽一説，也就打掉了理學家。

講禮，"禮"——是封建道德，這是封建社會早期的思想。

講理，"理"——是封建道德思想，是封建社會後期的思想。理學家更兇一些。

清代儒家又有人説："聖人不離事而言理。理即事之中。"這些説法都不是宋人、明人所説的"理"，而是相反的新説法，理是指的人間的事理而非"天理"。

清代大儒黄宗羲、顧炎武、王夫之（船山）都反對宋、明理學。如顧炎武寫道："言心言理，舍多聞而識，以求一貫之力，置四海困窮不言，而終日講危微精一之説。"很明白，他認爲程、朱理學、心學，是不管四海窮困的一派胡言。

王夫之，湖南人。因爲他晚年住在衡陽的石船山之下，一些人尊稱他叫船山先生。他批判"道之大原出於天，天不變，道亦不變"的説法。他認爲"據器而道存，離器而道毀"，"道在器中"。

這裏的"器"是物，器物，物質。道也好，理也好，都在物質之中。王船山反對程、朱的"天理"之説。

王船山也反對宋、明理學的"去人欲，存天理"的説法。他提出："人欲之各得，即天理之大同"，反對滅人欲。以爲只有人對生活的欲望得到滿足，這才叫有了天理。

關於知與行，王夫之也反對程、朱、王陽明的"知先行後"、"知行合一"的説法。他以爲"君子之行，未嘗離行以爲知也"。知是離不開行的啊！他又説："行可有知之效"。只有行動，實際去作了，才能看到"知"的實效。

總而言之，清代皇朝繼續宣揚朱熹、二程的"天理"説，普通儒者也跟着皇帝走。但著名大儒卻反對宋、明理學的，他們的哲學思想更前進了。

在中國古代哲學思想發展史上，長期占統治地位的是儒家。我們可以把儒家的各個時期的哲理，再概要説幾句：

第一，我國春秋時期，儒家創始人孔子的思想主要是想恢復周朝的等級制度。

第二，到了戰國時期，孟子這些人不再是要周朝的制度，而是要"王道"，要實行理想中的王道，不再搞春秋時期的霸道。

例如，對於管仲這個人的評價，管仲要齊桓公挾天子以令諸侯。孔子認爲管仲好，孟子以爲管仲不好。

孟子要王道，是得民心的。孔子與孟子先後相距一百多年。他們所處的時代不相同，戰國時期需要統一，需要集中。這時各小國之間，已經互相通商。

第三，孟子主張實行小農制。他説"五畝之宅，樹之以桑，五十者可以衣帛矣"。"百畝之田（那時的百畝，相當於今之三十畝），勿奪其時，數口之家可以無饑矣"。人死以後，把這些田地交給國家，然後再重新分配。這樣，就永遠沒有窮人。

到了後來，秦、漢時代，實現了大統一。這時候就發生地主兼併土地，有了土地大兼併，就有了大地主。

但是，在這以前，在春秋時期，是不能自由買賣土地的。只能賞賜土地。對於土地，人們只能使用，只有使用權，沒有所有權。

那時的齊國，是商業區，人們可以去買地。在戰國時候，就可以買土地了，於是有了小地主。周易一書記載説："不事王侯，高尚其事。"有了這樣的人，表示戰國之時，已經有了小地主。

孔子的想法，要恢復周制，是落空了。孟子的想法，要實行小農制，是落後了。

孔子對於農民是輕視的，以爲農民是小人。他的學生樊遲向他請教"學稼"（學習種田），孔子答復他："我不如老農。"又向他請教"學圃"（種菜），他答復説："我不如老圃。"所以，有一回孔子走到楚國，派子路去問路。這時楚人評論孔子是"四體不勤，五穀不分"。

子路比孔子小九歲，是孔子最大的弟子。他對孔子曾有不滿。論語上説："子見南子（南子是衛靈公的妻子），子路不悦。夫子矢之曰：予所否者（如果我有了過錯），天厭之，天厭之。"

史記中又記載了另一件事。在仲尼弟子列傳中，説子路穿戎裝，頭戴野雉毛，腰懸寶劍，去見孔子。服裝與神色很不尊重。孔子説服了子路。

秦漢時期，皇權是建築在大地主的基礎上，所以，這時期的儒家思想是：一切爲皇帝服務。這才産生了董仲舒的思想。這時候董仲舒提出了"天不變，道亦不變"，説皇權是天授，永世不變。漢代罷黜百家，獨尊儒術，不是偶然的，是皇帝、皇權所必需。漢代儒家吸收了陰陽家的思想。

第四，儒家吸收了釋家、道家的思想，實現了儒、佛、道三家交合。這是宋朝的情況，朱熹等人就是代表。

宋朝提倡"三綱五常"特別積極。"三綱五常"的思想，孔子時已經初步提出了君君臣臣的話。戰國時，韓非也說過："臣事君，子事父，妻事夫……此天之常道也。"

到漢朝董仲舒提出"三綱"。他以爲"三綱"乃是"天意"："王道之三綱，可求之於天。"

宋朝極力倡行"三綱五常"。"三綱"是什麼？是君爲臣綱，父爲子綱，夫爲妻綱。這就明白地規定了君王與臣子之間，父與子之間，夫與妻之間的等級界限是絕對的。

所謂"五常"，也還是君臣、父子、夫婦、兄弟、朋友之間必須遵守的規則。這就是儒家的"綱常名教"，即關於封建皇權、封建族權、封建夫權的五項基本法則。

三綱五常在漢朝時雖然就已經建立起來了，而宋朝的提倡實行最嚴。所以，這個時代儒家的思想最是束縛人。

第五，到了明朝，儒家王陽明，繼承了宋時的程、朱理學，同時又改變了宋的理學。明朝時候商業有了更大發展，社會面貌與宋不同了，社會思想有些演變。

李贄，是泉州人。而泉州是個大商埠，那時泉州是與外國通商的地方，所以，在李贄的頭腦裏，就有些新思想。例如，李贄說：不能以孔子的道德爲我們的道德。

總而言之，明代的理學家稍稍比之於宋代理學家敢想些，敢說些。

明朝儒家較之宋朝儒家的思想束縛要松了些。

第六，清朝儒家打翻了理學家。但發展了"禮"，講古人的禮，主張不要秦漢以下各朝的禮。

清代的普通儒者，只是談談古書而已。一般的缺乏新思想。到了鴉片戰爭以後，一些有知識的儒者，才有了些新思想。這時就有康有爲、廖平這些代表人物。可是康有爲、廖平立孔子爲教主，以孔子爲紀元，崇拜孔子。

最後，到了民國時期，提出了"打倒孔家店"。第一個站出來喊出這個口號的人，叫吳虞。吳虞是四川人，他在五四運動後的新青年雜誌上，發表了文章吃人與禮教。吳虞的這一思想來自明代的李贄。

儒家思想支配中國人的思想有兩千多年。其間，各代都有演化，一代一代各有不同。總起來可以統而言之，叫做儒家。中國封建社會統治階級的哲學思想，一直在儒家、儒教的控制下面。

中國悠久的歷史長河中，在哲學思想上，儒家思想雖說占支配地位，但是受佛教釋家的思想影響很大，受道家的思想影響也很大。

十二　中國歷代京都和北京小史

一九六六年一月二十六日　顧頡剛先生談中國歷代京都和北京小史

今天下午，我們香山療養院的全體療養人員在飯廳裏，聽顧頡剛先生講北京的歷史。我們這些聽衆，都是從北京醫院轉到這裏來療養的病號。這些病號、這些聽衆當中，有畫家吴作人，佛學家並詩人趙樸初。其餘大多數人，都是中央各部的老幹部、老黨員。這時，人們像學生一般坐在凳子上聽講，顧老站在一個小黑板之前，還張掛了一幅他自己畫的北京城圖，他在講説北京建都史。當場作筆記的少，多數人都興味盎然地靜靜聽着。

我現在(一九八二年二月二十七日)打開藍皮書，這個十五年前的筆記本上面，在記叙北京史的前面，記載着"歷代京都"。我回想這乃是顧老同我個人之間的一次談話。我把這次所談的，整理一遍，並按順序放在北京史之前。

中國古時歷代京都，表列如下：

夏朝——在河南洛陽；

商朝——在河南安陽；

周朝：

　　西周——在陝西西安，又以河南洛陽爲陪都；

　　東周——遷都到河南洛陽；

秦朝——在陝西西安；

漢朝——西漢在陝西西安；東漢在洛陽；

（秦、漢把西安定爲京都，是因爲西安這地方，易於防守。它容易被西北來的敵人所攻破，而不易爲東南來的敵人所攻破。）

三國：

　　魏——在河北的臨漳和河南的洛陽；

　　（以河北的臨漳爲都，是因爲這地方的地勢高。）

　　吳——一在南京，二在武昌；

　　蜀——在四川成都；

西晉——在河南洛陽；

東晉——在南京；

北朝——北魏在洛陽；北齊在河北臨漳；北周在陝西西安；

（洛陽古城，先後在這裏建作京都，大致有一千年。）

南朝——所有南朝各皇朝的京城全在南京，包括：宋、齊、
　　　　梁、陳。

隋朝——在陝西西安，隋煬帝遷都到河南洛陽；

唐朝——在陝西西安；

（西安古城，先後在這裏建都一千年。唐代又把河南洛陽作
爲陪都，稱爲東都、神都。武則天作皇帝在洛陽。）

五代——除後唐在河南洛陽外，其餘均在汴梁（開封）；

宋朝：

　　北宋——在河南汴梁（開封）；

　　南宋——在浙江杭州；

金——開始在北京，後來遷到河南汴梁（開封）；

元朝——北京；

明朝——先在南京，後來遷到北京；

清朝——在北京；

民國初年——在北京；

（北京古城，先後建都，共有一千年。）

綜上可知，中國歷代古都，以洛陽、西安、北京三個古城，作爲京都的時間最長，都有一千年之久。

　　　　以下是顧老講北京沿革。顧先生的演講開始了。

在北京建作京都已有一千年的歷史。以什麼地方作京都，是有條件的：要有山可以防守；要有水可以生活。

北京有永定河，又有西山。另外還有昆明湖、什刹海、中南海，這些水都相通連。所以，這個地方就具有了建都的條件。

北京在古代是怎樣的？史記說：周武王封黃帝後於薊。"薊"在北京。還有，說周朝封功臣召公於燕。燕不是北京，因爲燕把薊滅掉了。可知燕和薊原本不是一個地方。可是，燕國自春秋直到戰國時代，都是在北京這一帶區域。

北京過去發掘出來的文物，都無有燕國的器物，可以知道燕國京都不在北京。燕國京都在哪裏？在易縣。所以，說北京爲燕京，燕國的京城，是錯的。說易縣爲燕國的下都，都是錯的。易縣，今日仍然留有不少燕國時代的文物。

清代乾隆皇帝這個人，好事，他到處題字。乾隆在香山寫了"金臺夕照"四個字。金臺，即黃金臺，原爲燕昭王所建造的。在易水東南十八里。在香山寫這麼四個字，是無根據的。燕國被滅亡了，燕太子丹派荊軻去刺殺秦王。人們爲荊軻送行，歌曰："風蕭蕭兮易水寒，壯士一去兮不復還。"這件事，這首歌，也可以證明，燕國京都始終在易縣。（記錄者按：以上論斷是顧老在一九六六年初所講。關於北京是否爲燕國的京都，另有些歷史學家、歷史著作，是認定北京爲燕國京都。而且，有後來北京附近出土的文物爲證。這個問題，算是有兩種意見。一九八二年二月十六日人民日報公佈了全國首批二十四個歷史文化名城時，附有新華社對於這二十四個名城的簡介。簡介中關於北京，說它是燕國"重鎮"。也許關於這個問題，至今尚未作出統一的定論。顧老的說法，是一家之言。）

當然，北京是屬於燕國領域内的一個地方。

第一個建都在北京的，是晉朝晚期五胡十六國裏的"前燕國"。前燕國王叫慕容儁，建都在北京。慕容儁是鮮卑人，前燕國只存在了幾十年就亡掉了。北京没有留下他的遺物。那時這個城很小，作爲京都的時間也短，又不曾起過大的作用。

到了隋朝和唐朝，全國又重新統一了。北京屬於隋、唐的版圖之内，定名叫幽州，在永定河畔。唐太宗東征回來的時候，經過北京，在這裏建造了一個寺院，曰"憫忠寺"，以紀念東征戰爭中的死者。憫忠寺，就是現今的法源寺。此寺在北京城西南。在這之後的遼朝，在北京也建造過"天寧寺塔"。這個建築在廣安門外，是北京最早的建築，至今已有一千年。

五代時候的遼國，是第二個建都在北京的。遼是契丹人。五代時的"後晉"石敬瑭，把燕（河北）、雲（山西）十六州讓給契丹人。於是契丹人强大起來。楊家將就是同遼作戰的。

遼在這地方建都時，定名叫"南京"。這是因爲契丹原來在北邊的熱河。現在遼所遺留的東西，有中山公園的遼代古柏，這是活了一千年的柏樹。還有，在西山的遼陵，遼代皇帝的陵墓，是抗日戰爭以前發現的，有墓志，其文字是契丹文，看不懂。現在已經有人弄懂了是遼的帝王與其皇后的墓。

遼時的北京城，在現今城市的西南，在永定河畔，爲正方形。

後來，遼繼續向南邊發展。到宋真宗時，丞相寇準建議真宗到澶淵這個地方，去同遼人見面，然後訂了盟。澶淵之盟規定了年年都要送金帛給遼。澶淵是什麽地方，是今日的濮陽，在河南。河北地區全部都在遼的管轄之下。

　　第三個建都於北京的是"金"。定名"中都"，這時的城仍是遼時的位置，在今天北京的西南。

　　女真起來滅掉了遼。女真原在吉林。那時契丹人要女真進貢一種"海東青鳥"，金受不了，就起來作戰，滅了遼。女真建國"金"。北京這個遼的京都，就爲金所佔據。

　　金滅了北宋，並繼續南下，到淮水。領域更大了，就把北京的遼代名稱"南京"改換叫"中都"，而把汴京（河南開封）稱爲"南京"。

　　北京現有的不少文物，就是這個時候從河南汴京（開封）遷移到這裏來的。今天北海公園的太湖石，即是宋朝汴梁的東西。宋朝的徽宗皇帝很喜歡玩，愛好寫字、畫畫、歌舞，還拜道教。他造了一個大花園，叫"壽山艮岳"，園中的石頭是從江蘇太湖搬到河南開封的。宋朝有一個花石綱機關，專門負責搬運花石到汴梁。北宋亡了，金人又把這些石頭，從汴梁運到北京來。他們何以這麼喜歡太湖石呢？因了這種太湖石孔多。說它的好處是：一瘦、二皺、三透。現今在頤和園中，也有這種太湖石。

　　金留有盧溝橋在永定河上。這座石橋很長，橋上刻有許多石獅，這些石獅的神態又各有不同。橋的整個工程很大。元代有個意大利人叫馬可·波羅，到了中國北京，看了盧溝橋。他回去以後，寫了一本游記。從此以後西洋人知道了中國有多麼富，多麼美。他們也知道了有這麼一個橋，西洋人有的就叫它"馬可·波羅橋"。

　　金的遺物還有一個玉鉢，在團城。清代乾隆爲玉鉢建造了一個亭子。

　　遼與金的京城都在今北京的西南。他們在北海、中南海一帶造了離宮。

　　第四個建都於北京的是元朝。

　　遼、金以後，元人起來了。元人就是蒙古人。蒙古原先本是一個小的部落，它先先後後打掉了許多小國，并且一直往西打，攻到了莫斯科。元世祖忽必烈重新統一了中國，建都在北京，名叫"大都"。元曲作家關漢卿就是大都人。

元朝的京都，在中南海一帶，大體上如同今天的北京城，就是把遼、金的都城往東北移了一些。那時的城南到天安門，并且從這裏往北伸展，成一個方形。因爲元朝皇帝要"建中立極"，皇宮必須在城的中心點。所以，元朝皇宮在後來明代故宮的西邊一些。距離三海較近。元代造一宮殿叫"廣寒殿"，在北海，皇帝在這裏避暑。每到暑熱季節，把北海的水汲上去，噴灑開來，所以就涼快。

元代的糧食，從南方運到北京。過去歷代也多半是南糧北運，例如唐朝把運河修到長安，宋朝的運河修到汴梁，元代的運河就修在北京，主要的都是爲了運糧食等物品。

那時，運河從南方通到通州，再從通州到什刹海。運糧船舶就停泊在什刹海。這裏有許多米倉，如"禄米倉"、"海運倉"……至今還留有這些地方的老名。元代時，船隻可以經過北新橋直達什刹海。這時有水利學家郭守敬給元人搞水利。西山一帶的水，通過高粱河流入什刹海。

北京自元代開始，巷稱作胡同。胡同是蒙古話，意思是井。井對於蒙古人來説，原是人們聚居之處。北京叫小巷作胡同是元代以後才有的。

元代的北京城，在元末的元順帝逃回蒙古的時候，把當時的北京燒掉了。

元代遺留下的，有阜成門內妙應寺的白塔。元代人信喇嘛教，白塔寺乃是喇嘛教的建築。這個白塔是爲了紀念元朝國師八思巴而造。八思巴爲元人制定了文字，他死了以後，就給他造了妙應寺白塔。

元代遺物又有耶律楚材墓。這座墓在頤和園入口處的南方。

耶律楚材很有功。那時元人到處殺人，殺的人太多。每打到一處地方，就把當地居民全部殺光。耶律楚材就勸元人不要殺人。

元代建築，在八大學院附近還有元大都西北城牆的遺跡，乾隆在這裏寫了"薊門煙樹"碑，實際上不是薊門而是元門。

明代定名"北京"。

明朝時，明太祖朱元璋定都在南京，南京就叫"京師"。向來各朝歷代都是把本朝的京都叫"京師"。"京"字的意思是高門樓，"師"字的意思是衆人。

朱元璋的太子早早死去，就把皇位傳給長孫。朱元璋死後，孫子當了皇帝。可是朱元璋的兒子，小皇帝的叔父燕王起兵造反，打到了南京，推翻了剛就位的小皇帝。燕王朱棣就在南京當了皇帝，以後決定定都在北京。爲什麼選了北京作京城，因爲：一、朱棣原本被封在燕地；二、南京作京城，向來是偏安。南北朝時的南朝，全都把他們的京都立在南京，都是偏安的局面，不能統一管轄南北各地。

中國古代建都，多是在西安、開封、洛陽。這幾處地方，都在北緯三十五度，在一條綫上。在定都於西安、開封、洛陽的時候，都是全國南北統一的時候。這樣的時候，這幾處地方正好處在全國之中央部位。而南京就不是，南京在北緯三十二度。北京是北緯四十度。

明成祖朱棣是第一個把漢人皇朝立都在北京的人。在此之前的"前燕"、遼、金、元，都是少數民族的族人當皇帝。

朱棣立都在北京，還有軍事原因。在這以前的皇朝建都在南京，也有其經濟上的原因。所謂經濟原因，是說江蘇、浙江都是雨水充足，沿着太湖一帶物産豐饒，所以那時説："蘇杭熟、天下足。"

明成祖從軍事上看，當時的敵人是蒙古。由於這個原因，他建築北京城，又在北京城北邊建築長城。所以，他着眼於要把他的京都建立在國防最前綫上。秦代的古長城在明代新造長城的北邊。秦的長城，城牆是土泥築成。明成祖的長城改用大磚大石，堅固得多。朱棣死後，他的墳墓也建在這個國防前綫的北京，而不葬到南京的明陵。這樣，使他的子孫們來祭祀的時候，可以看到長城，看到蒙古人。

明朝初年，朱元璋的大將徐達帶兵攻破元朝的這座都城——"大都"。把"大都"改名爲"北平"。明成祖遷都到這裏以後，才正式改名"北京"。

明成祖用了很長時間，費了許多財力，在元代都城廢墟上，重新建造都城。這一新的城，同元代的城差不多。

皇帝的寶座必須在全城的中央，所在大内皇宮要在城的正中間。

明代城門的名字，没有沿用元代老城門的名字。南城牆改麗正門叫正陽門，改文明門叫崇文門（這個城門元朝也叫哈達門，是個蒙古大將的名字，又訛爲海岱門），把順承門改爲宣武門（也叫順直門，以爲又順又直的意思），南面城門共有三個。東城牆一邊，改齊化門叫朝陽門，改崇仁門叫東直門。西邊城牆，改平則門（又叫平秩門，意思是西方平秩）叫阜成門，改和義門叫西直門。北面城牆，改建德門叫德勝門，改安貞門叫安定門。以上共有九個城門。

明朝又在遷都前，想把内城四面向外，再建一外城，因爲財力不夠，就没有實現。只在南城牆外邊築了外羅城。從此，北京城成了凸字形。

明朝皇帝住在乾清宮，皇后住在坤寧宮。又有交泰殿，意思是帝與后交之泰，是皇帝結婚的大殿。

皇宮有東、西二宮。每一皇帝都各有六個妃子，共是一后六妃，直到十二妃，後來的妃子就更多了。東宮住太子，西宮住皇后。

三大殿是皇帝與大臣們舉行各種典禮的處所。當時三大殿是：奉天殿、華蓋殿、謹身殿。（明朝後期改叫：皇極殿、中極殿、建極殿。到了清朝，改名叫：太和殿、中和殿、保和殿。）

明朝沒有宰相。因爲發生過一個左丞相胡惟庸造反的事，從此以後，就只建立大學士。大學士在閣內辦事，故稱之爲"閣老"，"內閣"一詞就是這麽來的。

實際辦公的有六個部。這六個部的機關，設在紫禁城午門以外，前門以內。有東三部、西三部。東邊的三個部是：吏部（管官吏）；户部（管內務和財政）；禮部。這三部的地址，現在是公安部的處所。又，西三部是：兵部（現在是人大會堂）；刑部（管法律）；工部。管治安的有九門提督。當時內城只有九個城門，而外城是後來加的，所以稱作九門提督。行政官有順天府尹。

皇帝同宗教是分不開的，皇帝是教主，民衆因信教就更加信皇帝。所以，皇帝要設立一些壇。如天壇，意思是天是皇帝的父親；如地壇，意思是地是皇帝的母親；如日壇，意思是太陽是皇帝的哥哥；如月壇，意思是月亮是皇帝的姐姐。又有先農壇，是要食的壇；如鹽壇是要衣的壇。另外有風的廟，雷的廟，雨的廟。

內城不只是皇帝吃、住、辦事的地方，也是皇帝祭祀的地方，有的壇就設在內城。天壇和先農壇在南城。皇帝在祭先農壇時，要親耕籍田。

明朝皇帝的陵墓，除了南京的皇陵以外，在北京有十三陵。現在，還有十二陵的墓室，不知其所在。若是長陵的墓室能發掘出來，那是很了不起的事情，因爲這長陵是明成祖朱棣的葬墓。現已經開掘的是定陵。長陵內有祓恩殿，殿有巨柱，柱可二人合圍。這種巨木來自四川、雲南。

十三陵以外的明皇帝陵墓，有景帝陵，在洪山口，地居北京西郊，臥佛寺附近。爲什麽景帝陵偏偏在這個地方？原因是兄弟之間的矛盾造成的。先是，明英宗與蒙古人作戰，戰敗，他被俘。這時候朝裏有位兵部尚書于謙，立了景帝主政，繼續同蒙古打仗，景帝是英宗的弟弟。後來，元人被迫放回了英宗，他回到朝廷後作爲一個王，住在皇宫。幾年之後，他通過太監，在一夜之間，打翻了景帝，自己重新當了皇上，便把弟弟景帝廢掉。景帝死後，葬在西郊。

明朝皇家所建花園不多，就只有三海，叫西苑，因爲這裏在皇宫之西。在嘉靖當皇帝時，他三十多年不上朝，不理政事，就住在西苑，一心修道。還專門修造了一個大殿，以求長生不死。這時有個户部主事叫海瑞，就上書批評。

皇帝不管事，宦官太監就横行。清朝的康熙皇帝説：明朝有十萬太監，又有九千宫女，所以明朝要滅亡。

大宦官魏忠賢是明熹宗的太監，本是個無賴，因賭輸了錢，就抛下妻子兒女，入宫當太監。熹宗不讀書，不理事，魏忠賢就引誘這個皇帝去搞“倡優聲伎，狗馬射獵”，一味亂玩。更加上這個太監和熹宗的奶媽相勾結，得到了皇帝的特殊信賴，逐步替皇帝作“硃批”，操縱朝政。時人稱魏忠賢爲“九千九百歲爺爺”！他在六部、內閣，以至四方總督、巡撫當中，遍設黨羽。他還兼掌東廠這個特務機關，這是魏忠賢死黨的秘密機關。史稱“閹黨”。閹，是閹人，是太監的意思。

王府井北面，有個奶子府，原名迺兹府。這就是明熹宗的奶媽客氏的府第。熹宗非常寵信這個奶媽，又寵信魏忠賢。奶媽同魏忠賢勾結起來，作盡了壞事。

明朝的太監權大，也很有錢，他們出錢造的廟很多。廟建成以後，太監就請皇帝題字，僞稱敕建，成了皇帝要他們造的，太監和廟都光彩。香山的碧雲寺就是魏忠賢所造。熹宗死去之後，崇禎皇帝繼位，就把魏忠賢這個太監逮捕治罪，他畏罪自縊而死。西山的八大處，就是八個大寺，都是太監所建造。太監何以喜好造廟呢？因太監没有兒子，他造廟以作爲他老了時候的住處。

　　明朝時在北京的人民所居住的地區：凡是讀書人，大半住在宣武門外。那裏的會館林立。會館是專供各地來京參加科舉考試的讀書人居住的地方。

　　凡是商人，那時多住在崇文門外。所説的"花市"、花市大街是棉花市。附近還有磁器口，是賣磁器的地方。這些地名至今猶存。

　　凡是住在東城的，或住在西城的市民，要互相來往，都得繞過皇城。或是走過前門一帶，或是走過後門一帶。從東到西距離長，交通又不便，所以有的市民來往於東西之間，往往要帶上行李。東長安街、西長安街、天安門廣場一帶地方，全是禁止通行的。北海公園前面的大橋也是不許走的。

　　明代遺留的鋪子，一是"六必居"，傳説它的匾是明代的嚴嵩所寫。二是"砂鍋居"。可能那時的鋪子都叫居。

　　明代的遺物有天文儀器。八國聯軍攻掠北京時，爲德國人拿走，以後又送回來了。又有大鐘，在"大鐘寺"（即覺生寺）。鐘上鑄有華嚴經、金剛經、金光明經等幾種佛經。此外，還有金剛寶座塔在五塔寺（原名真覺寺，後改爲大正覺寺）。宣德爐和景泰藍都是明朝的工業。景泰藍，是明景帝時所留下的。景泰是景帝的年號。

　　　　一九六六年一月二十八日　　顧頡剛先生講清朝和北洋軍閥時期的北京

　　今天，我們繼續講北京沿革，講講清朝時候的北京。

　　明朝被清兵滅亡了。崇禎皇帝到煤山上吊而死。煤山，在今天的景山公園，是因在土山附近堆煤又稱煤山。這麽做是爲的防備北京一旦被敵人包圍，還可以有煤燒。

李自成進入北京以後，在宮内武英殿，稱大順皇帝。

明朝鎮守山海關，同清兵作戰的大將是吳三桂，他爲了他的美妾陳圓圓，反過來叛了明朝，"借"了清兵攻打北京。清朝滅了明朝，仍然立都在北京。

清代的北京，城内無大改變。清朝帝王不想在宮内長住，西郊的風景好，所以在西郊大造花園。先造"圓明園"，此園很大，四周有四十里，是康熙時建造的。又造"暢春園"，園中有山，在燕京大學（現在北京大學）的對面。據記載，造圓明園時，請了法國人設計建造。園中有很大的湖水，造了東、西洋樓，洋樓的建築全用石頭，在上面刻着西洋圖案畫。

乾隆時候，造了"清漪園"，後改叫頤和園。又造了"靜明園"，就是玉泉山；又造"靜宜園"。自此以後，皇帝就不入城内的皇宮。一個原因是皇宮裏的房子太大，冬天室内太冷。但在每年的冬至以後，皇帝也進城入宮，住在西宮的養心殿。因爲皇帝大部分時間住在西郊的御花園裏，所以在海甸這個地方設有軍機處。這裏是大臣要人們居住的地方，因爲海甸距離皇家大花園很近，所以，朝廷辦公移到這裏來。

清代貴族們，一人有許多房子和花園。例如多爾袞，清兵入關後，是第一個攝政王，就在朝陽門内造了"九爺府"。這些王府現在還保留下來了一些遺跡。

多鐸殺人如麻，他率清兵到江南一帶，進行大屠殺。他在揚州有十日大屠殺；到了江陰縣，把人殺光了；到了蘇州也要殺光，後來民衆把關公像抬出來，他才收兵。他在北京的王府就是現今協和醫院的地方，那裏的"帥府園"，就是他的花園。王府井就是指的他的王府一帶。

清代漢人住在城外，只有四品以上官員的漢人才可以居在城内。

清代的王，分三級：一親王、二郡王、三是貝勒。三貝子花園（現在的動物園）就是貴族大花園。還有清華園（現在爲清華大學），朗潤園（後爲燕京大學，現改作北京大學）；這些全是清代貴族的大花園。

十九世紀，先後有一八六〇年英法聯軍、一九〇〇年八國聯軍入侵中國，打進北京，大肆殺掠。西郊五大花園，都被英法聯軍這些帝國主義侵略者燒光了。這些外國強盜還搶走大量皇家所藏的珍貴文物。

北京城，從前門到崇文門這一繁華地帶，共有三里長，外國強盜全部給燒光了。他們在這個地方，建造起他們的使館和醫院，把東單的一片廣場變作他們玩樂的跑馬場。

在文物的損失上，更是令人痛心。翰林院及其中文物，全部失去。明朝那部集明以前古典書籍之大成的永樂大典，這是一部鈔寫本，没有印刷過，經這次的灾難，大都丟失。帝俄搶走許多，後來蘇聯送回六十本。

清代的老百姓，可以到哪裏去走走呢？一是什刹海，一是陶然亭。其他的玩處都是清皇帝、貴族的，如北海、中南海、中山公園，現今的動物園、頤和園、香山等等地方，老百姓根本不可能望一望的。去西山，可以去八大處。

什刹海這地方蚊子多、水臭，又是埋葬死人的所在。陶然亭這裏原先並没有亭，有個遼人遺下的廟，後來有個新疆的御史來造了個亭。陶然亭距離一些會館較近，住在會館的一些士人，常到這個地方去走走，去時往往携帶了吃的東西。然而，這裏也是個埋葬死人的地方。

北京人無處可以走走，所以當時聽戲的風氣就盛。

北洋軍閥與北京。

到了清朝覆滅以後，换上北洋軍閥，繼續把北京當作京城。

清朝晚期，八旗、八旗子弟都變得異常腐敗了。

　　"旗"，是清的軍制，也是它的民制。它是全民皆兵，每一個男子都是兵，分作八個旗。最初，八旗子弟們很兇，原本在長白山下，後來他們攻打下遼寧。所以清人第一個皇帝和第二個皇帝，都埋在遼寧的瀋陽。清人利用了吳三桂，才進到關內。若是沒有吳三桂因圓圓的事情，去請清兵入關的話，清人本來很難進到關內來的。那時，李自成的兵力雖然很強，可是他沒有騎兵，所以打不過清人八旗兵，以致失敗，李自成從北京逃回到山西。清兵繼續南下，佔有了黃河流域和長江流域，並到達了新疆和西藏。

　　乾隆皇帝以後，清朝的八旗軍力就滑向下坡，逐漸衰落，漸漸地一切都不行了。旗人，按他的老規矩，不許經商做生意；不許做農業；只許做官，只許當兵、打仗。所有的旗人，每月只靠發餉生活。

　　清兵初始就有不小的問題，到一地方亂搶財物，還搶婦女，把黑布罩了女人的頭去賣了。到後來，旗人做官，沒有本領、沒有知識。另外，旗人還不許隨意離開北京，只能奉命出京，這自然是極少的人。漸漸旗人是既不能做官，也不能當兵了。八旗子弟腐化了。

　　到太平天國起義的時候，有了湘軍、淮軍，這是地方軍。清皇朝此時，只能靠了這些地方軍去作戰，去鎮壓太平天國和捻軍。左宗棠去打新疆白彥虎之亂，也是率領的湘軍。鎮壓苗沛霖的捻軍，也是曾國藩所率領的湘軍。

　　那時，軍權已經在曾國藩手裏，八旗軍轉到了湘軍、淮軍。以至於有人曾勸曾國藩當皇帝。只是由於曾國藩是個儒家，他有君君臣臣的思想，所以他才不敢這麼做。

　　清朝末期，湘軍、淮軍也不行了。於是又用袁世凱，用西洋新式武器練新軍。

　　袁世凱是個大奸雄。他耍盡了姦猾計謀，利用許多機會，搞他自己的勢力。他當了清朝的山東巡撫、直隸總督、北洋大臣（專管同外國人通商做生意）。直隸總督的官職大，勢力大。

袁世凱手下有三個人給他出主意。就是段祺瑞、馮國璋、王士珍。這三員大將，有主意、有辦法。有人說這三員大將當中，王士珍是龍，段祺瑞是虎，馮國璋是狗，最貪。

辛亥革命起來了。清廷派袁世凱去鎮壓。袁世凱派馮國璋帶兵到武漢去打仗。他攻下了漢口就停下來，不再打武昌。袁世凱用這個辦法來壓清朝末代皇帝，要清政府遜位。

接着有所謂南北議和。南方，辛亥革命的一方，以伍廷芳爲談判代表；北方，清朝、袁世凱，用唐紹儀爲談判代表。談判當中，南方堅決舉孫中山做臨時大總統，於是談判破裂，袁世凱就繼續打仗。孫中山因爲自己沒有强大軍隊，沒有法子，所以表示願意用清皇朝的退位作爲條件，把大總統讓給袁世凱。這樣，才使袁世凱滿意，實現了南北議和。清皇帝退位，袁世凱當上了大總統，北京還是京城。北洋軍閥統治時期開始了，叫做中華民國元年。北京沒有因清朝覆亡而受到損傷，沒有受到大破壞。

清朝倒臺後，宮內珍寶丟失不少。北洋軍閥，就偷國寶。如袁世凱的內閣總理熊希齡，先是作熱河都統。承德，有清皇帝的避暑山莊，這裏是清代皇帝的行宮。熊希齡在清皇朝倒臺以後，他到這個宮中，偷偷拿了許多寶物。他把最珍貴的留給自己，而把次一些的皇家文物給袁世凱，又把最次的，交給故宮。到後來，熊希齡到了北京香山，借着要辦香山慈幼院，到處去捐款，人稱“香山王”。

有個李石曾，他從法國歸來後，關於八國聯軍“庚子賠款”的事，關於清政府答應要賠給法國和比利時的錢，就由李石曾管。他趁此機會，把北京的許多學校都收管起來，改爲“北平大學”的各院。

故宮博物院也是李石曾辦的。有個院長叫易培基，他常借院長的方便去買些假的文物，再到故宮博物院裏，偷偷換走真的珍貴文物，然後又以高價賣給外國人。

　　竊國大盜袁世凱偷的就不止是文物、財寶。他偷的是整個國家。

　　國民黨初時同袁世凱的鬥爭很劇烈。國民黨當時自以爲很强大。有個領袖人物宋教仁，還很年輕，很善於演講。他以爲只要國民黨掌握了國會的多數，就可以壓住袁世凱，使袁世凱成爲空名義的大總統，是個虛位，而宋教仁自己則可以成爲有實權的内閣總理。然而結果是袁世凱用暗殺手段，幹掉了宋教仁。當宋教仁從上海乘火車北上時，他剛一上火車，就被袁世凱派的人，連擊三槍而亡。

　　那時，要說國會議員，的確國民黨占了多數。

　　民國二年，各省許多都督如江西都督李烈鈞、安徽都督柏文蔚、江蘇都督程德全以及湖南等省的都督，都起來討伐袁世凱。袁世凱派了段祺瑞、張勳、馮國璋等人帶上持有新武器的北洋新軍去鎮壓。李烈鈞等人的“二次革命”失敗了。

　　袁世凱派人糾集了些流氓地痞，組成所謂請願團，强迫國會選舉，自早上八點到晚間深夜，才選出袁世凱當大總統。

　　接着，袁世凱又把國會中國民黨議員的聘書全部收回。國民黨的什麼多數，就更加說不上了。

　　袁世凱進一步又想當皇帝。民國四年，他組織籌安會，由楊度負責，提倡君主立憲。說中國搞民國，無有程度。又請了個美國顧問古德諾，此人作了一篇文章共和與君主論。

　　袁世凱把辛亥革命的重要人物黎元洪，封作“武義親王”。又封了其他人叫做“公”、“侯”、“伯”、“子”，以示拉攏。他覺得這樣一來，就沒有反抗者了，全都成了他的私人。還把這般私人派到各省去當都督。在各省又策動一些當地劣頑紳士，向袁世凱上“勸進表”，請求他作皇帝。民國五年一月一日，袁世凱在北京故宮太和殿，接受他的臣子們的朝賀，穿起了龍袍，當了皇上。年號叫洪憲。

這時蔡鍔和梁啟超策劃，由蔡鍔到雲南去發動討伐袁世凱。雲南督軍唐繼堯是雲南人，不是袁世凱圈子裏的人物。蔡鍔是湖南人，先曾於清朝末年在雲南練過新軍。蔡鍔和唐繼堯之間的關係甚好，他們就一同組成"護國軍"，北上討伐袁世凱。從雲南往北攻打四川、貴州。可是雲南是個窮省，無有力量繼續北上。而這時各省的督軍也覺得袁世凱當皇上不對，就先後響應蔡鍔，聲討袁世凱。袁的心腹看看大勢不好，也有勸袁下臺的。於是袁世凱肝火大旺，一氣之下，不過幾個月的功夫就死掉了。

袁世凱一生一世用盡手段，是個姦詐陰險的傢伙。他耍了許多姦計，害死了倡導維新的光緒。

當初，康有爲主張實行新政，要維新，創立"强學會"。袁世凱表示贊成，也加入了强學會。後來光緒鬧戊戌變法，慈禧不喜歡，她想乘着閱兵時，廢掉光緒這個皇帝。光緒得到了這個消息，就與譚嗣同商量。譚嗣同就找袁世凱商議如何辦法。因爲這時候光緒、慈禧兩宮不和，只有袁世凱手裏有新軍，可以出來挽救光緒，譚嗣同向袁世凱表示，如果袁不肯出來挽救局勢，保住光緒，實行新政，就請袁殺掉自己。袁世凱這時正色莊重地説："我殺榮禄（慈禧的親信），有如殺掉一條狗。這事我全都承擔了，包在我手，我負全責，皇上可以放心。"

第二天，袁世凱到天津去，向慈禧走狗榮禄告了密，説是光緒要如何。榮禄立即動身到北京，報告給慈禧。慈禧立刻把光緒禁錮起來，并且自己垂簾聽政。維新倡導者譚嗣同等慷慨就義，康有爲、梁啟超逃到外國去了。

民國四年春，日本提出二十一條不平等條約，要滅亡中國。日本公使就去面見袁世凱，説希望袁能"高陞"。暗示日本支持他當皇帝。袁世凱就全部應諾了日本吞併中國的二十一條。只是由於全國一致堅決反對，最後沒有能够簽字。

袁世凱在北京，住在中南海。他造了一所石室。石室中放了個錢櫃，櫃裏有三個人的名字。他原想作終身總統，說他死了以後，可以打開這個錢櫃，看看名字該是誰來繼承他當總統。這三個名字當中，一個就是他的長子袁克定。袁克定時常勸說他父親當皇帝，自己當太子。

袁世凱死了之後，袁克定很有錢，住在頤和園外的一個大花園，叫"承澤園"（現在是北大的宿舍）。北洋軍閥們無論換了誰執掌政權，也都要給袁克定許多錢。只是到了抗日戰爭起來了，他才窮困下來。解放後，每月還要給他三十元。解放幾年後，他死去。

袁世凱對於黎元洪，才是用盡了手段。黎元洪原本是清朝的一個官，在武漢任協統，相當於旅長。辛亥革命時，由於要利用他的社會地位，就把他抬出來，充當頭面人物。袁世凱施用狡計拉攏黎，把黎元洪拉到北京來。黎離開辛亥革命的發祥地武漢市，到了北京。一到北京，袁世凱就把他安置在中南海瀛臺。黎元洪自然不高興。因爲，慈禧曾在這裏幽禁過光緒。

袁世凱在北京的辦公所在，先是在鐵獅子胡同。第二年，搬到中南海，在寶月樓辦公。

袁世凱死掉之後，徐世昌把他葬在河南的彰德（安陽），這裏是他的原籍。爲他造一大墓，如同皇帝陵一般，氣勢很大。解放後，在此墓地立了二碑。一碑在墓的門前，碑曰："竊國大盜袁世凱"。另一碑立於墓前，其文仍然是："竊國大盜袁世凱"。

他死了以後，由段祺瑞負責統領北洋軍。段祺瑞兵權在握，主張武力統一，凡不是北洋軍佔據的地方，他就去攻打。段祺瑞有日本人作後臺，借給他錢買槍砲。那時，年年打仗。

張勳也是袁世凱北洋軍的頭面人物，他比段祺瑞的資格老，原在段的上頭。段祺瑞就想打倒張勳。這時，張勳想復辟，還要溥儀來重作皇帝恢復清朝。段祺瑞故意作出同意復辟的假姿態。張勳就在徐州召開各省督軍的會議，正式提出復辟的主張，大家也簽了字，段祺瑞也派了代表簽了字。

然後，張勳就到北京，逼迫黎元洪下臺。因爲袁世凱死亡以後，由黎元洪當大總統。張勳帶上他的辮子兵，進了北京，把黎元洪弄掉了，在一夜之間奉了溥儀到故宮的乾清宮，重新登基，再當皇帝，還是大清國，民國又吹了。

但段祺瑞卻在馬廠誓師反對復辟。梁啓超在段祺瑞這裏寫文章，痛罵張勳。先後經過十二天，張勳復辟宣告失敗。

梁啓超原和康有爲十分親密，同爲保皇黨。但在張勳復辟時，康有爲、梁啓超分裂了。康有爲追隨張勳鬧復辟。梁啓超則剛從日本歸來，表示進步，就組織"進步黨"，反對張勳復辟。

梁啓超先是擁護袁世凱以取代清朝。後來，又同蔡鍔在雲南搞"護國軍"反對袁世凱當皇上。袁世凱死去以後，他擁護段祺瑞。民國初年，曾經通緝梁。後來，約在一九二六年前後，梁啓超在清華大學教課。

段祺瑞以馮國璋爲大總統，馮國璋爲人貪婪。段祺瑞自己當國務院總理，實權在自己手裏。總統府與國務院不和，其結果是馮國璋下臺。段祺瑞又要徐世昌當大總統，徐世昌是個文人，府院矛盾可以緩和些。

直皖之爭爆發了。直就是直系，直隸（即河北省）這個派系，皖就是安徽這個派系，兩個派系都是北洋軍閥。直系頭面人物是曹錕，有個大將吳佩孚替他領兵作戰。曹錕的姊妹，嫁給袁世凱爲妻，自然也是袁的手下人物。皖系以段祺瑞爲首。雙方大戰結果，吳佩孚獲勝，段祺瑞只好下臺。

吳佩孚，本人是山東人，卻屬於曹錕的"直系"。他請曹錕出來當大總統。曹錕搞了一個國會賄選。凡國會議員，投曹錕一票，就私下奉送五千銀元支票一張。有個議員叫邵瑞彭，就以一票爲證，告到了京師地方檢察所。這麼一鬧，社會上全都知道了這個醜劇。

直皖之戰後，北洋軍權掌握在吳佩孚手裏。但張作霖率奉軍從東北進關，發生直奉之戰。

民國十三年，張作霖用一百五十萬元銀元收買馮玉祥。馮玉祥原是直系曹錕的人。馮玉祥回到北京，把曹錕關在中南海後邊一個樓上。馮玉祥就要黃郛作總理，而實權是在張作霖、馮玉祥的手中。

後又請段祺瑞出來作"執政"，就改了名號不叫大總統了。可是，大權依舊在張作霖之手，段祺瑞這時已經無能爲力。段祺瑞手下有個親信人物，叫徐樹錚，在廊坊被馮部駐軍抓起來殺掉。這是馮玉祥示意部下去幹的。"段執政"只有一年光景，後來退居到天津和上海的外國租界裏。有人説蔣介石是段祺瑞的學生，實則也不是，蔣介石是看管段祺瑞的。

繼此之後，張作霖親自出來作陸海軍大元帥，一腳踢開馮玉祥。從此，北洋軍閥完結。這是民國十六年的事。

民國十七年北伐軍打敗張作霖，張從關内退出去，到東北的瀋陽，在皇姑屯就被日本軍人炸死了。因爲張作霖要把葫蘆島開闢作商埠，這樣就搶了日本在大連的生意，日本人漸漸恨起他來。

馮玉祥原爲北洋軍人，但他有了些新思想，參加了國民革命軍，響應北伐。

蔣介石、閻錫山、馮玉祥發展成對立局面。民國十九年打了一仗，閻錫山、馮玉祥被蔣介石打敗。當時是下雨天，閻錫山的軍隊很多人吸鴉片，要用火柴。可天在下雨，不能用火柴燒鴉片，兵士就變得無力氣作戰。

馮玉祥退軍到西北一帶地方，到綏遠、陝西、甘肅等地。他很窮困，那時當個馮玉祥的縣長，每月只有二十元。

蔣介石用錢收買馮玉祥的人，韓復榘就這樣被蔣介石買了去，在山東省當了主席。馮玉祥變成了光杆，他到山西去，又被盤踞在山西省的閻錫山扣留起來，關禁在閻氏老家。半年以後，才被釋放，他到山東住在泰山上。末後，又去了南京。

蔣介石派大舅子宋子文去拉攏張學良。宋同張學良一起游玩跳舞，在打麻將牌的時候，宋子文只輸不贏。蔣介石用這類辦法賄買張學良。結果，張學良也打起了蔣介石的軍旗。日本人害怕中國的統一，就發動了"九一八"事變，出兵我國東北三省。

北京城，從民國元年到民國十五年，始終在北洋軍閥手中。軍閥們靠着向外國帝國主義者借款爲生，誰是主子，誰給錢。段祺瑞靠的是德國和日本給錢，但主要是日本人作靠山，因爲他的親信徐樹錚是日本留學生。在北洋軍閥執政並混戰的年代裏，北京城是殺人如麻，天天有處決人的告示張貼全城。

之後，北洋軍人此起彼落，東起西落，這般人常常逃到外國使館以及外國醫院（如德國醫院、日本的同仁醫院，還有法國的醫院）裏邊去躲避。所以，通緝令連同他的頭像張掛在東交民巷的巷口，可被通緝者就在巷內逍遙自在，很保險。

黎元洪、徐世昌當大總統，政府沒有什麼權。只是把戰勝者任命作巡閱使，管轄幾個省。而戰敗者就免職。總統就幹這個，無有啥權力。

廣西巡閱使陸榮廷到北京，黎元洪請客，就要譚鑫培唱戲。譚氏，這時已經老了，而且正在病着，也硬是要他來唱戲。譚鑫培只好到場唱了洪洋洞楊六郎歸天。據說唱的好，但過了不久，譚氏死去。這是民國六年的事。那時譚鑫培唱一出戲要三百銀元。

北洋軍閥盤踞北京時期，城市交通很不便。進出前門，只在中間開一門。後來，北洋政府袁世凱時代，朱啟鈐作內務部長，在前門開了五個門，交通方便了些。朱氏創立了"營造學社"，請梁思成研究古建築，梁到城的四面去察看，畫了許多古建築，還出了本書即營造學刊。

朱啟鈐喜歡玩，民國三年他開放了中山公園，這個花園原本是社稷壇。

北海公園是民國十一年開放給市民的，這是在黎元洪當大總統的時候。

頤和園，是溥儀出走以後，作爲公園，開放給人看的。原來，曾經說好了，清朝皇帝退位以後，溥儀應當離開皇宮，到頤和園去住。① 頤和園就成爲溥儀的私人產業。這時，凡要去頤和園的，都得要到外交部去辦護照。因爲這個園是外國皇帝的花園。這是在清帝退位約定書上寫明了的：今後要給以外國皇帝的待遇。按照這一約定，袁世凱寫信給溥儀，就寫：中華民國大總統向大清皇帝問好。

民國十三年，溥儀出走，頤和園就開爲公園。② 那時門票是一塊錢。自從慈禧死去以後，頤和園一直不曾修繕，這時已經破爛了。

北洋軍閥時，開放新華門。又開和平門。還開放東、西長安街和北海、中南海之間的金鰲玉蝀橋，城內東西南北的交通就大大方便起來。又把南長街，南池子，都開了南門，使行人可以在這裏通行。把清朝內城、紫禁城的原有禁地，漸次開放，破掉清代的禁令。御花園成爲公園。一些禁道禁街，許可市民通行了。這都是民國時期的事。

遷京，北京要改名北平，不是京城了，京城遷到南京。這是孫中山的主張，爲什麼孫中山想把京城改在南京呢？這是因爲他

---

① 校訂者按：溥儀退位後，並未根據"清室優待條件"移居頤和園，而是一直住在宮內，直至一九二四年十一月五日馮玉祥派鹿鍾麟驅逐溥儀出宮。

② 校訂者按：根據一九二四年十一月五日的修正清室優待條件，溥儀"即日移出宮禁，以後得自由選擇居住"，頤和園不再是溥儀的私人產業。

嫌那時的北京封建氣氛過濃。還有一個他沒有公開說明的理由，就是他想繼續洪秀全立南京爲京都的做法。中央政府遷到了南京以後，南京的官員，每到星期六就去上海玩一天。

北京經歷過北洋軍閥的此興彼滅。北洋軍閥蹂躪過北京城，他們的走馬燈，也可以表列如下：

袁世凱──黎元洪（爲張勳趕走）──馮國璋──徐世昌──黎元洪（又爲直系軍閥趕走）──曹錕──段祺瑞──張作霖（奉系軍閥）

北京立都一千年的簡史，就概要說到這裏。

後　記

　　我平生喜好作日記、筆記。有幾本我難以忘卻的珍貴的日記本，一是四十年代我在重慶紅岩南方局工作時，周恩來同志所講黨史的筆記本；二是我在延安中央青委工作時記叙延安親歷親聞的日記本；三是這本顧頡剛先生談説中國史的筆記。前兩本已經失去，惟餘這個本子。居然它從“造反派”的手裏又退還回來，並且在我於“文革”之難死而復生之後，我得以讓它復活，這都是萬分的僥幸。

　　我重新整理這本十六年前的筆記時，盡一切可能保持原來的風貌。我要把顧老當年所談的體系、題目、内容甚至語言色彩，盡我可能使之以原貌重現。我采用日記體，但有章、有節，有大、小標題。雖説動手做起來，我時時感到有不少難處，因爲大量筆記語言，要重新化成口語，有些多年前的字、句，我已記憶不清了。所以，差錯恐所難免。我又絶不甘心，因爲我的無知與健忘而出現大錯。

　　好在筆記本子記得還是可以弄清的。譬如説：古代的錢幣的古字，字義與圖形，都是顧老本人當時邊講邊畫的。又如“皇史宬”的“宬”字；柯劭忞的“忞”字；所引詩經裏的玄鳥一詩及其解釋；直到有的字的讀音，如“識”在有的地方讀作“著”（像是彝器款識一書），我記得清，寫得清，“化”起來也就容易。然而，另有一些寫不清，記不清的地方，就得去查查旁證。

　　我有幾位志同道合的老友，總在一旁爲我鳴鑼擊鼓，壯膽助威。黃若暾同志是最先鼓勵我的，他在看這部稿子的過程裏，先後都説："好！好！確實是深入淺出，我看，這不僅是對於學史的人，與學過史的人，可以一讀，就是一些老黨員，没學過史想知道點兒歷史的，也可以讀讀。"他是在四十年代，在西南聯大讀過歷史的。

還有一位丁秀同志，是"一二·九"運動時，北平市學聯的師大代表，後來曾爲"民先"總隊部的組織部長，他在北平師大學習過。他看了此稿的一部分以後説："這些談論，真是深入而淺出，但要作到深入淺出是不容易的。要是真正通了的人，才能做得到。顧頡剛，人家是真正通了的。"

更有一位老史學家看過後説："我看不出有什麼問題。顧先生的看法與説法，即使有什麼不同見解，也有保存價值。"

終於，經過幾個月盡心竭力的案頭努力，這部稿子算是整理出來了。我的願望是：讓顧頡剛先生對我一個人所談的，使衆人也能聽到。如今，顧老已先我而去。這本小書，大概不是老先生的最後絶唱！相信還會有顧老著述，繼續刊佈問世。

老人有一豪言，我尚記得："如今，我已年老，方始想要建設古史。我要考甲骨文、金文；要考西周、商的古制。作這些，要結合外國史。"

這是在一九六六年，他已七十三歲。他在晚年，猶有雄圖宏志。對於這位一代史學大師開闢的獨創性見解，我想一定會有後學者繼續努力鑽研下去的。

何啟君

一九八二年六月二十五日於北京

修訂再版後記

　　這本顧頡剛先生生前對我談講史事的小書，於一九八三年初版後，發生了一些令我内心感到震撼的事情。一九八三年十一月，已是萬木蕭蕭，寒氣襲人的季節。一天晚間，顧頡剛夫人打來電話，以柔和的聲音傳來信息："我們有二位同志前去看望您！"不多時，來了兩位素未謀面的客人。一位是文文靜靜的顧潮，她是顧老的女兒；一位是王煦華同志，他是顧老學術上的助手。她和他都是那樣彬彬有禮，言談中充溢着真摯的感情。王煦華同志給我的印象是，滿身的書香氣，是一位謙和的學者。

　　他們告訴我，從顧老生前的日記裏，知道曾有香山療養院同我談論史事的事情。可是這些講述的内容，是見了這本根據原筆記整理的小書問世以後才看到。説時，把他們鈔寫得字跡很工整的顧老日記的有關部分給了我。

　　我十分驚異，心中血流奔騰起來，感情的潮頓時波動不已。顧老居然還有日記記載下這段事情！我立刻翻閱起來，有兩段記述，令我感受最深。其一是："……以予所學，欲爲工農兵服務亦惟有此有系統的'概論'方式，才能使大眾懂得，且使自己所學串成一個系統也。"這使我知道，當年所談，乃是顧老"有系統的'概論'"，且係顧老一生"所學串成一個系統"！

　　顧老是史壇大師，他一生所學、所讀、所研究的，有如浩瀚的海。那一年，我只不過是想從這位老學者的知識之海裏，汲取一杯、兩杯營養汁液。孰知老人竟爲我凝聚了偌大心血，"串成了一個系統"，講了一個"概論"！至此，我的深深的感念之情油然而生。

其二，日記裏寫道："……今日爲何啟君講書時即覺精神緊張，終日不釋。至夜竟服藥三次。我到此間，竟似進一大學爲歷史講師矣。"這些話不止反映了老人治學嚴謹的風貌，更呈現了那顆高尚的心是多麽火熱！他熾熱的内心自語，放射出一縷金光，在我胸間形成一個巨大的光環，這光環燃燒着我的心。

可以看出，顧老曾爲今天擺在讀者面前的這本小書，傾注了多少心血！

王煦華同志謙遜地説道："在書的序言裏所説的毛主席曾聽過顧先生的課，這可能不合史實。"他還説："書中引用的一些書名、作者，有些是錯的。"於是，我滿懷着敬意對他們説："我們要對人民、對讀者負責！對逝去的顧老負責！請勞駕你重新校訂一遍，以便出版社重版。"我們三個人的心，迸發出同一個聲音。

中國青年出版社要重版此書我早已知道了。由於黨中央和團中央的倡導，一個波瀾壯闊的讀書熱潮正在全國翻卷奔騰。人們傳言着高爾基的話："書是美麗的花園，在這裏有一切。"莎士比亞也講過："書籍是全世界的營養品。生活裏没有書籍就没有陽光。智慧裏没有書籍，就像鳥兒没有翅膀。"於是人們，特別是正在自己的生活中建設精神文明的青年們，把書當作朋友，把書當作花園。

王震同志曾説過讀些史書的好處，團組織也號召青年們"尋史"。那些爲四化而獻身的志士，更感到"書到用時方恨少"。

正是在這樣的時代，這本小書才出現了乍一問世便被搶購一空的現象。中國青年出版社素來把爲青年一代服務作爲自己的出書宗旨，他們忠誠於這個崇高的事業。我想，重版這本小書，也正是爲了實現爲青年一代服務的宗旨，使大量没有看到這本書的人，能够讀一讀。

　　王煦華同志是一位在顧老的慧眼中很受器重的史學研究者。他一九四九年時曾是顧先生的學生。一九七八年，頡剛先生特地請他從上海來北京，作爲自己的助手，整理平生的著作。老人逝去後，煦華同志受中國社會科學院歷史研究所的委託，繼續整理出版顧先生的遺著。他是歷史所的副研究員，這次他對這本小書重新一一作了考證，查對了大量古史書，作了校訂。應該説，這個修訂本，是比較準確的了。

　　事情能發展到今天這樣，是起初我所意料不到的，因而每每感到内心震撼。

何啟君
一九八四年五月七日於北京

校訂後記

　　一九六五年冬至一九六六年春這段時間，顧頡剛師在香山療養所休養。他曾爲何啟君同志説過中國的歷史。當時何老邊聽邊記，作了厚厚一册的詳細記録。在十年動亂中，這册筆記雖然遭到劫難，但竟幸運地完整地保存了下來，這是令人非常高興的事。更爲難得的是，何老爲了讓顧師對他一個人所談的，使衆人也能聽到，又費了幾個月盡心竭力的努力，把他的筆記整理成爲中國史學入門一書出版，實現了顧師的遺願。革命老同志的這種謙虛好學、認真不苟和一心爲大衆的精神，令人欽敬！

　　這本書問世以後，深受廣大愛好歷史的讀者的歡迎。但也發現有一些差錯。出版社以我在整理顧先生的遺著，囑校訂一遍。對我來説，這是一項義不容辭的任務。雖然自己感到很譾陋，但還是承擔下來，做一些必要的校核和訂正。

　　讀者看了這本書之後，可能還會想知道在顧師自己的著述中對這次講史的記載。現在就把我正整理顧先生遺著過程中所接觸到的一些材料介紹如下：

　　一九六五年冬，顧師患結腸氣囊腫，於十月二十一日住入北京醫院，十一月四日動手術割除。經過一個月的治療，於十二月三日離開北京醫院，去香山療養所休養，寓楓林村一〇五室。在休養期間，他應何啟君同志之請，爲他講中國的歷史。在顧先生的日記頡剛日程中有以下的記載：

12月23日上午　何啟君來，爲談"中國民族史概要"，未畢。

12月24日上午　何啟君來，續談"中國民族史概要"兩小時。

12月25日上午　與何啟君到玉華山莊，泡茶，談"三皇、五帝問題"。

12月27日上午　爲何啟君講古代史料（經學部分）……何啟君同志（早年）參加革命，前任天津教育局長，今任體委宣傳工作，以身子半邊麻木來此休養。夙知予終身研究歷史，藉同居關係向予請教，由彼筆記。予此行未携書籍，只是憑記憶發言。予在工作崗位上向來只是用顯微鏡，而此次卻要用望遠鏡。然以予所學，欲爲工農兵服務亦惟有此有系統的"概論"方式，才能使大衆懂得，且使自己所學串成一個系統也。

12月28日上午　與何啟君同行碧雲寺散步，歸，爲講"戰國諸子"。

12月29日上午　爲何啟君講"戰國諸子"訖。

12月30日上午　爲何啟君講"經、子外戰國書籍八種"。

1966年1月4日中午　何啟君來，爲講二十四史及新元史、清史稿等。

1月6日下午　爲何啟君講"康、梁、羅、王、錢"事。

1月7日上午　爲何啟君講"雜史"及接近雜史之資料。

1月8日上午　爲何啟君講"經學史"二小時……今日爲何啟君講書時即覺精神緊張，終日不釋。至夜竟服藥三次。我到此間，竟似進一大學爲歷史講師矣。即理髮師王君，亦以北京史事詢我。

1月9日上午　爲何啟君、章真園、張自清講"清末今古文學的鬥爭"與"近七十年的發現"，約二小時。

　　1月10日上午　爲何啟君、章真園、張自清講"近七十年發現之古物"及"傳世諸珍物"。

　　1月11日下午　何啟君來，爲講"北洋軍閥"。夜，續爲啟君講"北洋"。

　　1月12日上午　爲啟君、自清、真園續講"古物及史料"訖。

　　1月13日上午　爲啟君、自清、真園講"母系社會的遺留"與"中國文學的流變"。

　　1月14日上午　爲啟君、自清、真園續講"中國文學"及"中國宗教"。

　　1月15日　今晨啟君來告，讓我休息，本日請假。予意，此殆所方不欲予多費精力，故囑彼勿來也。

　　1月16日上午　爲啟君講"中國哲學思想史大凡"二小時半。下午，到啟君室，補談上午題。

　　1月17日　啟君與張侗並今日離所。……自上月廿三日起，至昨日止，計爲啟君講十六次，光憑記憶，不知有多少錯誤。

　　按上述的記載，顧師爲何啟君同志講史實爲十八次。至於講北京的歷史，則並不是專爲何啟君同志一人講的，而是爲療養所的休養同人講的，並且在講之前認真地作了提綱，還畫了地圖。他的日記中有以下的記載：

　　1966年1月3日下午　準備"北京歷史提綱"。

　　1月4日下午　草"北京歷史"發言提綱，未畢。

　　1月5日上午　草"遼、金、元、明、清五代北京城圖"訖。何啟君招黃金銘來，交與重畫。續作"發言提綱"。中午，未成眠。下午，續作"發言提綱"略訖。

　　1月6日上午　黃金銘來。重看"發言提綱"。十時，到職工食堂講"北京歷史"，自古迄元，十一時止。

　　今日爲諸同人講北京歷史，以兄弟樓休養員（患肝炎者）亦要聽，改於職工食堂舉行，講五十分鐘，尚需續講。聞人言，予講得"生動"，此爲未期之成果。又有些人説我在黑板上寫的字好。

　　1月9日下午　重寫"明代北京史提綱"。

　　1月11日上午　十時到職工食堂，續講"北京的歷史"（明、清），至十一時一刻講訖。

　　上次予講"北京歷史"時，兄弟樓要求聽，故在職工食堂講。今日兄弟樓同人都不來。聞啟君言，彼方對演講有意見，即趙樸初講毛主席詩詞，吳作人講畫，亦在反對之列。奇哉此不必要之矛盾！

　　除了日記之外，在他的遺稿中，還有一本在北京醫院香山楓林村的生活雜誌，上面有講雜史、中國宗教、北京歷史的簡單的提綱和講史時便於何啟君同志作筆記而隨手寫的人名、地名、書名和畫的圖形等等。

　　把顧師日記中關於講史時間的記載和何老的每講前的引言對照起來看，就會發現有不一致的地方。這是由於何老整理筆記時，爲了系統化，把講課的順序重新作了編排，順序既然變了，就不能再寫上原來的講課日子，而只能根據編排了的順序虛擬講課的日期，從而出現了兩者時間上的不一致。所以我把日記中的有關記載詳細摘録出來，一方面是讓讀者全面知道這次講史的情況和顧師對此次談史的重視，另一方面則是爲了不使後人見到了日記後，花費精力去作不必要的考證。

　　由於顧師去香山楓林村療養，未携書籍，講史時全憑記憶，所講的一些史實和引用的原文不可能完全準確無誤。顧師是蘇州人，何老是北方人，南北口音不同，記錄時也造成了一些差錯。所以我的校核訂正工作，主要就是改正這兩種情況下所造成的差錯。至於體制和內容以及一些難以考核的民國年間的傳聞，則未做任何改動。有些屬於顧師一家之言和後來情況有了變動的地方，則增加了一些按語予以說明。另外，書首增加了一些插圖，讓讀者對顧先生有更全面的瞭解。可以見到顧師除了專門研究古史外，對歷史知識的通俗化工作是極其重視的。他不是關在象牙塔裏的不問世事的學者，而是對國家民族的興亡有着強烈的責任感的熱愛祖國的歷史學家。

　　在校訂過程中，得到沈文倬、吳豐培、胡家聰、應永深、王宇信、楊升南、顧潮、顧洪等同志許多幫助；一些讀者也來信指出了一些問題，出版社更給予大力的支持，使校訂工作能夠很快地順利完成，謹致衷心的感謝！但由於水平的限制，遺漏在所難免，希望專家學者和廣大讀者繼續予以指正。

王煦華

一九八四年四月三十日

三版校訂後記

　　1992 年 7 月，何老在收拾陳年的筆記本時，發現了一本褐色的筆記本，是顧頡剛先生講述中國歷史的記錄。他非常高興地把這個新發現，打電話告訴我，讓我分享這份喜悦。當時他要去秦皇島休養二個月，説要在休養期間，把它整理出來。等他休養回來，果然已全部整理好，交給了出版社。出版社又把整理稿和筆記本都送給了我，要我像以前那樣做些校訂工作。我愉快地接受了這個任務。

　　打開筆記本和整理稿，我先仔細看了一遍，發現從内容到順序，都和顧師日記中記載的 1965 年 12 月 23 日至 30 日七次所講的"中國民族史概要"、"三皇、五帝問題"、"古代史料（經學部分）"、"戰國諸子"、"經、子外戰國書籍八種"，完全相吻合。這本筆記無疑就是這幾次講史的記錄。

　　可是，這裏卻冒出了一個難題，因爲新發現的筆記本中的"中國民族史概要"和初、二版的第七章的"'中國'、'中華民族'之淵源"，一看目次就明顯地感到重複了。這是什麽道理呢？難道這個問題顧師講了兩次，但這是不可能的。爲此，我把兩處的内容詳加核對，並認真閲讀初、二版的第六章"略談中國古代社會"，再查看顧師的日記，特別是 1966 年 1 月 13 日的日記，"爲啟君、自清、真園講'母系社會的遺留'與'中國文學的流變'"的記載，細細琢磨分析得知顧師日記中所説的"母系社會的遺留"，即何老整理成的"略談中國古代社會"，這章末尾説，"還可看到一點點母系氏族社會時所遺下的痕跡”，就是明證。至於初、二版的第七章“‘中國’、‘中華民族’之淵源”，它的末尾則説“我們要説的中國古代社會、古中國、古中華，簡略説説就這麼些吧！”可見，顧師是把它們作爲相關聯的問題合在一起講的。因此，第七章應跟第六章合在一起，我就在三版的目次中刪去原第七章的章名。這樣可能更合於顧師講史時的原貌。這次褐色筆記本中的顧師講史記録，無論從内容來看，或從講述的時間順序來看，都應列在最前面，所以目次的順序也作了一些更改。

　　顧師爲何老講史雖是系統的講述，但畢竟是憑記憶的口述，不能像寫文章那樣謹嚴，因此，内容上有缺漏和詳略不一，體例上也不嚴格，這些地方都保持原貌，未加補充、調整和改動，我的校訂工作，跟上一次一樣，主要是改正引用原文和記録時造成的一些差錯，這裏就不一一贅述了。由於水平的限制，應該校訂而遺漏的在所難免，敬請專家學者和廣大讀者指正。

　　今年是顧頡剛先生誕生一百週年，出版社特出此書三版，以資紀念。

王煦華

一九九三年四月四日